COURS

D'ÉCONOMIE POLITIQUE

I

Bordeaux, Imprimerie Cadoret, 17, rue Poquelin-Molière

COURS

D'ÉCONOMIE POLITIQUE

PAR

CHARLES GIDE

PROFESSEUR AU COLLÈGE DE FRANCE

PROFESSEUR HONORAIRE A LA FACULTÉ DE DROIT DE PARIS

HUITIÈME ÉDITION

TOME PREMIER

LIBRAIRIE

DE LA SOCIÉTÉ DU

RECUEIL SIREY

LÉON TENIN, Directeur

22, Rue Soufflot, PARIS-5ᵉ

1923

AVANT-PROPOS

Ce livre avait été écrit avant la guerre, mais, quoiqu'il ait été réimprimé au cours de la guerre, nous n'avons pas cru qu'il fût nécessaire de le refaire, car quoi qu'on en ait dit, avec un peu trop de hâte, la guerre n'a eu nullement pour résultat la « déclaration de faillite » de l'Économie politique.

Sans doute, certains phénomènes économiques ont pris des proportions qui ont dépassé toutes prévisions et qui ont fourni aux économistes l'occasion de compléter ou même de modifier certaines théories : par exemple en ce qui concerne l'élasticité des ressources et des besoins des nations, les répercussions de la dépréciation des monnaies sur les conditions sociales, les difficultés imprévues des paiements internationaux sur grande échelle, les nécessités d'une politique de la consommation.

Mais, en somme, la guerre n'a infligé aucun démenti aux principes essentiels de l'Économie politique. Au contraire, par cette expérimentation, la plus formidable qui ait été offerte aux sciences politiques et sociales et qui depuis huit ans tient couchées sur la table d'opération une douzaine de nations, la guerre a généralement confirmé les enseignements de la science économique.

Nous n'avons donc pas modifié ce livre ni comme exposé des doctrines, ni comme présentation des faits, mais nous avons tâché de l'enrichir en recueillant, dans l'immense moisson des faits et des idées que le bouleversement de la guerre a fait surgir du tréfonds économique, ceux qui nous ont paru les plus propres à illustrer les explications données dans ce cours.

Les lecteurs qui auraient déjà lu notre livre, *Principes d'Économie politique,* doivent être avertis qu'ils retrouveront ici, à peu de chose près, le même texte, mais avec de nombreux chapitres additionnels qui en triplent presque le contenu. La plupart de ces nouveaux chapitres portent sur l'Économie appliquée, tels qu'entreprises industrielles, transports, banques, législation ouvrière, etc. ([1]).

Les notes sont nombreuses et peut-être trouvera-t-on qu'il y a abus. Le lecteur est libre de les passer ou de les réserver pour une seconde lecture, mais elles me paraissent répondre à une nécessité comme devant servir de pièces justificatives : *a)* comme citations d'auteur et références bibliographiques ; *b)* comme chiffres et statistiques ; *c)* comme faits confirmatifs et illustrations qui, s'ils étaient insérés dans le texte, ralentiraient l'exposition.

Malgré le dédoublement du volume, l'immensité du champ compris dans l'enseignement économique est tel que nous avons dû nous borner pour chaque question, et surtout pour celles d'Économie appliquée, à un exposé très succinct et par là trop souvent insuffisant, ou à une condensation des matières fatigante à la lecture. Sans doute, comme l'a fait remarquer dans une critique très courtoise le professeur Adams, mieux eût valu, pour la composition de ce livre, élaguer beaucoup de matières pour traiter le reste plus à fond, d'autant plus que les lignes simples de la science et sa belle architecture risquent d'être masquées sous le fouillis d'une végétation un peu parasitaire. Mais alors le livre n'eût pas atteint le but plus modeste que se proposait l'auteur et qui est de permettre aux étudiants la préparation à leurs

---

([1]) La législation industrielle ne rentre pas dans ce *Cours.* Toutefois les questions les plus importantes de l'Économie Industrielle se trouvent sommairement indiquées dans le chapitre *Les Salariés* (et, avec plus de détails, dans un autre de nos livres, *Les Institutions de Progrès Social*).

examens, en leur présentant un exposé impartial, mais pourtant critique, de chaque question, en s'efforçant surtout de leur montrer ce qu'il y a de vivant et d'émouvant dans cette science qualifiée autrefois de « littérature ennuyeuse », et en leur inspirant d'ailleurs le désir d'aller chercher des explications complémentaires dans les nombreux livres indiqués en note.

Peut-être pensera-t-on que c'eût été l'occasion de modifier le plan de ce livre. Quoique consacrée par J.-B. Say, par Stuart Mill et par beaucoup d'autres, la classification tripartite ou quadripartite paraît aujourd'hui surannée. C'est une vieille coupe d'habit qui n'est plus à la mode.

J'en aurais pris volontiers une autre si je n'avais eu à suivre que mon goût : c'eût été de commencer précisément par cette partie de l'Économie politique, si négligée dans la plupart des traités et dans l'enseignement, mais que la guerre a remise à la place que nous avons si souvent réclamée pour elle et qui n'est rien moins que la première — la consommation, en entendant aussi par là l'économie qui n'est que le revers de la consommation. Et partant de la consommation, nous aurions remonté, par la répartition et la circulation, jusqu'à la source des richesses, à la production. Mais cet ordre, qui eût été l'inverse de celui suivi dans tous les enseignements, eût trop dérouté les lecteurs et surtout les étudiants, et il serait présentement prématuré.

Attendons donc que l'Économie de la consommation, tout comme celle de la production, ait trouvé enfin son Adam Smith.

Charles GIDE.

COURS

D'ÉCONOMIE POLITIQUE

NOTIONS GÉNÉRALES

CHAPITRE I

LA SCIENCE ÉCONOMIQUE

I

Objet de l'Économie politique.

Il peut paraître impertinent de dire, après quelques centaines de traités écrits sur la matière, qu'une définition exacte de l'Économie politique reste encore à trouver. Tel est pourtant le cas. Mais il ne faut pas s'en émouvoir, car il en est de même pour beaucoup d'autres sciences. Il suffit de localiser le domaine propre de l'Économie politique par quelques délimitations.

Les êtres qui constituent l'univers et les relations qui existent entre eux — corps célestes, globe terrestre, éléments contenus dans son sein, animaux et végétaux qui peuplent sa surface — voilà autant d'objets de sciences distinctes qui sont les *sciences physiques et naturelles*.

Mais, dans ce vaste monde, il y d'autres objets non moins dignes de notre étude : ce sont les hommes. Ils vivent en *société*, ils ne sauraient vivre autrement : des rapports se forment donc entre eux et voilà l'objet d'un nouveau groupe de sciences qui s'appellent les *sciences sociales* [1]. Autant de relations différentes

---

[1] On les appelait autrefois *Sciences morales et politiques*, et c'est le nom que porte encore la section de l'Institut de France qui leur est spécialement affectée.

entre les hommes — rapports moraux, juridiques, économiques,
politiques, religieux, et relations de langage qui servent de véhicule
à toutes les autres — autant de sciences distinctes qui s'appelle-
ront *la Morale,* le *Droit,* l'*Économie politique, la Politique, la
Linguistique, la Science des religions,* etc [1].

Il est vrai que les lignes de démarcation entre les sciences
sociales qui ont toutes, en somme, un même objet, l'homme social,
ne sauraient être aussi précises que celles que l'on peut tracer
entre des sciences dont les objets sont dissemblables, telles que la
géologie, la botanique, la zoologie. Cette classification sera toujours plus ou moins artificielle et plutôt faite pour faciliter l'étude
et subvenir à la faible portée de notre entendement qu'imposée
par une division naturelle.

Aussi Auguste Comte considérait-il comme irrationnelle toute
séparation des sciences qui ont pour objet les sociétés humaines :
il n'admettait qu'une science unique embrassant tous les aspects
de ces sociétés, à laquelle il a donné le nom devenu classique de
Sociologie [2], et condamnait notamment toute prétention de constituer l'Économie politique comme science distincte. Il n'a pas été
suivi parce que, comme bonne méthode de travail, on ne saurait
refuser aux sciences sociales déjà nommées le droit de se constituer à l'état de disciplines distinctes. Pour les trois sciences notamment qui se touchent de plus près — Morale, Droit et Économie
politique — les frontières seront toujours plus ou moins flottantes :
comment étudier l'échange, le fermage, le prêt à intérêt, le salaire,
sans parler de propriété, de contrat, d'obligation ? Toute la partie

[1] Notons encore deux autres sciences, dites aussi Sciences sociales, l'*Histoire*
qui étudie l'ordre de succession des faits, et la *Statistique* qui recueille et classe
tous les faits susceptibles d'être exprimés en chiffres. Toutefois il faut remarquer
que ces deux sciences, à la différence de celles énumérées ci-dessus, non seulement n'ont pas pour objet une catégorie spéciale de faits sociaux, mais s'appliquent
à tous. Car il y a une histoire non seulement de l'économie politique, mais de la
religion, de la morale — et même il y a une « histoire naturelle » et une
« paléontologie » qui est celle de la formation des espèces vivantes ou passées sur
la terre.

Et de même il y a une statistique judiciaire, morale, politique, démographique,
etc., aussi bien qu'une statistique économique ou financière.

[2] La *Sociologie* n'a plus tout à fait aujourd'hui l'ampleur que lui donnait son
fondateur. Ce n'est plus une vaste synthèse de toutes les sciences sociales, quoique
pourtant M. René Worms lui donne encore pour objet « de dégager les lois générales qui président à la constitution, au fonctionnement et à l'évolution des sociétés
humaines ». Mais elle ne réalise pas, en général, de telles ambitions et se borne à
étudier la formation spontanée des mœurs, des rites, des institutions, en remontant autant que possible à leurs origines préhistoriques. Voir les nombreuses discussions à ce sujet dans les *Annales de l'Institut international de Sociologie.*

de l'Économie politique qu'on appelle la répartition n'est, comme son nom le dit assez, que l'étude des moyens par lesquels se réalise tant bien que mal le principe juridique *Cuique suum*, à chacun ce qui lui revient.

Mais si l'économiste, le jurisconsulte et le moraliste se rencontrent souvent sur le même terrain, ils s'y placent à des points de vue différents : faire son devoir, — exercer ses droits, — pourvoir à ses besoins — ce sont là trois fins assez différentes de l'activité humaine. Et c'est cette dernière qui fait l'objet propre de la science économique.

Disons donc — sans chercher plus de précision — que l'Économie politique a pour objet, parmi les rapports des hommes vivant en société, ceux-là seulement qui tendent à la satisfaction de leurs besoins matériels, à tout ce qui concerne leur bien-être. Elle est au corps social à peu près ce que la physiologie est au corps humain.

On définit souvent l'Économie politique en disant qu'elle a pour objet *la richesse* [1]. Mais le mot de richesse, comme nous le verrons tout à l'heure, n'exprime rien de plus qu'une relation entre une chose (ou un service) et certains besoins de l'homme. Cette définition ne diffère donc pas essentiellement de celle que nous venons de donner, et elle a l'inconvénient, tout en semblant plus précise, de détourner l'attention du véritable objet de la science économique, qui est l'homme et ses besoins, pour la concentrer sur des objets extérieurs à l'homme, lesquels ne sont que des moyens pour satisfaire ses besoins. Ce qu'on appelle une loi économique, alors même qu'elle paraît avoir pour objet les choses, s'applique en réalité aux hommes. Dire que le blé hausse de prix, cela veut dire que les hommes ont quelque motif (qu'il s'agit de découvrir) pour le désirer davantage. Et ce n'est pas là une simple question de mots : ce déplacement du **vrai** point de vue a fait encourir à certains économistes le reproche justifié de raisonner comme si l'homme était fait pour la richesse et non la richesse pour l'homme [2].

Cette science tend à se diviser aujourd'hui en deux disciplines ou ordres d'études :

[1] Alors il faudrait dire la Ploutologie, comme on dit la Géologie. En effet, quelques économistes ont cru devoir la nommer ainsi. Tel est le titre qu'a donné à son excellent traité d'Économie politique, à tort oublié aujourd'hui, un professeur de Melbourne, Hearn (*Ploutology*, 1864).

[2] D'ailleurs, il y a un autre inconvénient à définir l'Économie politique par la richesse : c'est que le mot de richesse lui-même n'est guère facile à définir, comme nous le verrons ci-après.

D'une part, l'Économie politique *pure* (qu'on appelle aussi parfois *L'Économique*) étudie les rapports spontanés qui se forment entre des hommes vivant en masse, comme elle étudierait les rapports qui se forment entre des corps quelconques, « ces rapports nécessaires qui dérivent de la nature des choses », comme disait Montesquieu. Elle ne se propose pas de les juger, pas plus au point de vue moral qu'au point de vue pratique, mais seulement *d'expliquer ce qui est.* Par là, elle déclare se constituer comme science exacte et même prétend pouvoir employer la méthode mathématique.

D'autre part, l'*Économie sociale* étudie plutôt les relations volontaires que les hommes créent entre eux — sous forme d'associations, de législation ou d'institutions quelconques — en vue d'améliorer leur condition. Elle se propose de rechercher et d'apprécier les meilleurs moyens pour atteindre cette fin. Par là, elle participe plutôt au caractère des sciences morales en recherchant *ce qui doit être,* et au caractère des arts en recherchant *ce qu'il faut faire.* Aussi est-elle désignée parfois, surtout par les économistes allemands, sous le nom de *Politique sociale*[1].

Cette séparation entre l'Économie pure et la Politique sociale s'impose dans tous les traités spéciaux en vertu du principe de la division du travail. Mais dans un traité didactique comme celui-ci elle serait plutôt fâcheuse, car, en dissociant les théories des réalisations, elle nuirait à l'intérêt de l'exposition. Aussi parlerons-nous aussi souvent d'Économie sociale que d'Économie politique.

Le vaste champ de l'Économie politique doit être lui-même subdivisé pour permettre de s'y retrouver plus aisément. C'est à l'économiste français, Jean-Baptiste Say, qu'est due la division tripartite qui est restée classique : *production, répartition, consommation,* et qui répondent à ces trois questions primordiales : Comment les hommes produisent-ils la richesse? De quelle façon se la partagent-ils? Quel est l'emploi qu'ils en font? — Depuis lors on a ajouté généralement une quatrième partie la *circulation,* qui embrasse tout ce qui se rapporte à l'échange, mais qui n'est

---

[1] L'Économie sociale ou Politique sociale ne doit pas être confondue avec l'Économie politique *appliquée.* L'Économie politique appliquée indique les meilleurs moyens pratiques d'accroître la richesse d'un pays, tels que banques, chemins de fer, systèmes monétaires ou commerciaux, etc. — tandis que l'Économie sociale cherche surtout à rendre les hommes plus heureux, en leur procurant non seulement plus d'aisance, mais plus de sécurité, plus d'indépendance, plus de loisirs, et, par conséquent, s'occupe plus spécialement de la classe ouvrière. Ces deux sœurs vivent dans deux mondes différents et ne sympathisent guère : l'une dans le monde des affaires et l'autre dans les comités de réformes sociales.

qu'une branche détachée de la production, puisque, comme nous le verrons, échanger c'est produire : seulement cette production d'utilités n'implique pas, à la différence des opérations industrielles, des modifications matérielles de l'objet échangé.

Néanmoins la division est redevenue tripartite parce que la plupart des économistes ont supprimé la consommation comme n'étant qu'une étiquette sur un carton vide. En effet, disent-ils, s'il s'agit de consommation *reproductive*, telle que l'épargne et le placement, il faut la réintégrer dans la production où se trouve sa véritable place. Et s'il s'agit de consommation *improductive*, telle que le luxe ou l'aumône, elle relève de la morale plutôt que de l'Économie politique. Telle n'est pas notre opinion. La consommation c'est la satisfaction des besoins et, par conséquent, le couronnement et la cause finale de toute l'activité économique. L'Économie politique n'avait regardé, jusqu'à présent, qu'au producteur, mais il y a lieu de penser que c'est le consommateur qui est appelé à tenir le premier rôle sur la scène économique. Et même on peut dire que cette révolution est déjà accomplie dans la doctrine nouvelle sur la valeur, puisque celle-ci fait dépendre cette valeur non plus du travail, mais de l'utilité finale, c'est-à-dire de la demande du consommateur [1].

Ces divisions sont considérées aujourd'hui comme un peu surannées et dans les nouveaux traités d'économie politique, surtout à l'étranger, on les remplace par d'autres classifications ayant pour but de présenter les faits dans un ordre plus scientifique. Cela peut avoir des avantages, mais nous n'avons pas jugé utile, dans un livre comme celui-ci, de bouleverser les cadres anciens au risque de dérouter les étudiants auxquels il est particulièrement destiné. Nous avons cru seulement nécessaire d'ajouter une partie préliminaire, plutôt une introduction, sur les besoins et la valeur.

On aura beau distribuer un jeu de cartes en combinaisons ingénieuses, on y retrouvera toujours les quatre figures; et, de même, de quelque façon qu'on présente les faits économiques, ils se distribueront d'eux-mêmes en trois ou quatre grandes caté-

---

[1] C'est ce que n'a pas manqué de faire un des maîtres de cette école, Stanley Jevons, dans ses *Principes d'Économie politique*.

Le professeur Marshall, dans son *Economics of industry*, traite de « la consommation ou demande » avant « l'offre ou production ».

Aussi est-ce à regret que nous voyons cette branche de l'Économie politique presque toujours sacrifiée ou même absolument supprimée dans les traités d'Économie politique, dans les cours et dans les examens.

gories, si bien indiquées par la nature des choses qu'elles se retrouvent dans les rubriques de tous les journaux : questions *industrielles*, c'est la production ; questions *commerciales*, c'est la circulation ; questions *sociales*, c'est la répartition ; questions d'*économies*, auxquelles la guerre actuelle vient de conférer une importance énorme et imprévue, c'est la consommation [1].

II

Comment s'est constituée la science économique.

C'est en 1615 que l'Économie politique a reçu pour la première fois le nom sous lequel elle est aujourd'hui connue, dans un livre français, le *Traicté de l'Œconomie Politique*, par Antoine de Montchrétien.

Ce nom a été critiqué et on en a proposé beaucoup d'autres, soi-disant plus scientifiques, pour le remplacer. Il serait mieux évidemment comme terminologie que notre science fût désignée, de même que la plupart des sciences, par un seul mot : l'*Économie* ou l'*Économique*, d'autant mieux que le mot *Économie* était déjà usité dans l'antiquité et même un des livres de Xénophon porte ce titre ; mais les anciens entendaient par là l'économie domestique (οἶκοσ, maison ; νόμος, règle, loi). Le qualificatif *politique*, choisi par Montchrétien, indique qu'il s'agit, non plus de l'économie de la maison, mais de celle de la nation, et il venait très à propos, car il annonçait une révolution historique : l'avènement des grands États modernes. On aurait pu dire, et on dit parfois *Économie Nationale* [2] ou *Sociale*, au lieu d'Économie Politique : étymologiquement la signification est absolument la même (néanmoins

---

[1] On trouvera une discussion intéressante de ces classifications dans le savant traité de M. Pierson (qui vient de paraître en français, traduction de M. Suret) ainsi qu'une très bienveillante critique de la classification adoptée dans notre livre. M. Pierson nous sait gré d'avoir commencé par l'étude de la valeur, mais il trouve inutile la partie consacrée à la consommation. Et il estime que la répartition doit être étudiée avant la production, parce qu'on ne peut comprendre celle-ci (notamment le coût de production) sans celle-là. C'est vrai dans une certaine mesure, mais on pourrait en dire autant, et à plus forte raison, dans le cas où l'on adopterait l'ordre suivi par M. Pierson. Comment pourrait-on comprendre l'intérêt avant de savoir ce qu'est le capital, ou le salariat avant de connaître l'organisation de l'industrie ? Évidemment toutes les parties de l'Économie politique sont interdépendantes et c'est précisément ce qui montre l'unité de cette science. Mais puisqu'il faut tout de même commencer par l'une et finir par l'autre, il paraît vraiment bizarre de finir par la production.

[2] Tel est exactement le nom adopté en Allemagne, *Volkswirthschaft*.

l'adjectif « politique » est mieux assorti avec le nom « économie »,
puisque tous deux viennent du grec). Mais aujourd'hui ces quali-
ficatifs sont employés avec des significations un peu différentes
(Voir ci-dessus, p. 4).

Mais il faudrait se garder de croire que cette date du baptême
de l'Économie politique marque aussi la date de sa naissance. En
tant qu'étude de faits, l'Économie politique remonte à un passé
beaucoup plus reculé; en tant que science, c'est-à-dire de systé-
matisation de ces faits, elle est de date plus récente.

Les faits économiques, tout au moins certains d'entre eux, tiennent une telle place dans la vie des hommes et même des hommes
primitifs, qu'on pourrait croire qu'ils ont dû de tout temps les
préoccuper. L'échange était pratiqué dès l'âge de pierre et la loi
du travail se trouve inscrite dans la première page de la Genèse.
Mais il ne suffit point qu'un fait nous soit familier pour qu'il
fournisse matière à une science: tout au contraire, ce n'est qu'autant qu'il est extraordinaire qu'il éveille la curiosité et provoque
le désir d'une explication. Il ne semble point que les subtils
philosophes grecs aient éprouvé le besoin de s'expliquer à eux-
mêmes pourquoi et comment les hommes libres s'étaient soustraits à la loi du travail par le régime de l'esclavage : cela leur
paraissait « tout naturel ». Mais ils avaient observé et très fine-
ment analysé la nature de la monnaie, la division des métiers, les
formes d'acquisition de la propriété. Ce furent les prophètes
d'Israël d'abord et plus tard les Pères de l'Église et les Docteurs
du Moyen Age, sous la même inspiration religieuse, qui furent
frappés par le contraste entre la richesse et la pauvreté : ils con-
damnèrent le luxe et surtout le prêt à intérêt, *usura vorax*.

Toutefois on n'avait pas cherché de lien entre ces différentes
questions : on n'avait pas songé à en faire l'objet d'une science
d'ensemble. Elles rentraient dans les attributions du sage plutôt
que du savant. Elles relevaient de la morale, ou de la politique, ou
de la théologie. Elles se présentaient sous la forme de bons conseils, donnés soit aux souverains, soit aux particuliers.

La découverte de l'Amérique provoqua pour la première fois,
dans le cours du xvie siècle et surtout du xviie siècle, la formation
d'une véritable théorie économique, d'un *système*, c'est-à-dire que
ces conseils prirent la forme d'un ensemble de préceptes coordon-
nés et raisonnés. Les pays, comme la France, l'Italie et l'Angleterre,
qui voyaient d'un œil d'envie l'Espagne tirer des trésors de ses
mines du Nouveau-Monde, se demandèrent par quels moyens ils
pourraient se procurer aussi l'or et l'argent. C'est précisément le

titre que porte le livre d'un Italien, Antonio Serra, antérieur de deux ans seulement à celui de Montchrétien (1613) : *Des causes qui peuvent faire abonder l'or et l'argent dans les royaumes où il n'y a point de mines*. Ils crurent trouver ce moyen dans la vente à l'étranger des produits manufacturés ; et à cette fin s'efforcèrent de développer le commerce extérieur et l'industrie manufacturière par tout un système compliqué et artificiel de règlements. C'est ce qu'on a appelé le *système mercantile*[1].

Au milieu du xviiie siècle, nous voyons se produire en France une vive réaction contre tous « les systèmes ». On ne rêve plus que revenir « à l'état de nature » et on répudie tout ce qui paraît arrangement artificiel. Toute la littérature du xviiie siècle est imprégnée de ce sentiment, mais la science politique aussi, avec Rousseau et Montesquieu, s'en inspira. L'*Esprit des Lois* commence par cette phrase immortelle : « Les lois sont les rapports nécessaires qui *dérivent de la nature des choses* ».

C'est alors seulement que la science économique va vraiment prendre naissance. Un médecin du roi Louis XV, le docteur Quesnay, en 1758, publia *Le Tableau Économique*[2] et eut pour disciples tout un groupe d'hommes éminents qui ne se donnaient entre eux que le nom d'*Économistes,* mais qui sont restés célèbres dans l'histoire sous celui de *Physiocrates.*

L'école des Physiocrates a introduit dans la science deux idées nouvelles qui étaient précisément à l'antipode du système mercantile :

1° L'existence d'un « Ordre naturel et essentiel des sociétés humaines » (c'est le titre même du livre d'un des physiocrates, Mercier de la Rivière), ordre qu'il suffit de constater pour que l'évidence s'en impose et nous oblige à nous y conformer. Inutile donc d'imaginer des lois, règlements ou systèmes : il n'y a qu'à *laisser faire*. Le mot de Physiocratie est composé de deux mots grecs qui veulent dire précisément « gouvernement de la Nature ».

2° La prééminence de l'agriculture sur le commerce et l'industrie. Pour eux, la terre seule, la Nature, est la source des richesses ;

---

[1] Voir ci-après au chapitre de la *Politique commerciale*. Le système mercantile pourra bien redevenir un système actuel au lendemain de la guerre.

[2] Avant lui avait paru un livre *Essai sur la nature du commerce,* par Cantillon (publié en 1755, mais qui avait été écrit dès 1725). Ce livre vient d'être remis en lumière par les économistes anglais et a été appelé par l'un d'eux le premier traité méthodique d'Économie politique. Toutefois, cet ouvrage, resté généralement ignoré, n'a exercé une influence sur le développement de la science que par le canal de l'école physiocratique qui le connaissait et semble lui avoir beaucoup emprunté.

seule elle donne un *produit net* : les classes de la société autres
que la classe agricole sont des classes *stériles*.

Le premier de ces principes devait servir de fondement à tout
l'édifice de la science économique : en effet, des faits quelconques
ne peuvent servir de base à une science qu'autant qu'on a reconnu
entre eux des rapports d'interdépendance, « un ordre essentiel et
naturel ». Et ce ne fut pas seulement une science nouvelle que le
principe physiocratique inaugura, mais aussi une politique nouvelle qui devait durer un siècle et accomplir de grandes choses
sous le nom de politique libérale [1].

Malheureusement les Physiocrates avaient été moins heureusement inspirés dans leur conception exclusivement rurale de la
production et de la richesse, comme nous le verrons ci-après. En
ceci, ils furent plutôt en retard qu'en avance sur leur temps, car ils
étaient à la veille de l'avènement du régime industriel et capitaliste. Cette erreur fondamentale entraîna le discrédit de leur système

L'apparition du livre du professeur écossais Adam Smith,
Recherches sur la nature et les causes de la richesse des Nations, en
1776, marque une ère décisive dans l'histoire de l'Économie politique et va assurer à l'école anglaise une prééminence incontestée
pendant près d'un siècle. Il a valu à son auteur le titre, un peu
exagéré, de père de l'Économie politique.

Adam Smith, en effet, eut une vision géniale de la révolution
économique qui allait s'opérer. Aussi rejette-t-il le second principe
des Physiocrates en rendant à l'industrie sa place légitime dans
la production des richesses, mais il confirme et développe magnifiquement le premier de ces principes, c'est-à-dire la croyance à
des lois économiques naturelles et au laisser-faire, du moins
comme règle de conduite pratique.

Il est d'ailleurs très supérieur aux Physiocrates au point de vue
de l'observation des faits et des enseignements à tirer de l'histoire
et a su élargir à tel point le champ de la science économique que
les bornes n'en ont guère été reculées depuis lui.

Peu de temps après Adam Smith, apparaissent simultanément,
en Angleterre, deux économistes dont les théories, exaltées par les
uns, exécrées par les autres, vont marquer la science économique

[1] Un économiste illustre de la même époque, Turgot, sans partager les erreurs
de l'école physiocratique, fut le premier à appliquer cette politique, d'abord comme
intendant de Limoges, puis comme ministre de Louis XVI : premièrement en
décrétant la *liberté des échanges* par l'abolition des douanes intérieures et droits
sur les grains, ensuite en décrétant la *liberté du travail* par l'abolition des corporations.

d'une empreinte séculaire : — Malthus, dont la fameuse loi **sur** l'accroissement de *la population* (1803), bien que spéciale **en** apparence, devait avoir un retentissement considérable dans **toute** la science économique et provoquer des polémiques passionnées qui renaissent aujourd'hui plus vives que jamais ; — Ricardo (1817), encore plus célèbre par sa loi de *la rente foncière* qui, quoique aujourd'hui elle ne soit qu'une ruine, a servi de fondement à la science économique et aux doctrines mêmes qui l'ont remplacée — comme aussi par l'abus de la méthode abstraite et déductive.

En France, à la même époque, Jean-Baptiste Say publiait un *Traité d'Économie politique* (1803), bien français par la clarté de l'exposition, par la belle ordonnance du plan et par la classification des idées, mais qui dans la constitution de la science n'a pas apporté de contributions aussi fécondes que les coryphées que nous venons de nommer. Cependant, traduit dans toutes les langues d'Europe, il a été le premier traité d'Économie politique vraiment populaire et a servi plus ou moins de modèle aux innombrables manuels classiques qui se sont succédé depuis lors.

C'est dans ce dernier livre surtout qu'est mis en relief le caractère de *science naturelle*, c'est-à-dire purement descriptive, attribué à l'Économie politique. Adam Smith l'avait définie comme « se proposant d'enrichir à la fois le peuple et le souverain », lui assignant ainsi un but pratique et en faisant un art plutôt qu'une science. Mais J.-B. Say, corrigeant cette définition, écrit : « J'aimerais mieux dire que l'objet de l'Économie politique est de faire connaître les moyens par lesquels les richesses *se* forment, *se* distribuent et *se* consomment », voulant dire par là que dans l'ordre économique tout va de soi-même spontanément, automatiquement [1], comme s'accomplissent les fonctions essentielles à la vie physique, la respiration, la circulation, la digestion.

A partir de cette époque, l'Économie politique peut être considérée comme définitivement constituée sous sa forme classique. Mais elle ne va pas tarder à se diviser en un grand nombre d'écoles dont nous indiquerons tout à l'heure les caractères distinctifs [2].

---

[1] Tel est le titre significatif qu'il a donné à son livre : *Traité d'Économie politique — ou simple exposition de la manière dont se forment, se distribuent et se consomment les richesses.*

[2] Pour compléter ces indications sommaires, ainsi que celles du chapitre suivant, nous renvoyons au livre *Histoire des Doctrines Économiques depuis les Physiocrates jusqu'à nos jours*, 2ᵉ édit., par MM. Gide et Rist.

III

S'il existe des lois naturelles en Économie politique.

Quand on donne à une branche quelconque des connaissances humaines le titre de « science », on n'entend point lui décerner simplement un titre honorifique, mais on prétend affirmer que les faits dont elle s'occupe sont liés entre eux par certaines relations constantes qui ont été découvertes et qui s'appellent des lois.

Il est certains domaines dans lesquels l'enchaînement des phénomènes est si apparent que les esprits les moins habitués aux spéculations scientifiques n'ont pu faire autrement que de le remarquer.

Il suffit de lever les yeux au ciel pour constater la régularité avec laquelle se déroule chaque nuit la marche des étoiles, chaque mois les phases de la lune, chaque année le voyage du soleil à travers les constellations. Aux jours les plus lointains de l'histoire, les pâtres en gardant leurs troupeaux ou les navigateurs en gouvernant leurs barques, avaient déjà reconnu la périodicité de ces mouvements et, par là, ils avaient jeté les bases d'une vraie science, la plus vieille de toutes, la science astronomique.

Les phénomènes qui se manifestent dans la constitution des corps bruts ou organisés ne sont pas aussi simples, et l'ordre de leur coexistence ou de leur succession n'est pas aussi facile à saisir. Aussi a-t-il fallu de longs siècles avant que la raison humaine, perdue dans le labyrinthe des choses, réussît à saisir le fil conducteur, à retrouver l'ordre et la loi dans ces faits eux-mêmes, et à édifier ainsi les sciences physiques, chimiques et biologiques.

Petit à petit, cette idée d'un ordre constant des phénomènes a pénétré dans tous les domaines, même dans ceux qui, à première vue, semblaient devoir lui rester toujours fermés. Même ces vents et ces flots, dont les poètes avaient fait l'emblème de l'inconstance et du caprice, ont reconnu, à leur tour, l'empire de cet ordre universel. On a pu constater les grandes lois auxquelles obéissent, à travers l'atmosphère ou les océans, les courants aériens ou maritimes, et la météorologie, l'océanographie, ont été à leur tour fondées.

Le jour devait venir enfin où cette grande idée d'un Ordre Naturel des choses, après avoir envahi peu à peu comme une puissance conquérante tous les domaines des connaissances humaines, pénétrerait dans la sphère des faits sociaux. C'est aux Physiocrates, comme nous le verrons, que revient l'honneur d'avoir reconnu et proclamé les premiers l'existence de ce qu'ils nommaient le « gouvernement naturel des choses » ou, comme on a dit de préférence après eux, les *lois naturelles.*

A la suite des physiocrates, les économistes se sont donné pour tâche de découvrir des lois naturelles en Économie politique et ils en ont indiqué un assez grand nombre dont l'existence leur a paru non moins certaine que celles découvertes dans les sciences physiques et naturelles et qui, comme celles-ci, seraient universelles, permanentes, inéluctables [1] — loi de l'offre et de la demande, loi de la division du travail, loi de la rente, loi de la décroissance du taux de l'intérêt, loi de la concurrence, loi monétaire de Gresham, etc., etc. Et non seulement ils ont trouvé partout des lois, mais encore bon nombre d'économistes, surtout de l'école française, ont démontré que ces lois étaient « bonnes », harmoniques et providentielles, comme disait Bastiat, c'est-à-dire qu'elles allaient au-devant de nos vœux, qu'elles arrangeaient les choses bien mieux que nous ne saurions le faire par nos lois écrites, et même qu'elles travaillaient à réparer nos sottises.

Une telle conception finaliste et apologétique des lois économiques ne pouvait manquer de provoquer une vive réaction. C'est ce qui eut lieu, en effet, et comme toujours elle dépassa la mesure. C'est l'école allemande qui, à partir du milieu du siècle dernier, s'est appliquée à dénoncer comme une erreur et comme une ridicule manie cette recherche des lois naturelles [2]. Ils la déclarent tout à fait stérile et ne veulent connaître d'autres lois, si tant est qu'on

[1] « Les lois qui président au capital, au salaire, à la répartition des richesses sont aussi bonnes qu'inéluctables, elles amènent l'élévation graduelle du niveau humain » (Leroy-Beaulieu, *Précis d'Économie politique*).

Il faut noter que cette tendance, qui a trouvé son expression typique et d'ailleurs émouvante dans les *Harmonies* de Bastiat, est beaucoup moins accentuée dans l'école anglaise. Ricardo, Malthus et même Stuart Mill, ne présentent nullement leurs lois comme faites pour le bonheur des hommes : les principales d'entre elles sont au contraire plutôt redoutables.

[2] « La manie de vouloir trouver absolument des lois de la vie sociale est simplement de la métaphysique... La chasse aux lois sociologiques sera remplacée par l'historisme qui se contente de décrire le cours du développement social et de grouper des phénomènes homogènes » (Simmel, dans la *Revue de Sociologie,* mars 1908). Voir aussi Schmoller, traduction française, *Politique Sociale,* dernier chapitre.

Un économiste belge, mais de la même école, le regretté Émile de Laveleye, écrivait : « Les lois dont s'occupe l'Économie politique ne sont pas les lois de la nature : ce sont celles qu'édicte le législateur. Les unes échappent à la volonté de l'homme, les autres en émanent (*Éléments d'Économie politique,* p. 17).

tienne à leur donner ce nom, que les lois *historiques*, spéciales par conséquent à chaque peuple, qui n'ont rien d'universel, ni d'inéluctable, qui ne gouvernent pas les hommes, mais ne sont, au contraire, que l'expression de leurs mœurs, de leurs caractères nationaux, mais peuvent fournir l'explication de leurs actes collectifs.

Nous ne saurions, pour notre compte, renoncer à l'idée que les faits économiques sont gouvernés par des lois et renier ainsi l'effort magnifique fait depuis deux siècles pour constituer l'Économie politique à l'état de science au sens propre de ce mot. Mais il importe en effet de changer l'idée qu'on s'en faisait.

Tout d'abord, il faut cesser de leur attribuer un caractère normatif, c'est-à-dire de les assimiler aux lois édictées par les législateurs pour le bonheur des peuples. S'il y a dans le monde économique des lois naturelles analogues à celles du monde physique, alors elles ne peuvent être que, comme celles-ci, parfaitement indifférentes à nos préoccupations, et la tâche qui s'imposera à nous sera plus souvent de lutter contre elles que de nous faire servir par elles.

Il ne faut pas non plus se les représenter assises sur des trônes d'où elles gouvernent le monde. Il faut les débarrasser de ce caractère impératif qui caractérise les lois civiles ou pénales et qui, dans toutes les images de la loi, est symbolisé par le glaive.

Le mot de loi ne doit suggérer d'autre idée qu'une *relation constante entre certains faits*, de telle sorte que, l'un de ces faits étant donné, les autres l'accompagnent ou le suivent[1] — par exemple un rapport entre la quantité d'un produit et son prix, ou encore entre son prix et la demande qui en est faite.

D'ailleurs, il en est exactement de même des lois du monde

---

[1] Nous avons vu que Montesquieu avait déjà donné une définition à peu près semblable : « Les lois sont les rapports nécessaires qui dérivent de la nature des choses ». Toutefois, cette définition générale prête aujourd'hui à la critique, en ce sens qu'elle semble impliquer que, pour trouver les lois, il faut d'abord connaître la nature des choses. Or, ce sont, à l'inverse, les rapports entre les choses qui peuvent seuls nous renseigner sur leur nature : encore est-il douteux qu'ils nous la révèlent jamais.

L'idée de loi était présentée autrefois plutôt sous cette formule : « il n'y a pas d'effet sans cause ». Et il s'agissait, connaissant l'effet, de découvrir la cause — ou inversement. Mais en Économie politique, peut-être plus qu'ailleurs, les mêmes phénomènes peuvent être réciproquement causes et effets. C'est ainsi que si l'offre et la demande sont causes du prix, à son tour le prix détermine l'offre et la demande. C'est pourquoi, au lieu de courir à la poursuite des causes, on se contente de rechercher quels sont les faits qui sont dépendants les uns des autres, qui varient « en fonction » les uns des autres.

physique. Celles-ci aussi n'expriment rien de plus que certains rapports qui s'établissent spontanément entre les choses, rapports qu'on peut dire nécessaires *seulement si certaines conditions préalables sont remplies*. Les atomes d'oxygène et d'hydrogène ne sont pas forcés de faire de l'eau, mais *si* un atome du premier de ces éléments et deux du second sont mis en présence sous certaines conditions de température, de pression, etc., alors ils formeront de l'eau. De même, les hommes ne sont pas forcés à vendre et à acheter, mais *si* un homme disposé à vendre est mis en présence d'un homme disposé à acheter, et *si* leurs prétentions ne sont pas inconciliables, ils concluront nécessairement un marché à un certain prix qu'on peut déterminer — et ce n'en sera pas moins un libre contrat[1].

Sans doute, l'homme n'est pas libre de changer le jeu de la loi une fois qu'elle est déclenchée. Pour reprendre l'exemple ci-dessus, le prix de chaque chose et les variations de ce prix ne sont assurément pas le simple résultat du hasard, comme les numéros qui sortent dans une loterie. Et ce prix n'est pas non plus le résultat de la volonté du vendeur, ni de celle de l'acheteur, ni de celle des deux à la fois, puisqu'il y a, comme l'on dit, un *cours*, un prix coté dans les Bourses, un prix qui s'impose sur le marché et auquel, malgré quelques oscillations en sens opposé, tous ceux qui veulent vendre ou acheter sont obligés de se conformer. C'est ce qu'on veut dire quand on dit qu'il y a une loi des prix[2].

Quelques-uns protestent cependant contre ce qualificatif de lois et veulent n'y voir seulement que des *tendances*, parce que les lois naturelles ne comportent pas d'exceptions et comportent des prévisions certaines, tandis que les prétendues lois économiques, au contraire, comportent beaucoup d'exceptions et qu'en fait de prévisions elles ne comportent que de simples conjectures trop

---

[1] Ainsi on coupe court à une discussion qui occupait bien des pages des traités d'Économie politique, celle de savoir si la conception de lois économiques est compatible avec celle de la liberté.

Du reste, la croyance au déterminisme, c'est-à-dire à un enchaînement de tous les phénomènes tel qu'il n'aurait pu être autrement et qu'une intelligence assez puissante pourrait les prévoir avec certitude, a perdu beaucoup de terrain dans la philosophie ; l'existence de plusieurs voies ouvertes à l'évolution et indéterminées, parce que également possibles, n'apparaît plus comme incompatible avec la véritable science. Voir notamment les livres bien connus dont les titres, à eux seuls, sont assez significatifs : Boutroux, *De la contingence des lois de la nature*; Bergson, *L'évolution créatrice*.

[2] « Une loi de la science sociale c'est l'affirmation que les hommes appartenant à un groupe social se conduiront d'une certaine façon sous certaines conditions » (Marshall, *Principles of Economics*).

souvent démenties par les événements. Mais cette double objection ne nous paraît pas fondée.

La loi économique ne comporte pas *d'exceptions* en un autre sens que les lois naturelles, c'est-à-dire qu'elle agit toutes les fois qu'elle n'est pas mise en échec par une force contraire. Ce n'est pas une exception à la loi de la gravitation quand l'avion se décroche de terre. Ce n'est pas une exception non plus à la loi du travail lorsque des hommes trouvent le moyen de s'en affranchir en faisant travailler d'autres hommes à leur place. C'est une loi que la demande d'une marchandise augmente en raison de la baisse des prix : néanmoins il peut arriver « exceptionnellement » qu'une baisse de valeur refroidisse la demande au lieu de la stimuler, comme ce serait le cas, sans doute, pour les diamants, le jour où ils seraient fabriqués industriellement. Mais, même en ce cas, la loi de la demande n'est pas violée : seulement une autre loi, celle qui lie le luxe à un certain degré de rareté, se sera mise en travers.

Et, d'autre part, la loi économique comporte des *prévisions* tout comme les lois du monde physique. Sans doute il n'est pas question de prévisions semblables à celles qui permettent à l'astronome d'annoncer cent ans à l'avance la minute et la seconde d'une éclipse de lune ou de soleil. Mais toutes les sciences sont loin de cette certitude. Le botaniste ne sait pas toujours ce qui sortira de ses hybridations. Et les prévisions des météorologistes, à moins que ce ne soient celles des almanachs de villages, ne dépassent guère deux ou trois jours : pourtant personne ne met en doute que le vent, la pluie, la grêle ou les orages ne soient régis par des lois naturelles. Or on peut prédire plus longtemps à l'avance l'arrivée d'une crise commerciale que celle d'un cyclone, et le transit du chemin de fer de Lyon à Marseille est moins variable, certes, que le débit du Rhône dont il suit les rives : pourtant l'un est alimenté par les hommes et l'autre par le ciel. Si nos prévisions en fait d'Économie politique sont toujours incertaines et à courte vue, il n'en faut donc point conclure que les faits économiques ne relèvent que du hasard et de la fantaisie, mais seulement que les mobiles qui déterminent les actes des hommes sont trop nombreux et trop inextricablement embrouillés pour que nous puissions en démêler l'écheveau. Au reste, si un jour les hommes pouvaient devenir infiniment sages, il est vraisemblable que la prévision économique s'exercerait avec autant de sûreté que pour les corps célestes [1].

[1] On donne comme argument, pour nier l'existence de lois naturelles en matière

Il est vrai qu'il serait absurde de vouloir prédire à l'avance les faits et gestes de Pierre ou de Paul : mais cela n'a aucun intérêt pour l'économiste. Il n'est pas un diseur de bonne aventure. La seule chose qui lui importe pour formuler ses lois comme pour fonder ses institutions, *c'est la conduite des hommes considérés en masse.*

Remarquez d'ailleurs que les gens dits pratiques qui dénient le plus vivement aux économistes la possibilité de prévision dans les questions économiques ne manquent pas pourtant d'en user dans le train ordinaire de leur vie et dans la conduite de leurs affaires quotidiennes. Quiconque spécule — et qui ne spécule pas ? — exerce tant bien que mal la prévision scientifique. Ce financier qui achète une action de tel chemin de fer prévoit la continuité et l'augmentation progressive d'un certain trafic suivant une direction déterminée et, en payant ce titre fort cher, il affirme par là, qu'il le veuille ou non, sa ferme confiance dans la régularité d'une loi économique. Pourtant, il est bien certain que toute personne ou tout colis qui circulera sur cette route ne le fera que par suite d'un acte de volonté. Et le ministre des Finances qui augmente la taxe sur l'alcool ou le prix des timbres-poste sait parfaitement que la consommation de l'alcool et la circulation des lettres sont et resteront facultatives : néanmoins il prévoit qu'elles diminueront : il est même obligé, pour établir son budget, de calculer le montant de ces diminutions.

Enfin est-il besoin de dire que l'existence de lois naturelles n'est aucunement incompatible avec l'initiative et l'activité individuelles et que tout au contraire elle est la condition *sine qua non* de leur efficacité ? Comment l'homme pourrait-il agir utilement sur les faits si ceux-ci n'étaient liés entre eux par une chaîne de rapports connus et constants ? [1]

Sans doute, il est certains faits qui échappent, par leur immensité ou leur éloignement, à toute action de notre part, tels que les phénomènes de l'ordre astronomique ou géologique ou même météorologique : nous n'avons ici qu'à les subir en silence et notre

---

sociale, ce fait que beaucoup de choses tournent autrement qu'elles n'avaient été *prévues.* Cela prouve simplement notre ignorance. Mais pensez plutôt combien de fois des choses tournent autrement qu'elles n'avaient été *voulues* par leurs auteurs ! Cela ne prouve-t-il pas que dans ce monde il y a à l'œuvre des causes plus fortes que la volonté des hommes ?

[1] Comme le fait remarquer spirituellement M. Espinas (*Sociétés animales*) si l'activité humaine était incompatible avec l'ordre des phénomènes, il faudrait considérer comme un miracle le fait de faire cuire un œuf.

faculté de prévision ne saurait nous permettre d'échapper au choc d'une comète ou à un tremblement de terre — mais que d'autres domaines où notre science est quasi souveraine ! La plupart des composés de la chimie inorganique, et les plus importants, ont été créés par le savant dans son laboratoire. Quand on voit l'éleveur de bétail dans ses étables, l'horticulteur dans ses jardins, modifier sans cesse les formes animales ou végétales et créer des races nouvelles, il semble que la nature vivante se laisse pétrir aussi docilement que la matière inerte. Même les phénomènes atmosphériques n'échappent pas absolument à l'empire de l'industrie humaine : celle-ci émet la prétention, par des défrichements ou des reboisements appropriés, de modifier le régime des vents et des eaux et, renouvelant le miracle du prophète Élie, de faire descendre à son gré du ciel la pluie et la rosée !

A plus forte raison, notre activité peut-elle s'exercer sur les faits économiques, précisément parce que ce sont des faits de l'homme et que nous avons immédiatement prise sur eux [1]. Sans doute, ici comme dans le domaine des phénomènes physiques, cette action est renfermée dans certaines limites que la science cherche à déterminer et que tous les hommes, soit qu'ils agissent individuellement par des entreprises privées, soit qu'ils agissent collectivement par des règlements législatifs, devraient s'efforcer de respecter. C'est le cas de répéter le vieil adage de Bacon : *Naturæ non imperatur nisi parendo* (pour gouverner la nature, il faut commencer par lui obéir). L'alchimie s'efforçait de convertir le plomb en or : la chimie a abandonné cette vaine recherche depuis qu'elle a constaté que ces deux corps sont des éléments simples ou du moins irréductibles, mais elle n'a pas renoncé à convertir le charbon en diamant, parce qu'elle a constaté qu'il n'y a là qu'un même corps sous deux états différents [2]. L'utopiste torture inutilement la nature pour lui demander ce qu'elle ne peut lui donner : l'homme de science ne lui demande que ce qu'il sait

---

[1] Même les représentants de l'école déterministe, même ceux qui nient le libre arbitre (et tel, certes, ne saurait être le cas de l'école qui s'intitule « libérale ») reconnaissent à l'homme le pouvoir de modifier l'ordre des choses dans lequel il vit. Ils font seulement cette réserve que tout acte modificateur de l'homme est lui-même *prédéterminé* nécessairement par certaines causes, mais ceci est une question de pure métaphysique dans la discussion de laquelle nous n'avons pas à entrer ici. Voir d'ailleurs ce que nous en disons p. 14, note 1.

[2] Au reste, depuis que l'on a découvert le radium et constaté qu'il est une transformation de l'uranium et peut-être l'argent une transformation du plomb, la « transmutation des métaux » ne paraît plus si absurde, ni les alchimistes si ridicules

être possible. Mais la sphère de ce possible est infiniment plus vaste que ne le pensait l'école classique.

CHAPITRE II

LES DIVERSES ÉCOLES ÉCONOMIQUES

I

Les écoles au point de vue de la méthode.

On appelle « méthode », dans le langage scientifique, le chemin qu'il faut suivre pour arriver à la découverte de la vérité.

La méthode *déductive* part de certaines données générales, admises comme indiscutables, pour en déduire, par voie de raisonnement logique, une série indéfinie de propositions. La géométrie peut être citée comme type des sciences qui emploient la méthode déductive. On peut citer aussi, comme exemple familier à des étudiants en droit, le Droit lui-même, surtout le droit romain dans lequel on voit le jurisconsulte, partant de quelques principes posés par la loi des Douze Tables ou par le *jus gentium*, construire tout ce prodigieux monument qui s'appelle les *Pandectes*. On l'appelle aussi méthode *abstraite*, parce qu'elle s'efforce de simplifier les phénomènes en les réduisant au seul élément qu'on veut étudier et en écartant tous les autres.

La méthode *inductive* est celle qui part de l'observation de certains faits particuliers pour s'élever à des propositions générales — par exemple, du fait que tous les corps tombent, à la loi de la gravitation.

Ç'a été une grande querelle aujourd'hui un peu oubliée, que de savoir laquelle de ces deux méthodes convient le mieux à la science économique.

Il est certain que c'est par la méthode déductive que l'Économie politique a été constituée. C'est sur un petit nombre de principes, considérés comme axiomatiques ou suggérés par des observations très générales — tels que l'accroissement de la population, le rendement non proportionnel de la terre — que les économistes de l'école classique ont dressé les colonnes et la charpente de leur beau monument[1]. Et même pour construire toute l'Économie politique pure, ils se seraient contentés, à la rigueur, d'un seul principe, à savoir que « l'homme cherche en toute circonstance à se procurer le maximum de satisfaction avec le minimum de la peine ». Les économistes classiques ont cherché ainsi à simplifier l'objet de leur étude en considérant l'homme comme un être mû uniquement par son intérêt, *homo œconomicus*, identique à lui-même en tous pays et en tout temps, et en faisant abstraction de tout autre mobile qui serait perturbateur.

Mais il y a un demi-siècle on a commencé à contester l'efficacité de cette méthode et on a préconisé la méthode *inductive*, celle-là que Bacon avait introduite dans les sciences physiques et naturelles depuis quelques siècles et qui a donné de si merveilleux résultats. Dans le domaine économique, cette méthode s'appelle aujourd'hui, surtout en Allemagne où elle est généralement pratiquée, *réaliste*. Elle s'enferme dans l'observation patiente et accumulée de tous les faits sociaux, tels qu'ils nous sont révélés — dans leur état actuel, par les statistiques ou les renseignements des voyageurs — dans leur état passé, par l'histoire. Elle s'appelle aussi *école historique* parce qu'elle déclare que c'est l'histoire qui, en nous apprenant comment se sont formées les institutions économiques et sociales et comment elles se transforment, peut seule nous éclairer sur le véritable caractère des faits sociaux[2].

[1] Un des théoriciens les plus absolus à cet égard fut Nassau Senior, professeur à Oxford (1830-1840). Il ramène toute l'Économie politique à quatre axiomes — dont aucun aujourd'hui n'est admis, ou du moins ne l'est plus sans de nombreuses corrections.

[2] C'est en Allemagne qu'elle a pris naissance, de même aussi que dans la science du *Droit* avec Savigny. Elle date de la publication du *Précis (Grundriss) d'Économie politique* du professeur Roscher, en 1843, et peut-être mieux du *Système national d'Économie politique* de List, en 1841. Elle compte comme principaux représentants en Allemagne, les professeurs Bücher, Brentano, Schmoller et Wagner (celui-ci plus spécialement socialiste d'État). Pour la France, on peut y rattacher notre collègue M. Cauwès (*Cours d'Économie politique*, 1883, 1re édit.).

En France, à peu près à la même date, la méthode historique dans les sciences sociales avait été brillamment inaugurée par la publication du livre de Le Play sur *Les Ouvriers européens* (1885) et elle a été depuis fidèlement appliquée par l'école dite « de Le Play », en mémoire de son fondateur, principalement sous la forme de « monographies de familles ouvrières ». Néanmoins, l'emploi de la méthode historique a ici un caractère si différent de celui de l'école allemande que ce serait une grande erreur de les confondre. Le Play, partant de ce principe qu'en matière sociale il n'y a rien à inventer, cherche surtout dans le passé des leçons et des exemples et se montre très conservateur comme programme d'action. L'école allemande cherche dans le passé seulement le germe ou les racines de ce qui est devenu le présent et se montre au contraire, dans son programme, progressiste et même radicale.

Il en résulte que le double caractère d'universalité et de permanence que l'école classique attribuait aux phénomènes économiques, et qu'elle décorait du nom de lois naturelles, s'évanouit [1].

Cette méthode est sans doute plus sûre que l'autre puisqu'elle s'abstient de toute généralisation téméraire. Mais est-elle aussi féconde? Il est permis d'en douter. C'est en effet une illusion de croire que l'emploi de la méthode purement inductive puisse jamais être aussi efficace dans les sciences sociales que dans les sciences physiques et naturelles : et cela par deux raisons.

D'abord parce que l'observation des faits y est plus difficile — bien qu'il puisse sembler paradoxal au premier abord de déclarer plus difficile l'observation des faits qui nous touchent de plus près et à l'égard desquels nous sommes non pas seulement spectateurs, mais acteurs. Mais voilà justement la raison qui nous empêche de les bien voir! — De plus, ils sont infiniment plus diversifiés. Qui a vu un seul hanneton les a tous vus : mais qui a vu un seul ouvrier mineur n'a rien vu. A vrai dire, l'observation des faits économiques et sociaux est une tâche qui dépasse infiniment les forces individuelles et qui ne saurait être que l'œuvre collective de milliers d'hommes réunissant leurs observations, ou des États employant à cet effet les puissants moyens d'investigation dont ils disposent. C'est toute une science nouvelle qui s'appelle la *Statistique* (voir p. 2). Par exemple, le plus simple de tous les faits que puissent étudier les sciences sociales c'est assurément le *nombre de personnes* qui composent une société. Cependant, n'est-il pas évident qu'un observateur isolé est dans l'impuissance absolue d'arriver à cette détermination? Les administrations publiques peuvent seules entreprendre cette tâche, et encore les recensements officiels sont loin d'offrir des garanties de parfaite certitude; — moins encore quand il s'agit de faire le dénombrement de certaines catégories spécifiées, par exemple, de celles des propriétaires fonciers ou des millionnaires.

De plus, l'observation pure des faits n'aurait jamais donné dans les sciences naturelles les merveilleux résultats que nous admirons sans le secours d'un mode particulier d'observation, pratiqué dans certaines conditions artificielles, et qui s'appelle l'*expérimentation*. Or, précisément dans les sciences sociales, l'expérimentation directe est impossible. Le chimiste, le physicien, le

---

[1] A la méthode historique et réaliste il convient de rattacher celle qui, sous le nom de *matérialisme historique*, a été préconisée par le socialisme dit scientifique ou plutôt marxiste (voir ci-après).

biologiste même (quoique pour ce dernier ce soit déjà plus difficile), peuvent toujours placer le phénomène qu'ils veulent étudier
dans certaines conditions artificiellement déterminées et variables
à volonté — par exemple, pour étudier la respiration d'un animal,
placer celui-ci sous la cloche d'une machine pneumatique et faire
varier à leur gré la pression de l'air. Mais l'économiste, fût-il
même doublé d'un législateur ou d'un despote tout-puissant, n'a
point cette faculté. On parle cependant sans cesse en Économie
politique des « données de l'expérience ». On dit que tel peuple a
fait l'expérience du système protectionniste ou de la réglementation
du travail et qu'il s'en est bien ou mal trouvé. Mais l'*expérience*
n'est pas l'*expérimentation* scientifique : tant s'en faut[1]! Et la
preuve c'est que depuis des siècles que tant de peuples ont fait
l'expérience du protectionnisme et d'autres du libre-échange, la
solution de la question n'est guère plus avancée qu'au premier
jour.

L'économiste doit se contenter comme expérimentations, si tant
est qu'on puisse leur décerner ce nom, de comparer les résultats
donnés par des législations ou des systèmes différents : par
exemple, en France, il regardera quels sont les résultats sur le
réseau des chemins de fer de l'État et sur ceux des grandes Compagnies — ou bien ceux du système des retraites pour les ouvriers
en Belgique et en Allemagne. Mais les conclusions qu'il pourra
en tirer seront toujours incertaines et discutables parce que les
conditions de part et d'autre ne sont jamais tout à fait semblables[2].

Les économistes de la nouvelle école ridiculisent souvent les
« Robinsonades » auxquelles se plaisent les économistes classiques.
C'est pourtant un hommage rendu à la méthode expérimentale,
car qu'est-ce que l'histoire de Robinson sinon une expérimentation, imaginaire il est vrai? Ne pouvant mettre l'oiseau sous la
cloche pneumatique, nous supposons qu'il y est et regardons
comment il réagit à l'égard de tel ou tel phénomène économique.

---

[1] M. Pierson fait observer avec beaucoup de raison que la plupart des erreurs,
ou du moins qu'on considère aujourd'hui comme telles, ont passé jadis pour les
fruits de l'expérience.

[2] Cependant la guerre actuelle, par les perturbations énormes qu'elle aura appor-
tées dans toute l'organisation économique, — suppression totale ou partielle des
échanges internationaux, suppression totale ou partielle de la loi de l'offre et de
la demande sur le marché intérieur par les réquisitions, taxations et rationne-
ments, émission sans précédent de billets, suspension des lois de protection
ouvrière, etc. — aura été un champ d'expérimentation incomparable pour les
économistes du présent et du plus lointain avenir.

Il n'y a pas si loin qu'on pense de l'abstraction à l'expérimentation, car l'une et l'autre procèdent de la même façon, en isolant un fait de la trame des faits connexes dans laquelle il se trouve engagé. Seulement l'une l'isole en réalité, l'autre l'isole en hypothèse.

En raillant donc, comme elle le fait, les procédés et les méthodes de l'école déductive, l'école nouvelle montre trop de prétentions et même quelque ingratitude, car, en somme, elle se meut toujours dans les catégories que la vieille école avait posées; elle n'a pas refait la science, elle y a seulement apporté un esprit nouveau : c'est beaucoup, d'ailleurs! Elle-même, de son côté, l'école historique donne prise à la critique en ce que, à force d'appliquer son attention à l'observation des faits et aux variations des peuples et des temps, elle tend trop à verser dans l'érudition et à perdre de vue les conditions générales qui déterminent partout les phénomènes économiques. Elle risque de rester purement descriptive. On aura beau accumuler des millions de faits, il n'y aura une science que du jour où on aura découvert entre eux certaines relations. S'il fallait renoncer à découvrir, sous les manifestations changeantes des phénomènes, des rapports permanents et des lois générales, il faudrait renoncer définitivement à constituer l'Économie politique comme science : or, si dangereuses que puissent être pour la science des hypothèses téméraires, elles le seraient infiniment moins que c'est aveu d'impuissance (voir ci-dessus, p. 13). Si justifiées que puissent être, à certains égards, les railleries que l'on a dirigées contre l'homme abstrait, *homo œconomicus* de l'école classique, il faut bien admettre cependant qu'il y a certains caractères généraux propres à l'espèce humaine. Et la meilleure preuve qu'on puisse en trouver est précisément dans l'histoire, puisque celle-ci nous montre que partout où des sociétés humaines se sont trouvées placées dans des conditions analogues, elles ont reproduit des types similaires : — régime féodal en Europe au XIIe siècle et au Japon jusqu'au XIXe siècle, formes successives de la propriété et du mariage, emploi simultané des métaux précieux comme monnaie, coutumes funéraires, et jusqu'aux contes de fées, comme celui du petit Poucet, que les Folk-loristes retrouvent aujourd'hui, plus ou moins identiques, sur tous les points du globe.

On ne peut donc pas rejeter absolument l'emploi de la méthode abstraite et ces « Supposons que .. », familiers à l'école de Ricardo et que l'école historique a en horreur. Le labyrinthe des faits économiques est bien trop inextricable pour que nous puissions jamais arriver, par le seul concours de l'observation, à nous y reconnaître et à démêler ces rapports fondamentaux qui constituent la matière de toute la science. Ce n'est pas seulement à l'abstraction, mais à l'imagination, c'est-à-dire à l'hypothèse, qu'il faut faire appel pour porter la lumière dans ces ténèbres et l'ordre dans ce chaos.

L'opposition entre la méthode déductive et inductive est quelque peu scolastique. Il n'y a qu'une méthode, laquelle procède par trois étapes :

1° *Observer* les faits, sans idée préconçue, et ceux-là surtout qui paraissent à première vue les plus insignifiants ;

2° *Imaginer* une explication générale qui permette de rattacher entre eux certains groupes de faits dans des rapports de causes à effet : en d'autres termes, formuler une *hypothèse*.

3° *Vérifier* le bien-fondé de cette hypothèse, en recherchant — sinon par l'expérimentation proprement dite, tout au moins par l'observation conduite d'une façon spéciale — si l'application correspond exactement aux faits.

Du reste, c'est ainsi que l'on procède même dans les sciences physiques et naturelles. Toutes les grandes lois qui constituent les bases des sciences modernes, à commencer par la loi de la gravitation de Newton, ne sont que des hypothèses *vérifiées*. Disons plus, même : les grandes théories qui ont servi de bases aux découvertes scientifiques de notre temps — par exemple l'existence de l'éther dans les sciences physiques ou la doctrine de l'évolution dans les sciences naturelles — ne sont que des hypothèses encore *non vérifiées*[1].

Le tort de l'école classique ce n'est donc point d'avoir trop usé de la méthode abstraite, mais seulement d'avoir pris trop souvent l'abstraction et l'hypothèse pour la réalité : par exemple, après

[1] Voir l'*Introduction à l'étude de la médecine expérimentale* de Claude Bernard, et *Le rôle de l'hypothèse* de H. Poincaré. — Comme l'a fait observer Stanley Jevons, dans ses *Principles of Science*, la méthode qu'on emploie pour arriver à la découverte de la vérité dans les sciences est semblable à celle qu'emploient inconsciemment ceux qui cherchent l'explication de ces rébus ou de ces langages chiffrés qui figurent à la dernière page des journaux illustrés. Pour deviner quel peut être le sens de ces énigmes, nous *imaginons* un sens quelconque, puis nous *vérifions* si en effet il s'accorde avec les chiffres ou les images que nous avons sous les yeux. S'il ne s'accorde pas, c'est une hypothèse à rejeter. Nous en imaginons alors quelque autre jusqu'à ce que nous soyons plus heureux ou que nous perdions courage.

Le chercheur ne trouvera jamais rien dans les faits s'il n'a pas déjà dans la tête l'image pressentie de la vérité. M. Pierre Janet a dit : on ne voit que ce qu'on regarde ; et on ne regarde que ce qu'on a dans l'esprit.

avoir supposé son *homo œconomicus* mû uniquement par l'intérêt personnel, ce qu'elle était en droit de faire, d'avoir cru à son existence réelle et de n'avoir plus vu que lui dans le monde économique.

Aussi la méthode déductive n'est point morte : elle revit aujourd'hui sous deux méthodes nouvelles.

D'abord la méthode dite *mathématique*. Celle-ci considère les relations qui s'établissent entre les hommes en toute circonstance donnée comme des *relations d'équilibre*, semblables à celles qu'on étudie dans la mécanique et, comme celles-ci, susceptibles d'être mises en équations algébriques. Pour cela il faut réduire le problème à un certain nombre de conditions données et faire abstraction de toutes les autres, exactement comme on fait d'ailleurs dans la mécanique [1].

La méthode *psychologique* (dite aussi *autrichienne* d'après la nationalité de ses représentants les plus éminents [2]) s'attache exclusivement à la théorie de la valeur dont elle fait le centre de toute la science économique ; et comme la valeur, selon elle, n'est que l'expression des désirs de l'homme, elle est tout naturellement conduite à réduire la science économique à une étude des désirs des hommes, des causes qui les tendent ou les détendent, c'est-à-dire à une analyse psychologique très subtile. D'ailleurs le vieux principe classique, qu'elle a rajeuni sous le nom de principe *hédonistique* (d'un mot grec qui signifie plaisir, jouissance) — obtenir le maximum de satisfaction avec le minimum d'effort — était déjà tout à fait psychologique.

On voit donc que ces deux écoles se servent de la méthode déductive poussée à ses extrêmes conséquences. Toutefois, il faut leur rendre cette justice qu'elles n'ont pas commis la faute, comme l'avait fait la vieille école déductive, de se laisser prendre au piège de leurs propres spéculations. Elles ne donnent leur principe hédonistique et leurs abstractions que comme des hypothèses nécessaires pour établir la science pure [3].

[1] Inaugurée par Cournot en France, il y a longtemps (*Recherches sur les principes mathématiques de la théorie des richesses,* 1838), mais alors sans aucun succès, la méthode mathématique a été plus récemment mise en honneur par Stanley Jevons, Marshall et Edgeworth en Angleterre, Walras à Lausanne (mais français), Pantaleoni et Vilfredo Pareto en Italie, Gossen et Launhardt en Allemagne, Irving Fisher aux États-Unis. Voir le petit traité traduit en français de Vilfredo Pareto.

[2] Les professeurs Karl Menger, de Böhm-Bawerk, Wieser. Les théories subtiles de cette école ont été très bien résumées dans un petit livre du regretté professeur de Glascow, W. Smart, *Introduction to the theory of Value.*

[3] « L'économie politique pure, dit Léon Walras dans ses *Éléments d'Économie*

D'autre part, si la méthode abstraite de Ricardo revit dans les écoles mathématique et psychologique, on peut dire aussi que la méthode naturaliste de J.-B. Say revit dans l'école *organiciste* qui fait de l'Économie politique une annexe de l'histoire naturelle et de la biologie, en assimilant les sociétés humaines à des êtres vivants, chacune de leurs institutions n'étant qu'un organe adapté à une certaine fonction. Elle transpose ainsi les lois physiologiques en lois sociales : le réseau artériel et veineux ce sont les chemins de fer, les fils télégraphiques c'est le système nerveux, les riches c'est « le tissu adipeux »; et enfin la Bourse c'est « le cœur » [1] !

Mais cette dernière école, qui a eu un moment d'éclat, a fort décliné. Bon nombre de sociologues protestent aujourd'hui contre cette assimilation. Herbert Spencer, lui-même, qui avait le plus brillamment développé ces analogies dans ses *Principes de Socio-*

---

politique pure, est essentiellement la théorie de la détermination des prix sous un régime *hypothétique* de libre concurrence absolue ». M. Pantaleoni fait même cet aveu, inouï jusqu'ici (*Principii di Economia pura*) : « Que l'hypothèse hédonistique et psychologique, d'où se déduisent toutes les vérités économiques, coïncide *ou non* avec les motifs qui déterminent réellement les actions de l'homme... c'est là une question qui ne touche point à l'exactitude des vérités ainsi déduites ».

[1] Voir le grand ouvrage de Schæffle, *Bau und Leben des Socialen Körpers ;* René Worms, *Organisme et Société.* — Cette école développe notamment les thèses suivantes :

Tout corps organisé se compose d'innombrables cellules ayant chacune leur vie propre et leur individualité, en sorte que tout être vivant n'est véritablement qu'une *association* de millions et de milliards — plus nombreuses par conséquent que les plus grandes sociétés humaines — d'individualités infiniment petites qui, comme le dit Claude Bernard, « s'unissent et restent distinctes comme des hommes qui se tiendraient par la main ».

Tout être organisé est soumis à la loi de la *division du travail.* Ce n'est que dans les organismes tout à fait inférieurs que toutes les fonctions sont confondues dans une masse informe et homogène; mais, à mesure que l'organisation se perfectionne, les fonctions diverses de nutrition, de reproduction, de locomotion, etc., se différencient et chacune dispose d'un organe spécial, en sorte que la perfection de l'organisme est d'autant plus grande que le travail physiologique est plus divisé.

Tout être vivant est le siège d'un mouvement perpétuel d'*échange* et de *circulation,* échange de services et même de matériaux : il faut bien en effet, pour qu'une fonction de l'organisme puisse être spécialisée dans un seul organe, comme nous venons de le voir, que les autres organes s'acquittent des autres fonctions essentielles à la vie et lui en communiquent les bienfaits.

Le *crédit* lui-même serait indispensable au fonctionnement des êtres vivants, comme à celui de l'organisme social. « Si un organe du corps de l'animal ou du corps politique, dit encore Spencer, est subitement appelé à fournir une action considérable, il faut qu'il reçoive un supplément de matériaux qu'il consomme en fonctionnant, il faut qu'il ait un *crédit* ouvert sur la fonction qu'il remplit ».

logie, a protesté plus tard contre toute idée d'assimilation entre les organismes vivants et les sociétés humaines [1].

II

Les écoles au point de vue des solutions.

Ce n'est pas seulement sur la méthode à suivre, mais plus encore sur le programme d'action, sur la *politique sociale*, comme disent les Allemands, sur les *solutions* à proposer, que les économistes sont divisés en nombreuses écoles — presque autant que les philosophes. En 1821, un économiste anglais, le colonel Torrens, écrivait : « la période des controverses va bientôt être close et celle de l'entente unanime approche rapidement. Dans vingt ans d'ici il ne restera pas un seul point litigieux dans les principes essentiels de l'Économie politique ». Vingt ans, quelle foi dans la force de la vérité! Or, voici bientôt cent ans que cette prophétie a été énoncée et l'entente unanime ne parait pas plus près de nous. Il ne suffit pas de dire, pour se consoler, que l'Économie politique n'a guère plus d'un siècle d'existence et que ce défaut passera avec l'âge. D'autres sciences qui ne sont guère plus vieilles, qui ont à peine dépassé une vie d'homme, sont arrivées déjà à constituer un ensemble de principes assez certains pour l'adhésion presque unanime de tous ceux qui les cultivent. Il ne faut pas désespérer de réaliser le même accord entre économistes, tôt ou tard, en ce qui concerne l'observation des phénomènes et l'explication des rapports qui les unissent. Malheureusement, un tel espoir n'est guère possible quant aux divergences qui portent sur les fins à poursuivre, sur l'idéal désirable et sur les moyens propres à le réaliser. Celles-ci ne pourraient cesser que le jour où l'unité morale, politique, sociale du genre humain serait réalisée [2].

[1] Et un sociologue éminent, M. Tarde, a rompu plus résolument encore avec cette tendance en déclarant que « la science sociologique ne se développera que du jour où on aura coupé définitivement le cordon ombilical qui la rattache à sa mère, la biologie ». Mais c'est encore trop concéder, car nous ne croyons pas du tout que la biologie soit « la mère » de la sociologie!

[2] Citons en outre, et seulement parmi les morts : en France, Dunoyer (*Liberté du Travail*, 1845), Bastiat (*Harmonies*, 1848), Courcelle-Seneuil et Léon Say ; en Angleterre, Mac Culloch, Senior et Cairnes ; en Italie, Ferrara ; aux États-Unis, Carey et Walker. L'école libérale anglaise est désignée parfois sous le nom d'*École de Manchester*, parce que c'est là qu'elle fit triompher le libre-échange.

C'est en France que cette école a conservé jusqu'à maintenant le plus grand nombre de fidèles, presque tous les économistes de l'Institut et ceux de la Société d'Économie politique, etc. M. de Molinari, ex-directeur du *Journal des Écono-*

On peut distinguer dans le mouvement économique contemporain cinq écoles, ou, si l'on veut, cinq tendances, assez nettement caractérisées.

§ 1. École libérale.

La première de ces écoles, qu'on appelle parfois *classique* parce que tous les fondateurs de l'Économie politique, les Physiocrates, Adam Smith, Ricardo, J.-B. Say, Stuart Mill, lui appartiennent [1], parfois aussi *individualiste* parce qu'elle voit dans l'individu à la fois le moteur et le but de l'activité économique — et que ses adversaires appellent ironiquement *orthodoxe*, à raison du caractère dogmatique de ses affirmations et parce qu'elle exclut de la science tous ceux qui la comprennent autrement qu'elle — a déclaré à maintes reprises n'accepter d'autre qualificatif que celui d'*école libérale*. Il convient donc de lui donner exclusivement ce dernier titre, parce que d'ailleurs il la caractérise fort bien et s'accorde avec la formule fameuse qui lui a servi longtemps de devise : Laisser faire, laisser passer. Mais est-ce bien « une école? » Ses partisans s'en défendent avec hauteur et prétendent représenter la science elle-même. Il se donnent à eux-mêmes, et leurs adversaires leur concèdent même le plus souvent le titre de « économistes » tout court. Il est vrai que les origines de cette école se confondent avec celles de la science économique elle-même. Sa doctrine est simple et peut se résumer en trois points .

1° L'école libérale croit à l'existence d'un Ordre Naturel en ce sens que les sociétés humaines sont gouvernées par des *lois naturelles* que nous ne pourrions point changer quand même nous le voudrions, parce que ce n'est pas nous qui les avons faites, et que d'ailleurs nous n'avons point intérêt à modifier quand même nous le pourrions, parce qu'elles sont bonnes ou du moins les meilleures possibles. La tâche de l'économiste se borne à découvrir le jeu de ces lois naturelles, et le devoir des individus et des gouvernements est de s'appliquer à régler leur conduite d'après elles [2].

2° L'école libérale est individualiste en ce sens qu'elle voit dans l'*effort individuel* le premier et même l'unique moteur de l'évolu-

---

mistes, décédé récemment, en fut le doyen, et son successeur, **M. Yves Guyot**, en est le plus pur représentant.

[1] Voir le chapitre final de l'*Histoire des doctrines économiques*, Gide et Rist.

[2] Cette tendance optimiste s'est surtout affirmée dans l'école française. Elle a atteint son apogée dans le livre de Bastiat, les *Harmonies économiques*, et dans celui de Dunoyer, la *Liberté du Travail*, mais elle se retrouve dans les écrits de plusieurs économistes français contemporains, par exemple dans le livre de M. Paul

tion sociale. Elle ne croit point se mettre par là en contradiction avec la doctrine précédente des lois naturelles, car ces lois, telles qu'elle les conçoit, n'enchaînent point la liberté humaine : elles ne. sont, au contraire, que l'expression des rapports qui s'établissent spontanément entre les hommes vivant en société, partout où ces hommes sont laissés à eux-mêmes et libres d'agir suivant leurs intérêts. Ces intérêts individuels, antagoniques en apparence, sont en réalité convergents et entre eux s'établit une harmonie qui constitue précisément l'ordre naturel, lequel est de beaucoup supérieur à toute combinaison artificielle que l'on pourrait imaginer[1].

3° Le rôle du législateur, s'il veut assurer l'ordre social et le progrès, se borne donc à développer autant que possible ces initiatives individuelles, à écarter tout ce qui pourrait les gêner, à empêcher seulement qu'elles se portent préjudice les unes aux autres, et par conséquent *l'intervention de l'autorité doit se réduire à un minimum* indispensable à la sécurité de chacun et à la sécurité de tous, en un mot à « laisser faire ».

Une telle conception ne manque, certes, ni de simplicité, ni de grandeur. Quelle que soit la destinée qui lui soit réservée, elle aura du moins le mérite d'avoir servi à constituer la science économique et, si d'autres doctrines doivent la remplacer un jour, elle n'en restera pas moins le fondement sur lequel celles-ci auront bâti.

Nous ne lui reprocherons donc point, comme l'a fait l'école

Leroy-Beaulieu sur la répartition des richesses qui porte ce sous-titre significatif « ou tendance à une moindre inégalité des conditions ».

Cette tendance est beaucoup moins accusée dans l'école anglaise qui, à certains égards, se montre au contraire nettement *pessimiste*, notamment dans les théories de Ricardo, de Malthus et même de Stuart Mill que nous verrons plus loin, telles que les lois de la population, de la rente, du salaire nécessairement limité aux moyens de subsistance, du rendement non proportionnel, de l'état stationnaire etc., mais qui néanmoins les accepte comme des nécessités inéluctables.

[1] « Nous disons qu'il suffit de les observer (ces lois naturelles) en aplanissant les obstacles naturels qui s'opposent à leur action, et surtout en n'y ajoutant point les obstacles artificiels, pour que la condition de l'homme soit aussi bonne que le comporte l'état d'avancement de ses connaissances et de son industrie. C'est pourquoi notre Évangile se résume en ces quatre mots : Laisser faire, laisser passer » (De Molinari, *Les lois naturelles*). Et ailleurs (*Comment se résoudra la question sociale,* p. VII) : « Elles (les lois naturelles) travaillent sans bruit, par une action presque toujours inaperçue, à résoudre la question sociale ».

On a dit de même, dans une formule quelque peu paradoxale : l'Économie politique n'est pas plus l'art d'organiser les sociétés que l'astronomie n'est l'art de faire tourner les planètes. Tout le célèbre ouvrage de Bastiat, les *Harmonies économiques,* n'est que le développement de cette idée.

allemande, d'avoir abouti seulement à une stérile métaphysique des lois naturelles. Mais, par le développement logique des principes mêmes que nous venons de résumer, l'école libérale s'est trouvée poussée à faire l'apologie de toutes les institutions économiques actuelles, à nier ou à atténuer les griefs dont se plaignent les classes ouvrières, et même là où leurs misères ne sont pas niables, à y voir là conséquence inévitable du progrès général et comme la sanction nécessaire de la loi qui impose aux hommes la prévoyance et le travail [1]. Par là, cette école s'est attiré l'épithète « d'école dure », qualificatif sans doute tout à fait impropre, puisqu'il s'agit d'une conception scientifique, mais qui doit être entendue en ce sens qu'elle s'est rendue haïssable à ceux qui souffrent et qui attendent un soulagement à leurs maux. Peu importe, serait-elle en droit de répondre, si telle est la vérité ! Sans doute, mais il semble que cette attitude ait été inspirée moins par un esprit vraiment scientifique que par le parti pris de justifier l'ordre social existant. Voici, en effet, ce qu'il faut répondre :

1° L'idée que l'ordre économique existant est un ordre *naturel* — en ce sens qu'il serait le résultat spontané des lois naturelles et de la liberté et que par conséquent il est, sinon tout ce qu'il devrait être, du moins *tout ce qu'il peut être* — ne paraît pas fondée. L'histoire montre que très souvent ce que l'on appelle les institutions fondamentales de l'ordre social, propriété foncière, salariat, etc., sont le résultat — soit de faits de guerre et de conquête brutale (par exemple, l'appropriation du sol de l'Angleterre et de l'Irlande par un petit nombre de landlords, ou celui des provinces polonaises et lithuaniennes, a pour origine historique la conquête, l'usurpation ou la confiscation); — soit de lois positives édictées par certaines classes de la société à leur profit (lois successorales, lois fiscales, etc.). Si donc le monde était à refaire et s'il pouvait être refait dans des conditions de liberté absolue, rien ne prouve qu'il fût semblable à celui qui existe aujourd'hui.

2° Même en admettant l'existence de lois naturelles, et même en admettant, comme nous l'avons fait, que ces lois puissent être définies comme des rapports constants et nécessaires entre certains faits, il n'y a nullement lieu d'en conclure que ces faits eux-mêmes soient constants ni nécessaires, et par conséquent elles n'impliquent aucunement ce caractère définitif pour nos institutions sociales que

[1] « Il est bon qu'il y ait dans la société des lieux inférieurs où soient exposées à tomber les familles qui se conduisent mal. La misère est ce redoutable enfer ». (Dunoyer, *Liberté du Travail*).

l'école libérale se plaît à leur prêter. Une loi économique peut être aussi bien révolutionnaire que conservatrice. En tout cas, si, comme l'affirme, l'enseigne la science contemporaine, la loi naturelle par excellence est celle de l'évolution, alors il faudrait dire que les lois naturelles, bien loin d'exclure l'idée de changement, le **supposent** toujours. L'école libérale voit, par exemple, dans le salariat un état définitif ; les socialistes et coopératistes y voient au contraire un état transitoire, comme ceux de l'esclavage ou de servage qui l'ont précédé. Ce n'est pas le moment de donner raison aux uns ni aux autres, mais ce qu'on peut dire c'est que les lois naturelles peuvent aussi bien être invoquées par les seconds que par les **premiers**. De même pour la propriété foncière.

3° Moins encore est-on en droit, même en admettant l'existence de lois naturelles, d'en conclure qu'elles sont nécessairement bonnes ou du moins les meilleures possibles, et que par conséquent ce qu'il y a de mieux à faire pour le bien de tous, c'est de ne pas y toucher. La toile d'araignée est un fait tout à fait naturel, mais à la mouche qui s'y débat cette consolation importe peu. Or le monde économique est rempli de toiles d'araignée : y porter le balai n'a rien d'antiscientifique [1].

Quant à la *vis medicatrix naturæ* dont s'inspire le laisser-faire, c'est-à-dire à la croyance que la Nature est le meilleur des médecins, il n'y a aucun savant qui ne la considérât aujourd'hui comme une superstition de bonne femme. Sans doute il y a dans tout corps vivant des énergies qui luttent spontanément contre le mal et la mort — s'il n'en était pas ainsi, toute vie aurait disparu de la terre ou, pour mieux dire, n'aurait jamais pu éclore. Mais lorsqu'on laisse à la Nature le soin de guérir les malades dans une épidémie ou de panser les blessés au soir de la bataille, peu en réchappent [2]. Il en est exactement de même dans la vie sociale.

---

[1] Auguste Comte dit : « Les économistes ont méconnu radicalement la tendance de l'ordre naturel à devenir de plus en plus modifiable à mesure qu'il se complique davantage. Rien ne peut excuser le blâme doctoral que la métaphysique oppose à l'intervention continue de la sagesse humaine dans les diverses parties du mouvement social. Les lois naturelles auxquelles ce mouvement est en effet assujetti, loin de nous détourner de la modifier sans cesse, doivent au contraire nous servir à y mieux appliquer notre activité ».

[2] On cite sans cesse le rôle, émouvant en effet, de ces globules blancs, les phagocytes, qui se précipitent sur les bacilles nuisibles pour les détruire — mais ils n'y réussissent pas toujours, tant s'en faut ! Et que d'exemples on pourrait citer de cas où la Nature fait très mal son œuvre réparatrice. « La Nature n'est pas un bon médecin. Elle applique ses remèdes avec une brutalité qui peut emporter le malade. La fièvre est un de ses remèdes : cependant elle peut monter à un tel

Tout ce qu'on peut dire c'est que la science économique étant moins avancée encore que la science médicale, ce peut être de la part des gouvernants une sage politique que de s'abstenir là où ils ignorent.

§ 2. Écoles socialistes.

L'école socialiste est aussi ancienne que l'école classique : on peut même dire que chronologiquement elle l'a précédée, car il y avait des socialistes longtemps avant qu'on connût des économistes. Cependant ce n'est qu'après que la science économique a pris un caractère scientifique que le socialisme s'est affirmé, par le fait même de son antagonisme avec elle. Les doctrines de cette école ayant surtout un caractère critique et étant très divergentes, il est beaucoup plus difficile de les formuler que celles de l'école précédente. Voici cependant comment on peut les résumer [1] :

1° Toutes les écoles socialistes voient la cause essentielle du désordre social dans la concentration des biens entre les mains d'un petit nombre de parasites qui donne à ceux-ci le pouvoir d'exploiter la masse en la faisant travailler à leur profit : *paucis humanum genus vivit.*

En conséquence, elles attendent un ordre de choses nouveau dans lequel la propriété capitaliste, et son autre face le salariat, seront, sinon complètement abolis, du moins de plus en plus limités. Et suivant que ces écoles se montrent plus ou moins exigeantes sur le droit de propriété, elles peuvent être ainsi classées par une gradation décroissante en exigences : le *communisme* qui

---

degré qu'au lieu de guérir le malade, elle le tüe. La toux, un des procédés naturels pour débarrasser les bronches des matières qui les encombrent, empêche tout sommeil, produit des lésions et répand la contagion... Un ulcère de l'intestin peut guérir sans aide, dans de favorables circonstances, mais la cicatrisation qui en résulte graduellement étrangle le passage... En somme, dans la plupart des cas, la Nature est l'adversaire du médecin ». C'est ainsi que s'exprime le Dr Maverich dans *The Medical Record.*

[1] Le socialisme, en laissant de côté toute la lignée des précurseurs qu'on peut faire remonter jusqu'à Platon, a eu comme principaux représentants dans le dernier siècle : — en France : Saint-Simon (*Système industriel,* 1821); Fourier (*Association Domestique Agricole,* 1822); Proudhon (*Qu'est-ce que la propriété ?* 1840); — en Angleterre, Owen (son principal ouvrage, *New Views of Society,* est de 1812); — en Allemagne : Rodbertus, *Lettres sociales à Kirchmann,* 1850, traduit en partie en français sous le titre *Le Capital,* par M. Chatelain; Karl Marx (*Le Capital,* vol. I, 1867, plus trois volumes posthumes, plusieurs éditions françaises). C'est la France qui a donné la plus vigoureuse impulsion au socialisme jusqu'au milieu du xix° siècle, mais depuis lors ce sont les Allemands qui ont donné au socialisme contemporain, dit souvent le *marxisme,* sa physionomie caractéristique.

veut la suppression de la propriété privée pour tous les biens ; le *collectivisme* qui réclame la suppression de la propriété seulement pour les biens qui servent à la production ; le *socialisme agraire* qui se contente de la suppression de la propriété seulement pour la terre.

Au reste, les socialistes ne se préoccupent plus guère de savoir quels seront les traits de la société future. Ce sont les anciens socialistes (Thomas Morus, Saint-Simon, Fourier), qu'on qualifie dédaigneusement d'utopistes et dont les doctrines sont d'ailleurs injustement discréditées, qui s'étaient complu à la construire de toutes pièces d'après tel ou tel principe de justice *a priori;* ils proposaient des *systèmes*. Les autres, qui prennent fièrement le titre de socialisme *scientifique* (les marxistes), se refusent à proposer des systèmes, mais ils se bornent à montrer comment la société future se fera d'elle-même et comment elle s'élabore déjà sous nos yeux [1].

2° Ces écoles socialistes ne prétendent point, comme le leur reprochent les économistes, que l'ordre social ne puisse être changé par des modes pacifiques et qu'une révolution soit indispensable [2]. Elles croient aussi à l'évolution : seulement, elles pensent que la révolution, en entendant par là le brusque déclenchement d'un travail latent et lentement mûri, constitue précisément un des modes normaux de l'évolution ; et cela non pas seulement dans l'évolution sociale, mais aussi dans l'évolution biologique ou géologique. Les tremblements de terre et le soulèvement des montagnes ont été un des facteurs qui ont déterminé la forme actuelle de notre globe, et le poussin, pour sortir de l'œuf, doit casser sa coquille à coups de bec. Toute naissance est une sorte de révolution, et la violence ne serait que l'intervention de l'accoucheur lorsque la société nouvelle est arrivée à son terme dans le sein de la société ancienne.

On peut même dire que les écoles socialistes sont plus déterministes que l'école libérale en ce sens qu'elles affirment la toute-puissance du milieu sur l'individu. C'était déjà la doctrine d'Owen

---

[1] Voir cependant diverses descriptions anticipées de cette société future, au point de vue collectiviste, dans la *Quintessence du Socialisme* par Schæffle et dans *Le régime socialiste* de George Renard.

[2] « Il est permis de sourire avec une certaine mélancolie quand on traite les collectivistes de révolutionnaires ; ils le sont si peu !... Ils se contenteront de modifier la surface sociale du phénomène ; ils n'en sauraient modifier les lois internes et profondes ; n'est pas révolutionnaire qui veut » (Jaurès, *L'Organisation socialiste*).

et de Fourier et, dans l'école marxiste, elle s'est affirmée sous le nom de *matérialisme historique*. On veut dire par là que les faits d'ordre économique, et plus spécialement encore ceux relatifs à la production et à la technique industrielle, déterminent tous les faits sociaux, même les plus éloignés et les plus élevés dans la hiérarchie, tels que ceux de l'ordre politique, moral, religieux, esthétique. Marx a écrit : « En changeant leur mode de production, les hommes changent tous leurs rapports sociaux. Le moulin à bras vous donnera la société avec le suzerain; le moulin à vapeur, la société avec le capitaliste industriel ». Et on se fait fort d'expliquer ainsi, par des causes purement économiques, l'avènement du Christianisme ou la Réforme, la Renaissance, les luttes des partis, Guelfes et Gibelins ou whigs et tories, et tout ce qu'on voudra[1].

Cependant, ce déterminisme n'a pas le caractère fataliste qu'on lui prête, car, même si l'évolution sociale est déterminée par le moulin à vapeur se substituant au moulin à bras, il ne faut pas oublier que l'un et l'autre moulin sont des produits de l'industrie humaine, et que, par conséquent, l'action collective de l'homme est elle-même le premier facteur de cette évolution qui l'entraîne et la dépasse.

3° Les écoles socialistes sont généralement disposées à étendre autant que possible les attributions des pouvoirs collectifs représentés soit par l'État, soit par les communes, soit par les associations ouvrières, puisqu'en effet leur but est d'arriver à transformer en services publics tout ce qui est aujourd'hui du ressort de l'entreprise privée.

Il est pourtant tout à fait inexact de définir le socialisme, comme on le fait fréquemment, en disant qu'il veut tout faire faire par l'État. Il est si loin de vouloir tout remettre entre les mains de

---

[1] On trouvera notamment dans un livre de M. Achille Loria (traduit en français *Bases essentielles de la constitution sociale*) des exemples curieux et imprévus de cette façon de rattacher les plus grands faits de l'histoire à certaines causes économiques qui sont bien les dernières auxquelles on aurait songé.

Cette doctrine du matérialisme historique contient évidemment une part de vérité en ce sens que pour faire n'importe quoi l'homme doit d'abord manger et qu'ainsi les faits économiques sont le fondement sur lequel tout le reste est bâti. Mais autre chose est de dire qu'une certaine infrastructure économique est la base nécessaire de toute civilisation, autre chose est de dire qu'elle détermine cette civilisation. C'est simplement le terrain sur lequel les flores les plus diverses peuvent s'épanouir. Au reste, les socialistes marxistes eux-mêmes ne prennent plus cette doctrine dans un sens absolu et elle n'a plus guère de valeur que comme protestation contre la méthode *idéologique*.

l'État qu'il veut, au contraire, le supprimer ! S'il appuie généralement les projets de loi qui étendent les attributions de l'État, c'est seulement comme mesure transitoire pour transformer les entreprises individuelles en entreprises collectives. Car, loin d'être étatiste, il professe le plus grand mépris pour l'État tel qu'aujourd'hui, l'État bourgeois, comme il l'appelle, c'est-à-dire l'État politicien et patron s'inspirant des mêmes intérêts que les individus. Il évite même, dans ses plans de réorganisation sociale, de prononcer le mot d'État et il emploie de préférence celui de Société. L'État, dans le plan socialiste, devra perdre tout caractère politique pour devenir simplement économique : il ne sera rien de plus que le Conseil d'administration d'une sorte d'immense société coopérative embrassant le pays tout entier. C'est par là que le pur socialisme, le socialisme ouvrier (on dit en Allemagne « socialisme démocratique »), se distingue du *socialisme d'État* que nous allons voir tout à l'heure.

4° Enfin, le caractère le plus saillant du socialisme actuel est qu'il est exclusivement *ouvrier*, c'est-à-dire qu'il n'admet pas d'autres intérêts que ceux de la classe ouvrière et considère les intérêts des autres classes de la société comme en antagonisme nécessaire avec ceux des travailleurs [1]. Les classes bourgeoises ou capitalistes ont eu leur rôle, qui a été de former la société actuelle, mais devenues parasitaires elles doivent être éliminées. De là l'affirmation de *la lutte de classes* qui est le principe essentiel du programme socialiste. Il faut remarquer que ce caractère n'existait pas dans le socialisme ancien ni dans celui de 1848, ni même sous la forme intellectuelle qu'on appelle l'*anarchisme* [2]. Le

---

[1] Le communisme de Platon était absolument aristocratique, celui des cités d'Utopie et même encore celui de 1848 était offert à tous. Fourier voulait un monde où tout le monde fût heureux, « même les riches ».

Proudhon seulement, par la dignité qu'il attribue au travail et surtout au travail manuel, peut être considéré comme un précurseur du socialisme ouvrier, et pourtant Karl Marx n'a cessé de le traiter de « petit bourgeois ».

[2] Entre les diverses écoles socialistes l'*anarchisme* se distingue par des caractères si tranchés qu'il faudrait lui réserver une catégorie à part. Le nom même de socialiste ne lui convient guère puisqu'il a au contraire pour caractéristique l'individualisme à outrance, l'horreur de toute réglementation et de toute contrainte. Il apparaît plutôt comme une sorte d'outrance de l'école libérale, car, comme elle, il veut la parfaite liberté (aussi s'appelle-t-il volontiers socialisme *libertaire*) : seulement, tandis que l'école libérale se contente de réduire au minimum le rôle du législateur, l'école libertaire supprime toute loi. Celle-ci partage d'ailleurs le même optimisme et exalte aussi l'harmonie des instincts naturels livrés à eux-mêmes. Mais où elle diffère grandement de l'école libérale et s'apparente au socialisme, c'est qu'elle croit que la propriété individuelle est incompatible avec la pleine

caractère ouvrier ou prolétarien ne s'est affirmé que depuis l'avènement du socialisme marxiste et il s'est mieux précisé de nos jours dans le *syndicalisme* qui, comme son nom l'indique, a pris pour organe le syndicat parce que le syndicat, par définition même, ne peut admettre que des ouvriers. Et par la même raison, la Révolution s'annonce aujourd'hui sous une forme spécifiquement ouvrière, celle de la grève générale.

Il est impossible d'apprécier dans ce chapitre la valeur des griefs que l'école socialiste fait valoir contre l'ordre social actuel : nous les retrouverons sans cesse au cours de ce livre. Disons cependant dès à présent que le rapide essor du socialisme partout pays ne peut guère s'expliquer que par la part de vérité qu'il contient, et que, en tant que doctrine *critique*, il a exercé une influence plutôt salutaire sur les esprits et les tendances de notre temps.

Mais en tant que doctrine *positive*, c'est-à-dire en tant que plan d'organisation économique destiné à remplacer le régime sous lequel nous vivons, il n'a pu aboutir. Tous les systèmes proposés autrefois, après avoir recruté quelques disciples enthousiastes, ont été abandonnés ou ne subsistent qu'à l'état de vagues espérances ; et quant au socialisme dit scientifique, il s'est refusé à formuler un plan d'organisation ou même a dû désavouer ceux que de plus hardis avaient prématurément esquissés. Nous reprendrons d'ailleurs cette discussion sur le collectivisme au Livre III.

§ 3. Socialisme d'État. — Du rôle de l'État.

Cette doctrine ne se confond nullement avec la précédente. Au contraire, elle se présente comme son antidote et est généralement aussi bien vue des gouvernants, parfois même des despotes, que l'autre l'est des révolutionnaires.

Elle se rattache étroitement par ses origines à l'*école historique* dont nous avons parlé dans le chapitre précédent et même se con-

---

indépendance de l'individu, ou du moins ne peut la donner à l'un sans l'enlever aux autres. Comme l'a dit spirituellement un socialiste chrétien, M. Wilfred Monod, ce qu'on appelle la propriété « privée » n'est-elle pas celle qui « prive » autrui?

En outre, comme nous le disons ci-dessus, l'anarchisme se distingue du socialisme actuel en ce qu'il n'a rien de spécifiquement ouvrier.

L'anarchisme est généralement considéré comme d'origine russe, d'abord parce qu'il a été surtout enseigné par deux Russes : Bakounine (mort en 1876) et Kropotkine (les ouvrages de tous les deux ont été publiés en français); et aussi parce qu'on le confondait autrefois avec le *nihilisme*, quoiqu'il n'eût aucun rapport avec cette doctrine qui était surtout politique — mais, en réalité, l'anarchisme ne s'est guère propagé que dans les pays de race latine, France, Espagne, Italie.

fond avec elle. Celle-ci ne s'était séparée d'abord de l'école classique que sur la question de méthode, mais elle n'a pas tardé à s'en différencier par ses tendances et son programme. Elle a commencé par rejeter absolument le principe caractéristique de l'école libérale, le « laisser faire ». Elle assigne à la science un *but pratique:* elle considère comme surannée, du moins quand il s'agit des sciences sociales, la vieille distinction entre l'art et la science et revient par là à la conception des premiers économistes. Elle estime, en effet, que nous ne pouvons songer à modifier les institutions économiques dans un autre sens que celui indiqué par l'histoire, mais, dans ce sens-là, nous pouvons et nous devons créer l'histoire. Par conséquent, la science renferme l'art de la même façon que le passé renferme l'avenir. Ce qui *est*, ce qui *sera*, ce qui *doit être*, tout cela est inséparable. Par exemple, tandis que l'école classique considère la propriété foncière, le salariat, comme des institutions définitives dues à des causes nécessaires et générales, l'école historique les considère comme de simples « catégories historiques » dues à des causes diverses et qui ont affecté des formes très variables suivant les temps et suivant les pays[1].

Elle n'accepte pas la séparation entre la science et la morale, entre l'utile et le juste, qui est une des caractéristiques de l'école libérale et individualiste. Elle se fait une conception *éthique* de l'Économie politique. Elle estime que la lutte contre l'injustice et les abus de l'organisation économique existante, tels qu'ils se sont peu à peu enracinés au cours de l'histoire, la défense de l'intérêt public contre l'action prépondérante de l'intérêt individuel, constitue la tâche principale de la politique sociale. Elle n'admet pas q e la répartition des richesses soit abandonnée uniquement à la concurrence, c'est-à-dire à la chance et à la force[2].

---

[1] Et mieux que cela ! A en croire l'école historique, le principe hédonistique lui-même n'est nullement un instinct inné, universel et de tous les temps. Dans les sociétés primitives (et même aujourd'hui là où les mœurs primitives se sont conservées), l'homme n'a point pour principe de vie de rechercher le profit maximum. C'est seulement dans ses rapports avec l'étranger, c'est-à-dire avec l'ennemi (ces deux mots étant synonymes chez les anciens) qu'il l'a appris ; et c'est au fur et à mesure que le commerce extérieur s'est étendu jusqu'à englober et à dominer les rapports individuels que la règle féroce du marché (*marché*, marche, frontière), où l'on n'échangeait que la lance au poing, est devenue la loi des rapports économiques (Voir Brentano, *Une leçon sur l'Économie classique, Revue d'Économie politique*, 1889).

[2] Voir notamment les lettres du professeur Schmoller en réponse aux critiques dirigées par les professeurs Treitschke et Lasson contre l'école des Socialistes de

Précisément en raison du peu d'importance qu'elle attache à la notion de loi naturelle (voir ci-dessus, p. 14), elle en attache une d'autant plus grande aux *lois positives* émanées du législateur et y voit un des facteurs les plus efficaces de l'évolution sociale. Elle est donc portée à étendre considérablement les attributions de l'État et ne partage nullement à cet égard les antipathies ou les défiances de l'école libérale [1].

C'est l'école allemande qui a marqué avec le plus de force ce caractère éthique de l'Économie politique, en l'opposant à l'école individualiste. Et ces préoccupations morales et démocratiques, ce souci de protéger les faibles, d'assurer les bons rapports entre les différentes classes de la nation, ces protestations indignées contre les doctrines de la libre concurrence, de la lutte pour la vie, du chacun pour soi — tous ces caractères qu'il faut reconnaître à la politique sociale allemande, forment un contraste vraiment inattendu (et qui ne paraît pourtant pas avoir été souvent remarqué) avec les doctrines allemandes sur les rapports des nations entre elles telles qu'elles sont enseignées par ces mêmes Universités dans des livres si souvent cités en ces derniers temps.

Cette école a exercé une grande influence dans ces derniers temps, non seulement sur les esprits, mais sur la législation. Le grand mouvement qui date du dernier quart du xixe siècle et qu'on appelle la *législation ouvrière*, les traités conclus entre États pour une réglementation internationale du travail, l'appui moral et souvent pécuniaire prêté par l'État à une foule d'institutions sociales, lui sont dus en grande partie. Elle a certainement rendu grand service à la science en élargissant le point de vue étroit, factice, d'une simplicité voulue et d'un optimisme irritant, auquel l'école classique s'était toujours complu. Elle a fait sortir la science de cette abstention systématique où elle s'enfermait et à cette question posée depuis si longtemps par la misère humaine : Que faire ? elle a cherché une autre réponse qu'un stérile « laisser faire ».

Elle a été utile aussi en démontrant que cette défiance extrême de l'État manifestée par l'école libérale — ne lui laissant guère

la Chaire issue du Congrès d'Eisenach, 1872 (lettres traduites en français sous le titre *Politique Sociale et Économie Politique*).

[1] « L'État est le centre et le cœur de toutes les institutions : c'est à lui qu'elles viennent aboutir. Il a une influence directe et puissante sur la répartition des richesses... Comme législateur et comme administrateur il exerce la plus grande influence sur les mœurs, sur le droit et sur toutes les institutions sociales. Et c'est là le point décisif » (Schmoller, *La Politique Sociale*, p. 288).

d'autre rôle que de préparer son abdication progressive — ne paraît pas établie, ni scientifiquement ni historiquement. Le rôle de l'État a toujours été très grand et, malgré certaines apparences, il va grandissant.

D'abord c'est l'État qui toujours a fait les lois et c'est la loi qui crée le droit. Or quelle influence n'exercent pas sur les rapports sociaux, même au point de vue purement économique, la Loi et le Droit, par la propriété, par l'hérédité, et par tous les contrats, ventes, prêts, location? On dit, il est vrai, que l'État ne crée pas les lois ni le droit, mais se borne à donner une sorte de formule de consécration à ce que les mœurs avaient déjà créé. C'est pour cette raison, disaient les Physiocrates, qu'on dit *législateurs* et non *législacteurs*. — Sans méconnaître la part de vérité contenue dans cette doctrine, il est facile de montrer combien cette conception libérale est insuffisante. Quand nous voyons aujourd'hui l'État prohiber par des lois l'absinthe, les publications pornographiques, le malthusianisme, les jeux, pense-t-on qu'il ne fasse que suivre et consacrer les mœurs? Et ne lutte-t-il pas plutôt contre elles?

Dans la préface à la dernière édition de son *Cours,* M. Colson dit : « Tout en reconnaissant la grande importance du rôle de l'État, on ne peut le considérer ni comme ayant sa fin en lui-même, ni comme doué, en vertu de quelque inspiration mystérieuse, de qualités très supérieures à celles de ses membres ».

Mais ni les interventionnistes ni moins encore les socialistes n'ont émis de telles prétentions. Il est vrai que la doctrine allemande, en tant qu'elle s'inspire d'Hégel, enseigne que l'État a sa fin en soi et même qu'il est la conscience de la nation — mais pour nous l'État n'est qu'un moyen, une organisation qui ne diffère en rien par sa nature, mais seulement par l'étendue, d'une société coopérative, d'une société de secours mutuels, d'un syndicat. Par conséquent nous ne saurions lui attribuer d'autres qualités que celles de ses gouvernants et de ses agents. Pourtant il ne semble pas excessif d'espérer que si l'État est politiquement bien constitué, ses agents et gouvernants pourront avoir des talents un peu supérieurs à la moyenne. Et si l'État est politiquement mal constitué, ceci n'est plus l'affaire de l'Économie politique.

Tel quel, et si mal organisé qu'il ait pu être, il ne faut pourtant pas oublier que l'État dans l'histoire a fait, même à s'en tenir au domaine économique, de très grandes et très belles choses que l'initiative individuelle avait été impuissante à réaliser, qu'il a mis fin à des iniquités que l'intérêt personnel et le désir du profit avaient précisément couvées — abolition de l'esclavage, du servage, des maîtrises, réglementation du travail, protection des enfants, établissement des routes, hygiène des cités [1]. Sans doute, ces réformes ont été provoquées d'abord par les individus : comment pourrait-on oublier, dans l'abolition de l'esclavage des noirs, le rôle de Wilberforce et Mme Beecher-Stowe? et dans la libération des enfants de la fabrique, celui de lord Shaftesbury ? Sans doute l'État ne se met en branle qu'après les individus et ne peut agir lui-même que par l'organe d'individus — l'État c'est toujours quelqu'un, héros ou scribe — mais néanmoins c'est par sa puissance que ces bonnes volontés individuelles parviennent à se réaliser [2].

Voici les deux principaux griefs contre le socialisme d'État.

L'une, de principe, c'est que l'État, même lorsqu'il réalise des réformes bonnes en elles-mêmes, ne le peut faire généralement que par la loi, c'est-à-dire par *la contrainte*. Mais il faut remarquer que toutes les fois qu'il s'agit d'entreprises collectives et même sous le régime de l'association libre, la contrainte ne peut être évitée puisqu'il faut bien que la minorité se soumette à la volonté de la majorité. De plus, il est inexact de croire que l'État agisse toujours par voie de contrainte en ordonnant ou en défendant de faire ceci ou cela : très souvent il agit par voie d'*exemple* — ainsi comme patron dans ses chantiers ou ateliers — ou par voie d'*aide*, quand il crée les routes, les ports, les canaux, les télégraphes, subventionne certaines industries, tels les chemins de fer, ou des institutions dues à l'initiative privée, telles les sociétés de secours mutuels, caisses de crédit, de chômage, de retraite, ou quand il organise directement certaines institutions pour les mettre à la disposition des intéressés, telles les écoles professionnelles, caisses d'épargne ou d'assurances.

L'autre grief, celui-ci pratique, contre le socialisme d'État, c'est que souvent l'État a montré la plus déplorable incapacité en matière économique et souvent aussi s'est fait l'instrument des partis plutôt que l'organe de l'intérêt général [3]. Ce n'est que trop vrai, mais ce sont là des vices tenant moins à la nature de l'État

---

[1] Voir en ce sens Dupont White, *L'individu et l'État* (1865).

[2] Dans la guerre actuelle qui bouleverse le monde, le socialisme d'État a pris une extension inimaginable, dans la libérale Angleterre guère moins qu'en Allemagne. Sans doute on dira que l'état de guerre n'est pas gouverné par les mêmes lois que l'état de paix. Mais pourtant le salut public est-il autre chose que le superlatif de l'intérêt public ?

[3] Voir le célèbre pamphlet d'Herbert Spencer, *L'Individu contre l'État.*

qu'à son organisation. Assurément il n'est pas facile de remplacer, comme moteur d'activité, l'intérêt personnel par l'intérêt public. Mais c'est une façon trop facile de remporter la victoire dans toute discussion sur l'interventionnisme que de signaler les sottises commises par les administrations publiques. Elles sont, certes, innombrables et parfois déconcertantes. Mais, pense-t-on que si on faisait le compte de toutes les fautes commises dans les entreprises privées, tant sous forme de sociétés que sous forme individuelle, on n'en trouvât autant et plus? Seulement la presse n'en dit rien. Il est vrai que les sottises commises par les entreprises privées trouvent leur sanction dans la ruine, tandis que celles commises par l'État, se trouvant exemptes de cette sanction, peuvent durer plus longtemps[1].

Il ne faut pas oublier que l'État et les municipalités, même dans les pays les plus avancés au point de vue démocratique (surtout dans ceux-là, faudrait-il dire), n'ont été organisés *qu'en vue de leurs fonctions politiques et nullement de leurs fonctions économiques* — et même que celles-ci sont subordonnées à celles-là : il suffit de voir l'influence des intérêts électoraux quand il s'agit d'établir un chemin de fer ou de réduire le personnel des arsenaux ! La forme encore embryonnaire de la division du travail dans le gouvernement, l'arbitraire avec lequel sont distribuées les fonctions publiques, l'instabilité du pouvoir, l'organisation grossière du suffrage dit universel, lequel trop souvent ne représente même pas la volonté de la majorité, peuvent rendre l'État actuellement impropre à poursuivre des fins économiques. Mais il est permis d'espérer que du jour où il serait constitué en vue de ses nouvelles fonctions, il pourrait exercer une action plus économique et plus efficace que celle à laquelle il s'est essayé jusqu'à présent.

Nous nous bornons ici à ces notions générales, mais nous retrouverons l'intervention de l'État, et les critiques qu'elle provoque, dans chacune des quatre grandes divisions de ce livre :

Dans la *production*, l'État entrepreneur d'industrie ou subventionnant et contrôlant certaines industries privées ;

Dans la *circulation*, l'État réglementant le commerce international et les banques et fabriquant lui-même la monnaie ;

Dans la *répartition*, l'État intervenant dans la distribution des

---

[1] C'est pourquoi dans les pays où le socialisme municipal est en voie de développement, comme en Italie, ce n'est pas au conseil municipal, corps politique, mais à des organisations indépendantes de tout parti politique et de toute préoccupation électorale (*ente autonomo*) qu'est remise l'exploitation du service économique. Il faudrait faire de même pour l'État. Voir ci-après *La Production par l'État*.

fortunes par les lois sur les propriétés, les successions, le prêt à intérêt, les fermages, les salaires, et se faisant à lui-même sa part par l'impôt prélevé sur le revenu de chaque citoyen ;

Et même, dans la *consommation*, l'État prohibant ou contrôlant certaines consommations.

§ 4. Christianisme social.

Cette école est subdivisée en deux tendances très divergentes dans leur orientation, quoique ayant le même point de départ, et qui correspondent naturellement aux deux grandes confessions religieuses chrétiennes entre lesquelles se répartissent les pays les plus avancés au point de vue économique.

§ 1. L'école catholique croit fermement, comme l'école classique, à l'existence de lois naturelles, qu'il faut appeler *lois providentielles*.

Seulement, elle croit que le jeu de ces lois providentielles peut être profondément troublé par le mauvais emploi de la liberté humaine, et que, en fait, c'est précisément ce qui est arrivé : par la faute de l'homme, par le péché d'Adam, le monde n'est pas ce qu'il devait être, ce que Dieu aurait voulu qu'il fût. A la différence de l'école libérale, elle n'est donc nullement optimiste : elle ne considère point l'ordre social comme bon ni même comme tendant naturellement vers le mieux. Le devoir de l'homme n'est pas de suivre sa nature mais de la dompter. Donc elle n'a aucune confiance dans le laisser-faire pour rétablir l'harmonie et assurer le progrès, puisqu'elle voit au contraire dans la foi orgueilleuse en la liberté, qu'elle appelle le *libéralisme*, la véritable cause de la désorganisation sociale.

La véhémence des critiques que l'école catholique dirige contre l'organisation actuelle, contre le capitalisme, contre le profit, contre l'intérêt qu'elle flétrit, comme au moyen âge, du nom d'usure (*usura vorax*), contre les sociétés par actions, contre le libre-échange et toutes les formes de l'internationalisme, et surtout contre la concurrence, lui a valu de la part des économistes libéraux le nom de *Socialisme catholique*. Elle s'en défend cependant très vivement et, en effet, malgré certains points de vue qui leur sont communs, elle diffère de l'école socialiste *toto orbe :* — d'abord en ce qu'elle ne propose nullement d'abolir les institutions fondamentales de l'ordre social actuel, propriété, hérédité, salariat, mais bien plutôt de les consacrer dans l'esprit chrétien ; — ensuite, en ce qu'elle ne croit nullement à l'évolution ni au progrès indéfini de l'espèce humaine et cherche beaucoup moins son idéal dans le futur que dans une renaissance de l'esprit qui animait les institutions du passé et qui a procuré aux hommes une vie relativement heureuse : par exemple le retour à la vie rurale et aux *corporations professionnelles* de patrons et d'ouvriers.

Elle ne se montre pas hostile en général à l'intervention de l'État qui est, après l'Église, « le ministre de Dieu pour le bien »[1], et la réclame même formellement pour assurer aux classes ouvrières le repos dominical, la réglementation du travail et même un juste salaire. Cependant, une fraction de l'école catholique se montre non moins opposée que l'école libérale elle-même à l'intervention de l'État. Et cette question a provoqué même des querelles très vives dans son sein[2].

C'est à cette branche libérale (dans le sens économique de ce mot) de l'école catholique que se rattache l'*école de Le Play*, dont nous avons déjà parlé à propos de la méthode. Celle-ci reste néanmoins en communion avec l'école catholique : — 1° par la part prédominante qu'elle fait au sentiment religieux et moral dans l'ordre économique ; — 2° par sa méfiance à l'égard de l'évolution, du progrès naturel, et une vive hostilité contre « les faux dogmes » de la Révolution française ; — 3° par l'importance extrême qu'elle attache à l'organisation et à la stabilité de la famille (*famille souche*), à la conservation du patrimoine et à la liberté de tester[3]. Préoccupée surtout de rétablir l'ordre et la paix sociale, elle espère y arriver par un triple patronage : celui du *père* dans la famille, du *patron* dans l'atelier, de l'*Église* dans la société, mais sous la condition de devoirs réciproques de la part de ces « autorités sociales ».

L'objection la plus forte que l'on puisse adresser à cette école, en écartant toute controverse qui porterait sur le terrain politique ou religieux, a été formulée, il y a longtemps déjà, par Stuart Mill quand il a dit qu'il n'y a pas d'exemple qu'une classe quelconque en possession du pouvoir se soit jamais servie de ce pou-

---

[1] Parole de l'apôtre Paul, Épître aux Romains, chap. XIII, verset 4.

[2] Voir pour l'école catholique interventionniste le *Cours* du Père Antoine, et pour celle libérale et anti-interventionniste le *Cours d'Économie politique* de M. Rambaud.

[3] L'école de Le Play s'est elle-même divisée en deux :

L'une qui, au point de vue des solutions et de la politique sociale, est restée fidèle aux enseignements de Le Play et a pour organe la revue *Réforme sociale* ;

L'autre, dissidente, qui s'est attachée plus spécialement à la méthode et à la classification des faits sociaux ; elle avait pour chefs Demolins et l'abbé de Tourville et pour organe la revue *Science Sociale*.

voir dans l'intérêt des autres classes de la société. Il serait fort à craindre que le patronage des classes dirigeantes, si jamais on se fiait uniquement à elles du soin de résoudre la question sociale, ne fît que confirmer une fois de plus le fait douloureux signalé par Stuart Mill.

§ 2. L'école sociale protestante semblerait devoir se tenir beaucoup plus loin encore du socialisme que l'école catholique, puisque le protestantisme est généralement considéré comme la religion de l'individualisme et du libéralisme. Mais elle n'est cependant pas moins hostile au libéralisme économique en tant que ce libéralisme se fonde sur la confiance dans les lois naturelles, car, plus encore que l'école catholique, elle a le sentiment que la nature c'est le péché et que c'est contre elle qu'il faut lutter [1]. Mais ce péché n'apparaît plus à la jeune école comme purement individuel, mais comme surtout *péché social* et, par conséquent, comme appelant un *salut social*.

Elle croit que le monde devra se transformer radicalement pour se rapprocher de ce « Royaume de Dieu » dont tous les fidèles doivent attendre et préparer déjà sur cette terre l'avènement. Elle dénonce aussi la concurrence et la poursuite du profit. Elle accepte la propriété, mais à titre de *fonction* sociale.

Cependant elle ne présente pas dans son programme, comme on peut le penser, la même unité que l'école catholique. Elle revêt des aspects assez différents selon les pays [2] et qui vont du coopératisme jusqu'au communisme.

En Angleterre, les socialistes chrétiens, comme on les appelait (les pasteurs Charles Kingsley et Maurice), ont pris une grande part au mouvement coopératif anglais du milieu du XIXe siècle, et aujourd'hui encore l'association coopérative apparaît aux chrétiens sociaux anglais et américains comme la mieux adaptée aux desiderata d'une société chrétienne en tant qu'éliminant la compétition et le profit et pratiquant l'aide mutuelle, supérieure en tant qu'idéal à l'association professionnelle qui lui paraît plutôt de

---

[1] La Confession de Foi des Églises Réformées de France, lue chaque dimanche du haut de la chaire, dit : « Nous reconnaissons et confessons que nous sommes de pauvres pécheurs, enclins au mal, incapables par nous-mêmes de faire le bien ». Elle ne fait d'ailleurs que répéter la déclaration de saint Paul.

[2] En France, quoique les protestants y soient en petit nombre, il n'y a pas moins de trois associations socialo-chrétiennes dont la plus ancienne, fondée en 1887, s'en tient au coopératisme, tandis que la seconde, et surtout la troisième, toute petite, il est vrai, va jusqu'au communisme. Voir la revue dirigée par M. le pasteur Gounelle, *Le Christianisme Social*.

nature à développer l'égoïsme corporatif. On a même été jusqu'à voir dans le coopératisme la forme laïque du christianisme. Chaque église protestante, association cultuelle d'après la loi, n'est-elle pas d'ailleurs une association coopérative ? — Cependant dans l'église anglicane, il y a aussi un mouvement important pour la nationalisation de la propriété foncière : « la terre est à moi, dit l'Éternel ! ».

En Allemagne, l'école sociale protestante s'est d'abord présentée, avec le pasteur Stoecker, sous un aspect plutôt antisémite, mais elle a évolué rapidement vers le socialisme démocratique (ancien marxisme) qui, d'ailleurs, tend, depuis la guerre, à se confondre dans le nationalisme.

En Suisse, le protestantisme social, représenté par plusieurs pasteurs éminents, notamment M. Ragatz, de Zurich, incline de plus en plus vers le socialisme tout court, c'est-à-dire vers le collectivisme.

§ 5. Solidarisme.

Dans cette revue, quoique sommaire, nous ne pouvons passer sous silence une école qui ne date que de quelques années, mais dont le nom revient sans cesse, tout au moins en France : c'est celle qui prend pour devise le mot de solidarité.

Le fait de la solidarité, c'est-à-dire de la dépendance mutuelle des hommes, qui apparaît si clairement dans la division du travail, dans l'échange — et, pour ce qui concerne les générations successives, dans l'hérédité — avait déjà été signalé par Leroux, Bastiat, Auguste Comte. Mais on y voyait une loi naturelle qui n'avait pas besoin du concours des individus pour opérer et qui, d'ailleurs, était loin de pouvoir toujours être considérée comme un bien, car la solidarité dans le mal (exemple, la transmission des maladies par la contagion ou l'hérédité) est plus visible que la solidarité dans le bien. Et, au point de vue moral, elle paraissait contraire à la justice qui veut que chacun ne réponde que de ses propres actes.

L'école solidariste, au contraire, veut que la solidarité, qui n'était qu'un fait brutal, devienne une règle de conduite, un devoir moral, voire même une obligation juridique sanctionnée par la loi. Quelle raison en donne-t-elle ? C'est que la solidarité, loi naturelle, nous ayant montré clairement que chacun de nos actes se répercute en bien ou en mal sur chacun de nos semblables, et réciproquement, notre responsabilité et nos risques se trouvent énormément accrus. S'il y a des misérables, nous devons les aider

— 1° parce que nous sommes probablement en partie *les auteurs*
de leur misère, par la façon dont nous avons dirigé nos entreprises,
nos placements, nos achats, ou par l'exemple que nous leurs avons
donné; donc, étant responsables, notre devoir est de les relever;
2° parce que nous savons que nous ou nos enfants serons exposés
à être *les victimes* des misères d'autrui : leur maladie nous empoi-
sonnera, leur dépravation nous démoralisera. Donc, notre intérêt
bien compris est de les guérir.

Il faut donc transformer la société des hommes en une sorte de
grande société de secours mutuels où la solidarité naturelle, rectifiée
par la bonne volonté de chacun ou, à son défaut, par la contrainte
légale, deviendra la justice, où chacun sera appelé à prendre
sa part dans le fardeau et à recueillir sa part aussi du profit
d'autrui. Et à ceux qui craignent de diminuer par là l'individualité,
l'énergie qui compte d'abord sur soi, le *self-help,* il faut répondre
que l'individualité ne s'affirme et ne se développe pas moins en
aidant autrui qu'en s'aidant soi-même[1].

Le solidarisme se distingue du socialisme en ce qu'il maintient
ce qu'on appelle les bases de l'ordre social actuel, propriété, hérédité, liberté de disposer, et les inégalités qui en résultent, mais il
atténue ces inégalités en liant les faibles aux forts par les mille
liens d'associations volontaires. Cependant il admet aussi l'intervention de l'État toutes les fois que, sous forme de réglementation
sur le travail, sur les logements insalubres, ou sur les falsifications
de denrées, la loi peut prévenir la dégradation des masses, ou
même encore quand, par certaines formes d'assurance ou de prévoyance obligatoires, la loi tend à inculquer dans les diverses
classes de la nation l'esprit de solidarité. On ne saurait oublier
que l'État n'est lui-même que la forme la plus antique et la plus
grandiose de la solidarité entre les hommes. Sans doute la solidarité
n'acquiert toute sa valeur morale qu'autant qu'elle devient *voulue,*
mais la solidarité imposée par la loi peut être indispensable pour
préparer le terrain sur lequel s'épanouira plus tard la coopération
libre[2].

Le solidarisme est donc très proche du socialisme d'État. Comme
celui-ci, il a inspiré la plupart des lois de protection ouvrière,
d'assurance, d'assistance, d'éducation, promulguées en France au

---

[1] Vinet, le théologien protestant de Lausanne, a dit admirablement : « Pour se
donner il faut s'appartenir ».

[2] Voir dans un petit volume, *Quatre Écoles d'Économie sociale* (Genève, 1890),
par Claudio Jannet, Frédéric Passy, Stiegler et Gide, le programme que nous
avons présenté sous ce titre : *L'École Nouvelle.*

cours de ces dernières années, et il vient de recevoir une consécration grandiose dans l'engagement pris par l'État de rembourser
aux habitants des régions envahies tous les dommages causés par
la guerre.

M. Léon Bourgeois a cherché à donner une forme juridique au
concept un peu vague de la solidarité. Tout homme, dit-il, *naît
débiteur de la Société* en vertu d'un contrat tacite (qu'il appelle un
quasi-contrat) et ce contrat tacite résulte des avantages collectifs,
fruit du labeur de tous, dont il recueille sa part. Il doit donc
commencer par payer cette dette — par exemple en contribuant
à l'assurance, à l'assistance, à l'instruction de ses frères, et par
tous autres modes de contribution à déterminer. C'est seulement
après avoir satisfait à cette condition préalable que la liberté économique et la propriété privée pourront se donner libre carrière[1].

L'objection à cette théorie ingénieuse c'est qu'il ne peut y avoir
de débiteurs sans qu'il n'y ait des créanciers. Or, il n'est pas
facile de savoir quels sont ceux qui, dans la société, devront être
considérés comme créanciers? Et quels comme débiteurs? Ou
mieux, chacun ne devrait-il pas être considéré comme étant à la
fois créancier et débiteur, auquel cas la dette se trouverait éteinte
par « confusion »? A première vue, on pourrait croire que les
riches sont les débiteurs et les pauvres les créanciers, puisqu'on
appelle généralement ceux-ci « les déshérités ». Mais rien n'est
moins certain, car il est très possible que l'homme riche ait en
réalité beaucoup plus donné à la société qu'il n'en a reçu — tel
grand inventeur, par exemple — et qu'inversement l'homme
pauvre soit un incapable ou un infirme qui n'a jamais rien donné
en échange de ce qu'il a reçu.

Cette doctrine a eu le rare privilège de rallier, en France tout
au moins, des adhérents venus de tous les points de l'horizon :
les fidèles au vieux socialisme idéaliste français de Fourier et de
Leroux, les disciples d'Auguste Comte, les mystiques et les
esthètes qui s'inspirent de Carlyle, de Ruskin ou de Tolstoï, ceux
qui vont à l'église comme ceux qui sortent des laboratoires de
biologie, et les coopératistes dont nous sommes. Mais peut-être
doit-elle cette bonne fortune au fait que son programme est
encore assez indéterminé[1]. Et c'est pour cela qu'elle n'a fait que
peu de recrues dans les rangs des économistes professionnels.

---

[1] Voir *La Solidarité*, par Léon Bourgeois, et aussi le volume *Essai d'une philosophie de la Solidarité*, série de leçons faites par des solidaristes en 1902, à
l'École des Hautes Études sociales.

[1] Et aussi elle a servi à fournir à un grand parti politique, le parti dit radical

CHAPITRE III

LES BESOINS ET LA VALEUR

I

Les besoins de l'homme.

Les besoins de l'homme constituent le moteur de toute activité économique et par conséquent le point de départ de toute la science économique. Dans ce chapitre on pourrait donc faire rentrer toute l'Économie politique.

En effet, tout être, pour vivre, se développer et atteindre ses fins, *a besoin* d'emprunter au monde extérieur certains éléments et, quand ceux-ci font défaut, il en résulte une souffrance d'abord et finalement la mort. Depuis la plante et même depuis le cristal jusqu'à l'homme, à mesure que l'individualité grandit, cette nécessité va grandissant aussi. Tout besoin, tant qu'il n'est pas satisfait, engendre donc chez l'être vivant une excitation qui cherche son objet et qui, dès que celui-ci est trouvé, devient un *désir* [1]. Ce

(dont M. Léon Bourgeois est précisément un des *leaders*), le programme social et économique dont il avait besoin pour se distinguer à la fois du libéralisme individualiste et du socialisme collectiviste. Elle lui a permis de maintenir le principe de la propriété individuelle tout en reconnaissant les droits des prolétaires, et de prendre pour but l'abolition du salariat tout en rejetant comme moyen la lutte de classes.

[1] Les mots de *besoin* et de *désir*, quoique le plus souvent employés l'un pour l'autre, comportent pourtant des significations un peu différentes.

Le besoin est plutôt d'origine physiologique : il consiste dans le sentiment qu'il *manque* quelque chose à l'organisme, et dans une appétence de ce qui manque.

Le désir est plutôt d'ordre psychologique et vise un objet déterminé. J'ai besoin de manger : mais, une fois à table, je désire tel ou tel plat. J'ai besoin d'un habit pour aller dans le monde, mais je désire celui de tel ou tel tailleur. Ainsi le besoin de manger existe naturellement, mais le désir du pain ou celui du pâté de foie gras ne peut prendre naissance qu'après que le blé a été découvert ou que l'art culinaire a enseigné à torturer les oies. Ainsi il y a chez tous les hommes un besoin physiologique de stimulant et de narcotique, dont les causes sont d'ailleurs mal connues, mais qui s'ignore aussi longtemps que l'alcool, le tabac, l'opium, la morphine, etc., n'ont pas été trouvés : de ce jour seulement ces objets ont été désirés et, à cause d'eux, le petit verre, la pipe à fumer ou la seringue Pravaz. L'indépendance est un besoin naturel, mais ce n'est que du jour où la propriété d'une

désir suscite à son tour *l'effort* nécessaire pour se procurer l'objet propre à le satisfaire.

Et parce que l'effort est toujours plus ou moins pénible, l'homme s'ingénie à obtenir le maximum de satisfaction avec le minimum d'effort. Cette « loi du moindre effort », que les économistes désignent sous le nom de principe hédonistique (ἡδονή, plaisir, satisfaction), est la base de toute la science économique — et de l'industrie aussi, puisque toute découverte mécanique, tout perfectionnement dans l'organisation, tout progrès économique, en un mot, dérive de ce principe.

L'économie politique serait-elle donc fondée sur la paresse? Non, car la loi du moindre effort n'est pas précisément la répugnance à l'effort mais la sage économie de l'effort, c'est-à-dire la meilleure utilisation du temps et du travail. Les hommes les plus actifs en affaires, tout comme les sportsmen les mieux entraînés, sont ceux qui appliquent le mieux la loi du moindre effort.

Les besoins de l'homme ont divers caractères dont l'importance est grande, car de chacun de ces caractères dépend quelque grande loi économique :

1° Ils sont *illimités en nombre*. — C'est là ce qui distingue l'homme de l'animal et c'est là le ressort de la civilisation dans le sens le plus exact de ce mot, car civiliser un peuple — voyez la colonisation — ce n'est rien de plus que de faire naître chez lui des besoins nouveaux.

Il en est des besoins de l'humanité comme de ceux de l'enfant. A sa naissance, il n'en a point d'autres qu'un peu de lait et une chaude enveloppe, mais peu à peu des aliments plus variés, des vêtements plus compliqués, des jouets, lui deviennent nécessaires; chaque année fait surgir quelque besoin, quelque désir nouveau. Dans les sociétés primitives, l'homme n'a guère que les besoins primaires, c'est-à-dire physiologiques dont nous venons de parler. Les autres s'ignorent encore. Mais plus nous voyons, plus nous apprenons, plus notre curiosité s'éveille et plus aussi nos désirs grandissent et se multiplient. De même aussi nous éprouvons aujourd'hui mille besoins de confort, d'hygiène, de propreté, d'instruction, de voyage, de correspondance, inconnus à nos aïeux —

terre apparaît à l'homme comme le plus sûr moyen d'assurer cette indépendance que la terre est désirée passionnément.

Comment le désir trouve-t-il son objet? Il est révélé à l'animal par l'instinct, à l'homme par l'invention. C'est en ce sens que Tarde a pu formuler cette proposition, au premier abord un peu paradoxale : « La première cause de tout désir économique, c'est l'invention » (*Logique Sociale*, ch. VIII).

le goût des fleurs est de date toute récente — et il est certain que nos petits-fils en ressentiront davantage encore. Si nous pouvions connaître dans quelque planète un être supérieur à l'homme, nul doute que nous ne découvrions en lui une infinité de besoins dont nous ne pouvons nous faire en ce monde aucune idée[1].

Cette multiplication indéfinie des besoins a donc créé la civilisation moderne et tout ce qu'on appelle le progrès. Cela ne veut pas dire qu'elle rende les hommes plus heureux. On a souvent fait la remarque que la multiplication des désirs et des objets de ces désirs, autrement dit des richesses, n'a pas de lien nécessaire avec l'accroissement du bonheur[2]. Il est même permis de se demander si la nature, ici comme pour la multiplication de l'espèce, ne fait pas de l'homme sa dupe, puisqu'au fur et à mesure qu'un besoin est satisfait elle en fait surgir quelque autre et qu'ainsi elle fouette l'homme pour le faire courir après un but qui fuit sans cesse devant lui. Et n'est-ce pas un exemple frappant que l'état d'âme de nos contemporains où, à chaque degré de l'échelle sociale, les revendications vont grandissant à mesure que le bien-être augmente? Ne faut-il donc pas souhaiter que cette multiplication des besoins s'arrête un jour ou du moins se ralentisse? Ne vaudrait-il donc pas mieux s'appliquer non à augmenter les richesses, mais à diminuer les besoins?

Telle était l'opinion des sages de l'antiquité et, après eux, de

---

[1] Il serait très utile, tant au point de vue économique qu'au point de vue moral, de pouvoir dresser une échelle, une hiérarchie des besoins. Mais nous n'avons aucun étalon pour cela.

Peut-être cependant serait-on en droit de penser que l'importance des besoins peut être mesurée par l'ordre de leur apparition dans l'histoire ou dans la préhistoire, si la Sociologie nous fournissait des documents assez précis. Il est évident que le besoin de *nourriture* a été le premier. Celui de la *défense* de l'individu contre les animaux ou contre ses semblables a dû le suivre de près. C'est ce qui explique l'importance très antique et effrayante du besoin de l'*armement*, qui déjà sans doute prenait dans la vie et le travail des hommes de l'âge de pierre une place égale et peut-être supérieure à celle qu'il accapare dans les budgets des pays civilisés du xxe siècle. Mais ce qui est curieux et inattendu c'est que le besoin de la *parure* a précédé celui du vêtement. Ce besoin est le premier de ceux par lesquels l'homme s'est séparé de l'animal. Comme le fait remarquer Théophile Gautier : « Aucun chien n'a eu l'idée de se mettre des boucles d'oreilles et les Papous stupides, qui mangent de la glaise et des vers de terre, s'en font avec des coquillages et des baies colorées ». Au contraire, beaucoup plus tardif, mais, dans ces derniers temps, merveilleusement grandissant, a été le besoin de *mise en communication rapide* des hommes entre eux.

[2] Voir par exemple un très instructif chapitre sur ce sujet dans le livre de M. Durkheim (*La Division du Travail*, liv. II, ch. I).

ceux inspirés par la doctrine chrétienne. Il est vrai que d'autres, surtout depuis le xviiie siècle, ont au contraire affirmé que la frugalité est solidaire de la fainéantise et de la routine [1].

Mais c'est là une question qui relève de la Morale et non plus de l'Économie politique. Nous admettons cependant qu'il est souhaitable que les besoins économiques, c'est-à-dire ceux qui ont pour unique fin la poursuite de la richesse, se réduisent en nombre et en intensité et occupent dans la vie des individus et des peuples une place moindre que celle qu'ils accaparent à présent. Mais à une condition ! C'est *qu'ils feront place à d'autres plus nobles* (voir ci-après, p. 53), car si on se bornait à les supprimer sans les remplacer, on ferait rétrograder la vie sociale vers la vie animale. Malheur aux races satisfaites à trop bon marché qui n'étendent pas leur désir au delà du cercle étroit d'un horizon prochain et qui ne demandent qu'une poignée de fruits mûrs pour vivre et un pan de mur pour y dormir à l'abri du soleil ! Elles n'ont pas seulement supprimé les besoins, ce qui pourrait n'être pas un mal, elles ont supprimé l'effort qui est l'agent de tout progrès matériel et même moral [2]. Elles ne tarderont pas à disparaître d'une terre dont elles n'ont pas su tirer parti.

Du reste, il faut remarquer que même les besoins purement économiques ne sont pas dépourvus de toute valeur morale. En effet, chaque besoin nouveau constitue *un lien* de plus entre les hommes, puisque nous ne pouvons généralement y satisfaire que par l'aide de notre prochain, et par là augmente le sentiment de la solidarité. L'homme qui n'a pas de besoins, l'anachorète, se suffit à lui-même : c'est justement ce qu'il ne faut pas. Et en ce qui concerne les classes ouvrières, il faut se réjouir, non s'attrister, que des besoins et des désirs nouveaux sans cesse les tourmentent : sans cela, elles seraient restées dans une éternelle servitude.

2° Les besoins sont *limités en capacité*. — C'est ici une des pro-

---

[1] Dans un livre du xviiie siècle qui fut célèbre, la *Fable des Abeilles* de Mandeville, l'auteur dit que l'histoire prouve « qu'il n'y a pas eu dans le monde une nation frugale qui ne fût en même temps pauvre » — il veut dire non pas frugale parce que pauvre, ce qui va de soi, mais pauvre parce que frugale. — Voir en ce même sens Voltaire, *Défense du Mondain*, et ci-après le chapitre sur *le Luxe.* — Mais, en sens contraire, Jean-Jacques Rousseau a vu « la faiblesse de l'homme dans l'inégalité entre sa force et ses désirs » et en conclut qu'il sera d'autant plus fort qu'il diminuera ses désirs.

[2] C'est en quoi le paresseux diffère de l'ascète, car celui-ci, en supprimant le besoin, ne supprime pas l'effort : seulement au lieu de diriger cet effort sur le monde extérieur pour le faire servir à ses satisfactions, il retourne cet effort sur lui-même et l'emploie à vaincre ses désirs.

positions les plus importantes de l'Économie politique puisque, comme nous le verrons, c'est sur elle que se fonde la théorie nouvelle de la valeur.

Les besoins sont limités en capacité en ce sens que, pour satisfaire chacun d'eux, une quantité déterminée d'un objet quelconque suffit. Il ne faut à l'homme qu'une certaine quantité de pain pour le rassasier et une certaine quantité d'eau pour le désaltérer.

Il y a plus. Tout besoin va décroissant en intensité au fur et à mesure qu'il se satisfait jusqu'au point où il y a *satiété*, c'est-à-dire où le besoin s'éteint et est remplacé par le dégoût ou même la souffrance[1]. C'est le pire des supplices que de souffrir du manque d'eau ; mais c'était aussi une des pires tortures du moyen âge que celle dite « de l'eau » quand on l'ingurgitait de force dans l'estomac du patient.

Plus le besoin est naturel, je veux dire *physiologique*, et plus la limite est nettement marquée. Il est facile de dire combien de grammes de pain et de centilitres d'eau sont nécessaires et suffisants pour un homme. Plus le besoin est artificiel, je veux dire *social*, plus la limite devient élastique. Il n'est assurément guère possible de dire quel est le nombre de chevaux pour un sportsman, de mètres de dentelle pour une femme du monde, de rubis pour un rajah de l'Inde, surtout de pièces d'or ou d'argent pour un homme civilisé quelconque, qui pourra être considéré comme suffisant et qui les fera s'écrier : assez! Cependant, on peut affirmer que même pour ces biens il y a une limite, que la satiété pour eux aussi est inévitable et, en tout cas, qu'à chaque nouvel objet ajouté à ceux déjà possédés, le plaisir ressenti va décroissant rapidement.

C'est pour l'argent que la satiété est la plus rare et paraît presque invraisemblable. Pourquoi? Par cette raison bien simple que l'argent est la seule richesse qui ait la propriété de répondre, non à un besoin défini, mais à *tous* les besoins possibles, et par conséquent, il ne cesse d'être désiré qu'au moment où tous les désirs sont satisfaits, ce qui recule la limite presque à l'infini. Néanmoins, il est évident qu'une pièce de cent sous *en plus* ne procure pas à un millionnaire un plaisir comparable, à beaucoup près, à celui

---

[1] C'est comme ces séries bien connues des mathématiciens qui vont diminuant jusqu'à zéro, puis recommencent à croître au-dessous de zéro, mais en prenant une valeur négative. Les différents degrés du besoin, ce sont les termes positifs de la série : les différents degrés du dégoût, ce sont les termes négatifs : entre les deux se trouve le zéro qui est la satiété.

qu'elle cause à un pauvre diable. Buffon, qui n'était pas économiste, mais qui était un grand esprit, l'avait déjà remarqué : « L'écu du pauvre destiné à payer un objet de première nécessité et l'écu qui complète le sac d'un riche financier sont, aux yeux d'un mathématicien, deux unités de même ordre, mais, au moral, l'un vaut un louis, l'autre ne vaut pas un liard ». Bien entendu, c'est seulement pour son riche possesseur que l'écu ne vaut pas un liard, car son pouvoir d'acquisition sur le marché est resté le même[1].

3° Les besoins sont *concurrents*, ce qui veut dire que le plus souvent un besoin ne peut se développer qu'au détriment d'autres besoins qu'il abolit ou absorbe; et ils sont très souvent *interchangeables*, comme les pièces des fusils ou des bicyclettes, ce qui leur permet de se substituer aisément l'un à l'autre. Comme « un clou chasse l'autre », dit le proverbe, ainsi un besoin en chasse un autre. Et voilà la base d'une loi économique très importante dite *loi de substitution*. On a constaté souvent et en divers pays que le goût de la bicyclette et de l'automobile avait porté un préjudice considérable non seulement au commerce des chevaux de selle et à la carrosserie, mais même, ce qui était plus inattendu, à la fabrication des pianos[2] !

Cette loi de substitution a une importance capitale en ce qu'elle fonctionne comme une sorte de soupape de sûreté pour le consommateur, lorsque la satisfaction d'un besoin devient trop onéreuse par les moyens habituels. Le consommateur en est quitte pour se rabattre sur quelque autre objet, répondant peut-être un peu moins bien au besoin, mais y satisfaisant tout de même. Quand il s'agit des besoins d'ordre physiologique, le champ des substi-

---

[1] C'est précisément un des arguments sur lesquels est fondée aujourd'hui la politique de l'*impôt progressif* opposé à l'impôt proportionnel. Le principe de l'impôt proportionnel est qu'il faut prélever un écu sur chaque sac d'écus. Que le sac appartienne à un riche ou à un pauvre, peu importe : puisque le riche a beaucoup de sacs, il aura à donner autant d'écus qu'il a de sacs, c'est juste ! — Non, répond la doctrine de l'impôt progressif, car l'écu du riche ne vaut pas autant que l'écu du pauvre, et, par conséquent, cent écus prélevés sur les cent sacs du riche ne représentent pas cent fois la valeur de l'écu pris sur l'unique sac du pauvre. L'impôt n'est donc proportionnel qu'arithmétiquement, mais non économiquement, et c'est l'impôt progressif qui rétablira la véritable proportionnalité.

[2] Il importe de distinguer la substitution *d'un besoin à un autre besoin* d'avec la substitution *d'un objet à un autre objet* (d'un *succédané*, comme on dit) pour la satisfaction d'un même besoin. Celle-ci est moins intéressante. La guerre actuelle en a fourni d'innombrables exemples et sur la plus grande échelle : pain de seigle ou même de pommes de terre substitué au pain de froment, l'ortie au coton comme textile, la cellulose au coton pour les explosifs, la saccharine au sucre, etc.

tutions possibles est assez borné, mais quand il s'agit des besoins
de luxe, il est illimité. Il peut très bien se faire qu'un homme
substitue le théâtre à la chasse, ou une femme un automobile à
un collier de perles. On a vu se substituer l'électricité à la bougie,
le journal au livre, le café-concert au théâtre, etc. La loi de substitution permet aussi d'échapper aux exigences du producteur quand
celui-ci est investi d'un monopole et que, par conséquent, la loi
de concurrence entre producteurs, qui suffit d'ordinaire à protéger
le client, ne fonctionne plus. C'est ainsi que là toute-puissance
des trusts est limitée par la loi de substitution.

L'hygiène et la morale utilisent cette loi en s'efforçant de remplacer les besoins inférieurs et brutaux par des besoins d'ordre
supérieur. Ainsi, pour combattre l'alcoolisme, par exemple, les
sociétés d'abstinence n'ont rien trouvé de mieux que d'ouvrir des
« cafés de tempérance » dans lesquels on s'efforce d'habituer les
consommateurs à boire du thé ou du café. Remarquez qu'un
besoin matériel peut être remplacé par un besoin intellectuel, —
par exemple le cabaret par le cabinet de lecture — ou par un
besoin moral, par exemple un ouvrier se prive d'une « consommation » au café pour verser sa cotisation à une caisse de prévoyance, de résistance ou de propagande.

4° Les besoins sont *complémentaires*, c'est-à-dire qu'ils marchent
généralement de compagnie et ne peuvent que malaisément se
satisfaire isolément. A quoi sert un soulier ou un gant dépareillé?
A quoi sert une voiture sans cheval ou un automobile sans
essence? Pour se défendre du froid, il ne suffit pas d'avoir un bon
pardessus, il faut avoir bien dîné. Le besoin de manger, chez
l'homme civilisé du moins, implique le besoin d'un grand nombre
d'objets mobiliers, tels que table, chaise, serviette, nappe, assiettes,
verres, couteaux, fourchettes, et même, pour atteindre son maximum de satisfaction, il doit — tel dans les banquets — s'associer
à certaines jouissances esthétiques, fleurs, lumières, cristaux,
toilettes, musique, etc. [1].

[1] M. Tarde dit, avec ce bonheur d'expression qui lui est familier : « Le bien-être
poursuivi par l'activité économique consiste en un chœur, et non un solo, de
besoins harmonieusement satisfaits » (*Psychologie Économique*, t. I, p. 95).

Cette loi des besoins complémentaires avait été signalée et analysée par Fourier.
Il l'appelait *la Composite* et en faisait une « passion » spéciale : « la plus belle des
douze passions, celle qui rehausse le prix de toutes les autres... Elle ne naît que
de l'assemblage des plaisirs des sens et de l'âme ». — Ce que Fourier appelait les
passions et dont il a fait une analyse minutieuse, mais d'une psychologie puérile,
n'étaient que des besoins poussés à l'état aigu.

Il ne faut pas confondre les biens dits *complémentaires* en ce qu'ils sont soli-

5° Tout besoin s'apaise ou même s'éteint momentanément par la satisfaction, mais il ne tarde pas à renaître et d'autant plus impérieux qu'il a trouvé plus fréquemment et plus régulièrement l'occasion de se satisfaire; et quand maintes fois il a trouvé à se satisfaire de la même manière, il tend à se fixer en *habitude*, ce qui veut dire qu'il ne peut plus supporter d'interruption sans que l'organisme en ressente une souffrance physiologique, si factices d'ailleurs que puissent être ces besoins: le dicton est vrai qui dit que « l'habitude est une seconde nature ». Cette loi a aussi une grande importance, notamment au point de vue du salaire. C'est elle qui fait que le niveau d'existence, le *standard of life*, ne se laisse pas rabaisser aisément. Il fut un temps où les ouvriers ne portaient ni linge, ni chaussure, où ils n'avaient ni café, ni tabac, où ils ne mangeaient ni viande, ni pain de froment, mais aujourd'hui ces besoins sont si bien invétérés et incorporés que l'ouvrier qui ne pourrait plus les satisfaire et qui se trouverait ramené brusquement à la condition de ses pareils du temps de saint Louis ou de Henri IV périrait sans doute.

Si l'on ajoute enfin qu'une habitude transmise pendant une longue suite de générations tend à se perpétuer par l'*hérédité*, que les sens deviennent plus subtils et plus exigeants, on comprendra quelle puissance despotique peut acquérir à la longue tel besoin qui paraissait à l'origine le plus futile ou le plus insignifiant.

Mais s'il est vrai que tout besoin s'intensifie dans la mesure même où il trouve à se satisfaire, il est également vrai qu'il s'éteint quand il n'en trouve plus le moyen. Il en est comme du feu qui grandit dans la mesure où on l'entretient et s'éteint faute d'aliments. Sans doute, quand il s'agit d'un besoin physiologique et essentiel, il n'est pas possible de le supprimer et s'il ne trouve pas à se satisfaire avec un certain objet il faudra, sous peine de mort, qu'il en trouve un autre. Mais quand il s'agit de besoins factices ou nocifs, tels que ceux qui ont pour objet l'alcool, l'opium, on sait que le meilleur et même le seul moyen de les supprimer, c'est de leur refuser toute satisfaction [1].

---

daires dans la consommation, avec ceux dits complémentaires en ce qu'ils sont solidaires dans la production, tels que la houille et le gaz, le blé et la paille, la viande et le cuir, et généralement ce qu'on appelle les *sous-produits* (Voir ci-après l'*Intégration de l'industrie*).

[1] Le philosophe genevois Amiel a écrit : « tout besoin s'apaise et tout vice grandit par la satisfaction ». L'opposition établie ici entre le besoin et le vice est exagérée, car ce ne sont pas seulement les besoins vicieux mais beaucoup d'autres très innocents qui grandissent par la satisfaction et s'éteignent par la privation, tels que ceux du luxe ou même du confort.

II

De l'utilité.

Utilité, valeur, valeur d'échange, prix, richesse — autant de mots dont les significations sont si voisines qu'ils sont souvent pris l'un pour l'autre, mais qu'il faut apprendre à distinguer. Parlons d'abord de l'utilité.

Nos besoins et nos désirs ont un objet en dehors de nous, qui généralement est une chose, mais qui peut être aussi un acte, un service, de nos semblables.

Cette propriété remarquable, propre à certains objets, de satisfaire à l'un quelconque de nos besoins, de servir à l'entretien de notre vie ou à l'accroissement de notre bien-être, s'appelle l'*utilité* (du mot latin *uti*, se servir de).

Malheureusement ce mot est une cause de confusions parce qu'il a déjà reçu dans le langage ordinaire une signification qui ne concorde pas du tout avec sa signification économique. Le mot *utile* est généralement opposé, d'une part, à celui de *nuisible*, d'autre part, à celui de *superflu*. Il implique un jugement moral, un rapport de convenance de l'objet avec certains besoins jugés bons. Ainsi, on répugnerait à parler de « l'utilité » des dentelles ou de celle de l'absinthe. Au contraire, dans son acception économique, le mot d'utilité ne signifie rien de plus que la propriété de répondre à un besoin ou à un désir quelconque, et cette utilité se mesure uniquement à l'intensité de ce besoin ou de ce désir.

Pour éviter ce malentendu perpétuel, il serait bon de remplacer le mot utilité par quelque autre. Les anciens économistes disaient *valeur d'usage* (en l'opposant à valeur d'échange). Ce qualificatif disait assez bien ce qu'il doit dire et il est peut-être à regretter qu'il ait été abandonné. Nous avons proposé, dès la première édition de ce livre (en 1883), celui de *désirabilité*[1] qui a le double

---

[1] M. Landry cependant, dans son *Manuel d'Économique,* reproche au mot désirabilité d'exprimer « ce que nous *devons* désirer plutôt que ce que nous désirons effectivement ». En effet, « désirable, dit le Dictionnaire de Littré, est ce qui *mérite* d'être désiré », et c'est ce qu'il ne faut pas, car le mot choisi doit précisément exclure toute idée de mérite, toute signification normative. Peut-être le mot de *désidérabilité,* que nous avions essayé dans une des anciennes éditions, conviendrait-il mieux parce qu'il se rattache étymologiquement non à l'adjectif « désirable » mais au substantif latin *desiderium* qui n'exprime rien d'autre que le désir ; mais c'est un mot peu avenant. Il est regrettable que la langue française ait laissé perdre le vieux mot *désirance* que nous trouvons dans Littré, il aurait bien convenu. On pourrait bien dire désirance comme on dit « attirance ».

avantage de ne rien préjuger quant aux caractères moraux ou immoraux, raisonnables ou déraisonnables du désir, mais il n'a pas acquis droit de cité. M. Vilfredo Pareto a proposé celui d'*ophélimité* [1], mot grec qui exprime « le rapport de convenance » entre une chose et un désir quelconque. Mais ce vocable n'a pas eu beaucoup plus de succès.

Quel que soit le nom qu'on veuille lui donner, analysons maintenant cette propriété fondamentale.

Toutes les choses qui nous entourent, animaux, végétaux, corps bruts, ne la possèdent pas, tant s'en faut !

Pour qu'une chose soit utile, il faut trois conditions :

1° Il faut qu'il existe une certaine relation entre les qualités quelconques d'une chose et l'un de nos besoins. Si le pain est utile, c'est, d'une part, que nous avons besoin de nous nourrir, et, d'autre part, que le blé contient justement les éléments éminemment propres à notre alimentation. Si le diamant est très recherché, c'est qu'il est dans la nature de l'homme, comme d'ailleurs dans celle de certains animaux, d'éprouver du plaisir à contempler ce qui brille et que le diamant, à raison de son pouvoir réfringent, supérieur à celui de tout autre corps connu, possède précisément la propriété de jeter des feux incomparables.

Remarquez bien que des deux termes de ce rapport, c'est l'homme et non la chose qui est de beaucoup le plus important (voir p. 3, note). On pourrait croire le contraire : on pourrait croire que la satisfaction que nous attendons tient à certaines propriétés des choses, que l'utilité de l'or est de même nature que son poids ou son éclat et son inoxydabilité, que l'utilité doit être attachée aux objets comme une qualité sensible. Nullement : elle naît seulement quand le désir s'éveille, elle s'évanouit sitôt qu'il s'éteint. Elle le suit et se promène avec lui de chose en chose, comme l'ombre suit le papillon, et ne demeure que là où il se pose. Elle est *subjective* et non objective. C'est pour cette raison encore que le mot de *désirabilité* serait bien plus clair, parce que des deux termes du rapport, l'homme et la chose, il met au premier plan le premier, tandis que le mot utilité met au premier plan le second.

La preuve, c'est que cette correspondance de la chose à nos besoins n'est pas toujours due à la nature : elle peut être imposée par les usages sociaux, par la mode, ou par les croyances. Des reliques plus ou moins authentiques ont été pendant bien des siècles, et sont encore aujourd'hui dans certains pays, considérées comme des richesses incomparables. à raison des vertus qu'on leur prête. Il ne manque pas d'eaux minérales et de produits pharmaceutiques qui sont très recherchés, quoique leurs propriétés curatives soient loin d'être démontrées. Costumes qu'on ne porte plus, livres qu'on ne lit plus, tableaux qu'on n'admire plus, monnaies qui ne circulent plus, remèdes qui ne guérissent plus... que la liste serait longue de ces richesses dont l'utilité est aussi éphémère et fugitive que le besoin qui l'a créée! Et pourtant, même alors, si par aventure le désir du collectionneur, le plus intense de tous les désirs, vient à se fixer sur cés richesses mortes, il leur rend une nouvelle vie et elles reprennent aussitôt une valeur bien supérieure à celle qu'elles avaient au cours de leur première existence.

L'alcool et les boissons qui en dérivent ne possèdent, au dire des savants et des hygiénistes, aucune des vertus qu'on leur prête; ils ne sont ni fortifiants ni réchauffants. Mais qu'importe? Il suffit malheureusement que des millions d'hommes par tous pays croient qu'ils ont ces utilités pour qu'ils constituent des richesses, et même des richesses qui se chiffrent par milliards et dans lesquelles les États eux-mêmes puisent une partie de leurs revenus.

2° Il ne suffit pas que cette relation entre une chose et l'un de nos besoins existe : il faut que nous *le sachions* (ou, si elle est imaginaire, comme dans les exemples que nous venons de citer, que nous *le croyions*). Une des maximes d'Aristote, souvent répétée au moyen âge, était : *nil amatum nisi precognitum*, « rien ne peut être aimé (désiré) qui ne soit préalablement connu »[1].

Il est probable que dans le vaste monde qui nous enveloppe, il n'y a pas une seule chose qui ne pût être utilisée pour les besoins de l'homme si sa science était plus perspicace et qui ne pût par conséquent accroître nos richesses. Mais tant qu'elles sont incognitos, elles restent aussi inutiles que les terres fertiles ou les métaux précieux dont l'astronome, à l'aide du télescope ou de l'analyse spectrale, découvrirait l'existence dans Mars ou dans Vénus. En fait, il n'y a qu'un très petit nombre de corps qui aient été classés comme utilités — par exemple, sur quelques centaines de milliers d'espèces que compte le règne animal, à peine 200 sont utiliséés pour notre alimentation, pour nos travaux ou même pour notre

---

[1] Il est vrai que La Rochefoucauld, intervertissant ironiquement cette maxime a dit : « Nous ne désirerions guère de choses avec ardeur, si nous connaissions parfaitement ce que nous désirons ». Mais il vise par là moins les objets de nos désirs économiques que ceux de nos ambitions.

récréation. Et pour les plantes et les minéraux, la proportion est infiniment moindre encore.

Cependant le nombre des utilités s'accroît rapidement avec les progrès de la science. L'exemple du charbon en est un des plus remarquables. Son emploi d'abord comme combustible domestique, puis comme force motrice, est de date toute récente — et c'est de hier seulement qu'on a découvert dans cette pierre noire et qu'on a su en tirer, comme du chapeau d'un escamoteur, d'abord la lumière, sous forme de gaz, puis toutes les couleurs, tous les parfums, toutes les drogues pharmaceutiques, et finalement presque tous les explosifs [1].

3° Il ne suffit pas encore que nous sachions qu'une chose a la propriété de satisfaire nos besoins : il faut que nous puissions, en fait, l'appliquer à la satisfaction de ces besoins. Il ne suffit pas qu'une chose soit reconnue utile : il faut qu'elle *puisse être utilisée*. Ce n'est pas toujours le cas. Il y a bien des forêts qui pourrissent sur place faute de pouvoir être exploitées. Beaucoup de rivières, même en France, roulent de l'or qu'on ne peut en retirer économiquement. Nous savons que des forces énormes sont latentes dans le flux et le reflux des mers, dans les ruisseaux des campagnes, dans les attractions moléculaires, mais de tout cela nous ne pouvons tirer parti, du moins dans l'état actuel de nos connaissances. Nous savons bien que l'aluminium se trouve dans l'argile qui fait la boue de nos rues, mais nous n'avons pas trouvé le moyen de l'en extraire. Et il n'y a que peu de temps qu'on a réussi à extraire l'azote du réservoir inépuisable de l'atmosphère.

Cette propriété de satisfaire à nos besoins, de nous procurer une jouissance, n'appartient-elle qu'aux *choses* (*res* comme disaient les jurisconsultes romains)? — Assurément elle appartient aussi aux *actes,* aux faits et gestes des autres hommes, de nos semblables. Nul doute que beaucoup d'entre eux ne nous procurent beaucoup de joies et même ne nous soient *utiles,* dans le sens économique de ce mot, en satisfaisant directement nos besoins et sans l'intermédiaire d'aucune richesse matérielle : le médecin nous procure la santé; le professeur, la connaissance; le juge, la justice; l'agent de police, la sécurité; le littérateur ou l'artiste, les plus hautes et les plus pures jouissances; et le domestique fait nos commissions.

---

[1] La benzine, la naphtaline et tous les colorants qui dérivent de l'aniline : rouges, bleus, violets, etc. ; — la vaniline et toutes les essences, de rose, violette, muguet, canelle, etc. ; — le phénol et tous ses dérivés, soit sous forme de médicaments nouveaux : phénacétine, antipyrine, aspirine, soit sous forme d'explosifs : acide picrique, fulmicoton.

L'homme est ce qu'il y a de plus utile à l'homme. Nul doute que ces satisfactions ne soient d'un rang égal, ou même d'un ordre supérieur à celles que nous procurent les choses et que nous ne les estimions autant en plus, puisque nous les payons fort cher s'il le faut. On emploie plus volontiers ici, il est vrai, le mot de *service* que celui d'utilité. Mais qu'importe ? Ne dit-on pas tous les jours d'un objet quelconque, d'une bicyclette, d'un couteau de poche, d'un stylo, qu'il nous « rend bien service » — de même qu'en sens inverse nous disons à nos amis (simple formule de politesse, il est vrai, mais très correcte scientifiquement) : « usez de moi, je vous prie » ! Et même on peut dire que les choses ne font pas autre chose que ce que font les personnes, elles nous rendent des services : ce qu'on appelle leur « utilité » n'est pas autre chose.

III

Qu'est-ce que la valeur ?

En quoi la valeur diffère-t-elle de l'utilité ou désirabilité ? En ce que l'utilité implique une relation entre un homme et une chose, tandis que la valeur implique *un rapport entre deux choses*, entre deux utilités.

Toutes les choses désirables ne sont pas également désirées. Nous établissons entre elles un ordre, un classement. Sur notre table nous avons nos plats préférés, dans notre bibliothèque nos livres de chevet. Robinson lui-même dans son île s'était fait une échelle comparative des objets qu'il possédait et il avait eu à l'appliquer lorsqu'il lui avait fallu les retirer du vaisseau naufragé en commençant par ceux auxquels il tenait le plus.

Pourtant Robinson ne pouvait pratiquer l'échange. L'idée de valeur n'implique donc pas nécessairement l'échange. Elle existerait assurément non seulement dans l'île de Robinson, mais dans le régime de l'économie domestique ou communiste où il n'y a point d'échange puisqu'il n'y a point de propriété individuelle. Pourquoi donc dit-on toujours « valeur d'échange », tellement que de notables économistes déclarent ces deux mots inséparables ?[1]. C'est parce que la comparaison entre deux utilités

---

[1] Ainsi l'économiste Stanley Jevons demandait-il que le mot de valeur fût rayé de la nomenclature économique, à cause des malentendus auxquels il donne lieu, et qu'il fût remplacé par l'expression *rapport d'échange*. On n'y gagnerait guère en clarté, car le mot de rapport ne signifie rien si on ne sait quels sont les deux termes du rapport.

reste à l'état vague aussi longtemps qu'elle n'est pas forcée de se préciser quantitativement dans un échange, sous la forme du prix.

Néanmoins l'échange ne fait qu'extérioriser la notion de valeur qui existait déjà dans notre for intérieur. Ajournant donc au chapitre de l'Échange l'étude de la valeur d'échange proprement dite, cherchons dès à présent à analyser l'idée pure de valeur qui est la plus importante, mais malheureusement aussi la plus obscure de toute la science économique.

La valeur est d'abord une notion *relative*, de même ordre que la grandeur ou la pesanteur. S'il n'existait qu'un corps au monde, on ne pourrait dire s'il est grand ou petit : on ne pourrait pas dire non plus s'il a peu ou beaucoup de valeur.

C'est par là qu'elle se distingue de l'utilité, car celle-ci existe par elle-même, tout comme le besoin auquel elle répond. Quand je dis que telle chose est utile, un fusil, un cheval, j'énonce une proposition parfaitement claire et définitive. Mais si je dis qu'une perle *vaut*, cette proposition est suspensive et même inintelligible, car elle vaut... quoi? Il faut, pour être compris, ajouter qu'elle vaut tant d'argent ou, si nous sommes chez les sauvages, tant de pièces de cotonnades ou de dents d'éléphants, c'est-à-dire la comparer à quelque autre richesse.

Il est vrai qu'on dit couramment d'un objet quelconque qu'il a « une grande valeur » — sans rien ajouter d'autre ; mais le terme de comparaison, pour être sous-entendu, n'en existe pas moins. On entend par là que le diamant a une grande valeur relativement à l'unité monétaire, auquel cas on le compare à cette autre valeur qui s'appelle une pièce de monnaie ; — qu'il occupe un rang élevé dans l'ensemble des richesses, auquel cas on le compare à toutes les autres richesses considérées collectivement. De même, quand on dit d'un corps, comme le platine, qu'il est très lourd, sans exprimer aucune comparaison, on entend par là qu'il représente un nombre considérable de kilogrammes, c'est-à-dire que nous le rapportons au poids d'un litre d'eau ; ou que, si l'on dressait la liste de tous les corps à nous connus, il occuperait, au point de vue de la pesanteur, le premier rang.

De ce caractère relatif de la valeur il résulte qu'une hausse ou une baisse *simultanée* de toutes les valeurs est impossible ; une semblable proposition serait dénuée de sens.

Il faut prendre garde cependant à ce qu'on veut dire par là. Si l'on entendait que la *somme des valeurs* est une quantité fixe qui ne peut jamais augmenter ni diminuer, ce serait une grande absurdité, car il en résulterait alors que depuis le jour où ont apparu les premiers objets échangeables — quelques silex taillés et quelques peaux de bêtes — la somme des valeurs n'a plus varié et ne variera plus jusqu'à la fin des temps. Il est clair, au contraire, que quand nous faisons, comme aux États-Unis, le recensement décennal des richesses d'un pays, nous voyons le chiffre augmenter considérablement d'année en année.

Si l'on entend par là que la valeur des choses en tant qu'expression et mesure des désirs des hommes, en tant *qu'utilité finale* au sens où nous avons défini ce mot, est invariable — ce serait non moins erroné. Car le pouvoir d'attraction, d'aimantation, que les choses exercent sur nous non seulement varie sans cesse pour chaque objet particulier, mais peut très bien augmenter ou diminuer pour la totalité des biens. Supposez, par exemple, que la population s'accroisse dans un pays et nécessairement la somme des désirs augmentant en raison du nombre des hommes, toute chose sera plus désirée.

Et si, pour prendre une hypothèse inverse, les sociétés modernes sont en marche vers « l'état stationnaire » prédit par Stuart Mill où les âmes ne seront plus tourmentées par le souci de la richesse et du profit, alors toutes choses sans exception seront moins désirées, sans que pour cela leurs rapports d'échange dussent changer.

Cette formule fameuse « qu'il ne peut y avoir une hausse générale ni une baisse générale des valeurs » doit donc être entendue simplement en ce sens que toutes les fois que l'on échange ou que l'on compare deux choses, la valeur de l'une ne peut augmenter qu'autant que la valeur de l'autre diminue. Et ainsi comprise la loi est évidente; on pourrait même dire que c'est une tautologie, car la valeur d'échange d'une chose n'est autre que la quantité d'une autre chose qu'elle permet d'acquérir. Donc dire que celle-là vaut plus, c'est dire aussi que celle-ci vaut moins. C'est ainsi que, lorsque la monnaie, qui sert à acquérir toute chose, augmente de valeur, il faut dans tout achat donner plus de toute autre marchandise pour la même somme; ce qui revient à dire que la valeur de celle-ci aurait baissé. Une hausse de valeur de la monnaie implique donc une baisse générale des prix, et *vice versa*.

Il en est de la valeur comme du poids : les *poids respectifs* de deux choses ne peuvent pas changer à la fois, puisque ce serait supposer que les deux plateaux de la balance montent ou descendent simultanément.

IV

Qu'est-ce que la richesse ?

Ce mot, qui sert à désigner l'objet même de la science économique, la science de la richesse, est lui-même des plus difficiles à définir.

Dans le langage courant il comporte des significations très diverses. Tantôt il est synonyme de **valeur**; c'est en ce sens qu'on dit d'un homme qu'il a de grandes richesses, ou qu'on évalue en chiffres la richesse totale d'un pays. Tantôt il désigne non une chose, mais un état, une situation, et est alors synonyme de **fortune**, en s'opposant à la pauvreté; c'est en ce sens qu'on parle des classes riches ou de la richesse des nations (c'est le titre du livre d'Adam Smith).

Dans le langage économique le mot de richesse est pris simplement comme synonyme d'**utilité** — bien entendu de l'utilité prise dans le sens que nous avons défini, celui de désirabilité ou valeur d'usage : la richesse c'est donc toute chose qui répond à un désir de l'homme [1].

Toute « chose », disons-nous. Mais pourquoi le mot de richesse ne s'appliquerait-il qu'aux choses, et non aux actes de l'homme, aux services rendus? On le peut sans doute, on peut dire que la voix d'une diva ou l'habileté d'un chirurgien sont des « richesses »; cependant cette expression ne sera guère comprise que dans un sens elliptique, et il semble qu'il soit plus correct de dire que ce sont non des richesses mais des moyens d'acquérir la richesse. Au reste c'est là une vieille question, et qui a fait l'objet de controverses fastidieuses chez les économistes des générations précédentes, que celle de savoir si les richesses ne pouvaient être que matérielles ou si elles ne pouvaient être aussi bien immatérielles [2]? Aujourd'hui, cette argumentation pour et contre paraît purement

[1] Peut-être le mot de *biens*, employé par les jurisconsultes (*bona* en latin, *goods* en anglais), conviendrait-il mieux pour cette qualification — en ne laissant alors au mot de richesse que son acception courante, celle de fortune.

[2] Voir, par exemple, dans la *Revue d'Économie Politique* de 1892, un article étendu de M. Turgeon sur ce sujet.

C'est l'école française, avec J.-B. Say, qui a d'abord soutenu la thèse des richesses immatérielles, puis Bastiat qui l'a poussée à l'extrême, en disant que *toute* richesse était immatérielle, puisqu'elle ne consistait qu'en services rendus, même quand ces services étaient rendus en apparence par des choses. Enfin, la conception moderne de l'Économie politique comme science psychologique l'a consacrée, puisqu'elle situe la richesse non dans les choses, mais en nous-mêmes.

scolastique. Nous la retrouverons d'ailleurs à propos de la question de savoir quels sont les travaux qui peuvent être qualifiés de productifs.

Mais ce qui est plus important c'est la distinction entre la richesse et la valeur. Dans le langage courant les deux mots, comme nous venons de le dire, sont synonymes; dans le langage économique ils sont très différents et même, en un sens, opposés.

La richesse est liée nécessairement à l'idée d'*abondance*; on est d'autant plus riche qu'on a plus de biens — tandis que l'idée de valeur, comme nous le verrons plus loin, est liée au contraire à l'idée de *rareté*[1]. Et pourtant, la richesse n'est-elle pas une somme de valeurs? Il est vrai, mais il en résulte cette conséquence paradoxale que si des produits de même nature sont trop abondants, la valeur de chacun d'eux se trouvant avilie, la richesse représentée par la somme de ces valeurs pourra se trouver amoindrie; et inversement, une réduction dans la quantité des objets possédés peut avoir pour résultat un accroissement de richesse pour leur possesseur[2]. Cette loi était déjà connue et pratiquée par les marchands d'épices des Indes hollandaises qui détruisaient une partie de la récolte quand ils la jugeaient surabondante, et elle est encore aujourd'hui la raison d'être des associations de fabricants, dites Cartels, qui limitent, sous peine d'amende, la production.

[1] Ricardo a été le premier à appeler l'attention sur ce point dans le chapitre : « Valeurs et richesses : leurs propriétés distinctives ». La différence essentielle pour lui c'est que la valeur tient à la difficulté de production et, au contraire, la richesse à la facilité de production.

[2] C'est ainsi que si nous regardons dans les statistiques du Ministère de la Marine les chiffres relatifs à la pêche de la sardine, nous voyons que les années qui ont donné le maximum de quantités pêchées ne sont pas celles qui ont donné le produit brut maximum, tant s'en faut. Ainsi, l'année de la pêche maxima depuis quinze ans, en 1898, a donné 51 millions de kilos qui n'ont produit que 7.900.000 fr., le prix des mille sardines étant tombé à 3 fr. 88, tandis que l'année 1908, avec une pêche trois fois moindre (17 millions de kilos), a donné un produit brut double, 15.500.000 fr., le prix du mille ayant monté à 21 fr. 91. Et c'est précisément ce qui provoque l'exaspération des pêcheurs. Cet avilissement des prix tient à l'impossibilité de consommer ou même de mettre en boîtes une pêche surabondante.

Les mêmes constatations pourraient être faites pour le marché des vins : tous les agriculteurs savent que les années de grande récolte sont souvent de « mauvaises années ».

Mme de Sévigné, qui ne s'inquiétait guère d'Économie politique, comprenait cela à merveille quand elle écrivait de son château de Grignan (octobre 1673) : « Tout crève ici de blé et je n'ai pas un sol ! Je crie famine sur un tas de blé ! ».

Cette spéculation, qui consiste à accaparer une récolte, puis à en détruire une partie pour faire monter le prix, est désignée quelquefois sous le nom bizarre de *Dardanariat*, en souvenir d'un accapareur semi-légendaire dont quelques auteurs latins nous ont transmis le nom (voir Landry, *L'utilité sociale de la propriété*).

Cependant ce sont là des cas exceptionnels, qui tiennent à ce que la demande n'est pas susceptible d'extension, ou à ce que la conservation des produits est impossible. Généralement la dépréciation de la valeur en raison de la quantité n'est pas telle que leur accroissement constitue leur possesseur en perte et, par conséquent, malgré la diminution de valeur de chaque unité, leur valeur totale est accrue. S'il n'en était pas ainsi, la grande industrie n'aurait jamais pu se développer ni même naître.

Même si cette éventualité se réalise parfois pour les individus, elle n'est pas à redouter pour l'ensemble d'un pays. L'abondance des biens ne risque jamais d'appauvrir les nations ni, par conséquent, la disette ne peut les enrichir. Si l'année est « bonne » pour toutes les récoltes, celles de l'industrie comme celles de la terre, non seulement le pays se trouvera enrichi dans la mesure de cette abondance, mais même les producteurs individuels n'auront plus à redouter l'avilissement des prix, car les valeurs n'étant, comme nous allons le voir, que des rapports, elles ne changent pas lorsque les termes de ce rapport sont affectés des mêmes variations [1].

Si toutefois on veut supposer, faisant un conte bleu, que par le progrès indéfini de la science et de l'industrie, tous les objets devinssent aussi abondants que l'eau des sources ou le sable des plages et que les hommes, pour satisfaire leurs désirs, n'eussent qu'à puiser à volonté, en ce cas, il est évident que toutes choses auraient perdu toute valeur d'échange, car on n'échange pas ce qui est gratuit pour tous. Elles n'en auraient ni plus ni moins que cette même eau des sources ou ces mêmes grains de sable. Et comme une somme de zéros ne peut jamais faire que zéro, il n'y aurait plus, en effet, ni valeur ni richesse *individuelle*. Dans ce pays de Cocagne, il n'y aurait plus de riches, puisque tous les hommes seraient égaux devant la non-valeur des choses, de même qu'aujourd'hui le roi et le mendiant sont égaux devant la lumière

---

[1] C'est la question que J.-B. Say considérait comme la plus épineuse de l'Économie politique et qu'il posait en ces termes : « La richesse étant composée de la valeur des choses possédées, comment se peut-il qu'une nation soit d'autant plus riche que les choses y sont à plus bas prix ? » (*Cours d'Économie politique*, 3ᵉ partie, chap. v). Et Proudhon, dans ses *Contradictions économiques*, avait mis au défi « tout économiste sérieux » d'y répondre.

Cependant J.-B. Say y avait déjà répondu lui-même par sa loi des débouchés (voir ci-après) en montrant que tout accroissement de production fournit un accroissement de demande pour d'autres produits et que, par conséquent, une surproduction *générale* est impossible.

du soleil. Mais la richesse *sociale*, quoique n'étant plus évaluable en monnaie, serait à son maximum !

Même en prenant le mot de richesse dans son acception ordinaire de situation privilégiée, de fortune, il importe de distinguer les deux aspects sous lesquels elle se présente et qui la rendent si désirable pour les hommes, la *richesse jouissance* et la *richesse puissance* [1].

La première est désirée en tant qu'elle procure à l'homme toutes les facilités de satisfaire ses besoins et même ses fantaisies. La seconde est désirée en tant qu'elle procure un pouvoir de commandement sur les hommes et sur les choses, et je ne parle même pas de l'influence sociale ou politique que peut donner la fortune, mais seulement du pouvoir dans l'ordre économique, notamment de diriger à son gré le travail : faites vos commandes ! n'est-ce pas la phrase de style des fournisseurs ?

Si la richesse ne comportait que la jouissance, comme la possibilité de jouissance ne dépasse pas un certain maximum, la poursuite de la richesse ne dépasserait pas non plus cette limite. C'est l'autre aspect de la richesse, c'est la richesse en tant que désir de commander aux hommes et aux choses qui pousse l'effort humain au delà de toute limite assignable, qui a fait surgir les milliardaires américains, ceux qu'on appelle si bien les « rois » du pétrole, ou de l'acier, ou du coton. Et il faut reconnaître que ce désir-là est plus noble que l'autre, quoique socialement il puisse devenir plus dangereux.

C'est généralement sous la forme de *revenu* que s'épanouit et se dépense la richesse-jouissance, et sous la forme de *capital* que se fortifie la richesse-puissance. Et nous verrons plus loin que le socialisme actuel peut se définir par ceci : qu'il cherche à abolir la richesse en tant qu'instrument de puissance de l'homme sur ses semblables, tout en laissant subsister la richesse en tant que moyen de jouissance — mais il est douteux qu'il réussisse à dissocier ces deux fonctions de la richesse.

---

[1] C'est ce second sens qui est marqué par le mot même de richesse, car il dérive étymologiquement du mot allemand *Reich* qui veut dire Empire. Et il y a, en effet, un impérialisme de la richesse.

V

Comment explique-t-on la valeur ? [1]

Nous venons de dire que la valeur implique un classement, une comparaison, et sous la forme de l'échange, un rapport numérique entre les objets échangés et même entre tous les objets échangeables. Mais quels sont les motifs qui déterminent ces préférences, quelles sont les causes qui fixent ces rapports? Pourquoi telle chose vaut-elle plus qu'une autre et vaut-elle exactement tant de fois plus? Pourquoi 1 kilogramme d'or vaut-il 10.000 kilogrammes de fer? Voilà la question qui a mis à la torture toutes les générations d'économistes.

En 1848, dans ses *Principes d'Économie politique,* Stuart Mill disait : « Heureusement, il n'y a plus, dans les lois de valeur, rien à éclaircir présentement ni dans l'avenir : cette théorie est complète ». Hélas ! aujourd'hui, 70 ans plus tard, aucun économiste n'oserait renouveler cette affirmation.

On peut se demander si la question n'est pas insoluble de même que beaucoup d'autres problèmes que l'homme s'est posés pendant des siècles et qu'il a abandonnés depuis. Si le proverbe dit que « des goûts et des couleurs on ne saurait disputer », ne faut-il pas dire de même que les causes des goûts et des désirs des hommes échappent à toute analyse? Ricardo dit : « Chaque homme a un étalon particulier pour apprécier la valeur de ses jouissances. Mais cet étalon est aussi variable que le caractère humain ».

Cependant ce serait renoncer à voir dans l'Économie politique une science que de renoncer à dégager de ces préférences individuelles certains mobiles généraux. Et non seulement les économistes ont cherché à déterminer les causes de la valeur, mais encore ils se sont évertués à les ramener toutes à une cause unique. Seulement ils n'ont pu se mettre d'accord sur cette cause : utilité? rareté? difficulté d'acquisition? coût de production? coût de reproduction? offre et demande? Chacune d'ailleurs de ces théories comportant une famille de sous-théories. Néanmoins elles peuvent

[1] On posait autrefois la question ainsi : quelles sont les *causes* de la valeur. Toutefois aujourd'hui les économistes ne se préoccupent plus guère de chercher la cause de la valeur. La question de la valeur, comme toutes celles d'Économie pure, apparaît comme un problème d'équilibre entre des forces opposées qui sont, comme nous allons le voir, d'un côté la *jouissance* que les choses nous procurent quand nous les possédons, de l'autre la *peine* nécessaire pour les acquérir quand nous ne les possédons pas ou pour les remplacer si nous venons à les perdre.

toutes se classer en deux grandes théories que nous allons examiner successivement, *valeur-utilité* et *valeur-travail*.

§ 1. Valeur-Utilité.

En donnant l'utilité comme fondement à la valeur, il va sans dire qu'il ne s'agit pas de l'utilité prise au sens vulgaire de ce mot puisque ce serait aller à l'encontre des faits les plus patents : il suffit, pour l'écarter, de remarquer que ce sont les denrées de première nécessité qui sont généralement à plus bas prix et au contraire les articles de luxe, ceux plus ou moins inutiles, qui ont la plus grande valeur. La réfutation d'une telle explication a été faite de tout temps par l'exemple classique de l'eau et du diamant, celui-ci figurant au plus haut rang et celle-là au dernier rang de l'échelle des valeurs — c'est-à-dire, précisément en raison inverse du degré d'importance des besoins auxquels ces deux choses répondent, l'eau étant assurément de toutes les choses celle qui répond au besoin le plus fréquent et le plus intense : ἄριστον μεν ὕδωρ, disait déjà le poète Pindare, l'eau est ce qu'il y a de meilleur, et pourtant généralement sa valeur est zéro.

L'utilité dont il s'agit c'est donc celle que nous avons définie et analysée ci-dessus (p. 55) sous le nom de désirabilité : c'est la propriété d'une chose de satisfaire à un désir plus ou moins intense, sans qu'il y ait lieu de juger ce désir au point de vue de son importance sociale ou de sa valeur morale. Et déjà cette première rectification nous permet d'écarter l'objection du diamant, car il est incontestable que le diamant, à tort ou à raison, répond à un désir très intense, du moins chez les femmes du monde.

Mais elle ne semble pas suffisante pourtant pour nous donner le mot de l'énigme, car tout en reconnaissant que le diamant a une grande désirabilité, n'est-il pas évident que l'eau en a une très grande aussi, non pas seulement dans le Sahara, mais tous les jours et pour chacun de nous? et le pain aussi? Ce serait assurément une grande privation pour tout homme que de faire un repas sans eau et pour un Français de le faire sans pain. Alors comment expliquer que ces deux objets n'aient qu'une valeur très petite ou nulle? Il semble donc que l'utilité, même comprise au sens de désirabilité, ne puisse être envisagée comme la raison suffisante de la valeur [1].

---

[1] Pourtant l'utilité, au sens vulgaire du mot, c'est-à-dire au sens de *qualité*, détermine la valeur quand il s'agit de produits de même catégorie. C'est ainsi que dans un magasin le prix des draps, des fruits, des bijoux, des automobiles, est établi

C'est pourquoi on a fait intervenir, pour la compléter, une autre cause, *la rareté*. Celle-ci, à elle seule, ne serait pas suffisante pour créer la valeur, car si rare que soit une chose et fût-elle même unique au monde, si elle ne peut servir à rien il est clair qu'elle ne vaudra rien. Les cerises ne sont pas moins rares à la fin de la saison qu'au début; néanmoins comme elles ne sont désirées que lorsqu'elles sont des primeurs, la rareté à la fin de saison ne leur confère aucune valeur. En supposant que j'aie écrit une tragédie, mon manuscrit, quoique seul de son espèce, ce qui est le maximum de la rareté, n'acquerra par là néanmoins aucune valeur [1].

On pourrait croire cependant que la rareté à elle seule peut créer la valeur, en citant maints exemples de prix énormes payés pour des objets tels que certains timbres-poste qui n'ont d'autre intérêt que d'être seuls de leur espèce. Mais pourtant, même dans ces cas, il est bien clair que cette valeur tient uniquement au désir du collectionneur qui veut avoir un album plus complet que celui de ses rivaux : la difficulté de remplir ses lacunes, la rareté de l'objet, n'agit qu'à la façon d'un obstacle qui comprime et fait jaillir, comme un jet d'eau, le désir [2].

Mais si chacun de ces deux éléments, à lui seul, est insuffisant, il semble que combinés ils suffisent. On arrive ainsi à cette première explication que la valeur c'est *l'utilité-rare* et quelques économistes éminents estiment qu'on peut s'y tenir [3].

Mais aujourd'hui les économistes de l'école psychologique, spécialement celle devenue célèbre sous le nom d'école autrichienne, ne s'en contentent plus. Ils se sont mis à creuser un peu plus à fond ce concept de la valeur et sont arrivés à cette conclusion que l'utilité suffit parfaitement pour expliquer la valeur sans qu'il soit

selon leurs qualités — c'est-à-dire que, toutes choses égales, nous préférons celle qui satisfait le mieux nos besoins.

[1] On pourrait même trouver des cas où une moindre rareté, c'est-à-dire un accroissement de quantité, va de pair avec un accroissement de valeur. Les plumes d'autruche se vendent à un prix très supérieur à celui d'il y a quarante ou cinquante ans et pourtant, depuis qu'on pratique l'élevage des autruches, elles sont beaucoup plus abondantes sur le marché.

[2] Un timbre-poste de l'île Maurice émis en 1847 a été payé, en 1904, pour le compte du roi Édouard VII d'Angleterre, 1450 liv. st. (36.500 francs) et un autre exemplaire du même, 32.000 francs, par l'administration des Postes d'Allemagne pour son musée. Pourquoi ce prix fabuleux ? Simplement parce que, par suite d'une bévue du graveur, il porte, au lieu des mots *Post praid*, ceux-ci *Post Office*.

[3] Notamment l'économiste anglais Senior et l'économiste français Walras. Ils ne disent même pas l'utilité-rare : ils disent la rareté tout court, estimant que l'idée d'utilité se trouve nécessairement sous-entendue dans celle de la rareté, car ce qui est inutile ne saurait être rare.

besoin d'y ajouter rien d'autre, à la condition seulement de bien définir ce mot.

Revenons, pour la comprendre, à cette pierre d'achoppement qui est l'exemple de l'eau. L'eau n'est pas seulement utile au sens vulgaire du mot : n'est-elle pas utile aussi, au sens de désirable? Alors pourquoi n'a-t-elle pas de valeur?

Mais, ainsi posée, l'objection porte à faux : voici pourquoi.

1° D'abord il n'est pas vrai que l'eau n'ait point de valeur argent. En tant qu'employée pour l'irrigation ou en tant que force motrice, elle a une valeur et qui peut même être très considérable. Elle a même une certaine valeur en tant qu'eau potable dans toutes les villes (25 centimes le mètre cube à Paris, par exemple). On n'est donc fondé à dire que l'eau n'a point de valeur qu'autant que l'on regarde à la carafe d'eau qui est sur ma table. Celle-ci, en effet, n'a pas de valeur ou qu'une valeur négligeable. Mais, est-il vrai que l'eau contenue dans cette carafe soit *très désirable*? Point du tout, car si elle vient à être renversée j'en serais quitte pour la faire remplir au robinet. Ce qui peut être remplacé à volonté ne peut jamais être bien vivement désiré, en ce sens qu'on ne peut ni être très attristé par sa privation ni être très réjoui par sa possession.

Par conséquent, la contradiction que l'on croit apercevoir entre la grande utilité de l'eau et sa non-valeur n'existe pas. Elle tient uniquement à une confusion d'idées. Quand on parle de la grande utilité de l'eau on pense à l'utilité de l'eau *en général* comme élément indispensable à la vie terrestre; quand on parle de la non-valeur de l'eau, on pense à la petite quantité d'eau nécessaire à mes besoins.

Il en est de même du pain. Quand on dit le pain est très utile, on pense à l'utilité du pain en général pour la race blanche : elle est grande, en effet, mais grande aussi est sa valeur globale : au moins quelque 20 milliards! Mais, en tant que consommateur, je n'ai que faire de la récolte du blé du monde : mon besoin ne peut avoir pour objet que mon pain quotidien. Or cette petite quantité ne peut exciter bien vivement mon désir, étant donné que je puis facilement aussi le remplacer — quoique un peu moins facilement que l'eau : aussi a-t-il notablement plus de valeur que l'eau.

Donc l'utilité qu'il faut considérer, quand on cherche la base de la valeur, ce n'est jamais l'utilité en bloc, *in genere*, mais l'utilité d'une petite fraction, de celle nécessaire à mes besoins.

2° Non seulement il ne faut considérer, quand on parle de l'utilité, que l'utilité de la fraction nécessaire à nos besoins, mais de plus il faut prendre garde que l'utilité de chacune de ces fractions est très inégale et comporte bien des degrés possibles : il importe donc de savoir quelle est celle qu'on a en vue et qui doit déterminer la valeur.

En effet, imaginons la quantité d'eau dont je puis disposer journellement distribuée en une série de seaux numérotés, rangés sur une étagère. Le seau n° 1 a pour moi une utilité maxima, car il doit servir à me désaltérer; le seau n° 2 en a une grande aussi quoique moindre, car il doit servir à mon pot-au-feu; le seau n° 3 moindre, car il doit servir à ma toilette; le seau n° 4, à faire boire mon cheval; le sceau n° 5, à arroser mes dahlias; le seau n° 6, à laver le pavé de ma cuisine. Le seau n° 7 ne me servira à rien du tout; aussi ne me donnerai-je plus la peine de le tirer du puits... Et si quelque mauvais génic, comme celui évoqué par « le sorcier maladroit » d'une légende allemande, s'amusait à m'apporter un 10°, un 20°, un 100° seau, jusqu'à m'inonder, il est clair que de ceux-ci non seulement on ne pourrait pas dire qu'ils sont utiles, mais au contraire qu'ils sont positivement *nuisibles*. Donc, on ne saurait dire de ces seaux d'eau qu'ils sont utiles ni inutiles, mais qu'ils présentent toute une gamme d'*utilité décroissante* depuis l'infini jusqu'à zéro et même au-dessous.

Arrêtons-nous par la pensée au seau n° 6, le dernier qui ait une utilité quelconque, quoique petite — suffisante cependant pour qu'il ait valu la peine de le tirer du puits. Nous pouvons affirmer, et c'est ici le point le plus curieux de la démonstration — qu'aucun des autres seaux ne peut avoir une valeur supérieure à celle mesurée *par l'utilité de ce dernier*. Pourquoi donc? Parce que, quoi qu'il advienne, c'est par cette dernière unité, acquise ou perdue, que nous mesurons notre jouissance ou notre privation. Supposons, en effet, que le seau n° 1, celui qui devait servir à ma boisson, se trouve renversé par accident, vais-je crier miséricorde en disant que je suis condamné à mourir de soif? Ce serait un raisonnement de Jocrisse. Il est clair que je ne me priverai pas de boire pour cela : seulement je serai obligé de sacrifier, pour le remplacer, un autre seau. Lequel? Évidemment celui qui m'est le moins utile : à savoir, le dernier tiré. Voilà pourquoi celui-là détermine la valeur de tous les autres. Et comme ce dernier seau n'a qu'une infime valeur (dans nos pays du moins : il en serait autrement dans les villages africains), voilà pourquoi l'eau n'a qu'une infime valeur. C'est que réellement son *utilité finale* est très minime.

Débarrassons-nous maintenant de ce numérotage qui n'a été inventé que pour la démonstration mais qui ne nous sert plus à rien, puisqu'il est bien évident que tous les seaux sont identiques et interchangeables et que, par conséquent, ils ont tous *la même valeur;* et cette valeur c'est précisément celle qui correspond au dernier besoin satisfait ou frustré.

Résumons cette démonstration :

La valeur est déterminée non par l'utilité totale mais seulement par l'utilité de la portion dont on a besoin[1];

Cette utilité n'est pas la même pour chaque unité possédée ; et elle va décroissant, car l'intensité du besoin va diminuant à mesure que le nombre d'unités possédées augmente.

Or c'est l'utilité de la dernière unité possédée *l'utilité finale* — et la moins utile, par conséquent, car elle correspond au dernier besoin satisfait — qui détermine et limite l'utilité de toutes les autres.

Il faut admirer cette théorie en tant qu'analyse psychologique très fine et vraie des besoins de l'homme et des variations de leur intensité[2]. Pourtant elle ne fait que rajeunir une vieille doctrine,

---

[1] *L'utilité finale* doit donc être distinguée soigneusement de *l'utilité totale.* Celle-ci consiste dans la somme des utilités additionnées de tous les seaux d'eau et, par conséquent, elle est toujours très supérieure à l'utilité du dernier seau. Voilà pourquoi l'utilité totale de *l'eau* est immense quoique l'utilité d'*un seau d'eau* soit petite.

Le qualificatif *finale* n'est pas tout à fait satisfaisant. Il a été critiqué comme impliquant l'idée d'une série décroissante, d'un numérotage qu'il faut bien adopter comme procédé de démonstration, mais qui ne correspond pas à la réalité. Quelques économistes préfèrent le terme *utilité-limite,* ou *marginale* comme disent les Allemands. On pourrait dire mieux encore *utilité-liminale.*

[2] Dans son beau livre, trop oublié aujourd'hui, sur *Le commerce et le gouvernement (1776),* le philosophe Condillac avait pressenti cette explication de la valeur et, en cela, de beaucoup devancé les Physiocrates, ses contemporains : « La valeur des choses croît dans la rareté et diminue dans l'abondance. — Elle peut même dans l'abondance diminuer au point de devenir nulle. Un surabondant sera sans valeur toutes les fois qu'on n'en pourra faire aucun usage, *puisqu'alors il sera tout à fait inutile...* ». Puis vient l'exemple de l'eau, suivant qu'elle est prise à la source ou au désert (1re partie, Ch. i).

Et Franklin avait dit plus simplement encore dans la *Science du bonhomme Richard :* « C'est quand le puits est à sec qu'on connaît la valeur de l'eau ».

Mais c'est seulement au milieu du xixe siècle que cette théorie de l'utilité finale paraît avoir été formulée pour la première fois par un ingénieur des mines en France, Dupuit (1844), puis par un Allemand, Gossen (1854). Toutefois les travaux de l'un ou de l'autre étaient restés parfaitement inconnus jusqu'au jour où, en 1871-1873, Stanley Jevons en Angleterre, John Clark aux États-Unis, Walras en Suisse, Karl Menger en Autriche ont créé à nouveau cette théorie. Le fait que, sans se connaître, ces auteurs sont arrivés simultanément à peu près aux mêmes conclusions, constitue évidemment une présomption de vérité en sa faveur. Cette théorie a trouvé en Autriche ses principaux représentants, non seulement Karl

celle de Senior et de Walras père notamment, qui plaçaient dans la
rareté la cause de la valeur, rareté qui sous-entendait qu'il s'agissait d'un objet désirable, car sans cela la rareté n'aurait créé
aucune valeur (voir ci-dessus, p. 68). L'utilité finale n'est donc, en
somme, que le nom savant de *l'utilité rare*. Mais son mérite est
d'avoir réconcilié les deux explications de l'utilité et de la rareté
en démontrant qu'elles sont inséparables et que l'utilité, au sens
économique de ce mot, est nécessairement « en fonction » de la
quantité, comme disent les mathématiciens.

Elle a son fondement dans la loi de satiété que nous avons
indiquée à propos des besoins (voir p. 51). On a vu que tout
besoin et tout désir disparaît dès qu'il est saturé et se change
même en répulsion pour l'objet qu'il convoitait naguère. Cependant, dira-t-on, l'eau reste utile même quand nous sommes désal-
térés? Oui, elle est utile en ce sens qu'elle a toujours physique-
ment des propriétés désaltérantes, mais économiquement elle
n'est plus désirable ni pour moi ni pour personne, puisque tout
le monde en a assez, en a même « de reste », comme on dit.

Pourtant c'est un peu par un artifice verbal qu'elle ramène à
une seule idée et fait tenir dans un mot double des éléments très
complexes, car non seulement l'utilité finale implique la rareté,
mais il faut ajouter qu'elle implique aussi la difficulté d'acquisition[1], car la rareté ou limitation dans la quantité n'est presque
jamais un fait primordial : dans notre état économique, elle n'est
qu'un fait relatif. Il n'est pas une chose au monde, même parmi
les produits de la nature, à plus forte raison parmi les produits
de l'industrie humaine, dont la quantité soit si rigoureusement
déterminée qu'on ne puisse l'accroître en y prenant peine. Si les
diamants sont rares, ce n'est point que la nature n'en ait jeté
dans la circulation qu'un nombre d'exemplaires déterminé et,
qu'après cela elle ait brisé le moule : c'est simplement qu'il faut
beaucoup de peine ou beaucoup de chance pour en trouver et

Menger, mais, après lui, Böhm-Bawerk et Wieser. En France, elle n'est que rarement enseignée dans les cours et dans les livres. Voir cependant les livres récemment parus de M. Colson, *Cours d'Économie politique*, et de M. Landry, *Manuel
d'Économique.*

On trouvera un excellent résumé de cette théorie subtile dans un petit livre de
M. W. Smart, professeur à Glascow, *Introduction to Theory of Value*, malheureusement non traduit en français.

[1] Ces mots *difficulté d'acquisition* ont été employés par certains économistes
comme contenant une explication complète et suffisante de la valeur — à la condition pourtant de sous-entendre l'utilité, car rien de plus difficile que de retirer un
caillou jeté au fond de l'Atlantique : mais cela ne lui confère aucune valeur.

par conséquent, la quantité existante ne peut s'accroître que difficilement. Si les chronomètres sont rares, ce n'est point qu'il n'en existe de par le monde qu'un certain nombre d'exemplaires numérotés : c'est simplement que la fabrication d'un bon chronomètre exigeant un temps considérable et une habileté spéciale, la quantité se trouve limitée par le temps et le travail disponibles. Il serait même téméraire d'affirmer que les tableaux de Raphaël soient en nombre absolument limité, car il n'est pas impossible qu'on ne parvienne, un jour ou l'autre, dans quelque grenier ou quelque vieille église, à en découvrir d'autres que ceux que nous connaissons.

Donc, dans l'explication de la valeur, même fondée sur l'utilité, nous ne pouvons faire abstraction du plus ou moins de difficulté à produire la richesse : et cela est si vrai que la simple *possibilité* non encore réalisée — par exemple la découverte d'un chimiste pour cristalliser le carbone en diamant, même avant d'avoir reçu aucune application industrielle — peut très bien suffire pour agir comme réfrigérant sur la valeur.

D'autre part, cette explication semble mieux faite pour un Robinson que pour des hommes vivant à l'état de société et sous le régime de l'échange. Un lorgnon n'a-t-il pas pour moi une utilité finale énorme si je suis myope au point de ne pouvoir m'en passer pour lire ni même pour marcher ? Pourtant, comme je sais que s'il vient à se casser, je trouverai toujours à le remplacer chez n'importe quel opticien, son utilité finale ne saurait être supérieure à celle de 5 ou 6 francs que j'aurai à débourser et qui représentent simplement le coût de production du lorgnon [1].

§ 2. Valeur-travail.

Cette théorie a tenu une place éminente dans l'histoire des doctrines [2]. Enseignée pour la première fois, quoique sous une forme un peu incertaine, par Adam Smith, fortement affirmée par

---

[1] Il est vrai que l'on peut, même en ce cas, maintenir l'explication de l'utilité finale en disant qu'il faut considérer l'utilité finale pour la société et non pour l'individu. Si un lorgnon n'a pas grande valeur, on peut dire que c'est parce qu'il n'a pas une grande utilité finale pour la société, étant donné que les myopes n'y sont qu'en nombre restreint et que chacun d'eux n'a besoin que d'un seul lorgnon, tant qu'il dure.

[2] « Il est tout simple, dit Adam Smith, que ce qui est d'ordinaire le produit de deux heures de travail vaille le double de ce qui n'exige ordinairement qu'une heure de travail » (Livre I, ch. 16).

« Je considère le travail, dit Ricardo, comme la source de toute valeur et sa

Ricardo, elle a rallié les économistes appartenant aux écoles les plus opposées, depuis les optimistes comme Bastiat jusqu'aux socialistes comme Rodbertus et Karl Marx.

Tout objet, disait Proudhon, *vaut ce qu'il coûte*. Et ce qu'il coûte, ce n'est pas l'argent avec lequel nous le payons, car l'achat n'est qu'un transfert d'une chose déjà existante : c'est le travail qui a été dépensé pour sa production.

quantité relative comme la mesure qui règle presque exclusivement la valeur relative des marchandises » (Ch. I, sect. 2).

« La valeur d'une marchandise est déterminée par le quantum du travail dépensé pendant sa production » (Karl Marx, ch. 1). Et dans une formule plus impressive : « En tant que valeurs, toutes les marchandises ne sont que du travail cristallisé ».

Malgré cette identité apparente, les explications de la valeur données par ces trois grands esprits sont, au fond, assez différentes (Voir l'*Histoire des Doctrines*, par Gide et Rist).

Pour Adam Smith, le travail est présenté moins comme la cause de sa valeur que comme sa mesure. Le travail, dit-il, a été la monnaie primitive avec laquelle les hommes ont payé toutes choses, ce qui veut dire simplement que l'homme — et il prend pour exemple le sauvage — dépense d'autant plus d'heures à poursuivre une pièce de gibier qu'il l'estime davantage.

Pour Ricardo, le travail semble comprendre aussi le prix du temps, l'intérêt, et devrait donc être remplacé par l'expression plus extensive, coût de production (voir ci-après).

C'est Karl Marx seul qui prend le mot de travail dans le sens le plus strict et le plus matérialiste du mot, le travail manuel mesuré par le nombre d'heures et de minutes.

La théorie de la valeur-travail est souvent confondue avec celle du coût de production.

Mais cette expression de coût de production prête à confusion parce qu'elle comporte deux significations très différentes.

On peut entendre par coût de production *la quantité de travail et la quantité de temps* employées à la production d'une chose (c'est bien ainsi que l'entendait Ricardo) : alors cette explication se ramène à celle critiquée dans le texte, avec cette différence que dans la peine ou l'effort nécessaire à la production elle fait entrer non seulement la dépense du travail, mais la dépense du capital.

On peut entendre aussi *la quantité de travail et la quantité de terre* employées à la production. C'est la théorie de M. Otto Effertz qu'il appelle le principe pono-physiocratique (de deux mots grecs qui veulent dire peine et nature). Voir son curieux petit livre en français : *Terre et Travail* (1893).

Mais on entend généralement par coût de production *la somme des prix payés pour les divers services productifs*, salaire, intérêt, loyer, etc. C'est ainsi que l'entend tout industriel et, à son point de vue individuel, c'est bien la mesure de sa dépense. Mais au point de vue social, ces dépenses représentent autant de *revenus* pour ses collaborateurs. Et il est clair qu'en ce sens le coût de production n'explique rien du tout, puisque ces éléments constitutifs du prix de revient ne sont eux-mêmes que des valeurs et qu'on se borne ainsi à expliquer une valeur par une autre valeur! Cette explication ne fait que constater une relation nécessaire entre la valeur du tout et la valeur additionnée de ses éléments constituants, ce qui est simplement un truisme (voir ci-après).

Cette théorie paraît au premier abord très séduisante :

Premièrement, parce qu'elle donne pour fondement à la valeur une notion précise, objective, facilement mesurable. Dire que tel objet, par exemple une montre, vaut cent fois plus qu'un pain, parce qu'elle représente un nombre centuple d'heures de travail, voilà qui satisfait l'esprit : l'explication paraît plausible ; en tout cas, on peut la vérifier par une enquête, tandis que dire que cette montre vaut le centuple parce que son utilité est cent fois plus grande, voilà une évaluation qui ne nous dit rien de précis. Et ce n'est certes pas en remplaçant le mot d'utilité par celui d'utilité finale ou de désirabilité qu'on rendra cette évaluation plus claire.

Secondement, parce qu'elle satisfait mieux l'idée de justice, parce qu'elle donne pour fondement à la valeur un élément moral : le travail. Et c'est par ce côté surtout qu'elle a séduit tant d'esprits généreux. Si l'on réussissait à démontrer que la valeur de toutes les choses appropriées est déterminée par le travail qu'elles ont coûté, le problème qui consiste à attribuer à chacun une valeur égale au produit de son travail se trouverait fort simplifié et il deviendrait plus facile d'asseoir solidement l'organisation sociale sur un principe de justice.

Toutefois il faut remarquer que cette explication de la valeur a été employé à deux fins précisément opposées. Pour les défenseurs de l'ordre économique actuel, elle sert à démontrer que toute propriété, y compris celle de la terre et des capitaux, est conforme à la justice sociale, puisque toute valeur est fondée sur le travail. Mais, au contraire, pour les socialistes elle sert à démontrer que la propriété est généralement une spoliation des travailleurs puisque le plus souvent ce sont les travailleurs qui ne sont pas propriétaires et les propriétaires qui ne sont pas des travailleurs ! Donc la propriété et la valeur sont bien fondées sur le travail, mais sur *le travail d'autrui* et non sur celui du propriétaire. Donc si l'on veut que chacun soit propriétaire de la valeur créée par *son* travail, il faut intervertir l'ordre de choses existant.

Mais ces considérations, soit apologétiques, soit critiques, doivent être tenues pour non avenues dans une explication de la valeur. Reste donc à examiner seulement l'argument économique que toute valeur implique un certain travail et que c'est la quantié de ce travail qui mesure la valeur.

1° Constatons d'abord que cette théorie ne nie pas que l'utilité, c'est-à-dire la propriété de satisfaire à un besoin ou à un désir quelconque de l'homme, ne reste la condition primordiale de toute valeur. Il faudrait, en effet, avoir perdu le sens pour imaginer qu'une chose qui ne sert à rien puisse avoir une valeur quelconque, quel que soit d'ailleurs le travail qu'elle ait pu coûter. Mais, d'après cette école, si l'utilité est *la condition* de la valeur elle n'en est point *la cause*.

L'utilité des choses, dit-on, c'est ce qui les différencie : mais le travail c'est ce qui leur donne ce caractère commun d'être, au point de vue économique, des valeurs [1].

La cause, le pourquoi une chose vaut, c'est parce qu'elle représente un effort accompli, une certaine peine prise, en un mot un certain travail effectué qui, précisément parce qu'il est fait, n'est plus à faire. Et la chose vaut plus ou moins suivant que le travail qu'elle représente est plus ou moins considérable. Si certaines richesses naturelles, l'air respirable, l'eau des sources, la lumière du soleil — n'ont aucune valeur, ce n'est point, comme l'enseigne l'école de l'utilité-finale, parce qu'elles sont surabondantes, car elles ne le sont pas toujours ni partout, mais c'est parce qu'elles sont un don de la nature, un don en ce sens que nous n'avons pas à les acheter, à les payer par un travail quelconque : c'est pourquoi on dit très exactement qu'elles sont des richesses *gratuites*.

Soit! mais ce raisonnement impliquerait que les richesses naturelles sont toujours gratuites. Or tant s'en faut!

Ricardo lui-même et son école ne nient pas (car le fait n'est pas niable) qu'il n'y ait certains objets « dont la valeur ne dépend que de la rareté parce que nul travail ne peut en augmenter la quantité ». Seulement, il les considère comme une exception insignifiante et ne cite en exemple que les tableaux précieux, statues, etc. Or ces objets-là constituent, en fait, une exception énorme et qui emporte la règle.

Innombrables sont les choses qui ont une valeur originelle sans aucun travail, tout simplement parce que utiles et recherchées : source d'eau minérale ou de pétrole, guano déposé par les oiseaux de mer, plage de sable de la Camargue qui n'a été labourée que par le vent du large et qui se vend très cher pour y planter des vignes, terrains situés à Paris aux Champs-Élysées.

2° Remarquons en second lieu que le travail cause de la valeur ne saurait être celui employé à la production de l'objet considéré, car

---

[1] Karl Marx, qui a mis en relief cet argument, fait remarquer qu'il avait déjà frappé Aristote. Mais ce *quelque chose* de commun à toutes les valeurs, on peut le trouver dans la propriété de répondre à un désir social qui se superpose aux utilités individuelles.

s'il en était ainsi, on ne pourrait échapper à cette conséquence absurde que la valeur de toute chose *est nécessairement immuable* parce que le travail cristallisé en elle est passé et que ce qui est passé ne peut plus changer : *what's done cannot be undone,* dit lady Macbeth : on ne peut faire que ce qui a été fait ne l'ait pas été. — Or, chacun sait, au contraire, que la valeur d'un objet varie dans le temps et sans cesse, précisément parce qu'elle dépend de la demande, du désir. Il est bien évident que ces variations sont absolument indépendantes du travail de production originaire. Le travail passé est mort : la valeur est vivante.

Il faut donc se hâter de rectifier l'explication telle qu'elle se présentait d'abord à l'esprit, en faisant remarquer que le travail qui sert de base à la valeur ce n'est pas le travail passé mais le travail présent, c'est-à-dire non le travail spécialement consacré à produire l'objet que l'on considère, mais le travail générique nécessaire, dans les conditions sociales existantes, pour remplacer le même objet, c'est-à-dire *le travail de reproduction* [1] ; ou encore,

---

[1] Pour le coût de reproduction, voir l'économiste américain Carey, l'italien Ferrara, etc.

Bastiat donne à peu près la même explication en disant qu'il faut considérer non point le travail effectué par celui qui a produit l'objet, mais seulement le *travail épargné* à celui qui veut s'en rendre acquéreur.

Et comme épargner à quelqu'un un certain travail, c'est « lui rendre service » l'auteur des *Harmonies* arrive par là à déclarer que la valeur a pour cause et pour mesure un *service rendu.* C'est une fort belle idée (et très moderne) que de voir dans les rapports sociaux un échange de services, mais, comme explication de la valeur, elle se résout en une simple équivoque. A cette question : « pourquoi un diamant a-t-il une plus grande valeur qu'un caillou? » elle répond : « parce que, en me cédant un diamant, on me rend un plus grand service qu'en me cédant un caillou ». C'est là un truisme que personne ne contestera, mais il suffit de répondre que si le service rendu par le transfert d'un diamant est plus grand que le service rendu par le transfert d'un simple caillou, c'est tout simplement parce que le diamant a plus de valeur que le caillou : nous n'avons donc rien fait que tourner sur place. Ce n'est pas, en effet, le service rendu par celui qui me cède un objet qui en détermine la valeur : c'est, au contraire, la valeur de l'objet cédé qui détermine et mesure l'importance du service rendu. Voir dans la *Revue d'Économie politique* (14 juin 1887) la critique que nous avons faite de cette théorie — mais, au contraire, dans Cauwès (t. I, p. 308), sa défense.

D'ailleurs, il faut remarquer que, dans la mesure où ces amendements corrigent la théorie fondamentale, ils lui enlèvent du même coup le mérite qu'avait du moins celle-ci de satisfaire à l'idée de justice. Nous avons avoué, en effet, qu'il y aurait harmonie si l'on pouvait démontrer que la valeur d'un objet possédé est proportionnelle à la peine qu'a dû prendre son possesseur pour le produire, mais nous nions que cette harmonie subsiste si l'on se contente de démontrer que la valeur est simplement proportionnelle à la peine épargnée (et qui, par conséquent, *n'a pas été prise !*) comme le dit Bastiat — ou au travail moyen (et, par conséquent, *indépendant de l'effort individuel*) comme le dit Karl Marx.

comme dit Karl Marx, *le travail social* nécessaire pour la production de cet objet, lequel se mesure par le nombre d'heures nécessaires en moyenne actuellement pour l'exécuter.

Soit ! mais il n'en demeure pas moins vrai que ce travail moyen social ne change que lentement au fur et à mesure des progrès de l'industrie, et par conséquent ne saurait expliquer les variations si fréquentes, souvent quotidiennes, de la valeur des choses — celles qui résultent, sur le marché, de l'offre et de la demande. Il faudrait dire alors qu'il y a deux valeurs, la valeur *normale*, qui se règle sur le travail ou plutôt sur le coût de production, et la valeur *courante* déterminée par l'offre et la demande, c'est-à-dire par la rareté et l'utilité. C'est ce que dit Stuart Mill : il compare la valeur normale au niveau de la mer et la valeur du marché au mouvement des vagues qui déplacent sans cesse ce niveau. Du moins faudrait-il reconnaître que ce « niveau de la mer » n'étant qu'une abstraction jamais réalisée parfaitement, de même la valeur-travail n'est qu'une conception abstraite et que dans la pratique c'est à la valeur-utilité qu'il faut revenir.

Mais ce n'est pas seulement sous forme de variations passagères et d'oscillations autour d'un centre de gravité que la valeur courante se montre indépendante du travail : c'est, dans bien des cas, sous forme de divergences définitives. Tel le cas du vin qui se bonifie et augmente de valeur en cave sans que ni le travail du vigneron qui l'a récolté ni même le travail social *employé* à la vinification ait changé. Tel est le cas de la terre et des maisons qui, en admettant même que leur valeur originaire fût due au travail de défrichement ou de construction, peuvent acquérir plus tard des plus-values dues uniquement à leur situation, c'est-à-dire à leur utilité. C'est précisément sur ce phénomène qu'est fondée la loi si célèbre en économie politique sous le nom de *rente*. Comme nous le verrons, elle implique un excédent du prix de vente d'un objet sur le coût de production, c'est-à-dire sur le coût du travail. Or, la rente existe, plus ou moins, partout [1].

3° Enfin cette théorie que la valeur ne serait que du travail « cristallisé » nous paraît suggérer une idée fausse de la valeur en la

---

[1] Ricardo ne niait, certes ! pas la rente, puisqu'au contraire c'est lui-même précisément qui l'a découverte pour la terre (Voir liv. III, *La Loi de la rente*), mais l'explication qu'il en donne, à savoir que le blé des terres fertiles se vend nécessairement au même prix que le blé des terres moins fertiles, s'ils sont de même qualité, ne fait que démontrer que deux objets de même qualité, c'est-à-dire *de même utilité*, ont nécessairement la même valeur, quelque inégaux que soient les travaux qu'ils aient coûtés.

matérialisant dans son objet ; or, rien ne ressemble moins à l'immuable cristal que la valeur.

S'il ne s'agissait que de l'utilité on comprendrait qu'elle fût un produit du travail ou même du travail cristallisé, car c'est le travail qui, par un changement de place ou de forme ou de geste, crée l'adaptation de telle chose ou de tel acte à nos besoins, mais on ne saurait dire de même de la valeur. Sans doute, le travail ou la nature fournissent à la valeur son objet, mais elle n'est pas dans cet objet, elle est en dehors de lui. La valeur n'est pas « un produit » : elle est un reflet sur les choses du rayon projeté par notre désir. Selon que le rayon de ce phare à feux tournants se dirige ici ou là, il fait surgir de l'ombre les objets du monde extérieur, et, sitôt qu'il les quitte, ceux-ci disparaissent dans la nuit : ils ont eu une valeur, ils n'en ont plus.

On voit donc que la théorie de la valeur-travail se trouve encerclée de toutes parts dans la théorie de la valeur-utilité dont elle ne peut s'affranchir. Est-ce à dire qu'il faut la congédier pour ne garder que sa sœur? Non, car nous avons vu que celle-ci en fin de compte ne peut se suffire non plus sans se préoccuper des causes qui limitent la quantité, c'est-à-dire de la production.

Interrogeons-nous nous-mêmes. Pourquoi attachons-nous une certaine valeur à un objet, pourquoi telle chose nous est-elle chère[1]? Nous sentons bien, avec un peu de réflexion, que nous pouvons donner deux réponses différentes et, à certains égards, opposées : nous pouvons nous attacher aux choses, soit en raison du *plaisir* qu'elles nous donnent par leur possession, soit en raison de la *peine* qu'elles nous ont coûtée pour les acquérir. Le plus intense des amours, l'amour maternel, n'est-il pas lui-même formé de ces deux éléments ?

Le producteur isolé, Robinson dans son île, appréciait certainement son canot non seulement en raison du service qu'il lui rendait, mais en raison du travail énorme qu'il avait dû fournir pour le construire et qu'il serait obligé de refaire pour le remplacer s'il venait à faire naufrage.

A plus forte raison en est-il de même dans l'état de société où presque tous les biens nous viennent de l'échange et où chacun de nous ne peut se procurer un bien qu'à la condition d'en céder un autre et où par conséquent toute acquisition se double d'une

---

[1] Ce n'est pas pour rien que le même mot (cher, *dear*) sert à exprimer deux sentiments bien différents : est cher ce que nous aimons, est cher ce qui nous coûte gros !

privation. Acheteur et consommateur, nous pensons surtout au plaisir que nous procurera l'objet que nous voulons acquérir; vendeur et producteur, nous pensons surtout à la peine et aux frais qui seront nécessaires éventuellement pour remplacer le bien que nous cédons.

Il faut donc retenir les deux théories à la fois comme inséparables et complémentaires. Sans doute l'esprit est mieux satisfait en général par une cause unique, mais il faut penser qu'ici, puisqu'il s'agit de valeur d'échange, il est au contraire inévitable que la valeur ait deux visages, *bifrons* comme Janus, l'un tourné du côté de l'acheteur, l'autre tourné du côté du vendeur, l'un qui rit, l autre qui pleure, ou, si l'on préfère une comparaison moins mythologique, qu'elle ait deux pôles, l'un positif, l'autre négatif : entre les deux jaillit l'étincelle et c'est la valeur.

Cependant de ces deux pôles de la valeur, c'est celui utilité qui nous paraît prédominant, et cela par cette simple raison que la consommation c'est le but et la production n'est que le moyen. Logiquement, aussi bien que pratiquement, c'est le consommateur « qui fait les commandes » [1].

---

[1] C'est à cette conclusion, nullement éclectique mais logique, que se rallient un grand nombre d'économistes. Alfred Marshall, l'éminent professeur de Cambridge, dit que la valeur fondée sur l'utilité finale et sur les frais de production « se maintient en équilibre entre ces deux forces opposées comme la clé de voûte d'une arche ». Et ailleurs : « Il y a eu d'interminables controverses sur le point de savoir si c'est *le coût de production* ou *l'utilité* qui gouverne la valeur. Autant se disputer sur le point de savoir si lorsqu'on coupe du papier avec des ciseaux c'est la lame d'en haut ou celle d'en bas qui coupe » (*Elements of Economics*, p. 221). Cependant il ajoute que si l'une des deux lames est immobile, c'est celle mobile « qui coupe ». Or tel nous paraît être précisément le jeu de la demande.

De même le professenr Vilfrêdo Pareto dit : « la valeur naît du contraste entre les goûts et les obstacles ».

De même, le professeur de l'Université de Colombia, M. Edwin Seligman, dit : « Nous ne pouvons parler d'utilité marginale sans impliquer le coût : nous ne pouvons parler de coût marginal sans impliquer l'utilité » (*Principles of Economics*, p. 199).

Cette loi double de la valeur est d'ailleurs celle qui se trouve exprimée par la formule courante de la *loi de l'offre et de la demande*. Prise au sens étroit, ladite loi exprime simplement un rapport entre deux quantités, la quantité offerte et la quantité demandée (à un prix donné), et par conséquent ne fournit aucune explication sur « la cause » de la valeur, car dire que la valeur monte ou descend selon qu'elle est plus ou moins offerte ou plus ou moins demandée, c'est dire qu'un pendule oscille plus ou moins selon qu'on le pousse plus ou moins à droite ou à gauche, mais cela ne dit point quelle est la cause qui ramène le pendule à la verticale, laquelle est l'attraction terrestre.

Mais, dans un sens large, on peut entendre par demande le fait que les choses sont plus ou moins désirées, c'est-à-dire leur utilité finale, et par offre le fait qu'il

VI

Comment mesure-t-on la valeur?

Mesurer c'est comparer deux quantités — longueurs, volumes, poids, etc. — et non pas seulement les comparer mais chercher combien de fois l'une est contenue dans l'autre. Nous avons pour cela des instruments spéciaux selon la nature des quantités que nous voulons mesurer, mètre, balance. Ainsi pour mesurer les poids de deux corps, pour les peser, nous mettons chacun d'eux dans les plateaux d'une balance. Si les deux plateaux sont en équilibre c'est que les deux poids sont égaux. S'il en faut mettre deux d'un côté contre un de l'autre, nous disons que celui-ci pèse deux fois plus que celui-là.

Avons-nous un moyen de mesurer les valeurs? Assurément : c'est l'échange. L'échange aussi est une pesée et qui se fait aussi à la balance : seulement la balance n'est pas visible : elle est au dedans de chacun de ces échangistes. Chacun d'eux, dans son for intérieur, pèse ce qu'il doit céder avec ce qu'il veut acquérir et se détermine selon que ceci ou cela lui paraît plus lourd ou plus léger. Au reste, qui dit valeur, du moins valeur d'échange, dit par là même mesure, puisque nous avons vu que l'idée de valeur implique celle de comparaison, de rapport. On s'exprime donc bien quand on dit que la valeur d'échange d'une chose est mesurée *par la quantité d'autres choses contre laquelle elle peut s'échanger*, ou plus brièvement par son *pouvoir d'acquisition*[1].

Si donc, en échange d'un quintal de blé, je puis avoir 5 quintaux de charbon, je dirai que la valeur du blé est cinq fois plus grande que celle du charbon, ou à l'inverse que la valeur du charbon est le cinquième de la valeur du blé, c'est-à-dire : *les valeurs de deux marchandises quelconques sont toujours en raison inverse des quantités échangées*. Plus il faut livrer d'une chose dans l'échange, moins elle vaut, et moins il faut en livrer en échange d'une autre, plus elle vaut.

Remarquons toutefois que si l'échange mesure exactement la

est plus ou moins difficile de se les procurer, c'est-à-dire le coût de production, et alors la loi de l'offre et de la demande n'est que la traduction en langage courant de la théorie un peu ésotérique exposée précédemment.

[1] Mais gardons-nous de dire, comme on le fait trop souvent, que le pouvoir d'acquisition est ce qui constitue la valeur ! C'est notre désir seul qui constitue la valeur. La puissance d'acquisition n'est qu'un *effet* de la valeur, comme la puissance d'attraction d'un électro-aimant n'est qu'un effet du courant qui le pénètre.

valeur *relative* des choses, leurs valeurs différentielles, il ne mesure point leur valeur *absolue*, si tant est que ce mot ait un sens intelligible, c'est-à-dire les causes qui agissent sur la valeur, le degré d'intensité de nos désirs — pas plus d'ailleurs que la balance ne mesure la pesanteur, au sens d'attraction terrestre. Si nous transportons notre balance au sommet du Mont Blanc, voire même dans la lune, elle marquera imperturbablement les mêmes poids quoique la pesanteur ait sensiblement ou énormément diminué. Et de même l'échange pourra indiquer les mêmes valeurs respectives, les mêmes prix, quoique les causes quelconques qui déterminent ces valeurs, désirabilité, rareté, coût de la production, etc. aient considérablement varié : — par exemple il se peut que tel progrès de l'industrie humaine qui aurait facilité la production de toute chose et créé l'abondance, soit inversement que telle pression de l'accroissement de la population qui aurait augmenté la demande de toutes choses et créé la disette, ne se révèle nullement par une variation des prix, ces causes ayant agi simultanément sur les deux plateaux de la balance.

Nous avons toutefois certains instruments qui nous permettent de reconnaître les variations non seulement du poids, mais de la pesanteur elle-même : par exemple le pendule. En avons-nous pour la valeur? Peut-être pensera-t-on que la monnaie est précisément cet instrument? Mais non, puisque la monnaie, n'étant elle-même qu'une valeur, se trouve nécessairement affectée par les mêmes causes qui influencent toutes les valeurs. La monnaie ne peut pas plus nous révéler les causes de variation de valeur que les poids de cuivre ou de fonte qui servent d'étalons ne peuvent nous révéler les variations de la pesanteur [1].

La monnaie est seulement *une commune mesure* de toutes les valeurs d'échange : rien de plus, mais c'est beaucoup.

[1] Ne pourrait-on trouver une mesure de la valeur dans le *travail* lui-même dépensé pour la production d'un objet? Car, en somme, tout acte de production n'est qu'un mode d'échange par lequel l'homme donne sa peine et son temps pour obtenir l'objet qu'il désire — de même qu'inversement tout échange n'est qu'un mode de production indirect. Remarquez qu'il ne s'agit plus de la doctrine exposée ci-dessus, du travail considéré comme *cause* de la valeur, mais du travail considéré plutôt en tant qu'*effet* de la valeur. Ce n'est plus dire : telle chose a une grande valeur parce qu'elle a exigé cent heures de travail, mais c'est dire : telle chose vaut la peine qu'on fasse cent heures de travail pour l'obtenir. Ce n'est plus la thèse de Karl Marx, mais ce pourrait bien être, ainsi que nous l'avons vu (p. 74, note 1), celle d'Adam Smith.

Toutefois pour que le travail pût servir de mesure, il faudrait d'abord qu'il fût lui-même mesurable : or il ne l'est guère, pas plus par le dynamomètre que par l'horloge.

Pour se faire une idée claire de la grandeur, de la pesanteur, de la valeur, de n'importe quelles notions quantitatives, il ne suffit pas de comparer et de mesurer les choses deux à deux : il faut avoir une commune mesure pour toutes. C'est ainsi que pour mesurer les longueurs, on a choisi pour terme de comparaison, soit quelque partie du corps humain (pied, pouce, coudée), soit une fraction déterminée de la circonférence du globe (mètre). Pour mesurer les poids, on a choisi, pour terme de comparaison, un poids déterminé d'eau distillée.

Le rôle d'une commune mesure est de pouvoir comparer *deux choses situées en des lieux différents,* qui par conséquent ne peuvent être comparées directement, ou de comparer *une même chose à des moments différents,* et de s'assurer si elle a varié et dans quelle proportion. Le mètre permet de comparer la taille des Lapons à celle des Patagons et de mesurer de combien ceux-ci sont plus grands que ceux-là. Il permettra, s'il est usité ou simplement connu dans quelques milliers d'années, de comparer l'homme d'alors à l'homme de nos jours et de s'assurer si la stature humaine a dégénéré.

Pour mesurer la valeur, il ne suffit donc pas de comparer les valeurs deux à deux (comme on le fait par le troc), il faut aussi prendre pour terme de comparaison la valeur d'une chose déterminée. Mais laquelle choisir?

Chaque peuple, chaque temps, ont usé d'une mesure différente. Homère dit que l'armure de Diomède valait cent bœufs [1]. Un Japonais aurait dit, il y a peu d'années encore, qu'elle valait tant de quintaux de riz, un noir de l'Afrique tant de mètres de cotonnades, un trappeur du Canada tant de peaux de renards ou de loutres.

Cependant c'est un fait remarquable que les peuples civilisés se soient trouvés presque tous d'accord pour choisir comme mesure des valeurs, comme étalon, la valeur des métaux précieux, or, argent ou cuivre, mais surtout les deux premiers. Ils se sont tous servis d'un petit lingot d'or ou d'argent, qu'ils ont appelé le franc, la livre sterling, le mark, le dollar, le rouble, etc. Pour mesurer la valeur d'un objet quelconque, on le compare à la valeur de ce petit poids d'or ou d'argent qui sert d'unité monétaire; c'est-à-dire on cherche combien il faut céder de ces petits lingots pour acquérir la marchandise en question, et s'il en faut 10, par exemple, on dit que la marchandise vaut 10 francs ou 10 dollars, etc. C'est son *prix.*

[1] *Iliade,* chant VI, vers 236.

Le prix d'une chose est donc l'expression du rapport qui existe entre la valeur de cette chose et la valeur d'un certain poids d'or ou d'argent, ou plus brièvement *sa valeur exprimée en monnaie :* et comme, par tout pays civilisé, la monnaie est la seule mesure usitée des valeurs, le mot prix est devenu synonyme du mot valeur [1].

Pourquoi a-t-on choisi les métaux précieux comme commune mesure des valeurs? Parce qu'ils ont deux propriétés particulières qui leur permettent de remplir cette fonction sinon d'une façon parfaite, du moins mieux que tout autre objet connu.

Ces deux propriétés sont : d'une part, une très grande valeur sous un petit volume, ce qui leur donne une grande *facilité de transport;* d'autre part, une inaltérabilité chimique qui leur assure une *durée* presque indéfinie. Grâce à la première de ces deux propriétés, la valeur des métaux précieux est de toutes les valeurs celle qui varie le moins *d'un lieu à un autre;* grâce à la seconde, c'est celle qui varie le moins *d'une année à une autre.* Et cette double invariabilité dans l'espace et dans le temps est la condition essentielle de toute bonne mesure. Cependant nous verrons plus loin que, quand on embrasse de longues périodes de temps, non pas même de plusieurs siècles, mais seulement d'une génération, cette invariabilité est illusoire (voir *Historique de la monnaie*).

. Aurait-on pu en trouver une meilleure? —.On en a proposé plusieurs, d'abord le *blé.*

Ce choix étonne à première vue, car si l'on considère la valeur de cette denrée en différents lieux ou à différentes époques, on constate qu'il en est peu dont les variations soient plus marquées ! On peut voir, au même moment, l'hectolitre de blé se vendre 20 francs en France, 15 francs à Londres, et même 3 à 4 francs dans certaines régions de la Sibérie. Et d'une année à l'autre, suivant les circonstances, selon que l'année séra bonne ou mauvaise, le blé peut varier aussi dans des proportions considérables. Au jour où nous écrivons ces lignes (1917) il vaut plus de 50 francs.

A cela on répond que si la valeur du blé est incomparablement plus variable que celle des métaux précieux dans l'espace ou même à de courts intervalles de temps, elle est, par contre, beaucoup plus stable si l'on embrasse de longues périodes. Le blé répond à un besoin physiologique, permanent et qui ne varie guère. Aucune marchandise ne présente au même degré ce double caractère :

---

[1] Voir au livre II le chapitre *Le Prix.*

1° d'être presque indispensable (du moins dans les pays de civilisation européenne) jusqu'à une certaine limite, celle marquée par la quantité nécessaire pour nourrir un homme; — 2° d'être presque tout à fait inutile au delà de cette limite, car personne ne se soucie d'en manger plus qu'à sa faim. Donc, malgré les brusques et fortes oscillations que les caprices du ciel infligent à la production du blé, la loi de l'offre et de la demande tend toujours à la ramener au niveau marqué par le besoin physiologique et avec d'autant plus de force que la production a été momentanément écartée de la position d'équilibre.

Il est donc vrai que le blé présente, au point de vue des variations de sa valeur, des qualités et des défauts *précisément inverses* de ceux qui caractérisent les métaux précieux. Mais cela ne suffit pas pour lui décerner le rôle de monnaie : tout au plus celui de mesure complémentaire et rectificative. Et en effet, il a été souvent employé par les statisticiens comme un bon moyen de contrôle pour apprécier le coût de la vie aux différentes époques de l'histoire.

On a proposé encore pour commune mesure le *salaire minimum,* celui de l'ouvrier non « qualifié », du manœuvre qui gagne tout juste sa vie — en partant de cette idée que le nécessaire pour faire vivre un homme doit être une quantité constante. Mais il suffit de se référer à ce que nous avons dit des besoins (p. 41) et à ce que nous dirons plus loin des salaires, pour reconnaître que c'est une présomption absolument contraire aux faits.

Le plus sage est donc encore de se rabattre sur la monnaie. Mais y a-t-il lieu de nous décourager parce que cette mesure laisse fort à désirer? Nullement. L'Économie politique n'est pas la seule science qui ait à s'accommoder d'instruments imparfaits. Les sciences les plus exactes se trouvent souvent dans le même embarras. J'ai entendu un astronome illustre, Leverrier, dire qu'il ne lui importait guère d'avoir un instrument parfaitement exact et qu'il ne le cherchait même pas, mais que le point essentiel c'était de connaître ses erreurs pour le corriger. C'est précisément ce qu'il faut faire pour redresser l'instrument monétaire : apprendre à découvrir, à mesurer et à corriger ses variations.

Reste à savoir comment on s'y prend.

VII

Comment on corrige l'étalon des valeurs.
Les Index Numbers.

Peut-on trouver un moyen d'abord de *constater*, puis de *corriger* les variations apparentes qui tiennent à la variation de l'étalon? — Ce sont là deux questions distinctes.

§ 1. En ce qui concerne les moyens de découvrir les variations de valeur de la monnaie, il est évident que nous ne pouvons les reconnaître que par comparaison avec la valeur des autres produits. Nous aurons beau regarder une pièce d'or de 20 francs, il est clair que, par définition, ce petit lingot d'or vaut toujours 20 francs et il semble même absurde de dire qu'il puisse valoir plus ou moins.

Pourtant supposons une liste soigneusement dressée des prix de toutes les marchandises, à un moment donné, sans en excepter aucune. Supposons que, dix ans plus tard, on dresse une nouvelle liste des prix et que, en la comparant à l'ancienne, on constate que tous les prix *sans exception* ont augmenté de 100 p. 100, c'est-à-dire ont doublé; nous pourrons affirmer, en pareille hypothèse, que la valeur de la monnaie a, en réalité, baissé de 50 p. 100, c'est-à-dire de moitié. Puisque, désormais, toute chose qui coûtait 1 franc en coûte 2, c'est que 2 francs ne valent pas plus que 1 franc et, par conséquent, que le numéraire a perdu moitié de sa valeur.

Et quelle est la raison qui nous autorise à formuler une telle conclusion?

La voici. C'est qu'un phénomène tel qu'*une hausse générale et uniforme des prix* ne comporte que deux explications possibles : — ou bien il faut admettre que les faits sont ce qu'ils paraissent être, c'est-à-dire que toutes les marchandises ont subi un mouvement de hausse générale et identique; — ou bien il faut admettre que la valeur d'une seule chose, la monnaie, a subi un mouvement de baisse, rien n'ayant changé d'ailleurs dans la valeur des autres marchandises. Entre ces deux explications, laquelle choisir? Le bon sens ne permet pas d'hésiter un instant. Autant la seconde est simple et claire, autant la première est invraisemblable par le prodigieux concours de circonstances qu'elle suppose. Comment, en effet, imaginer une cause ayant la vertu d'agir simultanément et également sur la valeur des objets les plus dissemblables au point de vue de leur utilité, de leur quantité, de leur mode de production? une cause capable de faire monter à la fois, et dans une proportion identique, la soie et la houille, le blé et le diamant, les dentelles et les vins, la terre et la main-d'œuvre, et tous autres objets qui n'ont aucune solidarité entre eux?

Préférer cette seconde explication serait tout juste aussi insensé que de préférer, pour expliquer le mouvement des astres, le système de Ptolémée à celui de Copernic. Ce mouvement, lui aussi, peut s'expliquer de deux façons : soit par déplacement de la voûte céleste tout entière d'Orient en Occident, soit tout simplement par le déplacement de notre terre en sens inverse. Or, même à défaut de toute preuve directe, il ne serait pas permis d'hésiter entre les deux explications : comment imaginer en effet que des astres aussi divers par leur nature et aussi prodigieusement distants les uns des autres que le soleil, la lune, les planètes, les étoiles et les nébuleuses, puissent marcher ainsi en conservant leurs rangs et leurs distances, comme des soldats à une revue? — Eh bien ! il faut raisonner de même quand on voit un mouvement uniforme des prix ; il ne peut raisonnablement s'expliquer que comme une sorte d'illusion d'optique, comme un mouvement *apparent* causé par le mouvement réel et inverse de la monnaie[1].

Il est vrai que les faits ne se présentent pas d'une façon aussi simple que nous l'avons supposé. On ne constatera jamais une hausse absolument générale et uniforme des prix : comme la valeur de chaque chose a ses causes de variations qui lui sont propres, on constatera que certains prix ont haussé dans des proportions très diverses, que certains sont restés stationnaires, que certains mêmes ont baissé. Toutefois, si à l'aide de calculs bien conduits on peut dégager une moyenne générale, une hausse de 10 p. 100, par exemple, cette moyenne ne pourra s'expliquer, par suite des mêmes raisons que nous venons de donner, que par une baisse égale et inverse du numéraire[2].

C'est dans ce but que beaucoup d'économistes s'appliquent aujourd'hui à dresser ces tableaux connus sous le nom de *Index*

---

[1] Voir Cournot, *Doctrines économiques*.

[2] Qu'on nous permette d'emprunter encore une comparaison au domaine astronomique. On a constaté que les étoiles, qualifiées faussement de fixes, se déplaçaient en réalité dans des directions très divergentes. D'un côté du ciel elles semblent se rapprocher les unes des autres ; de l'autre côté elles semblent s'éloigner les unes des autres : c'est surtout la constellation d'Hercule qui semble se dilater. On n'a d'autre ressource, pour expliquer ce déplacement général, que de le considérer comme une illusion d'optique produite par un mouvement de translation de notre système solaire vers la constellation d'Hercule, mouvement que l'on a même tenté de mesurer.

Numbers ou, si l'on veut parler français, *les Nombres Indices*. On ne peut mettre dans ces tableaux toutes les marchandises, mais on choisit les principales. Ce choix est assez délicat.

C'est tout un art que de dresser des *Index Numbers* et il faudrait bien des chapitres pour en exposer les difficultés et les méthodes à suivre. D'ailleurs elles diffèrent selon le but qu'on se propose. Car l'établissement de ces tableaux n'a pas seulement pour but de découvrir les variations de valeur de l'étalon monétaire; il a aussi pour but de déterminer les effets que ces variations exercent sur *le coût de la vie,* particulièrement pour les classes ouvrières.

Voici notamment deux questions qui se posent et qui comportent des solutions différentes selon le but visé :

1° Faut-il inscrire tous les articles sur pied d'égalité ou leur attribuer des coefficients selon leur importance, les « peser », comme disent les économistes anglais? — S'il s'agit d'apprécier la répercussion des prix sur les conditions de la vie, cette distinction s'impose. Il serait absurde de dire, par exemple : le prix du pain a doublé, mais le prix du poivre a baissé de moitié, donc la situation de l'ouvrier n'a pas changé; la moyenne est la même. — Mais si, au contraire, il s'agit d'apprécier la variation de valeur de la monnaie, cette distinction est tout à fait inutile, car qu'importe que l'objet contre lequel la monnaie s'échange soit de grande ou de petite consommation, qu'importe qu'il soit gros ou petit, pourvu qu'il soit également affecté par la hausse ou la baisse de l'argent? — de même que si j'ai à mesurer la hausse ou la baisse du niveau des eaux, je puis aussi bien l'inscrire sur une simple tige de fer ou de bois que sur la pile monumentale d'un pont.

2° Faut-il choisir comme indices les prix du gros ou les prix du détail? S'il s'agit d'apprécier le coût de la vie, il est évident qu'il faut prendre les prix du détail, puisque ce sont ceux-ci seulement qui sont ressentis par le consommateur. Mais s'il s'agit d'apprécier les variations de la monnaie, il faut, au contraire, écarter absolument les prix du détail, parce qu'ils sont trop irréguliers et variables selon les circonstances locales, parce qu'ils ne comportent pas de *cours.* On ne prendra donc que les prix du gros, tels qu'ils sont cotés dans les Bourses de commerce, dans les statistiques des douanes, etc.

On ne peut songer à prendre toutes les marchandises, et même il n'est pas nécessaire d'en prendre un grand nombre. Un des Index numbers les plus autorisés, celui de Sauerbeck, en prend 45; celui de l'*Economist* se contente de 22. Mais il faut les choisir dans les catégories les plus différentes, afin de neutraliser autant que possible, par compensation, les causes de variations spécifiques à telle ou telle catégorie — ainsi : métaux, textiles, denrées alimentaires, produits exotiques, etc.

Le choix fait, voici comment on procède. On totalise les prix pour chacune des années que l'on veut comparer, mais au lieu d'inscrire les totaux obtenus en chiffres réels, on procède par une double simplification : d'abord on prend la moyenne de tous les prix obtenus [1] ; puis on ramène cette moyenne au chiffre conventionnel de 100 pour l'année qu'on veut prendre pour terme de comparaison, pour *base*, et en chiffres proportionnels pour les autres années. Supposons, par exemple, que les prix choisis aient donné un total quelconque, disons de 2.760 francs pour l'année 1913 et de 4.416 en 1917. Au lieu d'écrire, en regard des deux dates, ces deux chiffres qui ne diraient rien à l'œil, on inscrira 100 et 160 et, les chiffres concrets se trouvant ainsi éliminés pour ne laisser apparaître que le pourcentage, la hausse des prix sera immédiatement appréciée et mesurée [2].

[1] La méthode à suivre pour prendre ces moyennes donne lieu à des problèmes assez ardus. Généralement, on prend la moyenne *arithmétique*, c'est-à-dire qu'on additionne les prix et on divise la somme par le nombre des prix. Mais ce système de calcul peut donner des résultats un peu déconcertants. Prenons un exemple Supposons que le prix du bœuf ait doublé et que le prix du mouton ait baissé de moitié. Ayant pris 100 comme prix de base pour l'un et pour l'autre, nous inscrirons donc comme prix nouveaux : bœuf = 200, mouton = 50. Et la moyenne arithmétique sera $\dfrac{200 + 50}{2} = 125$, ce qui nous donne donc une hausse de prix de 25 p. 100. Mais pourquoi donc? Comment l'expliquer? Le bon sens dit que, en ce cas, la hausse et la baisse s'étant compensées, la moyenne ne devrait pas avoir changé.

Essayons maintenant d'un autre procédé, de celui qu'on appelle la moyenne *géométrique*. Il consiste à multiplier (et non additionner) les chiffres l'un par l'autre et à prendre non le quotient mais la racine (racine carrée s'il y a deux articles, racine cubique s'il y en a trois, etc.). Nous aurons ainsi, avec les nombres de tout à l'heure, $200 \times 50 = 10.000$, dont la racine carrée est 100. Donc, la moyenne du prix n'a pas changé! Cette fois le calcul confirme le bon sens.

Donc, il vaudrait mieux prendre la moyenne géométrique ; néanmoins, dans presque tous les Index, on se contente de la moyenne arithmétique. Elle donne, en effet, par des moyens plus simples, à peu près les mêmes résultats que l'autre toutes les fois que les variations de prix ne sont pas très considérables et qu'elles ont lieu pour la plupart dans le même sens. Et c'est le cas le plus général, à raison de la solidarité qui s'établit toujours dans les mouvements des prix. L'exemple du bœuf et du mouton, variant en sens inverse, que nous venons de prendre pour la clarté de la démonstration, est en fait absolument invraisemblable. S'il peut arriver que le prix d'un article marche en sens inverse de tous les autres, cela ne peut tenir qu'à des causes exceptionnelles propres à cet article et le mieux est de rayer de la liste des articles choisis ce sauvage.

[2] Dans l'Index de l'*Economist* c'est le prix de base de chaque article qui a été ramené à 100, mais non le total, d'où il résulte que, comme il y a 22 prix, le nom-

Voici, à titre d'exemple, un *Index-Number* embrassant tout le siècle écoulé de 1800 à 1910 [1]. Nous ne donnons que les dates des grands maxima et minima, c'est-à-dire celles où le mouvement des prix a changé de sens pour une longue période. Il faut, en effet, quand on emploie les Index comme indicateurs des variations de valeur de la monnaie, faire abstraction des variations accidentelles.

L'année de base [2], c'est-à-dire celle pour laquelle la moyenne des prix a été ramenée à 100, est la période 1901-1910.

$$
\begin{array}{ll}
1800 & 233 \\
1850 & 107 \\
1873 & 148 \\
1896 & 80 \\
1910 & 104 \\
\end{array}
$$

On voit que la première moitié du xixe siècle a été marquée par une baisse continue et considérable des prix, de plus de moitié ; — le troisième quart du siècle par un relèvement des prix de plus d'un tiers ; et le dernier quart du siècle par une nouvelle baisse.

L'année 1896 a marqué l'étiage, le niveau le plus bas de tout le siècle.

A partir de 1896, nouvelle hausse qui semblait enrayée déjà en 1912-1913, mais à laquelle la grande guerre est venue donner une impulsion formidable.

Voici en effet le prolongement du tableau pour les trois dernières années :

bre indice est 2.200. Rien de plus facile, d'ailleurs, que de le ramener à 100, si on le trouve plus commode.

[1] Cet Index a été dressé par M. Layton en soudant les Index Numbers de Stanley Jevons et de Sauerbeck (*An Introduction to story of prices*).

[2] Quelle est l'année qu'on doit prendre pour base ? Celle qu'on voudra, selon le but visé. Si l'on veut évaluer la dépréciation de la monnaie, on prendra pour base, par exemple, l'année 1896 qui est celle où les prix ont été les plus bas, et c'est en regard de celle-ci qu'on inscrira le nombre de 100 : on verra ainsi le chiffre monter d'année en année jusqu'à nos jours. Mais il est clair que l'on peut aussi bien inscrire le chiffre 100 en regard de l'année présente, et on verra alors, en remontant dans le passé, le chiffre diminuer. Les Index ont souvent des années de base différentes. Mieux vaudrait en adopter une seule, une ère, par une entente internationale ; toutefois, rien n'est plus facile que de ramener chaque Index à la date qu'on désire.

Parfois, au lieu de prendre une seule année comme base, on prend la moyenne d'une période d'années ; par exemple, en France, M. March prend la moyenne de la période décennale 1901-1910 et Sauerbeck la moyenne décennale 1867-1877. Cette méthode a l'avantage d'éliminer ce qu'il peut y avoir d'accidentel dans telle ou telle année prise isolément.

$$
\begin{array}{lr}
1914 & 116 \\
1920 & 338 \\
1921 & 217 \\
1922\,^{1} & 185 \\
\end{array}
$$

Néanmoins si l'on compare les prix actuels, si exorbitants qu'ils nous paraissent, à ceux d'il y a cent ans, on verra qu'ils sont encore notablement au-dessous, constatation qui sans doute ne sera pas une petite surprise!.

Et maintenant quelles conclusions devons-nous tirer de cet *Index-Number* en ce qui concerne les variations de l'étalon monétaire? Que la valeur de la monnaie a varié *en sens inverse* de la marche des prix — donc qu'elle a beaucoup augmenté pendant la première moitié du siècle, puis qu'elle a été dépréciée, puis qu'elle a remonté de 1873 jusqu'à 1896, date qui marque l'apogée de la valeur de l'or, puis qu'elle s'est dépréciée à nouveau jusqu'à la date actuelle et avec une chute croissante depuis la guerre. Et ces inductions se trouvent, comme nous le verrons plus loin, confirmées par d'autres arguments, notamment par les variations concomitantes dans la production des mines d'or.

Quant à l'énorme hausse depuis la guerre, celle-ci révèle aussi une dépréciation de la monnaie (qui cette fois n'est plus en or, mais en papier), mais elle tient aussi évidemment à des causes spécifiques aux produits (raréfaction, destructions, difficultés de de transports, etc.).

Ces tableaux ne peuvent pas donner de résultats très certains, puisqu'il y a évidemment une grande part d'arbitraire dans la façon dont ils sont dressés. Cependant, quand on compare les Index Numbers dressés dans différents pays, quoique par des méthodes un peu différentes, on voit qu'ils concordent de façon assez satisfaisante pour inspirer confiance[2].

Les Nombres Indices peuvent être présentés sous forme de graphiques, en représentant chaque moyenne annuelle par une verticale (une *ordonnée*) de hauteur proportionnelle et en reliant leurs sommets par une courbe. Rien n'est plus facile et ils sont ainsi plus parlants[3].

---

[1] Chiffres du *Statist,* ceux de France étant faussés par la dépréciation du franc.

[2] Voir ce diagramme, avec l'indication des principaux faits historiques qui l'expliquent, dans l'excellent petit livre cité ci-dessus de M. Layton. On y trouvera aussi (p. 116) l'*Index Number* de tout le siècle, année par année, dont nous n'avons donné que le résumé.

[3] En France, il y a l'*Index Number* du Bureau de Statistique de M. March; aux

§ 2. En admettant que les variations de l'étalon monétaire aient pu être exactement mesurées, peut-on les corriger dans la pratique de façon à maintenir à l'étalon une invariabilité artificielle, comme on le fait, par exemple, pour les instruments d'astronomie? Ces corrrections seraient très utiles pour empêcher les perturbations et préjudices causés par les variations de prix dans les relations économiques, notamment pour les prêts ou baux à long terme, pour les traitements des fonctionnaires, pour le service et l'amortissement des rentes d'État, etc. (Voir ci-après le chap. *Variations de Prix*).

On peut le tenter par divers moyens.

1° D'abord, on pourrait publier, à périodes déterminées, des tables de ces variations *qui serviraient de cours officiel pour corriger les erreurs résultant dans la pratique de l'emploi du numéraire comme mesure des valeurs :* par exemple, pour permettre aux débiteurs qui auraient emprunté 100 francs de se libérer en remboursant seulement 90 francs — ou, à l'inverse, pour les contraindre à rembourser 110 francs — suivant que l'on aurait constaté une hausse ou une baisse proportionnelle dans la valeur de la monnaie[1]. Toutefois ce système ne pourrait guère s'appliquer qu'aux règlements des dettes mais non aux achats qui se règlent au comptant.

2° On pourrait aussi rendre cette correction automatique en faisant *varier le poids* de la monnaie en raison inverse de sa dépréciation. Ainsi, si l'on constatait que le franc ne vaut plus qu'un demi-franc, on frapperait le franc avec un lingot d'un poids double, 10 grammes au lieu de 5 grammes, ce qui fait qu'il conserverait son ancienne valeur et le créancier, le rentier ou le fonctionnaire, étant payés avec ces francs nouveaux, ne perdraient rien. Dans un tel régime monétaire, il n'y aurait plus ni hausse, ni baisse de prix *visibles,* car les produits s'échangeraient toujours contre la même somme d'argent, contre le même nombre de francs. Avec le système monétaire actuel, la valeur de la monnaie change parce que le poids ne change pas; avec le nouveau sys-

États-Unis, celui du Département du Travail de Washington, etc. Le premier qui ait paru fut celui de Newmarch, en 1859, dans le *Journal of the Statistical Society* qu'il dirigeait. Il a été continué par le journal anglais *Economist.* Un des plus souvent cités est celui de Sauerbeck (anglais, malgré son nom) qui date de 1867. Le *Bulletin de Statistique Générale de la France* publie régulièrement les chiffres des divers *Index Numbers.*

[1] Des tables analogues, dites *tables de références,* avaient été proposées déjà en 1822 par Lowe et en 1833 par Scrope.

tème, la valeur de la monnaie serait invariable parce que son poids serait variable, mais le public ne s'apercevrait guère plus du changement de poïds de la monnaie qu'il ne s'aperçoit aujourd'hui du changement de sa valeur.

Seulement, pour réaliser ce système, il faudrait, périodiquement et à de courts intervalles, démonétiser, retirer de la circulation et refondre toute la monnaie. Mais ce serait onéreux pour l'État. Et, en outre, comme l'État ne pourrait réussir à retirer toutes les pièces anciennes, il y aurait simultanément en circulation deux monnaies, l'une forte, l'autre faible — ce qui entraînerait toutes les fâcheuses conséquences de la Loi de Gresham que nous aurons à étudier quand nous en serons au chapitre de la Monnaie[1].

3° On pourrait aussi, laissant intact le poids de la monnaie, lui attribuer une *valeur légale variable* selon les variations constatées par les Index Numbers. Ce système tiendrait le milieu entre les deux précédents, mais il serait bien incommode pour le public qui serait aussi souvent exploité que l'est un étranger dans un pays dont il ne connaît pas la monnaie.

4° L'État pourrait essayer non pas seulement de corriger mais de prévenir les variations de valeur de la monnaie ou du moins de les enrayer dès le début, en faisant *varier sa quantité*, c'est-à-dire en augmentant ou en resserrant l'émission de la monnaie (métallique ou de papier), de façon que sa quantité se trouvât toujours dans la même proportion avec les besoins[2].

Ce dernier moyen serait le meilleur, mais il sera mieux compris après l'étude de la monnaie.

[1] Voir *A more stable gold standard*, par M. Irving Fisher (dans *The Economic Journal*, décembre 1912). Dans le système de M. Irving Fisher, le poids du dollar ne serait pas changé, mais le dollar pourrait être changé à volonté dans une caisse de l'État contre un poids d'or variant selon les indications de l'Index Number; par exemple, si l'Index Number indiquait une hausse de 10 p. 100 dans les prix, le dollar pourrait être échangé contre un poids d'or supérieur d'un dixième à son poids réel, ce qui relèverait d'autant sa valeur.

[2] Le système qui consisterait à faire varier *la quantité* de monnaie en raison des besoins de la circulation a été proposé notamment par le professeur Karl Menger (*Revue d'Économie politique*, février 1892).

Ce système pourra bien être réalisé un jour, à la condition de prendre non une monnaie métallique, qui ne serait jamais tout à fait indépendante du rendement des mines, mais une monnaie de papier internationale dont la quantité serait réglée scientifiquement par une Commission internationale.

LIVRE I

LA PRODUCTION

PREMIÈRE PARTIE

LES FACTEURS DE LA PRODUCTION

En vertu d'une tradition qui remonte aux premiers économistes on a toujours distingué trois agents de la production : la *Terre*, le *Travail* et le *Capital*. Cette division tripartite a l'avantage d'être commode pour la classification et il ne nous paraît pas qu'il y ait utilité à l'abandonner, du moins dans un livre élémentaire comme celui-ci.

Mais elle a besoin de quelques rectifications préliminaires. L'Économie politique classique a toujours manifesté une tendance fâcheuse à mettre ces trois facteurs de la production sur pied d'égalité. Or il est certain qu'ils jouent des rôles très inégaux.

Des trois, le Travail est le seul qui puisse prétendre au titre d'*agent* de la production dans le sens exact de ce mot. L'homme seul joue un rôle actif; seul il prend l'initiative de toute opération productive.

La Terre (ou plutôt la Nature, car il ne s'agit pas seulement du sol cultivé mais du milieu matériel, solide, liquide et gazeux, dans lequel nous vivons) joue un rôle absolument *passif* : elle ne fait qu'obéir à la sollicitation de l'homme, le plus souvent même après de longues résistances. Pourtant, elle constitue une condition indispensable de la production, et pas seulement lorsqu'il s'agit de richesses corporelles. On peut même l'appeler à bon droit le facteur *originaire* de la production, car non seulement il est concomitant à l'action du travail, mais encore il lui est préexistant. L'activité de l'homme ne saurait s'exercer dans le vide; elle ne procède pas par un *fiat* créateur; elle doit trouver en dehors d'elle les matériaux indispensables et c'est précisément la nature qui les lui fournit.

Le troisième, le Capital, non seulement ne joue qu'un rôle purement passif comme la nature et ne mérite en aucune façon le nom d'agent, mais même il ne saurait être qualifié comme celle-ci de facteur originaire. Il n'est qu'un facteur en sous-ordre qui, au point de vue logique comme au point de vue généalogique, dérive des deux autres. Le capital, comme nous le verrons d'une façon plus précise, est un produit du travail et de la nature, mis à part pour la production. Le nom qui lui conviendrait le mieux est celui *d'instrument,* dans le sens le plus large de ce mot.

On peut remarquer que chacun des trois facteurs de la production a apparu à son heure sur la scène économique. Dans les sociétés primitives des peuples chasseurs, pêcheurs ou pasteurs, c'était presque exclusivement la nature qui fournissait tout; — dès l'antiquité le travail est venu s'y joindre, d'abord agricole, puis industriel; — dans les sociétés modernes, le capital a apparu enfin et a dominé les deux autres à tel point que l'on désigne couramment le régime social de notre temps par le qualificatif de *régime capitaliste.*

Il est évident que, comme toutes les classifications, celle-ci est à certains égards arbitraire et qu'en réalité les trois facteurs se confondent souvent. La terre, quand elle a été défrichée, drainée, cultivée, devient un produit du travail et par conséquent un capital. Inversement le travail ne peut être isolé de la nature : les organes de l'homme sont évidemment des agents naturels — tels la main de l'ouvrier, l'œil du peintre, le gosier du ténor[1]. — Et enfin l'homme lui-même devient un capital quand par l'éducation il a emmagasiné dans son cerveau et incorporé dans ses gestes les connaissances acquises.

---

[1] C'est pour cela que c'est un non-sens de poser la question si le travail *seul* peut produire sans la nature? On est tenté de répondre oui, en pensant à la production des richesses immatérielles, des services. Mais on oublie que, même en ce cas, le travail n'est jamais *seul.* Il implique non seulement des organes vivants, mais aussi un milieu, une atmosphère, des sons, de la lumière, etc. Voir ci après, *La productivité du travail.*

CHAPITRE I

LA NATURE

Il faut entendre par le mot de Nature non un facteur déterminé de la production, ce mot n'exprimerait qu'une vague entité, mais l'ensemble des éléments préexistants qui nous sont fournis par le monde dans lequel nous vivons [1].

Pour que l'homme puisse produire, il faut que la nature lui fournisse un *milieu* propice, une *terre* suffisamment fertile, une *matière première* utilisable, et ultérieurement aussi des *forces motrices* qui aident son travail. On pourrait ajouter *le temps*, puisque le temps aussi bien que l'espace conditionnent notre existence.

I

Le milieu.

Il semble à première vue que l'homme ne puisse rien changer au milieu où la nature l'a placé. Mais ce qui caractérise le degré de supériorité d'un organisme quelconque c'est là faculté qu'il possède d'adapter le milieu à lui-même au lieu de s'adapter au milieu. Cette loi se vérifie à un haut degré pour l'homme. Sans doute, il ne peut pas créer des mines là où il n'y en a point, mais il peut, par des amendements, fabriquer de toutes pièces le sol cultivable, remplacer des marais ou même des golfes, comme celui du Zuyderzée, par des terres arables. Il ne peut pas changer les grandes lignes que la nature a dessinées, mais pour peu que celle-ci y ait mis quelque complaisance, il peut les modifier : compléter, par exemple, un réseau de navigation intérieure, supprimer les barrières des montagnes et des bras de mer en établissant des routes à travers celles-là ou par dessous ceux-ci ; ou bien détacher

---

[1] On disait autrefois *la terre*. L'expression est équivalente, à la condition d'entendre par là non seulement le sol cultivable, mais le globe terrestre avec son atmosphère. Il est évident que notre planète, et seulement dans son écorce superficielle, est la seule portion de l'univers qui puisse servir de théâtre à notre activité économique. Toutefois, comme on a vu des peuplades utiliser le fer natif qu'elles trouvaient dans les aérolithes tombés du ciel, et comme toute énergie (vents, cours d'eau, et calorique emmagasiné dans le charbon) dérive de la chaleur solaire, scientifiquement le mot de Nature est plus exact.

l'Afrique de l'ancien continent, l'Amérique du Sud du Nouveau Monde, et faire de ces deux presqu'îles deux îles. Il ne peut certainement pas changer la situation climatérique, mais par des reboisements sur grande échelle, par certaines cultures appropriées, plus tard par d'autres moyens, dont nous n'avons pas encore le secret, l'industrie humaine pourra peut-être modifier d'une façon appréciable le régime des pluies et des vents [1].

Le milieu est constitué :

1° Par *l'atmosphère,* qui contient le gaz oxygène indispensable à la vie et qui répond au besoin le plus urgent et le plus continu puisqu'une ou deux minutes d'interruption suffisent pour entraîner la mort. Mais comme la composition de l'atmosphère est la même sur tous les points du globe et que partout elle est en quantité ultra-surabondante, ce bien si précieux n'a pas d'intérêt économique. Cependant selon que cette atmosphère est plus ou moins

---

[1] La branche de l'école de Le Play, qui a fait schisme à la suite de M. Demolins, voit dans cette question du milieu géographique le fondement de toute la science sociale. Elle distingue trois catégories du sol qui donnent naissance aux trois types de sociétés primitives : la *steppe* aux peuples *pasteurs;* — le *rivage maritime* aux peuples *pêcheurs;* — la *forêt* aux peuples *chasseurs.* Ce sont là des types fondamentaux des sociétés simples, c'est à-dire qui vivent uniquement des produits spontanés du sol. Bien plus ! l'école en fait dériver, par des rapports de filiation nécessaire, toutes les sociétés « complexes », autrement dit civilisées. Et elle retrouve ingénieusement, dans l'état primitif du sol, l'origine et la cause unique de toutes les formes actuelles de la propriété, de la famille, du gouvernement. etc. Voir ce système développé à maintes reprises dans la Revue *La Science Sociale,* et aussi dans les livres de géographie de M. Brunhes. Ainsi cet auteur cherche à montrer que ce n'est pas sans raison que les premiers disciples du Christ ont été des pêcheurs : « Nous ne disons pas que les pêcheurs du lac de Tibériade devaient fatalement suivre le Christ, mais les conditions géographiques de leur milieu et de leur travail les prédisposaient mieux que les jardiniers de Nazareth à se laisser entraîner jusqu'en Judée par le Galiléen » (*De l'adaptation humaine aux conditions géographiques*).

Mais ce déterminisme géographique, quoique pittoresque et suggestif, est très exagéré et a un air de parenté avec le matérialisme historique de Karl Marx, ce qui est d'autant plus curieux que les deux écoles sont aux antipodes au point de vue moral et religieux. Et encore l'école marxiste paraît-elle la moins matérialiste des deux puisqu'elle montre que l'influence du *milieu physique* décroît, au fur et à mesure que grandit l'influence du *milieu économique,* parce que l'homme devient de moins en moins dépendant de la nature au fur et à mesure qu'il réussit à se créer un milieu artificiel.

Peut-être est-ce moins sur les conditions économiques de la société que sur la constitution physique de l'homme que le milieu physique semble exercer une influence mystérieuse. On a cru pouvoir constater chez les Américains des États-Unis d'une génération à l'autre une certaine évolution vers le type du Peau-Rouge et des Australiens vers celui de la race indigène : on a remarqué ce fait curieux que, comme celle-ci, ils n'ont plus de mollets.

tempérée, plus ou moins humide, plus ou moins lumineuse, selon le régime des pluies et le débit des cours d'eau, en un mot par ce qu'on appelle le *climat*, elle influe de façon décisive sur la culture du sol et sur tous les arts de la civilisation. Si à Nice ou à Saint-Moritz un terrain aride se paie des centaines de francs le mètre, c'est qu'on paie le droit non au sol, mais à un air ou à un soleil qu'on ne trouve point ailleurs.

Le soleil est la source de toute énergie dans notre univers, et pourtant ce n'est pas là où il darde ses rayons les plus ardents que l'on voit la richesse éclore.

Les contrées tropicales ont pu voir s'épanouir des civilisations brillantes : elles n'ont pas vu de races laborieuses et industriellement fécondes. La nature y semble décourager la production aussi bien par ses libéralités que par ses violences. Dans ces heureux climats où le pain pousse comme un fruit, où la température dispense de songer au vêtement et presque au logement, l'homme s'habitue à compter sur la nature et s'épargne l'effort. « L'homme ne travaille pas, dit A. de Humboldt, où la banane abonde ». Et, d'autre part, les forces physiques ont, dans ces régions, une telle violence, elles sont si irrésistibles dans leurs manifestations diverses, pluies diluviennes, débordements, tremblements de terre, cyclones, que l'homme intimidé ne conçoit même pas l'idée téméraire de les dompter et de les faire servir à ses fins : c'est assez pour lui de chercher à se défendre. Dans nos contrées tempérées, au contraire, la nature est assez avare pour obliger l'homme à compter beaucoup sur ses propres efforts, mais elle est assez apaisée pour se laisser domestiquer par l'industrie humaine. Ici elle favorise l'activité productrice à la fois par ce qu'elle nous refuse et par ce qu'elle nous accorde.

2° Par *le territoire*, qui lui-même comprend la situation géographique, maritime ou continentale, le relief orographique, lequel détermine le tracé des grandes voies de communication [1], la richesse du sol et du sous-sol. Qui pourrait mesurer l'influence qu'a exercée sur les destinées de l'Angleterre ou même du Japon, sur leur développement industriel et commercial, leur situation insulaire [2]? Et si l'on recherche pourquoi le continent africain,

---

[1] Pour les ports maritimes et les voies navigables, voir ci-après les chapitres du *Transport* et de la *Marine marchande*.

[2] S'il fallait une preuve du rôle prépondérant que le « ruban d'argent » a joué dans les destinées de l'Angleterre, on la trouverait dans le curieux sentiment d'inquiétude qui s'est emparé de cette nation, pourtant si commerciale et libre-échangiste ! à la seule perspective d'être rattachée au continent par un tunnel sous

connu de toute antiquité — et qui même a été le siège de la plus
vieille des civilisations connues, celle de l'Égypte — était resté
jusqu'à ces derniers jours en dehors de tout mouvement économique, tandis que les deux Amériques, découvertes depuis
quatre siècles à peine, sont sillonnées en tous sens par des courants commerciaux, la principale cause doit en être cherchée
dans la différence de leur réseau fluvial. Tandis que les fleuves
du Nouveau Monde débouchent dans l'Océan par d'immenses
estuaires et entrelacent si bien leurs réseaux que l'on peut passer
des affluents de la Plata dans ceux de l'Amazone et de là dans
ceux de l'Orénoque, ou bien encore du bassin du Mississipi dans
celui des Grands-Lacs, presque sans quitter la route d'eau — les
fleuves africains, non moins grands pourtant, opposent tous aux
explorateurs, dans la partie inférieure de leur cours, une barrière
de cataractes infranchissables ou de marais pestilentiels : — plus
accessible est le Nil, mais aussi quel rôle historique incomparable
a joué celui-ci comme père de civilisations et de richesses !

La constitution chimique du sol n'exerce pas une moindre
influence. C'est elle, en effet, qui fait la richesse agricole. Si la
Chine peut nourrir sa grouillante population, c'est à sa « terre
jaune » qu'elle le doit ; et la Russie n'est pas moins redevable à
sa riche « terre noire » : riche est bien le mot, car, au dire des
géologues, elle renferme pour des dizaines de milliards de francs
d'azote et d'acide phosphorique.

Cependant, à l'état de nature, cette richesse de la terre n'est pas
d'un grand secours pour l'homme et lui est plutôt un obstacle par
la végétation exubérante qu'elle lui oppose et dont le premier
travail du pionnier consiste à se débarrasser — le plus souvent, il
est vrai, avec une brutalité qu'il a lieu plus tard de déplorer.
L'homme aujourd'hui regrette les forêts qu'il a abattues et s'efforce
de préserver celles qui couvrent encore certaines parties des continents sud-américain et africain [1].

Les *matériaux bruts* qui composent l'écorce terrestre, jusqu'à la
très petite profondeur à laquelle nous pouvons pénétrer, et les

la Manche, et le refus catégorique que, malgré « l'entente cordiale », le gouvernement anglais avait, jusqu'à présent, opposé à ce projet déjà amorcé depuis 1882
par la construction d'une galerie d'essai. Nul doute qu'après les leçons de la
présente guerre, le concours de l'Angleterre ne soit tout acquis à cette entreprise.
Les 500 millions du devis ne paraîtront qu'une bagatelle à côté des milliards que
le tunnel aurait économisés.

[1] En ce qui concerne la propriété des forêts, voir ci-après, au livre III, au chapitre
Objet du droit de propriété.

substances organisées provenant des être vivants (végétaux ou animaux) qui peuplent sa surface, fournissent à l'industrie la matière première qui lui est indispensable et constituent l'élément originaire de toute richesse.

Il est certains de ces matériaux que la nature a répandus à profusion et d'autres dont elle s'est montrée très avare.

Mais ceux-là mêmes dont la quantité dans le monde est très considérable peuvent néanmoins être rares si l'on considère telle région déterminée. L'eau douce est citée en général comme exemple d'un bien surabondant : et pourtant il n'est point de grande ville où l'eau ne soit insuffisante et où des travaux très coûteux et parfois colossaux ne soient nécessaires pour s'en procurer. Et il est beaucoup de pays où, même pour la culture, le transport de l'eau par sa propre pente ou plus rarement par des machines élévatoires, l'*irrigation*, est une question vitale, tellement qu'on peut parler d'une « politique hydraulique ». Et elle a fait naître des formes très curieures de propriété, généralement différentes de celles de la propriété de la terre. Parfois, comme en Égypte et dans le Tell algérien, l'eau est la propriété de l'État qui la répartit gratuitement, et qui, par le fait même de cette répartition, exerce un pouvoir souverain. Parfois, comme dans les célèbres *huertas* de Valence ou dans les oasis d'Algérie, elle appartient à des communautés plus ou moins coopératives[1].

Quand il s'agit de matériaux transportables, l'industrie humaine peut remédier à l'inconvénient d'une inégale répartition en les déplaçant. C'est pour cela que, comme nous le verrons plus loin, le *transport* constitue véritablement un acte de production. Mais

---

[1] Voir le beau livre de M. Brunhes, l'*Irrigation dans la Péninsule Ibérique et dans l'Afrique du Nord*, et ce tableau par Fromentin, dans *Un été au Sahara*, du « répartiteur des eaux » à Laghouat. « C'est un vieillard à barbe grisonnante, une sorte de Saturne armé d'une pioche en guise de faux, avec un sablier à la main. Une ficelle tenant au sablier, et divisée par nœuds, lui sert à marquer le nombre de fois qu'il a retourné son horloge... Quand il est au bout de sa ficelle, c'est que les jardins du canton ont assez bu et que le moment est venu de changer le cours de l'eau. Alors il se lève, démolit d'un coup de pioche le barrage et reconstruit l'autre avec des cailloux, de la terre et de la paille ».

Il y a non pas *une* question de l'eau mais *quatre* et toutes de première importance (nous retrouverons plus loin les deux dernières) :

1° l'*eau potable* pour l'approvisionnement des villes, problème qui devient presque insoluble, et, en tout cas, de plus en plus onéreux pour les grandes villes ;

2° l'*eau d'irrigation* pour les cultures ;

3° l'*eau force motrice* pour l'industrie, houille blanche et houille verte ;

4° l'*eau, route et moyen de transport.*

comme la matière, par sa pesanteur et son inertie, oppose au déplacement une résistance qui peut être fort considérable, et comme
l'effort et les frais nécessaires pour vaincre cette résistance grandissent proportionnellement à la distance, l'industrie des transports ne peut pas supprimer absolument les inégalités naturelles
entre les pays. La houille, précisément à raison de sa faible densité économique (c'est-à-dire de sa faible valeur relativement à son
poids), ne peut guère se transporter que par mer ou par canaux.
Là où il n'y a d'autre mode de transport possible que la route de
terre ou même le chemin de fer, la houille devient inutilisable au
delà d'un rayon assez court.

Enfin quant aux matériaux naturels qui sont absolument rares
et dont le moule semble avoir été brisé, il est possible que
l'homme, retrouvant les procédés de la nature, puisse les recréer
artificiellement : par exemple, fabriquer les diamants en faisant
cristalliser le charbon. Il est possible aussi que l'homme trouve
quelque *succédané*, c'est-à-dire une substance analogue par ses
propriétés à celle qui lui fait défaut. Il y réussit souvent et y réussirait toujours si sa science était plus grande, parce que, dans
l'infinie variété des corps organisés ou bruts, il en est beaucoup
qui présentent des caractères similaires et peuvent, par conséquent, se suppléer dans une certaine mesure : par exemple, la soie
artificielle faite avec de la cellulose pour remplacer celle du ver à
soie, la végétaline faite avec la noix de coco à la place du beurre,
le noyau du corozo de Colombie à la place de l'ivoire, les rubis
artificiels obtenus par la fusion de l'alumine, l'acétylène à la place
du gaz d'éclairage. Ces remplacements ne sont d'ailleurs qu'une
application de « la loi de substitution » dont nous avons déjà
parlé (p. 52) [1].

La question du territoire comprend aussi la question de place.
Car c'est là une condition indispensable de toute production. Il
faut à l'homme une certaine place sur la terre ferme, ne fût-ce que
pour y poser son pied. Il lui en faut un peu plus pour s'y coucher,
un peu plus pour y bâtir sa maison, et beaucoup plus encore pour
y semer son blé ou y faire paître ses troupeaux.

Or, cette question de place devient menaçante sitôt que la population d'un pays a dépassé un certain degré de densité. Quand les
êtres humains, obéissant à leur instinct de sociabilité, s'agglomè-

---

[1] La grande guerre a donné une impulsion extraordinaire à la recherche de ces
succédanés, surtout dans celui des pays belligérants où la pression du blocus a été
la plus intense. L'ingéniosité des chimistes allemands a pu se donner libre carrière pour remplacer le caoutchouc, le cuivre, le coton, etc.

rent dans quelqu'une de ces grandes fourmilières qui s'appellent Londres, New-York, Paris, Berlin, l'emplacement pour les loger finit par faire défaut : on voit les terrains acquérir une valeur supérieure à celle des constructions qui les recouvrent, fussent-elles des palais de marbre, et les conséquences sociales, comme nous le verrons à propos de la question des loyers, en sont désastreuses. Il serait absurde, certes, de craindre qu'un jour vienne où il n'y ait plus sur la terre assez de place pour que les hommes pussent s'y loger, mais il n'est pas absurde de se demander s'il y aura toujours assez de place pour qu'ils puissent s'y nourrir. En effet, l'étendue de terrain nécessaire pour suffire à l'alimentation d'un homme est considérable. Les progrès de la civilisation et de l'industrie agricole tendent, il est vrai, à réduire sans cesse cet espace. Chez les peuples chasseurs, il faut à chaque individu plusieurs lieues carrées; chez les peuples pasteurs, plusieurs kilomètres carrés; chez les peuples agricoles, quelques hectares suffisent, et au fur et à mesure qu'ils s'élèvent de la culture extensive à la culture intensive, la limite s'abaisse encore. La Chine, grâce à une culture intensive qui est presque devenue une culture maraîchère, arrive à faire vivre plusieurs hommes par hectare. Cependant la borne fatale, quoique sans cesse reculée, demeure et suffit pour inquiéter l'espèce humaine sur ses destinées futures [1].

Il est évident que la terre étant limitée en étendue ne peut nourrir qu'une quantité limitée d'habitants. C'est ce qui fait le fondement des fameuses lois de Malthus que nous verrons plus loin. La nature, disait-il, par la famine, la peste et la guerre, se charge de supprimer l'excédent et de ramener la population à un chiffre en rapport avec l'étendue et la fertilité des pays.

La découverte du Nouveau Monde, de l'Afrique Centrale, de l'Australasie, a assuré une place suffisante pour bien des générations encore. Mais avec un accroissement de l'espèce humaine, qui est en moyenne de 20 millions d'hommes par an, ces réserves de l'avenir s'épuiseront vite. Et nous n'avons plus d'espoir d'en

---

[1] La densité de la population s'élève :

Chez les Esquimaux du Groënland ou les indigènes de la forêt de l'Amazone (peuples chasseurs), à 2 ou 3 habitants par *mille* kilomètres carrés;

Chez les Kirghises et Turcomans de l'Asie centrale (peuples pasteurs), 1 ou 2 habitants par kilomètre carré;

En Russie d'Europe (pays agricole), 26 habitants par kilomètre carré;

En Angleterre et en Belgique (pays industriels), 240 et 260 habitants au kilomètre carré. Mais ce n'est plus la terre qui les nourrit : c'est l'importation.

Comme terme de comparaison, en France, la densité est de 74 habitants au kilomètre carré.

découvrir de nouvelles. Avant qu'un demi-siècle se soit écoulé, la dernière terre vacante aura été occupée, le dernier jalon aura été planté, et désormais l'espèce humaine sera bien obligée de se contenter de son domaine de 13 milliards d'hectares, sans pouvoir espérer l'agrandir par de nouvelles conquêtes. La seule consolation alors pour elle sera de se répéter le vers que Regnard avait inscrit, avec un orgueil assez peu justifié d'ailleurs, sur un rocher de Laponie :

Hic tandem stetimus nobis ubi defuit orbis

II

La terre.

La terre fournit à l'homme les espèces végétales et animales qui seules peuvent satisfaire aux deux besoins primordiaux, l'alimentation et le vêtement.

§ 1. A l'état primitif, l'homme se contente des produits que la terre lui donne spontanément, ce qui ne veut pas dire qu'il n'ait à peiner terriblement pour se les procurer, mais ce qui veut dire simplement qu'il ne peut ni ne sait les modifier. C'est la première étape de l'industrie, celle des peuples *chasseurs* ou *pêcheurs*. Elle a duré, à ce qu'il faut croire, infiniment plus longtemps que les périodes industrielles qui ont suivi — quelque 200.000 ans, à ce qu'assurent certains paléontologistes. Encore n'est-il point vrai de dire que la chasse ait été la première forme de l'industrie humaine, car elle suppose des armes, l'arc, le javelot, la fronde ou le piège; elle a donc dû être précédée par une phase qui se perd dans la nuit des temps, où l'industrie humaine ne se distinguait en rien de l'industrie animale, c'est-à-dire où l'homme en était réduit à guetter et à attraper, tant bien que mal, quelque misérable proie : c'est le régime qu'on a appelé, pour le distinguer de la chasse, d'un nom assez expressif, la *quête* [2].

La chasse, quel que soit le nombre des millénaires qu'elle ait duré, n'a jamais pu élever aucun peuple à l'état civilisé, au sens où nous entendons ce mot. C'est parce qu'elle est trop peu pro-

---

Au taux actuel d'accroissement de la population du globe, qui est de plus de 1 p. 100 par an, elle doublerait tous les soixante ans, ce qui ferait 3 1/2 milliards en 1977, 7 milliards en 2037... et 56 milliards dans trois siècles!

[2] Voir Louis Bourdeau, *La conquête du monde animal*; et aussi *La conquête du monde végétal*.

ductrice ou, pour mieux dire, trop dévastatrice, pour permettre à
une population d'atteindre à ce minimum de densité qu'exigent
la vie sociale et le développement de l'industrie. Si la population
française devait vivre de la chasse, et même en donnant au gibier
le temps de se reconstituer, elle se réduirait à quelques centaines
de milliers d'hommes. Le nombre des Peaux-Rouges n'était pas
plus élevé au temps où ils occupaient en maîtres un territoire
deux ou trois fois plus vaste que la France.

Il en est tout autrement de la pêche. Celle-ci, du moins la pêche
maritime, s'est montrée beaucoup plus efficace pour faire vivre
les hommes et même pour les élever à un degré de civilisation
relativement élevé. Cette supériorité s'explique aisément par les
caractères différents de ces deux modes d'exploitation des richesses
naturelles :

a) La pêche fournit une alimentation généralement plus abondante et moins dépendante du hasard que la chasse. Elle ne
dépeuple pas les mers comme la chasse fait des forêts, surtout
quand elle n'est pratiquée qu'avec des engins primitifs. Il en résulte
donc qu'elle permet à des agglomérations humaines assez denses
de se former et de devenir sédentaires, tandis que la tribu chasse-
resse doit sans cesse aller à la recherche de nouveaux territoires
de chasse. En un mot, elle permet de fonder des villes. Et pourtant
comme tout pêcheur est nécessairement navigateur, cette vie
sédentaire n'exclut nullement les voyages au long cours et même
elle a créé les premières relations internationales. Exemple : les
pays scandinaves et leurs aventureux Normands.

b) La pêche ne peut guère se faire utilement par l'homme isolé :
elle se fait par groupes tandis que le chasseur va seul et même
s'applique jalousement à dissimuler ses pistes. La barque et le
filet sont le résultat d'un travail collectif et ne peuvent être
employés que par une association dont on peut dire déjà qu'elle
est coopérative. L'influence sociale de ces instruments est donc
tout autre que celle de l'arc ou de la fronde du chasseur : toute
barque apprend nécessairement à obéir à un chef et à le bien
choisir. Par là aussi la pêche a des conséquences sociales et
politiques tout autres que la chasse.

§ 2. La seconde étape est l'industrie *pastorale*. C'est le prolongement naturel de la chasse, avec cette différence immense que
l'homme, au lieu de détruire les animaux, les élève et que l'exploitation productrice remplace ainsi l'exploitation déprédatrice.
Mais le plus grand service que l'industrie pastorale ait rendu à
l'homme ce n'est pas seulement de lui avoir fourni l'aliment

quotidien (lait, beurre, viande) et le vêtement (toison, cuir), c'est
de lui avoir procuré le loisir, soit sous la tente, soit même aux
champs, durant la garde inactive des troupeaux, et de lui avoir
permis par là d'ébaucher les premières industries par le tissage
de la laine, les premières sciences par l'observation des astres et
des plantes, la première littérature par les chants et les récits
héroïques.

L'industrie pastorale a aussi créé la famille patriarcale et avec
elle un régime social et des formes de gouvernement dont les
survivances se retrouvent encore dans les lois et les constitutions
des peuples contemporains, mais dont nous n'avons pas à nous
occuper ici.

Ainsi c'est à la domestication des animaux que sont liées les
origines de la civilisation. Elle remonte loin cependant, 16 à
18.000 ans, d'après M. de Mortillet.

Cependant l'industrie pastorale ne sait rien tirer de la terre
que ce que celle-ci donne spontanément. Elle ne peut donc faire
vivre sur une superficie donnée qu'une population très restreinte,
plus que la chasse, mais moins que la pêche ; et même la tribu
ne peut vivre qu'à la condition de changer souvent de pâturages
pour faire vivre ses troupeaux. Elle est donc condamnée à la vie
nomade et en cela ce régime reste inférieur même à celui des
peuples pêcheurs.

§ 3. Les modes d'exploitation de la terre dont nous avons parlé
jusqu'ici ne s'appliquent qu'à l'alimentation animale, mais l'alimentation végétale a suivi un développement parallèle.

La *cueillette* a servi à l'alimentation des hommes bien avant
la chasse : elle a été symétrique à la quête, mais a tenu une beaucoup plus grande place dans les moyens d'existence des populations primitives et même s'est prolongée jusque dans les premiers
âges de la civilisation. Si le chêne a été l'arbre de Jupiter, ce n'est
pas seulement parce qu'il attirait la foudre mais parce qu'il a
pour fruit le gland et que le gland a été le pain des hommes pour
les peuples habitant l'Europe, alors qu'ils étaient déjà, comme les
Gaulois, arrivés à la période historique : on mangeait encore du
pain de glands du temps de Charlemagne [1].

Du jour où l'homme eut appris à domestiquer les animaux

---

[1] Ceux qui ont essayé de grignoter des glands crus ne peuvent croire que les
hommes aient jamais pu tolérer un pareil aliment. Mais ils ne trouveraient guère
plus appétissants les grains de blé s'il fallait les manger tels qu'ils sortent de l'épi !
Les hommes qui vivaient de glands ne les mangeaient pas crus non plus : ils
savaient sans doute trouver les moyens de les apprêter.

sauvages, l'idée lui vint sans doute qu'il pourrait de même domestiquer, élever, en un mot cultiver les plantes sauvages. Ce jour-là *l'agriculture* naquit. Cependant elle n'a certainement pas commencé par l'opération que ce mot implique aujourd'hui : le labour. Car labourer la terre suppose une accumulation déjà énorme d'inventions, non pas seulement la charrue, mais le fer qui arme la charrue et que le bronze de l'âge antérieur n'aurait pu remplacer. Elle suppose le dressage du taureau pour subir le joug, car c'est un fait curieux que pendant des milliers d'années l'homme ait su utiliser le bétail comme fournisseur d'aliments et de vêtements et le cheval comme compagnon de course et de guerre, mais non comme aides pour son travail. Enfin l'agriculture suppose la découverte des céréales, à commencer par l'orge qui paraît avoir été la première employée. L'esprit se perd quand il cherche à mesurer la portée de l'acte de l'homme qui, le premier, sut reconnaître que quelqu'une de ces humbles graminées portait des grains bons à manger.

Il paraît donc probable que la culture des céréales a dû être précédée par une horticulture ou arboriculture rudimentaire, pratiquée déjà par les peuples chasseurs ou pasteurs, quoique leur vie nomade ne dût guère s'accorder avec le jardinage. Il y a peut-être une signification historique dans le récit de la Genèse qui nous montre Adam cultivant le jardin d'Eden et cueillant les fruits des arbres avant que Caïn fût laboureur.

L'agriculture, au sens de labour, ne doit guère remonter au delà des débuts des temps historiques. Les auteurs de l'antiquité en célèbrent la naissance comme un événement relativement récent [1]. Ils la saluent comme l'ère de la civilisation, se montrant un peu injustes en cela pour l'âge pastoral, mais parce que celui-ci n'avait pas tenu en Europe la même place qu'en Asie. La culture du blé a cependant imposé aux fils de Japhet un travail beaucoup plus intense que les modes précédents d'exploitation de la terre, non seulement le travail du labour, mais aussi celui de la

---

[1]
Prima Ceres ferro mortales vertere terram
Instituit, quam jam glandes atque arbuta sacræ
Deficerent silvæ...
> (*Georgiques,* liv. I, vers 147-149).

« Cérès apprit aux hommes à retourner la terre lorsqu'ils ne trouvèrent plus de glands ni d'arbouses dans la forêt sacrée ».

D'après Max Müller (*Science du langage*), les mots *Aryas* (la race indo-européenne) et *arare* (labourer) viendrait du même radical, ce qui ferait présumer une certaine contemporanéité.

meule et du pétrin qui ont fait gémir tant de générations d'esclaves
et de femmes. Mais le froment a bien payé l'homme de son
travail! d'abord précisément en lui apprenant la loi du travail
régulier que la vie pastorale n'avait pu lui apprendre : « Tu man-
geras ton pain à la sueur de ton front », puis en lui apprenant en
même temps l'épargne. Comme le blé est de conservation facile,
il a pu s'entasser dans les greniers. Le grenier a été la première
caisse d'épargne du genre humain. La famine, jusque-là toujours
menaçante, a été, sinon tout à fait conjurée, du moins très atténuée. Les deux autres grandes céréales, le riz qui a suffi à nourrir
les masses profondes de la race jaune, le maïs qui a été l'aliment
national du Nouveau-Monde, n'exigent pas autant de travail,
sinon pour la culture, du moins pour la préparation alimentaire :
elles n'ont pas besoin d'être converties en pain. Mais aussi n'ont-
elles pas donné à leurs consommateurs les mêmes vertus : jusqu'à
ce jour du moins l'hégémonie du monde a appartenu aux man-
geurs de pain.

Avec l'agriculture la vie nomade cesse peu à peu — pas tout
de suite, car les premiers essais ont dû vite épuiser la terre. La
cité naît. La substitution d'une alimentation en partie végétale à
l'alimentation carnivore des âges précédents semble même avoir
adouci les mœurs. Les hommes n'ont plus offert à la divinité des
sacrifices sanglants, mais, à la place des victimes, la farine sacrée
et le pain sans levain [1]. Sans doute les peuples laboureurs ont fait
la guerre comme les peuples pasteurs, mais avec un peu moins
de férocité, semble-t-il. Contrairement à ce qu'on pourrait croire,
les fils de Caïn ont été plus doux que les fils d'Abel.

Avec l'agriculture, le travail prenant la première place, la Nature,
qui jusqu'alors avait pourvu presque seule aux besoins de l'homme,
passe au second plan. Quittons-la donc pour le moment.

Il faut dire cependant que les modes primitifs d'exploitation du
sol n'ont pas disparu même aujourd'hui. Il y a encore en Asie et
en Afrique des peuples pasteurs, et s'il n'y a plus guère de peuples
chasseurs ou pêcheurs au sens complet de ce mot, néanmoins la
pêche est encore une très grande industrie qui fait vivre des
millions d'hommes ; et la chasse elle-même est représentée encore
par quelques grandes entreprises, comme celle de la Compagnie de
la Baie d'Hudson qui approvisionne de fourrures les pays civilisés.
Mais on voit se manifester dans ces entreprises la même évolution
que celle qui, à l'aube de l'histoire, a transformé les peuples chas-

---

[1] Le mot hostie vient de *hostia*, la victime.

seurs en peuples pasteurs : on se met à élever les animaux au lieu de les chasser — autruches, renards bleus, phoques, et même crocodiles !

III

Le sous-sol.

Jusqu'au siècle dernier, le *sous-sol* n'a eu presque aucune action sur l'évolution des sociétés : mais aujourd'hui il en a une prépondérante et qui n'a pas peu contribué à déplacer les rangs occupés par les nations, non pas seulement au point de vue économique, mais même au point de vue politique. Avec le fer et le charbon, on ne fait pas seulement marcher l'industrie, on construit les navires et on forge les canons. Si nous comparons la production mondiale du principal produit du sous-sol, la houille, et du principal produit de la terre, le blé, nous voyons que la production de la houille représente déjà aujourd'hui une valeur précisément égale à celle du blé : donc bientôt les récoltes du sous-sol dépasseront en valeur celles du sol [1].

Et même la densité de la population, qui semblait nécessairement en fonction de la fertilité du sol, est aujourd'hui bien plutôt déterminée par la richesse des mines. Si la terre fait les populations rurales, c'est la mine qui crée les grandes agglomérations urbaines. C'est pourquoi la densité de la population en Belgique, Allemagne, Angleterre, est très supérieure à celle de la France ou même de l'Italie.

La France n'est pas parmi les pays les plus richement dotés pour le sous-sol : mais elle n'est pas non plus parmi les déshérités. En fait de houille, elle a quelques bons gisements : malheureusement ils ne se trouvent pas très bien situés, ni comme en Angleterre, au bord de la mer, ni comme en Allemagne, près d'une grande voie navigable. Telle quelle, elle produit un peu plus de 40 millions de tonnes, mais comme elle en consomme 60, son

---

[1] La production mondiale du charbon, 1.250 millions de tonnes, à 15 francs (prix moyen d'avant la guerre), représente un peu plus de 18 milliards de francs. La production mondiale du blé, 900 millions de quintaux à 20 francs (prix moyen d'avant la guerre), donne le même chiffre, 18 milliards.

A la production de la houille, il faudrait ajouter celle du pétrole qui tend à la remplacer avec avantage, surtout dans la marine, parce qu'on utilise 20 p. 100 de sa puissance calorifique théorique, tandis que pour le charbon on n'en peut utiliser guère que 10 p. 100, et qu'ainsi elle permet de réaliser une grande économie de poids, de place sur les bateaux et de main-d'œuvre. La production du pétrole atteignait (en 1914) 53 millions de tonnes (dont 35 millions pour les États-Unis et 10 millions pour la Russie).

déficit est de 20 millions de tonnes qu'elle est obligée d'importer [1]. Pour le fer, elle se trouve au contraire au premier rang des pays d'Europe, du moins depuis l'invention du procédé Thomas, qui a permis l'emploi de minerais phosphoreux naguère inutilisables [2].

IV

Forces motrices.

Le travail de production consiste uniquement, comme nous l'avons vu, à déplacer la matière. La résistance qu'elle oppose en vertu de son inertie est souvent considérable et la force musculaire de l'homme est peu de chose. De tout temps, donc — mais

[1] Voici la production de la houille, d'après la statistique du *Board of Trade*. Nous mettons en regard dans la deuxième colonne les chiffres de trente ans en arrière, ceux de 1882, pour permettre de mesurer le progrès dans la production :

	1912	1882	Accroissement.
États-Unis.	499 millions T.	94 millions T.	431 p. 100
Angleterre.	264 »	159 »	66 »
Allemagne.	256 »	65 »	294 »
Autriche-Hongrie.	43 »	15 »	187 »
France.	41 »	21 »	95 »
Belgique.	23 »	18 »	28 »
17 autres pays.	119 »	19 »	526 »
	1.245 millions T.	391 millions T.	218 p. 100

Ainsi la production totale du monde a un peu plus que triplé, mais les divers pays participent à cette progression dans des proportions très inégales, la production des États-Unis ayant plus que quintuplé, celle de l'Allemagne presque quadruplé, tandis que celle de la France n'a pas tout à fait doublé et celle de la Belgique s'est accrue de un quart seulement.

Mais si on évalue non la production annuelle mais les réserves potentielles sous terre, la supériorité de l'Allemagne paraît formidable; on les évalue à 423 milliards de tonnes, contre 190 pour l'Angleterre et seulement 17 pour la France.

[2] La découverte de la déphosphoration est attribuée à M. Gruner, professeur à l'École des Mines de Paris, mais elle a été industriellement réalisée par deux ingénieurs anglais, Thomas et Gilchrist.

La production du minerai de fer dans le monde s'élève à 150 millions de tonnes. Voici celle des pays grands producteurs (en 1912, *Annuaire Statistique de la France*, 1914, p. 195). Le minerai rend de 40 à 50 p. 100 de métal.

États-Unis.	56 millions T.	Angleterre.	14 millions T.
Allemagne.	27 »	Espagne.	9 »
France.	20 »	Suède.	7 »

Par suite de la guerre, la situation va se trouver gravement modifiée, car la production en fer de la France pourra dépasser de beaucoup celle de l'Allemagne; toutefois la production française n'a pas encore pris son niveau.

Mais si l'on regarde non à la production annuelle du minerai mais à la richesse

surtout depuis que l'abolition de l'esclavage ne lui a plus permis d'employer gratuitement la force de ses semblables — l'homme a cherché à suppléer à sa faiblesse à l'aide de certaines forces motrices (le mot propre est « énergies ») que la nature lui fournit.

C'est à l'aide des machines que l'homme utilise les énergies naturelles. La machine n'est qu'un outil, avec cette différence qu'au lieu d'être mû par la main de l'homme, cet outil est actionné par la chute de l'eau, la dilatation du gaz, etc. [1].

Il est à remarquer que d'autant plus puissantes sont ces énergies naturelles, et d'autant plus de temps et de peine il a fallu à l'homme pour les dompter et les faire servir à ses fins. Pour capter le Niagara, il faut être autrement armé que pour capter la chute d'un ruisseau. Et nous verrons plus loin qu'il en est ainsi même pour l'industrie agricole : une terre naturellement fertile coûte plus à défricher qu'un terrain de sable. Toute utilisation des énergies naturelles est une lutte, comme celle d'Hercule contre les monstres, et l'énergie à déployer par le vainqueur est nécessairement en raison de la puissance de l'adversaire.

Voilà pourquoi il n'en est encore que quatre ou cinq que

des gisements, la France se trouve posséder les mines de fer les plus riches d'Europe.

On sait qu'un des principaux enjeux de la présente guerre a été le riche bassin ferrugineux de Lorraine qui ne trouve juste à cheval sur la ligne frontière de la France et de l'Allemagne et que le Traité de Versailles l'a rendu intégralement à la France.

En outre, il faut compter pour la France les très riches gisements d'Algérie.

Malheureusement, l'industrie française n'est pas assez développée, jusqu'à présent du moins, pour lui permettre d'utiliser toute sa richesse en minerai de fer, mais elle l'utilise pour l'exportation.

[1] Cette définition ne vise que la *machine-motrice*, mais dans le langage courant les instruments mus directement par l'homme sont qualifiés aussi de machines toutes les fois qu'ils rendent le travail plus rapide — métier à tisser, machine à coudre, machine à écrire : on dit aussi d'une bicyclette « ma machine » — mais mieux vaudrait les appeler *machine-outils*.

Les outils ou instruments permettent de mieux utiliser la force de l'homme, parfois même de l'augmenter, tout comme la machine-motrice, mais avec cette infériorité qu'ils *font perdre comme temps tout ce qu'ils font gagner en force*. Ainsi, à l'aide d'une presse hydraulique, un enfant peut exercer une pression théoriquement illimitée et, avec un levier et un point d'appui, Archimède se vantait avec raison de pouvoir soulever le monde. Toutefois on s'est amusé à calculer que, en supposant même qu'il eût trouvé ce point d'appui qui lui faisait défaut, il n'aurait réussi à soulever la terre, en y travaillant pendant quelques millions d'années, que d'une quantité infiniment petite.

Or, le temps étant un facteur très précieux, et dont nous devons être très avares, l'accroissement de force qu'on trouve dans l'emploi des instruments est en pratique nécessairement limité, tandis qu'avec la machine motrice il est illimité.

l'homme ait su utiliser pour la production : la force musculaire
des *animaux*, la pression du *vent* et des *cours d'eau*, la dilatation
des *gaz* (surtout sous forme de vapeur d'eau, récemment sous
forme de gaz explosifs), enfin, depuis peu de temps, l'*électricité*
(qui d'ailleurs n'est généralement qu'une transformation de la
force de l'eau ou de celle de la vapeur). Mais il en est une infinité
d'autres, déjà connues ou inconnues. Les vagues que le vent sou-
lève sur la surface des mers ou le flot de la marée qui, deux fois
par jour, vient ébranler des milliers de lieues de côtes, le foyer de
chaleur que renferme l'intérieur du globe terrestre [1], constituent
des réservoirs de force véritablement inépuisables. Et celles qu'on
voit ne sont rien à côté de celles que l'on devine, ne fût-ce que
des énergies latentes dans les combinaisons moléculaires que le
radium a révélées. S'il faut en croire le Dr Gustave Le Bon, l'énergie intra-atomique contenue dans *un gramme* de matière, par
exemple dans une pièce d'un centime, si elle pouvait être dégagée,
représenterait 6 à 7 millions de chevaux-vapeur et suffirait pour
faire parcourir à un train de marchandises plus de quatre fois la
circonférence du globe terrestre !

La domestication de certains animaux, cheval, bœuf, chameau,
éléphant, renne ou chien d'Esquimau, etc., a fourni aux hommes la
première force naturelle dont ils aient fait usage pour le transport,
pour la traction, pour le labourage. C'était déjà une précieuse conquête, car l'animal est proportionnellement plus fort que l'homme.
La force d'un cheval est évaluée à 7 fois celle d'un homme, tandis
que son entretien représente une valeur moindre. Mais le nombre
de ces animaux est restreint — d'autant plus restreint qu'un pays
devient plus peuplé, car il faut beaucoup de place pour les nourrir ; aussi ne représentent-ils qu'une force motrice relativement
peu considérable. Cependant la France emploie encore aujourd'hui,
malgré les chemins de fer et les automobiles, plus de 3 millions
de chevaux quadrupèdes, sans compter 2 millions de bœufs de
labour [2].

La force motrice du vent et des rivières a été utilisée de tout

[1] En Toscane, dans une région où jaillissaient des jets naturels de vapeur (*sof-
fioni*), on les a captés et intensifiés en creusant des trous et on a pu utiliser ainsi
plusieurs milliers de chevaux-vapeur.

[2] Le nombre de ces moteurs animés ne diminue pas nécessairement par la concurrence des moteurs inanimés : les chemins de fer n'avaient pas réduit le nombre des chevaux. Pourtant il en est autrement des automobiles : celles-ci, dans la
circulation urbaine tout au moins, ont déjà réduit énormement le nombre des
chevaux (à Paris 134.000 en 1900 et seulement 55.000 en 1912).

temps pour le transport, mais jusqu'à ces derniers temps elle n'avait guère reçu d'autre application industrielle que de faire tourner les ailes ou les roues des moulins à vent ou à eau. Le moulin à eau, qui date des premiers siècles de l'ère chrétienne, marque la date d'invention de la première machine proprement dite, dans le sens de force naturelle asservie à la production [1].

Mais de ces deux forces naturelles, l'une, le vent, est trop faible, généralement du moins, ou en tout cas trop intermittente [2] ; l'autre, si elle est plus puissante et plus facile à capter [3], a le grave inconvénient d'être localisée sur certains points. Ce n'est que lorsque Newcomen (1705) et plus tard James Watt (1769) eurent employé la chaleur à tendre comme un ressort la vapeur d'eau enfermée dans un réservoir clos, que fut créé ce merveilleux instrument de l'industrie moderne qui s'appelle la machine à vapeur [4]. Et ce qui a fait jusqu'à ce jour la supériorité de la vapeur, c'est qu'elle

[1] Aussi l'invention du moulin à eau a-t-elle été célébrée dans des vers lyriques souvent cités d'un poète grec des anthologies, Antiparos.

[2] Cependant en Danemark l'utilisation du vent pour la production de l'électricité prend une assez grande extension. Il y a, depuis 1903, une société pour la production de l'électricité par les moyens des moulins à vent.

[3] La force motrice des chutes du Niagara est évaluée à 3 millions 1/2 de chevaux-vapeur ; elle suffirait donc à elle seule pour faire marcher toutes les usines de France. Une faible partie seulement (600.000 chevaux-vapeur) est utilisée, mais près d'un tiers est déjà concédé, au grand émoi des amateurs de pittoresque.

[4] Je dis « merveilleux » en raison des services rendus. En réalité, la machine à vapeur est, au contraire, un instrument très défectueux, parce qu'en transformant la chaleur en mouvement — la chaleur employée à vaporiser l'eau, puis à dilater la vapeur, puis cette vapeur agissant sur un piston, etc. — la plus grande partie de l'énergie se perd dans ces transformations, en sorte que le rendement effectif n'est guère que le dixième de rendement théoriquement calculé, de la chaleur développée par la combustion du charbon. Aussi, M. le Dr Gustave Le Bon a-t-il pu dire, non sans quelque exagération : « J'espère bien qu'avant vingt ans, le dernier exemplaire de ce grossier appareil aura été rejoindre, dans les musées, les haches de pierre de nos primitifs aïeux ».

Les moteurs à explosion, de plus en plus employés (automobiles, aéroplanes, moteurs Diesel pour les sous-marins), utilisent directement la combustion de l'essence sans passer par l'intermédiaire de la chaudière.

En France, les chevaux-vapeur sont ainsi répartis, en chiffres ronds (en 1912) :

Chemins de fer.	10.000.000
Bateaux (non compris marine de guerre).	1.500.000
Industrie	3.500.000
	15.000.000

A ce total de 15 millions de chevaux, il faut ajouter ceux sous forme de moteurs hydrauliques, 800.000 et à peu près autant de moteurs explosifs (dont tous ceux pour automobiles, 91.000 autos en 1913 — sans compter ceux pour avions).

Malgré ce chiffre imposant, la France est loin de figurer au premier rang des

est *artificielle* en ce sens que ce n'est pas la nature qui l'a créée, c'est l'homme. C'est précisément pour cette raison qu'elle présente cet avantage inappréciable que l'homme peut l'employer *où il veut, quand il veut, comme il veut*. Elle est mobile, portative, continue, sa pression peut s'élever à 1, 2, 3, 4..., 10 atmosphères sans qu'il y ait d'autre limite en pratique que celle imposée par la résistance des parois de la machine.

Mais voici que l'eau, en tant que force motrice, est en train de conquérir une place de premier ordre depuis que l'on a trouvé le moyen de rendre cette force transportable à des centaines de kilomètres et non seulement *transportable*, mais *divisible* à l'infini, en sorte que la force de l'eau peut rayonner à volonté autour du point où la nature semblait l'avoir enchaînée. C'est ainsi que le Rhône qui, depuis qu'il coule, se dépensait inutilement à user des galets, va aujourd'hui dans les chambres hautes de la Croix-Rousse faire marcher les métiers des canuts lyonnais [1]. Déjà la force motrice se distribue à domicile, comme l'eau et le gaz, et il suffit de tourner un robinet ou de presser sur un bouton pour se la procurer.

Mais comme l'eau agit non par sa quantité ou son étendue, mais seulement par sa chute — car quel parti tirer, en tant que force motrice, des milliards de mètres cubes qui dorment dans un lac comme celui de Genève ou même dans un fleuve à cours paisible comme la Seine? — on a été amené à utiliser l'eau surtout à son maximum de pente, c'est-à-dire à la cascade, et, pour cela, à remonter le plus près possible des sources des fleuves et des réservoirs où ils s'alimentent, aux glaciers. Voilà pourquoi M. Bergès, un ingénieur de Grenoble, a donné, il y aura bientôt cinquante ans (1868), à cette force nouvelle le nom, qui a fait fortune, de *houille blanche*. Il entendait par là, non point, comme on le croit généralement, l'eau courante en général, mais plus précisément le glacier en tant que réservoir de force emmagasinée, celle de la pesanteur, comme celle de la chaleur l'est dans la houille : l'homme dégage celle-là par la chute comme celle-ci par la combustion [2].

Par un heureux hasard, où l'on aurait vu autrefois une harmonie

pays comme forces motrices. Les États-Unis disposent, rien que pour l'industrie, de 22 millions de chevaux-vapeur et l'Allemagne de 8 millions.

[1] Cependant, la question de savoir si les moteurs hydro-électriques pourront sauver la petite industrie reste douteuse : voir ci-après *L'industrie à domicile*.

[2] Pour l'utilisation de la force de l'eau et plus spécialement de celle des grandes chutes d'eau, deux inventions préalables ont été nécessaires :

a) La substitution, à la vieille roue à aube, de la *turbine* qui peut tourner avec

providentielle, mais qui peut s'expliquer par des causes géologiques[1], ce sont précisément les pays les plus pauvres en houille
noire qui ont été le plus richement dotés par la nature en fait de
houille blanche, et *vice versa*. Ainsi en Europe, la Suisse, l'Italie
du Nord, les États Scandinaves, qui n'ont pas un atome de houille
noire, ont de magnifiques ressources en houille blanche, tandis
que l'Angleterre, la Belgique et l'Allemagne, si riches en mines,
n'ont que peu de chutes et de cours d'eau utilisables comme force
motrice. De même en Amérique, le Canada et le Brésil, qui ne
paraissent guère avoir de mines de houille, ont des forces formidables en chutes d'eau. La France est assez bien partagée puisque,
sans être déshéritée pour la houille noire, comme nous venons de
le voir (p. 108), elle possède toute une armée de chevaux hydrauliques équivalant à 8 ou 10 millions de chevaux-vapeur[2], dont la
moitié dans les Alpes, un quart dans les Pyrénées, le reste dans
dans le Massif Central, le Jura et les Vosges. Elle n'est dépassée

une vélocité vertigineuse et permet de capter la chute la plus puissante comme la
plus haute;

b) Le transport de la force par la *dynamo* qui convertit tout mouvement en un
courant électrique ou *vice versa :* il suffit donc de deux dynamos (ou *alternateurs*),
l'un à la chute d'eau, l'autre au point d'arrivée, reliés par deux fils de cuivre.

Ce fut en 1870, pour la première fois, que Bergès aménagea à Lancey (près de
Grenoble) une chute de 200 mètres de hauteur et de 800 chevaux hydrauliques de
force.

C'est en 1891 seulement qu'on a commencé à transporter la force à grande distance, de Francfort à Laufen, 172 kilomètres. On songe aujourd'hui à envoyer à
Paris la force motrice du Rhône (500 kilomètres), et même à transporter aux mines
du Transvaal la force de la chute du Zambèze, 1.200 kilomètres!

Pour transporter l'électricité à de grandes distances, il faut augmenter de plus
en plus le voltage, c'est-à-dire l'intensité du courant. Seulement, quand la tension
devient excessive, l'air n'est plus un isolant suffisant et l'électricité fuse en dehors
des fils en gaines lumineuses.

Même l'eau des petites rivières et des ruisseaux des champs peut être utilisée
pour de petites installations électriques domestiques ou agricoles. M. Bresson l'a
appelée *la houille verte* dans un livre qui porte ce titre.

[1] Les terrains houillers sont parmi les plus anciennes couches qui ont constitué
l'écorce terrestre. On peut donc supposer que pour qu'ils apparaissent à la surface
il faut : — ou que ces terrains aient été soulevés à la surface par quelque commo-
tion ; — ou que les montagnes qui les recouvraient aient été arasées par l'effet de la
vieillesse. Les couches de houille nouvelles apparaîtront peut-être quand les Alpes
ou l'Himalaya se seront effondrés sous le poids de l'âge et auront été remplacés
par des plaines.

[2] Au moins 4.500.000 chevaux au plus bas niveau, à l'étiage.

Mais il n'y a encore en France guère plus de 1.500.000 chevaux hydrauliques
utilisés, dont moitié pour l'éclairage des villes, les tramways et chemins de fer,
l'autre moitié pour des emplois industriels, la fabrication du papier de bois et
de divers produits chimiques, surtout de l'aluminium (dont, grâce à la houille

en Europe [1] que par la Suède et la Norvège. Si elle sait l'utiliser, cela suffira non seulement pour la libérer du tribut qu'elle paie annuellement à l'étranger par l'achat de 20 millions de tonnes de charbon par an, mais même pour lui permettre d'en exporter [2]. Malheureusement déjà l'accaparement de ces forces par la spéculation met de graves obstacles à cette utilisation [3].

La supériorité économique de la houille blanche sur la houille noire c'est qu'elle ne se consomme pas par l'utilisation qu'on en fait. La houille noire c'est un trésor enfoui depuis les temps paléontologiques, où nous puisons en prodigues et qui bientôt sonnera creux. La houille blanche se renouvelle comme l'eau qui tombe : c'est le soleil qui se charge de pomper incessamment celle qui a fini son travail et de la remonter sur les sommets. Elle ne tarirait que dans l'éventualité, dont quelques savants nous menacent, il est vrai, mais non encore démontrée, heureusement ! d'un asséchement général de la terre et de la disparition des glaciers.

On dit parfois que la houille blanche est une force gratuite et c'est vrai en ce sens que ce qui peut servir indéfiniment ne constitue pas une dépense, mais si l'usage de cette force est quasi gratuit, il n'en est pas de même de la captation.

Le coût d'installation d'usines hydro-électriques (barrages, conduites forcées, turbines et dynamos, réservoirs ou lacs artificiels pour régulariser le débit) coûte assez cher [4], mais; l'installa-

blanche, le prix est tombé de 70 francs le kilo en 1886 à 1 fr. 50 actuellement, en même temps que la quantité produite passait de 16.000 à 34 millions de kilos).

En Norvège, la force hydraulique sert à fabriquer des engrais chimiques (nitrates).

[1] En Europe, disons-nous, car en Amérique, les forces hydrauliques sont énormes.

On évalue la force motrice des cours d'eau du Brésil au chiffre fabuleux de 800 millions de chevaux! La cataracte de l'Iguazu sur la frontière du Brésil et de l'Argentine représenterait à elle seule, dit-on, 14 millions de chevaux, beaucoup plus que toutes les chutes de France réunies.

[2] Un cheval-vapeur consomme au moins 4 à 5 tonnes de charbon par an, en travaillant seulement 10 heures par jour. Donc nos 8 millions de chevaux-hydrauliques, disons 6 millions seulement, économiseraient 30 millions de tonnes de charbon. Et ils pourraient travailler 24 heures par jour : peu leur importe !

[3] En ce qui concerne la difficile question du droit de propriété de la force motrice de l'eau, voir ci-après, livre III, *Objets du droit de propriété.*

[4] On a évalué à 540 millions de francs les capitaux employés aux installations de force hydraulique (en 1910), ce qui représentait, pour les 628.000 chevaux d'alors, 860 francs par cheval. On voit que cette force naturelle est loin d'être gratuite.

On emploie dans les statistiques deux mesures différentes; et il faut en être averti, car les totaux varient nécessairement selon que l'on s'est servi de l'une ou de

tion une fois faite, le coût d'entretien par cheval est presque **nul,** tandis que pour la houille, au contraire, ce coût est relativement élevé, chaque cheval consommant en moyenne 1 kilogramme de charbon par heure. C'est pourquoi dans les villages de montagne éclairés par la houille blanche on ne prend pas la peine d'éteindre les lampes pendant la journée.

Néanmoins la force motrice développée par la houille noire conserve encore une énorme prépondérance : en France environ dix fois plus de chevaux-vapeur que de chevaux-hydrauliques.

Mais s'il est vrai que l'eau en tant que force motrice soit immortelle, ou du moins sans cesse renaissante, à la différence de la houille qui est morte et fossile, il n'en est pas moins vrai que la première est en quantité limitée tout comme la seconde et qu'il ne sera jamais en notre pouvoir d'augmenter le nombre et la puissance des cours d'eau, mais seulement de les mieux aménager[1]. Il est donc à prévoir qu'un jour l'industrie humaine verra son essor limité par la limitation des forces naturelles.

Il est vrai qu'on rêve d'aller demander au soleil lui-même la force dont nous avons besoin. Mais, en admettant même qu'on y réussisse, cette force empruntée au soleil sera limitée plus encore que les autres forces naturelles, car le soleil ne brille ni toujours, ni partout. Si c'est lui qui doit faire marcher un jour nos usines, quel coup pour l'Angleterre, bien pis, que la concurrence de la houille blanche ! Les brouillards de la mer du Nord deviendront son linceul et ce sera désormais au fond du Sahara que l'industrie humaine devra aller bâtir ses capitales.

IV

La limitation des richesses naturelles.

Puisque, comme nous venons de le voir, le terrain, les matières premières et même les forces naturelles, du moins celles présen-

l'autre. Le cheval-vapeur est la force nécessaire pour élever 75 kilogrammes à 1 mètre par seconde. Pour le kilowatt on compte 100 kilogrammes au lieu de 75 (ou, ce qui revient au même, 100 litres tombant de 1 mètre par seconde). Théoriquement donc 1 kilowatt équivaut à 1 $^1/_3$ cheval-vapeur, mais en fait on les considère comme équivalents, parce que la chute n'est jamais verticale.

[1] Le cours de tous les fleuves aujourd'hui inutilisés peut être divisé par des barrages, d'autant plus nombreux que la pente est plus forte, et dont chacun peut devenir une chute artificielle. La pente énorme du Rhône, qui de Genève à la Méditerranée tombe de près de 400 mètres, n'est utilisée que sur deux ou trois

tement utilisables, sont en quantité limitée, il semble impossible
que la production dont ils constituent les facteurs nécessaires ne
se trouve pas limitée par contre-coup. Il en est ainsi, en effet.

C'est dans l'industrie extractive que la loi de limitation est la
plus évidente. Quand la mine est épuisée, il faut bien s'arrêter, et
généralement même on est obligé de s'arrêter bien avant qu'elle
soit vide, parce que l'extraction cesse d'être rémunératrice —
quoiqu'elle puisse le redevenir du jour où la métallurgie fait un
nouveau progrès [1].

La chasse, qui tenait une si grande place dans les sociétés primitives, a disparu de la liste des industries productives dans les
pays civilisés (voir p. 104), par cette raison qu'elle a cessé de donner un produit rémunérateur, malgré tous les règlements faits
pour la protéger. Même dans les déserts d'Afrique, même dans les
solitudes des pôles, les dépouilles des éléphants [2], des autruches,
des castors, des loutres, des baleines, commencent à faire défaut
aux explorateurs qui vont les y poursuivre. La pêche maritime, à
raison de l'immensité du réservoir où l'homme puise cette richesse
naturelle, est encore une grande industrie qui fait vivre, en
France, 150.000 personnes et produit environ 150 millions de
francs, mais l'épuisement des mers qui baignent nos rivages est
un sujet de lamentation pour nos populations maritimes, qui déjà
sont obligées d'aller poursuivre le poisson dans la haute mer et
d'armer des bateaux plus forts. L'extermination des oiseaux —
soit pour les mettre sur les chapeaux des dames, soit pour les
manger — a pour conséquence le pullulement des insectes et de
toutes les vermines qui dévorent les récoltes. La disparition des
forêts, et par suite du bois d'œuvre, est déjà un fait accompli
dans plusieurs pays d'Europe, notamment en Angleterre. La
France, qui du temps des Gaulois ne formait qu'une forêt et que,

points de son cours On se prépare à établir un barrage de 60 mètres de haut, près
de Bellegarde.

[1] Les quantités de houille en réserve dans les mines ont été évaluées (au Congrès
international de géologie tenu à Toronto en 1913), pour l'Allemagne, à 423 milliards
de tonnes ; pour l'Angleterre, à 190 milliards, et pour la France à 17 seulement.
Si l'on se reporte aux chiffres de l'extraction annuelle donnés ci-dessus (p. 109), on
verra qu'il y a encore quelques siècles de marge, 4 pour la France, 7 pour l'Angleterre, 16 pour l'Allemagne, mais seulement en supposant que le chiffre de
l'extraction annuelle reste le même.

[2] On importe chaque année environ 800.000 kilos de dents d'éléphants, ce qui, à
20 kilos en moyenne par dent, représenterait le chiffre invraisemblable de
40.000 éléphants, et encore ce chiffre devrait-il être très majoré pour tenir compte
des déchets et des petits d'éléphants inutilement massacrés ou abandonnés.

même au moyen âge, les moines d'Occident n'avaient encore qu'incomplètement défrichée, n'a plus aujourd'hui qu'un sixième de son territoire environ en forêts (9 millions d'hectares sur 53 millions). La proportion est inférieure en certains pays (pas même 5 p. 100 en Angleterre), mais supérieure dans quelques autres : environ un quart du territoire en Allemagne, un tiers en Autriche-Hongrie et en Russie, et près de moitié en Suède. On aurait pu croire que la substitution de plus en plus complète du fer au bois dans la construction des maisons, comme dans celle des navires, aurait pour résultat de prolonger la vie des forêts. Malheureusement, d'autres industries sont nées qui en consomment plus encore. La plus grande mangeuse de forêts en ce moment c'est l'industrie du papier, spécialement pour les journaux : tel grand journal quotidien dévore à lui seul une forêt par an. D'autre part, les forêts de châtaigniers de nos Cévennes et de la Corse sont en voie de disparition parce que leur bois est employé à la fabrication de l'acide gallique dans des usines qui, d'ailleurs, pour la plupart, étaient allemandes [1].

Mais pourtant quand il s'agit des êtres vivants, animaux ou végétaux, l'industrie peut conjurer dans une certaine mesure le sort qui les menace en transformant ses procédés. Au lieu de faire la chasse, on peut faire de l'*élevage;* au lieu de faire la pêche, on peut faire de la *pisciculture* [2]; au lieu de défricher la forêt, on peut

---

[1] Une conférence, composée des gouverneurs et d'experts spéciaux des différents États des États-Unis, s'est réunie en 1908 pour « la conservation des ressources nationales ». Le président des États-Unis, alors Roosevelt, a ouvert la conférence par les déclarations dont voici un résumé :

« Les ressources naturelles du pays, qui sont la base finale de la puissance et de la durée de la nation, sont en train de s'épuiser rapidement. Déjà l'on voit apparaître la limite des terres non encore livrées à la culture. Les États-Unis ont commencé avec un héritage sans pareil de forêts; or, déjà la moitié du bois de construction a disparu. Les États-Unis ont commencé avec des gisements de charbon plus étendus que ceux d'aucune autre nation, avec du minerai de fer qui passait pour inépuisable; or, beaucoup de personnalités compétentes déclarent maintenant que la fin du charbon et du fer approche. Les accumulations énormes d'huile minérale et de gaz ont disparu en grande partie.

» Les voies navigables naturelles existent toujours; mais elles ont été tellement dégradées par suite de négligences et d'autres causes que la navigation y est inférieure à ce qu'elle était il y a cinquante ans. Enfin, les États-Unis ont trouvé à leurs débuts des terres d'une fertilité sans exemple, et ils les ont appauvries de telle manière que leur faculté de production décroît au lieu d'augmenter ».

[2] La pisciculture est en honneur, comme on sait, en Chine. En France, on a bien semé des saumons et des truites dans quelques cours d'eau, mais ces tentatives sont rendues inutiles par un braconnage sauvage et non réprimé.

En ce qui concerne la pêche maritime, la pisciculture est impraticable (sauf pour faire du *reboisement*[1]; — c'est-à-dire qu'on peut s'élever de la catégorie de l'industrie extractive à celle de l'industrie agricole.

C'est ainsi qu'en ce qui concerne la substitution de l'élevage à la chasse, on peut citer comme exemple la production des fourrures. Au Canada, la peau de renard ayant atteint, par suite de la dépopulation de l'espèce, le prix exorbitant de 5 à 10.000 francs, l'élevage des renards est devenu, à partir de 1912, une industrie des plus lucratives. Plus de dix Compagnies ont été fondées à cet effet : rien que dans l'île du Prince-Édouard, 233 établissements abritent des milliers de ces animaux qui sont vendus comme reproducteurs[2]. En Floride, il y a de véritables fermes pour l'élevage du crocodile dont le cuir a une grande valeur. Quant à l'autruche, on sait que dans l'Afrique australe anglaise l'élevage se fait sur une grande échelle, mais les essais faits dans nos colonies françaises d'Afrique n'ont pas donné de brillants résultats. On en viendra bientôt sans doute à l'élevage de l'éléphant africain qui, à la différence de son congénère des Indes, n'a pas encore été domestiqué malgré ses admirables aptitudes au travail[3].

Pour les espèces végétales, l'évolution qui transforme la cueillette en culture se fait dans des proportions bien plus grandioses. Toutes les espèces qui figurent sur notre table, les légumes, comme on dit, et les fruits, ont commencé comme plantes sauvages et beaucoup d'entre elles poussent encore à l'état de nature, ce qui permet d'apprécier quel a été le progrès réalisé comme utilisation comestible — carottes, asperges, artichauts, prunes, raisins, poires, etc. Mais l'évolution continue et sans cesse de nouvelles espèces passent progressivement de la catégorie de plante sauvage à celle de plante cultivée. L'exemple le plus grandiose est celui du caoutchouc : l'exploitation dévastatrice des forêts du bassin de l'Amazone et du Congo est remplacée peu à peu par la culture industrielle dans les colonies hollandaises de Java, à Ceylan et dans la presqu'île de Malacca. Cette culture n'a commencé qu'en 1906 et sa production s'élève aujourd'hui à plus du double de celle du caoutchouc sauvage du monde entier. C'est grâce à elle que le

---

les huîtres qu'on élève dans les parcs), mais on peut du moins essayer de faire respecter les règlements qui ont pour but d'empêcher la destruction du jeune poisson (largeur des mailles des filets, zones ou saisons interdites pour la pêche de certaines espèces, etc.).

[1] Pour les forêts, voir ci-après, *La propriété des forêts*.

[2] Le couple reproducteur se vend, selon l'espèce (il y a des espèces plus ou moins appréciées comme qualité de fourrures), de 15.000 à 75.000 francs pour le renard « argenté ». Et l'élevage ne coûte que 50 à 75 francs par tête.

[3] A vrai dire, on ne peut parler d'élevage pour l'éléphant des Indes mais seulement de domestication, car il ne se recrute guère que par capture.

caoutchouc, seul entre tous les produits, n'a pas haussé de prix, malgré les énormes besoins de la guerre [1].

La guerre elle-même, par la pression que le blocus a exercée sur les pays belligérants, aura eu pour effet d'élever des espèces naguère dédaignées à l'honneur de devenir comestibles ou matières premières pour l'industrie, telle l'ortie devenue plante textile.

La loi du rendement non proportionnel.

. Mais il ne suffit pas de s'élever de la production extractive à la production agricole pour avoir partie gagnée, c'est-à-dire pour éluder la loi de limitation qui enserre l'industrie humaine, car sous cette forme supérieure elle rencontre encore des barrières.

1° D'abord la production agricole est limitée par la quantité d'*éléments minéraux* indispensables à la vie des plantes. Toute terre, même la plus fertile, n'en contient qu'une proportion déterminée (azote, potasse, acide phosphorique) et chaque récolte les enlève petit à petit. Sans doute, l'art de l'agriculture réussit non seulement à restituer à la terre les éléments qui lui sont enlevés, mais encore à l'enrichir en lui apportant des éléments nouveaux. Mais il faut remarquer que les sources auxquelles puise l'agriculteur pour enrichir le sol sont elles-mêmes limitées, puisque les engrais naturels ne font que restituer à la terre une partie de ce que les bestiaux ont consommé, et que les engrais chimiques sont des minerais (phosphates, potasse, nitrates, guano, etc.) dont les gisements sont rares et rapidement épuisables.

La consommation des engrais chimiques — phosphates (sous la forme de superphosphates, le phosphate ne pouvant être utilisé par l'agriculture à l'état naturel), nitrates et potasse — a énormément augmenté dans les premières années de ce siècle. Malheureusement la France n'est pas le pays où cet accroissement a été le plus notable. Elle possède pourtant en Tunisie et en Algérie de plus riches gisements qu'aucun pays d'Europe, mais elle ne les utilise que pour une faible partie et exporte le reste, comme

---

[1] Voici les chiffres comparés de la production du caoutchouc sauvage et du caoutchouc de plantation :

	Cueillette	Plantation
1910.	63.000 tonnes.	8.200
1920.	35.000 »	335.000

Le premier représentait donc, il y a dix ans, 88 p. 100 de la production totale ; aujourd'hui seulement 9 p. 100.

pour son minerai de fer d'ailleurs. L'Allemagne doit importer le phosphate qu'elle emploie, mais elle peut le remplacer par les scories qu'elle retire comme sous-produits de ses nombreux et puissants hauts fourneaux. D'autre part, elle possède de riches gisements de potasse et est au premier rang pour la potasse, tant pour la production que pour la consommation [1]. Aussi le rendement de ses terres est-il en moyenne le double qu'en France.

2° De plus, la production agricole est limitée par les conditions de l'*espace* et du *temps* indispensables à la vie végétale ou animale et qui sont bien plus rigides et bien moins modifiables que dans la production industrielle. Le vrai nom de cette industrie aurait dû être, comme on l'a suggéré d'ailleurs, *viviculture* plutôt qu'agriculture. L'agriculteur est réduit à un rôle presque passif : il regarde patiemment la nature accomplir son œuvre, suivant des lois qu'il ne connaît qu'imparfaitement encore et dont il ne peut changer la marche lente. Il faut de longs mois avant que le grain qui dort dans le sillon se soit transformé en épi, de longues années avant que le gland soit devenu chêne. Il faut aussi à toute plante, blé ou chêne, pour étendre ses racines et respirer, un certain espace qu'on ne peut réduire. Sans doute on peut, à prix d'or, dans des serres, avancer la floraison des lilas ou la maturation des pêches, mais cette culture qui est déjà de l'industrie ne sert qu'au luxe de quelques riches. Au contraire, l'industriel n'est pas enfermé dans le cycle inexorable des saisons : été et hiver, jour et nuit, il peut entretenir ses feux ou faire battre ses métiers. Dans ses cuves, dans ses fourneaux, il pétrit à son gré la matière inorganique. Il n'a affaire qu'à des lois physiques ou chimiques beaucoup moins mystérieuses que celles de la vie. La preuve, c'est qu'il les a domestiquées et les fait obéir avec une précision mécanique.

On peut se poser toutefois la question suivante. Puisque la limitation que rencontre l'industrie agricole tient à ce fait qu'elle opère sur des êtres vivants, pourquoi n'essaierait-elle pas de surmonter cet obstacle en se passant hardiment du concours que lui apportent les forces mystérieuses de la vie et en s'efforçant de fabriquer de toutes pièces les substances alimentaires, tout comme un industriel fabrique les produits chimiques? Ou plus simplement, comme font les plantes elles-mêmes qui savent bien extraire directement de la terre les substances minérales dont elles se

On a beaucoup parlé, à l'occasion de la guerre, des gisements de potasse d'Alsace dont la valeur a été très exagérée.

nourrissent et qui, une fois transformées par elles, serviront à nous nourrir nous-mêmes, ne pourrions-nous arriver à nous passer de leur intermédiaire et à puiser directement dans le sol et dans l'atmosphère les éléments qui constituent tous les aliments, oxygène, hydrogène, azote, carbone, et, pour une très petite part, quelques sels minéraux, tous éléments qui peuvent être considérés comme existant en quantité surabondante dans l'écorce terrestre et dans l'atmosphère? Le problème ne paraît donc pas insoluble théoriquement et quelques chimistes le considèrent comme à la veille d'être résolu. Certes, si l'un d'eux y réussit, il aura réalisé beaucoup plus que le Grand Œuvre rêvé par les alchimistes; il aura changé de fond en comble toutes les lois de l'Économie politique. Car si jamais les aliments pouvaient être manufacturés de toutes pièces dans des fabriques, alors l'*agriculture deviendrait inutile* et, l'homme ne demandant plus à la terre que ce qu'il lui faut de place pour y poser son pied ou y bâtir son toit, il n'y aurait pas un hectare de terre qui ne pût nourrir une population aussi dense que celle qui s'entasse dans nos grandes villes.

La synthèse chimique a bien réussi à créer certains corps qui jusqu'à présent n'étaient produits que par des êtres vivants, comme l'urée, mais, malgré les prédictions de Berthelot, elle n'a pu créer de substance alimentaire; en d'autres termes, l'homme, pour préparer ses aliments, n'a pu se passer de ce cuisinier mystérieux qui est la vie. Et quant à créer la matière vivante elle-même, cela paraît tout à fait hors de son pouvoir. Si l'on pense, en effet, que tout corps, animal ou végétal, implique l'existence de la cellule et que cette cellule elle-même, sous sa forme la plus élémentaire, contient en puissance toute la série des êtres qui se sont succédé sur la face de la terre, on ne s'étonnera pas de son impuissance [1].

La limitation de la production agricole n'est pourtant point inflexible comme celle de la production extractive : elle est élastique et susceptible même d'un accroissement quasi indéfini, mais au prix d'un effort qui va croissant et finit par être hors de proportion avec le résultat.

---

[1] Un illustre physicien anglais, Thompson (lord Kelvin), disait : il n'y a pas de processus qui puisse faire sortir la matière vivante de la matière inanimée.

Les chimistes allemands, sous la pression du blocus, ont réussi à créer ce qu'ils ont appelé de la levure *minérale,* qu'ils ont employée à la nourriture du bétail et même de l'homme, quoique non sans quelque dégoût pour le consommateur Ce sont des levures de bière qui, cultivées dans un milieu minéral, apprennent à transformer l'azote en albumine. Mais elles ne font rien de plus en cela que ce que font les plantes dans la terre. Le miracle ce serait de créer artificiellement la levure elle-même qui est un être vivant.

Cet accroissement peut se réaliser de deux façons :

1° par *l'extension* de la superficie cultivée. Il n'est aucun pays, même parmi ceux les plus avancés en civilisation, où la totalité du sol soit cultivée, même en considérant comme telle la partie utilisée sous forme de pâturages et de forêts [1].

Néanmoins, la marge qui reste disponible est généralement de peu de valeur et ce n'est pas dans cette voie que l'on pourra trouver de grandes ressources pour les besoins des générations futures. Même dans les pays relativement neufs, comme aux États-Unis, la limitation de la terre en étendue commence à se faire sentir : les terres encore disponibles sont généralement dépourvues d'eau et ne peuvent être cultivées que par des procédés onéreux (*dry farming*). Il ne reste plus beaucoup de terres à blé disponibles dans le monde, étant donné que le blé ne peut être cultivé que dans la zone tempérée. Le nombre d'hommes qui se nourrissent de pain et qui est actuellement de 600 millions ne semble pas pouvoir être très considérablement augmenté. Il faudra peut-être que ceux qui viendront en surnombre cherchent autre chose.

2° par *l'intensification* des cultures.

Sans doute, il n'est peut-être pas une seule terre dont l'agriculteur ne pût, à la rigueur, accroître le rendement : seulement, passé un certain stage de l'industrie agricole, il ne peut le faire *qu'au prix d'un travail qui va croissant*, en sorte qu'il arrive un moment où le travail dépensé pour forcer le rendement dépasserait la valeur de ce rendement.

Soit un hectare de terre qui produit 15 hectolitres de blé, ce qui est à peu près la moyenne de la France. Supposons que ces 15 hectolitres de blé représentent 100 journées de travail ou 300 francs de frais. Eh bien ! la loi du rendement non proportionnel (non proportionnel au travail) affirme que pour faire pro-

---

[1] Voici la répartition des terres dans trois pays :

	France	Allemagne	Angleterre
Terre cultivée	60 p. 100	49 p. 100	24 p. 100
Forêts et pâturages.	26 »	42 »	58 »
Terres improductives	14 »	9. »	18 »
	100	100	100

On remarque combien est faible en Angleterre la proportion de terres cultivées ; elle s'explique par la constitution de la propriété foncière dans ce pays, sur laquelle nous aurons à revenir, et peut-être aussi par le libre-échange. La guerre, et le blocus économique qui en est résulté, a attiré l'attention sur cette situation qui a apparu comme scandaleuse et dangereuse et va provoquer, dès après la guerre, des mesures énergiques.

duire à cette terre deux fois plus de blé, soit 30 hectolitres, il faudra dépenser plus de 200 journées de travail ou plus de 600 francs de frais ! Pour doubler le produit, il faudra peut-être tripler, peut-être quadrupler, peut-être même décupler le travail et les frais.

Elle est certainement confirmée par la pratique de tous les jours. Interrogez un agriculteur intelligent et demandez-lui si sa terre ne pourrait pas produire plus que ce qu'elle donne ? Il vous répondra : Assurément. La récolte de blé serait plus considérable si je voulais mettre plus d'engrais, donner des labours plus profonds, purger le sol des moindres racines de chiendent, défoncer à bras d'hommes, au besoin repiquer chaque grain de semence à la main, ensuite protéger la moisson contre les insectes, contre les oiseaux, contre les herbes parasites. — Et pourquoi ne le faites-vous pas ? — Parce que je n'y trouverais pas mes frais : ce supplément de récolte coûterait beaucoup plus qu'il ne vaudrait. — Il y a donc dans la production d'une terre quelconque un point d'équilibre qui marque la limite qu'on ne dépassera pas, non pas qu'on ne pût la dépasser si on le voulait à tout prix, mais on ne le veut pas parce qu'il n'y a aucun intérêt à le faire.

La preuve c'est que s'il pouvait en être autrement, c'est-à-dire si on pouvait augmenter indéfiniment la production d'une superficie de terrain donné, à la seule condition d'augmenter proportionnellement le travail et les frais, il est clair que les propriétaires, certes, ne manqueraient pas de le faire ! Au lieu d'étendre leur exploitation sur un domaine plus ou moins vaste, ils préféreraient la concentrer sur le plus petit espace de terrain possible ; ce serait beaucoup plus commode. Mais en ce cas aussi la face du monde serait tout autre qu'elle n'est. Le simple fait que les choses ne se passent point ainsi et que l'on étend sans cesse la culture à des terrains moins fertiles ou moins bien situés, démontre suffisamment que l'on ne peut pas, en pratique, demander à un même terrain au delà d'un certain rendement (voir au livre III, *La rente foncière*)[1].

Chaque genre de culture comporte un maximum de rendement qui lui est propre. Il est donc évident que si le propriétaire change

---

[1] La statistique agricole de la France nous montre un accroissement constant dans le rendement à l'hectare, mais néanmoins assez lent. Voici les chiffres pour le blé, par moyennnes décennales, la dernière période étant de quatorze ans : la troisième colonne donne l'accroissement en tant pour cent pour le rendre plus clair. Les chiffres donnés sont en *hectolitres*. Ils le sont souvent aussi en *quintaux*. Il importe donc, en consultant les statistiques, de vérifier quelle est l'unité

de culture, il peut déplacer complètement la limite. L'hectare de terre en pommes de terre peut donner en poids huit à dix fois plus qu'en blé. Mais la culture de la pomme de terre n'en est pas moins soumise à son tour à la loi du rendement non proportionnel.

Il ne faut pas confondre le rendement en quantité et le rendement en argent. Celui-ci ne dépend pas seulement de la fertilité de la terre, mais des circonstances qui déterminent les prix et qui, celles-ci, ne sont pas soumises à la loi du rendement non proportionnel. La hausse du prix n'a pas de limites imposées par la nature. Si l'on remplace, par exemple, la culture du blé par celle des roses et d'essence de roses, celle-ci peut donner 5.000 francs à l'hectare. Mais l'homme ne vit pas d'essence de roses.

La loi du rendement non proportionnel n'est pas d'ailleurs spéciale, comme on l'enseignait dans l'économie classique, à l'industrie agricole ou extractive. C'est une loi générale de la production qu'on peut formuler ainsi : tout accroissement de rendement exige un accroissement plus que proportionnel de force. Elle se vérifie également dans le transport : c'est ainsi que, au delà d'un certain point, pour augmenter la vitesse d'un navire de 1/10 seulement par exemple, pour la porter de 20 nœuds à 22, il faut augmenter la force motrice de plus de 1/4. Et si on avait la prétention de la doubler, il faudrait décupler la force du moteur[1]. Il est vrai que l'augmentation de dépenses n'est pas tout à fait dans la même proportion, parce qu'une forte machine consomme

de mesure employée. L'hectolitre est compté pour 75 kilos, le quintal étant 100 kilos.

1820-1829	11,80	100 »
1830-1839	12,36	104,75
1840-1849	13,66	115,76
1850-1859	13,95	118,22
1860-1869	14,36	121,69
1870-1879	14,46	122,44
1880-1889	15,44	130,85
1890-1899	16,19	137,20
1900-1913	17,51	148,40

On voit que pour l'ensemble du siècle (ou du moins pour 93 ans) le rendemen à l'hectare s'est élevé de moins de 12 hectolitres à 17 1/2, soit un accroissement d'un peu moins de moitié. Au xviiᵉ siècle et jusqu'à la fin du xviiiᵉ le rendement était évalué de 8 à 8 1/2. Il aurait donc doublé en deux siècles.

[1] De même, pour les ballons dirigeables théoriquement on calcule que l'accroissement de force doit être en raison du cube de l'accroissement de vitesse. Ainsi, pour obtenir une vitesse double, il faut une force $2 \times 2 \times 2 = 8$ fois plus grande. Mais en fait c'est bien plus encore.

relativement moins de charbon. Néanmoins, l'accroissement de charbon et par conséquent de dépense, demeure encore très supérieur à l'accroissement de la vitesse obtenue [1].

VI

Les illusions qu'ont fait naître les machines.

Les forces naturelles captées par les machines font des prodiges sur lesquels l'habitude nous a blasés. Non seulement elles permettent d'exécuter les mêmes travaux qu'autrefois dans des conditions de supériorité stupéfiantes, mais surtout elles ont permis d'accomplir des travaux auxquels on n'aurait pu songer autrefois. Pour ne citer que deux exemples entre cent, le journalisme et les chemins de fer, ces deux grands facteurs de la civilisation, qui ont si profondément modifié toutes les conditions de la vie moderne, non seulement économiques, mais politiques, intellectuelles et morales, sont l'un et l'autre des créations de la machine à vapeur.

La généralisation de l'automobile, et probablement demain de l'avion, a aussi déjà des conséquences sociales importantes et dont on ne peut encore mesurer la portée. Ce sont vraiment des instruments de libération de toutes les servitudes que le monde physique impose à l'homme, de la distance, du temps, de la pesanteur. C'est à la fois l'accroissement de l'indépendance vis-à-vis de la nature et de la solidarité entre les hommes.

Les chemins de fer suburbains ont apporté, comme nous le verrons, le remède le plus efficace aux maux des agglomérations urbaines et ont facilité la solution de l'angoissant problème du logement ouvrier.

La supériorité de la machine sur le travail de l'homme tient à des causes soit techniques, soit économiques.

Les causes techniques sont : 1° la *puissance* qui permet de soulever, transporter ou pétrir la matière. En rassemblant un nombre suffisant de manœuvres les Pharaons ont pu élever les Pyramides et peut-être aurait-on pu, en y mettant un siècle, percer le canal de Panama. Mais les marteaux de mille forgerons tapant

---

[1] Voici un tableau de ce que dépense un navire par heure selon la vitesse, en chiffres proportionnels :

11 nœuds.	100
15 nœuds.	213
19 nœuds.	417
20 nœuds.	500
21 nœuds.	610

ensemble ne pourraient faire ce que font le marteau-pilon, la presse hydraulique ou le laminoir; — 2° la *rapidité*. La main de l'homme ni même son œil ne peuvent suivre la rotation de la turbine ou de là broche, le tic-tac des perforatrices ou des riveteuses électriques [1]; — 3° la *précision* et surtout l'*uniformité* du travail qui permet de produire des pièces interchangeables. La main du plus habile ouvrier peut arriver à une précision de 1/100 de millimètres, mais elle ne réussira pas à faire deux pièces identiques. La machine les fait et ne peut même les faire autrement, et ainsi toutes les pièces de milliers de fusils ou bicyclettes seront interchangeables [2].

Les causes économiques de la supériorité de la machine sur le travail humain se ramènent à une seule qui est le *bon marché*, l'abaissement du coût de production. Si l'on pense qu'un cheval-vapeur ne consomme pour son alimentation qu'un kilo de charbon en moyenne par heure (un peu plus avec de petites machines, un peu moins avec de grandes) et que ce kilo de charbon vaut en temps normal (non à l'heure où nous écrivons!) de 2 à 5 centimes, selon la localité, on appréciera la différence avec le salaire de l'ouvrier. Il est vrai que le charbon consommé ne constitue pas la seule dépense de la machine : il y a l'huile, les frais d'entretien, l'intérêt et l'amortissement du capital représenté par la machine dont la vie est assez brève, et enfin le salaire du mécanicien qui la conduit, car elle ne marche pas toute seule, quoique peu s'en faut. Néanmoins, tout compté, l'économie est encore énorme [3]. Elle l'est d'autant plus, cela va sans dire, que le salaire est plus élevé. Aussi la hausse des salaires a-t-elle été un des stimulants les plus efficaces des progrès mécaniques; parfois une seule grève a produit cet effet. Sous un régime d'esclavage, les machines n'auraient jamais été inventées.

[1] Sous la presse rotative, la bande de papier se déroule et s'imprime à la vitesse de plus de 10 mètres à la seconde, 36 kilomètres à l'heure.

[2] Mais si le travail de là machine est merveilleux de précision; au point de vue de la beauté du travail et de la personnalité de l'ouvrage exécuté, il reste inférieur à la main de l'homme. C'est pourquoi Ruskin et les esthètes de son école anathématisaient la machine à vapeur et ne voulaient employer que la main-d'œuvre humaine ou tout au plus les forces naturelles amies de l'homme, l'eau et l'air.

[3] Il en est de même, plus ou moins, des machines hydrauliques ou des moteurs à essence (voir ci-dessus, pour la houille blanche, p. 115).

L'économie réalisée sur le moteur animé, sur le cheval naturel, n'est pas moins frappante que sur le travail humain. La guerre a révélé d'une façon saisissante la supériorité économique du camion automobile sur la voiture à chevaux : poids quadruple, vitesse quadruple, coût moindre — d'autant plus que l'auto, quand elle ne travaille pas, ne consomme pas, tandis que le cheval mange tout de même.

Les manuels d'Économie politique abondent en exemples d*v*
bon marché dû aux machines; les plus frappants sont ceux du*
transport et de l'imprimerie — la tonne de marchandise transportée à raison de 6 centimes par kilomètre, le journal de quatre
et six pages vendu 1 sou — voilà les miracles de la mécanique[1].

D'après les merveilles du présent, que ne doit-on attendre
de l'avenir? On voit déjà l'homme presque libéré de la loi du
travail pour le pain quotidien, ne travaillant plus que trois ou
quatre heures par jour — un socialiste a même calculé une heure
vingt minutes! — et néanmoins produisant plus de richesses qu'il
n'en faut pour faire vivre tout le genre humain dans l'abondance[2].

N'y a-t-il pas déjà en France, à cette heure, 15 millions de chevaux-vapeur dont la puissance est évaluée à celle de 300 millions
d'hommes[3]? Or, le nombre de travailleurs (hommes et femmes)

---

[1] En Belgique, l'ouvrier peut faire chaque jour 100 kilomètres en chemin de fer,
et autant pour revenir, pour le prix de 3 fr. 50 par semaine, soit un tiers de centime
par kilomètre.

[2] Les manufactures anglaises produisent assez de mètres de cotonnade pour
faire 300 fois le tour du globe terrestre (12 milliards de yards). Rien ne les empêcherait d'en fabriquer assez pour revêtir notre globe tout entier d'un fourreau de
cotonnade, si seulement elles trouvaient à le vendre.

[3] L'unité de force est, comme on sait, le cheval-vapeur, soit la force nécessaire
pour élever 75 kilogrammes à 1 mètre en une seconde. On calcule généralement
que cette force est égale à celle de 3 chevaux naturels, et que la force du cheval
animal est elle-même égale à celle de 7 hommes, d'où il résulte que 1 cheval-
vapeur = 21 hommes.

Mais ces chiffres ne signifient rien, car la force de la machine et celle de l'homme
sont rarement comparables et leur utilisation est toute différente. Si je dis qu'une
auto est de 40 chevaux et que j'essaie de traduire cette force en travail humain,
en disant qu'elle équivaut au travail de 840 hommes, cela ne veut rien dire, car
s'il s'agit simplement de traîner la voiture il n'est pas besoin de 800 hommes, ni
même de 10; mais s'il s'agit, et c'est bien là son utilité, de faire 100 kilomètres à
l'heure, il est clair que 800 hommes et même 8.000 en seront aussi incapables que
10. Et de même pour les 60 ou 80.000 chevaux des grands transatlantiques de
50.000 tonnes : nous disions dans les précédentes éditions qu'ils équivalaient au
travail de 1.600.000 rameurs : mais à quoi bon cette évaluation, puisque le bateau
ne pourrait pas en porter la centième partie et que, quel que fût leur nombre, ils ne
sauraient le faire marcher plus vite qu'un canot à rames ?

Il n'y a que certains travaux pour lesquels la comparaison est intelligible : par
exemple pour le travail de la presse à imprimer comparé à celui du copiste.

Un numéro de journal comme le *Times* ou certains grands journaux américains, avec les annonces, contient de 2 à 300.000 mots, soit à peu près un volume
comme celui-ci. En admettant que le journal tire seulement à 100.000 exemplaires,
c'est donc l'équivalent de 100.000 volumes. Combien faudrait-il de copistes pour
reproduire ces 100.000 volumes en six heures, c'est-à-dire dans le même temps
que le journal s'imprime sur les presses rotatives? En supposant que chacun
écrivît 10 pages de ce livre par heure, ce qui serait exagéré, il faudrait donc

employés dans l'industrie et l'agriculture ne dépasse pas en France 10 millions d'hommes, en sorte qu'on peut dire que la force productive de chacun d'eux est multipliée par 30, ou, si l'on préfère cette image plus pittoresque, que chaque travailleur français a désormais une trentaine d'esclaves à son service; ce qui devrait lui procurer une situation quasi équivalente à celle des patriciens de Rome, c'est-à-dire lui permettre de cumuler les agréments de la richesse et ceux de l'oisiveté. Dès lors, pourquoi, grâce à ce nouveau régime d'esclavage qui remplacera les antiques servitudes, pourquoi les hommes de demain ne pourraient-ils pas vivre de la vie noble des anciens, et, comme les Grecs sur l'Agora ou les Romains au Forum, consacrer à la vie politique, aux délassements artistiques, aux exercices gymnastiques ou aux nobles spéculations de la pensée, les heures dérobées au travail matériel — avec cette différence que ce qui était alors le privilège d'un petit nombre deviendra la loi de tous ?

Pour dissiper cette ivresse, il importe d'abord de préciser ce qu'on attend du machinisme : est-ce une multiplication des richesses ? est-ce une diminution du travail, autrement dit, un accroissement de loisir ? ou les deux à la fois ?

S'il s'agit de multiplier les richesses, il faut remarquer que les produits dont la multiplication pourrait apporter la plus notable amélioration dans la condition des hommes seraient les produits agricoles, car la première condition du bien-être matériel, surtout pour la classe ouvrière, c'est de se bien nourrir. Or, tel est précisément le domaine dans lequel jusqu'à présent le machinisme s'est le moins développé. On compte en France moins de 200.000 chevaux-vapeur employés dans l'agriculture, soit moins de 2 p. 100 du chiffre total. Ce lent développement du machinisme dans l'industrie nourricière est-il dû seulement, comme on le croit, à l'esprit routinier des populations agricoles ou ne serait-il pas dû plutôt à la nature même de la production agricole ? C'est cette dernière explication qui nous paraît être la vérité. La terre est le laboratoire de la vie, et la vie a ses lois de développement qui lui sont propres (Voir ci-dessus, p. 121).

La plupart des machines employées dans l'agriculture n'ont d'autre but que d'économiser la main-d'œuvre ou d'accélérer le

60 copistes pour chaque exemplaire du journal et 5 millions pour tout le tirage. Il serait difficile de le vendre à 2 sous et même à 3 sous ! Le cheval-vapeur équivaut donc ici à beaucoup plus de 21 hommes et même de 1.000 hommes.

Aux États-Unis, on a fait l'expérience de transformer en trois heures un arbre en papier et le papier en journal imprimé, prêt à être vendu dans la rue.

travail, mais **non** d'augmenter la quantité des produits. La machine
à battre le blé ou à tondre les moutons, pas plus que celle à casser
le sucre, pas plus que celles qui, à Chicago, transforment instantanément un porc en saucisses, n'ajoutent un atome à la somme
de nos richesses, au stock de blé, de laine, de sucre, de viande [1].
Pourtant les machines pour le défoncement ou l'irrigation peuvent
accroître en profondeur et en fertilité le terrain utilisable.

Il y a aussi une industrie qui est d'une importance capitale au
point de vue du bien-être : c'est la construction des maisons. Or,
les machines ne s'appliquent guère à ce genre de production, si
ce n'est dans des conditions exceptionnelles [2].

La plus grande partie des chevaux-vapeur (en France environ
10 millions sur 15) sont employés uniquement au transport, c'est-
à-dire à *déplacer* les marchandises. Sans doute, comme nous le
verrons plus loin, le transport, quoique ne modifiant pas les
corps à la façon de l'industrie manufacturière, est néanmoins
créateur d'utilités au sens immatériel du mot, en rendant propres
à la satisfaction de nos besoins des choses qui, laissées sur place,
auraient été inutiles et n'auraient même pas valu la peine de les
produire. La guerre, en désorganisant les transports sur terre et
sur mer, a suffisamment démontré leur importance pour la vie
nationale. Néanmoins le genre humain n'arrivera pas à augmenter
indéfiniment ses ressources simplement en changeant les choses
de place. Un jour viendra où les grands courants qui apportent
les denrées alimentaires et les matières premières des pays neufs
vers les pays vieux s'arrêteront — le jour où les premiers seront
devenus aussi denses et avec les mêmes besoins que les seconds.

C'est donc dans un domaine plus restreint qu'on ne pense —
dans la fabrication seulement — que l'utilisation des forces naturelles a donné tout ce qu'on pouvait en attendre en fait d'abondance et de bon marché. On peut même dire qu'en cette partie
elle a dépassé la mesure puisqu'elle aboutit à la surabondance et
que, comme nous le verrons, elle force les grands industriels à
s'entendre pour restreindre leur production.

[1] Depuis une découverte toute récente, la fixation de l'azote de l'air sur des bases
alcalines par l'électricité, on peut dire que les dynamos employées dans cette
industrie contribuent à accroître la production alimentaire, en produisant un
engrais chimique très efficace. Une grande société en Norvège emploie à cette
fabrication de l'azotate de chaux les puissantes chutes d'eau de ce pays.

[2] Des machines sont employées indirectement dans la construction pour fabriquer les charpentes de fer, élever les matériaux, et çà et là aussi pour tailler et
polir les pierres — et même, parfois, en Amérique, pour déplacer des maisons
tout d'une pièce.

S'agit-il de la diminution du travail? Stuart Milr, au milieu du XIX⁰ siècle, avait écrit cette parole mélancolique : « C'est une question de savoir si toutes les inventions mécaniques ont abrégé le labeur quotidien d'un être humain quelconque ». Il est bien vrai que depuis qu'elles ont été prononcées la durée de la journée de travail a été beaucoup abrégée par tout pays : seulement cette réduction n'est point due au machinisme, mais tout au contraire à l'excès de durée dû au machinisme et tel qu'il a fini par provoquer l'intervention du législateur. Le cheval-vapeur pouvant en effet travailler nuit et jour, à la seule condition de le nourrir de charbon, et le cheval-hydraulique pouvant travailler avec la même continuité sans exiger aucune nourriture, il serait de l'intérêt du fabricant d'employer ces forces sans intermittences et pour cela d'imposer au travail humain la même continuité. Il faut remarquer, d'autre part, que le raccourcissement de la journée de travail a été compensé par une intensification du travail — plus nerveuse que musculaire, il est vrai, mais qui n'en use pas moins les forces, plus rapidement peut-être [1].

Enfin quant à l'accroissement des loisirs dû au machinisme, ne se présenterait-il pas surtout sous la forme d'accroissement du chômage? Ce dernier fléau semble la conséquence la plus grave de l'emploi des machines : c'est celle qui pendant si longtemps a soulevé contre elles l'irritation des classes ouvrières. Elle vaut bien un chapitre spécial.

VI

Si les machines portent préjudice à la classe ouvrière.

S'il est vrai qu'un cheval-vapeur fasse le travail de 20 hommes, chaque nouveau cheval-vapeur créé va permettre à un seul homme qui le conduira de supprimer le travail de 20 autres ouvriers et, par conséquent, va condamner ceux-ci au chômage. Et comme chacun de ces 20 hommes s'efforcera de conserver sa place, il semble bien qu'il doit en résulter une surenchère au rabais qui avilira les salaires.

L'économiste Sismondi, il y a un siècle, s'est fait une célébrité d'hérétique, mieux méritée à d'autres égards, par l'éloquence avec laquelle il a dénoncé le machinisme comme un fléau pour la

---

[1] Il est tel métier qui porte 1.000 à 1.400 broches tournant à raison de 180 tours par seconde. L'ouvrier doit les suivre toutes de l'œil et il conduit 2 de ces métiers, et aux États-Unis 10 ou 12!

classe ouvrière et pour toute la nation. Il disait que l'invention des machines « rendait la population superflue » (c'est le titre d'un des chapitres de son livre *Nouveaux Principes d'Économie Politique*). Si, disait-il, le machinisme arrivait à un tel degré de perfection que le roi d'Angleterre pût en tournant une manivelle produire tout ce qui serait nécessaire aux besoins de la population, qu'adviendrait-il de la nation anglaise?

Sismondi a été conspué par tous les économistes qui lui ont succédé. L'école libérale française s'est tout particulièrement appliquée à démontrer que les griefs imputés au machinisme étaient imaginaires; et en effet tous les caractères de cette école, tels que nous les avons esquissés ci-dessus p. 27, la désignaient pour cette tâche apologétique.

Préoccupés de prouver qu'il ne saurait exister dans notre organisation économique de contradiction entre l'intérêt social et les intérêts individuels, les économistes ne pouvaient faire moins que d'affirmer que les machines procurent aux ouvriers plus de travail et plus de bien-être. Frédéric Passy a écrit : « La question est vidée, vidée sans retour pour tous ceux qui ont étudié la science économique » [1].

Voici les trois arguments classiques :

1° *Diminution du coût de la vie.* — Toute invention mécanique, dit-on, a pour résultat un abaissement dans le coût de la production et par conséquent dans les prix [2].

Les exemples à citer sont innombrables : nous en avons rappelé deux tout à l'heure, le transport et les journaux; on peut citer aussi tous les articles de vêtement qui rentrent dans ce qu'on appelle « la confection ». Par conséquent, dit-on, en supposant même que la machine eût pour résultat de faire baisser le salaire, néanmoins l'ouvrier trouverait une compensation en tant que con-

---

[1] *Les machines et leur influence sur le développement de l'humanité.* Voir pour l'exposé de la thèse des économistes sur cette célèbre question, d'abord Bastiat, dans ses *Harmonies* et dans ses *Sophismes;* puis Michel Chevalier, *Leçons sur les machines;* Levasseur, *Précis d'Économie politique*, et comme livre plus récent, Daniel Bellet, *La machine et la main-d'œuvre humaine* (1912).

[2] Un des rapports annuels du Bureau du travail de Washington, celui de 1898, présente la comparaison entre le travail exécuté à la main et celui exécuté à la machine pour 672 articles. La réduction du nombre d'heures de travail va souvent, en effet, jusqu'aux neuf dixièmes et au delà.

Les fabriques de montres sont arrivées à faire une montre en une série innombrable d'opérations parcellaires dont la durée totale ne dépasse pas 2 heures 40 minutes, ce qui permet de la vendre (en gros), par exemple, dans certaines fabriques de l'Est de la France, au prix stupéfiant de 2 fr. 75 !

sommateur, aux fâcheux effets dont il souffrirait en tant que producteur.

Mais pour que cette compensation opère, encore faut-il supposer que l'ouvrier soit consommateur des produits qu'il fabrique. Or, rien n'est moins fréquent qu'une telle coïncidence. La
fabrication de certaines dentelles à la mécanique a pu en abaisser
le prix, mais comme la pauvre femme qui les faisait n'a pas
l'habitude de s'en parer, cela ne la dédommage en aucune façon.

En admettant même que le produit en question rentre dans la
consommation du travailleur, il n'y entrera sans doute que pour
une part infime et la compensation sera dérisoire. L'ouvrière qui
tricotait des bas et qui, par suite de l'invention d'une machine à
tricoter, perd son salaire, ne s'en consolera pas aisément par la
perspective d'acheter désormais ses bas à bon compte chez le
marchand.

Pour que la compensation dont on parle fût réelle, il faudrait
que le *progrès mécanique se réalisât à la fois dans toutes les branches de la production*, de telle façon que la baisse des prix qui en
est la conséquence fût générale et simultanée. En ce cas, oui, on
pourrait dire qu'il importerait peu à l'ouvrier de toucher un
salaire réduit de moitié si toutes ses dépenses se trouvaient aussi
réduites de moitié. Malheureusement nous avons constaté tout à
l'heure que les découvertes mécaniques n'ont pas lieu dans toutes
les branches de la production, mais seulement dans un petit
nombre d'entre elles, et notamment qu'elles n'affectent que dans
une faible mesure précisément celles des dépenses qui occupent
la plus grande place dans le budget de l'ouvrier, à savoir la nourriture et le logement (p. 129).

Si la manivelle de Sismondi devait avoir pour résultat de supprimer la valeur pour tous les produits en permettant de les obtenir
sans travail, gratuitement, alors peu importerait aux ouvriers de
ne plus rien gagner puisqu'ils n'auraient plus rien à payer.

Mais tel n'est pas le cas, car Sismondi n'a jamais imaginé qu'on
pût produire avec la manivelle les aliments et matières premières,
mais seulement les produits fabriqués. Donc dans cette hypothèse
ce sont les produits manufacturés seuls qui tomberaient à l'état
de quasi-gratuité, mais cet effondrement de leur valeur se réper-
cuterait en une hausse démesurée des produits du sol et du sous-
sol. Le travail deviendrait l'esclave de la terre.

2° *Accroissement de la demande de main-d'œuvre.* — Loin de
supprimer ou de restreindre la demande de main-d'œuvre, le
machinisme a pour résultat, dit-on, d'augmenter cette demande.

En effet, toute invention mécanique, par cela seul qu'elle amène une baisse des prix, doit provoquer une augmentation de débit correspondante selon la « loi de la demande », et par conséquent elle finit toujours par rappeler les travailleurs qu'elle avait momentanément expulsés. Au lieu de leur enlever de l'ouvrage, elle leur en crée. Et les exemples à l'appui abondent. Grâce à la multiplication des livres depuis l'invention de l'imprimerie, combien plus d'ouvriers typographes aujourd'hui que de copistes au moyen âge ! Grâce aux chemins de fer, combien plus de voyageurs et par conséquent combien plus d'employés de chemins de fer dans les services de la traction et de l'exploitation qu'il n'y avait autrefois de postillons, palefreniers et maîtres de postes ! Grâce aux métiers mécaniques, combien plus d'ouvriers employés dans l'industrie textile qu'autrefois de tisserands ! [1].

A ceci on peut d'abord répondre que, quoique l'accroissement du débit soit la conséquence normale de la baisse des prix, ce n'est pas vrai dans tous les cas [2], notamment dans les cas suivants : — *a*) Toutes les fois qu'un produit ne répond qu'à un besoin limité. L'exemple des cercueils est classique, mais il est bien d'autres produits (sel, parapluies, lunettes, clés) pour lesquels une baisse de prix n'augmenterait que faiblement la consommation. Il n'est pas probable que si le prix des chapeaux diminuait de moitié, on en usât deux fois plus. Pour certains articles de luxe, il se pourrait que la multiplication diminuât la consommation, en les dépréciant. — *b*) Toutes les fois qu'une industrie est solidaire d'autres industries. C'est un cas très fréquent. La production des bouteilles et des tonneaux aura beau baisser, on n'en vendra pas davantage si on n'a pas plus de vin à y mettre. De même, la production des ressorts de montres est limitée par celle des montres, la production des boulons par celle des rails ou des chaudières, celle des rails et chaudières est limitée à son tour par d'autres causes indépen-

---

[1] Dans le livre cité plus haut, M. Bellet donne pour l'industrie des cotonnades en Angleterre les chiffres suivants, extraits d'un rapport anglais. Ils montrent qu'au cours d'une période d'un demi-siècle, la quantité produite a triplé, les salaires ont presque doublé et le nombre des ouvriers a augmenté de 37 p. 100.

	Nombre d'ouvriers	Millions de mètres d'étoffe	Salaires (par semaine)	Heures de travail (par semaine)
1856. . . .	380.000	3.600	18 s.	60
1905. . . .	523.000	11.550	32 s. 70	55 1/2

[2] M. Levasseur fait remarquer que les départements français qui comptent le plus de chevaux-vapeur sont ceux où la densité de la population est la plus forte. — Mais cela ne prouve rien, car leur densité est encore très inférieure à celle de plusieurs provinces de Chine où il n'y point de machines.

dantes des prix, telles que le développement des transports, la production minière, etc.

De plus, en admettant même une augmentation de consommation proportionnelle ou plus que proportionnelle à l'abaissement des prix, encore faudrait-il un temps plus ou moins long et peut-être plusieurs générations avant que cette évolution s'accomplisse. Il faut du temps pour que les prix anciens s'abaissent, d'autant plus que la résistance intéressée des fabricants et les habitudes acquises en ralentissent la chute ; la concurrence finit bien par l'emporter, mais des industries rivales ne s'établissent pas en un jour. Il faut plus de temps encore avant que l'abaissement des prix ait fait pénétrer le produit dans les nouvelles couches de la société qui ne changent pas en un jour leurs goûts et leurs besoins. Si le tisserand de 1856, devant son métier mort, eût pu savoir qu'un demi-siècle plus tard ses petits-enfants trouveraient du travail et de plus hauts salaires dans de magnifiques usines, il y eût trouvé sans doute quelque réconfort moral, mais cela ne lui aurait pas donné du pain.

3° *Restitution du travail supprimé.* — Tout emploi de machine qui économise la main-d'œuvre, dit-on enfin, entraîne nécessairement un gain pour quelqu'un, gain réalisé *soit par le producteur sous forme d'accroissement de profit*, s'il continue à vendre ses produits à l'ancien prix, *soit par le consommateur sous forme de diminution de dépenses* si, ce qui est le plus vraisemblable, le prix du produit s'abaisse au niveau du nouveau coût de production. L'argent qui se trouve en moins dans la poche des ouvriers congédiés n'est donc pas perdu : il se retrouve dans la poche du fabricant ou dans celle des consommateurs. Or, que fera le fabricant de ses nouveaux profits ou le consommateur de ses nouvelles épargnes ? Il les placera ou les dépensera : pas d'autre alternative. Donc, dans un cas comme dans l'autre, il faudra bien que cet argent aille encourager quelque industrie et développer la production, soit en achetant de nouveaux produits, soit en fournissant à la production de nouveaux capitaux.

En fin de compte donc, toute invention mécanique aurait pour résultat de rendre disponible, de « dégager », comme on dirait en termes de chimie, non seulement une certaine quantité de travail, mais aussi une certaine quantité de capital, et comme ces deux éléments ont une grande affinité l'un pour l'autre, et que même ils ne peuvent se passer l'un de l'autre, ils finiront bien par se retrouver et se combiner.

C'était là surtout l'argumentation de Bastiat. Elle est vraie *in abstracto :* seulement il faut se demander où et quand se fera cette combinaison. Sera-ce dans dix ans, sera-ce à l'autre extrémité du monde? Peut-être les économies réalisées par le consommateur s'emploieront-elles à construire un canal à Panama ou un chemin de fer en Chine. Le capital, une fois dégagé, n'est pas en peine de trouver où se placer; il a des ailes, il peut s'envoler n'importe où. Le travailleur n'est pas aussi mobile : il n'est pas propre à n'importe quel emploi et ne peut aisément aller le chercher au bout du monde. Et si même il réussit à changer de métier, il est probable qu'il y perdra une partie de ses capacités acquises et que, par conséquent, son salaire en sera réduit. En tout cas, la crise sera longue et douloureuse. Et comme ces crises se renouvellent à chaque invention nouvelle, elles entretiennent un état de malaise chronique. Sans doute, la génération suivante plus mobile profitera de la demande accrue et de l'extension de l'industrie, mais celle-ci, à son tour, pourra avoir les bras cassés par une invention nouvelle. Et ainsi le chômage se perpétue.

En somme, l'argumentation classique revient à dire que si l'invention des machines peut provoquer des crises et causer des souffrances, celles-ci ne sont que temporaires et se guérissent spontanément[1]. On peut l'admettre en effet, mais c'est une faible consolation, car on pourrait en dire autant de tous les maux de ce monde : tous sont temporaires, hormis la mort.

Ce qu'il faudrait dire plutôt c'est que les maux dont on se plaint n'ont rien de spécial aux machines. *Tout progrès économique,* qu'il s'agisse d'invention mécanique ou de mode nouveau d'organisation du travail, *ne peut avoir pour effet que de rendre inutile une certaine quantité de travail.* Et étant donnée l'organisation de nos sociétés modernes fondée sur la division du travail, où chacun de nous vit d'un genre de travail déterminé, il est impossible que ce progrès, quel qu'il soit — et non pas seulement l'invention mécanique, mais tout perfectionnement dans l'organisation, tel que les grands magasins, les coopératives, les trusts, etc. — ne rende pas inutile le travail de quelqu'un et ne lui enlève du même coup son gagne-pain. Là est la contradiction fatale.

On sait que les ouvriers, dans cette question, n'ont pas partagé l'optimisme des économistes et qu'ils ont été, autrefois surtout, mais même encore aujourd'hui pour la masse d'entre eux, vio-

---

[1] « Nous venons de parler de crise temporaire. Et c'est la caractéristique que nous retrouvons pour toutes les crises qui peuvent se produire sous l'influence du machinisme » (Bellet, *op. cit.*).

lemment hostiles à l'introduction des procédés mécaniques dans
l'industrie et qu'ils ont manifesté maintes fois cette hostilité en
brisant les machines et en pourchassant les inventeurs. Point
n'est besoin de remonter au bateau à vapeur de Papin, mis en
pièces en 1707, ou au métier Jacquart brûlé, il y a cent ans, à
Lyon. Aujourd'hui encore, nous voyons les ouvriers déchargeurs
du port de Marseille s'opposer à l'établissement des grues et les
pêcheurs de Bretagne s'insurger violemment contre l'emploi des
grands filets tournants et des bateaux à vapeur dans la pêche aux
sardines, parce qu'ils croient que plus ils livreront de poissons et
moins ils seront payés, et cela malgré la disette générale ! [1].

C'est que les ouvriers sont nécessairement les premiers à subir
le contre-coup de l'invention mécanique qui vient briser leurs
bras. Et comme ils vivent au jour le jour, ils ne peuvent attendre
que cela « se tasse ».

Sans doute, l'éducation des ouvriers sur la façon d'apprécier
ce grand fait économique se fait peu à peu.

D'une part, les ouvriers éclairés, les chefs des syndicats, comprennent très bien que le machinisme, nonobstant toutes les perturbations qu'il entraîne, est une des formes nécessaires et bien-
faisantes de l'évolution industrielle et qu'il serait non seulement
vain, mais contraire aux intérêts supérieurs de la classe ouvrière,
de chercher à l'enrayer. Ils se défendent d'être hostiles aux
machines par esprit de misonéisme et de routine : ils admettent
qu'elles n'auraient que des bienfaits, pour eux comme pour tous,
si elles appartenaient à la communauté, car en ce cas elles
n'auraient d'autre effet que de réduire la part de travail de chacun
— mais non plus de supprimer le gagne-pain de personne. Leur
thèse ce n'est plus qu'il faut détruire les machines, mais que,
sous le régime économique actuel, l'*appropriation* des machines
par les capitalistes devrait avoir pour conséquence l'*expropriation*
des capitalistes.

D'autre part, les organisations syndicales et les patrons eux-
mêmes ont appris à prendre les mesures nécessaires pour amortir
le choc résultant de l'introduction des machines dans l'industrie,
en faisant bénéficier les ouvriers des économies réalisées sur le
coût de production, soit sous forme d'augmentation de salaires,
soit sous forme de réduction des heures de travail.

Néanmoins, il serait bien exagéré d'affirmer qu'on y réussira
complètement [2]. L'existence, dans tous les pays industriels, d'un

[1] Et pourtant uu salaire minimum leur a été garanti ! Voir p. 63, note.
[2] L'affirmation de M. Bellet qui, prenant pour exemple l'industrie typographique,

excédent de main-d'œuvre, de ce que les socialistes appellent la réserve de l'armée industrielle, où les patrons peuvent puiser selon leurs besoins et qui par sa présence pèse sur le taux des salaires, ne peut guère être expliquée que par l'action continue des inventions mécaniques et autres progrès industriels laquelle tend à réduire sans cesse le nombre de bras nécessaire pour les besoins.

Tout ce qu'il est permis d'espérer pour l'avenir, c'est que les répercussions douloureuses des inventions mécaniques tendront à s'atténuer. En effet, il est bien évident qu'une machine nouvelle apparaissant dans une industrie déjà mécanisée ne provoque pas une révolution semblable à celle du premier métier mécanique dans le tissage à la main — de même que la découverte d'une mine d'or nouvelle venant se déverser dans un stock énorme ne cause pas une perturbation du prix semblable à celle qui suivit la découverte des premières mines du Nouveau Monde.

L'histoire nous montre, dans l'évolution économique de l'humanité, des poussées de transformation brusque suivies de longues périodes d'un état plus ou moins stationnaire : il est donc très possible que la grande transformation économique de notre temps soit suivie d'un long temps de repos ou du moins de progrès très lent, semblable au cours paisible, économiquement parlant, des périodes qui ont précédé. Stuart Mill, dans une page éloquente et souvent citée, a prophétisé que la baisse indéfinie des produits amènera un « état stationnaire », dans lequel « on verra, en fin de tout, le fleuve de l'industrie humaine aboutir à une mer stagnante ». Ce n'est pas seulement la perturbation due au machinisme qui semble devoir s'amortir peu à peu, mais toutes les autres révolutions économiques de ce dernier siècle. Le réseau des chemins de fer est à peu près terminé en Europe et sera achevé d'ici à un demi-siècle dans le monde entier : voilà une transformation définitive et qui ne sera plus à faire. On ne peut guère imaginer que le transport des voyageurs ou des marchandises par ballons dirigeables ou par aéroplanes aura les mêmes conséquences économiques que le remplacement du roulage par les chemins de fer. Enfin l'espèce humaine, d'ici à peu de générations, va être casée dans

dit que grâce aux mesures prises par les ouvriers à l'occasion de l'introduction de la machine à composer (la linotype), « il n'y a pas eu de crise, même atténuée », ne serait pas, croyons-nous, contresignée par les ouvriers de cette industrie. C'est un fait bien digne de remarque que dans ce métier, qui a presque la dignité d'une profession libérale, le taux des salaires reste très bas : l'ouvrier imprimeur gagne beaucoup moins que le maçon. Sans doute cela ne tient pas uniquement à la machine, mais elle doit bien y être pour quelque chose.

ce qui reste de place à la surface de notre planète; il n'y aura plus de terres vacantes, et la révolution économique provoquée par la concurrence des pays neufs sur nos vieux marchés cessera aussi.

VIII

L'émigration et la colonisation.

Si nous parlons ici de l'émigration et de la colonisation, c'est parce que ces grands faits sont dans une étroite relation avec ceux que nous venons d'exposer — limitation du territoire et des ressources naturelles du milieu, loi du rendement non proportionnel, influence du milieu physique et du climat sur l'évolution des sociétés. L'émigration et la colonisation ont joué un rôle capital non seulement dans l'histoire du genre humain, mais dans celle de tous les êtres vivants et même des espèces végétales [1].

Quelles sont les causes de ces déplacements de population qui ont si profondément modifié la face de la terre et dont l'action est loin d'être épuisée de nos jours? Ce n'est certes pas le manque de place ou la surpopulation, comme on pourrait être tenté de le croire, car, au contraire, c'est souvent des pays les moins peuplés que partent les courants d'émigration les plus puissants. Ce n'était certes pas la place qui manquait aux Barbares quand ils envahirent l'Empire romain, puisque les steppes ou les forêts qu'ils quittaient n'étaient encore que des déserts.

Mais si peu dense que soit une population, elle le sera toujours trop si les moyens de vivre lui font défaut. Ce n'est pas une question de place, c'est une question de ressources. C'est ainsi que la Norvège, quoique la population y soit plus clairsemée que dans tout autre pays d'Europe, fournit une abondante émigration parce que ses habitants ne peuvent guère trouver de terre cultivable entre leurs fjords et leurs glaciers. Et de même l'Irlande, dont la population n'a cessé de décroître depuis 70 ans, fournit encore la plus forte proportion d'émigrants, après l'Écosse.

Et c'est ainsi qu'en sens inverse l'Allemagne, malgré la très forte densité de sa population, qui a presque doublé depuis un demi-siècle, ne déverse plus au delà des mers qu'un faible courant d'émigration et même devient un centre d'immigration grandissant : c'est que l'utilisation maxima de sa terre et de son sous-sol, et le développement de son exportation, lui permettent

---

[1] Nous ne parlons que de l'émigration d'outre-mer, non de l'émigration intérieure de la campagne à la ville ou même entre pays voisins.

de nourrir de mieux en mieux un nombre d'hommes grandissant [1].
L'Allemagne se déprécie donc elle-même quand elle déclare qu'il
lui est indispensable d'acquérir de nouveaux territoires pour les
besoins de sa population : elle n'en a plus besoin aujourd'hui.
Il reste vrai seulement qu'elle a besoin de débouchés pour ses
exportations afin d'échanger cellés-ci contre les aliments et les
matières premières nécessaires à sa population et à son industrie.

La simultanéité d'une forte densité de population et d'une forte
émigration ne se trouve guère qu'en Italie. C'est que dans ce pays,
qui semble d'ailleurs si bien doté par la nature et où les terres fertiles ne sont pas rares, celles-ci sont trop souvent en friche et en

---

[1] Si l'on classe les divers pays, comme nous le faisons ci-dessous, dans l'ordre
de densité décroissante de leur population, et qu'on mette en regard d'autre part
le chiffre de l'émigration rapporté à la population (1 par 100.000 habitants pour
la période quinquennale 1908-1912), on voit qu'il n'y a aucun parallélisme entre
ces deux classements. Si l'Italie, avec une forte densité de population, a aussi
une très forte émigration, d'autre part l'Allemagne, avec une densité égale à
celle de l'Italie, n'a qu'une émigration insignifiante. Inversement, le Portugal,
l'Irlande, l'Espagne, la Norvège, avec une densité de population bien inférieure à
celle de la France, ont une émigration 50 à 100 fois plus grande.

L'émigration de l'Allemagne était dix fois plus forte il y a trente ans : 221.000
en 1881 qui a marqué le maximum, et seulement 22.000 comme moyenne des trois
années 1911-1913 : son essor de prospérité l'a arrêtée — momentanément peut-être.

	Population (par kil. carré)	Émigration (par 100.000 h.)
Belgique.	252	256
Angleterre.	239	643
Italie.	121	994
Allemagne.	120	43
France.	74	12
Portugal.	64	683
Écosse.	60	1.396
Irlande.	52	1.046
Espagne.	39	772
Norvège.	7	550

Voir l'*Annuaire Statistique de la France*, année 1914, pp. 156 et 165 (partie
rétrospective). Ces chiffres se réfèrent à l'émigration outre-mer. Certains pays,
comme l'Italie et la Belgique, ont, en outre, une émigration considérable dans les
pays voisins.

Il ne s'agit ici que de l'émigration « contrôlée », c'est-à-dire celle organisée
collectivement par des agences. Mais il y a aussi une émigration individuelle, celle
de la classe aisée, qui échappe à la statistique. Elle est certainement considérable
et notamment pour l'Allemagne, à preuve le nombre d'Allemands qu'on trouve
dans tout pays, non pas seulement comme touristes, mais y domiciliés.

[2] Voir le livre du professeur Robert Michels, *Saggi Economico-Statistici sulle
classi popolari*. Il fait remarquer que non seulement l'émigration allemande s'est
arrêtée mais que l'immigration en Allemagne s'accroît fortement.

tout cas inaccessibles au travailleur, étant accaparées par la
grande propriété [1], et d'autre part, les salaires y sont encore très
bas. Or ce n'est plus seulement comme jadis la disette de terres
qui détermine les courants d'émigration, mais aussi l'insuffisance
des salaires. C'est la cause qui fait maintenant affluer vers les deux
Amériques les ouvriers de l'Europe orientale, émigration qui modi-
fiera profondément les caractères de l'Amérique latine aussi bien
que de l'Amérique anglo-saxonne.

On pourrait croire que la colonisation n'est que la suite et la
conséquence de l'émigration. Il n'en est rien. L'Italie qui a une
forte émigration n'a que peu de colonies, où d'ailleurs ses émigrants ne vont guère, tandis que la France qui n'a point d'émigrants est la seconde puissance coloniale du monde. L'émigration
est un phénomène *démographique*, c'est-à-dire spontané : il se
manifeste très souvent sans colonisation, toutes les fois que l'émigration se déverse dans un pays déjà constitué et indépendant.
C'est le cas non seulement des émigrations inter-européennes qui
font entrer en France, par exemple, de nombreux Italiens et
Belges, mais surtout du grand courant européen qui depuis un
siècle vient peupler l'Amérique [2]. La colonisation est un fait *politique*, en ce sens qu'il est voulu : c'est la prise de possession de
territoires inoccupés — où occupés seulement par des populations
dites « non civilisées », quoique ce qualificatif soit souvent très
arbitraire. Elle peut exister sans émigration si la prise de possession est opérée seulement par des soldats et des fonctionnaires
qui ne font que passer dans la colonie sans y faire souche. C'est
le cas de beaucoup de colonies françaises. Il se peut d'ailleurs
que les conditions climatériques soient telles qu'elles empêchent
absolument l'immigration.

La religion a eu aussi une part notable dans le grand œuvre de
la colonisation. On ne peut oublier le rôle des puritains dans la
fondation des États-Unis, des huguenots dans l'Afrique australe,
des Mormons dans l'Utah, ni que New-York contient une popula-

---

[1] M. Oppenheimer a particulièrement appelé l'attention sur la relation qui existe
entre l'émigration et la grande propriété ; il l'exprime même dans cette formule
un peu paradoxale : « L'émigration varie en raison directe du carré des dimensions
de la grande propriété » (*Économie pure*, tome II, p. 210).

[2] Le nombre des immigrants aux États-Unis depuis un siècle (1820-1916) a été
de 32.653.000. Il va sans dire que la plupart sont morts, mais ils ont laissé des
descendants plus nombreux. Le chiffre annuel de l'immigration dans les années
qui ont précédé la guerre était d'environ 1.200.000.

tion de juifs fugitifs très supérieure à ce que fut celle de Jérusalem au temps de Salomon. — D'autre part, dans l'histoire de la colonisation le rôle du missionnaire n'a guère été moindre que celui du pionnier, du commerçant ou du soldat.

L'œuvre de l'émigration à travers le monde est à peine commencée : au contraire, l'œuvre de la colonisation touche à sa fin, car il ne reste plus guère sur la planète de terre vacante à occuper. Et c'est pourquoi tous les États, et surtout ceux qui sont tard venus au partage, se disputent si âprement même les déserts et les marais. Comme l'a dit Cecil Rhodes, « partout où il y a de la place, il y a de l'espoir ». Qui sait quelle richesse telle invention ou tel besoin nouveau fera surgir du sol ou du sous-sol? On prend toujours ; on verra plus tard [1].

Les économistes, presque tous hostiles à la colonisation, du moins en France [2], disent vainement aux États qu'ils font là œuvre de dupe, que bien mieux vaudrait pour eux s'épargner les frais très onéreux de ces conquêtes — ce qui ne les empêcherait pas de profiter des richesses que ces terres nouvelles peuvent contenir en y envoyant pacifiquement leurs émigrants et leurs capitaux, s'ils en ont de reste. Ainsi le Brésil et l'Argentine seraient pour les émigrants italiens et allemands des colonies bien préférables à celles qui leur ont coûté si cher sur les côtes d'Afrique.

Mais ce raisonnement n'a détourné jusqu'à présent aucun gouvernement de la politique colonisatrice. Pour qu'il fût probant, il faut en effet supposer que les autres pays, qui ne manqueront pas de jouer le rôle de premier occupant, consentiront à laisser tout le monde bénéficier de l'œuvre coloniale qu'ils auront accomplie. Or c'est ce qu'ils ne feront point. Sans repousser absolument les

---

[1] Certains pays ont pu ainsi par la colonisation décupler et centupler leur territoire. Voici la superficie de quelques pays mise en regard de la superficie de leurs possessions coloniales (avant la guerre) :

	Superficie de la métropole	Superficie des colonies	Rapport
Iles Britanniques	315.000 kil. c.	35.500.000 kil. c.	1 à 112
Belgique.	30.000 »	2.400.000 »	1 à 80
Hollande.	34.000 »	2.045.000 »	1 à 60
Portugal.	91.000 »	2.077.000 »	1 à 23
France.	536.000 »	10.500.000 »	1 à 20
Allemagne.	540.000 »	2.900.000 »	1 à 6,5

Voir *Recensement général de la population de 1911*, t. I, 1re partie, pp. 100-111.

[2] Surtout ceux de l'école libérale, notamment J.-B. Say, Molinari, Yves Guyot, etc. Exceptons pourtant Paul Leroy-Beaulieu : voir son livre bien connu, *La Colonisation chez les peuples modernes.*

immigrants étrangers ni leurs capitaux, les États qui colonisent réservent à leurs propres nationaux les meilleures concessions de terres, de mines, de chemins de fer, et ils ont soin aussi de se réserver le marché, s'il y en a un, par des droits protecteurs.

En admettant même que la colonie reste ouverte à tous, comme l'a fait l'Angleterre jusqu'à présent avec un libéralisme superbe — qui lui a permis d'ailleurs d'étendre indéfiniment son empire colonial sans provoquer trop d'hostilité de la part des autres peuples, parce que ceux-ci savaient qu'ils y trouveraient aussi leur profit — même en ce cas il n'y en a pas moins pour la métropole des avantages spéciaux. L'Angleterre trouve dans ses colonies des emplois magnifiquement rétribués pour tous les cadets de ses familles. La communauté politique créée entre la métropole et le pays conquis, tout d'abord, il est vrai, des rancunes et des haines plus ou moins tenaces, mais ensuite des liens moraux et économiques qui se resserrent de plus en plus et qui pourront survivre à la rupture du lien politique, si elle doit se faire un jour.

Mais précisément cette éventualité de la séparation de la métropole semble devenir de moins en moins probable. Une des surprises de cette guerre, et peut-être un de ses plus grands résultats, aura été le loyalisme des colonies et l'appui prêté par elles à leur métropole, non seulement par des filiales, comme les Dominions, mais par des colonies de conquête qui, comme l'Inde anglaise ou l'Afrique française du Nord, semblaient en état de fermentation.

La métropole finit tôt ou tard par imposer sa langue aux indigènes par des écoles, du moins aux classes aisées : or la communauté de langue crée une clientèle intellectuelle et parfois même une clientèle commerciale. Il est donc très possible que la colonisation ne rembourse jamais les dépenses faites par l'État et que néanmoins elle devienne une bonne affaire pour les citoyens de cet État, émigrants, capitalistes ou commerçants.

Les colonies ont des constitutions très diverses, mais qui se ramènent à deux types essentiels :

1° Celles qui ont pour but de recevoir le trop-plein de la population de la mère-patrie, les essaims de la ruche. On les appelle *colonies de peuplement*. Mais il faut, pour atteindre ce but, qu'elles présentent des conditions climatériques pas trop différentes de celles de la patrie pour que les émigrants puissent y vivre et, ce qui est plus difficile, s'y reproduire. Ces conditions sont rares. L'Angleterre est presque le seul pays qui ait su mettre la main sur ces régions où l'homme de la race blanche trouve une terre familière et un ciel ami — et aussi la Russie, si on compte, comme il se doit, la Sibérie et l'Asie Centrale pour des colonies. La France a aussi une belle zone, assez étroite pourtant, dans l'Afrique du Nord, tout proche d'elle. Mais pour les autres pays, il n'y a guère de colonies de peuplement viables. Cependant il n'est pas impossible que les progrès de l'hygiène permettent à la race blanche de s'acclimater dans des régions aujourd'hui inhabitables.

2° Celles qui ont pour but de procurer non un territoire habitable, mais des richesses naturelles, soit végétales, soit minières. On les appelle *colonies d'exploitation*. Elles ont en effet fourni aux sociétés civilisées des richesses incalculables : or, argent, diamants, ivoire, épices, sucre, café, chocolat, coton, quinquina, caoutchouc, bois précieux : tout cela a été d'abord produits coloniaux et l'est encore aujourd'hui pour la plus grande partie. Tandis que les colonies de peuplement ont un caractère surtout *agricole*, les colonies d'exploitation ont un caractère surtout *commercial*, en ce sens que les richesses naturelles de ces pays, toutes destinées à l'exportation, sont généralement exploitées et même monopolisées par des Compagnies de commerce. Ces Compagnies ont joué un grand rôle dans la colonisation. Il suffit de rappeler la célèbre Compagnie des Indes. Aujourd'hui encore, quand il s'agit de mettre en valeur d'immenses territoires à peine explorés, comme ceux du Congo, les États ont intérêt à se substituer des sociétés privées et même à leur déléguer une partie de leur souveraineté[1].

Tant sous l'une que sous l'autre forme, la colonisation, il faut l'avouer, a une cruelle et même épouvantable histoire. Sous la forme de colonies de peuplement elle a presque partout exproprié la population indigène et parfois même, aux États-Unis, au Canada, en Nouvelle-Zélande, en Australie, l'a exterminée[2]. Sous la forme de colonies « d'exploitation », il a bien fallu se montrer

---

[1] Les Compagnies françaises du Congo ne sont investies que de privilèges d'ordre économique, mais néanmoins elles exercent une souveraineté de fait, parce que, dans les immenses territoires qui leur ont été concédés, les indigènes ne peuvent acheter et vendre que par leur intermédiaire, et leurs agents sont tout-puissants.

[2] Il est à remarquer, pourtant, que la colonisation espagnole, quoique la plus féroce de toutes en apparence par l'avidité de ses conquistadores, est pourtant celle qui a laissé subsister dans les colonies hispano-américaines une grande partie de la population indigène plus ou moins métissée, tandis que la colonisation anglaise, plus humaine dans ses procédés, a eu pour résultat de faire disparaître complètement de l'Amérique du Nord et de l'Australie toute la population indigène. C'est que la concurrence économique entre une race forte et une race faible exerce une action beaucoup plus destructrice que des actes de cruauté individuels.

Il faut rendre aussi cet hommage à la colonisation française que, partout où elle s'est établie, la race indigène non seulement s'est maintenue, mais s'est développée (à l'exception pourtant des Canaques de la Nouvelle-Calédonie). C'est ainsi qu'en

plus économe de la vie des indigènes, puisqu'on ne pouvait les remplacer dans la culture des terres, mais on les a asservis à un régime qui ne saurait être mieux qualifié que par le nom même par lequel on désigne cette catégorie de colonies.

Pourtant, malgré tant de sang et de souffrances, l'œuvre de la colonisation peut se justifier par les nécessités de l'existence pour le genre humain, qui ne permettent pas de laisser indéfiniment en friche les territoires dont les habitants n'ont pas su tirer parti. Elle peut faire valoir l'expropriation pour cause d'utilité publique, même d'utilité mondiale, et semble d'autant plus fondée à s'en prévaloir que les indigènes n'utilisent pas pour eux-mêmes les richesses naturelles qu'ils possèdent et dont ils ignorent la valeur, par exemple le caoutchouc de leurs forêts ou les minerais de leur sous-sol. Mais tout au moins faudrait-il leur laisser les portions du sol qu'ils utilisent pour leurs besoins, alors même qu'elles ne seraient pas individuellement appropriées[1], et en ce qui concerne les richesses qu'ils méprisent, ne pas les contraindre à les recueillir par un travail forcé, pour le profit du colon, comme on l'a fait pour le caoutchouc. L'exploitation du caoutchouc, de l'or noir, comme on l'a appelé, dans le Congo belge ou même français, ou sur le Haut Amazone, a une histoire qui ne le cède guère en horreurs à celle de la traite des noirs.

Le régime de « la porte ouverte » aux colonies — dont, au cours

---

Algérie, quoique les indigènes aient été dépouillés de leurs meilleures terres, la population indigène s'accroît très rapidement ; elle a doublé en 55 ans.

	Colons (Français et étrangers)	Indigènes
1856	188.000	2.307.000
1891	493.000	3.567.000
1911	795.522	4.768.000

La population indigène s'accroît de près de 2 p. 100 par an (17,5 p. 1.000), taux énorme qui n'est atteint par aucun pays d'Europe (Russie, 1,50 p. 100 ; Italie, 1,40 ; Allemagne, 1,17). Inutile de faire remarquer que si l'accroissement du nombre des colons semble encore plus rapide que celui de la population indigène, c'est seulement l'immigration et non la supériorité de natalité qui en est la cause.

[1] En France, l'administration coloniale s'est pourtant préoccupée de prévenir ces abus. Une Commission extra-parlementaire avait été nommée avant la guerre et avait élaboré un régime très libéral pour garantir les indigènes contre l'expropriation directe ou indirecte de la part des colons. Dans « le périmètre de défrichement » établi autour du village, fixation d'un minimum de 5 hectares par habitant et, en outre, maintien du droit d'usage et de cueillette sur tout l'espace forestier nécessaire au développement du village.

de cette guerre, il a été parlé plusieurs fois comme d'une des conditions les plus propres à prévenir une nouvelle guerre — cons-
tituerait en même temps une garantie des plus efficaces contre
l'exploitation des indigènes, car la concurrence des acheteurs les
amènerait nécessairement à accorder à ceux-ci le traitement le
plus favorable. C'est quand les indigènes sont livrés au monopole
d'une grande Compagnie que toute garantie fait défaut et que la
colonisation risque de restaurer l'esclavage[1].

CHAPITRE II

LE TRAVAIL

I

Du rôle que joue le travail dans la production.

Pour réaliser ses fins, et principalement pour satisfaire aux
nécessités de son existence, tout être qui vit est forcé d'accomplir
un certain travail. La graine elle-même fait effort pour soulever
la croûte de terre durcie qui la recouvre et venir respirer l'air et
la lumière. L'huître, attachée à son banc, ouvre et referme ses
écailles pour puiser dans le liquide qui la baigne les éléments
nourriciers. L'araignée tisse sa toile. Le renard et le loup vont en
chasse. L'homme n'échappe pas à la loi commune; lui aussi doit
faire des efforts persévérants pour suffire à ses besoins. Cet effort,
inconscient dans la plante, instinctif dans l'animal, devient chez
l'homme un acte réfléchi et prend le nom de *travail*.

N'y a-t-il pas pourtant certaines richesses que l'homme peut se
procurer sans travail, celles que la nature lui octroie libérale-
ment? C'est une question délicate.

Il faut remarquer d'abord que pour cette catégorie de richesses
qui s'appellent des *produits*, il n'en est pas une seule qui ne suppose dans une mesure quelconque l'intervention du travail. Cela

---

[1] En ce qui concerne le commerce avec les colonies, voir plus loin au chapitre de
la *Politique commerciale*.

Pour l'administration des colonies, matière qui ne rentre pas dans le programme
de notre livre, voir Girault, *op. cit.*

résulte de l'étymologie même du mot produit, *productum, tiré de quelque part*. Or, qui l'aurait ainsi retiré, sinon la main de l'homme? Pour que des fruits puissent servir à la satisfaction de nos besoins, même ceux que la nature nous donne elle-même, fruit de l'arbre à pain, bananes, dattes, ou tous les crustacés et coquillages que l'on appelle en Italie *frutti di mare*, encore faut-il que l'homme ait pris la peine de les ramasser. La cueillette représente certainement un travail et qui peut devenir fort pénible.

Il faut remarquer d'ailleurs que l'on ne se fait pas d'ordinaire une idée juste du rôle considérable que joue le travail, même dans la création de ces produits qualifiés souvent très inexactement de « naturels ». On est disposé à croire, par exemple, que tout ce qui pousse sur la terre, céréales, légumes, fruits, est une libéralité de cette terre, *magna parens frugum* [1]. En réalité, la plupart des plantes qui servent à l'alimentation des hommes ont été, sinon créées, du moins tellement modifiées par la culture et les travaux de centaines de générations qu'à cette heure encore les botanistes n'ont pu retrouver leurs types originaires. Le froment, le maïs, la lentille, la fève, n'ont pu être découverts nulle part à l'état spontané. Même les espèces que l'on retrouve à l'état de nature sont singulièrement différentes de leurs congénères cultivées. Il a fallu les importer d'abord des quatre coins du monde, puis les soumettre à des siècles d'acclimatation [2]. Entre les grains acides de la vigne sauvage et nos grappes de raisins, entre les légumes ou les fruits succulents de nos vergers et les racines coriaces ou les baies âpres, vénéneuses quelquefois, des variétés sauvages, la différence est telle que l'on peut bien considérer ces fruits ou ces légumes comme des produits artificiels, c'est-à-dire de véritables créations de l'industrie humaine. Et la preuve, c'est que si le travail incessant de culture vient à se relâcher pendant quelques années, ces produits ne tardent pas, comme l'on dit, à dégénérer, ce qui signifie simplement qu'ils retournent à l'état de nature en perdant toutes les vertus dont l'industrie humaine les avait dotés.

Enfin même pour ces richesses qui ne sont pas « des produits » parce qu'elles préexistent à tout acte de production, telles que la

---

[1] Xénophon voyait plus juste quand il disait : « Les dieux nous vendent tous les biens au prix de notre travail ».

[2] La pomme de terre vient du Chili, la tomate du Pérou, la pêche de la Perse, la cerise de l'Asie-Mineure, etc., et combien modifiées de leurs frustes ancêtres! Pour nombre d'autres, on ignore leurs origines parce que les espèces originaires ont disparu.

terre d'abord et tous les matériaux à l'état brut ou organisé qu'elle nous fournit, la source jaillissante d'eau ou de pétrole, la forêt sur pied, la prairie naturelle, la carrière de pierre, la mine de métal ou de charbon, la chute d'eau qui fait tourner la roue du moulin ou la turbine, le gisement de guano déposé par les oiseaux de mer, la pêcherie abondante en poissons, en coquillages ou en sorail — encore faut-il remarquer :

1° Que ces richesses naturelles n'existent en tant que richesses, c'est-à-dire en tant que choses utiles et valables, qu'autant que l'intelligence humaine a su découvrir leur existence, et surtout *leurs utilités*, c'est-à-dire les propriétés qui les rendent aptes à satisfaire quelqu'un de nos besoins. Prenez une terre quelconque, une terre à blé en Amérique, par exemple. Si elle est devenue une richesse c'est parce qu'un jour un explorateur ou un pionnier quelconque, marchant dans la voie que Christophe Colomb avait ouverte le premier, a révélé l'existence de cet emplacement particulier. Or, le fait de la « découverte », qu'il s'applique à un Nouveau Monde ou à un champignon, suppose toujours un certain travail;

2° Que ces richesses naturelles ne pourront être *utilisées*, c'est-à-dire servir ultérieurement à la satisfaction des besoins de l'homme, qu'autant qu'elles auront subi plus ou moins l'action du travail : s'il s'agit d'une terre vierge, qu'autant qu'elle aura été défrichée; s'il s'agit d'une source d'eau minérale, qu'elle aura été captée et mise en bouteilles; s'il s'agit de champignons ou de coquillages, qu'ils auront été ramassés, après une chasse plus ou moins laborieuse, et sans doute aussi qu'ils auront subi quelque préparation culinaire.

Remarquons pourtant, après avoir rendu au travail cet hommage qu'il n'est jamais complètement absent dans la création de la richesse, même pour les richesses dites naturelles — qu'il ne faudrait pas en conclure que *leur valeur* soit en raison du travail dépensé : nous avons déjà exposé et critiqué cette thèse. Quand, par exemple, dans certaines régions du Caucase ou du Far-West, il suffit de donner un coup de sonde heureux pour faire jaillir un fleuve de pétrole qui vaut des millions, il serait impertinent de prétendre que cette fontaine d'or est le produit du travail.

II

De quelle façon le travail produit.

Il faut distinguer trois aspects du travail :

1° Le travail *corporel*, qui est généralement mais pas nécessairement un travail manuel, est indispensable pour toute production de richesses matérielles, car il faut toujours, comme nous venons de le dire, transformer ou tout au moins extraire la matière première de toute richesse. Et c'est la main de l'homme qui est l'agent non pas unique, mais initial, de cette transformation [1].

Les merveilles infiniment variées sorties de cette main tiennent du prodige. Et pourtant l'homme n'a point des doigts de fée. Sa main et ses membres ne sont rien de plus qu'une force musculaire dirigée par une intelligence : ils ne sauraient donc produire d'autres effets que ceux d'une force motrice quelconque, à savoir un *déplacement* [2].

Ce déplacement peut consister soit dans un *changement de lieu de l'objet lui-même*, soit dans un *changement de place de ses parties constitutives*. Dans ce dernier cas, nous disons bien que l'objet a subi « une transformation », mais toute transformation se réduit en somme à un déplacement. Les formes exquises que revêt l'argile sous la main du potier ou du statuaire, les dessins riches et compliqués que suit le fil sous les doigts de la dentellière, ne sont que les effets produits par les déplacements des molécules de l'argile ou des fils du tissu. Tout ce que peut faire le travail de l'homme, c'est remuer, séparer, intervertir, superposer arranger, rien que des mouvements. Prenez par exemple la production du pain : passez en revue les divers actes de cette production, labourer, semer, moissonner, vanner, moudre, bluter, pétrir, enfourner, et vous verrez que tous ne représentent que certains déplacements imprimés à la matière. Mais quant aux vraies transformations qui s'opèrent dans la constitution des corps, qui modifient leurs propriétés physiques ou chimiques et concourent par là à la production, l'évolution mystérieuse qui

[1] Si l'homme a moins de vigueur musculaire que les animaux, il a en général plus de dextérité, et il la doit surtout (comme le nom l'indique assez, *dextera*, droite) à ce merveilleux organe qui est la main avec le pouce opposable.

[2] C'est ce qu'avait fait remarquer, dès 1771, l'économiste italien Verri.

Probablement le travail de la nature aussi se réduit à des mouvements mais ceci regarde le physicien.

avec un germe fait une plante, la fermentation qui avec un jus sucré fait de l'alcool, les réactions chimiques qui avec du fer et du charbon font de l'acier — celles-ci ne sont plus le fait du travail manuel : l'homme s'est borné à disposer les matériaux dans l'ordre voulu, le blé dans la terre, la vendange dans la cuve, le minerai dans le haut fourneau : c'est la nature qui fait le reste.

En constatant combien faible est cette force motrice de l'homme et combien limité est son mode d'action, on s'étonnera d'autant plus qu'elle suffise à transformer le monde !

Les produits immatériels, autrement dit : les services (voir ci-dessus p. 62) n'exigent pas généralement un travail manuel, mais ils exigent toujours un travail *corporel*, c'est-à-dire le travail d'autres organes que la main — c'est la voix pour l'avocat, l'instituteur, l'acteur ; c'est la vue pour le médecin, le marin, l'artiste, l'écrivain ; ce sont les jambes pour le facteur rural — mais la fatigue physique peut n'être pas moindre que dans le travail manuel.

2° Le travail d'*invention*[1] est purement intellectuel, mais il n'est pas moins indispensable à la production que le travail manuel, car il n'est pas une seule des choses utilisées par l'homme, pas un seul de ces gestes productifs, qui n'ait dû être inventé. C'est grâce à elle que le patrimoine de l'humanité s'agrandit tous les jours de quelque nouvelle conquête. Tantôt, avec cette argile qui fait la boue de nos rues, l'industrie fabrique ce métal étincelant, solide et léger à la fois, qui s'appelle l'aluminium, et tantôt elle convertit les résidus infects de la houille en parfums ou en couleurs plus splendides que la pourpre de Tyr. Toutefois, bien courte encore est la liste des choses dont nous savons user, relativement au nombre immense de celles dont nous ne faisons rien. Sur les 140.000 espèces connues du règne végétal, la culture n'en utilise pas 300 ; sur les centaines de mille espèces que compte le règne animal il en est à peine 200 dont nous avons su tirer parti[2]. Et même parmi ceux qui sont nos plus proches parents,

---

[1] Pour le sociologue G. Tarde (*Logique sociale*) l'invention n'est pas une simple catégorie du travail, mais beaucoup plus que cela : la cause première de toute richesse, parce qu'elle est pour lui la cause première de tout besoin. Et il proteste contre toute confusion entre l'invention (intuition, joie) et le travail (effort, peine) : pour lui, il y a entre les deux la même différence qu'entre la volupté de la conception et les douleurs de l'enfantement.

Pourtant si l'on réfléchit au mot de Buffon que « le génie est une longue patience », et si l'on se rappelle la biographie des grands inventeurs, on sera plus porté à penser avec nous que l'invention n'est qu'un des aspects du travail.

[2] De Candolle, *Origine des plantes cultivées*, p. 366.

les mammifères, il n'y en a guère qu'une vingtaine d'utilisés, soit pour notre alimentation, soit pour nos travaux, soit pour notre compagnie. Parmi les corps inorganiques, la proportion n'est pas plus favorable. Mais le catalogue de nos richesses s'allonge chaque jour et il y a tout lieu de penser que si notre science était parfaite il n'y aurait pas dans ce vaste monde un seul brin d'herbe, pas un grain de sable, dans lequel nous n'eussions su découvrir une utilité nouvelle.

Ce ne sont pas seulement les richesses qui doivent être découvertes, c'est la façon de les transformer et de les utiliser — c'est-à-dire le travail manuel lui-même sous toutes ses formes, chaque mouvement des doigts du tisserand ou des bras du forgeron — qui n'ait dû être inventé par un premier artisan. Et il ne faut pas croire qu'en ce domaine l'invention s'arrête jamais complètement : elle se mêle au travail le plus humble et l'empêche de se cristalliser dans la routine. L'invention, au sens économique du mot, ce n'est pas l'éclair qui jaillit du cerveau d'un homme de génie : c'est simplement l'adaptation d'un moyen nouveau à une fin quelconque[1]. D'après Hobson, la machine à tisser telle qu'elle existe aujourd'hui est une accumulation de 800 petites inventions de détail.

Il est à remarquer que toute invention, une fois faite, a ce privilège de pouvoir servir à un nombre indéfini d'actes de production ou, pour mieux dire, de reproduction. C'est même ce qui rend si difficile pour le législateur de régler et de protéger le droit de propriété de l'inventeur.

3° Enfin, toute entreprise productive, toutes les fois qu'elle ne s'exerce plus à l'état isolé mais sous une forme collective, exige un travail d'organisation et de *direction ;* or, la direction constitue elle-même un mode de travail très efficace et dont l'importance va grandissant à mesure que l'industrie dans nos sociétés modernes tend à prendre les formes de la grande production. C'est un des caractères les plus connus et les plus importants du travail que son efficacité s'accroît par le groupement, en ce sens que le rendement de trois travailleurs réunis peut être plus que le triple du rendement d'un seul. Mais ce n'est point à dire qu'il suffise d'augmenter le nombre d'unités du groupe pour augmenter plus que proportionnellement le produit ! Il se pourrait que le résulta-

---

[1] C'est précisément ce qu'a cherché à faire W. Taylor par la méthode dont nous parlerons tout à l'heure, en inventant de nouvelles combinaisons de mouvements.

fût précisément contraire, de même que quand on attelle ensemble dix ou douze chevaux, le rendement est loin d'être égal à la somme de leurs forces individuelles. Il y a dans toute entreprise un nombre *optimum* de travailleurs, en rapport avec les conditions données, ni plus ni moins. Le travail collectif ne peut donc être supérieur au travail individuel qu'autant qu'il est organisé et commandé. Au reste, même parmi les ouvriers manuels, on n'en trouverait plus guère aujourd'hui pour croire que ce travail là, le travail du chef, vaille moins que le travail d'exécution.

III

De l'évolution des idées en ce qui concerne la productivité du travail.

C'est une curieuse histoire que celle qui nous montre comment ce titre de « productif », d'abord réservé à une seule catégorie de travaux, s'est peu à peu élargi pour finir par être décerné indistinctement à tous, et de suivre la filiation des doctrines économiques sur cette question.

1° L'école des Physiocrates réservait le titre de productif au seul travail *agricole* (et aussi aux industries de la chasse et de la pêche), mais le refusait à tout autre, même au travail manufacturier. La raison qu'elle en donnait ce n'était pas tant que ces industries fournissent les matériaux de toute richesse, matériaux que les autres industries se bornent à mettre en œuvre, ce qui est vrai, — mais que ces industries sont les seules où la nature travaille conjointement avec l'homme et que la nature seule peut créer un « produit net », ce qui est faux.

2° La définition des Physiocrates était incontestablement trop étroite. Tels qu'ils nous sont livrés par les industries agricoles ou extractives, les matériaux sont en général absolument impropres à notre consommation et ils ont besoin de subir de nombreuses modifications qui sont justement le fait de l'industrie *manufacturière*. Celle-ci est donc le complément indispensable des premières et le procès de la production est aussi incomplet sans elles qu'un drame dont on aurait supprimé le troisième acte. A quoi servirait le minerai sur le carreau de la mine s'il ne devait passer par la fonderie d'abord, puis par la forge? A quoi bon le blé s'il ne devait passer par les mains du meunier et du boulanger? Sans le travail du tisserand, le lin ne serait pas plus utile que l'ortie. De quel droit donc refuser à ces travaux le titre de productifs, puisque sans eux ces richesses nous seraient inutiles, en un _mot ne seraient même pas des richesses?

Quant à croire que les industries extractives et agricoles *créent* la richesse, tandis que l'industrie manufacturière ne ferait que la *transformer,* c'est une autre erreur. L'agriculteur ne crée rien pas plus que l'industriel; il ne fait que transformer, lui aussi, les éléments simples empruntés au sol et à l'atmosphère. Il fait du blé avec de l'eau, de la potasse, de la silice, des phosphates et des nitrates, absolument comme le fabricant de savon fait le savon avec de la soude et des corps gras.

Aussi, à partir d'Adam Smith, aucun économiste n'a hésité à étendre le titre de productif aux travaux manufacturiers. Toutefois, il faut retenir la part de vérité contenue dans la doctrine physiocratique que, dans la hiérarchie des travaux, l'agriculture occupe le premier rang, tout simplement parce que dans la hiérarchie des besoins l'alimentation tient la première place — et qu'elle ne peut être impunément sacrifiée ou négligée, ainsi que les pays belligérants en ont fait la dure expérience.

3° Pour les travaux de *transport,* on a hésité plus longtemps, par cette raison que le fait du transport n'implique, semble-t-il, aucune modification à l'objet. Le colis n'est-il pas le même à la gare d'arrivée qu'à la gare de départ? C'est là, disait-on, une différence caractéristique avec l'industrie manufacturière.

Cette distinction est peu philosophique, car tout déplacement constitue une modification essentielle des corps, et c'est même, à vrai dire, comme nous l'avons vu tout à l'heure, la seule modification que nous puissions imposer à la matière (voir ci-dessus, p. 149). Si, d'ailleurs, on estimait qu'un déplacement ne constitue pas une modification assez essentielle pour être qualifiée de productive, alors il faudrait refuser le titre de productives aux industries extractives, car quelle différence peut-on établir entre le travail du mineur qui transporte le minerai ou la houille du fond du puits à la surface du sol et celui du voiturier qui prend ce minerai ou cette houille sur le carreau de la mine et le transporte dans l'usine — à moins de prétendre que le déplacement n'est productif que quand il s'opère dans le sens vertical et qu'il cesse de l'être quand il s'opère dans le sens horizontal? Est-il besoin, d'ailleurs, de faire remarquer que, de même que l'industrie manufacturière est le complément indispensable des industries agricoles et extractives, de même l'industrie des transports est le complément indispensable de celles qui précèdent. A quoi servirait-il d'écorcer les arbres à quinquina ou de saigner les lianes à

caoutchouc dans les forêts du Brésil, d'extraire le guano des îles
du Pérou, de faire la chasse aux dents d'éléphant dans l'Afrique
australe, si l'on n'avait des marins et des voituriers pour transporter ces produits là où on doit en faire usage? A quoi sert à un
propriétaire la plus belle récolte du monde s'il ne peut la transporter faute de route?

La guerre actuelle, en coupant ou en gênant les communications
entre les belligérants et le reste du monde, a terriblement mis en
relief le caractère productif du transport puisqu'il a suffi qu'il
s'arrête pour que de grands pays se soient trouvés acculés à la
disette ; et même on a vu des populations souffrir de la pénurie de
certaines richesses qui étaient pourtant en quantité surabondante
dans leur pays, mais dont le transport était rendu impossible par
l'encombrement ou le manque des chemins de fer, notamment
le blé en Russie, le charbon en Allemagne, le beurre en Suisse.

4° Pour l'industrie *commerciale*, l'hésitation a été encore plus
longue.

Sans doute le caractère productif des opérations commerciales
peut se justifier simplement par le fait que, historiquement et
logiquement, le commerce est inséparable du transport et que la
séparation, comme nous le verrons ci-après, ne s'est même faite
qu'assez tard. Aujourd'hui encore les commerçants sont les vrais
directeurs des transports dans le monde : l'industrie voiturière ne
fait qu'exécuter leurs ordres. Dès lors et puisque nous avons
admis que le transport est un acte de production, il semble bien
qu'il faut en dire autant du commerce. Mais le commerce fait
plus que transporter les marchandises. Il a pour rôle de les *conserver*, ce qui est en quelque sorte les transporter dans le temps.
Souvent aussi il leur fait subir certaines *transformations* : tel est
le cas du boulanger, du pâtissier, du tailleur, du pharmacien,
tellement que les statisticiens ne savent s'ils doivent les classer
dans la catégorie des fabricants ou celle des commerçants. Mais
même parmi les commerçants proprement dits, le marchand de
vins décante, coupe et mélange les vins, l'épicier fait griller le
café, etc. On ne saurait donc, si l'on voulait séparer les commerçants des industriels, où tracer la ligne de démarcation.

Mais la question devient plus délicate quand nous sommes en
présence de l'acte de commerce pur, réduit à sa définition juridique : acheter pour revendre — par exemple dans les achats en
Bourse — et encore plus quand il s'agit d'un transfert de propriété sans aucun déplacement, par exemple la vente d'immeubles.
Ici l'opération se trouve absolument dématérialisée, et par consé-

quent ceux qui estiment que toute richesse ne peut être que matérielle (voir ci-dessus, p. 62) doivent logiquement se refuser à
qualifier de tels actes de « productifs ». Mais si l'on croit, comme
nous, que la richesse c'est tout ce qui répond à nos désirs et nous
procure une satisfaction, nous n'hésiterons pas à qualifier d'acte
de production une opération qui fait passer la propriété d'une
chose des mains de celui qui ne peut rien en faire entre les mains
de celui qui peut et veut l'utiliser. Pourquoi ne pas l'appeler
productif, puisque *rendre utile une chose inutile* c'est tout le secret
de la production (voir ci-après, *L'échange*)?

5° Enfin, c'est pour les travaux qui ne consistent que dans des
services rendus, tels que les *professions libérales*, que la discussion a été la plus vive. Il peut paraître bizarre, par exemple, de
déclarer « productifs » le travail du professeur de piano ou même
du chirurgien qui ampute une jambe. Où sont leurs produits? Où
sont les richesses qu'ils ont créées?

Mais il suffit de remarquer :

a) Que s'ils ne créent pas des richesses matérielles, ils créent
néanmoins des utilités sous forme de services rendus, et que c'est
l'utilité, non la matière à laquelle elle peut être attachée, qui est
le but de la production ;

b) Que dans l'organisme social, grâce à la loi de la division du
travail que nous verrons plus loin, il y a une telle solidarité entre
tous les travaux des hommes qu'il n'est pas possible de les séparer, et les services immatériels sont une condition indispensable
de la production de toute richesse matérielle. Voici, par exemple,
la production du pain. Sans doute, nous allons mettre au premier
rang les travaux manuels, ceux des laboureurs, semeurs, mois-
sonneurs, voituriers, meuniers, boulangers. Mais il est clair que
le travail du fermier ou du maître du domaine, encore qu'il n'ait
pas mis lui-même la main à la charrue, est très utile pour la production du blé, non moins que celui du berger pour la production
de la laine, encore que celui-ci n'ait pas fait la tonte lui-même. On
ne peut négliger non plus le travail de l'ingénieur qui a dressé le
plan d'un système d'irrigation, de l'architecte qui a construit les
bâtiments d'exploitation et les celliers. Enfin il y aurait ingratitude
à oublier ceux des inventeurs, en commençant par le Triptolème
quelconque qui a inventé la charrue et par tous ses successeurs
qui ont découvert les diverses espèces de céréales, ou les engrais,
ou la rotation des cultures, ou les procédés de la culture intensive.

Faut-il s'arrêter là? On le peut, sans doute, et c'est ici que

beaucoup d'économistes tracent la ligne de démarcation entre les
travaux qui doivent être appelés productifs parce qu'ils ajoutent
à une chose une utilité nouvelle — et les travaux qui consistent
seulement en services rendus. Mais les travaux nécessaires à la
production du blé sont-ils donc renfermés dans l'agriculture?-Le
travail du garde champêtre qui a effrayé les maraudeurs, celui
du procureur de la République qui les a poursuivis, du juge qui
les a condamnés, du soldat qui a protégé les récoltes contre ces
dévastateurs de pire espèce que sont les armées ennemies, n'ont-
ils pas, eux aussi, contribué à la production du blé! Et que dire
du travail de ceux qui ont formé l'agriculteur lui-même et ses
gens, de l'instituteur qui leur a inculqué des notions d'agriculture ou les moyens de les acquérir, du médecin qui les a entretenus en bonne santé? Est-il donc indifférent, même à ne considérer que la production du blé, que les travailleurs soient instruits
et bien portants, qu'ils possèdent l'ordre et la sécurité et qu'ils
jouissent des bienfaits d'un bon gouvernement et de bonnes lois?
A-t-on même le droit d'écarter comme indifférents à la production
du blé les travaux les plus étrangers à l'agriculture, tels que ceux
des littérateurs, poètes, artistes? Pense-t-on que le goût des travaux agricoles ne puisse être utilement développé dans une société
par les romanciers qui nous retracent les scènes de la vie rustique
ou les poètes qui célèbrent les charmes des travaux des champs
et qui nous ont appris à répéter avec l'auteur des *Géorgiques* :

> *O fortunatos nimium sua si bona norint*
> *Agricolas* [1] *!*

Où donc s'arrêter? nous voyons le cercle des travaux productifs
s'étendre à l'infini jusqu'aux extrêmes confins de la société —
tout comme ces cercles concentriques qui vont s'élargissant sur
la surface des eaux autour du centre que l'on a touché et se perdre au loin sans que le regard puisse saisir la limite où ils s'arrêtent. Sans doute, on peut dire que les travaux que nous venons
de considérer n'ont pas contribué tous de la même façon à la
production du blé, ceux-ci ont agi d'une façon directe, ceux-là
d'une façon indirecte, mais il suffit de constater que, depuis le
travail du laboureur jusqu'à celui du Président de la République,
on n'en pourrait supprimer aucun sans que la culture du blé en
souffrît.

---

[1] *Géorgiques*, Livre II, 458. Peut-être faudrait-il traduire non, comme on fait
toujours : « heureux l'agriculteur s'il connaissait son bonheur ! » —, mais plutôt :
« s'il savait apprécier ses biens », *bona*, ses *biens,* ses terres, au sens que donnent
encore à ce mot les paysans.

Pourtant il ne faut pas en conclure que toute les catégories de travaux que nous venons de passer en revue ont une importance égale dans l'ordre économique. Tous sont nécessaires, mais chacun à son rang, et un pays marcherait à la ruine si, par exemple, il avait autant d'avocats que de laboureurs.

La vérité, c'est que si toute profession peut être utile dans les limites du besoin à satisfaire, elle devient nuisible au delà puisqu'elle dégénère en parasitisme. Ce qu'il faut, c'est *une juste proportion entre l'effectif de chaque groupe professionnel et l'importance du besoin auquel il doit satisfaire*. Or, malheureusement, ce juste équilibre est loin d'être réalisé dans nos sociétés civilisées [1].

C'est ainsi que les travaux agricoles sont de plus en plus désertés.

[1] La *Statistique du Recensement des industries et professions*, publiée par le ministère du Commerce (1911, t. I, 3ᵉ partie, pp. 12-13), donne pour la France les chiffres suivants :

Sur un peu plus de 39 millions d'habitants, 20.210.000, soit un peu plus de la moitié, sont classés dans la population *active*, c'est-à-dire exerçant une profession quelconque, et se répartissent ainsi dans l'ordre de productivité décroissante :

Agriculture	8.517.000
Industrie.	7.486.000
Commerce.	2.053.000
Professions libérales et services publics.	1.225.000
Domestiques.	929.000
	20.210.000

On voit que les trois dernières catégories comptent 4.207.000 personnes, soit plus du cinquième (28 p. 100) de la population active : c'est certainement une proportion excessive.

Et malheureusement cette proportion va en augmentant, ainsi que le montre le tableau comparatif emprunté à la même publication :

	1866	1911
Agriculture, forêts.	53,7 p. 100	44,2 p. 100
Industrie et transport	34,3 »	38,8 »
Commerce.	7,3 »	10,6 »
Professions libérales.	4,7 »	6,4 »
	100 p. 100	100 p. 100

Il résulte de ce tableau que, dans la courte durée de quarante-cinq années, la proportion d'hommes engagés dans les deux premiers groupes, qui sont ceux directement productifs, a passé de 88 à 83 p. 100, donc a diminué de près de 6 p. 100 (et si la diminution n'est pas plus grande encore, c'est parce qu'elle a été en partie neutralisée par le développement des chemins de fer), tandis que la proportion d'hommes engagés dans les deux derniers groupes, ceux improductifs dans l'ancienne acception de ce mot, a passé de 12 à 17 p. 100, donc a augmenté de près de moitié !

Les domestiques ne sont pas comptés dans ce second tableau parce que les statistiques de 1866 et de 1906 ne sont point comparables. Cependant leur nombre paraît avoir diminué.

C'est là un fait universel et qui n'en est pas moins très regrettable, moins encore au point de vue de la productivité, car la main-d'œuvre agricole peut être remplacée dans une certaine mesure par des machines, qu'au point de vue de la santé physique et morale de la population et même au point de vue de la stabilité politique. La France est encore un des pays du monde les mieux partagés à cet égard — mais cela tient simplement à ce que l'industrie y est moins développée relativement [1].

Encore, quand les travailleurs quittent la terre pour aller à l'usine, la productivité générale peut y gagner, toutes réserves faites des autres inconvénients, mais il n'en est pas de même quand ils abandonnent le travail agricole pour aller chercher « une bonne place ». Or, tel est le cas trop fréquent. Nous voyons le nombre des personnes engagées dans le petit commerce ou

---

[1] Voici la proportion de la population agricole dans quelques pays du monde (les proportions indiquées sont calculées non sur la population totale, mais seulement sur la population *active* et *masculine*. Les chiffres ne sont donc pas tout à fait les mêmes que ceux des pourcentages ci-dessus qui comprennent les deux sexes) :

Bulgarie	74 p. 100	États-Unis	36 p. 100
Hongrie	70 »	Suisse	32 »
Russie	61 »	Australie	29 »
Italie	52 »	Allemagne	28 »
France	40 »	Belgique	26 »
Canada	41 »	Angleterre	11 »

On remarquera que les pays neufs, contrairement à ce qu'on pourrait supposer, n'ont pas une forte proportion de population agricole. En Australie, États-Unis, elle est moindre qu'en France. Au Canada, à peu près égale. C'est parce que, d'une part, la culture intensive est encore peu développée et, d'autre part, les grandes villes y sont relativement nombreuses. On remarquera aussi la proportion infime pour l'Angleterre proprement dite; elle est beaucoup plus élevée pour l'Irlande (52 p. 100).

Il faut entendre par « population agricole », dans la statistique ci-dessus, les agriculteurs de profession, et ne pas la confondre avec la « population rurale », qui se compose de tous ceux vivant en dehors des villes, quelle que soit leur profession. Celle-ci représente nécessairement une proportion plus élevée : en France, 56 p. 100.

La proportion de la « population active » est elle-même très variable selon les pays.

En France, elle atteint, comme nous venons de le voir, le chiffre de 51 p. 100; dans tous les autres pays elle est inférieure à la moitié (45 p. 100 en Allemagne, 45 en Angleterre, 41 aux États-Unis), et même tombe au quart dans les pays de l'Europe Orientale (25 en Russie).

Malheureusement ce rang hors pair de la France tient beaucoup moins à une supériorité réelle de l'activité économique qu'à la faible proportion de la population infantile, laquelle constitue naturellement le gros de la population non professionnelle.

dans les fonctions publiques augmenter tous les jours, et ce n'est certes pas sans raison que l'on se plaint de l'accroissement du nombre de ces intermédiaires et de ces fonctionnaires et du prélèvement usuraire que les uns et les autres exercent sur le produit du travail de tous. Nous verrons plus loin que les sociétés coopératives de consommation ont précisément pour but de remédier au mal résultant de la multiplication des commerçants.

IV

De la peine considérée comme élément constitutif du travail.

C'est un fait indiscutable que l'homme ne travaille guère spontanément, mais seulement sous la pression de causes extérieures, telles que, pour l'enfant, les punitions, les prix, l'émulation, et pour l'homme, le besoin, l'appât du gain, l'ambition, l'honneur professionnel. La plupart des hommes ne travaillent avec ardeur que pour hâter l'heure où ils pourront ne plus travailler. Il faut donc en conclure que tout travail productif implique une certaine *peine*. C'est là une loi d'une importance capitale en Économie politique. Si le travail n'était pas une peine, on peut affirmer que tous les phénomènes économiques seraient autres qu'ils ne sont ; par exemple, ni l'esclavage ni le machinisme n'auraient existé, puisqu'ils n'ont eu pour but que de dispenser d'un certain travail.

Mais pourquoi le travail est-il pénible? Quoique tout le monde le sente, il n'est pas facile de dire pourquoi. Car le travail, en somme, n'est qu'une forme de l'activité humaine : or, l'activité n'a en soi rien de pénible : agir, c'est vivre; c'est au contraire l'inaction absolue qui est un supplice, et si atroce que lorsqu'elle est trop prolongée, dans l'emprisonnement cellulaire, elle tue le patient ou le rend fou.

Est-ce parce que le travail implique toujours un certain *effort* et que l'homme est un animal naturellement paresseux? Ce n'est pas une explication suffisante, puisque beaucoup d'exercices qui sont considérés comme des plaisirs — ascension de montagne, canotage, bicyclette, automobile, aviation, sports de toute nature — exigent des efforts p'us intenses que ceux du travail et que pourtant beaucoup d'hommes s'y livrent avec passion.

Mais dans le jeu l'effort est volontaire et libre, il cherche et trouve sa satisfaction en lui-même : il est sa propre fin. Au con-

traire, dans le travail l'effort est imposé par la nécessité d'atteindre
un certain but qui est la satisfaction d'un besoin : l'effort n'est
plus que *la condition préalable d'une jouissance ultérieure*, il est,
comme l'on dit, « une tâche » et voilà pourquoi il est pénible. Entre
un canotier qui rame pour s'amuser et un batelier qui rame pour
travailler, entre un alpiniste qui fait une ascension et le guide qui
l'accompagne, entre une jeune fille qui passe sa nuit au bal et une
danseuse qui figure dans un ballet, je ne vois qu'une différence,
c'est que les uns rament, grimpent, dansent, à seule fin de canoter,
grimper ou danser, tandis que les autres rament, grimpent ou
dansent pour gagner leur vie; mais cette différence suffit pour que
ces mêmes modes d'activité soient considérés par les uns comme
un plaisir et par les autres comme une peine. Il était agréable
pour Candide de « cultiver son jardin » : cela lui aurait été désagréable s'il avait dû le cultiver pour y faire pousser des légumes
et aller les vendre au marché. Le touriste qui suit une route uniquement pour s'y promener y prend plaisir, mais le facteur rural
qui la parcourt matin et soir pour arriver à un but déterminé la
trouve toujours longue et fatigante. Or, pour la presque totalité
de l'espèce humaine, le travail n'est qu'une voie dans laquelle elle
est engagée par la nécessité de vivre. Elle travaille pour gagner
sa vie : elle ne travaille pas « pour son plaisir ».

Ce qui prouve que la « pénibilité » du travail tient bien à ce
caractère de condition imposée, c'est qu'elle varie en raison directe
de la contrainte et en raison inverse de la liberté. Elle était à son
maximum pour l'esclave romain attaché à la meule ou pour le
galérien lié sur son banc : elle est lourde encore pour le salarié
qui doit gagner son pain quotidien. Elle est à son minimum pour
le paysan qui laboure avec amour son propre champ, pour le
directeur de trust qui dirige la bataille des milliards de dollars
comme un général son corps d'armée, pour l'artiste qui évoque
et fixe l'idée sur la toile ou dans le marbre.

De là à conclure que le travail pourrait se dépouiller complètement de tout caractère pénible sous un régime social où la pression de la misère et de la faim ne se ferait plus sentir, il n'y a
qu'un pas. Et ce pas a été franchi par la plupart des socialistes.
Fourier avait donné pour pivot à la société future qu'il se proposait d'organiser le *travail attrayant*. Il déclarait que si le travail
est pénible cela tient uniquement à une organisation vicieuse de
nos sociétés modernes, et il se faisait fort, dans son phalanstère,
de transformer le travail en plaisir par le libre choix des vocations,
la variété des occupations, la brièveté des tâches, l'esprit de

corps, l'émulation, et mille autres combinaisons, les unes ingénieuses, les autres fantasques, en un mot de faire du travail du
laboureur, du forgeron, du charpentier, du cordonnier, etc., autant
de variétés du sport [1]. Si le roi Louis XVI, dit-il, prenait son plaisir
à fabriquer des serrures, pourquoi tous les hommes aussi ne
pourraient-ils pas arriver à travailler par plaisir?

On doit admettre en effet que le travail deviendra de moins en
moins pénible au fur et à mesure que les hommes deviendront
plus riches et plus indépendants, parce qu'alors le travail perdra
de plus en plus son caractère de tâche imposée par la nécessité
pour prendre le caractère d'une activité libre. Cependant, alors
même que la loi du travail cesserait d'être une fatalité économique,
elle resterait une loi morale, un devoir de solidarité. Le travail ne
pourrait devenir un jeu, par définition même, que le jour où il
cesserait d'être productif de richesse [2].

En tout cas, présentement, tout homme qui travaille est soumis
à l'action de deux forces opposées : d'une part, *le désir de se procurer une jouissance quelconque;* d'autre part, *le désir de se soustraire à la peine que le travail lui cause.* Suivant que l'un ou
l'autre de ces deux mobiles fera pencher le plateau de la balance,
il poursuivra son travail ou s'arrêtera.

Comme l'a fait remarquer très ingénieusement Stanley Jevons,
la peine supportée par le travailleur va toujours croissant à
mesure que le travail se prolonge, tandis que la satisfaction qu'il
en attend va sans cesse en diminuant au fur et à mesure que ses
besoins les plus pressants commencent à être satisfaits — en
sorte qu'entre ces deux désirs, celui qui le pousse à travailler et
celui qui le pousse à s'arrêter, il est évident que le second finira
tôt ou tard par remporter la victoire. Considérez un travailleur
qui tire des seaux d'eau d'un puits. La fatigue augmente à chaque
nouveau seau d'eau qu'il faut tirer : d'autre part, l'utilité de
chaque seau d'eau diminue, car si le premier est indispensable
pour l'alimentation, le second ne servira qu'à abreuver les bes-

---

[1] Voir Fourier, *Œuvres choisies,* petite édition Guillaumin. Presque tous les
anarchistes soutiennent la même thèse.

[2] Cependant quelques sociologues croient pouvoir affirmer que le travail a commencé par être un jeu, c'est-à-dire que pour obtenir la discipline et la régularité
dans le travail, on a plié les gestes de l'homme à ceux de la danse et des jeux physiques (voir Bücher, *Arbeit und Rythmus*). C'est possible, mais il y avait et il y
aura toujours cette différence essentielle que le travail a pour but la production, et
le jeu le plaisir — ce qui ne veut pas dire que le jeu ne puisse procurer un gain
accidentel au joueur. Celui qui joue à Monaco peut s'enrichir ou se ruiner, mais
il ne produit rien.

tiaux, le troisième à des soins de propreté, le quatrième à arroser le jardin, le cinquième à laver le pavé, etc. A quel chiffre s'arrêtera-t-il? Cela dépend, dans une certaine mesure, de sa résistance à la fatigue, mais surtout de l'échelle de ses besoins. L'Esquimau, qui ne voit d'autre utilité à l'eau que celle de se désaltérer, s'arrêtera au premier ou au deuxième seau, mais le Hollandais qui éprouve le besoin de laver jusqu'au toit de ses maisons, aura peut-être à en puiser cinquante avant de s'estimer suffisamment pourvu.

De même le soldat qui doit porter tout son bagage sur son dos, à chaque objet nouveau qu'il va mettre dans son sac, est obligé de faire une balance psychologique entre la jouissance additionnelle que lui procurera cet objet et la peine additionnelle que lui fera subir cette surcharge. Il est évident qu'au fur et à mesure que le sac se remplit, celle-ci va croissant tandis que celle-là va décroissant, en sorte qu'il arrivera inévitablement que le numéro x devra être, à regret, abandonné : *il coûterait plus qu'il ne vaut.*

Si au stimulant des besoins présents et actuels vient se joindre le stimulant des besoins à venir — si, par exemple, dans un pays où l'eau est rare, le travailleur songe à remplir une citerne pour les jours de sécheresse — l'activité productrice peut se trouver singulièrement accrue. Mais cette faculté de mettre en balance une peine immédiate et une satisfaction lointaine, faculté qui de son vrai nom s'appelle la *prévoyance,* n'appartient qu'aux races civilisées et, même dans celles-ci, aux classes aisées. Le sauvage et l'indigent sont également imprévoyants[1].

V

Le travail scientifique, dit méthode Taylor.

Voici une quinzaine d'années qu'un ingénieur américain a enseigné un système « d'organisation scientifique du travail » qui a fait un bruit énorme et que nous ne pouvons passer sous silence.

Le système Taylor est fondé sur ce postulat que le travailleur

[1] Voir les curieuses études de M. Imbert, professeur à la Faculté de médecine de Montpellier, sur la mesure de la peine dans le travail manuel, *Vies ouvrières.* Il fait remarquer que l'organisme humain sait parfaitement et instinctivement appliquer le principe du moindre effort : par exemple les sentiers tracés dans un pays accidenté, tels que ceux frayés par les pas du pêcheur remontant chaque jour de la grève sur la falaise, suivent précisément le tracé qui réalise le minimum de fatigue comme distance et comme montée, problème d'ingénieur assez compliqué pourtant, puisqu'il faut, à chaque pas, opter entre un détour plus long ou une pente plus raide.

manuel ne sait pas travailler et qu'il a tout à apprendre. Certes !
il paraît hardi de venir dire à l'homme, dont le rude apprentissage comme travailleur manuel dure depuis je ne sais combien
de milliers d'années, qu'il ne sait pas se servir de ses mains et
qu'il ne donne pas comme rendement utile le tiers ou le quart de
ce qu'il devrait donner.

Cependant nous ne contesterons pas ce point de départ. Il est
possible que les gestes du travail qui se sont transmis de maître
à compagnon comme des rites pieux, soient stéréotypés comme
ceux-ci. On peut admettre que la répugnance à l'effort, aussi naturelle chez l'homme que chez les animaux, ait fait préférer non
ceux qui seraient les plus productifs mais ceux qui sont les moins
pénibles. Il est possible que les inventions mécaniques aient contribué plutôt à détériorer le travail manuel qu'à le perfectionner.
Il est certain que les règles auxquelles il obéit sont purement
empiriques et jusqu'à ces derniers temps n'avaient pas fait l'objet
d'études scientifiques [1].

La méthode dite scientifique peut se résumer dans les principes
suivants :

1° Analyser tout travail manuel, de même que fait l'analyse pour
les corps, c'est-à-dire le décomposer en ses éléments simples, en
mouvements, dont la durée est mesurée au chronomètre [2].

2° Rechercher quels sont ceux de ces mouvements qui sont
inutiles parce que ne servant pas au résultat final, les supprimer,
et mettre à profit leur suppression pour resserrer les mouvements
utiles en un faisceau où il ne reste aucun vide, aucun pore, mais
en même temps réserver et calculer la durée des intervalles nécessaires au repos.

[1] W. Taylor était ingénieur aux mines de Bethléem, devenues célèbres au cours
de la guerre, malgré leur nom évangélique, par les fournitures énormes d'armes
faites aux belligérants. Son premier livre, mais purement technique, est de 1903.
Le second, très court, qui a été traduit en toutes langues, *Principes d'organisation scientifique des usines*, est de 1911. L'auteur est mort en 1915.

Mais dans ces derniers temps, en même temps que Taylor et même avant lui,
d'autres savants — le physicien Marey, le docteur Imbert (de Montpellier), ont
étudié le travail manuel au point de vue physiologique, en ont mesuré les mouvements par les photographies et ont cherché à mesurer l'effort et la peine impli-
qués par chacun d'eux.

[2] Ce n'est pas une découverte que celle de la cadence du travail. Elle apparaît
aux premiers âges de l'humanité, dans les images des tombeaux égyptiens, et se
retrouve même aujourd'hui dans le chant ou la mélopée par lequel les ouvriers qui
doivent fournir un effort simultané — rameurs, forgerons, vireurs au cabestan —
règlent leur effort. Voir le livre du professeur Bücher, *Arbeit und Rythmus* (Le
travail et le rythme).

3° Régler la marche du travail sur un rythme donné qui, comme la mesure pour la danse, ne permet aucun faux pas. Le travailleur, une fois qu'il est parti du bon pied, ne peut plus s'arrêter : il faut qu'il suive le mouvement ou qu'il cesse. Il faut se représenter derrière chaque travailleur un chef d'orchestre invisible qui bat la mesure. ʼ

4° Préparer le travail à l'avance pour que le travailleur trouve tout à pied d'œuvre, les matériaux, les outils, le tout disposé de façon à imposer aux mains et au corps des travailleurs le minimum de déplacement. Par exemple, pour le maçon qui pose des briques, la disposition des briques d'une part, de l'auge avec le mortier d'autre part, est prévue avec un soin méticuleux pour que l'ouvrier n'ait pas à se baisser et à se relever sans cesse. Avant de prendre sa place à l'établi, l'ouvrier reçoit une fiche sur laquelle est inscrit tout ce qu'il devra faire et le temps qu'il devra mettre à chaque opération.

5° Organiser un état-major de moniteurs, entraîneurs, contrôleurs, chefs de préparation, chefs d'équipe, chefs de manutention, mais d'autre part supprimer le rôle du contremaître qui était censé surveiller tout et ne faisait rien. Cette figure de sous-officier, par laquelle l'usine s'apparente à la caserne et qui est généralement détestée par l'ouvrier, se trouve remplacée par tout un personnel de travailleurs intellectuels, chaque ouvrier ayant à faire avec quatre ou cinq d'entre eux sans être, à proprement parler, sous les ordres d'aucun d'eux. Les froissements du commandement se trouvent par là atténués parce que divisés.

6° Attribuer à l'ouvrier un supplément de salaire en rapport avec le supplément de rendement. Ce n'est pas le travail aux pièces. Il y a un minimum de salaire correspondant à un minimum de travail au-dessous duquel il n'est pas toléré que l'ouvrier descende — mais pour chaque degré au-dessus de ce minimum, il y a un certain accroissement de salaire qui pourtant, comme nous allons le voir, est assez étroitement limité.

Voilà les traits caractéristiques du système. Et maintenant voici les résultats qui seraient étourdissants.

Le rendement se trouve triplé ou quadruplé. Le manœuvre qui chargeait dans sa journée 250 à 300 gueuses de fonte de 45 kilos, en transporte plus de 1.000, soit 45.000 kilos ! Le maçon qui posait 120 briques en pose 350. L'ouvrière qui vérifiait 1.000 billes pour roulement de bicyclettes en vérifie 3.500 et avec deux tiers d'erreurs en moins, etc.

Par suite de l'accroissement de rendement, le coût de production se trouve abaissé dans des proportions telles qu'il est possible, tout en augmentant les profits, d'augmenter les salaires, de réduire le nombre d'heures de travail et d'abaisser le prix de vente — en sorte que tout le monde y trouve son compte, patron, ouvrier, consommateur, et la société dans son ensemble.

Ces résultats paraîtront cependant moins étonnants si l'on est averti qu'ils sont dus à une sélection impitoyable. C'est ainsi que pour les ouvrières vérificatrices de billes, Taylor déclare lui-même qu'il n'en a gardé que 35 sur 120, c'est-à-dire guère plus de 1 sur 4, et pour le transport des gueuses de fonte, que 9 sur 75, soit pas même 1 sur 8. Les ouvriers taylorisés sont un peu comme ces coureurs sur bicyclette ou sur auto, ou ces boxeurs, qu'on entraîne pour les concours par un régime sévère. Pour bien juger de la valeur de cette méthode il faudrait la voir généralisée, et précisément la question est de savoir si elle peut l'être.

Elle ne pourra l'être en tout cas qu'autant qu'on aura trouvé le moyen de la faire goûter à la classe ouvrière qui, jusqu'à présent, se montre absolument hostile. Les raisons de cette hostilité tiennent sans doute, pour une bonne part, aux préjugés, si tant est qu'on puisse les qualifier ainsi, qui, de tout temps, ont excité les ouvriers contre les machines et contre tout perfectionnement de production ayant pour but de faire faire par un seul le travail de plusieurs : c'est la crainte que l'accroissement de productivité du travail manuel n'ait pour résultat de condamner au chômage un plus grand nombre de camarades. Et la réduction du nombre des ouvriers dont Taylor se vante lui-même montre que ce grief est assez fondé. Sans doute, il est bizarre et contradictoire qu'une méthode qui a pour but de rendre le travail de l'ouvrier plus productif et par là de le valoriser, ait précisément pour résultat d'en déprécier la valeur, mais cette anomalie est une conséquence fréquente du régime du salariat.

Même à ne considérer que les ouvriers privilégiés qui seront appelés à travailler sous le nouveau régime, d'autres griefs surgissent. Le rôle d'automates auquel on les réduit, la suppression de toute initiative individuelle, non seulement dans la conception mais dans l'exécution de la tâche à remplir, l'élimination impitoyable du peu qui restait de l'empreinte individuelle du travail sur le produit, tout cela n'est pas fait pour séduire l'ouvrier. Mais surtout l'accroissement de salaire sera-t-il égal ou seulement proportionnel à l'accroissement de rendement qu'on lui demande?

Certainement non, car il résulte des chiffres donnés ci-dessus que l'accroissement du salaire reste fort au-dessous de cette majoration du triple ou du quadruple dans la production qui nous émerveillait tout à l'heure. Taylor dit lui-même, dans une déclaration qui sera difficilement oubliée, que l'accroissement du salaire ne doit pas, en général, dépasser 60 p. 100, parce que, au delà de cette limite, les ouvriers se mettent à gaspiller leur temps et leur argent, « ce qui montre, en somme, qu'il n'est pas bon pour la plupart des gens de s'enrichir trop vite »[1] — peut-être bien! mais alors ne faudrait-il pas aussi, par une limitation semblable des profits, éviter aux patrons ce même danger? Il est vrai que, à en croire Taylor, la peine de l'ouvrier n'est nullement augmentée par son système, au contraire; d'où il résulte que l'ouvrier n'aurait pas droit strictement à réclamer une augmentation. Mais même en admettant le fait, pourquoi l'ouvrier donnerait-il gratuitement au patron, sous forme d'accroissement de profit, ou au consommateur, sous forme de diminution de prix, le supplément de produit dû à son travail?

Ce n'est point à dire que la méthode Taylor ne puisse rendre de réels services lorsque, après la guerre, il sera d'une extrême urgence pour les pays belligérants, surtout pour la France, d'obtenir le rendement maximum d'une main-d'œuvre terriblement diminuée, et il sera bon que les syndicats ouvriers examinent comment et dans quelle mesure on pourra l'employer. Il est très vrai qu'i doit y avoir encore beaucoup à apprendre dans l'art d'économiser, en entendant par là d'utiliser pour le mieux, la force du travail. Il est très vrai que le travailleur pourrait produire beaucoup plus qu'il ne fait et que les règlements des Trade-Unions tendent à restreindre encore cette production. Ils ont cessé de s'app iquer pour les travaux de la guerre; il serait à désirer qu'ils ne revivent pas pour les travaux de la paix. Mais si le travail de l'homme s'est montré jusqu'à ce jour peu productif, il faut l'attribuer moins à la paresse ou à la routine, comme le fait Taylor, qu'aux conditions économiques dans lesquelles le travail de l'homme s'est généralement exercé jusqu'à présent. Sous le régime de l'esclavage, du servage, ou même du salariat, la masse des travailleurs n'a eu, pour la stimuler, que le fouet, la contrainte, la faim et, même au degré le plus élevé auquel elle soit parvenue, que la nécessité de gagner sa vie et la crainte de perdre sa place. C'est donc un mobile noûveau qu'il faudrait lui donner et ce n'est pas le chronométrage qui le lui donnera. Un socialiste visionnaire s'était voué à la solution de ce problème et

---

[1] *Principes d'organisation scientifique dans les usines*, p. 63.

s'imaginait l'avoir trouvé par l'organisation du *travail attrayant*, c'est-à-dire en donnant au travailleur pour mobile le plaisir. Malheureusement pour cela il avait dû dégrader le travail en le transformant en une sorte de jeu. Néanmoins, si la méthode de Fourier était moins scientifique que celle de Taylor, elle s'inspirait d'une conception peut-être plus juste de la nature du facteur humain.

<h2 style="text-align:center">V</h2>

<h3 style="text-align:center">La vie utile.</h3>

Un proverbe français dit que « le temps est l'étoffe dont la vie est faite ». Mais le travail aussi a pour étoffe le temps. Il n'est pas en notre pouvoir, sinon dans d'étroites limites, d'allonger ou de raccourcir cette étoffe, mais il est en notre pouvoir de l'économiser. C'est pourquoi tout ce qui « fait gagner du temps » a une grande valeur au point de vue économique, sans même parler des autres. Nous avons indiqué à propos des machines qu'un de leurs principaux avantages c'était précisément de faire gagner du temps, soit pour le déplacement, soit pour le travail, soit pour les communications (téléphone, télégraphe)[1]. Quand les Américains disent *time is money*, ils ne visent pas le temps employé mais le temps économisé. Mais le temps n'a une grande valeur, économiquement parlant, que là où il est en quantité insuffisante pour les besoins. Chez les peuples d'Orient, il est surabondant puisqu'on n'en a pas l'emploi : aussi y est-il sans valeur.

Or il n'y a pour l'homme qu'une certaine portion de sa vie qui soit productive, économiquement parlant, c'est-à-dire qui puisse être employée au travail, d'où il résulte qu'il n'y a aussi dans tout pays qu'une certaine portion de la population qui puisse être employée à un travail productif. L'homme est bien loin de pouvoir consacrer au travail toute sa vie. Sans compter même le temps incalculable gaspillé par la paresse ou le mauvais emploi, il faut noter que l'homme ne peut :

1° Ni travailler *toutes les heures du jour*. Il faut bien déduire le temps du sommeil et le temps des repas, et l'expérience a prouvé que l'on ne gagnait rien, au point de vue de la productivité, à

---

[1] Le changement de l'heure selon la saison, si à la mode depuis la guerre, n'a point pour but de faire gagner du temps puisque la durée de la journée de travail reste la même — mais seulement d'économiser la lumière. Ce n'est donc pas dans le livre de la production mais dans celui de la consommation qu'il trouvera sa place.

vouloir forcer la durée de la journée du travail. Elle était autrefois de 14 à 15 heures. La pression des syndicats ouvriers ou la loi l'ont réduite, dans presque tous les pays, à 11 ou 10 heures, et même déjà en Australie à 8 heures, ce qui fait le tiers seulement de la journée. Assez rares les intellectuels qui peuvent donner au travail un plus grand nombre d'heures, voire même autant.

- 2° Ni travailler *tous les jours de l'année*. Il n'y a aucun pays où il n'y ait un certain nombre de jours fériés. L'Angleterre et l'Amérique observent avec rigueur le repos dominical : les Anglais s'accordent en plus l'après-midi du samedi. En Russie, il y a un nombre incroyable de jours où l'on fête quelque saint. Il y a d'ailleurs à faire la part des jours de maladie, en moyenne 7 à jours par an. Il est rare qu'un ouvrier, même des plus laborieux, atteigne une moyenne de 300 jours de travail dans l'année; le nombre donné par la statistique officielle en France est de 295.

3° Ni travailler enfin *toutes les années de la vie*, car il faut déduire les années de l'enfance et celles de la vieillesse.

La période durant laquelle l'homme peut gagner sa vie est ce qu'on appelle *la vie utile*. Quand il s'agit d'un ouvrier, elle commence à 14 où 15 ans et ne se prolonge guère au delà de 55 ans, soit une durée de 40 ans[1]. Pour les occupations qui n'exigent pas un travail manuel, professions libérales ou travaux scientifiques, la vie utile peut se prolonger beaucoup plus tard, mais elle commence beaucoup plus tard aussi, guère avant 30 ans : donc le laps de temps reste à peu près le même.

En somme, sur une vie de 80 ans, la période productive, la vie utile, n'en représente guère plus de la moitié et le nombre d'heures consacrées effectivement au travail guère plus de la sixième partie.

La situation démographique la plus favorable pour un pays est celle où le nombre de personnes appartenant à la période utile de la vie est proportionnellement le plus élevé. L'idéal (au point de vue purement économique, bien entendu) serait celui où il n'y aurait point d'enfants ni de vieillards, puisque ces deux catégories sont improductives. Évidemment la chose est impossible : pourtant les pays neufs, qui se peuplent surtout par l'immigration, se rapprochent beaucoup de cette situation ; car les immigrants y arrivent déjà à l'âge d'homme ou avec des enfants déjà grands, et parfois même ils ne sont plus admis au-dessus d'un certain âge.

[1] Plus du quart des hommes (262 p. 1000 en France) meurent avant d'avoir atteint l'âge de 18 ans. C'est un énorme déchet pour la société, puisqu'ils ont été élevés en pure perte. Il est vrai que la moitié de ce nombre (130 p. 1000) meurt dans la première année de la vie, ce qui réduit d'autant les frais.

C'est comme un pays où les hommes naîtraient adultes. C'est certainement un des facteurs de leur prospérité économique.

Les pays où la natalité est très faible, comme en France, se trouvent dans une situation démographique qui n'est pas sans présenter quelque analogie avec celle des pays neufs, puisque, le nombre des enfants étant moindre il en résulte nécessairement que *la proportion* des adultes dans la population est plus forte. Il est vrai que le nombre proportionnel des vieillards y est plus fort aussi, ce qui diminue la supériorité économique [1].

La *vie moyenne* est autre chose que la vie utile : c'est la durée moyenne de la vie dans l'ensemble d'une population. Supposons qu'on prenne tous les actes de décès de l'année, qu'on inscrive l'âge atteint par chacun des décédés, qu'on les additionne et qu'on divise le total par le nombre des décès, on aura le nombre d'années que chacun aurait vécu si tous avaient reçu la même part de vie [2].

[1] Voici la répartition des âges dans quatre pays (pour 1.000 habitants) (*Annuaire Statistique de la France*, année 1914, p. 161).

	France.	Angleterre.	Allemagne.	Russie.
Au-dessous de 20 ans . .	346	424	443	487
Entre 20 et 60 ans	529	498	479	443
Au-dessus de 60 ans . . .	125	78	78	70
	1.000	1.000	1.000	1.000

Donc, pour 1.000 habitants, la France en compte 50 de plus que l'Allemagne entre 20 et 60 ans, ce qui, sur une population de 40 millions, représente 2 millions de personnes de plus dans la période de vie utile et compense dans une très petite mesure, pour le service militaire comme pour le service industriel, l'infériorité de sa population.

Le rapport de la population totale entre les deux pays étant de 10 à 17, le rapport pour la population masculine adulte est de 10 à 15.

C'est en Russie que la proportion est la plus faible : cela tient à son énorme natalité et à sa forte mortalité.

[2] Voici la durée de la vie moyenne dans quelques pays :

Nouvelles Galles du Sud	55,9	France	45,7	Japon	44
Danemark	54,9	Allemagne	44,8	États-Unis	39,8
Suède	54,5	Angleterre	44,1	Indes	23,6

Ce qui est remarquable surtout, c'est l'allongement de la vie moyenne depuis un siècle. C'est ainsi que pour la France la durée n'était que de 38,3 en 1825 et pour la Suède de 39,3 à la même date : l'accroissement est donc de 20 p. 100 pour la France et de 38 p. 100 pour la Suède. Toutefois il faut remarquer que ce progrès est dû moins à l'allongement de la vie des adultes qu'à la diminution de la mortalité infantile.

Il s'agit, dans les statistiques ci-dessus, de la vie moyenne calculée à partir de la naissance, mais on peut la calculer à partir d'un âge quelconque. Et ce qu'il y a

La durée de la vie moyenne est évidemment un bon signe de
l'état sanitaire et même, peut-on dire, de la prospérité générale
d'une population. Cependant ce signe n'est pas très sûr, car une
faible natalité est aussi une des causes qui prolongent la vie
moyenne, par la raison que la première enfance compte toujours
la plus forte proportion de décès. C'est ainsi que la France a une
vie moyenne un peu plus longue que celle des autres pays d'Europe — sauf les États scandinaves — quoique pourtant l'hygiène
sociale y soit beaucoup moins avancée que dans d'autres
pays.

L'énorme proportion des périodes improductives dans le cours
de la vie est la principale raison d'être de l'épargne.

VI

L'apprentissage et l'enseignement professionnel.

Tout travail manuel consiste en une série de gestes combinés,
inventés au cours des âges par les travailleurs les plus habiles et
transmis d'une génération à l'autre, un peu par l'enseignement
oral ou écrit, mais surtout par la vue, l'imitation et la pratique.
Cet enseignement s'appelle, pour celui qui le reçoit, l'*apprentissage*.

Autrefois et surtout au moyen âge, où il paraît avoir atteint son
plus haut degré de perfection, l'apprentissage était, pour les fils
de la classe ouvrière, une période de la vie non moins importante, non moins longue et non moins coûteuse relativement, que
l'est aujourd'hui la période de la vie d'étudiant pour les fils de la
classe bourgeoise, et couronnée comme elle par un diplôme qui
était « le chef-d'œuvre ». C'était un enseignement non collectif
mais individuel qui prenait la forme d'un contrat entre le patron
et l'apprenti, contrat qui comportait de part et d'autre des obligations et des sanctions rigoureuses — du côté du « maître »

de curieux c'est que si on la compte à partir de vingt ans, elle n'est guère moins
longue qu'à partir de la naissance — en France, 41 ans pour les hommes, 44 ans
pour les femmes. Ce résultat inattendu s'explique facilement par la forte mortalité
du premier âge. On a plus de probabilités de longue vie à 20 ans qu'à la naissance.

Les pays où la *vie moyenne* est longue se trouvent aussi généralement bénéficier d'une longue vie utile. Cependant la vie utile n'est pas dans un rapport nécessaire avec la vie moyenne. Car imaginez deux pays : l'un où tout le monde meurt à
30 ans ; l'autre où une moitié meurt à la naissance et l'autre moitié ne meurt qu'à
60 ans. La vie moyenne sera la même dans les deux pays et pourtant combien le
second sera plus favorisé que le premier au point de vue de la vie utile ! elle y
sera de 40 ans au lieu de 10.

l'enseignement complet du métier; du côté de l'a prenti l'obéissance — et qui pouvait durer, selon le métier, de longues années. Ainsi s'était formée la classe admirable des artisans, nom qui était synonyme d'artiste au moyen âge. Le maître n'avait pas à craindre que l'apprenti, une fois instruit, vînt lui faire concurrence, car, d'après les règlements du régime corporatif, celui-ei ne pouvait s'établir qu'autant qu'une place de maître se trouverait vacante — très souvent celle-là même du maître chez qui il avait servi et auquel il succédait, surtout quand il avait réussi à épouser sa fille[1].

Aujourd'hui tout cela est changé. On se plaint qu'il n'y ait plus d'apprentissage et que par conséquent il n'y ait plus de bons ouvriers. C'est une des questions sur lesquelles on a le plus écrit en ces derniers temps. Les causes de ce changement ne sont pas difficiles à trouver. Voici les principales :

1° Dans la grande industrie, l'apprentissage est devenu à la fois presque *inutile* parce que, étant donnés le machinisme et la division du travail, chaque ouvrier n'est appelé à faire pendant toute sa vie qu'une tâche parcellaire : à quoi lui servirait-il d'apprendre à faire un soulier complet, puisqu'il n'aura jamais qu'à conduire la machine qui coud les semelles ou celle qui place les agrafes? — et presque *impossible* parce que le patron d'une grande usine a autre chose à faire que de se faire l'instructeur et le répétiteur d'une troupe d'apprentis[2].

2° L'apprentissage s'est donc réfugié dans la petite et moyenne industrie, par exemple chez le cordonnier qui travaille sur commande : mais là même il devient de plus en plus rare, car d'une

---

[1] On enseigne généralement que l'*apprenti*, le *compagnon* et le *maître* étaient superposés par ordre hiérarchique et que chaque ouvrier pouvait passer, au cours de sa vie professionnelle, par ces trois grades. Ce n'est pas tout à fait exact, en ce sens que l'apprenti pouvait devenir maître sans passer par le compagnonnage, s'il trouvait une place disponible. C'est quand ces places devinrent rares ou d'un accès difficile que le compagnonnage devint une sorte de stage nécessaire. Mais, quand le jour vint où les compagnons ne purent plus aspirer à la maîtrise, l'apprentissage resta-t-il obligatoire pour eux? Cela paraît assez douteux.

En tout cas c'est le compagnon qui est le père du prolétaire actuel.

[2] On indique souvent aussi une autre raison. C'est la loi imposant la durée de travail de 10 heures à tous les ateliers mixtes, c'est-à-dire ceux où il y a, avec les hommes, des jeunes gens de moins de 18 ans ou des femmes — tandis que là où il n'y a que des hommes, la durée légale de la journée est de 12 heures. Il en résulte que certains patrons, pour avoir la faculté d'user de la pleine journée, refusent systématiquement d'embaucher des jeunes gens et par conséquent de faire des apprentis. Cependant, comme on tend à généraliser la journée de 10 heures, les effets fâcheux de cette discrimination se feront de moins en moins sentir.

part, s'il y a plusieurs apprentis dans un petit atelier, il n'est guère possible de leur donner des leçons utiles et on les emploie à n'importe quoi. De plus, le patron ne se soucie pas de les instruire : car il ne désire nullement se créer à lui-même un concurrent que rien n'empêchera d'ouvrir boutique en face de la sienne. Ou il peut arriver que l'apprenti, sans attendre le jour où il s'établira pour son propre compte, aille se placer comme ouvrier chez un concurrent et fasse bénéficier celui-ci de ce qu'il aura appris. C'est un danger auquel sont exposés fréquemment les directeurs des maisons de couture avec leurs « premières ». Si l'apprentissage était si florissant sous l'ancien régime, c'est en partie parce que la libre concurrence y était inconnue.

3° Mais si les patrons n'ont nulle envie de former des apprentis, les parents eux-mêmes se soucient encore moins d'envoyer leurs enfants comme apprentis : ce qui les presse, c'est non que leurs enfants apprennent un métier, mais c'est qu'ils gagnent le plus vite possible. Or, un apprentissage sérieux est incompatible avec le paiement d'un salaire à l'apprenti : au contraire, c'est l'apprenti qui, comme au moyen âge, devrait payer le maître, ou bien si les parents se résignent à attendre et à faire des sacrifices pour l'avenir de leurs enfants, alors ce ne sera pas pour leur apprendre un métier, un travail manuel, mais pour en faire des employés.

4° Les enfants eux-mêmes ne se soucient pas d'être apprentis parce qu'ils ont pour ambition de gagner comme des hommes afin d'être indépendants de leurs parents. Donc, le patron répond à la fois au désir des parents, à celui des enfants et à son propre intérêt, en ne prenant plus d'apprentis ou, s'il en a nominalement, en les prenant comme demi-ouvriers, « petites mains », comme on dit pour les jeunes ouvrières, qu'on paie moitié prix et dont on tâche de tirer le meilleur parti possible [1].

Voilà plus qu'il n'en faut pour expliquer qu'il n'y ait plus guère d'apprentis. Il est possible d'ailleurs que, au point de vue purement économique, la grande industrie n'en souffre pas beaucoup car les connaissances et l'habileté individuelle de chaque ouvrier peuvent être remplacées, dans une certaine mesure, par les connaissances et l'habileté de l'ingénieur qui les dirige collectivement. Cependant la disparition de l'apprentissage se fait sentir

---

[1] Il peut arriver que les patrons trouvent leur compte à multiplier le nombre de ces soi-disant apprentis, parce qu'ils les payent à moitié prix et s'en servent pour remplacer les vrais ouvriers ; et, de là, la lutte incessante des syndicats pour la limitation du nombre des apprentis, lutte très justifiée, puisque plus tard ces apprentis, une fois devenus ouvriers, ne trouveraient plus d'emploi.

fâcheusement dans les industries d'art qu'il importe, en France plus qu'ailleurs, de sauvegarder. D'autre part, elle est regrettable au point de vue éducatif : — d'abord ne fût-ce que pour réagir contre l'évolution mécanique qui réduit l'ouvrier à une tâche monotone et parcellaire; puis aussi pour lui donner un peu de cœur à son travail qu'il ne peut aimer qu'autant qu'il le comprend et sait le situer dans l'ensemble auquel sa tâche se relie.

La disparition de l'apprentissage a en outre des conséquences très fâcheuses pour l'avenir du jeune ouvrier. L'effet salutaire de la préparation à un métier est remplacé par des occupations parasitaires parfois dangereuses pour la moralité, comme celles de chasseurs dans les cercles et cafés, commissionnaires, petites mains, qui déshabituent du travail régulier et peuvent même contribuer au développement de la criminalité juvénile. En tout cas, l'homme qui n'a point fait d'apprentissage n'a que peu de chances d'arriver jamais à toucher un salaire élevé et beaucoup de chances pour être souvent frappé par le chômage. Un homme qui a un bon métier dans la main n'a guère à craindre le manque de travail et, au contraire, dans toutes les professions, on se plaint qu'il n'y en ait point assez pour les besoins.

Pour ranimer donc l'apprentissage, on a proposé diverses mesures [1], telles que la rédaction d'un véritable contrat, dont les clauses et l'exécution seraient contrôlées par les conseils de prud'hommes ou les syndicats ouvriers, et qui donnerait des garanties tout à la fois au patron contre l'indiscipline et la désertion de l'apprenti et aux parents contre la négligence du patron à tenir ses engagements. Mais il serait difficile de faire accepter par les patrons le contrôle des syndicats ouvriers sur leurs apprentis, surtout s'il doit s'exercer sous forme de visites dans la fabrique. Pour les y engager, on a proposé d'assurer en compensation certains avantages à ceux qui feraient des apprentis, par exemple une diminution d'impôts. Resterait à savoir comment on s'y prendra pour surmonter la résistance des intéressés eux-mêmes, parents et enfants.

Par suite de ces difficultés, on a été conduit à chercher une solution d'un autre côté, dans l'*enseignement professionnel* donné hors de l'atelier, c'est-à-dire dans des écoles spéciales. Ce système paraît avoir ce grand avantage de donner au jeune ouvrier les

[1] En France, il n'y a sur l'apprentissage qu'une vieille loi du 22 février 1851, qui déclare bien que « le maître doit enseigner à l'apprenti progressivement et complètement l'art, le métier ou la profession qui fait l'objet du contrat », mais ne fournit aucun moyen pour atteindre ce but.

connaissances générales et variées qui lui permettraient d'être apte non à un seul, mais à plusieurs métiers, et par là de lui permettre plus tard de se retourner plus facilement et de moins souffrir du chômage. Et ces écoles professionnelles ont donné, en effet, dans divers pays, notamment en Allemagne, des résultats qui paraissent admirables. Mais il y a là aussi bien des difficultés :

1° D'abord, pour que cet enseignement donne des fruits, il faut que le jeune ouvrier puisse le suivre, et, pour cela, qu'il ait du temps libre. Il faudra donc :

soit lui réserver — entre la sortie de l'école primaire, qui est fixée à 13 ans en France, et l'entrée à l'atelier — un intervalle de quelques années où se placera cet enseignement. Mais alors il faut que la loi recule à 15 ou 16 ans l'admission des enfants dans les fabriques, sans quoi les parents préféreront les envoyer à la fabrique plutôt qu'à l'école ;

soit réserver sur le temps du travail en fabrique un certain nombre d'heures ou de jours pour que le jeune ouvrier puisse suivre les cours (car il ne peut plus être question alors d'*écoles* proprement dites, mais seulement de *cours* faits aux heures qui dérangeront le moins). Et il ne suffira pas qu'il le puisse, il faudra trouver un moyen de rendre obligatoire l'assiduité au cours. C'est le système adopté en Allemagne et qu'on propose d'essayer en France[1]. C'est au patron, et non aux parents, que la loi allemande a imposé le soin d'assurer la fréquentation des cours.

2° D'autre part, l'expérience semble établir que l'enseignement professionnel ne peut remplacer l'apprentissage à l'atelier, mais seulement le compléter. Le vieux dicton « l'on n'apprend à forger qu'en étant forgeron » se vérifie ici. On ne sait quels professeurs choisir. Si ce sont des professeurs de carrière, ils ne savent pas la pratique. Si ce sont des ouvriers, ils ne savent pas enseigner

---

[1] Le Conseil supérieur du Travail, dans sa session de 1906, a émis le vœu que de 13 à 16 ans les ouvriers fussent obligés à suivre ces cours pendant un certain nombre d'heures, prises sur le temps du travail mais qui ne pourraient dépasser 8 heures par semaine. Un projet de loi vient d'être déposé en ce sens.

En Allemagne, d'ailleurs, la législation tend à un double but :

a) à obliger les jeunes ouvriers, apprentis ou non, à la fréquentation des écoles professionnelles. Il y a une variété extraordinaire de cours et spécialités pour chaque métier, pour les garçons de café, pour les ramoneurs, etc. ;

b) mais aussi à développer l'usage du contrat d'apprentissage : on stimule les patrons en faisant du droit de former des apprentis une sorte de dignité pour celui auquel elle est conférée.

En Angleterre, les jeunes ouvriers de 12 à 14 ans ne font que le *demi-temps,* c'est-à-dire une demi-journée ou une journée sur deux.

quand ils sont hors de l'atelier. Cependant il est inexact ou tout au moins excessif de dire, comme on le fait fréquemment, que la plupart des élèves de ces écoles ne vont même pas à l'atelier au sortir de l'école professionnelle et qu'ils cherchent une issue dans les professions libérales et les fonctions publiques.

3° Enfin, l'enseignement professionnel coûte très cher.

Le nombre d'enfants qui atteignent chaque année l'âge de treize ans est, en France, d'un peu plus de 600.000. On peut évaluer à moitié environ le nombre de ceux qui sont destinés à devenir ouvriers ou employés, soit 300.000. En supposant que l'enseignement professionnel eût une durée de trois ans, il faudrait donc compter près de 1 million d'élèves. Or dans les écoles professionnelles de Paris, chaque élève coûte, selon l'école, de 430 à 1.250 francs, en moyenne plus de 800 francs. Si on devait donner cet enseignement à un million d'enfants dans des écoles spéciales, cela ferait près d'un milliard de francs[1] !

Les syndicats professionnels, tant ceux des ouvriers que ceux des patrons et mieux encore s'ils peuvent collaborer, pourront peut-être ressusciter l'apprentissage et renouer par là la tradition des anciennes corporations dans ce qu'elle avait de plus respectable. Ils pourront même peut-être créer à peu de frais un enseignement professionnel sous forme de cours. Les intérêts des syndicats patronaux et des syndicats ouvriers concordent ici, car s'il est très utile aux premiers d'élever la qualité de la main-

[1] L'enseignement professionnel est donné en France dans des écoles disséminées en catégories très diverses, différences marquées d'ailleurs par le fait que les unes relèvent du ministère de l'Instruction publique et les autres du ministère du Commerce.

Les premières, dites *Écoles primaires supérieures*, datent officiellement de 1833 et, en fait, d'une trentaine d'années. Elles sont au nombre de 360 avec moins de 100.000 élèves des deux sexes. Mais ils n'y apprennent par grand'chose. Les secondes, dites *Écoles pratiques de commerce et d'industrie*, sont de date beaucoup plus récente. Aussi ne sont-elles (en 1913) que 104 avec 14.000 élèves. En outre, il y a des écoles spéciales de mineurs, d'horlogers, etc., avec 2.000 élèves environ. Ces chiffres sont peu de chose, si l'on compte qu'il y a plus de 600.000 jeunes gens employés dans l'industrie. Pour l'agriculture c'est bien pis ! Dans nos rares écoles d'agriculture il n'y a que 3 ou 4.000 élèves.

Il y a de vives querelles entre les représentants de ces deux ordres d'enseignement pour savoir lequel des deux atteint le mieux, ou le moins mal, son but. Il semble bien résulter des statistiques que les écoles primaires sont surtout des petits lycées qui drainent vers les fonctions publiques les fils de la classe ouvrière les plus aisés.

Il y a aussi un assez grand nombre de cours professionnels organisés par les municipalités, les bourses du travail ou les sociétés philanthropiques, qui ont lieu généralement le soir pour que les jeunes gens puissent les suivre.

d'œuvre, il n'est pas moins utile pour les seconds d'avoir pour membres des ouvriers « qualifiés » parce qu'on ne peut pas remplacer ceux-ci au pied levé et que par conséquent leur coalition devient beaucoup plus redoutable.

En somme, le régime qui répondrait le mieux aux besoins d'un enseignement professionnel serait :

1° prolonger la durée de l'enseignement obligatoire de 13 jusqu'à 14 ans et employer cette année supplémentaire à ce qu'on appelle un *préapprentissage*, c'est-à-dire donner des connaissances générales mais pratiques sur le travail manuel, afin de permettre à l'enfant de choisir un métier — choix qui aura la plus grande importance non seulement pour son avenir mais pour l'avenir de l'industrie et qui jusqu'à présent a été laissé tout à fait au hasard ;

2° exiger un apprentissage sérieux pendant deux ou trois ans, sauf à indemniser les patrons et peut-être même les parents ;

3° instituer avec l'aide des syndicats et des villes des cours et imposer aux apprentis l'obligation de suivre ces cours professionnels, avec obligation aussi pour les patrons de leur laisser le temps nécessaire pris sur les heures de travail.

On trouvera sans doute que tout cela fait beaucoup d'obligations ? Mais, comme le dit très bien M. Maurice Alfassa : « en France, en matière d'apprentissage, la liberté, sans contrepoids, a fait faillite »[1].

CHAPITRE III

LE CAPITAL

I

Qu'est-ce que le capital ?

Comme nous l'avons déjà fait remarquer (p. 95), on ne voit pas très bien, au premier abord, ce que vient faire ici ce troisième facteur de la production et pourquoi il a l'honneur de figurer sur le même rang que les deux précédents. N'est-il pas un intrus ? Car si le Travail et la Nature nous apparaissent comme nettement distincts des richesses qu'ils produisent, nous savons, au contraire, que ce qu'on appelle le capital n'est autre chose que la

[1] Voir cet article de M. Maurice Alfassa sur *le Recrutement et la formation de nos apprentis*, dans *Le Correspondant* du 25 février 1916.

richesse envisagée sous un certain aspect que nous aurons à préciser tout à l'heure ; en d'autres termes, le capital n'est lui-même qu'un produit du travail et de la nature. Supposer qu'il ait la vertu d'engendrer à son tour la richesse, avec le concours de ses parents nécessairement, n'est-ce pas une sorte d'inceste économique ou, pour le moins, une confusion des termes ?

Et pourtant il n'y a rien là que de très simple. Car dire que le capital est un des facteurs nécessaires de la production, c'est constater simplement le fait *qu'aucune richesse ne peut être produite sans le concours d'une autre richesse préexistante.* Or c'est là un fait économique d'une importance telle qu'on ne saurait certes l'exagérer. Oui, de même que le feu ne peut être allumé, du moins dans les conditions ordinaires de la vie, sans une parcelle en ignition (allumette, tison, briquet) ; — de même qu'un être vivant ne peut être produit sans la présence d'une certaine portion de matière vivante préexistante (germe, cellule, protoplasma) ; — de même aussi nulle richesse ne peut être produite, dans les conditions économiques normales, sans la présence d'une certaine portion de richesse préexistante qui joue le rôle d'*amorce.* Il faut bien donner un nom à cette richesse préexistante dont la fonction est si caractéristique. Nous lui donnons celui de *capital.*

De tous les innombrables auteurs qui nous ont raconté des histoires de Robinsons et se sont proposé de nous montrer l'homme seul aux prises avec les nécessités de l'existence, il n'en est pas un seul qui n'ait eu soin de doter son héros de quelques instruments ou provisions sauvés d'un naufrage. Ils savaient bien, en effet, que sans cette précaution il leur faudrait arrêter leur roman dès la seconde page, l'existence de leur héros ne pouvant se prolonger au delà. Cependant tous ces Robinsons n'avaient-ils pas pour vivre les ressources de leur travail et les trésors d'une nature féconde, quoique vierge ? Oui, mais quelque chose pourtant leur faisait défaut et, comme ils n'auraient pu s'en passer, il faut bien que l'auteur s'arrange par un artifice quelconque pour le leur procurer : ce quelque chose indispensable c'est le *Capital.*

Il n'est pas besoin du reste d'aller chercher l'exemple d'un Robinson pour se convaincre de l'utilité du capital. Au milieu de nos sociétés civilisées, la situation n'est pas différente. Il n'est pas de problème plus difficile à résoudre, dans le monde où nous vivons, que d'acquérir quelque chose quand on ne possède rien. Considérez un prolétaire, c'est-à-dire un individu sans aucune avance ; que fera-t-il pour produire ce qui lui est nécessaire pour vivre, pour gagner sa vie, comme on dit ? Un peu de réflexion suffit pour montrer qu'il n'est aucun genre d'industrie productive qu'il puisse entreprendre ; pas même celle de braconnier, car il lui faudrait un fusil ou du moins des collets ; pas même celle de chiffonnier, car il lui faudrait un crochet et une hotte [1]. Il se trouve aussi misérable, aussi impuissant, et serait aussi sûrement condamné à mourir de faim qu'un Robinson qui n'aurait rien sauvé du naufrage — si, par le salariat, il ne pouvait entrer au service d'un capitaliste qui lui fournit, sous certaines conditions, les matières premières et les instruments nécessaires pour la production.

Sans doute les animaux sont bien obligés de se contenter de leur travail et de la nature pour suffire à leurs besoins. L'homme primitif a été nécessairement dans le même cas. Il est bien évident que *le premier* capital de l'espèce humaine a dû être formé sans le secours d'aucun autre capital. Oui, sans doute, de même que, pour reprendre les analogies de tout à l'heure, il a bien fallu que le premier feu fût allumé sans feu, et que la première cellule vivante soit éclose du monde inanimé, dans des conditions qui sans doute ne se reproduiront plus. De même, il a bien fallu qu'un jour l'homme sur cette terre, plus déshérité que Robinson dans son île, résolût le difficile problème de produire la première richesse sans le secours d'une richesse préexistante. C'est réduit au seul secours de ses mains que l'homme a dû mettre en branle l'immense roue de l'industrie humaine. Mais une fois mise en mouvement, le plus difficile était fait et la plus légère impulsion a suffi pour lui imprimer une vitesse sans cesse accrue. La première pierre ramassée à ses pieds, le silex éclaté au feu des anthropopithèques, a servi d'abord d'auxiliaire pour en créer une nouvelle dans des conditions un peu plus favorables et celles-ci, à leur tour, ont servi à en créer d'autres. La faculté de production croît suivant une progression géométrique, en raison de la quantité de richesse déjà acquise. Mais on sait que si une progression géométrique, arrivée à un certain point, s'accroît avec une rapidité vertigineuse, au contraire, pendant les premiers termes, l'augmentation est lente. Ainsi nos sociétés modernes qui, vivant sur les richesses accumulées de mille générations, se font un jeu de multiplier la richesse sous toutes ses formes, ne doivent pas oublier combien lente et périlleuse a dû être, dans les débuts,

---

[1] La production intellectuelle ne fait pas exception. Les professions d'avocat, de médecin, de magistrat, etc., supposent l'utilisation et la préexistence d'une certaine quantité de richesse, non seulement sous forme d'instruments de travail — bibliothèque, trousses, laboratoire, voiture, costume, etc., — mais surtout sous forme d'avances en argent pendant les années d'études et de noviciat.

l'accumulation des premières richesses et pendant combien de siècles ont dû se traîner les premières sociétés humaines à travers les âges obscurs de la pierre taillée et de la pierre polie, avant de réunir les premiers capitaux. Certes, beaucoup ont dû périr de misère en traversant ce redoutable défilé : il n'a été donné qu'à un petit nombre de races d'élite de le franchir heureusement pour s'élever au rang de sociétés vraiment capitalistes, *ad augusta per angusta.*

Mais précisons mieux la nature du service rendu par le capital. Il est double.

L'un est d'ordre technique : le capital se présente ici sous la forme d'*instrument*, en prenant ce mot au sens large, depuis la pierre taillée jusqu'à la machine la plus compliquée, jusqu'aux travaux d'art comme le canal de Suez et demain le tunnel de la Manche. Il s'agit d'une richesse qui n'a aucune utilité directe, en ce sens qu'elle ne peut satisfaire à aucun besoin de l'homme, mais qui sert à préparer d'autres richesses, celles-ci destinées à la consommation — une richesse *intermédiaire*, comme disait élégamment l'économiste autrichien, de Böhm-Bawerk. Les modes d'emploi des instruments, la technologie, c'est tout une science, nous n'avons pas à l'aborder ici[1].

L'autre est d'ordre économique : le capital se présente sous la forme d'*avances*, soit en approvisionnements en nature, soit, dans nos sociétés modernes, en argent ou même en titres de crédit, et le service qu'il rend, c'est de permettre d'*attendre* les résultats de l'opération productive. Toute opération productive demande du temps, et l'attente, comme l'effort, est une peine. Même quand il s'agit de la nature, il faut du temps pour faire mûrir les fruits et pour bonifier le vin dans les bouteilles. De même quand il s'agit du travail de l'homme.

En règle générale, cette durée est d'autant plus longue que l'opération doit être plus productive. Quand il s'agit de travaux qui font vivre l'homme au jour le jour, *from hand to mouth* (de la main à la bouche), comme disent les Anglais, tels que la chasse, la pêche, ou la cueillette des fruits sauvages, quelques heures suffisent; mais quand il s'agit de travaux agricoles, d'entreprises industrielles, l'intervalle qui sépare le premier labour de la moisson ou de la vendange, l'installation des métiers de la vente des tissus, peut se mesurer par des années. La durée de tout travail est même plus longue qu'il ne semble, parce qu'on ne pense pas

---

[1] Voir Espinas, *Les origines de la technologie*, 1897.

qu'il faut y ajouter le temps employé à la production des instruments qui n'ont été fabriqués qu'en vue de ce travail. Et c'est précisément pour la production de ces machines ou travaux d'art que les délais sont les plus longs. Combien de temps s'est-il écoulé entre le jour où le premier coup de pioche a été donné par de Lesseps dans le canal de Panama et le jour où le premier navire y a passé? Trente-cinq ans.

La notion de capital est donc étroitement liée à celle de durée, et cela non seulement dans le domaine de la production, mais aussi dans celui de la répartition, puisqu'on dit que l'intérêt « est le prix du temps »[1].

---

[1] Mais il faut savoir que les économistes ne sont pas d'accord sur ce double caractère du capital.

Les uns, d'abord Rodbertus, puis Böhm-Bawerk, dans leurs livres spéciaux sur le capital, ne veulent reconnaître le capital que sous la forme d'instruments ou de matières premières et refusent absolument la qualification de capital à tout approvisionnement, par la raison qu'un approvisionnement ne peut se composer, par définition même, que de provisions, c'est-à-dire d'objets de consommation. Ils voient donc là une confusion qui ne peut donner lieu qu'à des erreurs, et notamment à cette grave erreur si répandue que le capital est le résultat de l'épargne. En effet, disent-ils, le travailleur est bien obligé de manger pendant qu'il produit, mais il ne mange pas à seule fin de produire : il mange pour vivre.

D'autres, comme Stanley Jevons, déclarent tout au contraire que le capital est uniquement le stock des approvisionnements accumulés en vue de la production, et qu'il ne faut pas y classer les instruments, attendu que ceux-ci n'ont pu être produits précisément que sous la condition préalable d'avoir des avances.

Dans les premières éditions de ce livre, nous nous étions rangé à la première manière de voir. Mais, réflexion faite, elle nous a paru trop exclusive, car, à l'argument que les approvisionnements ne peuvent être distingués des objets de consommation, il faut répondre qu'ils ne le peuvent plus en effet quand vient le moment de les consommer, mais ils s'en distinguent pour aussi longtemps qu'ils sont *réservés*. Le capital sous forme d'approvisionnements ce n'est pas le pain sur la table, mais c'est le blé dans le grenier, c'est l'argent « mis de côté », comme dit la locution courante.

Inversement, la doctrine qui réduit le capital aux approvisionnements est trop étroite, car il se peut que l'instrument soit une forme originaire du capital sans impliquer nécessairement un approvisionnement préalable. Rien ne prouve, ni même ne permet de penser que pour tailler ses premiers silex l'homme préhistorique ait dû entasser des provisions (voir ci-après *Comment se forme le capital*).

Walras excluait de la catégorie des capitaux non seulement les approvisionnements, mais même les matières premières ou instrumentaires, telles que le charbon. D'après sa doctrine, est capital seulement la *richesse durable* et qui peut servir à plusieurs usages successifs (ce que l'on appelle aujourd'hui, comme nous le verrons plus loin, capital fixe), et tout ce qui se consomme par premier usage il l'appelle *revenu*. Cette terminologie n'a pas prévalu, car, si elle a le mérite de la simplicité, elle se fonde sur un fait très important certes, la durée, mais qui n'a aucun rapport essentiel avec la productivité. Rien de plus durable et néanmoins de plus improductif que la Grande Pyramide.

La question : qu'est-ce que le capital? semble en appeler une autre : qu'est-ce que le revenu? Mais le revenu se trouve suffisamment défini par la définition que nous avons donnée du capital : est revenu, en effet, tout ce qui n'est pas capital, c'est-à-dire tout produit destiné à nous procurer une satisfaction immédiate [1]. La vache et son lait, le métier et le tissu, le titre et les coupons qu'on en détache, voilà les illustrations du capital et du revenu.

Le revenu est donc, comme d'ailleurs le mot le suggère, un flot qui s'écoule et revient sans cesse, l'eau qui coule de la fontaine. Il est d'usage de mesurer le débit par période d'une année, ce qui fait dire que le revenu est annuel; en réalité, il est continu.

Mais, à l'état de société, nous perdons l'habitude de considérer le revenu sous la forme concrète d'objets de consommation, de produits en nature : le revenu ne nous apparaît que sous forme de monnaie, c'est-à-dire de moyens d'achat de ces objets de consommation. Quand on dit d'une personne qu'elle a 10.000 francs de revenu, cela veut dire qu'elle a le pouvoir d'acheter et de consommer annuellement pour une valeur mesurée par ce chiffre.

C'est la valeur du revenu qui mesure la valeur du capital; il ne peut en être autrement puisque le capital n'a pas d'autre utilité que celle de ses produits. Toute valeur énoncée comme capital — rente, action ou même terre — n'est que la valeur du revenu net capitalisé, c'est-à-dire multiplié par un certain chiffre qui s'appelle le taux du revenu et qui varie selon des lois que nous aurons à étudier ailleurs.

Le revenu peut se transformer en capital toutes les fois qu'au lieu d'être consommé, il est placé, c'est-à-dire employé dans une opération productive : c'est heureusement le cas pour une notable part des revenus dans tous les pays en progrès. Mais inversement le capital peut-il se transformer en revenu? Non, s'il s'agit du capital instrument, comme dans les exemples de tout à l'heure; oui, s'il s'agit de capital sous forme d'approvisionnement ou d'argent — ne dit-on pas manger son capital? [2] — Seulement cette consommation sera de courte durée, car elle cessera dès que le capital sera consommé.

---

[1] Nous disons consommation *immédiate* pour écarter la définition de Walras qui appelait revenu tout ce qui est destiné à la consommation, même à la consommation industrielle, par exemple le minerai de fer, le charbon, la laine, etc. Voir note précédente.

[2] Sans doute on peut manger indirectement son capital ou, comme on dit, le *réaliser,* même sous forme d'instrument, usine, mine, troupeau, en le vendant

Au reste la notion du revenu s'étend dans une sphère beaucoup plus large que celle du capital puisqu'il y a aussi le revenu de la terre et celui du travail. Nous aurons à les classer quand nous en serons à la répartition.

II

Quelles sont les richesses qui sont des capitaux et celles qui ne le sont pas.

Quand on fait l'inventaire d'une fortune privée, par exemple dans une succession, on distingue trois catégories de biens :

1° Les *biens immobiliers* : terres et maisons ;

2° Les *capitaux* qu'on appelle aussi valeurs mobilières : titres en portefeuille, qui sont des créances sur les Compagnies ou sur l'État ou sur des particuliers, actions, obligations, rentes, etc.) ;

3° les *meubles* qui servent à notre vie quotidienne : meubles d'appartement, vêtements, livres, objets d'art, argenterie, vins, tout ce qui figure dans nos polices d'assurances contre l'incendie, et, en plus, l'argent.

Ces trois catégories correspondent, en effet, à des différences marquées par la nature des choses. Dans les deux premières se trouvent les biens qui rapportent des revenus, et la troisième comprend ces revenus eux-mêmes réalisés sous la forme concrète de biens destinés à nous procurer quelques jouissances.

Aussi les économistes les ont-ils à peu près adoptées. Ils conservent ces trois grandes catégories qu'ils appellent : *la terre, les capitaux, les biens de consommation*, mais ils apportent à cette classification quelques corrections.

D'abord la distinction entre immeubles et meubles, qui a une si grande importance au point de vue juridique (exagérée d'ailleurs et qui tend à décroître par le fait même de l'évolution économique), ne présente guère d'intérêt pour l'économiste.

Dans la première catégorie, nous maintiendrons la terre, non parce qu'elle est immeuble, mais parce qu'elle est la mère de toute richesse, et non seulement la terre cultivable, mais les mines, les chutes d'eau et tout ce dont nous avons parlé sous le nom de nature.

Mais nous mettrons en dehors de cette première catégorie les

______

ou en l'hypothéquant, c'est-à-dire en l'échangeant contre un capital argent et en dépensant celui-ci. Encore faut-il trouver un acheteur ou prêteur qui consente à faire l'échange. Et c'est pourquoi dans un temps de crise comme la guerre actuelle, un pays ne peut faire argent de ses capitaux qu'autant qu'il trouve des acheteurs ou des prêteurs à l'étranger.

maisons. Toute maison, en effet, n'est qu'un produit : peu importe qu'elle soit fixée au sol : les rails aussi le sont. Et où ferons-nous passer les maisons alors ? dans la deuxième catégorie, celle des capitaux ? ou dans la troisième, celle des objets de consommation ? A notre avis, c'est dans cette dernière qu'elles doivent être classées, pour autant du moins qu'il s'agit de maisons d'habitation, car s'il s'agit d'usines, fermes, magasins, alors évidemment leur place est parmi les capitaux. Mais si la maison n'a d'autre destination que de nous loger, c'est-à-dire de nous abriter du froid, de la pluie, comme un manteau, un parapluie, un lit, et même en tant qu'elle nous procure le confort du foyer, avec les jouissances morales et matérielles que comporte ce mot, elle satisfait à des besoins immédiats. La maison est la boîte où nous rangeons tout ce qui sert à nos besoins quotidiens. Le fait que la maison est un bien de longue durée ne signifie rien, car cette durée n'est pas plus longue ni même autant que celle de bon nombre des objets qu'elle renferme, argenterie, bronzes, argent, et même certains meubles [1].

Mais les maisons ne sont pas les seuls biens pour lesquels le classement dans l'une ou l'autre des catégories peut donner lieu à discussion : il y en a bien d'autres. Entre les trois catégories les lignes de démarcation sont un peu flottantes.

D'abord entre les capitaux et la terre. Sans doute celle-ci est la mère de toute richesse tandis que le capital n'est qu'un produit du travail et de la terre elle-même, mais si cette distinction est simple et frappante lorsqu'on considère la terre à l'état de nature, elle devient un peu plus trouble lorsqu'on considère la terre telle que l'ont faite les travaux de mille générations, la terre défrichée, cultivée, amendée, irriguée, drainée, la terre qui dans l'horticulture est devenue un terreau aussi modifié par la main de l'homme que l'argile du potier. En cet état, ne faut-il pas qualifier la terre de capital ?

Non ! il faut dire seulement qu'elle a absorbé une quantité énorme de capitaux. Mais ces capitaux, par le fait qu'ils ont été investis en la terre et comme digérés par elle, ont perdu le carac-

[1] Cependant, je dois dire que cette distinction est vivement contestée. Beaucoup d'économistes estiment qu'une maison est toujours capital, même quand elle ne sert qu'à l'habitation, parce qu'elle est toujours productive d'un revenu qui est l'abri, le confort, le service rendu. — Mais, à ce compte, le fauteuil où je m'assieds devrait être de même un capital productif de revenu, car il me rend aussi « un service » ? En effet certains économistes, notamment MM. Walras et Irving Fisher, vont jusque-là.

tère de capitaux et ils suivent désormais sa loi, par exemple la loi du rendement non proportionnel. C'est seulement aux bâtiments élevés sur la terre et à l'outillage qu'ils contiennent, avec le cheptel, que doit être réservé le qualificatif de capital[1].

De même entre les capitaux proprement dits et les biens de consommation, ceux-ci destinés à la satisfaction immédiate de nos besoins, ceux-là ne servant qu'à produire les seconds, la distinction paraît très nette et pourtant elle ne l'est pas.

En effet, il faut remarquer que beaucoup de choses possèdent des propriétés multiples, sont à double fin, en sorte qu'elles sont à cheval sur la ligne de démarcation et qu'on peut les classer, selon celle de leur propriété qu'on utilise, soit dans la première, soit dans la deuxième catégorie. Un œuf est à la fois un germe et un aliment : il est donc capital si on utilise ses propriétés germinatives pour le faire couver, et objet de consommation si on utilise ses propriétés alimentaires pour le servir sur le plat. Le charbon est un capital s'il sert à chauffer une locomotive, et objet de consommation s'il sert à chauffer les pieds. Une automobile peut être indispensable à un médecin, auquel cas elle sera un capital, mais elle peut aussi ne servir qu'à la promenade.

Mais voici une bien autre difficulté ! C'est qu'il n'y a aucun bien, même ceux qui par leur nature ne peuvent servir qu'à la consommation personnelle et à l'agrément, qui ne puisse être vendu, loué, prêté, et par là ne puisse rapporter un revenu, un profit à son propriétaire. Or comme le fait de rapporter un revenu est devenu aujourd'hui le trait caractéristique du capital, il faut donc reconnaître qu'il n'y a pas un seul bien qui puisse devenir un capital si le propriétaire, au lieu de l'employer à ses besoins personnels, s'en fait un instrument de lucre. Non seulement une automobile, une villa de bains de mer, un costume de carnaval, peuvent être *loués* et par là devenir capital, mais n'importe quelle

[1] Si la Nature ne doit pas être confondue avec le Capital, il faut dire de même du Travail, car il est évidemment un facteur originaire, distinct de ses produits.

Pourtant le travail peut, lui aussi, comme la terre, se trouver bonifié par un travail préexistant : l'éducation ne fait pas autre chose. Aussi plusieurs économistes qualifient-ils de capitaux *les connaissances acquises :* par exemple, dans les professions libérales ou les fonctions publiques, celles qui sont constatées par les diplômes.

Mais ici aussi il faut maintenir ferme la distinction entre le Travail et le Capital. Il est vrai que ces connaissances pourront être des sources de revenus, mais ces revenus n'en seront pas moins les fruits du travail. Ce qu'il faut dire, c'est que ces connaissances n'ont pu être acquises et ces diplômes conquis que grâce à la possession d'un certain capital argent, mais ceci est une autre question.

denrée qui se mange ou se boit, n'importe quel article de parure
ou d'amusement, peut servir d'objet à un *commerce* et par là devenir ce qu'on appelle « un fonds de commerce », c'est-à-dire précisément un capital.

En un mot, voici tous les biens de consommations qui vont
rentrer pêle-mêle, par la voie de la vente ou de la location, dans la
catégorie des capitaux et notre classification est à vau-l'eau !

Il faut la maintenir pourtant, mais en introduisant une distinction nouvelle et essentielle : celle entre capitaux *productifs* et capitaux *lucratifs*.

Les capitaux productifs ce sont ceux qui par leur nature ne
peuvent servir qu'à la production de richesses nouvelles et n'ont
été faits que pour cela. Tout ce qui est instrument, machine,
travaux d'ingénieur, a ce caractère.

Les capitaux lucratifs ce sont des richesses qui par leur nature
ne peuvent servir qu'à la consommation, mais qui par la destination que leur donne leur propriétaire, en les vendant, en les louant
ou en les prêtant, peuvent rapporter un revenu, comme toutes
celles que nous venons de citer en exemple. Ils ne produisent
donc rien au point de vue social, car ils n'accroissent en rien la
somme des richesses existantes, mais ils produisent fort bien au
point de vue individuel, car ils peuvent donner de gros profits[1].

Est-ce à dire que tout capital lucratif implique un cas de parasitisme ? Nullement, car un bien de consommation n'en est pas
moins une richesse, n'en a pas moins une valeur d'échange qui
peut justifier le revenu qu'on en retire : on ne saurait dire que le

---

[1] M. de Bœhm-Bawerk, dans son livre sur *le Capital*, approuve cette classification et cette terminologie ; toutefois il préfère appeler les capitaux productifs
capital social, et les capitaux lucratifs *capital individuel*. Il veut dire que les
premiers seuls peuvent accroître la richesse sociale, tandis que les seconds ne
peuvent augmenter que la richesse individuelle — ce qui est très vrai. Néanmoins
l'expression peut induire en erreur, car, en se plaçant à un autre point de vue, les
capitaux lucratifs ne peuvent se concevoir que dans la vie de société, parce qu'ils
supposent au moins un prêteur et un emprunteur, tandis que les capitaux productifs
existent même pour un Robinson.

L'économiste allemand Rodbertus, qui le premier a mis en lumière cette distinction, employait pour désigner ces deux catégories les mots de *capital-objet* et
capital-privé. M. Châtelain, qui a contribué beaucoup à faire connaître Rodbertus
en France (où il était parfaitement inconnu jusqu'à une date assez récente) et a
édité la traduction française de son livre *Le Capital*, proposé les mots de *capital
économique* et *capital juridique*, voulant dire par là que les caractères du premier tiennent à sa nature, tandis que ceux du second tiennent seulement à l'existence du droit de propriété.

Rodbertus déclare que « la confusion entre ces deux aspects du capital a causé
dans l'Économie politique le plus funeste des embrouillamini ».

propriétaire qui me fait payer un loyer me vole. Il est vrai que puisque l'appartement que j'occupe ne produit rien, je devrai prélever le prix du loyer sur le produit de mon travail, mais autant peut-on dire du prix que je paie pour mon pain ou pour tout objet de consommation.

Il est à remarquer que précisément ce que tout le monde appelle « les capitaux » dans le langage courant, par opposition à la propriété immobilière, à savoir toutes les *valeurs mobilières* représentées par des titres de rente sur l'État, obligations ou actions, créances hypothécaires, etc., ne sont en général que des capitaux *lucratifs*, en ce sens qu'ils ne donnent d'autre revenu que celui tiré de la bourse du débiteur ou du contribuable.

Cependant il y a des distinctions à faire. Le titre de *rente sur l'État* ne représente généralement qu'un prêt de consommation, le plus souvent pour des dépenses de guerre ou autres besoins de l'État — sauf le cas assez rare où l'État aura emprunté pour exécuter des travaux publics ou pour créer une industrie nationale. Par conséquent le revenu qu'il donne (les arrérages, comme on dit, quand il s'agit d'emprunts en rentes perpétuelles dont le capital n'est jamais exigible) n'est pas le prix d'un produit ou d'un service économique, mais une créance prélevée sur les revenus du débiteur, en l'espèce sur les revenus des contribuables. L'impôt est une *dette*, le loyer est une *dépense :* ce n'est pas la même chose[1].

Il en est de même des *obligations* (de villes, de chemins de fer, du Crédit Foncier, etc.), qui ne sont que des créances chirographaires ou hypothécaires.

Il en est autrement des *actions*. Celles-ci représentent toujours un prêt fait à quelque société industrielle en vue d'une entreprise productive, et les dividendes qu'elles touchent sont prélevés sur les produits de cette entreprise. Des actions de mines de houille ou de chemins de fer ne sont que les titres représentatifs des capitaux concrets qui travaillent sous forme de puits de mines, galeries, bennes, rails, locomotives, etc. Seulement, il faut prendre garde, quand on fait l'inventaire de la fortune du pays, de ne pas les compter deux fois — une fois le capital en nature, une fois le titre qui n'en est que le signe — l'un est le capital réel, l'autre n'est que son ombre.

Que dire de l'argent, soit monnayé, soit en billets? Faut-il le

[1] Et voilà pourquoi, dans la déclaration pour l'impôt général sur le revenu, la loi permet de déduire les intérêts des dettes, y compris les impôts, mais non de déduire le loyer.

considérer comme un capital ou comme un bien de consommation? Et si on le qualifie de capital, sera-t-il un capital productif
ou lucratif? La question ne comporte pas de réponse précise parce
que l'argent est tout ce qu'on veut : c'est là précisément sa caractéristique et sa vertu de pouvoir servir à toutes fins — à nous
procurer des jouissances immédiates quand il est dans notre
porte-monnaie; — à servir à la production quand, sous forme
de salaires, il est distribué aux ouvriers; — à pourvoir aux
besoins à venir quand il va, sous forme d'épargne, s'accumuler
dans un coffre-fort. C'est donc la destination qu'on lui donnera
qui décidera seule de la qualification qu'on doit lui donner. Et
si les pièces sont portées en colliers comme les sequins par les
femmes d'Orient, l'argent deviendra simplement un ornement.

Cependant si nous regardons non aux individus mais à la société,
nous pensons qu'il faut classer la monnaie parmi les capitaux
productifs, en tant qu'instrument et véhicule nécessaire de l'échange
et au même titre que les wagons, les poids et mesures, etc[1].

III

Dans quel sens faut-il entendre la productivité des capitaux ?

Le rôle que joue le capital dans la production donne lieu à de
fâcheuses confusions.

Généralement on dit que tout capital donne un revenu : cela
paraît être dans sa nature. Et on s'imagine qu'il le donne de la
même façon qu'un arbre donne des fruits ou qu'une poule donne
des œufs : en sorte qu'on voit dans le *revenu* un produit formé
exclusivement par le capital et sorti de lui, et on est conduit à
penser que si un capital ne produit pas des revenus c'est qu'il est
frappé de quelque infirmité congénitale [2].

---

[1] Cette solution a été critiquée. M. Châtelain notamment ne veut voir dans l'argent qu'un capital lucratif, parce que par lui-même il ne peut rien produire, mais
n'a d'autre rôle, quand il est placé ou mis dans le commerce, que de procurer un
profit. Mais la balance et la pierre de touche que le marchand chinois portait naguère
à sa ceinture ne produisent rien non plus, et n'ont pour but que de vérifier la
valeur des lingots d'argent. Cependant si elles sont indispensables au commerce,
elles sont un capital : alors pourquoi le petit lingot d'argent lui-même ne serait-il
pas ?

[2] En grec, l'intérêt se disait τόχος qui veut dire « génération » et qui se
retrouve d'ailleurs dans le terme juridique employé pour désigner l'intérêt composé : « anatocisme ».

Et ce qui contribue à propager cette idée fausse c'est que la plupart des capitaux nous apparaissent sous la forme de titres de rentes, d'actions ou d'obligations, desquels, suivant la formule consacrée, on *détache des coupons* qui représentent le revenu. Pendant six mois ou un an, suivant la nature du titre, le coupon grossit; le jour de l'échéance arrivé, il est mûr : on peut le cueillir, et en effet on le sépare d'un coup de ciseau.

Bien plus : de même que quand le fruit ou le grain est cueilli on peut le semer à nouveau et faire pousser une nouvelle plante qui donnera de nouveaux fruits, ou de même que lorsque l'œuf est pondu on peut le mettre à couver et faire éclore un poussin qui donnera de nouveaux œufs — de même, en plaçant ce coupon, on peut créer un nouveau capital qui donnera de nouveaux coupons d'intérêt, et on croit voir ainsi le capital croître et se multiplier suivant les mêmes lois que celles qui président à la multiplication des espèces végétales ou animales. Mais la loi de l'intérêt composé, car c'est ainsi qu'on l'appelle, est bien autrement merveilleuse que la multiplication des harengs ou des microbes. Car un simple sou, placé à intérêts composés au premier jour de l'ère chrétienne, aurait produit aujourd'hui une valeur égale à celle de quelques milliards de globes d'or massif du volume de la terre; ce calcul d'arithmétique est resté célèbre.

Il faut dissiper toute cette fantasmagorie qui échauffe si fort, et non sans raison, la bile des socialistes. Cette espèce de force productive et mystérieuse que l'on attribue au capital et qui lui serait propre, cette vertu génératrice, est pure chimère. Quoi qu'en dise le dicton populaire, l'argent ne fait pas de petits, et le capital pas davantage. Non seulement un sac d'écus n'a jamais produit un écu, comme l'avait déjà remarqué Aristote, mais un ballot de laine n'a jamais produit un flocon de laine, ni une charrue de petites charrues; et s'il est vrai — comme le disait Bentham pensant réfuter par là Aristote — qu'un troupeau de moutons reproduise d'autres moutons, ce n'est assurément point parce que ce troupeau est un capital, mais simplement parce qu'il se compose d'animaux et que la nature a doué les êtres vivants de la propriété de reproduire des individus semblables à eux-mêmes. Mais le capital en tant que matière première, instrument ou approvisionnement, est absolument inerte tant qu'il n'a pas été vivifié par le travail.

Il est vrai que, comme nous l'avons vu (p. 135), le travail, lui aussi, dans les conditions économiques actuelles, est stérile sans le concours du capital. On pourrait donc être tenté de conclure qu'ils sont l'un et l'autre également inféconds tant qu'ils sont séparés, créateurs dès qu'ils sont réunis, et sans qu'on puisse distinguer la part de chacun d'eux, pas plus que celle des deux sexes dans la génération. Mais il ne faut pas les mettre sur le même pied, car nous avons vu (p. 78) que le capital n'est lui-même qu'un produit du travail. Dire que le travail est stérile sans le concours du capital, cela veut dire tout simplement que le *travail présent* ne peut produire qu'avec la collaboration du *travail passé*. Une charrue avec son attelage, entre les mains du laboureur, peut lui permettre de produire beaucoup plus de blé que le seul travail de ses mains. Et c'est ce supplément de blé qui constitue le soi-disant revenu du capital. Néanmoins, il ne vient pas de la charrue. Il vient *de l'homme aidé par la charrue*. Et la charrue elle-même vient du travail d'un homme présent ou passé. C'est le cas de rappeler, à ceux qui ne voient dans la charrue que le capital, cette belle pensée de M. Alfred Fouillée que l'inventeur de la charrue laboure invisible à côté du laboureur.

Pourtant il y a beaucoup de gens qui ne font rien et qui vivent du produit de leur capital. On les appelle les rentiers. Alors comment l'expliquer si le capital n'est pas productif par lui-même? Bien simplement. Si le rentier ne vit pas sur les produits de son travail, puisque par définition il ne travaille pas, il vit sur les produits du travail d'autrui, de celui qui fait valoir son capital. Car le rentier a *placé* son capital, ce qui veut dire qu'il l'a prêté à d'autres personnes qui l'utilisent. Donc toutes les fois qu'un rentier touche un coupon, il faut en conclure qu'il y a quelque part, au loin ou au près, des hommes qu'on ne voit pas, *lesquels travaillent avec ces capitaux empruntés et dont le travail a produit les intérêts, profits ou dividendes, touchés par le rentier.* Les coupons d'intérêt des actions ou obligations de charbonnage représentent la valeur des tonnes de houille extraites par le travail des mineurs, et les coupons des actions ou obligations de chemins de fer représentent les résultats du travail des mécaniciens, hommes d'équipe, chefs de gare, aiguilleurs, qui ont coopéré au transport. C'est ce qu'on appelle parfois « faire travailler son capital ». Et Rodbertus fait remarquer que la notion exacte de la situation a été intervertie à ce point que l'on admet couramment que ce sont les capitalistes qui « donnent du travail » aux travailleurs et les font vivre, alors qu'en réalité ce sont les travailleurs qui donnent un revenu au capital et font vivre le capitaliste-rentier [1].

---

[1] Cette distinction entre le capital *productif* qui produit des richesses nouvelles et le capital *lucratif* qui procure seulement à son propriétaire le droit de prélever

Il en est ainsi alors même que le capital entre les mains de l'emprunteur a été dissipé ou consommé improductivement. En ce cas, les intérêts touchés par le prêteur ne représentent plus le produit du travail de l'emprunteur, mais toujours celui de quelqu'autre qu'il faut chercher plus loin. Par exemple, les coupons de titres de rentes sur l'État ne représentent pas généralement des richesses produites par le travail ou l'industrie de l'État, puisque celui-ci a l'habitude de dépenser improductivement la plupart des capitaux à lui prêtés, mais ils représentent le produit du travail de tous les Français qui, sous forme de contributions, a été versé annuellement dans les caisses du Trésor et passe de là dans les mains des rentiers. Et quand un fils de famille emprunte de l'argent pour le manger, les intérêts qu'il paie à l'usurier ne représentent certes pas le produit de son travail, mais peut-être celui de ses fermiers ou, s'il doit rembourser le prêt sur son héritage, le produit du travail de son père. Et longtemps après que le capital prêté aura été dissipé en débauches par le fils de famille ou qu'il se sera dissipé en fumées sur les champs de bataille, il demeurera tout de même en tant que capital lucratif, c'est-à-dire comme titre de créance, entre les mains de l'usurier ou du rentier sur l'État.

Il faut donc conclure que le soi-disant produit du capital n'est jamais que le produit du travail — parfois du travail de son possesseur, mais très fréquemment aussi, dans nos sociétés, le produit du travail d'autrui. Il n'en résulte pas nécessairement que le prélèvement du capital soit toujours parasitaire, comme se hâtent trop de l'affirmer Rodbertus et les socialistes. C'est possible, mais le fait de vivre sur le travail d'autrui n'implique nullement en soi une exploitation, puisque chacun de nous, étant donné le régime social de la division du travail et de l'échange, est appelé à vivre du travail d'autrui. C'est la mutualité. Elle ne dégénère en exploitation ou en charité que si le service rendu, la prestation reçue, ne comporte point d'équivalents. Il s'agit de savoir si, en ce qui concerne le rentier, on peut lui accorder, jusqu'à preuve du contraire, que la prestation du capital faite par lui à l'emprunteur a procuré à celui-ci un avantage, précisément celui de rendre

une part des richesses déjà créées, a été mis en lumière surtout par Rodbertus dans le livre déjà cité. Mais elle a été formulée après lui en termes plus expressifs par Duhring (1872) en opposant les deux termes de *productivité* et *rentabilité*. Rodbertus n'était d'ailleurs nullement socialiste, mais au contraire appartenait à l'extrême droite du parti conservateur propriétaire prussien : il est mort en 1875.

son travail plus productif ou même de le rendre possible, et dont
l'intérêt payé ne serait que l'équivalent? Mais ici nous sortirions
du domaine de la production pour entrer dans celui de la répartition; ajournons donc cette question aux chapitres de l'intérêt
et des profits.

IV

Capitaux fixes et capitaux circulants.

Le capital n'est pas éternel. Généralement même il ne dure pas
très longtemps parce qu'il se détruit par l'acte même, instantané
ou indéfiniment répété, de la production [1], mais, selon que sa
durée sera plus ou moins longue, il pourra servir à un nombre
d'actes de production plus ou moins considérable.

Mais le capital acquiert une durée illimitée quand il ne reste
plus en nature, sous une forme concrète, mais se mue en la forme
abstraite d'une *valeur*, car alors il se renouvelle constamment par
le remboursement ou l'amortissement. Tel est le cas, par exemple,
du capital prêté à un emprunteur qui doit payer éternellement
l'intérêt, comme le prêt fait à l'État en *rente perpétuelle*, ou lorsque
l'argent prêté doit être restitué à l'échéance, ce qui permettra de
le prêter de nouveau et ainsi de suite indéfiniment; ou bien c'est
une valeur mise dans l'industrie ou le commerce par son propriétaire et qui doit reproduire non seulement un revenu, mais aussi
une plus-value suffisante pour reconstituer cette valeur en cas de
perte. De là les comparaisons mythologiques, appliquées fréquemment au capital par les économistes, celles de Protée ou du
phénix renaissant de ses cendres.

[1] C'est par cette loi du renouvellement incessant du capital que Stuart-Mill
expliquait le fait souvent remarqué, mais assez mystérieux, de la rapidité avec
laquelle se relèvent les pays qui ont été ravagés par la guerre ou par quelque
grande catastrophe. « La vie du capital est semblable à celle des hommes : tout
ce qui naît est destiné à mourir... Que l'ennemi ravage un pays par le fer et par
le feu, qu'il détruise ou emporte tout ce qui peut être pris, qu'il laisse toute la
population ruinée — et pourtant, peu d'années après, tout se retrouve comme
auparavant... Il n'y a rien là de miraculeux... C'est simplement parce que tout ce
que l'ennemi a détruit eût été détruit en peu de temps par les habitants eux-
mêmes » *(Principes d'Économie Politique,* liv. I, ch. v, § 7).

La guerre actuelle fournira aux économistes d'aujourd'hui une incomparable
occasion de voir si la loi de Stuart Mill se vérifie.

Le fait signalé par Stuart Mill pourrait fournir une preuve, comme le fait très
justement remarquer Rodbertus, à ce que nous dirons plus loin, à savoir que c'est
le travail et non l'épargne qui reconstitue le capital, car il est clair que ce n'est
certes pas à l'épargne que peut être due la rapide reconstitution des capitaux
dans un pays ravagé et ruiné.

On désigne sous le nom de capitaux *circulants* ceux qui ne peuvent servir qu'une seule fois, parce qu'ils doivent disparaître dans l'acte même de production, par exemple le blé qu'on sème, l'engrais qu'on enfouit dans le sol, la houille qu'on brûle, le coton qu'on file ; — et sous le nom de capitaux *fixes* ceux qui peuvent servir à plusieurs actes de production, depuis les instruments les plus fragiles, comme une aiguille ou un sac, jusqu'aux plus durables, comme un tunnel ou un canal, quoique ceux-ci eux-mêmes ne puissent subsister qu'à la condition d'être entretenus, c'est-à-dire refaits sans cesse [1].

Il y a un grand avantage pour la production à employer des capitaux à longue durée. En effet, si considérable que soit le travail exigé pour leur établissement et si minime que l'on veuille supposer le travail épargné annuellement par leur concours, il doit arriver nécessairement, un peu plus tôt ou un peu plus tard, un moment où le travail épargné égalera le travail dépensé. Ce moment arrivé, le capital se trouvera *amorti*, pour employer l'expression consacrée, c'est-à-dire que dorénavant le travail économisé constituera un gain net pour la société. A dater de ce jour, et pour tout le temps que le capital durera encore, le service rendu par lui sera désormais gratuit. Aussi les progrès de la civilisation tendent-ils incessamment à remplacer des capitaux de moindre durée par des capitaux plus durables.

Les premiers groupements de population se sont formés sur les hauteurs, comme aujourd'hui encore les villages de Kabylie : ce sont les femmes qui pourvoient au besoin de l'eau en allant la chercher à la fontaine dans des cruches pour la remonter au village — je l'ai vu encore enfant dans la petite ville où je suis né — et ce n'est pas un mince travail si on le multiplie par le nombre des porteuses et le nombre des courses ! Où est le capital ici ? C'est la cruche et c'est tout de même, quoiqu'elle se casse souvent, un capital fixe.

Mais voici qu'on établit une pompe pour faire monter l'eau à la fontaine du village ou, mieux encore, si les circonstances s'y prêtent, qu'on construit un aqueduc par lequel l'eau viendra d'elle-même en suivant la pente. La construction de l'aqueduc repré-

---

[1] Quelques économistes cependant prennent un autre critérium pour distinguer le capital fixe du capital circulant : le premier est celui qui reste *immobilisé* ou *consommé* dans l'entreprise productive, le second est celui qui ne donne de profits que par l'*échange*. Ces deux classifications ne sont pas du tout superposables : ainsi le charbon brûlé dans la machine serait un capital fixe d'après cette défini-tion, tandis qu'il est capital circulant d'après celle du texte.

sentera peut-être 1 million ou 10 millions de fois le travail qui était employé à fabriquer et à renouveler les cruches, mais il supprimera pendant mille ans peut-être tout le travail employé à monter l'eau. L'économie sera incalculable[1].

Toutefois il ne faut pas oublier :

1° Que la formation des capitaux fixes exige un sacrifice immédiat sous la forme d'une grande quantité de travail ou de frais tandis que la rémunération qui doit en résulter, sous forme de travail supprimé ou de frais économisés, est ajournée et en général *d'autant plus reculée que la durée du capital est plus longue.* Si la construction d'un canal maritime, tel que celui de Panama, par exemple, doit coûter 3 milliards et ne doit être amortie qu'au bout de 99 ans, il faut alors mettre en balance, d'une part, un sacrifice immédiat de 3 milliards, d'autre part une rémunération qui se fera attendre tout un siècle. Or, pour établir une semblable balance, il faut être doué à un haut degré de prévoyance et de hardiesse et avoir une foi inébranlable dans l'avenir, toutes conditions qui ne se trouvent réunies que dans les milieux très civilisés. C'est pour cette raison que les peuples dont l'état social est peu avancé et dont la constitution politique offre peu de sécurité n'emploient guère de capitaux fixes. Toutes leurs richesses affectent la forme d'objets de consommation ou de capitaux circulants. Comparez, par exemple, les royaumes de l'Inde ou de la Perse, où l'on trouve encore tous les trésors des Mille et Une Nuits, mais ni chemins de fer, ni routes, ni mines, ni machines.

3° Enfin, il faut remarquer encore, au désavantage des capitaux fixes, que si leur durée est trop longue *ils risquent de devenir inutiles,* et que par conséquent il faut une grande prudence dans les prévisions que nous indiquions tout à l'heure. En effet, la durée matérielle du capital n'est pas tout, c'est la durée de son utilité qui seule nous intéresse; or, si on peut compter jusqu'à un certain point sur la première, on ne le peut jamais absolument sur la seconde. L'utilité, nous le savons, est instable, et au bout d'un certain temps, celle que nous croyons la mieux établie peut s'évanouir. Il n'est pas à supposer que l'utilité de l'eau et de l'aqueduc qui l'amène puisse jamais disparaître, pourtant le grand aqueduc que les Romains avaient élevé pour la ville de Nîmes, le Pont du

---

[1] La ville de Los Angeles en Californie a inauguré en 1913 un aqueduc de 415 kilomètres de longueur, dont la construction a duré neuf ans et a coûté 127 millions de francs. Mais il peut débiter près de 100 millions de mètres cubes par jour. En comptant 7 à 8 millions d'intérêt et amortissement, cela met le mètre cube à un peu plus de 2/100 de centime par jour! plus les frais d'entretien.

Gard, n est plus qu'une ruine magnifique mais inutile : c'est que
la ville de Nîmes a fait venir l'eau du Rhône. Rien ne nous
garantit, quand nous perçons un tunnel ou que nous creusons un
canal, que d'ici à un siècle ou deux le trafic ne prendra pas quelque autre route. Or si, le jour où cette révolution se produira, le
capital engagé dans le tunnel n'a pas été encore amorti, il en
résultera qu'une grande quantité de travail aura été inutilement
dépensée. Il est donc prudent, étant donnée notre incertitude de
l'avenir, de ne pas bâtir pour l'éternité et, à ce point de vue,
l'emploi de capitaux trop durables peut constituer une dangereuse
opération.

Cette réserve est vraie même pour les capitaux lucratifs. Jamais
un particulier ni une banque ne consentiront à avancer des capitaux qui ne pourraient être amortis ou remboursés qu'au bout de
deux siècles. Pourquoi? Parce que des résultats qui ne doivent se
produire qu'au bout d'un si long temps n'entrent pas dans les
prévisions humaines. On peut poser en fait que tout emploi de
capital qui ne donne pas l'espoir de le reconstituer au cours de
trois générations, sera écarté dans la pratique.

V

Comment se forme le capital.

A cette question la sagesse populaire et aussi la plupart des
économistes répondent : *par l'épargne.* Mais qu'est-ce que cela
veut dire puisque nous savons et avons répété à maintes reprises
que tout capital étant *un produit* ne peut être formé, comme tout
produit, que par les-deux facteurs originaires de toute production : le travail et la nature? Il suffit de passer en revue tous les
capitaux que l'on peut imaginer, outils, machines, travaux d'art,
matériaux de toute catégorie, pour s'assurer qu'ils n'ont pu avoir
d'autre origine que celle que je viens d'indiquer[1].

Alors, qu'est-ce que ce nouveau personnage qui apparaît sur la
scène? — Serait-ce un troisième facteur originaire de la production que nous aurions oublié? Certains économistes l'ont affirmé,
notamment l'anglais Senior. Il appelait l'épargne *l'abstinence,* afin
de lui donner une personnalité plus marquée (et aussi de lui créer

---

[1] L'expression de Karl Marx que le capital est « du travail cristallisé » serait
juste, si, comme tous les socialistes, il n'omettait de parti pris la part de la nature
dans la formation du capital, fidèle à son principe que toute valeur est due unique
ment au travail.

des mérites spéciaux pour l'heure de la répartition), et, très logiquement d'ailleurs, dans l'énumération des trois facteurs originaires de la production, il remplaçait le capital par sa cause et
disait ces trois facteurs sont : la Nature, le Travail et l'Abstinence. Et tous ceux qui aujourd'hui encore déclarent que le
capital est le fruit de l'épargne, devraient adopter cette même
terminologie.

Mais elle serait irrationnelle. On ne conçoit pas comment un
acte purement négatif, qu'on l'appelle l'abstinence ou l'épargne,
en tout cas qui n'est qu'une simple abstention, pourrait *produire*
n'importe quoi. Montaigne a beau dire qu'il « ne connaît pas de
faire plus actif et plus vaillant que ce non-faire », cela peut être
vrai au point de vue moral, mais cela n'explique pas que ce non-
faire puisse créer seulement une épingle. Produire est un acte
positif non négatif.

Que veut-on dire donc quand on dit que le capital est créé par
l'épargne? Tout simplement que si la richesse était consommée au
fur et à mesure qu'elle prend naissance, le capital ne se forme-
rait jamais. Il est évident, en effet, que si la fermière ne laissait
pas d'œufs dans le poulailler pour faire couver, il n'y aurait
jamais de poulets. Néanmoins, si à un enfant qui demanderait
d'où viennent les poulets on répondait que le seul moyen de
produire des poulets est de s'abstenir de manger les œufs, il serait
en droit de considérer cette réponse comme un bon conseil certes,
mais comme une sotte explication.

Or, le raisonnement qui fait de l'épargne la cause originaire de
la formation des capitaux est tout pareil. Il revient à dire que la
non-destruction doit être classée parmi les causes de la production. Disons simplement que l'épargne est une *condition* de la
formation du capital, en ce sens que si la richesse produite est
consommée au jour le jour pour la satisfaction des besoins immédiats, il est évident qu'il n'en restera point de disponible pour
prendre une avance et pour se donner le temps de fabriquer, par
exemple, des instruments. Disons que si l'homme, tout comme la
fourmi d'ailleurs et d'autres animaux, n'avait pas la faculté de

---

¹ D'autres économistes ont soutenu plus modestement que l'épargne constituait
sinon un facteur distinct de la production, du moins une forme spéciale du travail.
C'est ce qu'affirme Courcelle-Seneuil : l'épargne n'est « qu'une forme du travail »
(voyez, dans le *Journal des Économistes* de juin 1890, l'article sous ce titre). C'est
vrai qu'elle est *une peine* quelquefois — pas toujours pourtant (voir au livre IV
l'*Épargne*) — mais il ne suffit pas qu'un acte soit pénible pour constituer un travail. Ne pas boire quand on a soif est très pénible : ce n'est pas un travail.

prévoir les besoins futurs, il est certain que toute la richesse produite aurait été au jour le jour consommée ou gaspillée, comme c'est le cas d'ailleurs dans certaines tribus sauvages — et par conséquent le capital ne se serait jamais formé, et la civilisation elle-même, fille du loisir, ne serait jamais née. Qu'on dise encore que la prévoyance, la sobriété et autres vertus morales sont des conditions indispensables sinon à la formation originaire, tout au moins à la conservation du capital, rien de mieux. Mais les économistes, en donnant pour cause efficiente au capital l'épargne, le font, inconsciemment ou non, dans le désir de justifier l'intérêt du capital en tant que rémunération de cette abstinence.

En somme, la naissance du capital suppose toujours un excédent de la richesse produite sur la richesse consommée, mais qui peut se réaliser de deux façons : — soit que la production ait été portée au-dessus des besoins, soit que la consommation ait été comprimée au-dessous des besoins. Le mot d'épargne, et surtout celui d'abstinence, ne convient pas du tout au premier de ce cas, mais seulement au second. Or c'est le premier cas qui est heureusement de beaucoup le plus fréquent, et c'est de cette façon seule, historiquement, que s'est formé le capital [1].

Qu'on nous cite une seule richesse créée par l'abstinence ? La première hache de pierre de l'homme quaternaire a été taillée par un travail surnuméraire, à la suite d'une journée de chasse heureuse qui lui avait rapporté plus de vivres que de coutume et lui avait donné une journée de liberté pour créer ce premier capital. Pense-t-on que, pour passer de l'état de peuple chasseur à l'état agricole, les peuples aient dû préalablement épargner des approvisionnements pour toute une année ? Rien de moins vraisemblable. Ils ont tout simplement domestiqué les bestiaux, et ce bétail, qui a été leur premier capital, leur a donné, avec la sécurité du lendemain, le loisir nécessaire pour entreprendre les longs travaux. Mais en quoi, comme le fait très bien remarquer Bagehot [2], un troupeau représente-t-il une épargne quelconque ? Son possesseur a-t-il dû s'imposer des privations ? Tout au contraire, grâce

---

[1] On dira peut-être que les besoins étant de leur nature indéfiniment extensibles, le premier cas qui suppose uue production *au-dessus des besoins* est impossible et contradictoire. Mais, tout au contraire, nous avons montré ci-dessus (voir p. 51) que tout besoin est *limité* et surtout les besoins essentiels. On ne peut contester que la République Argentine ne produise plus de blé, ou l'Australie de laine, ou l'Angleterre plus de charbon, que ces pays ne peuvent en consommer.

[2] *Économics Studies. Growth of capital,* p. 166, 167.

au lait et à la viande, il a été mieux nourri ; grâce à la laine et au cuir, il a été mieux vêtu.

Et aujourd'hui, comme au temps des peuples pasteurs, les grands travaux se font non avec les richesses passées, mais avec les richesses présentes, concentrées là où il en est besoin.

Et si même un pays se trouve dans des conditions telles que l'épargne y soit quasi impossible, ce qui sera le cas d'un pays neuf, d'une colonie, ou d'un pays ruiné où tout est à refaire [1], le travail suffira à lui donner ou à lui rendre l'outillage nécessaire.

Mais, dira-on, si l'on peut admettre que le capital instrument n'est le produit que du travail, ne faut-il pas reconnaître que le capital-approvisionnement est le résultat de l'épargne? — et c'est précisément pour échapper à cette conclusion que les économistes socialisants, comme Rodbertus, rayent les approvisionnements de la liste des capitaux.

Non, cette déduction ne nous paraît pas s'imposer, si l'on admet, comme nous avons essayé de le montrer, que l'approvisionnement peut résulter non d'une privation mais d'une surproduction — d'une journée de chasse heureuse, d'une récolte surabondante.

Ce qui a suggéré et accrédité l'idée de l'épargne comme mère du capital, ç'a été l'emploi de la monnaie comme forme presque exclusive de la richesse : en effet, si l'on remonte à l'origine de tout capital-argent, on voit un certain nombre de pièces de monnaie qui ont été *mises de côté*, c'est-à-dire enfermées dans une tirelire ou un coffre-fort, ou portées à la caisse d'épargne. Et c'est aussi l'habitude que nous avons de ne regarder qu'au capital sous forme de placement : car, pour celui-ci, il est vrai que je ne place que ce dont je n'ai pas besoin pour moi-même, et que, par conséquent, tout prêt ou tout placement suppose au préalable un excédent du revenu sur la dépense, et, en ce sens, une épargne. Et on en conclut que tous les vrais capitaux, les capitaux de production, ont dû avoir aussi la même origine. Mais c'est là l'erreur.

Nous n'entendons nullement, du reste, contester l'importance de l'épargne. Mais si l'épargne joue un rôle considérable dans la consommation, où nous la retrouverons, il ne faut pas la mettre parmi les facteurs de la production. Il faut mettre chaque chose à sa place. L'épargne n'agit sur la production que lorsqu'elle se fait *placement*, c'est-à-dire lorsqu'elle retourne à la production pour s'y consommer sous forme de capital [2].

---

[1] Voir ci-dessus, note p. 191.
[2] Voy. au livre IV sur la consommation, *Qu'est-ce que l'épargne ?*

VI

Le Capitalisme.

Le mot de capitalisme est employé, surtout par les socialistes, pour désigner un régime économique dans lequel le capital tient une place prépondérante; et, au lieu d'être au service du Travail, prend celui-ci à son service.

Or le *capitalisme* ainsi défini est de date relativement récente. Le capital, lui, est aussi ancien que la première hache de pierre : mais pendant des milliers d'années, dans les temps primitifs de l'industrie pastorale ou même purement agricole, comme sous le régime du travail esclave et même sous celui de la corporation du moyen âge, ce capital n'était que le très humble serviteur du travailleur. C'est du jour seulement où le capital a échappé aux mains du travailleur que le capitalisme a commencé.

Il faut, en effet, distinguer les divers modes d'emploi du capital. Il y en a trois :

Le premier mode, c'est celui de Robinson, c'est celui aussi de l'artisan, du paysan, en un mot, du travailleur indépendant, propriétaire de son instrument ou de ses avances, qui les emploie à augmenter la productivité de son travail et qui en gardera les produits.

Le second, c'est celui de l'entrepreneur qui « fait valoir » son capital par les mains de travailleurs salariés qu'il groupe, qu'il commande, qu'il arme puissamment avec toutes les ressources de la technique — et qui évidemment s'appropriera le produit de ce travail collectif et les profits qu'il comporte.

Le troisième, c'est celui du capitaliste-rentier qui n'ayant pas le désir ou la possibilité de faire valoir par son propre travail, ni par le travail d'ouvriers salariés, le capital qu'il possède, le place, comme on dit, c'est-à-dire le prête à un entrepreneur, généralement à quelque société ou compagnie, pour le faire valoir productivement, et se contente d'en toucher les intérêts ou dividendes selon que le placement a été fait sous forme d'obligations ou d'actions.

Or les socialistes n'ont rien à redire au premier mode d'emploi, sinon qu'ils le jugent suranné, impuissant et condamné à être éliminé par l'évolution, comme l'outil par la machine.

Les socialistes n'ont jamais voulu, quoiqu'on l'ait répété assez souvent, supprimer le capital en tant qu'instrument du travail, ni même en enlever la propriété des mains des travailleurs. Bastiat enfonçait une porte ouverte quand dans ses apologues de Robinson et de son canot, ou de Jacques Bonhomme et de son rabot, il célébrait les vertus du capital, ami du travailleur, bienfaiteur du genre humain. Mais ce capital-là n'a aucune parenté — sinon celle d'une vague ascendance préhistorique avec le capital que visent les socialistes et que Karl Marx, surtout, a décrit dans son livre *Le Capital*, comme un vampire qui suce le sang du travailleur et grossit d'autant plus qu'il en suce davantage.

Ce sont les deux autres modes qui leur apparaissent comme le mal social, non point qu'ils méconnaissent (comme on le croit souvent bien à tort, tout au moins en ce qui concerne les socialistes contemporains) la puissance de l'organisation capitalistique et les immenses progrès qu'elle a fait faire à l'industrie, mais parce qu'ils n'admettent pas la division de la société en deux classes, une petite minorité possédant tout le capital, la masse ne disposant d'aucun instrument de travail et ne pouvant par conséquent travailler et vivre que sous les conditions que lui fait la classe capitaliste. Sous un tel régime le capital n'est plus, comme le disent les économistes, un moyen d'accroître la puissance de *son propre travail* : c'est un moyen de prélever la plus large part sur le *travail d'autrui*.

Mais comment s'est effectuée cette séparation du travailleur et des instruments de son travail qui constitue le régime capitaliste? Est-ce par une spoliation brutale, auquel cas ce qui a été fait par la force pourrait être défait par la force? — On pourrait certainement en citer bien des exemples, mais plutôt cependant dans l'histoire de la propriété foncière que dans celle de la propriété mobilière. Ici ce sont des conditions économiques nouvelles — accroissement de la population, formation des grandes villes, ouverture de nouveaux marchés, nationaux et coloniaux, surtout inventions mécaniques, qui ont nécessité la mise en œuvre de moyens de production inaccessibles aux petits producteurs autonomes.

Peut-on changer ces causes? Non. Les socialistes reconnaissent la nécessité et même les vertus du capitalisme en tant que mode d'organisation industrielle. Seulement ils pensent qu'on peut garder les avantages du capitalisme sans les capitalistes. Le collectivisme serait un capitalisme socialisé. Nous retrouverons cette question au cours de ce livre.

DEUXIÈME PARTIE

L'ORGANISATION DE LA PRODUCTION

CHAPITRE I

COMMENT SE RÈGLE LA PRODUCTION

I

De l'entreprise et du coût de production.

Nous venons d'étudier séparément chacun des facteurs de la production. Mais nous avons vu aussi que séparément ils ne pouvaient rien. Il faut donc, pour qu'ils puissent agir, qu'ils soient réunis dans la même main ou tout au moins sous la même direction. Comment s'opère cette combinaison?

Il est possible qu'une même personne fournisse à la fois les trois facteurs : la main-d'œuvre parce qu'elle travaille elle-même, la terre et le capital parce qu'elle en est propriétaire. Le paysan qui cultive sa propre terre, de ses propres mains et avec le cheval et la charrue qui lui appartiennent, voilà la forme type de ce premier mode de production. On l'appelle le *producteur autonome.*

Mais le plus souvent le même individu ne réunit pas les trois facteurs de la production. L'un aura bien ses bras et sa terre, mais pas le capital : ce sera un paysan qui empruntera sur hypothèque. Tel autre aura son travail et son capital, mais il n'aura pas le terrain et sera obligé de le louer : ce sera le fermier qui afferme une terre ou le commerçant qui loue un magasin. D'autres, inversement, auront la terre et le capital, mais ils ne peuvent ou ne veulent pas fournir le travail : ils embaucheront des ouvriers.

On peut même supposer le cas où le producteur, ne pouvant fournir lui-même ni le travail, ni le capital, ni les agents naturels, devra emprunter le tout. Telles les entreprises de mines ou de chemins de fer ou du canal de Suez, qui se procurent le terrain (sol ou sous-sol) par le moyen de concession à long terme, le capital par des emprunts et des émissions d'actions, et la main-d'œuvre par l'embauchage de milliers de travailleurs.

Or toutes les fois que celui qui a l'initiative de la production doit emprunter au dehors tout ou partie des moyens de production, alors il s'appelle l'*entrepreneur*. Et son rôle, qui est d'ailleurs le tout premier rôle, est de combiner tous ces éléments de la production pour en tirer le meilleur parti possible.

L'entrepreneur est donc le pivot de tout le mécanisme économique. C'est sur lui que tout tourne. C'est vers lui que convergent tous les facteurs de la production : c'est de lui aussi, comme nous le verrons, que divergent tous les revenus, puisque ce qu'on appelle les revenus sous les noms divers d'intérêts, dividendes, rentes, fermages, loyers, salaires, traitements, ne sont que le prix touché pour la location du capital, de la terre, de la main-d'œuvre, ou des services producteurs quelconques. L'entrepreneur est donc tout à la fois le grand metteur en œuvre et le grand répartiteur.

Nous savons, par l'étude des facteurs de la production, que pour produire n'importe quelle richesse il faut nécessairement consommer une certaine quantité de richesses préexistantes : la somme de ces richesses est ce qu'on appelle dans la langue des économistes le *coût de production*. Mais il y a deux coûts de production qu'il importe de distinguer, l'un social, l'autre individuel.

Le coût de production social, on pourrait dire aussi réel, se compose de trois éléments : — 1° la terre, c'est-à-dire la plus ou moins grande superficie de terrain qu'il aura fallu occuper; — 2° le travail, c'est-à-dire la plus ou moins grande somme d'efforts humains qu'il aura fallu employer; — 3° le capital, c'est-à-dire la plus ou moins grande somme de richesse qu'il aura fallu consommer; et comme ce capital est lui-même en fonction du temps (voir ci-dessus p. 180), on pourrait dire en somme que le coût de production social se ramène à ces trois éléments simples : l'espace, l'effort et le temps.

Le coût de production individuel, relatif, qu'il est mieux d'appeler le *prix de revient*, se compose du prix que doit payer l'entrepreneur pour se procurer chacun de ces facteurs de la production : — la rente qui est le prix de location de l'emplacement qu'il occupe; — le salaire qui est le prix du travail qu'il a embauché; — l'intérêt qui est le prix de location du capital qu'il a emprunté ou, plus brièvement, le prix du temps.

Voici, par exemple, l'exploitation d'une mine de fer. L'entrepreneur inscrit dans ses frais de production :

1° Le loyer du terrain qu'il occupe, sous forme de redevance au propriétaire du sol, très élevée en Angleterre, insignifiante en France (mais remplacée par une participation perçue par l'État);

2° Le salaire qu'il paie aux ouvriers qu'il a embauchés;

3° L'intérêt et l'amortissement pour le capital emprunté.

Et alors même que l'entrepreneur serait propriétaire du terrain et du capital employé, cela ne changerait rien à ce calcul, car si sa comptabilité est bien établie, il doit inscrire dans ses frais de production l'intérêt du capital qu'il a placé dans l'entreprise et de celui avec lequel il a acheté le terrain. C'est l'entreprise qui doit lui payer à lui-même, comme elle le paierait à des tiers, le prix de location des services producteurs.

Mais il est évident que chacun de ces articles, qui représente une dépense pour l'entrepreneur, des *frais*, comme on dit, represente un revenu pour d'autres personnes, pour l'ouvrier, pour le capitaliste, pour le propriétaire, qui se trouvent être ses collaborateurs directs ou anonymes. Par conséquent, ce serait commettre une erreur de calcul énorme que de croire que la somme de valeurs déboursée par l'entrepreneur représente la somme de valeurs consommée réellement par l'acte de production. Celle-ci est heureusement très inférieure [1].

Si nous passons de l'industrie primaire, que nous avons prise pour exemple, aux industries de transformation, et que nous suivions la matière première, ici le minerai de fer, entre les mains du maître de forges, du fabricant de fers de charrues ou d'aiguilles à coudre, etc., il est évident que le coût de production originaire va se grossir, comme une boule de neige, des couches superposées

---

[1] Cette erreur a été commise maintes fois ces derniers temps dans l'évaluation des dépenses de guerre. La guerre peut être assimilée à une énorme entreprise (ne disons pas pourtant productive!) où c'est l'État qui est entrepreneur. Le coût de production pour l'État belligérant se sera élevé à 100 ou 150 milliards, en ce sens que tel aura été le chiffre de ses dépenses. Mais tel n'aura pas été le coût de production pour le pays — heureusement! — car la majeure partie de ces dépenses (achats aux fournisseurs, solde à l'armée, allocations aux familles des mobilisés et réfugiés, etc., etc.) a été touchée par les bénéficiaires et même en a enrichi un bon nombre.

Le coût de la guerre pour la nation, le coût réel, se réduit à la somme des richesses réellement détruites — maisons bombardées, usines pillées, navires coulés, et surtout matières premières et stocks engloutis dans une consommation improductive — sans parler de la perte de vies que quelques économistes font rentrer (mais à tort, croyons-nous, économiquement parlant) dans ce total.

de frais de production, mais qui seront toujours les mêmes : à savoir le prix de location du travail, du capital et du terrain; soit le salaire, l'intérêt et le loyer [1].

L'entrepreneur fait donc une balance entre la somme des valeurs détruites et la valeur créée; naturellement il ne marche qu'autant qu'il prévoit que la seconde sera supérieure à la première. C'est une sorte d'échange qu'il fait : il échange *ce qui est* contre *ce qui sera*. Il peut arriver qu'il se trompe dans son compte, mais c'est accidentel et tant pis pour lui.

On entend dire souvent, et même de grands économistes ont enseigné, que la valeur est déterminée par le coût de production. Il faut s'entendre ! Si l'on veut dire que la valeur du produit est égale à la somme des valeurs consommées pour le produire, c'est un truisme, comme de dire que le tout est égal à la somme des parties. Mais si l'on veut dire que le coût de production est la cause de la valeur, en ce sens que tout produit vaudrait plus ou moins *parce qu'il a plus ou moins coûté*, cette affirmation est sans fondement. On pourrait dire aussi bien et même à plus juste titre, que c'est le coût de production qui est déterminé par la valeur de l'objet qu'on veut produire. En effet, la première règle de l'art de l'entrepreneur, avant d'entreprendre la production d'un article nouveau, c'est de se demander à quel prix il pourra le vendre et ensuite s'arranger de façon à ne pas dépenser pour le produire plus qu'il ne vaudra. A plus forte raison s'il s'agit d'un article déjà coté sur le marché. Celui qui veut entreprendre une exploitation de charbon se dit : « le charbon valant tant la tonne dans cette région, voyons si je pourrai l'extraire à un prix plus rémunérateur, de façon qu'il me laisse une marge de bénéfices ». S'il a mal fait ses calculs, s'il est obligé de dépenser pour l'extraction plus que le charbon ne vaudra, sa sottise n'aura pas pour effet d'augmenter d'un centime la valeur du charbon. Elle aura pour effet de le ruiner et de faire fermer la mine : voilà tout.

Pourtant n'est-il pas évident qu'en fait, et pour presque tous les objets que nous voyons, le prix de vente tend à se rapprocher

---

[1] C'est pourquoi il ne faut pas (comme ne manquent pas de le dire les étudiants à l'examen quand on demande quels sont les éléments du coût de production) y faire figurer *le coût des matières premières,* car il est évident que le coût de ces matières premières doit se décomposer à son tour en les trois éléments primordiaux indiqués ci-dessus.

Mais en outre des trois catégories fondamentales de frais de production, il y en a quelques autres qui figurent dans la comptabilité de l'entrepreneur, tels que *l'assurance* (contre l'incendie, les accidents de terre ou de mer) et *les impôts.*

du prix de revient ou tout au moins à le suivre dans ses variations tout comme s'il y avait entre eux une solidarité nécessaire, un lien? — Il est vrai, mais ce phénomène s'explique de la façon la plus simple. Il n'y a pas ici une relation de cause à effet, mais l'action d'une cause extérieure qui est la concurrence et qui tend toujours, comme une sorte de pression atmosphérique, à rapprocher et même à faire *coïncider le coût de production et la valeur de chaque produit,* et elle agit avec une force d'autant plus grande que l'écartement des deux tend à s'accroître. Il est facile de comprendre en effet que sitôt qu'ils s'écartent l'un de l'autre, c'est-à-dire qu'ils laissent une marge considérable de bénéfice à *l'entrepreneur,* tous les concurrents se précipitent de ce côté et ont bientôt fait, en multipliant le produit, d'en rabaisser la valeur et le prix. On peut même affirmer que sous un régime de libre concurrence parfaite, la coïncidence serait parfaitement réalisée. C'est là une des lois les plus importantes de l'Économie politique parce que c'est elle qui règle automatiquement la production, comme nous le verrons dans le chapitre suivant.

Seulement en fait cette coïncidence ne se produit jamais parce que la concurrence n'agit jamais qu'imparfaitement : et ainsi que nous le verrons, il n'y a guère d'entreprise qui ne jouisse d'un monopole plus ou moins accentué, tenant soit à la situation, soit à des brevets, soit à des droits protecteurs, soit à une coalition expresse ou tacite, ce qui lui permet de maintenir un prix de vente supérieur au prix de revient et de réaliser ainsi un profit [1].

---

[1] En dehors même du cas de monopole, on peut citer certains cas dans lesquels le prix de vente ne coïncide pas avec le prix de revient:

a) Il peut arriver que la valeur de certains produits demeure d'*une façon permanente au-dessus du coût de production* : c'est le cas où les diverses unités d'un même produit ayant des coûts de production inégaux, et néanmoins ne pouvant être vendues à des prix différents puisqu'elles sont identiques — par exemple des sacs de blé ou des tonnes de charbon — tout ce que peut faire la concurrence c'est de ne ramener le prix courant jusqu'au niveau du coût de production le plus élevé, laissant pour les coûts de production moindres une marge qui, comme nous le verrons ci-après, est ce que les économistes appellent *la rente.*

b) Il peut arriver que la valeur de certains produits tombe *au-dessous du coût de production* sans que néanmoins la production s'arrête. C'est lorsque, par suite d'un progrès industriel, le prix de revient d'un objet va s'abaissant graduellement. En ce cas la concurrence ramène sans cesse le prix au niveau non du coût de production ancien, mais à celui du coût de production nouveau, autrement dit du coût de *reproduction* — lequel pour les produits industriels est généralement inférieur au coût originaire.

Ceci se réalise aussi lorsque le capital engagé dans l'entreprise ne peut plus être dégagé, par exemple dans des mines ou des chemins de fer. Dans ce cas, alors

Mais alors, se demandera-t-on peut-être, si la valeur de toutes choses tend à coïncider avec leur coût de production, tout le labeur du genre humain n'est-il pas un métier de dupe, tout pareil à celui des Danaïdes qui remplissaient un tonneau sans fond? Car si chaque acte de production ne fait que reproduire, sous forme de valeurs nouvelles, les valeurs anciennes qui ont été détruites, où est le profit?

Mais cette contradiction n'est qu'une apparence résultant d'une confusion entre le coût de production individuel et le coût de production social que nous avons séparés tout à l'heure.

C'est au coût de production individuel seulement, au coût en argent, au prix de revient, que s'applique la loi dont nous venons de parler, qui tend à ramener sans cesse la valeur du produit à la valeur de ses éléments constitutifs, au montant des frais. Et s'il arrive que, par l'effet de la concurrence, la valeur des produits ne laisse rien de plus à l'entrepreneur que ses frais de production, c'est-à-dire ne lui laisse aucun produit, ce sera un résultat fâcheux pour lui [1], mais l'entreprise sera tout de même rémunératrice pour tous ces collaborateurs dont elle aura payé les services. Il peut même arriver que ceux-ci gagnent beaucoup alors que l'entrepreneur sera en perte. La première entreprise de Panama, celle de Lesseps, a perdu tout son capital, mais a fait gagner des centaines de millions à bon nombre de personnes, ingénieurs, banquiers sans oublier les journalistes.

Mais si l'on regarde au coût de production social, alors il n'est plus vrai de dire que la richesse produite ne dépasse pas en général la richesse consommée. Tout au contraire! Il est dans la nature de toute opération productive de créer plus d'utilités qu'elle n'en détruit, de laisser, comme on dit, un *produit net*, non pas seulement dans l'agriculture, comme l'enseignaient les Physiocrates, mais dans toute production. Il faut bien qu'il en soit ainsi, car comment la civilisation aurait-elle pu se développer, comment l'humanité aurait-elle pu s'élever au-dessus de l'animalité si la production ne laissait pas normalement un produit net qui sert à

même que l'entreprise ne couvre plus l'intérêt et l'amortissement de ce capital de premier établissement, il suffit qu'elle rapporte un peu plus que les frais d'exploitation pour qu'elle continue tout de même.

[1] Du reste, nous verrons plus loin (voir *Profit*) que l'entrepreneur même en ce cas n'est pas aussi à plaindre qu'il le semble, car s'il ne touche pas de profit au sens propre de ce mot il a néanmoins dû toucher une rémunération au triple titre de travailleur, de capitaliste et de propriétaire : seulement ces parts-là ne s'appellent plus *profit* parce qu'elles sont inscrites dans les *frais de production*.

l'élargissement de ses consommations et à l'accroissement de son capital? Il est clair que si l'homme ne récoltait jamais plus de blé qu'il n'en consomme pour la semence et pour sa nourriture, il n'aurait jamais pu fonder une famille ni une cité.

II

La réglementation automatique de la production.

L'état de santé pour le corps social, comme pour tous les corps vivants, consiste dans un juste équilibre entre la production et la consommation.

Ne pas produire assez est un mal, puisqu'une certaine catégorie de besoins reste en souffrance : produire trop est un autre mal, moindre que le premier sans doute, mais réel pourtant. Tout excès de production en effet entraîne nécessairement, non seulement un gaspillage de richesse, mais surtout une déperdition de forces, par suite une peine inutile.

Là où chaque homme produit pour lui-même ce qu'il doit consommer, comme Robinson dans son île, ou plutôt comme dans la première phase de l'industrie domestique, dans la famille antique ou dans la communauté du moyen âge, cet équilibre s'établit aisément. Chacun de nous individuellement, ou chaque petit groupe, est capable de prévoir à peu près ses propres besoins et — quoique ses prévisions ne soient pas infaillibles — de régler sa production en conséquence.

Le problème devient déjà plus difficile lorsque le producteur ne produit plus pour lui et pour les siens, mais pour le client, pour autrui, car il nous est évidemment plus malaisé de prévoir les besoins d'autrui que les nôtres. Et pourtant, même sous le régime de la division du travail et de l'échange, l'équilibre entre la production et les besoins n'est pas encore trop difficile à établir tant que le producteur travaille *sur commande*, ou du moins tant que les habitudes de chaque client sont connues et sa consommation facile à prévoir : le boulanger ou le pâtissier calculent assez exactement le nombre de pains ou de gâteaux qu'ils auront à débiter chaque jour.

Mais le problème devient vraiment difficile sous un régime économique comme le nôtre où le marché est devenu immense, la production vertigineuse, où l'industriel n'attend plus les commandes du consommateur proprement dit, mais marche sur les ordres de commerçants, d'intermédiaires et de spéculateurs —

qui eux-mêmes vont de l'avant, achetant et vendant *à terme*, et anticipant sur les besoins du public [1].

Cependant c'est précisément à l'avènement de ce nouveau régime que le législateur, avec une hardiesse qui eût été téméraire si elle eût été consciente, faisant table rase de toute la réglementation ancienne, a décidé que la production n'aurait plus d'autre règle que la liberté. On sait que ce fut la Révolution française, de par la loi célèbre du 17 mars 1791, qui abolit le régime corporatif, c'est-à-dire le régime sous lequel un individu ne pouvait prendre un métier qu'autant qu'il avait satisfait à certaines conditions, et proclama *la liberté du travail*, c'est-à-dire le droit pour tout individu de produire ce que bon lui semble. Cette réforme, saluée par des acclamations unanimes, ne tarda pas à être imitée dans toute l'Europe.

Mais cette liberté pour chacun de produire ce qu'il veut, ajoutant une nouvelle part d'incertain à celle de l'anticipation sur les besoins, n'a-t-elle pas inauguré l'anarchie dans la production?

C'est ce qu'ont affirmé les socialistes, surtout ceux de la première moitié du xixe siècle. Mais les économistes, au contraire, ont généralement exulté d'admiration au spectacle de l'ordre et de l'équilibre qui règnent dans la production.

Le fait est que c'est un phénomène assez inexplicable au premier abord que, chaque jour, des centaines de millions d'hommes, sans s'être entendus entre eux, trouvent chacun ce qu'il lui faut — du moins quiconque a les moyens de le payer. Quelle providence, quelle force occulte règle donc ainsi au jour le jour la production des richesses, de telle sorte qu'il n'y en ait ni trop, ni trop peu?

L'explication qu'en donnent les économistes est très simple. Ils disent que la production se règle de la façon la plus sûre et la plus rapide, et très simplement, par *la loi de l'offre et de la demande* qu'on peut formuler ainsi : les choses valent plus ou moins, suivant qu'elles sont produites en quantité plus ou moins suffisante pour nos besoins.

---

[1] C'est ce souci de régler la production sur les besoins qui explique, au moins pour partie, les réglementations rigoureuses de l'industrie dans les civilisations passées, soit le régime des castes où chacun en principe ne devait avoir d'autre métier que celui de son père, soit le régime corporatif où nul ne pouvait prendre un métier sans l'autorisation du roi (Esmein, *Cours d'Histoire du Droit*). Et ce n'étaient pas seulement les métiers, c'était aussi la production agricole et le commerce qui étaient réglementés à outrance. Il était, par exemple, défendu de remplacer une terre à blé par un vignoble, afin d'éviter la disette du blé ou la surproduction du vin.

S'il arrive que telle ou telle branche d'industrie ne se trouve pas suffisamment pourvue de bras et de capitaux, le besoin auquel elle correspond se trouvant en souffrance, ses produits acquièrent une valeur plus ha t». Les producteurs, particulièrement l'entrepreneur qui est le principal agent de la production et le premier à profiter de la hausse des prix, réalisent de plus gros profits. Attirés par l'appât de ces profits supérieurs au taux normal d'autres producteurs, capitalistes ou travailleurs, s'engagent dans cette voie. La production de la marchandise augmente donc jusqu'à ce que la quantité produite se soit élevée au niveau de la quantité demandée.

Toutes les fois, au contraire, qu'une marchandise quelconque se trouvera avoir été produite en quantité supérieure aux besoins, sa valeur doit baisser. La baisse de valeur a pour effet de réduire le revenu des producteurs et en particulier les profits de l'entrepreneur — celui qui ressent directement tous les contre-coups. Donc il se retire d'une voie dans laquelle il éprouve des mécomptes et des pertes, et la production de la marchandise se ralentit jusqu'à ce que la quantité produite soit retombée au niveau de la quantité consommée.

Telle est la très belle harmonie et tant de fois célébrée, notamment par Bastiat, de l'organisation spontanée de la production. C'est une sorte de mécanisme qui se réglerait automatiquement et combien supérieur, dit-on, à toute réglementation artificielle, si savante fût-elle [1]!

Cette loi régulatrice est incontestable comme tendance, mais, pour quelle opère en fait, il faut beaucoup de conditions qui ne sont que rarement remplies.

Il faut d'abord que l'offre réponde instantanément à la demande. Il faut supposer des facteurs de la production parfaitement mobiles et se déplaçant avec la rapidité de l'électricité des points où ils sont surabondants vers les points où ils sont insuffisants. Il faut un marché mondial unique, ou du moins des marchés solidaires, comme des vases communiquants, pour que l'équilibre, sitôt troublé, s'y rétablisse quasi instantanément. — Or, si l'on peut admettre que le monde économique tende vers cet état, il faut avouer qu'il est loin encore de l'avoir réalisé. En effet, toute production agricole ou industrielle suppose des capitaux engagés

---

[1] Cette théorie de l'organisation naturelle est fort discréditée aujourd'hui par son caractère finaliste, mais pourtant c'est celle qui se retrouve sous une forme beaucoup plus scientifique dans la théorie de l'équilibre économique de Walras et Pareto.

pour un temps plus ou moins long (voir ci-dessus *Capitaux fixes et circulants*) et qui, par le fait même qu'ils sont devenus « fixes », cessent d'être mobiles. On dit aux viticulteurs, en France, qu'ils produisent trop de vin et qu'il faut faire « autre chose » ; et il est probable, en effet, que la loi de l'offre et de la demande — ne fût-ce que la concurrence des vins d'Algérie — les y contraindra tôt ou tard. Mais que faire des sept ou huit milliards de capitaux enfouis dans la terre sous forme de plantations et de celliers ?

Ce n'est pas tout. Là même où la loi de l'offre et de la demande agit pleinement, elle n'est nullement « harmonique », au sens que lui donnait Bastiat, car n'oublions pas que la valeur n'a aucune relation avec l'utilité au sens vulgaire et normatif de ce mot. Elle distribue les productions et les professions non en raison des vrais besoins des hommes mais de leurs désirs et du prix qu'ils veulent ou peuvent mettre à les satisfaire (voir ci-dessus *De l'utilité*).

Il en résulte que les fonctions les plus utiles, telles que celles de l'agriculture, tendent à être délaissées, alors que les plus improductives, par exemple celles des boutiquiers dans les villes, pour ne pas parler de tant de fonctions publiques parasitaires, sont ridiculement multipliées. Si, pour la France, l'on compare les deux recensements de 1866 et 1911, on voit que dans cette courte période de 45 ans le nombre des travailleurs agricoles a plutôt diminué tandis que celui des commerçants a plus que doublé. Est-il besoin de rappeler que le nombre des débitants de boissons alcooliques en France s'élève au chiffre invraisemblable de près de 470.000 [1], soit environ 1 par 24 hommes adultes, tandis que le nombre des laboureurs ne cesse de diminuer [2] ?

D'autres professions, comme celles des médecins, ont un effectif qui serait suffisant, s'ils étaient mieux répartis, mais ils sont presque tous concentrés dans les villes où beaucoup, faute de clients, sont réduits pour vivre aux pires expédients, et il n'en reste qu'un nombre insuffisant pour la population rurale. A Paris, la répartition des médecins par quartiers révèle assez

---

[1] Tel est le chiffre donné par l'administration des Finances et répété partout. A vrai dire, il demande à être rectifié. Si nous regardons les tableaux du Recensement de la population pour 1911 (tome I, 3ᵉ partie, p. 62), nous trouvons pour les *débitants* et *cafetiers* le chiffre de 255.000 (qui d'ailleurs est déjà exorbitant puisqu'il représente à peu près 1 débitant pour 40 hommes adultes), mais pour arriver au chiffre courant, il faut y ajouter les 162.000 hôteliers et restaurateurs et sans doute un certain nombre de débitants de tabac, confiseurs et pâtissiers, qui ont licence de vendre des liqueurs.

[2] Voir la statistique des grandes catégories professionnelles ci-dessus, p. 157.

éloquemment que leur nombre est en raison non du nombre des malades mais du taux du profit. Dans les quartiers riches des VIIIe et IXe arrondissements, tels que ceux de la Madeleine, Champs-Élysées, on compte 1 médecin pour 94 ou 131 habitants. Dans les quartiers pauvres de l'Ouest et Sud, tels que La Villette, Père-Lachaise, Charonne et Plaisance, seulement 1 médecin pour 3.000 ou 3.500 habitants, 30 fois moins; dans les quartiers de la Chapelle, de la Gare, d'Amérique, 1 médecin pour 6.000 habitants, 60 fois moins; et enfin dans le quartier de Saint-Fargeau (XXe arrond.), 1 médecin pour 17.772 habitants, 170 fois moins! Voilà comment la libre concurrence sait adapter les services aux besoins. Dira-t-on que les pauvres ont moins besoin de médecins que les riches [1]!

Enfin, n'oublions pas que « la demande » ne vient pas directement des consommateurs, mais des intermédiaires, des commerçants et spéculateurs [2], que c'est une demande fondée moins sur des besoins réels et présents que sur des besoins qui ne se réaliseront pas; il ne faut donc pas s'étonner s'il y a surproduction. Il est possible qu'à l'inverse la production soit restée au-dessous de ces besoins; en ce cas il y aura déficit. C'est ce que nous verrons tout à l'heure au chapitre des *Crises*.

III

De la concurrence.

La loi de l'offre et de la demande implique, pour pouvoir pleinement fonctionner, la liberté du travail; et la liberté du travail sous sa forme active s'appelle la *concurrence*. La concurrence apparaît donc comme le grand régulateur de tout le mécanisme économique dans nos sociétés modernes.

Il était de règle, autrefois, dans les traités d'Économie politique, de reconnaître à la concurrence les vertus suivantes :

---

[1] A propos d'une épidémie de petite vérole qui éclata en Bretagne (janv. 1893), les journaux ont signalé ce fait qu'il ne s'est pas trouvé un seul médecin à 15 kilomètres à la ronde.

[2] Il n'en faut pas conclure, comme on se hâte parfois un peu trop de le faire, que la spéculation, c'est-à-dire le fait d'anticiper sur des événements futurs, soit nécessairement un mal. Au contraire, le spéculateur qui achète en prévision de la disette et vend en prévision de l'abondance peut exercer une action régulatrice très bienfaisante. Mais enfin la spéculation se trompe souvent, surtout quand elle devient un jeu (voir ci-après *Bourses de commerce*).

1° Stimuler le *progrès* par l'émulation entre les industries concurrentes, et par l'élimination des industries routinières;

2° Réaliser le *bon marché* pour le grand profit de tous et surtout pour celui des classes pauvres;

3° Amener une *égalisation progressive des conditions* en ramenant le taux des profits, salaires, loyers, intérêts, etc., à un même niveau.

Bastiat résume les vertus de la concurrence dans cette définition lyrique : « C'est la plus progressive, la plus égalitaire, la plus communautaire de toutes les lois à qui la Providence a confié le progrès des sociétés humaines » [1]. Et on fait ressortir les bienfaits de la concurrence en l'opposant au monopole, régime où le public est livré à la discrétion d'un seul. La concurrence, c'est la démocratie, et le monopole c'est l'autocratie, dans le domaine économique.

En sens contraire, les socialistes de la première moitié du XIXe siècle, et spécialement Louis Blanc, ont vu dans la concurrence, plus encore que dans la propriété, la cause de tous les maux sociaux et surtout de l'exploitation des travailleurs [2]. Ce

[1] *Harmonies économiques*, chap. x. — Voir notamment, pour les économistes contemporains, le petit livre de M. Yves Guyot, *La morale de la concurrence*, et ceux de Molinari, par exemple *Comment se résoudra la question sociale*.

Voir la description, fort belle d'ailleurs, qu'en donne Bastiat dans ses *Harmonies,* au chapitre de l'*Organisation naturelle*.

Nous citerons, pour permettre d'apprécier à quel point les idées se sont modifiées, cette strophe dithyrambique du premier *Dictionnaire d'Économie politique,* publié en 1852 sous la direction de MM. Coquelin et Guillaumin, au mot *Concurrence :* « Le principe de la concurrence est trop inhérent aux conditions premières de la vie sociale, il est en même temps trop grand, trop élevé, trop saint et, dans son application générale, trop au-dessus des atteintes des pygmées qui le menacent pour qu'il soit nécessaire de le défendre. On ne défend pas le soleil, quoiqu'il brûle quelquefois la terre : il ne faut pas non plus défendre la concurrence qui est au monde industriel ce que le soleil est au monde physique ». Et Stuart Mill n'est guère moins catégorique : « Tout ce qui limite la concurrence est un mal, et tout ce qui l'étend est un bien en définitive... Le monopole, quelle que soit sa forme, est une taxe levée sur ceux qui travaillent au profit de la fainéantise, sinon de la rapacité » (*Principes,* liv. IV, chap. VII).

Il est à remarquer que cette thèse, qui était un peu surannée, a été remise en honneur par Walras et l'école hédonistique, car celle-ci prétend démontrer qu'entre tous les modes d'organisation imaginables, le régime de libre concurrence est précisément celui qui réalise pour chaque individu le maximum d'utilité finale (ou d'ophélimité). Toutefois elle a soin d'ajouter que cet état est purement hypothétique.

[2] « Prouvons : 1° que la concurrence est pour le peuple un système d'extermination; — 2° que la concurrence est pour la bourgeoisie une cause sans cesse agissante d'appauvrissement et de ruine » (Louis Blanc, *Organisation du travail*).

n'est point à dire qu'ils préconisent le monopole. Non : ni concurrence, ni monopole, mais coopération.

L'opposition absolue entre ces deux thèses tient, comme c'est fréquemment le cas, à ce que le même mot est pris dans des acceptions différentes. Pour Bastiat et son école la concurrence *c'est la liberté* — la liberté de « choisir » : soit, s'il s'agit du consommateur, de choisir le produit qui le satisfait le mieux ; soit s'il s'agit du producteur, de choisir le travail à son gré [1]. Pour les socialistes, la concurrence c'est *la lutte :* soit entre capitalistes, la lutte pour les profits, soit entre travailleurs, la lutte pour la vie, et dans tous les cas l'écrasement du faible par le fort.

Or la concurrence a en effet cette double face et, selon les circonstances, elle se présente sous l'une ou sous l'autre.

1° Il est vrai que la concurrence, quand elle s'exerce librement, est un stimulant très puissant de la production par la rivalité qu'elle entretient entre les producteurs. Cet heureux effet se réalise surtout dans la concurrence internationale : on sait avec quelle ardeur luttent les industriels de divers pays pour conquérir les marchés étrangers. Mais il se réalise beaucoup moins sur un marché national ou local, là où les commerçants voisins peuvent s'entendre pour ne pas s'imposer des sacrifices onéreux.

Bien souvent aussi, surtout dans le commerce mais aussi dans certaines industries, la concurrence a pour résultat la détérioration de la *qualité* des produits. Chaque concurrent, pour pouvoir soutenir la lutte, s'ingénie à substituer des matières premières de qualité inférieure et à vil prix à celles qui sont de qualité supérieure et partant plus chères, en sorte que, en fait de progrès, un des plus remarquables assurément est celui de la falsification des denrées qui est devenu un art véritable, mettant à contribution toutes les découvertes de la science [2].

Certains commerces, tels que celui de l'épicerie, certaines fabrications, telles que celles des engrais artificiels ou des conserves,

---

[1] Cette définition de la concurrence est aussi celle donnée par M. Seligmann (*due to the existence of social choices*) dans son excellent traité (*Principles of Economics*, p. 141) quoiqu'il ne semble pas avoir eu connaissance de celle de Bastiat : « La concurrence est la faculté de choisir ».

[2] Voir ci-après aux chapitres sur la *Consommation*.

Les exemples seraient innombrables. On est arrivé à faire du vin potable sans raisins, des confitures sans fruits et sans sucre, du beurre sans lait, du lait sans vache, même des œufs sans poules, à faire de la farine avec une forte proportion de talc et à fabriquer des soieries qui contiennent 5 p. 100 seulement de soie et 95 p. 100 de matière minérale !

y ont acquis une véritable célébrité, à telles enseignes que le législateur a dû intervenir.

Il n'est pas sûr non plus que la concurrence n'élimine que les routiniers et les incapables. Si la concurrence n'était qu'une forme de l'émulation, elle assurerait la victoire au plus moral, au plus dévoué, au plus altruiste, et alors elle serait un instrument de progrès et de sélection véritable. Mais comme elle est aussi une forme de la lutte pour la vie, elle assure la victoire au plus fort et au plus habile, et par là elle peut même entraîner une véritable rétrogradation morale, puisque, comme dit le proverbe : « on est obligé de hurler avec les loups ». Il peut très bien arriver qu'elle élimine le plus honnête : tel le commerçant scrupuleux qui ne voudra pas falsifier ses produits ou qui fermera son magasin le dimanche, le fabricant qui ne voudra pas diminuer le salaire de ses ouvriers ou augmenter la durée de leur journée de travail, l'ouvrier qui en temps de grève se refusera à travailler pour un salaire inférieur à celui de ses camarades. Nous verrons plus loin que l'industrie honnête ne peut guère soutenir la concurrence du *sweating system*.

2° Est-il bien vrai que la concurrence ait nécessairement pour effet d'abaisser les prix? — D'abaisser les profits, oui, mais ce n'est pas la même chose. Il est très possible que la baisse des profits n'aboutisse nullement à une baisse des prix. La seule baisse des prix qui puisse être définitive et bienfaisante pour le consommateur, c'est celle qui résulte d'une diminution du coût de production. Or la concurrence, dans bien des cas, a pour effet non point de réduire le coût de production, mais, au contraire, *de l'augmenter*. Comment cela? En multipliant inutilement, en pure perte, le nombre des producteurs ou intermédiaires. En ce cas, le profit baisse, sans doute, mais non le prix, et le consommateur n'en bénéficie pas.

L'exemple le plus frappant est celui de deux ou trois lignes de chemins de fer se faisant concurrence entre deux villes : il est clair que le trafic, qui reste le même, doit supporter double ou triple frais de premier établissement et d'exploitation. Un excellent exemple aussi est la boulangerie. Le nombre de boulangers est ridiculement exagéré. Chacun d'eux, vendant de moins en moins, par suite de la concurrence, est obligé de se rattraper en gagnant davantage sur chaque article. Un nouvel arrivant ne peut pas abaisser les prix, puisqu'ils sont déjà juste suffisants pour permettre aux anciens producteurs de vivre, et il va les faire surhausser, au contraire, puisqu'il faudra dorénavant en faire vivre un de plus sur la même quantité vendue[1]. Le nouveau venu est trop petit pour éliminer les boulangers déjà établis en vendant à un prix inférieur — ou s'il avait une telle prétention, ceux-ci alors se coaliseraient contre lui. Et ainsi, comme le dit spirituellement M. de Foville, la concurrence des marchands fait monter les prix, de même que celle des arbres dans les hautes futaies les fait monter vers le ciel pour s'y disputer l'air et la lumière.

Il n'en était pas de même sous le régime des corporations où le nombre de marchands était limité dans chaque profession.

3° Il est vrai enfin que la concurrence doit avoir une action égalitaire, au sens où l'entendait Bastiat, en nivelant les profits qui dépassent le niveau commun, en égalisant les revenus tout comme elle égalise les prix. Et pourtant quel est le pays où l'inégalité des richesses est la plus grande, celui où l'on a vu éclore comme une faune monstrueuse l'espèce des milliardaires? C'est précisément le pays où la concurrence est à l'état de fièvre, où tous se bousculent dans la chasse au dollar et où, au lieu du bienveillant proverbe français : chacun pour soi et Dieu pour tous ! — le dicton américain dit : « le dernier pour le diable ».

On répondra peut-être que ces grandes fortunes ne sont pas le résultat de la concurrence mais tout au contraire de la suppression de la concurrence, par le moyen des trusts et du régime protectionniste? Mais voilà précisément ce que montre l'expérience c'est que la concurrence entre producteurs aboutit généralement à la suppression de la concurrence. Il pourrait arriver que tous les concurrents se trouvent successivement éliminés par la lutte jusqu'à ce qu'il ne reste plus qu'un survivant — comme il advient des rats enfermés dans une cage — auquel cas la concurrence

---

[1] Autrefois, le nombre des boulangers dans chaque ville était fixé en raison du chiffre de la population, et le pain était relativement moins cher qu'aujourd'hui. A Paris, il y a trente ans seulement, on comptait un boulanger pour 1.800 habitants; aujourd'hui on en compte un pour 1.300 habitants, et même, si l'on compte les succursales, 1 pour 800. Il en résulte que, pour pouvoir vivre, un boulanger doit gagner 12 centimes par kilo de pain (c'est l'évaluation officieuse publiée périodiquement par la préfecture de la Seine), tandis que les grandes boulangeries coopératives peuvent couvrir leurs frais avec 2 ou 3 centimes seulement par kilo.

Nul n'a dénoncé les vices de la concurrence, et notamment celui qui paraît si paradoxal de la cherté, avec plus de verve que Fourier. Mais Stuart Mill lui-même, dont nous avons cité l'affirmation énergique en faveur de la concurrence, a reconnu aussi (dans une déclaration devant une commission de la Chambre des Communes du 6 juin 1850) que les intermédiaires touchent une part *extravagante* du produit total du labeur de la Société et que « la concurrence n'a d'autre effet que de partager la somme entre un grand nombre et de diminuer la part de chacun, plutôt que de faire baisser la proportion de ce qu'obtient la classe en général ».

aurait engendré nécessairement le monopole. Mais généralement, avant d'en venir à cette extrémité, les concurrents s'entendent pour former un cartel ou un trust, comme nous le verrons ci-après, ce qui veut dire que, après avoir essayé de s'éliminer réciproquement et y avoir réussi assez pour réduire leur nombre, ils finissent, quand il ne reste plus que les gros, par renoncer à une guerre inutile et par conclure la paix aux dépens des consommateurs.

La concurrence ne crée l'égalité des profits que là où les concurrents sont égaux en capacités, c'est-à-dire qu'elle implique préalablement le régime qu'elle est censée créer. Mais lorsque la concurrence a lieu entre individus inégaux, entre forts et faibles, elle ne fait au contraire qu'aggraver les inégalités originaires. Il ne faut donc pas compter sur elle pour réaliser la justice distributive.

Au reste, même en supposant, comme on le fait dans l'économie pure, une société dans des conditions telles que la concurrence pût s'y exercer absolument et qu'elle assurât à chacun le maximum de satisfaction pour le moindre prix, il ne serait guère à souhaiter, au point de vue social et moral, que cette hypothèse pût se réaliser, car ce serait le régime individualiste absolu : ni coalition ni coopération, chacun suivant son chemin. La société ne serait qu'une salle de ventes, que la corbeille de la Bourse, où chacun crierait son prix.

En sens inverse, le régime du monopole n'est pas le régime du bon plaisir; les prix n'y sont pas plus arbitraires que sous le régime de la concurrence, car, dans un cas comme dans l'autre, ils sont soumis à la loi générale des valeurs, le prix d'un objet quelconque ayant pour limite les désirs des consommateurs pour cet objet et les sacrifices qu'ils sont disposés à faire pour se le procurer. Ajournant à un autre chapitre la question de la détermination des prix sous un régime de monopole [1], il suffit de remarquer que tout monopoleur a intérêt à baisser ses prix pour augmenter ses ventes et à prendre pour devise celle du magasin du *Bon Marché :* « vendre bon marché pour vendre beaucoup ».

Le monopoleur, d'autre part, n'est pas nécessairement routinier, car il est pour lui du plus grand intérêt, et c'est même un point d'honneur, que de maintenir la qualité supérieure de ses produits, la réputation de sa marque.

On voit donc qu'entre le régime de la concurrence et celui du

---

[1] Voir ci-après au chapitre des *Prix* et surtout les beaux chapitres de Cournot sur cette question dans sa *Théorie mathématique des richesses.*

monopole il n'y a pas une opposition aussi absolue qu'on la dit et le consommateur n'a guère plus de garanties avec l'un qu'avec l'autre.

Mais en est-il réduit à cette alternative de subir l'un ou l'autre? — ou tous les deux mélangés à doses plus ou moins inégales, ce qui constitue en fait le régime économique existant et c'est peut-être le pire? Le consommateur a encore une ressource : c'est d'essayer *de se servir lui-même*, et c'est ce qu'on appelle le régime coopératif. Nous aurons maintes fois à en parler au cours de ce livre[1].

IV

La surproduction et la loi des débouchés.

A en juger par l'état de pauvreté où se trouve l'immense majorité des hommes, il semble évident que la production doit être encore bien au-dessous des besoins et que la grande préoccupation doit être de l'activer le plus possible. Et pourtant, chose curieuse! c'est tout au contraire la crainte d'un excès de production, d'un encombrement général des produits (*general glut*, disent les économistes anglais), qui tourmente les fabricants et les hommes d'affaires et c'est d'elle qu'on entend parler le plus souvent. Comment est-ce possible?

Les économistes, eux, n'ont jamais partagé ces appréhensions : le péril d'une surproduction générale leur paraît tout à fait imaginaire et ridicule. Ils ne nient pas, certes, qu'il ne puisse arriver, dans certaines branches et même dans beaucoup de branches de l'industrie, que la production dépasse les demandes parce qu'elle a mal fait ses prévisions. Mais ils dénient toute existence réelle au fait d'une surproduction *générale* et l'attribuent à une pure illusion d'optique dont il est d'ailleurs facile de comprendre la cause : c'est parce que les producteurs dont les produits sont surabondants sur le marché, et par conséquent se vendent mal, poussent les hauts cris, mais ceux dont les produits sont rares, et par

---

[1] Voir notre conférence *Concurrence et Coopération*, dans le livre *La Coopération*.

Il y a ailleurs, en dehors des arguments économiques, des arguments d'ordre moral et philosophique pour croire que *la coopération* est destinée à se substituer de plus en plus à *la compétition*. Et même, dans l'ordre biologique, une école nouvelle commence à enseigner que l'association et l'aide mutuelle constituent un facteur du progrès et de l'amélioration des espèces, aussi puissant que la lutte pour la vie. Voir Geddes et Thompson, *L'évolution des sexes* (trad. française); — Kropotkine, *L'Entr'Aide*.

suite se vendent bien, ne disent rien. De là vient qu'on n'entend jamais parler que de surproduction et on finit par croire qu'elle est partout.

Bien plus ! les économistes estiment que, étant donné l'engorgement dans une branche quelconque de la production, le remède le plus efficace qu'on puisse apporter à ce mal c'est précisément de pousser à un accroissement proportionnel dans les autres branches de la production. La crise résultant de l'abondance ne peut se guérir que par l'abondance elle-même, conformément à la devise d'une école célèbre en médecine : *similia similibus*. Ainsi tous les producteurs se trouvent intéressés à ce que la production soit aussi abondante et aussi variée que possible. Cette théorie est connue sous le nom de *loi des débouchés*. C'est J.-B. Say qui l'a formulée le premier et il s'en montrait très fier, disant « qu'elle changerait la politique du monde ». On peut l'exprimer de la façon suivante : *chaque produit trouve d'autant plus de débouchés qu'il y a une plus grande variété et abondance d'autres produits.*

Pour comprendre cette théorie, il faut commencer par faire abstraction de la monnaie et supposer que les produits s'échangent directement contre des produits, comme sous le régime du troc. Supposons, par exemple, un marchand qui arrive sur un des grands marchés de l'Afrique centrale, au Soudan ou au Congo : n'a-t-il pas intérêt à trouver le marché aussi bien approvisionné que possible de produits nombreux et variés? Sans doute il n'a pas intérêt à y rencontrer en quantité considérable *la même marchandise* que celle qu'il peut offrir, par exemple des fusils, mais il a intérêt à en trouver le plus possible de toutes les autres, ivoire, gomme, poudre d'or, arachides, etc. Chaque marchandise nouvelle qui apparaît sur le marché constitue un placement ou, comme on dit dans cette théorie, un *débouché* pour sa propre marchandise : plus il y en a, mieux cela vaut. Et même si notre marchand a cette malchance d'avoir apporté trop de fusils, eh bien ! ce qui peut arriver de plus heureux c'est que d'autres aussi aient apporté sur ce même marché trop d'autres marchandises : alors les fusils eux-mêmes ne se trouveront plus en excès relativement aux autres produits. Comme le dit très bien J.-B. Say : « ce qui peut le mieux favoriser le débit d'une marchandise, c'est la production d'une autre ».

Les choses ne se passent pas autrement, dit-il, sous le régime de la vente et de l'achat. Chacun de nous a d'autant plus de chance de trouver le placement de ses produits que les autres ont plus de ressources, et ils auront d'autant plus de ressources qu'ils auront produit davantage. Ce qu'on peut donc souhaiter de plus heureux à un producteur qui a *trop* produit d'un article quelconque, c'est que les autres producteurs aient *trop* produit aussi de leur côté; la surabondance des uns corrigera la surabondance des autres. L'Angleterre a-t-elle, cette année, produit trop de cotonnades? Eh bien ! si la bonne fortune veut que l'Inde ait produit cette même année trop de blé, elle y écoulera bien plus facilement ses cotonnades. Ou bien encore voilà l'industrie qui, grâce au prodigieux accroissement de sa puissance mécanique, jette sur le marché une quantité énorme de marchandises, mais la production agricole n'a pas marché du même pas : ses produits ne se sont accrus que dans une faible mesure : leur valeur, relativement à la valeur des produits manufacturés, s'est élevée et les consommateurs, obligés de dépenser beaucoup pour se procurer les objets d'alimentation, n'ont plus assez de ressources pour acheter beaucoup de produits manufacturés. Supposez au contraire que la production agricole vienne à marcher du même pas que la production mécanique, et l'équilibre va se rétablir. Le consommateur, dépensant moins pour se nourrir, absorbera sans peine l'excès des produits manufacturés.

En somme donc, la théorie des débouchés tend simplement à prouver que l'excès de production n'est jamais un mal *toutes les fois que l'accroissement de la production s'opère simultanément et proportionnellement dans toutes les branches.* En effet, dans ce cas, les rapports entre les quantités échangées n'étant pas modifiés, l'équilibre économique ne sera pas troublé.

Et c'est incontestable, en effet. Il faudrait toutefois faire un pas de plus dans cette hypothèse. Il faudrait supposer que l'instrument des échanges, la monnaie, elle aussi, a participé à la surproduction générale, car si la quantité de la monnaie était restée la même, il en résulterait que son rapport d'échange avec les autres produits changerait nécessairement : sa rareté relative lui conférerait un plus grand pouvoir d'acquisition, en un mot il y aurait une baisse générale des prix. Mais si on veut supposer que la production de la monnaie augmente dans la même proportion que toutes les autres marchandises, alors en effet il n'y aura rien de changé dans les valeurs et les prix et aucun signe extérieur ne révélera au public qu'il nage dans l'abondance.

La théorie des débouchés est donc parfaitement fondée en tant que théorie pure, mais en fait l'accroissement de la production ne se manifeste jamais dans les conditions voulues par ladite théorie. Il n'y a pas une chance sur un million de voir un accroissement simultané et égal dans toutes les branches de la production. C'est par à-coups, par poussées intermittentes et localisées, que l'accroissement de la production se manifeste.

Et généralement elle n'a lieu que dans les produits manufacturés, c'est-à-dire là où il est déjà abondamment pourvu aux besoins et où la surproduction implique plutôt un gaspillage de travail et de capital — et bien rarement dans l'agriculture ou la construction, là où au contraire elle serait la bienvenue parce que les besoins y sont encore bien loin de la limite de saturation.

Voilà pourquoi la loi des débouchés, quoique vraie en principe, n'empêche pas d'incessantes ruptures d'équilibre dans l'échange, lesquelles provoquent des *crises*. Et voilà aussi pourquoi les producteurs cherchent aujourd'hui à les prévenir par des ententes commerciales (*Cartels, Trusts*), qui sont un des phénomènes les plus caractéristiques de notre époque et que nous étudierons plus loin. Ils ont pour caractère essentiel des engagements réciproques pris par des producteurs, dans une même branche d'industrie, de ne pas produire au delà d'un certain chiffre fixé selon l'état du marché.

L'État peut-il faire quelque chose pour éviter les crises de surproduction, tout au moins de surproduction partielle ? Des expériences intéressantes ont été faites récemment par quelques gouvernements : ainsi le Brésil pour le café. Il a acheté une énorme quantité de café qui a été mis en réserve pour décharger le marché en temps de surabondance et écouler peu à peu ce stock dans les années maigres. Ce procédé, qu'on a appelé « la valorisation du café », rappelle celui de Joseph en Égypte quand il fit remplir les greniers publics pendant la période des sept vaches grasses pour vendre le blé pendant la période des sept vaches maigres. Et il semble avoir donné d'assez bons résultats, quoique pourtant discutés [1].

V

Les crises.

La crise, comme le mot le dit assez clairement, c'est une perturbation brusque dans l'équilibre économique. Mais elle peut être étudiée sous deux aspects très différents et même opposés.

Les crises peuvent apparaître comme des espèces de maladies

---

[1] Le gouvernement grec et celui du Portugal, pour remédier à la surproduction des raisins secs et du vin, ont prohibé ou limité toutes nouvelles plantations de vignes.

de l'organisme économique : elles présentent des caractères tout pareils à ceux des innombrables maux qui affligent les hommes. Les unes ont un caractère périodique, les autres sont au contraire irrégulières. Les unes sont courtes et violentes comme des accès de fièvre ; elles se manifestent de même par une forte élévation de température suivie d'une brusque dépression, les autres sont lentes comme des anémies, dit M. de Laveleye. Les unes sont localisées à un pays déterminé, les autres sont épidémiques et font le tour du monde, comme le choléra.

Mais ces comparaisons supposent que la crise est un phénomène de l'ordre *pathologique*. Or, ne faudrait-il pas y voir plutôt un phénomène de l'ordre *physiologique*, c'est-à-dire des manifestations qui n'ont rien d'anormal et sont très compatibles avec un parfait état de santé? plutôt même les poussées d'une vitalité exubérante, des crises de croissance, en fonction du progrès économique et qui en seraient peut-être même la condition nécessaire? Et si jamais les crises devaient disparaître, ne serait-ce pas le symptôme plutôt attristant d'une société enlisée dans « l'état stationnaire? ».

Ainsi nous voyons se dessiner deux conceptions des crises : l'une pessimiste, l'autre optimiste, et cette opposition de vues sur leur nature va nécessairement entraîner des divergences tant qu'à la façon de les expliquer qu'aux moyens de les conjurer. Mais avant de prendre parti, voyons d'abord par quels *symptômes* les crises se manifestent. Nous chercherons ensuite quelles sont les *causes* par lesquelles on croit pouvoir les expliquer et quels sont les *remèdes* qu'on conseille pour les éviter, si tant est qu'on juge utile d'y porter remède.

§ 1. Les symptômes.

Les manifestations des crises sont toujours à peu près les mêmes, en sorte que leur diagnostic n'est pas difficile. Seulement, elles sont plus ou moins accentuées. S'il fallait les énumérer toutes, la liste serait longue, car comme il n'est guère de rapports économiques qui ne se trouvent plus ou moins affectés par le déclenchement d'une crise, il n'en est presque aucun qui ne puisse, si l'on veut, être pris comme signe indicateur[1]. Toutefois, nous

---

[1] En France, depuis 1908, une Commission a été constituée par le gouvernement avec la mission de rechercher et de publier « les indices des crises économiques », non dans une préoccupation d'ordre scientifique, mais dans la préoccupation d'éviter ou d'atténuer le chômage.

La Commission a fait dresser un tableau comprenant tous les phénomènes éco-

avons trois signes précurseurs caractéristiques auxquels tous les autres peuvent plus ou moins se ramener :

a) Hausse des prix, laquelle manifeste l'activité de la consommation, l'abondance du numéraire et les facilités du crédit;

b) Hausse du cours des valeurs mobilières, surtout des actions, laquelle signifie activité des entreprises, augmentation des profits et des dividendes;

c) Hausse des salaires, laquelle implique l'activité du marché du travail, l'accroissement de la demande de main-d'œuvre.

Quand nous disons que ce sont là les signes révélateurs des crises, il faut entendre que ce sont là les signes qui annoncent et par conséquent précèdent les crises. Mais la crise consiste précisément en ceci qu'à un moment donné, par quelque cause mystérieuse, tous ces mouvements changent de sens, les lignes ascendantes deviennent brusquement descendantes. Et ce sont alors les symptômes inverses de ceux que nous venons d'indiquer :

a) Baisse des prix, révélatrice de la dépression de la consommation, de la raréfaction de la monnaie, de la disparition du crédit;

b) Baisse du cours des valeurs, révélatrice de l'effondrement des

nomiques qui pourraient être considérés comme symptomatiques des crises, et il n'y en avait pas moins de 108! — mais il n'en a retenu que 8, dont plusieurs nous paraissent faire double emploi :

1º pourcentage du chômage;

2º mouvement des prix;

3º cours de la fonte (parce que le fer est la forme d'investissement la plus importante du capital fixe);

4º consommation de la houille (parce que la houille est la forme d'investissement la plus importante du capital circulant);

5ª mouvement du portefeuille (escomptes) de la Banque de France (parce que c'est le signe de l'activité des affaires);

6º mouvement de l'encaisse de la Banque de France (parce qu'elle révèle le flux et le reflux du numéraire);

7º trafic des chemins de fer;

8º mouvement du commerce extérieur.

Les huit indices retenus sont publiés mensuellement dans le *Bulletin du ministère du Travail.*

Par contre, la Commission a écarté des indices tels que ceux-ci, qui nous paraissent pourtant non moins symptomatiques que plusieurs de ceux retenus :

les variations du taux de l'escompte;

le montant des émissions de titres;

le cours des valeurs mobilières;

le nombre des faillites :

le nombre des grèves;

les variations des salaires.

profits et des dividendes, de la faillite pour les entreprises les plus aventurées, et qui est accompagné par l'élévation du taux de l'escompte;

c) Baisse des salaires, révélatrice de l'arrêt de la production, de la cessation de la demande de main-d'œuvre, de l'imminence du chômage.

C'est le passage de l'état d'activité à l'état de dépression qui marque le moment de la crise, moment qu'on peut fixer parfois avec une telle précision qu'on peut indiquer le jour et presque l'heure [1], mais qui d'autres fois s'espace sur une durée plus longue et laisse même les économistes dans une certaine indécision quant à la date de l'année.

Un caractère essentiel des crises c'est leur caractère *épidémique.* Il arrive fréquemment qu'il y a excès ou insuffisance de production dans telle ou telle industrie, et c'est même par là que débutent la plupart des crises, mais elles ne prennent le caractère de crises qu'autant que l'ébranlement se communique d'une industrie à l'autre et d'un pays à l'autre, ce qui suppose donc l'action de quelque cause générale qui reste à trouver.

Il y a notamment un produit d'une importance unique pour lequel toute disproportion entre la production et les besoins entraîne une crise générale qui se répercute sur tous les autres produits sans exception : seulement ici les conséquences sont *inverses* de celles inhérentes aux crises affectant tout autre produit : en effet, la surabondance de ce produit entraîne une hausse générale des prix et sa disette une baisse générale ! Il est facile de deviner cette énigme : c'est de la monnaie qu'il s'agit.

Il y a eu même des auteurs qui ont vu dans la surabondance ou l'insuffisance du numéraire, ou des substituts de la monnaie métallique tels que les billets de banque, la véritable cause des crises. Sans doute la surproduction des mines d'or, comme dans la période qui a précédé la guerre, ou l'émission exagérée des billets, comme nous la voyons dans tous les pays belligérants

---

[1] C'est ainsi que pour la crise de 1867, le monde financier a conservé le souvenir du 11 mai 1867, le « sinistre vendredi » (*black Friday*) où la crise éclata à Londres à la suite de la faillite de la maison Overend et Gurney.

Par contre, il est d'autres crises qui portent comme dates plusieurs années, par exemple celle de 1881-1882 (ou même 1881-1884) ou celle de 1890-1893, soit parce que le moment critique s'est prolongé longtemps, soit parce que la crise s'étant propagée d'un pays à l'autre, la date n'a pas été la même pour chaque pays. Généralement les crises frappent les États-Unis avant d'atteindre l'Europe occidentale — comme font les cyclones.

au cours de cette guerre, provoquent une hausse générale des prix (voir p. 91), mais il ne semble pas que cette cause puisse provoquer ce renversement du mouvement qui constitue la crise, et on ne voit pas non plus pourquoi ces « inflations » monétaires auraient le caractère rythmique qui caractérise les crises.

Mais surtout le signe révélateur des crises c'est leur *périodicité*. On les voit, tout au moins au cours du siècle précédent, se succéder avec la régularité et la majesté de la houle sur la mer, chaque vague ayant une amplitude d'une dizaine d'années environ, dont cinq ou six ans de mouvement ascendant, cinq ou six ans de mouvement descendant. Sans doute la même alternance se retrouve plus ou moins dans tous les phénomènes économiques, mouvement des prix, des salaires, du taux de l'intérêt — et de même aussi dans les phénomènes naturels, variations barométriques, crue et décrue des eaux, avance et recul des glaciers. Le rythme est la loi du monde. Il n'y a rien là de bien mystérieux. Il est même impossible qu'il en soit autrement. Toutes les fois qu'une variation est renfermée dans certaines limites, ce qui est le cas général, il y a nécessairement un va-et-vient entre les points extrêmes. Mais quand il s'agit des crises, la régularité de ce balancement a quelque chose d'impressionnant et c'est le désir de l'expliquer qui a suggéré les premières recherches des causes de crises.

§ 2. Les causes.

C'est Stanley Jevons qui, le premier, avait remarqué que, dans le cours du xix⁰ siècle, les crises s'étaient succédé à des intervalles presque réguliers de dix ans. Voici leurs dates :

1815	1857
1827	1866
1836	1873
1847	1882

Et si Stanley Jevons, mort en 1882, avait vécu plus longtemps, quelle n'eût pas été sa joie de voir les deux dernières crises du siècle reparaître juste à la date prédite, l'une en 1890, l'autre en 1900 ! Une semblable régularité ne peut être attribuée au hasard et suggère l'idée de quelque cycle astronomique. En effet, c'est vers le ciel que Stanley Jevons leva les yeux pour y chercher l'explication, et il crut l'avoir trouvée dans la périodicité des taches du soleil. On croyait alors que les maxima et les minima de ces taches se représentaient à peu près tous les dix ans. Mais quel lien pouvait-il y avoir entre les taches du soleil et les crises?

C'est que ces variations dans l'intensité du rayonnement solaire se répercuteraient sur la terre en bonnes ou mauvaises récoltes, lesquelles, à leur tour, détermineraient les crises. On voit que rien ne manque à ce roman cosmogonique.

Mais ce n'est qu'un roman. Non seulement il n'est pas démontré que les taches du soleil aient une influence quelconque sur les récoltes et ni même les récoltes sur les crises, mais encore ni la périodicité décennale des taches du soleil, ni même celle des crises, ni moins encore la coïncidence entre les unes et les autres, n'ont été confirmées par l'observation. En ce qui concerne les maxima et minima des taches du soleil, la périodicité paraît être de onze ans. Et en ce qui concerne la périodicité décennale des crises, le xxᵉ siècle est venu donner un démenti à la prétendue loi, car la première crise est survenue en 1907. Sans doute il faut néanmoins retenir le caractère de périodicité, mais il n'y faut point chercher une régularité astronomique[1]. Du reste, comme nous venons de le dire, il y a toujours quelque arbitraire dans l'énumération et la chronologie des crises, car il n'est pas facile de fixer le moment précis où elles se déclenchent et ce moment varie d'un pays à l'autre. Et puis, il y a crise et crise : il y en a qui sont des cyclones, il y en a qui sont de simples dépressions atmosphériques et qui ne valent pas la peine d'être comptées.

L'explication astronomique des crises étant abandonnée, reste à en trouver une autre. Les économistes n'ont pas été en peine : ils en ont donné d'innombrables. Un auteur allemand, M. Bergmann, en 1895, en comptait 230 et on en a trouvé d'autres depuis. On peut même dire que le nombre en est illimité. Car étant données la complexité et la solidarité de tous les phénomènes économiques,

[1] Cependant cette thèse vient d'être reprise avec une piété filiale, et adaptée aux nouvelles observations astronomiques, par M. Stanley Jevons fils dans un article de la *Contemporary Review* (août 1909) sur *la chaleur solaire et l'activité industrielle*.

D'autre part, un économiste américain, M. Moore, a proposé une explication analogue : le rythme dans l'activité de la vie économique, l'alternance de l'expansion à la dépression, aurait pour cause l'alternance des périodes de bonnes et de mauvaises récoltes, laquelle aurait à son tour pour cause ultime l'alternance des périodes de pluies et de sécheresse (*Economic Cycles. Their law and causes*). Il suffit de faire remarquer que les conditions climatériques variant d'un pays à l'autre, il devrait y avoir alors une loi des crises propre à chaque climat.

Dans la *Revue de Sociologie* de février 1917, un auteur belge, le colonel Millard, exposait une théorie qui expliquait non pas seulement les crises, mais toute l'histoire par l'existence de trois cycles, l'un de 4 ans, l'autre de 32 ans, le troisième de 500 ans, engrenés l'un dans l'autre, et déterminés l'un et l'autre par la révolution de la terre autour du soleil.

il suffit que l'un d'eux se trouve enrayé, de même que l'un des rouages d'une montre, pour que tout le mécanisme se trouve détraqué : ou, si l'on préfère une comparaison physiologique, qu'un organe soit lésé pour que tout l'organisme soit souffrant.

Cependant on doit préciser et limiter la recherche des causes en remarquant que la crise n'est pas une perturbation quelconque, mais qu'elle a certains caractères définis et que par conséquent la cause cherchée doit être telle qu'elle explique ces caractères et notamment qu'elle explique la périodicité de ce phénomène[1].

§ 1. L'explication par la *surproduction* est celle qui se trouve tout naturellement suggérée par le spectacle des progrès vertigineux de l'industrie et surtout de l'industrie mécanique dont nous avons cité quelques exemples étourdissants (voir p. 128). Il semble inévitable que cette course vertigineuse ne conduise à l'abîme. Le jour doit venir, tôt ou tard, où cette masse de produits jetés sur le marché dépassera les capacités de consommation et ne pourra plus être absorbée. Alors la liquidation se fait par une chute générale des prix. Les fabricants, pour échapper à la nécessité de vendre à perte, cherchent à se procurer de l'argent par l'escompte chez les banquiers ou par la vente des titres qu'ils ont en portefeuille, d'où résultent hausse du taux de l'escompte et baisse du cours des valeurs en Bourse, en sorte que, précisément par suite de la surabondance des marchandises, l'argent devient rare. Et les industriels qui ne peuvent réussir à s'en procurer font faillite. Toutes les manifestations des crises, ci-dessus énumérées, se trouvent donc, à ce qu'il semble, assez bien expliquées.

Et la périodicité l'est aussi, car on comprend très bien que ce mouvement alternatif, par lequel la production devance la consommation, puis à un moment donné s'arrête essoufflée, tandis que la consommation qui marche d'un pas égal la rattrape et la

---

[1] On trouvera dans le livre de M. Lescure, *Des crises générales et périodiques de surproduction* (2ᵉ édit., 1910), l'exposé le plus récent et le plus complet des théories sur les crises et les explications données.

M. Lescure divise toutes ces théories en deux groupes : l'un qu'il appelle les théories « organiques » qui cherchent l'explication dans l'évolution du régime capitaliste, l'autre qu'il appelle « inorganiques » (peut-être vaudrait-il mieux dire : mécaniques) qui chercheraient l'explication dans une rupture d'équilibre entre la production et la consommation. Nous ne saisissons pas très bien cette opposition, car toutes les théories énumérées impliquent quelque rupture d'équilibre dans l'ordre économique. Mais il semble, d'après les exemples cités, que cette opposition corresponde à peu près à celle que nous indiquions tout à l'heure entre l'explication physiologique et celle pathologique.

distance à son tour — prenne nécessairement les allures d'un mouvement rythmé. Il faut, en effet, après chaque débâcle, un certain temps à l'industrie pour réparer ses pertes, refaire ses réserves, renouveler son outillage en vue de besoins nouveaux.

Pourtant cette explication se heurte d'autre part à plusieurs objections graves.

La première c'est qu'elle serait inconciliable avec la loi des débouchés que nous avons exposée dans le chapitre précédent, à savoir qu'une surproduction générale est chose impossible, parce que tout accroissement de production crée un débouché nouveau et une nouvelle capacité d'achat (voir ci-dessus, p. 217)? Toutefois nous ne retiendrons pas cette objection parce que nous avons admis la possibilité d'une surproduction sinon tout à fait générale, du moins s'étendant à toute la production industrielle, ce qui suffirait pour expliquer les crises, celles-ci ne dépassant pas généralement les limites du monde industriel et ne s'étendant pas à la production agricole. Les crises débutent le plus souvent par une surproduction localisée [1].

Mais une autre objection plus difficile à écarter c'est qu'on ne comprend pas pourquoi, si les crises avaient pour cause la surproduction, elles auraient pour caractéristique une hausse des prix? Il est vrai que la baisse et même l'effondrement des prix se manifestent dans la période descendante de la crise, après que le point de saturation a été atteint, mais pourquoi ne se manifestent-ils pas avant ce moment et dès le moment où la production a commencé à augmenter? Comment se fait-il que la courbe ascendante des prix soit parallèle à la courbe ascendante de la production? Faut-il répondre que c'est parce que celle-ci n'aurait pu suivre la marche ascendante de la consommation? Mais alors ce n'est plus la surproduction qui serait cause de la crise : il faudrait dire que c'est la sur-consommation !

§ 2. L'explication par la *sous-consommation* se présente de préférence à l'esprit de ceux qui regardent aux misères de l'état économique actuel, c'est-à-dire des socialistes ou socialisants, comme Sismondi. Ceux-ci ne nient pas que les crises n'aient pour cause occasionnelle la surproduction due à l'avidité des capitalistes qui, pour compenser la réduction du taux des profits, cherchent, comme on dit, à se rattraper sur la quantité; mais la

---

[1] C'est ainsi que la crise de 1907, qui a fait tant de ravages aux États-Unis, a eu pour cause initiale une hausse démesurée du cuivre et de toutes les valeurs cuprifères, suivie par un effondrement des cours du cuivre et des valeurs cuprifères.

cause fondamentale ce serait l'insuffisance des ressources de la grande masse des consommateurs de la classe ouvrière, des salariés, qui n'ont pas les moyens de racheter les produits de leur propre travail. Et qu'on ne dise pas, pour écarter cette thèse, que les besoins des hommes sont illimités ou indéfiniment extensibles, car il ne suffit pas, pour écouler un article, de trouver des gens qui en aient envie, encore faut-il trouver des gens qui aient les moyens de l'acquérir. Or, l'accroissement du revenu de la masse de la population n'a pas marché d'un pas aussi rapide que l'accroissement de la production manufacturière. Et comme ces deux causes inverses mais aboutissant au même résultat — d'une part, la nécessité croissante pour les fabricants d'étendre le plus possible leur production ; d'autre part, le nombre croissant des salariés et l'insuffisance du salaire — vont s'intensifiant sans cesse, l'équilibre troublé, au lieu de se rétablir automatiquement, comme il l'a fait jusqu'à présent, deviendra de plus en plus instable et les crises de plus en plus aiguës, jusqu'au jour où elles enseveliront sous ses ruines le régime capitaliste. Ainsi celui-ci est destiné à périr par les conséquences mêmes qu'il a engendrées [1].

Mais cette explication ne paraît pas mieux s'adapter aux faits que la précédente, tant s'en faut, car de même que la première semblait en contradiction avec la hausse générale des prix, celle-ci semble démentie par la hausse des salaires qui, généralement, précède les crises. Pourquoi l'impossibilité pour la classe ouvrière de racheter avec son salaire le produit de son travail se manifesterait-elle précisément à la suite de la période où elle a gagné le plus et où par conséquent son pouvoir de consommation s'est accru ? Ce n'est pas avant, c'est après la crise que devrait sévir la sous-consommation. On peut comprendre que la sous-consommation existe à l'état d'un mal chronique, qu'elle suffise pour expliquer la misère et le paupérisme, mais on ne voit pas pourquoi cette sous-consommation se manifesterait sous la forme de crise à un moment donné et avec des retours réguliers ? [2].

Enfin, en admettant même la théorie qui fait le fond de cette

[1] « Actuellement la cause ultime d'une crise se ramène toujours à l'opposition entre la misère, la limitation du pouvoir de consommation des masses et la tendance du régime capitaliste à multiplier les forces productives ». — Karl Marx, *Le Capital.*

[2] A cette objection, les socialistes répondent qu'en temps de crise la hausse des salaires est moins rapide que la hausse des prix, d'où résulterait une insuffisance croissante dans leur pouvoir de consommation. Mais si les salaires montent moins vite que les prix, alors ce sont les profits qui devraient augmenter plus rapidement que les prix ? Or beaucoup d'économistes voient au contraire la cause des crises dans la baisse des profits.

explication, à savoir que la classe salariée touche de moins en moins sur le produit de son travail et se trouve ainsi de plus en plus spoliée par la classe possédante, on ne voit pas pourquoi il en résulterait une insuffisance *générale* de la consommation, car pourquoi les spoliateurs ne consommeraient-ils pas tout autant que les spoliés? Auraient-ils moins d'appétit? C'est peu probable. Ils consommeront autre chose, c'est entendu : il y aura moins de consommation de denrées de première nécessité et plus de consommation des articles de luxe — mais ce devrait être tout à l'avantage de l'industrie qui gagne généralement plus sur ceux-ci que sur celles-là [1]?

§ 3. Aussi les économistes s'accordent généralement aujourd'hui sur une troisième explication; ils voient la cause des crises dans la *surcapitalisation* plutôt que dans la surproduction. Quoique cette théorie elle-même comporte de nombreuses variantes, voici, dans ses caractères les plus généraux, comment elle se présente.

S'il ne s'agissait pour l'industrie que d'adapter au jour le jour la production aux besoins, ce serait assez facile; et même si elle n'y arrivait pas exactement il n'en résulterait pas une crise — pas plus qu'il n'y a de crises lorsqu'un pâtissier, ayant mal calculé les besoins de ses clients, se trouvera, à la fin de la journée, avec un excédent de petits gâteaux. Mais la grande industrie ne peut se contenter de produire au jour le jour : elle doit anticiper les besoins et, pour se trouver en mesure d'y répondre, créer longtemps à l'avance tous les moyens de fabrication et de transport, usines, machines, mines, wagons, navires, etc. : il faudra du temps pour cela! En attendant, les besoins qui s'accroissent et s'impatientent font monter les prix. Puis quand est venu le jour où les moyens de production préparés peuvent enfin entrer en ligne, ils vont déverser sur le marché subitement des flots de produits, et remarquez qu'ils ne pourront plus s'arrêter à volonté! car une fois que le capital a été investi sous la forme de capital fixe, il ne peut plus se dégager et il faut qu'il continue

---

[1] On répond à l'objection que les classes riches n'emploieront pas en consommations ces revenus, dérobés aux classes pauvres, parce qu'elles en ont trop pour leurs besoins, mais les affecteront à l'épargne, et qu'ainsi il n'y aura pas un simple transfert de la capacité de consommation d'une classe à une autre, mais bien une réduction dans la consommation totale. Mais alors cette explication des crises, ce serait moins la sous-consommation des classes pauvres que celle des classes riches. — D'ailleurs cette explication nous paraît inadmissible, car, comme nous le verrons au livre IV, l'épargne sous forme de placement n'est qu'une opération par laquelle la classe rentière transfère précisément à la classe ouvrière son pouvoir de consommation.

à rouler même alors que le marché se trouve saturé, même alors qu'il travaille à perte. On comprend donc très bien pourquoi la baisse des prix peut prendre les proportions d'un effondrement irrésistible. Il ne s'arrêtera que lorsqu'un certain nombre des entreprises nouvelles auront fait faillite ou renoncé à la lutte, ou lorsque la baisse des prix aura eu son effet accoutumé qui est d'augmenter la consommation, et que le trop-plein aura pu ainsi être peu à peu absorbé.

On comprend aussi pourquoi les crises sont séparées par des intervalles à peu près réguliers ; la durée de ces périodes est précisément celle qui est nécessaire pour reconstituer les capitaux nécessaires à la période suivante. Et enfin on s'explique très bien pourquoi les crises sont un phénomène concomitant avec le régime capitaliste et plus spécialement avec celui de la grande industrie [1].

On comprend mieux aussi pourquoi ceux-là mêmes qui ne sont pas dans les affaires, les rentiers, le grand public, sont acteurs dans la crise, pourquoi ils contribuent à la précipiter et en subissent les conséquences. Que voyons-nous, en effet ?

Voici une ère de prospérité, bonnes récoltes, pas de craintes de guerre, l'industrie marche, tout va — alors on voit monter le cours de toutes les valeurs, mines de cuivre ou de charbon, valeurs de caoutchouc, banques, chemins de fer. Chaque petit rentier « mouvemente son portefeuille » ; chacun demande à ceux qu'il croit bien informés : dites-moi ce qui va monter ? — et il

---

[1] Cette explication de la surcapitalisation comporte elle-même, avons-nous dit, de nombreuses variantes, à peu près autant que d'auteurs. Une des plus récentes et des plus accréditées est celle de l'économiste russe Tugan Baranowski. Elle peut se résumer en ceci que les crises ont pour cause une absorption excessive de l'épargne par les entreprises industrielles. L'épargne accumulée s'épuise rapidement et le moment vient où l'industrie, n'en trouvant plus de disponible, est forcée de s'arrêter. Et il faudra ensuite un long temps pour remplir à nouveau le réservoir. Il faudrait donc plutôt l'appeler crise de *sous capitalisation*.

L'économiste allemand Lexis (*Bulletin de l'Institut International de Statistique* 1909) insiste surtout sur le caractère durable des capitaux fixes et l'immobilisation qui en résulte. M. Aftalion, dans un grand ouvrage (*Les Crises périodiques de surproduction*, 2 vol.), donne aussi comme explication la durée de plus en plus longue nécessaire aujourd'hui pour la création des capitaux et donne cet exemple ingénieux du chauffage central, avec lequel il faut un long temps avant que l'appartement soit chauffé au degré voulu et, une fois en train, non moins longtemps pour abaisser la température.

M. Lescure, dans le livre déjà cité, croit pouvoir établir que les coûts de production, notamment le prix des matières premières, monteraient plus rapidement que les prix de vente, ce qui aurait pour effet d'enrayer peu à peu l'industrie et finalement de la mettre en panne.

ne risque guère d'être trompé, puisque tout monte en effet. De toutes parts se créent des entreprises nouvelles, on exploite de nouvelles mines, on fait de nouvelles plantations de caoutchouc, on capte des chutes d'eau, on ouvre des cinémas, et même les entreprises anciennes augmentent leurs capitaux en émettant des actions nouvelles. Puis vient le jour où toutes ces entreprises donnent à la fois et se font concurrence. On entend un craquement sinistre : c'est l'une d'elles qui sombre. Aussitôt c'est la panique — et de même que, naguère, plus les valeurs montaient, plus empressés étaient les acheteurs, maintenant plus elles baissent et plus on s'empresse de vendre. Rares les capitalistes qui ont su, comme on dit, sortir à temps de l'affaire. De proche en proche, tous ces titres qui représentaient autant d'anticipations de production et de revenus et, comme le dit éloquemment M. Seligman, « la capitalisation de tant d'espoirs », s'affaissent, avant même qu'on puisse savoir s'il y a réellement surproduction.

§ 4. Pourquoi n'y aurait-il pas des crises de *sous-production* aussi bien que de surproduction ? L'équilibre entre la production et la consommation ne peut-il pas être rompu aussi bien par déficit de la production que par excès ? Il semble même que ce sont celles-là qui doivent être les plus à redouter, car enfin l'excès de production, qui est l'abondance, ne saurait être un mal en soi et ne le devient que par suite de quelque vice dans la structure économique, tandis que l'insuffisance de la production doit impliquer la disette, la misère et éventuellement la mort.

Il est vrai : les disettes et même les famines ont tenu une grande et terrible place dans l'histoire de tous les peuples jusqu'à une époque pas très éloignée de nous. Il y en a eu encore en France au cours du xviiie siècle, et elles sévissent assez fréquemment dans les pays dont l'évolution industrielle n'est pas très avancée tels que l'Inde ou même la Russie. Et même dans les pays les plus avancés il peut y avoir dans telle ou telle branche de la production une défaillance qui causera de graves désordres. Par exemple en France la ruine de la viticulture pendant vingt ans, à la suite de l'invasion du phylloxera [1]. Et on se rappelle encore en

---

[1] La crise vinicole de sous-production a duré une vingtaine d'années, de 1872 à 1890, et a été suivie peu après d'une crise de surproduction qui a duré une dizaine d'années, de 1900 à 1910, laquelle a eu pour cause à la fois un excès de plantation et une réduction de la consommation du vin, du moins dans la classe bourgeoise. Il est vrai que les viticulteurs ont préféré l'attribuer à la fraude, autrement dit à la surproduction du vin artificiel. Peu importe, d'ailleurs, car, dans un cas ou dans l'autre, c'est toujours la surproduction Mais ni l'une ni l'autre de ces deux perturbations régionales n'ont eu pour résultat de provoquer les

Angleterre les désastres causés par la disette de coton (*cotton famine*) durant la guerre de sécession des États-Unis.

Néanmoins, c'est avec raison que l'on ne fait pas figurer les disettes dans la catégorie des crises, car on n'y retrouve aucun des caractères symptomatiques que nous avons énumérés. Il y a, il est vrai, la hausse des prix, mais qui s'y présente dans des conditions précisément inverses, puisqu'ici la hausse des prix n'est que la suite et la conséquence du déficit, tandis que dans la crise classique la hausse des prix précède la crise et c'est la baisse des prix qui la suit.

On ne trouve pas non plus dans les crises de disette ce caractère essentiel qui est la périodicité — et pourtant, si la théorie des cycles astronomiques était vraie, c'est ici qu'il devrait être le plus apparent puisque la disette tient généralement à une mauvaise récolte.

Toutefois il peut arriver, lorsque le déficit porte sur des denrées de première nécessité, que cette crise par insuffisance de production produise indirectement les mêmes effets que la crise par excès de production, à savoir un engorgement général sur le marché et une dépréciation des marchandises. Pour expliquer ce résultat inattendu, il suffit de remarquer que lorsque l'insuffisance dans la récolte du blé, par exemple, entraîne une hausse du prix du blé — il en résulte pour les consommateurs de blé dont les ressources sont limitées, c'est-à-dire pour l'immense majorité des hommes, l'obligation de restreindre leurs dépenses sur tous les autres articles de leurs budgets : dès lors, une masse d'objets, n'étant plus demandés, ne pourront plus s'écouler ou ne le pourront qu'à perte. C'est ainsi que les disettes dans l'Inde se répercutent généralement par une baisse de prix pour les produits des manufactures anglaises.

§ 3. Les remèdes.

D'abord, y a-t-il lieu d'en chercher? Nous voici ramenés à la question posée au début de ce chapitre. Si la crise n'est qu'un phénomène physiologique, un rythme normal, comme les pulsations de l'organisme économique, il n'y a qu'à laisser faire. Mais s'il faut y voir un trouble pathologique, alors, en effet, la recher-

crises, au sens exact de ce mot, quoique la première ait déterminé une assez forte augmentation de l'émigration, et la seconde des troubles politiques et des émeutes (en 1907 à Narbonne et dans toute la région) qui ont eu un grand retentissement et ont suscité de nombreux articles de journaux et revues.

che d'un remède est assez indiqué. Or il semble bien résulter de
l'examen des causes que nous venons de passer en revue, quelle
que soit celle qui paraisse la mieux fondée, que toutes impliquent
un certain désordre et des conséquences fâcheuses qu'il faudrait
tâcher d'éviter.

Mais l'indication du remède dépendra évidemment de la cause
supposée. Si on croit que c'est la surproduction, il faudra s'appliquer à limiter cette production : par exemple, par l'institution des
cartels (voir ci-après p. 288), qui, en réglementant la production,
empêcheraient la hausse exagérée des prix et par suite leur baisse
aussi, ou tout au moins, comme on l'a dit pittoresquement, leur
serviraient de parachute.

Si on voit la cause de la crise dans le fait que la classe ouvrière
n'a pas les moyens d'augmenter sa consommation aussi rapidement que s'accroît la production, on cherchera le remède dans
l'établissement d'un régime socialiste qui assurerait à l'ouvrier
l'intégralité du produit de son travail, ou peut-être simplement
dans un régime coopératif où la production, n'étant organisée
qu'en vue des besoins et non en vue du profit, ne serait pas incitée
à une surproduction excessive et purement spéculative [1].

Si on voit la cause des crises dans la surcapitalisation, il faudra
compter sur les banques, qui sont les grands et presque uniques
dispensateurs du crédit. C'est à elles qu'il incombera d'intervenir
au moment voulu — soit, quand elles voient que l'accélération
de la circulation devient inquiétante, en élevant le taux de l'escompte afin de resserrer le crédit (voir au Ch. *Banques*); — soit
au contraire, quand la crise est imminente, en se hâtant de procéder au sauvetage des maisons qui seraient les premières à som-
brer et dont la chute déterminerait l'écroulement général. La
législation peut aussi peut-être exercer une action préventive, soit
en contrôlant l'émission des titres d'entreprises nouvelles, soit en
réglementant les marchés à terme.

Toutefois, dans cette dernière explication des crises, le remède est
plus douteux, car le mal est psychologique plus encore qu'économique : c'est plutôt une question d'éducation ; il s'agit d'apprendre
au public à ne pas croire que parce qu'une valeur monte il faut
l'acheter, ni que, parce qu'elle baisse, il faut la vendre. Cette éducation se fait d'elle-même en ce sens que la mévente, la baisse des
prix, la difficulté de se procurer de l'argent, et le spectacle des
faillites, en terrifiant les producteurs, ne peuvent manquer

---

[1] Voir ci-après *Le Coopératisme*.

d'enrayer la surproduction. Seulement, dès que l'effet réfrigérant de la douche a cessé, alors le remède cesse d'agir. Peut-être le remède le plus efficace serait-il tout simplement une science des crises assez exacte pour permettre d'en prévoir le retour à date fixe, car il est permis de croire qu'une crise prévue et en quelque sorte escomptée se trouverait par là même évitée ou tout au moins très amortie. Encore ne faut-il point s'y fier, car il arrive souvent que la peur d'un mal a précisément pour effet d'évoquer ce mal. La grande guerre actuelle aurait probablement pu être évitée si tout le monde n'eût répété depuis longtempsqu'elle était inévitable [1].

CHAPITRE II

L'ASSOCIATION POUR LA PRODUCTION

I

Les formes successives de l'association
pour la production.

« Aujourd'hui, jour du Vendredi-Saint, écrivait Fourier en 1818, j'ai trouvé le secret de l'Association universelle ». Il se vantait : il ne l'avait certes pas découverte, bien qu'il l'ait mise en relief avec une verve fantastique, car l'association n'est pas de l'ordre de ces phénomènes qu'il faut découvrir : elle éclate à tous les yeux. C'est la plus générale probablement de toutes les lois qui gouvernent l'univers, puisqu'elle se manifeste non seulement dans les rapports des hommes vivant en société, mais aussi dans ceux

[1] Les indices publiés mensuellement par la Commission officielle nommée à cet effet (voir ci-dessus p. 221) ont précisément pour but de permettre au public de prévoir les crises, comme le *Bulletin météorologique* pour les tempêtes.

Dans un des premiers livres où cette question des crises ait été traitée scientifiquement (*Des crises commerciales et de leur retour périodique*, 1860), M. Juglard avait cherché à déterminer leurs signes avant-coureurs. Et il avait cru les découvrir dans la comparaison entre l'encaisse des banques et leur portefeuille. Quand on voit l'encaisse, après avoir rapidement monté, commencer à descendre, et en même temps le portefeuille, après avoir baissé, commencer à remonter, c'est que la crise est imminente.

Cet indice est, en effet, symptomatique, car il correspond parfaitement à la théorie de la surcapitalisation, et il a été retenu dans les huit indices officiels, mais il n'est plus considéré cependant comme suffisant à lui seul.

qui unissent les mondes en systèmes solaires et les molécules ou les cellules en corps bruts ou organisés, et jusque dans les rapports logiques qui nous permettent de penser. Les animaux eux-mêmes connaissent les lois de l'association et quelques-unes de ces sociétés animales, abeilles, fourmis ou castors, ont été de tout temps pour les hommes un inépuisable sujet d'instruction et d'admiration.

L'association s'applique à toutes fins, mais nous n'avons ici à nous occuper de l'association qu'en vue de la production, en prenant ce mot d'association non dans le sens juridique d'une société contractuelle, mais dans le sens le plus large, celui d'un groupement quelconque d'individus travaillant à une fin commune. En ce sens, elle s'impose aux hommes pour tous les travaux qui excèdent les forces individuelles, ne fût-ce qu'un poids à soulever, et aussi pour ceux qui étant solidaires doivent être nécessairement exécutés en commun, tels que les travaux du semeur et du laboureur qui marche derrière lui pour recouvrir la semence, ou du mécanicien et du chauffeur sur la même locomotive. La division du travail, dont nous parlerons tout à l'heure, suppose toujours une association consciente ou inconsciente.

L'association des hommes a passé par trois phases :

1° Elle a été d'abord *instinctive*, tout comme pour les animaux [1]. Ce n'est pas seulement pour la lutte que les hommes se groupent instinctivement, c'est aussi pour le travail et pour le jeu : ils n'aiment pas plus le travail solitaire que le jeu solitaire [2].

La plus naturelle et évidemment la première des associations a été celle de l'homme et de la femme, des parents et des enfants. On dira peut-être que celle-ci n'a aucun caractère économique et a pour unique cause l'instinct sexuel et l'instinct maternel? Et pourtant le mariage au sens d'une union durable et, en tout cas, le *ménage*, a été dans ses origines une association surtout économique. Quand on demandait aux Indiens de l'Amérique du Nord pourquoi ils se mariaient, ils répondaient : « Parce que nos femmes vont chercher le bois, l'eau, les aliments, et portent tout notre

---

[1] Voir la très intéressante description de ces sociétés animales dans le livre de M. Espinas, *Sociétés animales*.

[2] Le socialiste Fourier voit dans l'association le principal moyen de rendre le travail attrayant. Et le professeur Bücher, dans ses *Études économiques* (voir notamment celle intitulée *La communauté du travail*), montre très bien que « le travail fait en commun excite l'émulation ; personne ne veut rester en arrière », et comment aussi le rythme ou la cadence qui caractérise beaucoup de travaux (tout comme les danses) exige le concours de plusieurs personnes.

bagage » [1]. Il est très probable que c'est ce caractère économique qui a conféré à la famille le caractère permanent que l'instinct sexuel ou la voix du sang auraient été impuissants à lui donner.

2° L'association est devenue ensuite *coercitive*. D'abord sous la forme d'esclavage. L'esclavage doit être considéré en effet comme un simple élargissement de la famille primitive déterminé par des causes économiques, le besoin de constituer une association plus puissante (le mot de *familia* comprend les esclaves et l'esclave lui-même s'appelle *familiaris*). Du reste, il n'y a pas à s'étonner, dans un temps où les femmes elles-mêmes étaient souvent le fruit de la conquête (enlèvement des Sabines), si la conquête a servi aussi à faire entrer dans la famille des travailleurs étrangers. Très souvent ceux-ci finissaient par devenir membres adoptifs de la famille, ainsi qu'on peut le voir, aussi bien par les récits des antiques tragédies grecques, que par ceux des voyageurs dans le Maroc d'hier.

C'est par cette association coopérative imposée que les hommes d'autrefois, attelés ensemble par centaines et s'ébranlant au rythme d'un instrument d'airain frappé par une sorte de chef d'orchestre, comme nous le montrent les bas-reliefs égyptiens, ont pu élever les Pyramides d'Égypte ou faire voguer les galères à trois et quatre rangs de rames [2].

L'association est devenue moins strictement coercitive avec le *servage*, en tant du moins que les relations entre le maître et le travailleur se sont détendues. Mais, d'autre part, l'association entre le travailleur et la terre s'est ici ressérrée, puisqu'on sait que le trait caractéristique du servage c'est que le serf est attaché à la terre (serf de la glèbe).

L'association garde encore le caractère semi-coercitif sous le *régime corporatif*. Elle est obligatoire en ce sens que nul ne peut exercer un travail sans faire partie de la corporation à laquelle ce genre de travail est dévolu, et seulement en se conformant aux règlements imposés par la corporation ou plus tard par le gouvernement. Mais l'obligation ici, au lieu de constituer une servi-

---

[1] Eyre, cité par Starke, *La famille primitive.* On peut trouver du reste la confirmation de ce fait chez les Arabes polygames, les Bassoutos de l'Afrique centrale, etc.

[2] Ce n'est pas seulement l'esclavage, c'est-à-dire le droit du plus fort, qui a créé l'association coercitive. D'autres modes de contrainte ont eu le même résultat. Certains sont dus à des causes naturelles. Le débordement régulier du Nil a imposé à des riverains des conditions d'irrigation et de travail réglé qui ont été peut-être la plus ancienne forme de coopération entre les hommes. Voir *Les grands fleuves historiques* de Metchnikoff.

tude, constitue un privilège. C'est un avantage et un honneur que d'être admis dans cette association de métiers qui s'appelle la corporation. On n'y est admis qu'après avoir fait un long apprentissage et avoir subi un examen de capacité qui consiste à exécuter un chef-d'œuvre. Plus tard, le chef-d'œuvre fut remplacé par des droits à payer, de plus en plus élevés, et la capacité technique fut un moindre titre à l'admission que l'argent, la faveur ou la parenté avec l'un des maîtres. C'est ainsi que se creusa le premier fossé — qui devait peu à peu se transformer en abîme — entre l'ouvrier et le maître. Les ouvriers, *compagnons* ou *varlets*, comme on disait alors, se virent fermer l'accès de la maîtrise, c'est-à-dire de la production indépendante, et condamnés à rester définitivement de simples salariés [1]. Ce fut alors qu'ils opposèrent aux corporations, devenues exclusivement des associations de maîtres (*les maîtrises*, on disait bien), des associations composées uniquement d'ouvriers qui furent les *compagnonnages* et dont le rôle fut grand dans l'histoire des classes ouvrières.

3° Ainsi l'évolution qui au moyen âge semblait devoir réunir. dans une même association le capital et le travail, échoua. Néanmoins elle a abouti à une nouvelle forme d'association, celle que nous venons d'étudier dans le chapitre précédent sous le nom d'*entreprise*, c'est-à-dire des groupes plus ou moins considérables d'individus dans lesquels l'un, le patron, fournit le capital, les instruments, la terre, et les autres, les salariés, la force de travail.

Ce régime de l'entreprise a fait merveille en ce qui concerne la production des richesses, mais en tant que mode d'association il ne peut être considéré comme un progrès : au contraire il marque un recul. Les travailleurs n'ont pas le moins du monde le sentiment d'être associés dans une œuvre commune avec le patron ou avec les actionnaires — et même ils n'ont plus le désir de l'être l car, au lieu d'un accord de bonnes volontés ce régime a créé un conflit aigu qui constitue ce qu'on appelle la question sociale.

Non seulement il n'y a plus entre les ouvriers et le patron un contrat d'association au sens juridique et précis de ce mot, qui comporte participation aux profits et aux pertes, à la direction et à la responsabilité, mais c'est à peine si l'on peût même y discerner les apparences d'un contrat consensuel quelconque, d'un con-

---

[1] Il serait inexact cependant de croire que le régime corporatif ait jamais englobé sous sa règle tous les travailleurs. M. Hauser (*Ouvriers du temps passé*) a très bien montré que cette façon de généraliser est très exagérée ; mais il semble s'être à son tour jeté dans l'excès opposé en affirmant qu'au moyen âge « la forme la plus répandue était le travail libre ».

trat synallagmatique, d'un louage de services, car en fait le soi-disant contrat de travail n'est qu'une « embauche » : c'est le mot technique [1].

Cependant nous verrons plus loin que la loi tend aujourd'hui à donner au salariat le caractère d'un contrat synallagmatique en appelant les ouvriers à participer à la rédaction des « règlements d'ateliers », ou en imposant des dommages-intérêts en cas de rupture des engagements; et les parties en présence, patrons et ouvriers, tendent aussi à lui conférer certains caractères de l'asso-ciation par des institutions telles que le contrat collectif, la participation aux bénéfices et l'actionnariat ouvrier que nous retrouverons au chapitre du *Salariat*.

II

L'association des travailleurs.

Puisque le contrat actuel d'entreprise ne constitue qu'une forme d'association bâtarde, association de fait non de droit, association par nécessité, non par bonne volonté, ne peut-on espérer qu'elle fera place à une forme d'association libre et inté-grale où chacun aurait la claire conscience qu'il est membre d'une œuvre collective et la ferme volonté d'y coopérer?

Sans doute, ce n'est pas impossible puisque cette forme-là est déjà réalisée dans *l'association ouvrière de production*. On désigne sous ce nom, ou sous celui de *coopératives de production*, des associations de travailleurs constituées en vue de se passer du patron, de devenir leurs propres maîtres et de garder pour eux les fruits de leur travail [2].

La France est considérée comme la terre natale de ce genre d'institutions et à juste titre, car c'est chez elle que la première association ouvrière de production a été fondée, en 1834, par un publiciste, Buchez. Mais c'est seulement à la suite de la Révolution de 1848 qu'il y eut un grand élan dans ce sens. Ce n'est pas pour rien que cette date coïncide avec celle de l'avènement du suffrage

[1]. Cependant M. Chatelain a essayé de démontrer qu'il y avait dans le contrat de salaire un contrat de société imparfait. Mais l'ingéniosité qu'il a dû déployer pour soutenir cette thèse prouve assez qu'elle n'est pas évidente. Voir ci-après au chap. sur *Le Salariat*.

[2] Stuart Mill voyait dans l'association coopérative de production libre la solution de la question sociale. C'était aussi le système du socialiste Lassalle. Seulement, celui-ci voulait que l'État consacrât quelques centaines de millions de marcs à commanditer des sociétés coopératives de production, de façon à leur permettre de soutenir victorieusement la concurrence contre les entreprises patronales.

universel : celle-ci c'était la république dans le gouvernement, celle-là c'était la république dans l'atelier. Il se fonda alors en France, à Paris surtout, plus de 200 sociétés ouvrières de production ; mais toutes moururent, hormis 3 ou 4 qui vivent encore aujourd'hui. Il y eut une nouvelle poussée en 1866-1867. Enfin, dans ces dernières années, leur nombre s'était accru rapidement. On en compte aujourd'hui (en 1913) exactement 476. Leur nombre était de 500 il y a une douzaine d'années : le mouvement ascensionnel a donc marqué un léger recul ; il reprendra sans doute, les circonstances de la guerre lui ayant été favorables.

Quelques-unes de ces associations ont très bien réussi et sont devenues des maisons importantes [1]. Néanmoins toutes ensemble ne comptent que 20.000 sociétaires (plus 7 à 8.000 auxiliaires) et le chiffre total de leurs affaires n'atteint pas tout à fait 75 millions. C'est donc bien peu de chose dans le monde industriel. Si l'on décompte cinq ou six grosses associations, la moyenne tombe à une vingtaine d'ouvriers. C'est de la petite industrie. Et notez que la France est le pays qui compte le plus d'associations ouvrières de production [2].

Les obstacles que rencontrent les coopératives de production sont très nombreux et n'expliquent que trop leur insuccès :

1° Le premier, c'est *le défaut de capital*. Nous savons que si l'on peut éliminer le capitaliste de l'entreprise productive, on ne peut pas en tout cas éliminer le capital [3] ; or, la grande industrie exige aujourd'hui des capitaux de plus en plus considérables. Comment de simples ouvriers pourront-ils se les procurer ? — Sou à sou prélevés sur leur épargne de chaque jour ? Cela peut se faire et s'est fait, en effet, dans quelques entreprises de petite industrie, mais seulement au prix de sacrifices héroïques, et on ne peut y compter d'une façon générale. Les capitalistes ? Mais d'abord

---

[1] Les plus connus sont : le *Familistère* de Guise (fabrique d'appareils de chauffage), créé il y a un demi-siècle par un disciple de Fourier, par Godin ; — l'association de peintres en bâtiment, *Le Travail*, qui se flatte d'avoir réalisé la règle de répartition de Fourier entre les trois facteurs : Travail, Capital et Talent ; — l'association des *Charpentiers de Paris* qui, grâce à son habile directeur, est devenue une des premières maisons de ce genre de travail.

[2] En Angleterre, les associations ouvrières de production autonomes (c'est-à-dire qui ne sont pas de simples dépendances des sociétés de consommation) sont au nombre d'une centaine seulement mais font à peu près le même chiffre global d'affaires qu'en France. Dans tous autres pays, elles ne sont qu'en nombre insignifiant.

[3] Pourtant il-y a en Italie de nombreuses associations de travailleurs qui n'ont que leurs bras (aussi les appelle-t-on *braccianti*), mais aussi n'ont-elles point l'ambition de remplacer le patron. Ce sont des associations de main-d'œuvre, un travail à la tâche collectif. Nous les retrouverons au chap. du *Salariat*.

ceux-ci ne sont guère empressés à placer leurs capitaux dans des entreprises aussi aléatoires. Et, d'autre part, les ouvriers ne sont pas disposés à rechercher le concours des capitalistes puisque leur but est précisément de s'en libérer.

Cependant nous ne considérons pas cette difficulté comme insurmontable. Des associations ouvrières solidement organisées, une fois qu'elles auraient fait leurs preuves, trouveraient facilement à emprunter tous les capitaux qui leur seraient nécessaires, soit en constituant une banque commune (il en existe une déjà en France), soit en s'adressant aux sociétés coopératives de crédit ou aux coopératives de consommation qui disposent les unes et les autres de capitaux considérables (voir ci-après les chapitres sur ces sociétés).

De plus, l'Etat est disposé à leur faire des avances. Il inscrit chaque année au budget pour 375.000 francs de subventions à répartir entre les associations qui paraissaient les plus intéressantes, pour une part à titre gratuit et à fonds perdu, mais pour la grosse part à titre de prêt remboursable. Et depuis la loi du 18 décembre 1915 un fonds de dotation de 2 millions de francs est mis à la disposition des associations ouvrières de production [1], à la condition que ces associations soient effectivement composées d'ouvriers.

Sans doute, il y a un précédent qui n'est pas encourageant : celui des 3 millions prêtés par le gouvernement de 1848 et qui ont été perdus sans sauver les sociétés qui les avaient touchés [2]. Mais on a aujourd'hui plus d'expérience et les avances faites depuis un certain nombre d'années par l'Etat et par la ville de Paris rentrent assez bien. Sur l'argent prêté, environ 5 p. 100 ont été perdus et 10 p. 100 sont en retard.

2° Le second, c'est *le défaut de clientèle*. Les associations ouvrières ne sont pas généralement assez puissamment outillées pour produire à bon marché et pour la grande consommation

---

[1] Ces 2 millions sont prélevés non sur le budget mais sur une avance de 20 millions imposée à la Banque de France comme prix de la prorogation de son privilège en 1912.

Ces avances sont accordées par une Commission spéciale nommée à cet effet. Elles ne peuvent dépasser le tiers du capital versé par l'association. Elles sont faites pour une durée qui, en principe, est de trois ans; mais exceptionnellement peut s'élever à vingt ans. Et à un taux d'intérêt de 2 p. 100.

[2] Toutefois, on a fort exagéré cet échec. Une partie du fonds a été prêtée à des petits patrons ou associations qui n'avaient rien de coopératif. En outre, une partie a été remboursée, et si le restant ne l'a pas été, c'est surtout parce que le coup d'État de Napoléon III, en 1852, a écrasé toutes les associations sans distinction.

populaire. Et, d'autre part, elles n'ont pas généralement un nom, une marque assez connue pour attirer la clientèle riche. Heureusement pour elles, elles ont trouvé en France des clients dans a personne de l'État et des municipalités, et c'est grâce à eux que beaucoup de sociétés de production en France doivent de vivre·

L'État, les départements et les municipalités non seulement soutiennent les associations de production par leurs commandes, mais leur accordent divers privilèges dans les concessions de travaux publics, tels que : — *a)* dispense de cautionnement ; — *b)* dispense des formalités de l'adjudication par voie de sous-enchères ; — *c)* s'il y a sous-enchère, droit de préférence à égalité de prix ; — *d)* paiement des travaux par acomptes tous les quinze jours. — Mais dans ces conditions leur vie est un peu factice.

3° Le troisième est *le manque d'éducation économique* de la classe ouvrière qui, jusqu'à présent, ne lui permettait : — ni de trouver aisément dans ses rangs des hommes capables de diriger une entreprise industrielle ; — ni, en supposant qu'elle les trouvât, de savoir les élire et les garder comme gérants, leur supériorité même devenant trop souvent une cause d'exclusion ; — ni enfin, en supposant même qu'elle acceptât leur direction, de savoir leur assurer une part dans les produits proportionnelle aux services qu'ils rendent, oar la supériorité du travail intellectuel sur le travail manuel n'est pas encore suffisamment comprise. Néanmoins, il y a eu de grands progrès réalisés : on voit certaines associations garder leurs directeurs leur vie durant, les rétribuer très honorablement et même ne témoigner aucun sentiment de jalousie quand ils sont décorés ou ont une auto à leur service.

4° Enfin, le dernier écueil, c'est *qu'elles tendent à reconstituer les mêmes formes qu'elles se proposaient d'éliminer*, à savoir l'organisation patronale avec le salariat — tant il est malaisé de modifier un régime social ! Trop souvent, du jour où ces associations réussissent, elles se ferment et, refusant tout nouvel associé, embauchent des ouvriers salariés, en sorte qu'elles deviennent tout simplement des sociétés de petits patrons[1]. C'est le principal

---

[1] D'ailleurs, la plupart emploient des auxiliaires : 340 associations sur 476, soit plus des deux tiers, emploient des auxiliaires, dans la proportion moyenne d'un tiers contre deux tiers de sociétaires. On comptait 13.900 sociétaires et 7.500 auxiliaires.

La société coopérative de production des lunetiers de Paris, par exemple, a été souvent citée comme exemple de cette déviation de l'association ouvrière. Elle comptait naguère, pour 225 associés, plus de 1.200 salariés — et ses actions avaien monté de 300 à 50.000 francs ! Elle n'est évidemment coopérative que de nom.

grief que les socialistes font valoir contre cette institution et il faut avouer qu'il est assez fondé. D'autre part, demander aux ouvriers de la première heure, à ceux qui, à force de privations et de persévérance, ont réussi à fonder une entreprise prospère, d'admettre sur pied d'égalité les ouvriers de la onzième heure, c'est vraiment leur imposer un rare désintéressement ! Et pourtant là aussi l'éducation se fait et, grâce au contrôle de la *Chambre Consultative,* ces déviations du principe coopératif deviennent de plus en plus rares.

D'autre part, la loi de 1915, que nous venons de citer, n'accorde le droit de participer aux avances qu'aux sociétés qui rempliront les conditions suivantes, suffisantes pour attester leur caractère ouvrier et coopératif :

a) S'il y a dans l'association des *sociétaires non ouvriers* (c'est-à-dire des bourgeois), ceux-ci ne devront avoir aucune part au profit, mais auront seulement droit à l'intérêt de leur capital.

b) S'il y a, inversement, des *ouvriers non sociétaires* (c'est-à-dire de simples salariés), ceux-ci devront toucher une part des bénéfices et la part totale qui leur sera allouée ne pourra être moindre que le quart des bénéfices nets.

La création des associations de production peut se trouver très facilitée :

1° Par la participation aux bénéfices, lorsque le patron veut bien consentir à préparer son abdication en organisant la participation de telle façon que les ouvriers puissent devenir de son vivant ses associés, et après sa mort ses successeurs. C'est ce qu'ont fait, pour ne citer que les exemples les plus fameux, Godin pour le Familistère de Guise, Mme Boucicaut pour les magasins du Bon Marché [1], etc.

2° Par les syndicats professionnels ouvriers. Plusieurs associations coopératives de production en France n'ont pas d'autre origine. En ce cas, elles ne font pas travailler simultanément tous les membres de la corporation parce qu'elles n'ont pas de capitaux ni de débouchés suffisants pour cela, mais seulement ceux des ouvriers de la corporation qui le demandent, à tour de rôle.

Cependant ce concours des syndicats tend à se restreindre de plus en plus, car les syndicats se montrent de plus en plus hostiles à l'association coopérative de production. Elle ne leur appa-

---

[1] Le magasin du *Bon Marché* n'est pas d'ailleurs une véritable association coopérative de production, quoiqu'il n'ait guère d'autres actionnaires que ses employés : car les bénéfices y sont répartis non au prorata de travail, conformément au principe coopératif, mais au prorata des actions, conformément au principe capitaliste.

raît plus que comme une cause d'affaiblissement de l'esprit syndical. Du jour, disent-ils, où les ouvriers sont entrés dans une association de production, ils ne pensent plus à leurs intérêts de classe mais seulement à leur intérêt corporatif : ils ne cherchent qu'à réaliser des profits, en cas de grève à sauver la caisse, et se trouvent par là infectés de l'esprit capitaliste [1].

3° Par les associations coopératives de consommation qui, lorsqu'elles sont suffisamment développées et fédérées entre elles, peuvent soutenir les sociétés coopératives de production en leur prêtant les *capitaux* dont elles ont besoin et en leur procurant une *clientèle* assurée pour la vente de leurs produits — c'est-à-dire précisément deux des éléments qui leur manquaient pour réussir. Et quant au troisième, la *direction*, elle se trouve elle-même facilitée par le fait que les sociétés de consommation exercent un double contrôle en tant que commanditaires et en tant que clientes. C'est ce que commencent à faire les sociétés coopératives de consommation en Angleterre.

Mais ceci nous amène à une autre forme d'entreprise coopérative que nous verrons un peu plus loin.

III

Les associations de capitaux.

Il résulte de ce que nous venons de dire que jusqu'à présent l'association vraiment libre n'a guère fonctionné sur terre en ce qui concerne le travail. Mais il n'en est pas de même en ce qui concerne le capital. Celui-ci, sous forme de monnaie ou de titres, jouit d'une liberté d'allures, d'une facilité de déplacement, que le travail ne saurait posséder, et le développement du crédit accroît prodigieusement cette mobilité. Pour que des travailleurs ou des propriétaires fonciers puissent coopérer à une entreprise produc-

---

[1] Ce n'est pas seulement le syndicalisme, mais le socialisme en général qui se montre nettement hostile à la coopération de production. En effet, l'association de production, si elle vise à supprimer le salariat, maintient à la base de son organisation la propriété individuelle des capitaux, puisqu'elle vise précisément à rendre les ouvriers copropriétaires de leurs instruments de production. Or, le collectivisme se propose au contraire de « socialiser » les instruments de production, c'est-à-dire de les soustraire à toute appropriation individuelle, *même à celle des travailleurs eux-mêmes*. On a vu cet antagonisme de tendances se manifester dans la grève de Carmaux en 1900 quand il s'est agi de créer une verrerie coopérative (aujourd'hui à Albi). Les socialistes ont protesté en disant qu'il fallait créer non point une « verrerie aux verriers », mais une « verrerie ouvrière », c'est-à-dire appartenant à toute la classe ouvrière.

tive, il faut que cette entreprise prenne naissance sur les lieux mêmes, et dès lors elle ne peut réunir que des personnes vivant dans la même région. Le travail ne se déplace qu'avec la personne du travailleur, lequel ne se déracine pas aisément du lieu où il a vécu : quant à la terre, elle est immuable. Le capital seul a les ailes de l'aigle et il sait accourir des extrémités du monde partout où il voit quelque profit à gagner.

Toutes les fois qu'une entreprise prend des proportions considérables — et nous avons vu déjà que telle est la tendance générale — l'entrepreneur ne peut plus fournir à lui seul la main-d'œuvre nécessaire. Alors un nombre plus ou moins grand de capitalistes se réunissent pour fournir les capitaux nécessaires et l'entreprise se trouve constituée sous la forme dite de *société par actions,* forme inventée en Hollande au XVIIIe siècle et qui se multiplie extraordinairement de nos jours [1].

Ce qui caractérise cette forme de société c'est que le capital nécessaire à l'entreprise est divisé en fractions de minime valeur — généralement de 500 francs en France [2], de 25 francs (une livre) en Angleterre — qui s'appellent des *actions,* autrement dit des parts de propriété dans la société [3]. Ainsi une société au capital de 50 millions émettra 100.000 actions du type français, ou 2 millions d'actions du type anglais. Et chacun en prendra ce

---

[1] Quoique les deux mots d'*association* et de *société* soient considérés comme synonymes et employés indifféremment l'un pour l'autre, cependant ils comportent des significations juridiques distinctes. Le nom de société implique comme but le profit, un partage de bénéfices, tandis que celui d'association exclut, en général, ce but intéressé et ne convient, par conséquent, qu'aux groupements qui visent quelque intérêt social, religieux, politique, etc. C'est ainsi que le Code de commerce ne parle jamais que de « sociétés » tandis que la loi sur le droit d'association vise au contraire expressément « les associations sans but lucratif ». Mais le langage courant ne tient guère compte de cette différenciation juridique : ainsi on dit « sociétés de secours mutuels » quoiqu'elles aient pour but seulement l'aide mutuelle, et inversement on dit « associations ouvrières de production » quoique celles-ci aient pour but, sinon unique du moins immédiat, de réaliser des bénéfices.

[2] Toutefois, d'après la loi, pour que la société soit valablement constituée, il suffit d'en verser le quart, soit 25 francs. Et quand il s'agit de petites sociétés dont le capital ne dépasse pas au début 200.000 francs, la valeur de l'action peut être abaissée à 25 francs et le versement à un dixième, soit 2 fr. 50. Ce sont celles qu'on appelle généralement « coopératives ».

[3] Légalement, l'action n'est pas une part de copropriété dans le capital social, car le capital social n'est pas à l'état de copropriété indivise entre tous les associés : il appartient à la personne juridique qui est la société elle-même et qui ne se confond avec celle d'aucun des associés. Mais ce n'est là qu'une fiction juridique imaginée pour faciliter l'administration de la société ; en réalité, le capital social est bien une propriété collective.

qu'il voudra, selon sa fortune ou selon le degré de confiance qu'il accorde à l'entreprise, une seule s'il lui plaît. Il va de soi qu'il n'aura à toucher sur les bénéfices de l'entreprise qu'une part proportionnelle au nombre de ses actions : cette part s'appelle le *dividende*. Mais ce qui séduit surtout l'actionnaire c'est que sa responsabilité et ses risques sont limités aussi au montant des actions qu'il a souscrites, différence essentielle avec les autres sociétés. Aussi en Angleterre, c'est le mot *limited* qui est imposé par la loi pour désigner généralement la société par actions. Cette dilution des risques à dose infinitésimale a rendu possibles les entreprises les plus aventureuses. Jamais les chemins de fer n'auraient été construits, jamais l'isthme de Suez n'eût été percé, ni demain le tunnel sous la Manche, si la société par actions n'avait été inventée, car aucun capitaliste ne pourrait fournir les centaines de millions nécessaires pour de telles entreprises, tandis que ces risques divisés à l'infini n'effraient plus même les petites bourses et, par le fait, un immense écroulement comme celui de l'entreprise de Panama, 1.300 millions souscrits presque uniquement par de petits capitalistes, n'a ruiné que peu de gens [1].

Ces sociétés ont d'ailleurs, pour attirer les capitalistes grands ou petits, d'autres modes de participation que l'action ordinaire. Aux capitalistes prudents qui cherchent surtout la sécurité du placement et la régularité du revenu, elles offrent des *obligations*, qui diffèrent de l'action (leur valeur étant généralement la même que celle de l'action, 500 francs) en ce qu'elles donnent droit à un revenu fixe qu'on appelle *intérêt*, lequel est toujours payé, que l'année soit bonne ou mauvaise. L'obligataire est donc un vrai créancier qui ne court de risques qu'au cas où la société deviendrait insolvable et, même en ce cas, il serait payé avant l'actionnaire. Inversement, aux capitalistes plus aventureux, la plupart des sociétés offrent des *parts de fondateur* qui ne donnant droit à une part des profits qu'au delà d'un certain chiffre et seulement après les actions, ne conviennent qu'à ceux qui ont une foi à longue échéance dans l'avenir de l'entreprise [2].

---

[1] On est donc loin d'Adam Smith qui disait de cette forme d'entreprise : « La société ne convient qu'aux travaux routiniers, uniformes, tels que banques, assurances, transports, canaux, approvisionnements d'eaux ».

Que ne met on pas en actions aujourd'hui ? Les journaux de Melbourne, il y a peu de temps, annonçaient qu'on avait fondé une société pour exploiter la voix magnifique d'une jeune Australienne. On l'avait envoyée faire des études, et les actions émises à 25 francs étaient cotées quelques années plus tard 87 francs.

[2] Ces parts sont attribuées gratuitement lorsque la société se constitue ; mais ceux qui en veulent plus tard ont naturellement à les payer selon leur valeur.

Ces sociétés par actions ont pris par tout pays un développement prodigieux, à tel point qu'elles tendent à devenir le mode normal de la production. Chaque année des milliers de sociétés par actions sont créées, et aujourd'hui elles représentent des centaines de milliards de capitaux. Il est vrai que toutes ne sont pas des entreprises nouvelles, beaucoup ne sont que des entreprises individuelles déjà existantes et qui trouvent avantage à se transformer en sociétés.

La société par actions a généralement un autre caractère qui sert également à la qualifier : elle est *anonyme*, ce qui veut dire qu'elle n'est point une association de personnes, comme les associations de travail ou les coopératives du chapitre suivant, mais une association de capitaux. Sans doute, ces capitaux ont des propriétaires, mais on ne s'occupe pas d'eux. Encore pourrait-on connaître leurs noms quand les actions sont nominatives, mais si elles sont *au porteur,* ce qui devient de plus en plus fréquent, l'anonymat est complet. C'est la perfection de l'association capitaliste : ce n'est plus une association d'hommes, mais une association de sacs d'écus [1].

Il faut bien pourtant qu'il y ait quelqu'un pour diriger ? Assurément. Il y a des administrateurs, en petit nombre, qui forment

---

[1] Nous n'avons pas à exposer ici le caractère juridique des sociétés par actions : disons seulement qu'on distingue en droit trois grandes catégories de sociétés par actions :

a) Les sociétés par actions *anonymes,* celles que nous étudions dans ce chapitre et qui sont de beaucoup les plus importantes.

b) Les sociétés *en nom collectif* qui conviennent aux entreprises de moindre importance et n'ont pas besoin de faire appel à de nombreux capitalistes. Les associés ne sont souvent que deux ou trois et la société porte leurs noms. Ils sont souvent parents ou du moins en relations. Mais aussi le lien de l'association est ici beaucoup plus serré ; les associés sont tous responsables solidairement et pour la totalité des engagements de la société. — Ce qu'on appelle la *société civile,* c'est-à-dire celle qui est faite entre non-commerçants, par exemple entre propriétaires fonciers, présente à peu près les mêmes caractères, sauf pourtant que chaque associé n'est tenu que pour parts égales, mais non solidairement.

c) Les sociétés *en commandite* offrent un type mixte entre les deux autres. Les « commanditaires », c'est-à-dire ceux qui fournissent le capital, sont à peu près dans la même condition que les actionnaires : mais ceux qui font valoir les capitaux ont la direction et, par suite, la pleine responsabilité.

d) Les sociétés coopératives (celles ci-dessus de « travailleurs » et ci-après de « consommateurs ») diffèrent au point de vue juridique des sociétés capitalistes :

en ce qu'elles sont sociétés de *personnes* et non pas seulement de capitaux ;

en ce qu'elles sont à *capital et à personnel variable,* ce qui veut dire que le nombre des actions ni des actionnaires n'y est pas limité et que, par conséquent, ces actions ne comportent pas de plus-value, quel que soit le succès de l'entreprise, puisqu'il y en a toujours pour qui en veut.

un conseil avec un président, mais leur responsabilité n'excède pas non plus le montant de leurs apports, à moins de faute grave; ils sont le gouvernement représentatif de la société, élus par l'assemblée générale des actionnaires et tenus seulement à lui rendre compte de leur mandat une fois par an, sans d'ailleurs qu'aucun contrôle efficace soit possible de la part des actionnaires [1].

Ce n'est pas seulement dans la production des richesses que la société par actions a fait une révolution, en permettant des entreprises colossales par la concentration des capitaux : c'est aussi dans le domaine de la répartition qu'elle est en train de l'accomplir par une opération qui paraît à première vue inverse de la première, en disséminant la propriété des capitaux en un nombre infini de parts. Mais nous retrouverons ceci quand nous en serons à la Répartition.

Au point de vue des ouvriers, les établissements sous forme de sociétés ou de Compagnies offrent généralement des conditions de travail plus favorables, tant au point de vue des salaires que de la stabilité des emplois et des institutions d'assistance [2]. Les syndiqués et les socialistes eux-mêmes reconnaissent volontiers leur supériorité et même y voient des conditions plus propices à leur propagande et au développement de la solidarité ouvrière.

La législation dans tout pays s'est montrée généralement très favorable aux associations de capitaux, beaucoup plus qu'aux associations de travail et à toute autre forme d'association. C'est ainsi qu'en France, tandis que les sociétés à forme commerciale ont toujours figuré en bonne place dans la législation et le Code, les associations « sans but lucratif » ont été ou formellement interdites ou tolérées sous le bon plaisir de l'administration. Ce n'est qu'en 1884, comme nous le verrons ailleurs, que l'association

---

[1] Souvent même les gros actionnaires ont seuls droit de vote dans l'assemblée générale, et en tout cas seuls le droit d'être élus au Conseil d'administration. Ainsi dans les grandes Compagnies des chemins de fer français, il faut posséder de 40 à 50 actions pour être admis aux assemblées d'actionnaires, et de 100 à 500 pour être éligible au conseil d'administration : or le cours des actions était naguère de 1.000 à 1.800 fr. C'est donc un gouvernement oligarchique, mais cela est nécessaire pour les entreprises hardies qui sont dévolues à la société par actions.

[2] C'est ainsi que les cinq grandes Compagnies de chemins de fer en France ont dépensé (en 1912) 131 millions de francs en œuvres de toute nature pour leur personnel (y compris les retraites) contre 143 millions de francs de dividendes distribués. La part des ouvriers, en plus du salaire, représente donc plus de 90 p. 100 de celle des actionnaires. La Compagnie des mines de Blanzy a distribué (pour 1916) à ses ouvriers 3.300.000 francs de participation aux bénéfices. Il n'y a guère d'en treprises individuelles qui pussent supporter de telles charges.

professionnelle, abolie par la Révolution, a été restaurée sous le nom de syndicat, et ce n'est qu'en 1901, 112 ans après la déclaration des Droits de l'Homme et 32 ans après l'avènement de la troisième République, que le droit d'association a été reconnu à tout citoyen, et encore avec de nombreuses restrictions quant aux capacités d'acquérir de ces associations.

Les sociétés capitalistes ont pu au contraire s'enrichir sans limites et sans que le législateur y vît un danger pour l'État, du moins jusqu'à présent. Maintenant le point de vue se modifie un peu et les sociétés par actions vont probablement voir s'ouvrir pour elles une ère de restrictions.

Ces restrictions s'inspireront d'un quadruple motif.

1° *Garanties pour le public* qui se laisse induire en tentation par l'appât d'un profit toujours promis, pas toujours réalisé, et avec des risques très limités. La facilité avec laquelle les entreprises les plus extravagantes, dès qu'elles sont mises en actions, ont pu trouver des souscripteurs crédules et enthousiastes a été constatée depuis longtemps et trouve tous les jours de comiques ou tragiques illustrations. Même quand il s'agit d'entreprises réellement productives, le public est très souvent dupé par la majoration de valeur du capital réel. Telle entreprise de mine ou d'électricité, dont la valeur réelle serait d'un million, est offerte au public sous forme de 10.000 actions de 500 francs qui représentent 5 millions. On dit aux États-Unis, où ce procédé est courant, que le capital est ainsi arrosé (*watered*). Une réclame endiablée pousse encore les cours au moment de l'émission. Puis pendant un an ou deux les fondateurs s'efforcent de soutenir ces cours par des dividendes fictifs, prélevés sur le capital emprunté — jusqu'au moment où les fondateurs, s'étant débarrassés de toutes les actions en les vendant au public et en ayant réalisé la valeur, laisseront tranquillement l'affaire s'effondrer.

Des projets de loi sont à l'ordre du jour, en France et dans d'autres pays, pour essayer d'empêcher ces abus. Et même une « Ligue pour la réforme des lois sur les sociétés par actions » a été créée. Pour le moment il n'y a guère d'autres mesures de précaution imposées qu'une publicité illusoire. Parmi les nombreuses mesures proposées, on peut indiquer celles-ci : — *a)* élever le montant de l'action, la porter par exemple à 1.000 fr. (1.000 marcs en Allemagne) et exiger le versement intégral : ceci pour protéger la petite épargne, seulement on risque par là de lui fermer l'accès des entreprises lucratives ; — *b)* constituer un corps de contrôleurs, comme ceux d'Allemagne ou comme les *auditors* d'Angleterre, pour vérifier la sincérité des déclarations de versements et la valeur réelle des apports.

2° *Garanties pour les sociétaires* — non pas seulement pour les actionnaires mais aussi pour les obligataires, les uns et les autres, mais surtout les derniers, étant livrés au bon plaisir des administrateurs. Mais ceci est du domaine du droit commercial[1].

3° *Garanties pour les ouvriers.* — Nous avons déjà dit qu'une loi d'hier (1916) invite les sociétés à constituer des actions-travail qui participeraient aux bénéfices et à la direction sur le même pied que les actions-capital. Cette forme nouvelle de société, dite « à participation ouvrière », reste jusqu'à présent facultative. Mais d'autres projets de loi sont pendants pour imposer cette participation à toutes les sociétés qui seraient concessionnaires de services publics — mines, chemins de fer, tramways, etc.

4° *Garanties pour l'État.* — Celles-ci surgissent sous des formes multiples. Les unes ont pour but de tenir en bride la puissance des sociétés au cas où elles deviendraient des États dans l'État, mais nous allons les retrouver à propos des trusts. D'autres ont pour but d'empêcher la pénétration des capitalistes étrangers et leur mainmise sur les richesses nationales par la constitution de sociétés soi-disant nationales. Il y a là une très grosse question qui a déjà fait l'objet de nombreux travaux. D'autres enfin, dont la portée serait encore plus considérable, visent les titres au porteur et les suppriment pour ne permettre que l'émission de titres nominatifs — en vue d'abord d'empêcher les évasions fiscales, puis aussi de permettre de reconnaître les capitaux étrangers d'avec les capitaux français.

Nous ne pouvons entrer dans l'examen de ces questions qui sont surtout juridiques et pour lesquelles nous renvoyons aux livres spéciaux. Nous ferons remarquer seulement que la société par actions étant par sa nature adaptée aux entreprises aléatoires et aventureuses, on risque, en la soumettant à un contrôle trop rigoureux, de lui enlever ce qui fait sa raison d'être.

Mais, sans chercher à lui imposer des entraves, nous nous refusons à suivre ceux des économistes qui pensent que la société anonyme est destinée non seulement à devenir le mode type de toutes les entreprises, mais encore à s'étendre à tous les domaines

---

[1] Les obligataires sont simplement créanciers de la société, créanciers à très long terme, car leur remboursement s'échelonne sur une durée d'un demi-siècle ou plus — et ils n'ont aucun contrôle sur la société, aucune assemblée régulière qui leur permette de s'entendre.

de l'activité humaine[1]. Nous ne saurions nous résigner à y voir la forme de l'avenir. Son anonymat, c'est-à-dire le fait précisément *qu'elle n'associe que des capitaux* et non des individualités et supprime presque toute responsabilité, en même temps qu'il constitue sa supériorité au point de vue économique, constitue son infériorité au point de vue moral.

IV

Les associations agricoles.

Nous venons de voir l'association du travail, l'association des capitaux : pourquoi pas celle des terres?

Des trois facteurs de la production, la terre est évidemment celui qui se prête le moins à l'association puisqu'elle ne peut se déplacer. Ce n'est que par une métaphore hardie qu'on pourrait voir une « association » entre des terres réunies dans un même domaine pour concourir à une même fin, les unes servant à la production du blé, les autres à la production du fourrage qui nourrira les animaux employés au labour et dont le fumier engraissera les terres à blé, comme aussi dans la rotation des cultures, ou *assolement,* établie entre ces diverses terres. Encore conviendrait-il mieux de parler ici de division du travail entre ces terres que d'association.

Mais si les terres ne peuvent guère s'associer, les agriculteurs (propriétaires ou fermiers) le peuvent très bien. Encore faut-il distinguer selon la nature de l'entreprise. S'il s'agit de l'association agricole intégrale, celle qui consisterait à réunir les terres des associés en un seul domaine pour l'exploiter en commun, une telle association a peu de chance de pouvoir se former et durer. Nous ne croyons pas qu'en France on puisse en trouver un seul exemple. Pourquoi? D'abord parce qu'une semblable association pour la culture en commun ne pourrait guère se former utilement qu'entre domaines limitrophes :or, conformément au vieux dicton « qui terre a, guerre a », le voisinage entre propriétaires est plutôt fait pour provoquer les procès que pour faciliter l'association. Et aussi parce qu'ils n'y trouveraient pas

---

[1] M. de Molinari surtout a développé cette thèse dans tous ses ouvrages et notamment dans son livre très intéressant *L'évolution économique au XIXe siècle.* Dans ses prévisions, les services publics, la police, l'instruction publique, etc., et les États eux-mêmes, les patries ! sont destinés à se transformer en sociétés par actions.

grand profit, **car les buts** généralement visés par l'association, à savoir la grande production et la division du travail, sont bien loin d'être aussi facilement réalisables dans l'industrie agricole que dans l'industrie manufacturière (voir ci-après, p. 310) [1].

Même sous la forme de société par actions, l'entreprise agricole, quoiqu'elle n'implique pas d'association entre propriétaires voisins, ne compte que peu de réalisations et moins encore de succès. On peut citer en France un grand domaine viticole appartenant à la Compagnie des Salins du Midi et en Angleterre quelques fermes exploitées par les sociétés coopératives de consommation (voir ci-après).

Mais si l'association n'existe guère pour la culture en commun, au contraire, limitée à certaines opérations agricoles spéciales, elle a pris dans beaucoup de pays un développement magnifique et tel qu'il constitue un des traits caractéristiques du mouvement économique actuel. C'est par dizaines de mille que ces associations sont écloses depuis une vingtaine d'années en France, en Allemagne, en Russie, au Danemark, et jusqu'aux Indes.

Ces associations sont très diverses de forme et de caractères, selon le but spécial qu'elles se proposent. On peut les ramener cependant aux cinq types suivants [2] :

1° Associations pour *l'achat en commun des matières et instruments nécessaires à la culture*. Ce sont les plus nombreuses et les

---

[1] Il est possible cependant que dans les pays où la propriété foncière n'est pas encore très individualisée, notamment en Russie, on puisse trouver des réalisations d'association intégrale pour la culture. Le développement merveilleux de l'association agricole partielle sous les formes diverses de vente, production, achat, emploi de machines, etc., peut aboutir à un système d'association coopérative totale qui remplacerait avantageusement le régime du *mir*, sous lequel chaque paysan cultive isolément ses parcelles dans l'intervalle des partages successifs.

[2] Le total pour la France (en 1914) se décompose ainsi :

Associations d'achat (Syndicats).	6.000
Associations de vente	2.200
Associations de production.	300
Associations de crédit	6.500
Associations d'assurance	13.000
	28.000

Encore pourrait-on ajouter 700 à 800 boulangeries rurales coopératives.

En Allemagne, c'est le même chiffre qu'en France (28.488 en 1915), mais ce sont les associations de crédit qui dominent, 18.000.

Le *Bulletin de l'Alliance Coopérative Internationale* du 19 août 1911 donnait une statistique des associations coopératives agricoles de toute espèce dans les dix-sept principaux pays, en tout 93.561. Et, comme ni la Russie, où leur nombre s'est prodigieusement accru au cours de la guerre et dépasse aujourd'hui celui de

plus importantes. Elles sont connues en France sous le nom de *syndicats agricoles*, et dans ce pays leur rapide développement, depuis la loi de 1884 qui les a créées, est un sujet d'orgueil pour les agriculteurs français. Ces syndicats sont au nombre de 6.000 environ et le chiffre de leurs membres se rapproche de 1 million.

Ces associations ont rendu à l'agriculture française un service qu'on ne saurait exagérer, en propageant les engrais chimiques qui jusqu'à elles étaient peu employés — non seulement parce qu'ils étaient chers et que leur efficacité était peu connue, mais aussi parce qu'ils faisaient l'objet des falsifications les plus cyniques. Des lois spéciales avaient vainement essayé d'enrayer cette fraude. Les syndicats y ont réussi en servant d'intermédiaires pour les achats et en les soumettant à des analyses dans leurs laboratoires, parfois même (rarement en France mais sur une plus grande échelle en Italie où on les appelle *consorzii agrarii*) en les fabriquant directement. Ils ont fait baisser fortement les prix, à la grande irritation des intermédiaires [1].

tout autre pays, ni l'Espagne, le Portugal, les Indes, etc., n'y étaient compris, on peut dire que le nombre de ces associations dépasse notablement 120.000.

L'Angleterre, qui tient le premier rang pour les trois grandes formes d'association ouvrière — la coopérative, la syndicale, la mutualiste — était restée très en arrière pour l'association agricole. C'est sans doute que non seulement les propriétaires, mais les fermiers, y sont de gros personnages qui n'en ont pas besoin. Mais, depuis peu de temps, elles se multiplient rapidement : on en compte déjà plus de 1.000, dont la plupart, il est vrai, en Irlande.

On a créé en France une Fédération Nationale destinée à grouper toutes ces formes diverses d'associations agricoles. Pour plus de renseignements sur ces associations agricoles. voir notre livre *Les Institutions de progrès social*.

[1] Il est à remarquer que, aux termes de la loi du 21 mars 1884 qui a créé les syndicats agricoles en même temps et au même titre que les syndicats ouvriers et patronaux, le but du syndicat est uniquement *la défense des intérêts professionnels,* et nullement l'achat de quoi que ce soit, c'est-à-dire uniquement un but de politique sociale et nullement un but commercial. Les syndicats ouvriers et patronaux s'en sont tenus en effet à cet objet qui leur donnait assez à faire. Mais les syndicats agricoles — qui ne sont point engagés dans la lutte des classes, sauf de rares exceptions, et ne se composent que de bons propriétaires — ont estimé. non sans raison, que la meilleure chose à faire était de chercher des avantages pratiques et ils se sont faits marchands d'engrais, de semences, etc., c'est-à-dire se sont transformés par le fait en sociétés coopératives. La jurisprudence avait toléré cette pratique, quoique illégale, sous le prétexte que les associations qui n'achètent que pour leurs propres membres ne font pas acte de commerce — celui-ci en effet par définition consiste *à acheter pour revendre*. Puis un arrêt de la Cour de cassation de 1908 avait inauguré une jurisprudence nouvelle d'après laquelle ces opérations ne pourraient être faites directement par les syndicats agricoles, mais seulement par des associations coopératives. Finalement une loi nouvelle va trancher le débat en accordant formellement aux syndicats la capacité d'acheter tous objets utiles à l'agriculture.

Les syndicats ont rendu aussi de très grands services pour la viticulture, tant pour le choix des cépages que pour les traitements contre les maladies de la vigne.

Ils en ont rendu aussi quelques-uns, mais bien moindres, pour l'emploi des machines agricoles [1]. On espère qu'après la guerre ils entreront plus résolument dans cette voie : ce sera une nécessité pour suppléer à la pénurie inévitable de main-d'œuvre.

Enfin ils ont été les ruches-mères d'où sont sortis les essaims d'associations de diverses natures que nous allons énumérer.

Mais il est un mode d'action pour lequel on leur a attribué des vertus sinon purement imaginaires, du moins tout à fait exagérées : c'est en ce qui concerne une mission sociale pour faire régner la paix entre travailleurs et propriétaires [2].

Or les syndicats agricoles ne comptent dans leur rang presque aucun travailleur agricole, mais seulement des entrepreneurs de culture, soit propriétaires, soit fermiers. On voudrait les transformer en syndicats *mixtes*, c'est-à-dire réunissant des propriétaires et des ouvriers agricoles, et par là qualifiés pour maintenir l'union des classes qui commence à craquer un peu dans les campagnes, lutter contre le socialisme agraire et prévenir les grèves. Mais cet espoir paraît chimérique — en quoi ces syndicats pourraient-ils être utiles à des journaliers sans terre puisqu'ils n'ont d'autre objet que l'achat de matières et engrais nécessaires à l'exploitation ?

Il est plutôt à craindre qu'il ne se forme des syndicats agricoles exclusivement ouvriers et qui, comme ceux des villes, prendront pour drapeau la lutte de classes [3].

2° Associations pour *la production ou la vente de certaines denrées agricoles*. Celles-ci sont bien moins nombreuses et sont loin d'avoir donné encore le résultat espéré. Et pourtant elles sembleraient très bien qualifiées pour offrir la solution la mieux adaptée aux besoins de la petite propriété, en lui procurant les avantages

---

[1] Ces syndicats semblent pourtant bien qualifiés pour acheter collectivement les machines coûteuses telles que batteuses à vapeur, locomobiles avec charrues pour défoncement. Mais les essais tentés n'ont pas été encourageants et généralement les syndicats n'ont pu éliminer les entrepreneurs, quoique ceux-ci louent ces machines fort cher. La cause de cet échec est le manque d'esprit coopératif qui fait que tous les sociétaires s'accommodent difficilement d'un roulement pour l'emploi des machines et veulent être servis tous à la fois !

[2] Voir M. de Rocquigny, *Les Syndicats agricoles*.

[3] Il y a déjà quelques syndicats agricoles composés uniquement d'ouvriers ruraux (vignerons ou bûcherons). Mais aussi ceux-ci ont-ils le même caractère socialiste que les syndicats ouvriers des villes et, comme eux, savent recourir au contrat collectif et à la grève.

économiques qui lui permettraient de lutter contre la grande exploitation et, même au point de vue moral, en lui apportant le vrai remède à l'individualisme routinier qui la ronge. Mais précisément, c'est cet individualisme qui, jusqu'à présent, a mis obstacle aux ententes fécondes. Il faut ajouter d'ailleurs que l'élimination des intermédiaires, spécialisés dans la transformation et la vente des produits agricoles, n'est pas chose facile. Nous venons de voir, il est vrai, que les syndicats y ont à peu près réussi pour l'achat, mais la vente est infiniment plus difficile que l'achat : tout le monde sait plus ou moins bien acheter puisque nous sommes tous consommateurs. Mais savoir vendre est un art spécial qui exige des capacités commerciales et une organisation à laquelle jusqu'à présent bien peu d'associations agricoles ont pu atteindre[1].

Cependant les résultats obtenus ne sont pas négligeables. Il faut citer d'abord les associations entre les propriétaires de vaches dans la montagne pour l'utilisation de leur lait, pour la fabrication des fromages : ces sociétés, sous le nom de *fruitières* dans le Jura[2], ont constitué la forme la plus antique de la coopération agricole : elles remontent au XIIIᵉ siècle. L'association a été imposée par la nécessité de réunir le lait d'un grand nombre de vaches pour la fabrication du fromage et spécialement de l'énorme fromage dit de Gruyère. Ces associations sont encore nombreuses (1.800 environ). Mais aujourd'hui elles tendent à perdre leur caractère coopératif et à se transformer en entreprises ordinaires où le fromager, au lieu d'être simplement un gérant au service de l'association, fait et vend les fromages pour son compte. Par là ces associations peuvent rester des coopératives de vente du lait mais non plus de fabrication de fromage[3].

[1] On dira que les agriculteurs cependant réussissent bien, individuellement, à vendre leurs produits? — Oui, tant que les commerçants les leur achètent! Mais la difficulté pour eux c'est précisément de remplacer les commerçants.

[2] Ce nom bizarre de fruitière semble venir du mot latin *fructus* qui, dans les vieux actes, désignait tous les revenus en nature d'un domaine, y compris les fromages.

[3] Cette évolution qui, contrairement au résultat désirable et généralement réalisé dans les autres associations, les a fait reculer de la coopération à l'entreprise individuelle, s'explique par les conditions propres à cette industrie. Au début le fromage était fabriqué par chacun des sociétaires, à tour de rôle. Ce système du roulement, très défectueux puisqu'il exigeait autant d'appareils (chaudrons, etc.) que de sociétaires et ne pouvait donner que des produits de qualité très inégale, a fait place à un autre système où un seul des associés se spécialisait dans la fabrication du fromage, chacun des co-associés lui apportant le lait de ses vaches. Mais, peu à peu, cet associé s'est lassé d'avoir toute la peine tandis qu'il n'avait

La coopération pour le beurre, de date plus récente, prend au contraire un essor admirable. En Danemark surtout, qui tient le premier rang, mais aussi en Allemagne, en Suisse, dans l'Italie du Nord, les *laiteries*, comme on les appelle, se comptent par milliers. Elles vendent aussi des œufs, et la façon dont ce commerce a été organisé est souvent, et à juste titre, admiré. Et elles vendent aussi des porcs qu'elles engraissent avec le petit lait, résidu de la fabrication du beurre; elles ont procuré aux paysans une notable augmentation de ressources [1].

La production du vin a été faite avec succès par les *sociétés de vinification* allemandes des vignobles du Rhin, et aussi en Italie et en Autriche. En France, quoique notre pays soit au premier rang dans la viticulture et la vinification, les coopératives vinicoles sont rares et les échecs nombreux. Quelques sociétés ont réussi à vendre assez bien le vin de leurs sociétaires, mais celles qui pratiquent la vinification coopérative, c'est-à-dire la transformation du raisin en vin dans un cellier commun, comme le font les sociétés allemandes, sont tout au plus une quarantaine [2].

La vente du blé par le moyen de greniers communs *(Kornhausen)* où il est déposé, soigné, ventilé, et peut servir de garantie à un emprunt par le moyen de warrants (voir ci-après *le Crédit*

guère plus de part au profit que ses co-associés et a voulu travailler pour son propre compte : il achète simplement le lait à ses ex-coassociés.

[1] Dans le petit Danemark on compte 1.200 laiteries coopératives, groupant le lait de plus de 1 million de vaches, qui produisent la somme énorme de 500 millions de francs de beurre et en outre des centaines de millions de francs d'œufs et de lard. Il n'est pas exagéré de dire qu'elles ont transformé les conditions économiques de ce pays et même ont réagi sur son développement moral et intellectuel. Et on peut penser ce que la guerre et la disette générale de beurre dans les pays belligérants ont permis à ces coopératives de gagner !

En Sibérie, la transformation opérée par ces associations agricoles, et surtout par les laiteries, a été miraculeuse.

La France est bien en arrière. Ce n'est guère que dans la région des Charentes et du Poitou que les laiteries coopératives se sont développées. Elles y ont pris naissance en 1888 et étaient (en 1912) au nombre de 130, groupant 74.000 sociétaires et 200.000 vaches. Elles ont fait faire de si grands progrès à la fabrication du beurre qu'aujourd'hui il suffit de 20 litres de lait pour faire un kilo de beurre, tandis qu'autrefois il en fallait 30. Et le prix de ce beurre a augmenté de 50 p. 100. Mais leurs vaches donnent moitié moins de lait que les vaches danoises.

[2] Cependant l'association des *Vignerons libres* de Maraussan (un petit village de l'Hérault) a réussi brillamment, grâce à l'appui des sociétés de consommation socialistes de Paris. Non seulement elle a vendu le vin au-dessus du cours pendant la longue période de mévente de 1900 à 1910, mais elle a pu construire un cellier social qui a coûté 200.000 francs. Citons aussi celle de Marsillargues (Hérault), Gaillac (Tarn), etc. — Celles du Rhin, après une brillante période, ont subi une crise grave.

mobilier), a donné de bons résultats en Allemagne, mais en France on n'a pas encore essayé.

Mentionnons encore les associations suisses pour l'élevage du bétail et la vente des veaux, issus de parents enregistrés sur un *Herd Book*. Elles sont originaires du canton de Berne et ont procuré de gros bénéfices aux agriculteurs de ce pays.

En France, en dehors des laiteries et fruitières ci-dessus indiquées, on peut compter environ 200 coopératives agricoles de production qui s'occupent de produits divers, mais surtout des expéditions et conserves de primeurs. Il y a aussi quelques centaines de boulangeries coopératives qui reçoivent le blé du paysan et le lui rendent en pain. Une loi du 29 décembre 1906 a donné une assez forte poussée à ces associations en mettant à leur disposition des fonds considérables provenant de la participation de l'État aux bénéfices de la Banque de France (voir ci-après *Crédit agricole*) sous les conditions suivantes : — *a)* que ces associations ne soient composées que d'agriculteurs, reconnaissables à ce signe qu'ils sont membres de syndicats agricoles ou de sociétés d'assurance agricole; — *b)* que lesdites associations n'aient en vue que des opérations strictement agricoles; — *c)* qu'elles ne distribuent pas de dividendes sur le capital-actions [1]; — *d)* que le prêt fait par l'État ne dépasse pas le double du capital effectivement versé par les associés; — *e)* qu'il soit remboursé dans un délai maximum de vingt-cinq ans [2].

3° Associations pour *l'assurance mutuelle contre les risques agricoles*, au nombre de plus de 12.000 en France [3], dont 9.000 environ contre la mortalité du bétail, 3.600 contre l'incendie et une centaine contre la grêle et les accidents agricoles.

---

[1] Cependant il ne leur est pas interdit de faire des bénéfices, mais alors elles doivent les répartir au prorata des ventes ou des achats faits par chaque associé et non au prorata de ses apports en capital.

[2] Ajoutons que le total des prêts ne doit pas dépasser le tiers de là part des bénéfices de la Banque de France réservée à l'État. Cette part n'était, à la date où la loi a été faite, que de 6 à 7 millions, mais elle s'est élevée peu à peu jusqu'à 15 millions (sans parler des chiffres exceptionnels dus à la guerre, quelque 30 millions), ce qui représenterait donc une subvention annuelle en moyenne de 5 à 6 millions mise à la disposition des associations de production agricole. Ces fonds, d'ailleurs, ne leur sont pas versés directement par l'État, mais par l'intermédiaire d'organes spéciaux dits Caisses régionales (voir ci-après *Crédit agricole*).

[3] En 1897, on n'en comptait que 1.484 : le progrès est donc étonnant. Mais il faut dire que l'État y aide par des subventions qui s'élèvent annuellement à environ 1 million de francs.

Le département des Landes à lui seul en compte plus de 1.000 (voir ci-après, liv. IV, *De l'assurance*).

4° Associations de *crédit* pour procurer aux agriculteurs des capitaux à bon compte. Ce sont celles-ci qui ont pris un développement prodigieux, surtout dans les pays comme l'Allemagne et la Russie, où les paysans étaient dévorés par l'usure. Mais nous les retrouverons au chapitre du *Crédit Agricole*.

5° Associations pour l'exécution de *certains travaux d'utilité publique*, tels que défenses contre les inondations, desséchement de marais, drainage et assainissement, chemins vicinaux, etc. Les associations visant les buts que nous venons d'énumérer présentent même ce caractère tout à fait exceptionnel qu'elles peuvent être déclarées *obligatoires*, c'est-à-dire que si la majorité des propriétaires intéressés a décidé ces travaux, la minorité est obligée d'y adhérer ou, tout au moins, de payer sa part des frais (loi du 21 juin 1865). Si exorbitante que paraisse une telle mesure, elle se justifie par l'incurie des propriétaires, et il serait même fort opportun, après la guerre, de l'étendre à d'autres travaux, tels que ceux de reboisement, d'utilisation des cours d'eau comme force motrice ou comme irrigation, et même aux opérations d'abornement (voir ci-après *Propriété foncière*).

V

Les associations de consommateurs.

Cette forme d'association, qui serait tout à fait à sa place dans la partie relative à la consommation et que nous y retrouverons en effet, paraît un peu surprenante dans ces chapitres sur la pro-duction. Des consommateurs qui se font producteurs! c'est une bizarre interversion des rôles et il semble qu'une association ainsi constituée ne puisse être qu'un monstre au point de vue économique?

Elle est tout au moins, il faut le reconnaître, quelque chose d'imprévu. Ce ne sont pas des économistes théoriciens, ce sont des ouvriers illettrés qui ont eu cette idée originale. Pour la comprendre il faut revenir au chapitre précédent *L'association des travailleurs*. Nous avons signalé les obstacles quasi insurmontables qui arrêtaient le développement de l'association coopérative de production; mais alors, au lieu d'aborder l'obstacle de front, ne pourrait-on le prendre à revers et, au lieu de s'évertuer à produire par le moyen de l'association de production, essayer de produire par le moyen de l'association de consommation [1]? N'y aurait-il pas

____

[1] Je dois dire que la relation établie ici entre ces deux formes d'association est

plus de chance de réussir, car la classe ouvrière ne pèse-t-elle
pas plus dans la balance par sa puissance de consommation que
par sa force de travail? Et l'expérience a justifié cette conception
paradoxale, car les fabriques créées par les sociétés ouvrières
de consommation ont déjà distancé de beaucoup, comme masse
de produits et comme organisation, les ateliers créés par les
associations ouvrières de production. Les premières ont déjà
abordé la grande industrie : les secondes, non.

C'est l'histoire des *Equitables Pionniers de Rochdale*, en 1844,
mille fois redite sur tous les points du monde, qui marque, sinon
la première origine, du moins le premier succès de l'association
coopérative de consommation. Ils étaient sous l'inspiration du
socialiste Owen qui avait préconisé cette forme d'association
comme devant aboutir à l'abolition du profit, laquelle était la
grande préoccupation de sa vie. Mais il ne faut pas oublier,
parmi les précurseurs, Fourier dont le livre principal *L'Association Domestique Agricole* est déjà, par son seul titre, suffisamment
indicatif.

L'association coopérative de consommation a le même but que
celle de production, à savoir abolir l'entrepreneur et le profit,
mais tandis que dans celle-ci les ouvriers deviennent leurs propres patrons, dans celle-là les consommateurs deviennent leur
propre fournisseur, appliquant ainsi l'adage qu'on n'est jamais
mieux servi que par soi-même.

Seulement l'entrepreneur que la société de consommation vise
en premier lieu c'est le marchand, et elle commence toujours par
le plus modeste de ces marchands, par l'épicier, parfois aussi par
le boulanger; puis successivement, au fur et à mesure de ses développements, elle annexe à son magasin la boucherie, la mercerie,
la confection et tous les rayons de ce que nous appelons les
grands Bazars et que les Anglais appellent *universal provider*, le
fournisseur universel.

Les sociétés de consommation sont déjà arrivées, dans cette

plutôt logique qu'historique. Car les Pionniers de Rochdale, qui ont créé la société
de consommation, n'y cherchaient point un moyen de remplacer l'association de
production, puisque celle-ci n'était pas connue et n'a été propagée que quelques
années plus tard par les socialistes chrétiens de 1850. Et inversement les ouvriers
français qui ont échoué dans les premières associations de produc on en 1848
n'ont point songé à chercher une voie nouvelle dans la société de consommation,
car celle-ci n'a apparu en France que 17 ans plus tard et déterminée par d'autres
mobiles. C'est beaucoup plus tard que dans l'un et dans l'autre pays on a eu
conscience qu'il y avait là pour les travailleurs deux routes pour arriver au même
but, l'une directe, l'autre indirecte, et que c'était celle-ci qui était la plus courte.

forme d'entreprise commerciale, à rivaliser avec les plus grands magasins. Ce n'est pourtant encore qu'une première étape, tant que la société se borne à revendre les articles achetés par elle aux fabricants : nous y reviendrons plus loin (voir *Les Marchands*). Mais quand elle a pris un développement suffisant et surtout quand, en organisant la coopération au second degré avec les autres sociétés, elle a pu créer de grandes fédérations d'achat (*Wholesales*, magasins de gros), alors elle aborde la production, c'est-à-dire qu'elle cherche à produire par ses propres moyens les articles que naguère elle achetait aux industriels, voire même, s'il s'agit de produits agricoles ou de produits exotiques, à les produire sur ses propres domaines ou dans ses plantations d'outre-mer. Les sociétés de consommation anglaises sont aujourd'hui dans cette seconde phase : elles fabriquent déjà pour près de 1 milliard de francs d'articles de toute nature ou, si l'on ne veut pas compter la meunerie et la boulangerie comme production industrielle, tout au moins pour 500 millions de francs.

La Wholesale de Manchester, à elle seule, produit pour 250 millions d'articles divers, dans une vingtaine de fabriques, et emploie 20.000 ouvriers.

En France, les sociétés de consommation sont nombreuses (3.000) mais peu organisées et pauvres et n'ont guère dépassé la première étape, celle de l'entreprise commerciale. En fait de production, elles n'en sont encore qu'à ce qu'on peut appeler la production domestique — boulangerie, pâtisserie, charcuterie, confitures, etc.; pourtant le Magasin de gros a deux fabriques de chaussures.

Les services rendus par ces sociétés sont multiples. Les plus importants sont ceux rendus aux consommateurs sous forme d'économie sur leurs dépenses, ou d'augmentation de leurs revenus, ou d'amélioration de leur alimentation en quantité et en qualité — mais ceux-là nous les retrouverons dans la partie de ce livre qui traite de la consommation. Nous n'avons à nous occuper ici que des caractères spécifiques de ces sociétés en tant qu'entreprises de production.

Elles ont donné lieu, en cette qualité, à de vives critiques.

Les économistes ont déclaré que le consommateur était absolument incompétent en ce qui concerne la technologie industrielle ou commerciale, que par conséquent vouloir lui conférer la direction des entreprises, c'était abolir la division du travail, c'était un programme régressif. A ceci nous répondons que le consommateur n'a pas la prétention de produire lui-même tout ce qu'il consomme et que pour cela il continuera à employer les mêmes spécialistes que par le passé : seulement il veut que ceux-ci travaillent à son service au lieu de travailler au service d'un intermédiaire, qu'ils travaillent à seule fin de satisfaire à ses besoins le mieux et le plus économiquement possible, et non, comme sous le régime capitaliste, à seule fin de procurer des profits à l'entrepreneur.

Les coopérateurs individualistes, ceux qui sont restés fidèles à l'idéal des travailleurs français de 1848, ceux qui visent à l'abolition du salariat par le moyen de l'association coopérative autonome, ne voient pas non plus d'un œil favorable un régime coopératif comme celui que nous venons de résumer, car, disent-ils, l'ouvrier qui travaillera au service des sociétés de consommation et des magasins de gros n'en sera pas moins un salarié : alors qu'y gagnera-t-il ?

Il faut répondre qu'il y gagnera de travailler pour des camarades au lieu de travailler pour un maître. Il y gagnera de pouvoir se diré que le produit de son travail ne servira pas à procurer des profits à un capitaliste ou à des actionnaires, mais sera réparti entre tous les sociétaires — lui-même compris, si toutefois il veut être membre de la société. Est-ce être salarié que de travailler pour une société dont on fait soi-même partie ? N'est-ce pas travailler pour soi-même dans la mesure que comportent les nécessités de l'industrie moderne — et que trouver mieux, puisque, ni plus ni moins, la production autonome proprement dite, celle de l'artisan à son établi, paraît de plus en plus dépassée ?

Ces associations n'avaient pas bénéficié jusqu'à ces derniers temps de la bienveillance des législateurs au même degré que les associations ouvrières de production, parce qu'elles se trouvent plus directement en conflit avec la classe nombreuse des petits commerçants qui pèsent d'un grand poids dans la balance électorale. Cependant, la guerre, qui a changé tant de choses, a créé un courant de sympathies favorable aux sociétés de consommateurs à raison des services qu'elles ont rendus aux jours de disette, et une loi toute récente vient de leur ouvrir aussi un crédit de 2 millions de francs, lequel sera certainement employé, au moins en partie, à des entreprises de production.

Nous retrouverons ces sociétés, chemin faisant, et quand nous parlerons des marchands, et quand nous exposerons les systèmes socialistes, et surtout quand nous arriverons à la *Consommation* où se trouve leur domaine propre.

CHAPITRE III

LA DIVISION DU TRAVAIL

I.

Historique de la division du travail.

Si le travail qu'il s'agit d'exécuter est absolument simple (défoncer la terre, soulever un poids, ramer, couper du bois), ce travail ne se prête pas à une division quelconque : chacun exécutera de son côté les mêmes mouvements. C'est ce qu'on pourrait appeler la coopération simple.

Mais pour peu que l'opération soit complexe et comprenne des mouvements variés, il y a tout avantage à décomposer ce travail qui, considéré dans son ensemble, apparaissait comme une seule tâche. C'est ce qu'on appelle la *division du travail* et qu'on pourrait appeler la coopération engrenée.

C'est par un exposé de la division du travail que s'ouvre le livre classique d'Adam Smith. Par là ce grand esprit montrait toute l'importance qu'il fallait attribuer à ce fait [1] et, depuis lui, on a vu dans ce fait une loi dont la portée, non seulement au point de vue économique mais social, moral et même philosophique, n'a fait que grandir. Elle déborde infiniment les limites de l'atelier où Adam Smith l'avait d'abord admirée [2].

[1] La division du travail professionnelle, et son utilité sociale, avait été cependant signalée dès l'antiquité. Dans sa *République* Platon fait dire à Socrate : « Les choses se font mieux et plus aisément lorsque chacun fait celle pour laquelle il est propre et qu'il est dégagé de tout autre soin ». Et l'apologue célèbre de Ménénius Agrippa aux plébéiens en révolte dit de même.

[2] D'après la doctrine de l'évolution d'Herbert Spencer, la division du travail, entendue au sens de différenciation des fonctions, serait la caractéristique du progrès. L'être commence par l'état homogène, où tous les éléments sont pareils, pour s'élever peu à peu à l'état hétérogène où chaque élément est différencié et constitue l'organe d'un tout (*Essais sur le Progrès*).

D'après la doctrine de M. Durkheim, la division du travail serait la base même de la morale sociale. En effet, comme elle a pour résultat de mettre chaque individu dans l'impossibilité de se passer d'autrui, elle crée la solidarité : « c'est par elle que l'individu reprend conscience de son état de dépendance vis-à-vis de la société » (*La division du travail social*, p. 450).

C'est cette différenciation entre les individus qui, en rendant chacun d'eux

La division du travail suppose, par définition même, l'association — mais non pas nécessairement une association consensuelle, ni même consciente : c'est-à-dire qu'elle peut fonctionner alors même que ceux qui y participent l'ignorent. Elle peut être spontanée, automatique. C'est précisément ce qui lui donne le caractère d'une loi naturelle.

La division du travail est un des rares faits économiques — avec l'épargne — qui se retrouve chez certaines espèces animales.

Il faut distinguer plusieurs formes de division du travail qui correspondent à des phases successives de l'évolution économique[1].

1° Dans la première, celle de l'économie domestique, la division du travail n'existe qu'à l'état embryonnaire : chaque membre de la communauté fait un peu de tout, ce tout d'ailleurs n'étant pas très varié. Cependant, là déjà, la division du travail apparaît sous la forme imposée par la nature, celle de la différenciation des *sexes*.

Mais cette division primitive du travail est loin de répondre à ce que nous appellerions aujourd'hui les aptitudes propres à chaque sexe : à l'homme les travaux de force, à la femme les travaux du ménage. Nullement. L'homme a pris les travaux nobles, c'est-à-dire la guerre, la chasse, la garde du bétail, et la femme les travaux vils, non seulement ceux du ménage, du tissage, mais aussi du transport, comme de vraies bêtes de somme, et même de la culture : *cura agrorum feminis delegata*, dit Tacite en parlant des Germains — et c'est ce que nous voyons aujourd'hui encore chez toutes les peuplades de l'Afrique. La femme a été le premier esclave, et le servage proprement dit, celui des captifs, a été pour elle sa première émancipation, notamment l'a libérée du travail écrasant qui consistait à broyer le grain et à tourner la meule[2].

incapable de se suffire à lui-même, les obligerait à se rendre des services réciproques et créerait l'aide mutuelle.

Elle serait, d'après lui, l'effet et en même temps le correctif de la lutte pour la vie : *l'effet,* car, comme la lutte est d'autant plus vive que les individus sont plus semblables et ont les mêmes besoins, il en résulte que chacun cherche à se spécialiser pour faire autre chose que son voisin ; — et *le correctif,* car, précisément, les possibilités qu'elle ouvre aux individus d'échapper à la concurrence leur permettent du même coup d'échapper à la ruine ou à la mort.

[1] Sur le développement historique de la division du travail dans la famille, l'industrie, l'agriculture, le commerce, voir les articles de M. Schmoller, *La division du travail étudiée au point de vue historique,* dans la *Revue d'Économie politique,* 1889 et 1890.

[2] D'après Bücher, l'homme aurait eu comme tâche de se procurer la nourriture

2° Puis, sous le régime de l'économie domestique, certains genres de travaux commencent à se spécialiser, — le forgeron notamment, un des plus vénérés : aussi est-ce le seul métier qui ait pris place dans l'Olympe sous la figure, un peu rustre, il est vrai, de Vulcain [1]. Et comme ces premiers artisans n'auraient pas de quoi suffire à un travail continu dans la même famille, ils vont de l'une à l'autre, travaillant pour qui les demande.

Nous voici déjà à la seconde phase de la division du travail, à la division *professionnelle,* celle des métiers. Toutefois, le métier proprement dit ne se constitue que du jour où l'artisan nomade s'établit et, au lieu d'aller travailler chez le client, attend que le client vienne lui faire ses commandes.

La division du travail professionnelle doit-elle sa première origine aux aptitudes naturelles des individus? C'est possible pour les travailleurs libres. Mais il ne faut pas oublier que ces travailleurs libres étaient rares. L'esclave n'avait qu'à faire ce que le maître lui ordonnait. Et même pour l'homme libre il paraît plus probable que les travaux assignés à chacun l'ont été par des raisons sociales, politiques, religieuses, rituelles — telles que le régime des castes — et que l'aptitude professionnelle n'est venue qu'après coup, par la pratique et la transmission héréditaire.

La division du travail sous la forme professionnelle ne nécessite plus l'association — puisque précisément elle implique que l'artisan s'est dégagé de la communauté primitive et travaille pour son propre compte — mais elle implique, à la place, l'*échange,* puisque évidemment l'artisan spécialisé ne saurait que faire des produits de son travail s'il devait les garder pour lui : le métier suppose la boutique, la vente, des clients.

---

animale : chasse, puis garde des troupeaux, — et la femme la nourriture végétale, cueillette, puis agriculture. On voyait naguère encore dans certaines tribus arabes la femme attelée avec l'âne ou le chameau à la même charrue. Et cette division des tâches ne paraît nullement découler d'aptitudes spéciales à l'un ou à l'autre de ces travaux, mais avoir uniquement des origines religieuses. Encore de nos jours, dans l'île bretonne de Sein, dit M. Le Goffic : « Le champ du labeur humain est ainsi divisé : la mer aux hommes, la terre aux femmes ».

En tout cas, il semble que ce ne soit qu'assez tard, peut-être dans l'antiquité grecque, que la femme a été cantonnée dans les travaux du ménage. Voir un exposé très complet de la division du travail préhistorique dans des articles de M. René Maunier, *Revue de Sociologie,* 1908.

[1] « C'est surtout des modes d'activité intellectuelle et artistique que procèdent les premières professions. Le prêtre, le devin, le médecin, le sorcier, le chanteur, le danseur, qui sont doués de talents particuliers, arrivent les premiers à une situation à part. En général, le forgeron leur succède : les autres artisans viennent longtemps après » (Bücher, *Études. De la division du travail*).

Il en résulte une telle différence entre les deux régimes que peut-être conviendrait-il de ne pas les qualifier par le même mot, et, au lieu de parler ici de division du travail, dire plutôt « spécialisation du travail ».

Sous le régime corporatif, la séparation des métiers devient plus accentuée parce que chaque « corps de métier » ne fait qu'un genre de travail, et même les règlements veillent avec un soin jaloux à ce que chacun reste enfermé dans sa spécialité. La même industrie se subdivise en *branches divergentes* (l'industrie du bois subdivisée en menuisiers, charpentiers, charrons, etc.) ou en *tranches successives* (le bois brut passant successivement des mains des bûcherons à celles des scieurs de long, etc.), dont chacune forme un métier spécial. Et ces subdivisions et ramifications vont progressant sans cesse parallèlement à la multiplication des besoins, chaque nouveau besoin faisant naître un nouveau métier.[1]

3° Mais un jour vient où le métier devient la manufacture ou la fabrique, c'est-à-dire où l'artisan devenu capitaliste embauche des salariés, et nous voici à la troisième phase de la division du travail, la division du travail *technique*. Tout travail industriel étant, comme nous l'avons vu déjà (voir ci-dessus, p. 115), une simple série de mouvements, on s'applique à décomposer ce mouvement complexe en une série de mouvements aussi simplifiés que possible, que l'on confie à autant d'ouvriers différents, de façon que chacun d'eux n'ait à exécuter qu'un seul de ces mouvements, toujours le même. C'est ce mode de division du travail, observé dans une fabrique d'épingles, qui a frappé pour la première fois Adam Smith et lui a inspiré une page admirable partout citée[2].

Il est à remarquer qu'à la différence des modes précédents de la division du travail, qui sont naturels et spontanés, celui-ci est inventé et combiné, comme d'ailleurs tous les gestes du travail.

Avec la division du travail d'atelier, nous quittons le domaine de l'échange, il n'est plus question d'échange puisque toutes les opérations se passent dans une même enceinte ou du moins sous une même direction, mais nous revenons à la coopération, comme dans l'économie domestique ou dans la *familia* des esclaves romains. Tous les ouvriers qui participent à ces travaux, chacun

---

[1] On pourrait représenter cette complexité croissante dans la division du travail par un tableau en forme d'arbre généalogique — les travaux *successifs* dans une même industrie s'inscrivant dans des colonnes verticales — et les travaux *collatéraux* s'inscrivant dans des tranches horizontales.

[2] Voir aussi le chap. XII du *Capital* de Karl Marx.

dans sa partie, savent nécessairement et voient qu'ils coopèrent
à une même œuvre, ce qui n'est pas le cas des hommes exerçant
des professions, à moins d'un effort de réflexion.

4° Enfin en même temps que la division du travail s'intensifiait en
s'enfermant dans la fabrique, elle s'élargissait par le développement des transports et des échanges internationaux et nous voici
à la quatrième phase de la division du travail, celle *internationale,*
chaque peuple se consacrant plus spécialement à la production
des denrées qui paraissent le mieux appropriées à son sol, à son
climat ou aux qualités propres de sa race : l'Angleterre au charbon
et aux cotonnades, les États-Unis aux machines, la France aux
articles de luxe, l'Allemagne aux produits chimiques, le Brésil au
café, l'Australie à la laine, etc. (voir plus loin, *Protectionnisme*).

A vrai dire, les mots « division du travail » sont ici un peu
exagérés. C'est par une métaphore qu'on assimile le monde entier
à un atelier où chaque peuple aurait sa tâche spéciale. Il serait
plus exact de voir ici une *localisation du travail* (voir ci-après).

II

Les conditions de la division du travail.

La division du travail technique est d'autant plus parfaite que
l'on peut décomposer le travail en un plus grand nombre de tâches
parcellaires. Mais le nombre de travailleurs devra être nécessairement en rapport avec le nombre de ces opérations distinctes[1] :
or, il est clair que le nombre d'ouvriers qu'un industriel peut
employer dépend de l'étendue de sa production. De même, s'il
s'agit de la division de travail professionnelle, un artisan ou un
marchand ne peut se spécialiser dans la production ou le commerce

---

[1] Ce serait un très faux calcul de croire qu'on pourra réaliser la division du travail en employant un seul ouvrier pour chaque opération distincte ; il en faut en
général beaucoup plus. Supposons que la fabrication d'une aiguille comprenne
trois opérations, la tête, la pointe et l'œil. Supposons qu'il faille 10 secondes pour
chaque pointe, 20 pour la tête et 30 pour percer l'œil. Il est clair que pour tenir
pied au seul ouvrier des pointes, il faudra 2 ouvriers pour les têtes et 3 pour les
œils ; il faut donc en tout non pas 3, mais 6 ouvriers, sans quoi le premier restera
une partie de la journée les bras croisés.

D'ailleurs, le système des courtes journées permet de réaliser dans une certaine
mesure l'idéal fouriériste des « courtes séances » et de la variété des travaux. Le
mineur, en sortant de la mine à deux heures de l'après-midi, après avoir pris son
bain, a le temps de cultiver son petit jardin et même, s'il le veut, d'y cultiver des
roses. L'ouvrier des arsenaux de Brest ou de Toulon, après sa journée de huit
heures, se livre à de petits travaux en dehors de sa profession.

d'un seul article qu'autant qu'il peut compter sur un nombre
suffisant de clients. En sorte qu'on peut formuler cette loi — une
des rares indiscutées : la division du travail est en raison directe
de *l'étendue du marché*.

C'est pour cette raison que, comme on l'a fait remarquer souvent, la division du travail n'existe guère que dans les grands
centres et est inconnue à la campagne ou au village. Là on trouvera pêle-mêle dans une même boutique, épicerie, charcuterie,
jouets d'enfants, papeterie, mercerie, tous les articles qui consti-
tueraient dans une grande ville autant de commerces différents[1].
La raison en est évidente. L'homme, au village, est obligé de faire
tous les métiers par la bonne raison qu'un seul ne suffirait pas
à lui faire gagner sa vie.

Au contraire, quand une industrie réussit à avoir pour marché le
monde entier, alors non seulement elle peut se spécialiser dans
la production de certains articles ne répondant qu'à un besoin
très limité — parce que le nombre immense des consommateurs
compense comme débouchés l'étroitesse du besoin — mais de
plus, dans cette industrie spécialisée, elle peut pousser à ses
extrêmes limites la division technique du travail. C'est une des
raisons qui expliquent la force irrésistible de la grande industrie et
des trusts, et aussi pourquoi tous les pays tiennent tant à s'assurer
une large exportation. Cette exportation, en permettant à leurs
industries de pousser à fond la division du travail, leur assurera
les supériorités industrielles qui en dérivent (voir ci-après *La
concentration de la production*).

On indique généralement une seconde condition comme indispensable à la division du travail : c'est *la continuité du travail*.
En effet, si le travail est intermittent, comme l'ouvrier ne peut
rester oisif dans l'intervalle, il faudra bien l'occuper à autre chose
et dès lors il ne pourra plus se cantonner dans une seule occupation. C'est une des raisons pour lesquelles l'industrie agricole ne
se prête guère à la division du travail, comme nous le verrons
ci-après. Cependant cette condition est moins impérieuse que la
précédente, car un homme peut très bien, sans perdre les bénéfices
de la spécialisation, s'adonner à des travaux différents s'ils ne
sont pas simultanés mais successifs et par périodes assez longues. On peut même dire que, tout au contraire, il pourrait y

---

[1] On pourrait croire, à première vue, que les grands bazars des capitales, Louvre
ou Bon Marché, sont dans le même cas, puisqu'ils vendent toute espèce d'objets ?
Mais point du tout : voir ce que nous disons ci-après des Grands Magasins.

avoir là, comme nous allons le voir, un correctif bienfaisant à certains inconvénients de la division du travail continu.

III

Les avantages et les inconvénients de la division du travail.

La division du travail accroît la puissance productive du travail dans des proportions inimaginables.

En ce qui concerne la division du travail professionnelle, l'explication est facile.

1° La diversité des tâches qui sont ainsi créées, toutes différentes au point de vue de la difficulté, de la vigueur ou de l'attention qu'elles requièrent, permet d'*approprier chaque tâche aux capacités individuelles des travailleurs*. Sous un régime où la division du travail serait inconnue, chacun aurait à produire *selon ses besoins :* là où existe la division du travail, chacun produit *selon ses aptitudes.* On peut utiliser ainsi les aptitudes naturelles de chacun et éviter le gaspillage de forces qui résulterait du fait que tous, forts ou faibles, ignorants ou intelligents, auraient à accomplir la même œuvre : — gaspillage du travail des plus forts ou des plus capables sur une tâche trop facile pour eux, ou, à l'inverse, déperdition du travail des plus faibles ou des ignorants sur une tâche au-dessus de leurs forces.

2° *La répétition continue du même exercice* crée chez tous les hommes une dextérité qui devient véritablement merveilleuse, de même que dans les travaux de l'ordre intellectuel une application soutenue et persévérante développe singulièrement les facultés mentales et par conséquent la puissance productrice. Médecins, avocats, peintres, romanciers, savants, chacun aujourd'hui se fait *spécialiste :* chacun trouve profit à se cantonner dans un petit coin du savoir humain pour le mieux fouiller et en tirer plus de fruits.

Mais en ce qui concerne la division du travail dans l'atelier, la raison de son pouvoir de multiplication n'apparaît pas avec la même évidence, car on ne voit pas très bien pourquoi dix hommes réunis pourraient produire plus que dix hommes séparés? Si un homme ne peut soulever qu'une masse de 100 kilos, il ne faut pas croire que dix hommes réunis soulèveront un poids supérieur à 1.000 kilos : au contraire, une partie de l'effort collectif sera perdue.

Oui, parce qu'il s'agit ici de coopération simple qui ne fait qu'additionner les forces : mais par la coopération complexe on peut bien dire qu'elle les multiplie en effet :

1° Parce que le travail le plus compliqué peut se décomposer, quand il est exécuté à la fabrique, *en une série de mouvements très simples*, presque mécaniques et, par conséquent, d'une exécution très aisée, ce qui facilite singulièrement la production (voir p. 149).

On peut même arriver par là à des mouvements si simples que l'on s'aperçoit que l'intervention de l'homme n'est plus nécessaire pour les exécuter et qu'une machine suffit. Et c'est, en effet, par ce procédé d'analyse technique que l'on est arrivé à faire exécuter mécaniquement les travaux qui semblaient les plus compliqués à première vue [1].

2° Parce qu'il y a une *économie de temps*, résultant de la continuité du travail. Un ouvrier qui change souvent de travail perdra chaque fois, non seulement l'intervalle de temps pour passer d'une opération à l'autre, mais surtout le temps nécessaire pour la *mise en train*. Karl Marx dit, admirablement, que la division du travail « resserre les pores » de la journée de travail [2].

Il est vrai qu'en regard de ces avantages, on a dénoncé depuis longtemps des inconvénients graves :

a) Abrutissement du travailleur, réduit, par la répétition d'un même mouvement aussi simplifié que possible, à un rôle purement machinal, ce qui rend dorénavant tout apprentissage inutile. Que de fois on a répété la phrase de Lemontey : « C'est un triste témoignage à se rendre que de n'avoir jamais fait dans sa vie que la dix-huitième partie d'une épingle » ! Et un plus illustre que lui, celui-là même qui a révélé l'importance et les bienfaits de la division du travail, Adam Smith, avait dit en termes encore plus durs : « L'homme dont la vie entière se passe à accomplir un petit nombre d'opérations simples devient généralement aussi stupide et aussi ignorant qu'il est possible à une créature humaine de le devenir ».

b) Dépendance extrême de l'ouvrier qui devient incapable de

---

[1] L'invention des principales machines (à tisser, à filer, etc.) coïncide précisément avec l'apogée de la division du travail dans les manufactures.

[2] On comptait autrefois aussi la moindre durée de *l'apprentissage*, ce qui a pour effet d'allonger la vie utile du travailleur. Malheureusement il a été si bien raccourci qu'il a disparu dans presque tous les métiers.

On indique aussi l'économie des *outils*, par le fait que chaque travailleur, au lieu d'avoir sur son établi tous les outils nécessaires à l'ensemble du travail, n'a plus à se servir que d'un seul. Mais ceci est une économie de capital et non de travail.

rien faire en dehors de l'opération déterminée et spécialisée dont il a pris l'habitude et qui, par suite, se trouve à la merci d'un chômage ou d'un renvoi. De même que les pièces qu'il façonne et qui ne valent que par l'assemblage qui en fera un tout, l'ouvrier lui-même ne vaut que comme rouage de cette grande machine qui est la manufacture et, séparé d'elle, il n'est bon à rien.

Ces arguments ne manquaient pas de force à l'époque où ils ont été formulés, mais aujourd'hui ils sont un peu surannés.

1º D'abord il n'y a plus d'ouvrier qui passe sa vie à faire la dix-huitième partie d'une épingle, parce que les épingles se font aujourd'hui *à la machine*. Il est vrai que si l'exemple fameux d'Adam Smith se trouve ainsi périmé, on peut en citer d'autres, par exemple la fabrication des chaussures qui peut comporter 72 opérations différentes, ou celle des montres qui peut en comporter plus de 300.

Mais néanmoins, même dans ces industries, cette division du travail est devenue plutôt le fait de la machine que de l'homme, chacune étant affectée à une opération spéciale et l'homme se bornant à les conduire, car sitôt qu'on en est arrivé à simplifier une opération technique au point de la rendre purement *machinale*, on ne tarde pas à remplacer le travailleur par une machine, car, en pareil cas, on trouve toujours économie à le faire. Or, la direction d'une machine est un travail souvent fatigant (non par l'effort musculaire, mais par la tension nerveuse qu'il exige), mais qui n'est pas, en général, abrutissant. La machine d'aujourd'hui n'est plus celle des débuts de l'industrie mécanique qui pouvait être dirigée par un ouvrier quelconque, une femme, un enfant : elle est un instrument de précision et comme un cheval de sang qui ne peut être monté que par un cavalier expérimenté.

Sans doute, il y a dans le travail manuel beaucoup de besognes abrutissantes, mais ce n'est point parce qu'il est divisé : c'est malheureusement parce qu'il y a un grand nombre de travaux qui, quoique nécessaires, seront toujours, par leur nature même, sans joie. Le travail du balayeur des rues, ou du déchargeur dans les ports, ou du casseur de pierres sur la grand'route, n'est point du tout divisé; est-il plus récréatif que celui d'un ouvrier qui fait toujours des boulons?[1]

---

[1] Le socialiste Fourier disait que le travail deviendrait « attrayant » lorsqu'il serait tout à la fois : — *a) très divisé* : il poussait même cette division jusqu'à l'extravagance, organisant autant de groupes de travailleurs que d'espèces végétales (choutistes, ravistes, poiristes, cerisistes, etc.), et même autant de sous-groupes qu'il pouvait exister de variétés dans la même espèce ; — *b) très diversifié :*

2° De plus, l'emploi des machines a eu pour conséquence la limitation de la journée de travail et celle-ci laisse à l'ouvrier le loisir de récréer son corps et son esprit. En sorte que s'il y a peut-être plus de monotonie qu'autrefois dans sa tâche quotidienne, il y en a moins dans sa vie : celle-ci est plus variée et plus riche. Or Roscher a remarqué que s'il est vrai que la variété importe au bonheur, c'est moins dans le travail que dans la portion de la vie réservée en dehors du travail.

L'ouvrier spécialisé d'aujourd'hui, qui dispose de 50 à 60 heures de liberté par semaine, en dehors de celles du sommeil, et peut les employer à tous modes d'activité dans sa vie domestique, politique, syndicale, religieuse, intellectuelle, soit lire les journaux, soit aller au cinéma, au concert, à l'église, voire trop souvent chez le bistro — mène une vie infiniment plus variée et plus riche que celle de l'ouvrier des temps passés ou même que celle du travailleur rural d'aujourd'hui qui ne pratique pourtant pas la division du travail.

Enfin l'instruction professionnelle est aussi un correctif de la division du travail en permettant à l'ouvrier de comprendre et de dépasser la tâche fractionnée qui lui incombe, en l'intégrant dans l'œuvre collective dont elle fait partie et en lui donnant la conscience de son rôle de coopérateur dans cette œuvre.

Il est à remarquer que les critiques ci-dessus ne visent que la division *technique* du travail. Mais la division du travail *professionnelle*, par spécialisation de fonctions, de métiers, d'études, n'a jamais donné prise aux même griefs. Et pourtant il ne manque pas de spécialisations aussi mesquines que les tâches parcellaires de l'atelier. Le métier de la dactylographe qui tape à la machine n'est guère moins monotone que celui de l'ouvrier qui frappait des têtes d'épingles. Et que dire de tant d'heures passées par les chefs d'Etat à donner des signatures?

Peut-être donc les inquiétudes seraient-elles ici plus justifiées. Il ne faut pas considérer comme un idéal très désirable une nation où chaque homme ne serait que l'homme d'un seul métier et où son esprit et son corps porteraient le pli indélébile du travail professionnel. Il en résulterait quelque dommage, croyons-nous, pour le développement intégral de la personne humaine et

chaque travailleur ne devant consacrer qu'un temps très court, une ou deux heures, à chaque occupation : par là ce régime qu'il appelait « des courtes séances » devait offrir pour chaque journée un menu de travail, si j'ose ainsi dire, très varié. C'est ainsi que Fourier pensait donner satisfaction à la passion qu'il appelait pittoresquement *la papillonne*.

même pour le progrès social, car la société serait menacée ainsi de se stéréotyper comme sous le régime des castes. Nous sommes bien disposé à reconnaître avec M. Espinas que « l'aptitude à l'isolement n'est qu'un caractère très inférieur de l'individualité », voire même que c'est là un trait propre au sauvage —, et certes « le bon sauvage » n'est plus pour nous, comme pour les littérateurs du xviiie siècle, le type idéal de l'humanité — mais tout de même, c'est une force et une supériorité pour l'homme que l'aptitude à changer de profession ou de métier. La plupart des hommes qui, aux États-Unis, sont parvenus aux plus hautes situations ont fait dans leur vie vingt métiers. C'est le caractère d'une société dynamique et progressive que de pouvoir utiliser tous ses membres à plusieurs fins, et le seul moyen d'y arriver c'est de maintenir — à côté et au-dessus de l'instruction professionnelle, nécessaire pour devenir un bon travailleur — la culture générale nécessaire pour devenir un homme et qui se trouve si bien caractérisée par ce beau et vieux mot de collège « les humanités ».

Il est à craindre aussi que la spécialisation professionnelle ne réalise pas tout à fait les fins morales qu'on en attend, celle de développer la solidarité et l'altruisme en apprenant aux individus qu'ils ne peuvent se passer les uns des autres, pas plus que les organes d'un même corps, et qu'ils doivent mettre en pratique . la fable de l'Aveugle et du Paralytique :

Je marcherai pour vous : vous y verrez pour moi !

Tout au contraire, la division du travail professionnelle tend à créer « l'esprit de corps », lequel se trouve presque toujours en conflit avec l'intérêt général. C'est un gros danger social. La société dans son ensemble se trouve comme assiégée par les âpres revendications des organisations professionnelles, celles des agriculteurs, des industriels, des employés de l'État, des inscrits maritimes, etc., etc. Les ouvriers eux-mêmes ont si bien senti ce danger, en ce qui les concerne, qu'ils ont cherché à englober et à subordonner les intérêts corporatifs de chaque métier dans une confédération générale du travail [1].

---

[1] C'est pourquoi l'expérience ne nous semble pas confirmer tout à fait la doctrine philosophique de M. Durkheim qui, comme nous l'avons dit tout à l'heure (voir son livre magistral *De la division du travail social*), fait de la division du travail le fondement de la *morale*.

Quoique non moins fervent solidariste que M. Durkheim, nous répugnons à donner pour fondement à la solidarité la *différenciation* croissante des individus,

CHAPITRE IV

LA CONCENTRATION DE LA PRODUCTION

I

Les étapes de l'évolution industrielle.

Nous avons vu dans le chapitre premier comment se maintient — ou parfois se rompt — l'équilibre de la production et des besoins. Mais nous plaçant maintenant, non plus au point de vue statique, mais au point de vue dynamique, voyons comment la production peut suivre le mouvement sans cesse ascensionnel des besoins. Pour cela, elle a dû passer par des formes diverses.

L'école historique allemande a eu, entre autres mérites, celui de découvrir et de dégager les types successifs de l'évolution industrielle [1].

On peut en distinguer assez nettement six.

1° *L'industrie de famille ou domestique.* — C'est elle qui règne non seulement dans les sociétés primitives mais même dans celles de l'antiquité et se prolonge, au delà du temps « où la reine Berthe filait », jusque dans la première période du moyen âge. Les hommes sont divisés par petits groupes autonomes au point de vue économique, en ce sens qu'ils se suffisent à eux-mêmes, ne produisant guère que ce qu'ils doivent consommer. L'échange et la division du travail n'existent qu'à l'état embryonnaire (Comparez ci-dessus *Historique de la division du travail*).

Chaque groupe est constitué par une famille : seulement, il faut prendre ce mot dans un sens beaucoup plus large que celui qu'il comporte aujourd'hui. Non seulement la famille patriarcale était beaucoup plus nombreuse que de nos jours, mais encore elle était grossie artificiellement d'éléments étrangers — esclaves, plus tard serfs — qui lui sont incorporés. Les esclaves à Rome étaient

---

et il nous semble que la vraie solidarité implique au contraire leur *communion* croissante. Comme l'ont dit les philosophes Charles Secrétan et Fouillée, être solidaire c'est avoir conscience de l'unité du genre humain, c'est s'efforcer de réaliser et d'anticiper cette unité en agissant comme si nous étions tous Un.

[1] Citons tout au moins Roscher (1843) et, plus récemment, MM. Schmoller, Brentano et Bücher. Voir les développements très intéressants sur ce sujet dans les *Études d'Histoire et d'Économie politique* de Bücher, traduction française.

désignés juridiquement par le terme *familia*. La villa du riche propriétaire romain avec son armée d'esclaves faisant tous les métiers, la seigneurie du baron du temps féodal avec ses serfs, le couvent avec ses vastes domaines pourvoyant à tous les besoins et même aux besoins intellectuels avec ses copistes et ses enlumineurs, appartiennent à cette même période économique. On peut trouver des survivances de l'industrie domestique dans nos campagnes et nos petites villes de province, là où le pain, la charcutèrie, les confitures, la pâtisserie, le blanchissage, se font « à la maison ».

2° *Le travailleur ambulant.* — Dans l'économie domestique une certaine division du travail se forme déjà. Un jour vient où certains de ses membres, comme nous l'avons vu dans le chapitre précédent, se détachent du groupe, comme des fruits mûrs, et deviennent des travailleurs spécialisés, c'est-à-dire des artisans. Mais n'ayant point de capital, ni d'établissement, tout au plus les quelques outils indispensables à leur travail, ils vont offrir leurs services de porte en porte. Ils travaillent donc chez le consommateur et avec les matières premières que celui-ci leur fournit — par exemple, s'il s'agit d'un forgeron, avec le fer et dans la forge de la ferme, ou s'il s'agit d'un tailleur, avec l'étoffe que fournit le client. C'est ce que les économistes allemands appellent la phase du *travail loué.* Ils ne sont pourtant point encore des salariés au sens que nous donnons aujourd'hui à ce mot, car ils ne travaillent pas pour le compte d'un patron mais pour le public.

Ce mode de travail n'a point disparu. Non seulement il est encore pratiqué sur une grande échelle dans les pays d'Orient, surtout en Russie, mais il se retrouve dans nos campagnes sous la figure du raccommodeur de chaudrons, du rémouleur, du distillateur, etc., et même dans nos villes sous celles de la couturière, de la cuisinière, du professeur de piano ou de langues, qui « vont en ville », comme on dit.

3° *Le métier.* — Le travailleur ambulant devient un jour sédentaire. Il « s'établit », comme on dit, c'est-à-dire qu'il tient boutique et qu'au lieu d'aller chez le client, il attend que le client vienne le trouver.

Le voici déjà petit capitaliste, car il produit avec des matières et des outils qui lui appartiennent : il est devenu ce qu'on appelait sous le régime corporatif *un maître.* Pourtant il n'emploie guère encore de main-d'œuvre salariée, mais seulement celle des membres de sa famille ou d'apprentis.

Cette nouvelle phase est liée à l'économie urbaine : elle est surtout caractéristique du moyen âge. L'artisan ne travaille que pour le petit marché de la ville où il habite et qu'il se réserve avec un soin jaloux. Il est associé, pour un but d'aide et de défense mutuelle, avec les ouvriers du même métier que le sien et forme avec eux ces corporations qui ont joué un rôle si important dans l'histoire économique du moyen âge et dont les règlements ont été codifiés au XIVe siècle dans le *Livre des métiers*.

4° *L'entreprise*. — L'artisan, après avoir joué un rôle magnifique non seulement au point de vue économique, mais aussi au point de vue politique — qu'on se rappelle les Communes du moyen âge et leurs luttes héroïques — voit son influence décroître au fur et à mesure que le marché urbain s'élargit et devient peu à peu marché national, c'est-à-dire lorsque se constituent les grands États modernes. Il se trouve concurrencé avec les marchands venus d'ailleurs, même de l'étranger, aux époques des foires. Alors il cherche à vendre au dehors de la ville, mais pour cela il faut qu'il s'adresse à un intermédiaire. Et cet intermédiaire c'est celui qui va devenir le grand premier rôle sur la scène économique, mais qui ne se présente au début que sous la figure d'un marchand et non sous celle d'un fabricant.

Du jour où l'artisan a pris pour principal et bientôt pour unique client l'entrepreneur, du jour où il a perdu le contact avec le public, il a perdu son indépendance : il a un maître. Sa dépendance s'aggrave lorsque ce même marchand lui fournit la matière première nécessaire à son industrie et parfois même lui loue les instruments de son travail. Alors n'ayant plus la libre propriété ni de la matière première, ni des produits, ni parfois des instruments de son travail, l'artisan a perdu tous les caractères du producteur autonome : il n'est déjà plus qu'un salarié et l'entrepreneur est déjà « le patron ».

L'évolution tragique, que nous venons de résumer en quelques lignes, a duré quelques siècles. Elle n'était pas achevée en Angleterre, dans l'industrie textile, au XVIIIe siècle. Aujourd'hui encore tel est le régime des tisserands de soieries à Lyon, des « canuts », qui sont, il est vrai, propriétaires de leurs métiers, mais reçoivent des patrons (dits faussement *fabricants* quoiqu'en réalité ils ne soient que des *marchands*) les fils de soie qu'ils tissent chez eux : ils rapportent au patron l'étoffe faite [1].

---

[1] Nous verrons plus loin, à propos des cartels et trusts, que par a courbe de l'évolution le marchand à son tour se trouve de plus en plus dépendant du fabricant et tend à devenir un simple agent de celui-ci.

G. — COURS D'ÉC. POL.   18

Ce n'est point à dire que de nos jours tous les artisans aient disparu. On sait que dans les plus grandes villes, comme au village, il y a encore un grand nombre de ces petits producteurs autonomes qui travaillent directement pour le client — serruriers, peintres, horlogers, ferblantiers, électriciens, etc. — mais qui sont plutôt des petits marchands que des fabricants. Ils ne font guère que poser des articles achetés en fabrique ou exécuter les menus travaux d'entretien et de réparation de nos appartements, et généralement dans les conditions les plus onéreuses, les plus anti-économiques.

5° *La manufacture.* — L'artisan, même dépouillé de tous ses attributs de producteur autonome, travaillait encore chez lui, à domicile, ce qui lui conservait une certaine indépendance, tout au moins le libre emploi de son temps et le gouvernement de son travail. Mais il va perdre ce dernier caractère.

En effet, l'intermédiaire, l'entrepreneur, ne tarde pas à réunir ces travailleurs dispersés dans un même local. Il y trouve divers avantages, notamment celui de pouvoir établir entre eux une division du travail savante qui multiplie la puissance productrice tout en abaissant les frais de production (voir ci-après) et surtout celui de pouvoir employer la machine à vapeur. Voilà l'intermédiaire devenu fabricant. Mais ce fabricant ne peut être qu'un gros capitaliste, puisqu'il a précisément pour fonction de fournir à tous les ouvriers qu'il emploie les capitaux qui leur sont indispensables pour produire. Cette cinquième phase n'a donc pu commencer que lorsque de grands capitaux ont été amassés et réunis entre les mains de grands marchands.

C'est vers le xvi° siècle que cette transformation commence à s'accomplir. Ce n'est pas sans lutte que l'organisation plus perfectionnée de l'industrie manufacturière a éliminé l'industrie corporative et a pu conquérir le marché qui lui était fermé par les règlements des corporations. En France, il n'a fallu rien moins que l'intervention de l'État qui a créé — sous Sully et sous Colbert notamment — des manufactures avec privilèges spéciaux, dont quelques-unes mêmes (les tapis des Gobelins, les porcelaines de Sèvres) sont restées encore aujourd'hui manufactures d'Etat[1]. En Angleterre, cette intervention n'a pas été nécessaire parce que l'exportation pour l'étranger et les colonies a suffi pour permettre aux manufactures nouvelles de se constituer et de briser les cadres de l'organisation corporative.

---

[1] Voir Germain Martin, *La Grande Industrie sous Louis XIV et Louis XV.*

La manufacture a déjà tous les caractères de l'entreprise moderne au point de vue économique : séparation du patronat et du salariat, du capitalisme et du prolétariat — mais, au point de vue technique, elle n'a pas encore son caractère type qui est le machinisme. En effet, comme le nom le dit, la *manufacture* c'est le travail à la main. Pourtant, elle emploie déjà des machines : les métiers à tisser sont déjà des machines très compliquées, mais ces machines sont mues uniquement par la force de l'homme, ce qui ne permet pas à la production de dépasser des limites assez étroites.

6° *La fabrique.* — Mais, à la fin du XVIIIe siècle, la force motrice apparaît sous la forme de machine à vapeur et la manufacture devient la fabrique[1]. Nous voici arrivés à la forme type de l'industrie moderne et à la dernière phase de l'évolution — sauf celles encore à venir.

L'emploi de la machine à vapeur a pour conséquences l'agglomération sur un même lieu de masses ouvrières de plus en plus considérables, le travail de nuit, la réglementation quasi militaire, l'emploi des femmes et des enfants, la difficulté sinon l'impossibilité de ralentir ou d'arrêter la production en cas de dépression de la demande, ce qui entraîne la surproduction.

Ici donc s'arrête ce rapide exposé historique. Avec la fabrique, nous voici entrés dans le régime économique actuel, celui que les socialistes appellent le *régime capitaliste*, non point tant parce que l'entreprise sous cette forme implique une accumulation de plus en plus grande de capitaux que parce qu'elle impliquerait une domination croissante du capital sur le travail, une séparation, un clivage de la société entre deux couches de plus en plus opposées — en bas un prolétariat n'ayant que son travail pour vivre et à la merci de ceux qui peuvent seuls le lui acheter — en haut une foule de capitalistes gros ou petits qui, à titre d'actionnaires, se partagent le produit du travail, et çà et là les bénéfices se concentrant en fortunes colossales comme celles des « rois » du pétrole, du fer, du coton, en Amérique.

---

[1] Le vrai nom de la fabrique, comme le propose M. Vandervelde, devrait être la *machino facture*, pour la distinguer de la *manufacture*.

Les économistes allemands qui ont créé cette classification se refusent à voir dans la fabrique un type morphologique spécial et la traitent comme un simple développement de la forme précédente, c'est-à-dire de la manufacture (ils n'en comptent donc que cinq). Il nous semble pourtant que l'application en grand des forces naturelles à l'industrie est un fait assez important pour justifier une étiquette distincte.

Mais ce tableau, vrai ou faux, est en dehors de notre cadre : nous le retrouverons quand nous en serons à la répartition. Présentement, nous n'avons qu'à montrer de quelle façon le régime actuel a prodigieusement accru la puissance productive des sociétés modernes.

Ce serait une erreur de croire que chacune de ces formes a éliminé définitivement les formes antérieures : chacune a passé tour à tour au premier plan, voilà tout ; mais même de nos jours, bien que l'usine soit le mode caractéristique de l'industrie, toutes les formes antérieures se retrouvent encore. Nous avons cité des exemples de ces survivances pour chacune des phases successives.

II

La loi de concentration.

Nous venons de voir que, pour pourvoir à des besoins croissants et pour approvisionner un marché dont la circonférence s'élargit sans cesse, la production tend à évoluer depuis les modes les plus humbles de la production individuelle ou familiale jusqu'à ceux de la grande entreprise groupant les travailleurs par milliers et les capitaux par millions. Cette tendance à concentrer sur un point le maximum de forces productives est dite *la loi de concentration*, ou plus simplement « la grande production ».

Les économistes et les socialistes attachent les uns et les autres — c'est même un des rares points sur lesquels ils se trouvent d'accord — une grande importance à la loi de concentration. Ils la considèrent comme absolument démontrée et comme devant régir de plus en plus le monde économique.

Les causes de cette poussée dans le sens de la grande industrie ne sont pas difficiles à trouver. La grande production, en groupant tous les facteurs de la production, main-d'œuvre, capitaux, agents naturels, emplacement, réussit à les mieux utiliser, c'est-à-dire à obtenir la même quantité de richesses avec moins de frais, ou, ce qui revient au même, à produire davantage avec les mêmes frais. Il n'est donc pas étonnant que la supériorité, due à cette économie dans le coût de production, permette aux grands établissements de concurrencer victorieusement les petits établissements et semble devoir les éliminer petit à petit.

Nous avons déjà vu cette supériorité se manifester dans l'emploi des machines et forces motrices (p. 127) et nous la verrons tout à l'heure s'affirmer mieux encore dans l'intégration de l'industrie, les cartels et trusts, les magasins à succursales, l'industrialisation des cultures, etc.

Une puissante machine à vapeur consomme relativement beaucoup moins de charbon qu'une plus faible, parce qu'elle utilise mieux la force : la différence peut aller même jusqu'au décuple [1]. L'emploi d'un grand navire est beaucoup plus économique que celui d'un petit tonnage : moins de coût de construction par tonne, moins de place perdue pour le chargement, moins d'hommes d'équipage à payer, etc. Les résidus de la fabrication, les sous-produits, ne peuvent être utilisés — précisément parce qu'ils sont en proportion infinitésimale — que quand on opère sur de grandes masses.

La grande production seule peut permettre de produire « par séries », c'est-à-dire de reproduire à des milliers d'exemplaires un type uniforme, ce qui est une grande économie tant pour la fabrication que pour l'entretien ; les diverses pièces étant identiques sont aussi interchangeables. Si, par exemple, les fabriques d'automobiles américaines peuvent vendre leurs voitures à des prix très inférieurs à ceux des fabriques françaises, c'est parce qu'elles ne font qu'un seul modèle tandis que chacune des françaises en fait 8 ou 10 [2]. De même pour les chantiers de construction maritime en Angleterre : ils font les navires par séries, ce qui permet non seulement de les construire à bon compte mais de les livrer à bref délai, tandis que nos chantiers français ne font que peu de navires et tous de modèles différents, selon les goûts individuels des clients.

On pourrait donc s'attendre, en cherchant dans les statistiques la vérification de cette loi de concentration, à voir le nombre des entreprises diminuer rapidement d'un recensement à l'autre. Or, il n'en est rien. On voit, en général, dans les statistiques de tous pays, le nombre des entreprises, des établissements, comme

---

[1] Le coût du cheval-vapeur peut être évalué à 15 ou 20 centimes l'heure dans la petite industrie tandis qu'il s'abaisse à 4 ou 5 et même exceptionnellement à 1 centime dans la grande industrie.

[2] C'est ainsi que si la maison Ford peut vendre ses autos au prix singulièrement bas de 360 dollars (1.864 francs) et en réalisant néanmoins un bénéfice qui n'est guère moindre de 30 p. 100, c'est parce qu'elle en vend plus de 500.000 par an, tous du même modèle.

Cette supériorité de la « standardisation », comme on dit, c'est-à-dire du modèle unique pour chaque fabrique, est si bien reconnue que les fabricants français se sont déjà préoccupés de la réaliser après la guerre, tout au moins pour l'exportation, sa réalisation à l'intérieur étant plus difficile à raison du désir du consommateur français de se distinguer de ses semblables — ce qui n'est pas la moins fâcheuse des formes de l'individualisme.

on dit, fester à peu près le même ou même augmenter [1]. Néanmoins, il ne faut pas se hâter d'en conclure que la loi de concentration se trouve démentie par les faits. Il suffit d'examiner les chiffres de plus près.

D'abord, il n'y a pas à s'étonner que le nombre des entreprises augmente régulièrement dans toute société progressive. Nous avons vu qu'une des manifestations du progrès économique est la multiplication des besoins : or, chaque besoin nouveau fait surgir une industrie nouvelle. Il n'y a rien là qui soit en contradiction avec la loi de concentration.

Mais si, au lieu de faire le recensement de toutes les entreprises en bloc, on observe séparément chaque genre d'industrie, alors on voit apparaître clairement le résultat prévu, à savoir *la diminution progressive du nombre des établissements* en même temps que *l'augmentation de la production globale.* Ce double mouvement est particulièrement marqué dans certaines industries ou commerces, tels que mines, métallurgie, transports maritimes, banques, commerce de nouveautés, etc. [2].

La loi de concentration se révèle même, sans faire cette discrimination des industries et à ne prendre que les chiffres globaux, si l'on met en regard du nombre des établissements le nombre des ouvriers employés, le chiffre des capitaux engagés et la valeur des produits. Alors on voit qu'à chaque établissement correspond

---

[1] C'est ainsi qu'en France nous trouvons comme nombre total d'établissements (industriels, commerciaux, agricoles) :

                1896. . . . . . . 3 352 000
                1906. . . . . . 3.245.000

On constate bien une diminution, mais elle est insignifiante, moins de 5 p. 100 et encore porte-t-elle uniquement sur les entreprises agricoles, car sur celles industrielles et commerciales il y a accroissement de nombre.

Mais la France est un pays à population stationnaire. Si nous regardons un pays à population croissante et à développement industriel intense, c'est une augmentation considérable dans le nombre total des entreprises qui apparaît (plus du double entre 1880 et 1900) aux États-Unis.

[2] Nous trouvons par exemple dans Hobson (*op. cit.*) les chiffres suivants pour les usines métallurgiques aux États-Unis :

	Nombre d'établissements	Millions de francs	Moyenne par établissement
1880.	1.005	1.533	1,5
1900.	668	4.164	6,2

En France leur nombre est tombé de 400 en 1876 à 203 en 1910, donc a diminué de moitié, tandis que la production de la fonte s'élevait de 1.435.000 à 4.500 000, donc faisait plus que tripler.

un plus grand nombre de salariés, un plus gros chiffre de capitaux et une plus forte production [1].

Si l'on se demande quels sont les effets de la loi de concentration
au point de vue social — soit pour les consommateurs, soit pour
les ouvriers — il faut répondre que somme toute, ils sont favorables. Aux consommateurs, elle procure généralement les avantages du bon marché et de la rapidité dans la satisfaction des
besoins ; aux ouvriers, des salaires plus élevés et plus stables,
des conditions de travail plus salubres et moins inconfortables,
que ne peut le faire la petite industrie. Le temps est passé où l'on
appelait les fabriques les « bagnes capitalistes ». Les syndicats
ouvriers sont favorables à la grande industrie par une autre raison aussi : parce qu'elle leur apparaît comme le milieu le plus
favorable au développement du syndicalisme et même du socialisme, parce que, par les grandes agglomérations ouvrières et par
le travail en commun, elle contribue à créer dans la population
ouvrière « la conscience de classe ».

[1] Aux États-Unis, il y a un relevé périodique (*Census*) des chiffres relatifs à la
production industrielle. Voici ceux de 1899 et 1914 comparés pour l'ensemble des
industries principales (*leading industries*) :

	Nombre d'établissements	Nombre d'ouvriers	Capital (millions de fr.)	Production (millions de fr.)
1899..........	207.514	4.712.000	46.490	54.590
1914...........	275.791	7.036.000	118.067	125.594

Ce qui représente comme puissance moyenne pour chaque établissement :

	Ouvriers	Capital	Production
1899..........	23	224.000	263.700
1914..........	25	429.000	456.000

On voit que si, au cours de cette période de quinze ans, le nombre moyen
d'ouvriers n'a que faiblement augmenté, sans doute par suite de l'emploi des
machines, le chiffre du capital et celui de la production ont presque doublé.

Pour la France, les chiffres du capital ni de la production ne sont connus. Les
statistiques officielles ne nous donnent que ceux des ouvriers. Si nous classons
les établissements industriels, selon le nombre d'ouvriers qu'ils occupent, en trois
catégories correspondant à peu près à la petite, moyenne et grande industrie,
nous trouvons les chiffres que voici comme nombre d'établissements :

	1896	1906	Accroissement ou diminution	
De 1 à 10 ouvriers......	2.246.649	2.172.760	— 73.889	— 3,3 p. 100
De 10 à 100 —	49.968	54.328	+ 4.360	+ 8,7 p. 100
Au-dessus de 100 ouvriers.	3.823	4.949	+ 1.126	+ 29,4 p. 100
	2.300.440	2.232.037	— 68.403	— 3 p. 100

On voit que tandis que la petite industrie a légèrement reculé, la moyenne
industrie a augmenté de plus de 8 p. 100 et la grande de près de 30 p. 100. Et pour
les très grands établissements, plus de 500 ouvriers, l'accroissement est de 40 p. 100.

On pourrait croire que les socialistes doivent être hostiles à la grande industrie parce qu'elle tend nécessairement à étendre le régime du salariat en éliminant ou en absorbant progressivement tous ceux qui produisaient pour leur compte — petits artisans, petits boutiquiers, petits propriétaires, tous *producteurs indépendants* — pour les transformer en prolétaires réduits à louer leurs services aux grandes entreprises dirigées par des gros capitalistes ou par des sociétés anonymes?

Mais tout au contraire ! c'est par cet effet de prolétarisation que la loi de concentration tient tant à cœur aux socialistes marxistes et c'est pour cette raison que jusqu'à ces derniers temps ils en faisaient la pierre angulaire de leur doctrine. C'est parce qu'ils pensent que du jour où la loi de concentration aura aggloméré tous les instruments de production entre les mains de quelques individus et réduit toute la masse des producteurs indépendants au rôle de salariés — alors l'édifice capitaliste sera comme une pyramide reposant sur sa pointe. Au moindre choc elle culbutera. Il suffira d'exproprier ces quelques gros capitalistes au profit de tous, sans rien changer d'ailleurs à l'organisation de la production. Les collectivistes applaudissent même aux trusts parce qu'ils y voient comme les jalons d'une route royale qui conduit directement au collectivisme.

D'ailleurs, ils ont une grande admiration pour la grande industrie, pour sa puissance d'organisation des masses, pour sa domination des forces naturelles, pour les richesses qu'elle a su créer — et ils professent un souverain mépris pour la petite production, pour l'entreprise individuelle. « Ce régime, dit Karl Marx, exclut la concentration, la coopération sur une grande échelle, le machinisme, la domination savante de l'homme sur la nature, le concert et l'unité dans les fins, les moyens et les efforts de l'activité collective. Il n'est compatible qu'avec un état de la production et de la société étroitement borné. Perpétuer le régime de la production isolée, ce serait décréter la médiocrité en tout ».

Toutefois si la grande industrie a rallié la quasi-unanimité des socialistes et des économistes, cependant la petite industrie a encore des défenseurs, surtout dans les écoles traditionnalistes comme celle de Le Play (voir ci-dessus p. 42), mais il s'en trouve aussi parmi les coopératistes et nous sommes de ceux-là.

On peut faire remarquer, en effet, que le régime de la petite industrie (nous ne disons pas de l'industrie à domicile — ce qui est très différent, voir ci-après) est plus favorable à une bonne répartition des richesses et par suite à la paix sociale. A raison de sa simplicité extrême, il prévient la plupart des conflits qui surgissent aujourd'hui entre les diverses classes de copartageants, notamment entre le travail et le capital. Il ne fait pas régner l'égalité absolue — qui n'est guère désirable — mais il ne connaît d'autres inégalités que celles qui tiennent à la puissance inégale des terres et des instruments de production employés, ou celles aussi qui tiennent aux vicissitudes bonnes ou mauvaises intimement liées à tous les faits de l'homme.

Même au point de vue productif, la petite production n'est pas si impuissante et si arriérée qu'on le pense. Des producteurs autonomes peuvent s'associer et adopter certains procédés de la grande production et de la division du travail — sans sacrifier leur indépendance, leur initiative, leur responsabilité, leur intérêt personnel, tous ressorts puissants de la production que l'entreprise collective risque toujours de détendre un peu. Ce que font les grands industriels dans les ententes commerciales ou cartels que nous verrons tout à l'heure — pourquoi les petits ne pourraient-ils pas le faire aussi dans les diverses formes d'associations coopératives d'achat, de vente, de production, de crédit, qui permettent aux paysans et aux artisans de se procurer certains avantages de la grande production? (voir ci-dessus p. 250). La loi de concentration n'implique pas nécessairement la mort des petits — pas plus que dans l'ordre politique elle ne doit supprimer les petits pays, mais peut et doit aboutir à leur fédération.

Il peut s'établir aussi entre la grande et la petite industrie une division du travail, chacune ayant sa sphère : c'est ce qui semble se réaliser dans l'évolution actuelle. La concentration ne marche à grands pas que dans certaines branches de la production — les mines, les transports terrestres et maritimes, les banques, la métallurgie, déjà moins dans l'industrie textile. Elle ne se développe aucunement, quoi qu'on en dise, dans l'agriculture (voir ci-après l'*industrialisation de l'agriculture*). Certaines industries nouvelles, comme celles de la photographie, de l'électricité, des bicyclettes et automobiles, ont fait pousser un grand nombre de petites industries accessoires de fournitures et d'entretien. Dans la forêt séculaire les vieux arbres n'étouffent pas tous les jeunes sous leur ombre : ils les protègent parfois[1].

---

[1] Il est possible aussi que les nouveaux procédés de distribution de force motrice à domicile par les usines hydro-électriques fournissent aux métiers de la petite industrie le moyen de produire à bon marché et même fassent surgir des formes nouvelles de petite industrie. Toutefois il faut avouer que jusqu'à présent les expériences faites ne justifient guère cet espoir.

D'autre part, même dans les entreprises qui se prêtent le mieux à la concentration, il n'est pas démontré que l'évolution dans le sens de la grande production soit indéfinie. Il est probable au contraire qu'elle ne dépassera pas certaines limites. De grands magasins comme le *Louvre* ou le *Bon Marché* paraissent avoir atteint, depuis déjà un certain nombre d'années, l'état stationnaire. La croissance des organisations sociales, tout comme celle des organismes vivants, paraît astreinte par la nature à certaines limites. Et sans insister sur cette analogie biologique, on peut d'ailleurs en donner une raison économique : c'est qu'au delà d'une certaine limite la proportion des frais généraux grandit au lieu de diminuer et qu'ainsi l'économie résultant de la grande production s'évanouit. Ce n'est point que les causes d'économie ci-dessus indiquées soient inexactes, mais c'est parce qu'elles sont alors compensées par d'autres causes qui agissent en sens contraire : frais de publicité, surveillance, coulage, etc. [1].

Comme conclusion donc, si la loi de concentration doit être tenue pour vraie et pour confirmée par les faits, ce n'est point à dire qu'elle doive aboutir à cet état limite qui serait le monopole d'un seul établissement colossal ayant absorbé tous les autres.

Telle qu'elle a été présentée par Karl Marx comme devant entraîner l'expropriation générale de tous les petits producteurs par les gros, ceux-ci en nombre de plus en plus restreint, jusqu'à ce que ces expropriateurs soient devenus mûrs pour l'expropriation sociale — la loi de concentration n'est qu'un mythe. Et d'ailleurs elle est aujourd'hui assez discréditée même chez les socialistes marxistes.

Il y a, d'ailleurs, dans cette discussion une certaine confusion sur la signification du mot concentration, car il peut être pris soit au point de vue technique comme mode de production, soit au point de vue juridique et économique comme mode d'appropriation. Autre chose est la concentration des *entreprises,* autre chose la concentration des *fortunes.*

---

[1] « Dans tout pays et à chaque degré du développement industriel, il y a une certaine dimension des entreprises pour laquelle le maximum net d'économie se trouve atteint et au delà de laquelle, à moins qu'elle ne s'appuie sur un monopole légal ou de fait, elle ne peut plus grandir » (Hobson, *Modern Capitalism,* V, 15).

Cette explication est présentée sous une forme plus scientifique par M. Vilfredo Parèto dans son *Cours d'Économie politique,* sous le nom de « loi des proportions définies ». Il y aurait entre les divers facteurs de la production — terre, main-d'œuvre, capital — un rapport nécessaire, rapport variable dans certaines limites mais qui comporte un état optimum, celui où la meilleure utilisation des éléments de la production se trouve réalisé : or ce rapport ne peut se maintenir avec un agrandissement indéfini.

C'est dans le premier sens seulement que se trouve exposée la loi de concentration dans ce chapitre : la question de la concentration des fortunes se retrouvera plus loin, quand nous en serons à la répartition. Mais c'est surtout en ce second sens que la loi de concentration a été présentée par les marxistes. Ils voient la grande entreprise sous la forme d'une pieuvre à mille tentacules, mais avec une seule tête qu'il sera facile de couper, le moment venu. Or, alors même qu'elle n'aurait qu'une tête au point de vue de la direction de l'entreprise, il n'en résulterait pas qu'elle n'en eût qu'une au point de vue de l'appropriation du capital. La concentration des industries sous la forme de grandes Compagnies n'implique pas nécessairement la création d'une classe de milliardaires, puisque les capitaux de ces sociétés peuvent se trouver divisés, sous forme d'actions, en une multitude de mains. Au lieu de pieuvre, il faudrait y voir plutôt une hydre comme l'hydre de Lerne, avec *autant de têtes que de bras* — ce qui a rendu malaisée la tâche d'Hercule.

<h1 style="text-align:center">III</h1>

Intégration, spécialisation et localisation de l'industrie.

La grande industrie n'a pas pour unique caractère la concentration des capitaux et de la main-d'œuvre. Elle a deux autres traits distinctifs, en apparence contradictoires : le premier qui est de se cantonner de plus en plus dans une branche déterminée de la production ; le second qui est d'accaparer toutes les industries complémentaires de la production spéciale dans laquelle elle s'est engagée. C'est ce qu'on appelle la *spécialisation* et l'*intégration* de l'industrie.

La spécialisation croissante de l'industrie n'est qu'une application de la loi de la division du travail : elle s'explique par les mêmes causes. Naturellement un fabricant qui se consacrera uniquement à la production d'un seul article sera mieux en situation de pousser cette production jusqu'aux approches de la perfection. Ainsi non seulement l'horlogerie formera une industrie spéciale, mais dans cette industrie les uns s'occuperont des montres, les autres des horloges dites coucous, les autres des réveille-matin ; et dans les montres elles-mêmes, tel fabricant se consacrera aux montres de précision, tel autre aux montres à bon marché faites à la mécanique. — Et de même aussi, dans le commerce, on voit dans les grandes villes tel magasin uniquement pour les bronzes, tel autre pour la vannerie, tel autre pour les malles et articles de voyage, etc.

Mais en même temps qu'on voit cette spécialisation s'accentuer, on voit aussi, par un phénomène singulier, certaines fabriques et certains magasins qui semblent prendre le contre-pied des précédents en multipliant les branches de leur industrie.

Dans la grande industrie, de plus en plus nombreuses de nos jours sont les fabriques qui s'annexent toutes les opérations *préalables* ou *consécutives* à la production propre qui fait l'objet de leur entreprise. L'usine Krupp, en dehors de ses ateliers d'Essen, où elle fabrique canons, blindages et tout ce qui concerne l'acier, possède et exploite des mines de fer et de charbon, des chantiers de construction navale, des usines à gaz pour sa consommation. Le trust du pétrole aux États-Unis fabrique ses barils en bois ou en tôle, ses pompes géantes, ses wagons-réservoirs, et possède toute une flotte de transport. Si c'est une fabrique de chocolat, elle aura un atelier de menuiserie pour la fabrication de ses caisses d'emballage, une papeterie et une imprimerie pour la confection de ses boîtes et de ses étiquettes; peut-être même aura-t-elle des plantations de cacao et des navires pour apporter d'outre-mer la matière première.

L'utilisation des sous-produits, que nous avons indiquée ci-dessus (p. 277) comme un des secrets de la supériorité de la grande industrie, est une des causes qui poussent à l'intégration puisqu'elle a pour effet de greffer sur l'industrie principale diverses industries annexes. C'est ainsi qu'une filature de laine aura une usine chimique pour le traitement des matières extraites du suint de la laine et même une savonnerie pour transformer ces matières grasses en savon. C'est ainsi qu'une usine à gaz, si elle voulait utiliser elle-même tous les sous-produits dérivant de la distillation de la houille — coke, teintures, parfums, explosifs, remèdes — devrait créer toute une gamme d'industries diverses [1].

Dans le commerce, le mouvement est bien plus apparent encore. Il se manifeste avec une publicité incomparable dans l'apparition de nos grands magasins appelés *bazars* où le client peut trouver absolument tout ce dont il a besoin — non seulement, comme au *Louvre* ou au *Bon Marché*, tout article de vêtements, mais même, comme chez Whiteley, à Londres, qui prenait le titre de pourvoyeur universel (*universal provider*), n'importe quel objet : un éléphant, si le client désire.

---

[1] On sait le développement qu'a pris en Allemagne la fabrication des matières colorantes et des drogues pharmaceutiques : s'il est dû d'abord à une admirable organisation de l'enseignement chimique, il l'est aussi à ce fait qu'en Allemagne on a soin de ne consommer le charbon qu'à l'état de coke, c'est-à-dire après distillation et libération des sous-produits.

Mais la contradiction entre ces deux mouvements n'est qu'apparente. L'intégration ne porte pas atteinte à la spécialisation. Dans la fabrique comme dans le magasin, chaque atelier comme chaque rayon est spécialisé et garde son autonomie technique. Il y a dans un grand magasin le rayon des soieries, le rayon du blanc, le rayon des tapis, dont chacun a son personnel et ses acheteurs spéciaux. Seulement ces spécialités, au lieu d'être dispersées dans des mains différentes, se trouvent groupées sous une même direction et se prêtent un mutuel appui. L'intégration de la production n'est autre chose qu'un degré plus élevé de la spécialisation, la spécialisation coopératisée [1].

Les sociétés coopératives fournissent aussi, dans les pays où elles ont atteint un grand développement, un remarquable exemple tout à la fois de concentration et d'intégration. Les sociétés qui sont de simples magasins de vente au détail s'associent pour former de puissantes Fédérations d'achat en gros : puis celles-ci se mettent à fabriquer les marchandises qu'elles vendent dans leurs magasins et même à créer des exploitations agricoles pour produire les denrées alimentaires nécessaires à la consommation de leurs membres.

La *localisation* des industries n'a aucun rapport avec leur spécialisation, ni même avec leur concentration, quoiqu'elle puisse prêter à une certaine confusion avec l'une et l'autre de ces deux modalités de l'évolution industrielle [2].

Il semble que les industries similaires, et par conséquent concurrentes, auraient tout intérêt à s'éloigner les unes des autres le plus possible afin de n'être pas obligées de se disputer les mêmes clients? Cependant, de même que dans les villes nous trouvons encore de vieilles rues portant les noms de rue des Tanneurs, rue des Orfèvres, rue de la Poissonnerie, etc., qui prouvent qu'autrefois les artisans et marchands se groupaient par profes-

---

[1] Voir pour plus de détails sur ces sujets les articles approfondis de MM. Dolléans, *L'Intégration de l'Industrie* (dans la *Revue d'Économie politique* de 1902, et Dechesne, *La spécialisation et ses conséquences* (même *Revue*, 1901).

[2] Voir un article de M. Hauser, dans les *Annales de Géographie* (mai 1903), sur *La localisation des Industries aux États Unis*, d'après une étude de M. Frederick Hall. M. Hall cite de nombreux exemples de localisation d'industries aux États-Unis, par exemple 85 p. 100 de l'industrie des cols et manchettes se trouve à Troy (État de New-York), 64 p. 100 du commerce d'huîtres à Baltimore, 54 p. 100 de) la ganterie à Gloversville et Johnston (N. Y.), etc. Comme causes de ces localisations, il indique le voisinage des matériaux, de la main-d'œuvre, ou des capitaux, l'avance due à un essor antérieur, etc.

Un auteur allemand, Alfred Weber, a édifié toute une théorie mathématique sur la localisation des industries (*Standort der Industrien*).

sions, de même aujourd'hui nous voyons certaines industries affectionner certaines régions, par exemple, pour la France, les soieries à Lyon, les laines à Roubaix, l'horlogerie dans le Jura, l'aluminium dans le Dauphiné.

Quelles sont donc les causes qui font obstacle à l'effet dispersif de la concurrence et déterminent ainsi la localisation des industries?

La plus fréquente est la *proximité de la matière première* ou de *la force motrice*. Il va de soi que les usines de conserves de sardines ne peuvent s'installer que dans un port à raison des difficultés de transport et de conservation du poisson — et les usines métallurgiques, autant que possible, à proximité des gisements de minerai ou de houille, à raison des frais de transport de ces matières pondéreuses [1]. La localisation des industries n'est guère influencée par la proximité de la main-d'œuvre et pas du tout par celle du capital, à raison des facilités de déplacement de ces facteurs de la production. Les usines hydro-électriques s'installeront sur les cours d'eaux et au pied des chutes.

La *facilité du transport* peut attirer l'industrie au bord d'un fleuve ou près d'un port.

Les *conditions climatériques* peuvent avoir aussi une influence. On a dit que le Lancashire doit la supériorité de ses filatures à l'état hygrométrique de l'air qui permet d'obtenir des fils de coton d'une ténuité difficilement réalisable ailleurs; et de même la supériorité de certaines bières allemandes serait due aux qualités naturelles des eaux du pays.

Mais il faut reconnaître que, dans la plupart des cas, on ne saurait découvrir de raisons déterminantes au fait qu'une industrie s'est développée dans tel endroit plutôt que dans tel autre. La création d'une industrie est due le plus souvent à *une initiative individuelle*, dont parfois on peut fixer la date et suivre l'histoire. Toutefois, cette initiative ne se généralise qu'autant qu'elle trouve un milieu favorable, de même que la graine est semée au hasard par le vent, mais ne peut germer et surtout se multiplier qu'autant qu'elle trouve un sol propice et des conditions atmosphériques conformes à sa nature. Rien assurément ne prédéterminait la petite ville de Saint-Claude, dans le Jura français, à se spécialiser dans la taille des diamants et dans la fabrication des pipes, puisqu'elle doit faire venir d'outre-mer les matières premières de ces industries, mais ces industries une fois

---

[1] Autrefois elles étaient attirées plutôt du côté de la houille; aujourd'hui qu'on a appris à en consommer moins, elles se rapprochent plutôt du minerai.

créées ont été secondées par les qualités natives et les habitudes de vie de cette population montagnarde.

Quant aux effets dispersifs de la concurrence, ils n'agissent que pour la vente sur place, au détail, et là même ils peuvent se trouver neutralisés par une certaine communauté d'intérêts et de besoins qui constituent précisément ce qu'on appelle les intérêts corporatifs, en sorte que la force attractive peut, même en ce cas, l'emporter sur la force répulsive[1].

III

Les Cartels et les Trusts.

Nous avons déjà vu (p. 242) les capitaux s'associer sous la forme de sociétés par actions, mais nous arrivons ici à une forme d'association un peu différente et qui constitue une des manifestations les plus caractéristiques de la grande production. Il ne s'agit plus, comme dans les sociétés par actions, de capitalistes non producteurs, dit actionnaires, commanditant une même entreprise, mais d'associations formées par *plusieurs entreprises* (lesquelles peuvent revêtir ou non la forme de sociétés par actions). Ce sont les *Trusts* et les *Cartels*, ainsi nommés aux États-Unis et en Allemagne qui sont leurs pays d'origine[2].

Le *Cartel* (charte, contrat), disons en français *le syndicat de producteurs* ou *entente commerciale*, est la forme la plus simple de l'association entre producteurs. Elle est née d'un sentiment de réaction contre la concurrence ruineuse que les producteurs se faisaient entre eux, — surtout dans la production de denrées homogènes où les fabricants ne pouvant rivaliser pour la différence de qualité, n'ont d'autre moyen, pour attirer le client, que d'abaisser le prix — concurrence qui ne pouvait manquer d'aboutir à un encombrement du marché, à la crise avec toutes le perturbations que nous avons déjà énoncées (p. 221)[3]. Le cartel

---

[1] Ceci était plus vrai encore sous l'ancien régime où le lien corporatif était très puissant et la concurrence très limitée. C'est pourquoi les artisans et marchands de même profession trouvaient plus d'avantages que d'inconvénients à se grouper dans les mêmes rues.

[2] La littérature sur les trusts et cartels est surabondante, surtout en Amérique. Citons seulement en français Martin Saint-Léon, *Cartels et Trusts*, en anglais J. Bates Clark et J. Maurice Clark, *The Control of Trusts*, Ripley, *Trusts, Pools and corporations*.

[3] Jenks (*The Trust problem*) dit que le trust du sucre fut créé, en 1887, parce que sur les 40 fabricants entre lesquels s'était concentrée l'industrie de la raffinerie du sucre, 18 étaient déjà en faillite.

est donc une institution qui ne s'inspire pas uniquement d'un intérêt professionnel, mais aussi d'un intérêt social.

Le cartel est un contrat ou, pour mieux dire, un traité d'alliance entre producteurs placés sur pied d'égalité et conservant toute leur indépendance, sauf sur les points spéciaux qui forment l'objet de cette entente. Il laisse donc à chaque entreprise son individualité et se borne à grouper ces entreprises en vue de la vente de leurs produits dans les meilleures conditions possibles. Et pour cela, il a recours à diverses méthodes qui varient selon les cartels, mais qui, toutes, ont le même but : empêcher ou du moins régulariser la concurrence. Ces moyens sont :

1° La délimitation de zones qui seront réservées à chacun des associés, c'est-à-dire l'attribution à chacun d'eux d'un monopole régional [1];

2° La fixation pour chaque associé d'un maximum de production qu'il ne devra pas dépasser;

3° La fixation d'un prix de vente auquel tous devront se conformer. Ce tarif supprime la concurrence quant au prix, mais tend à remplacer la concurrence au rabais par la concurrence à supériorité de qualité, ce qui est un progrès. Cependant, comme les conditions de la production sont très inégales d'une entreprise à l'autre, cette égalisation des prix peut créer des inégalités de situation injustes;

4° Chacun de ces trois moyens s'étant montré peu efficace, malgré les cautionnements et les amendes destinés à les sanctionner, on en est arrivé à une quatrième forme qui supprime la vente directe au client de la part des associés et pose le cartel comme intermédiaire obligatoire entre le producteur et le public. C'est lui qui achète aux producteurs associés leurs produits — les quantités à fournir par chacun et les prix à payer étant fixés d'avance — et c'est lui qui se charge de vendre pour le mieux. Parfois même le cartel se charge de fournir à ses membres la matière première employée dans leur fabrication. Par là, le cartel devient une sorte d'association coopérative de production [2].

[1] Dans diverses villes de Suisse, à Bâle, par exemple, chaque brasserie a son quartier réservé, en sorte qu'il est très difficile au consommateur de se procurer la bière qu'il voudrait.

[2] En France, les cartels ont été assez rares, les Français étant des indisciplinés qui ne se plient guère aux règlements des cartels. Cependant il y en a un bon nombre dans la métallurgie. Le plus connu est *le Comptoir de Longwy* en Lorraine française, qui date déjà de 1889 et, par conséquent, est antérieur au mouvement des cartels allemands. Il comprend comme membres la plupart des producteurs de fonte brute de la région. Il ne s'occupe absolument pas de la fabrication,

C'est en Allemagne que les cartels ont pris le plus grand développement, spécialement dans les mines de charbon, et aussi dans
certaines- industries semi-agricoles, l'alcool, le sucre. Il y en a
plus de 500. Ces cartels ont rendu à l'Allemagne, au cours de la
guerre, les plus grands services; c'est grâce à leur organisation
que la mobilisation industrielle a pu s'effectuer sans perturbation, que l'État a pu trouver les approvisionnements nécessaires
et que les prix ont pu être maintenus à un niveau généralement
inférieur à celui des autres pays belligérants malgré le blocus.

Avec le *trust* [1], plus spécial aux États-Unis, nous entrons plus
avant dans la voie de la concentration. L'entente devient fusion.
Au reste, les trusts, tout comme les cartels, ont pris des formes
très diverses, parce que, comme nous le verrons, ils étaient traqués
par les lois américaines et obligés de fuir d'un asile à un
autre. On peut indiquer trois formes qui se sont succédé :
1° La première ne différait guère du cartel : c'était une entente

mais centralise seulement les ventes qui doivent passer par son intermédiaire,
fixe les livraisons à faire par chacun des associés et le prix. Mais il porte beaucoup
moins atteinte à l'autonomie de ses membres que ne le font les cartels; il laisse
à chacun d'eux la liberté de vendre sous forme de *produit fabriqué* tout ce
qu'il voudra et, même en ce qui concerne la fonte brute, de vendre à l'étranger
tout ce que le Comptoir ne peut leur prendre. En somme, c'est plutôt une coopérative de vente.

Il ne semble point qu'il ait fait hausser le prix ni procuré à ses membres des
bénéfices excessifs, et il a grandement contribué à l'heureuse transformation
industrielle qui a fait la fortune de la Lorraine française. Cependant, à la veille
de la guerre, le Comptoir de Longwy paraissait plutôt en recul.

[1] Le mot *trust* est un très vieux mot de la langue anglaise qui veut dire confiance. Les représentants des fondations philanthropiques portent le nom de
trustees, à peu près comme qui dirait fidéi-commissaires. De même sont les directeurs des trust : on leur confie les intérêts de tous. — Les banques de dépôt aux
États-Unis sont appelées aussi *Trust Companies,* mais il ne faut pas les confondre
avec les trusts industriels (voir ci-après *Banques*).

Le trust n'est pas le seul mode de « contrôle », comme disent les Américains,
sur une industrie. Il y a toute une flore qui s'est épanouie aux États-Unis, comprenant de nombreuses espèces parmi lesquelles il faut distinguer notamment :

le *pool,* qui ne diffère guère du cartel, laissant comme celui-ci toute indépendance aux membres du pool, sauf pour la réglementation de la vente et du prix,
mais ayant surtout pour caractéristique d'être temporaire et occasionnel;

le *corner* ou *ring,* qui généralement ne comporte pas d'entente collective, mais
est plutôt le fait d'un spéculateur individuel qui achète à bas prix et sans bruit la
marchandise, et qui, lorsqu'il a ramassé tout ce qu'il y a sur le marché, se met à
acheter à haut prix pour faire monter le cours. Il étrangle ainsi ceux qui lui avaient
vendu à terme et qui sont obligés, pour livrer la marchandise vendue, de la
racheter au plus haut cours. Le *corner,* c'est donc l'accaparement sous sa forme
la plus brutale.

G. — Cours d'Éc. pol.   19

entre grands industriels ou grandes Compagnies à l'effet de régler
les prix. Mais ces ententes, désignées plutôt sous le nom de *pools,*
se trouvèrent frappées à partir de 1890 par la loi dite de Sherman
Act, qui interdit « tout contrat, toute combinaison, en forme de
trust ou autrement, toute conspiration en vue de restreindre le
commerce ou de le monopoliser » [1].

2° On passa alors au système dit de la *consolidation,* par lequel
toutes les entreprises associées abandonnaient leur autonomie
pour se fondre en une seule. A cet effet, on fixait la valeur de
chaque usine et cette valeur était payée à son propriétaire sous
forme d'actions de la société nouvelle, du trust. Les directeurs de
celui-ci tenaient donc tout dans leurs mains et gouvernaient à
leur gré cette agglomération d'entreprises, supprimant au besoin
celles qui leur paraissaient en moins bonne situation. Mais des
lois furent votées pour empêcher aussi cette monopolisation.

3° Enfin, on en arriva au système qui est le plus en usage
aujourd'hui. Laissant à chaque entreprise son autonomie nominale et légale, on se contente de la supprimer en fait en créant
une société en dehors d'elles à laquelle on attribue la majorité
des actions de chacune de ces entreprises : cette société étant
toute-puissante dans l'administration de chaque fabrique, elle
l'est aussi en fait pour l'administration de toutes ensemble : c'est
ce qu'on appelle *Holding Companies.* C'est ainsi que le fameux
trust du pétrole, pour donner en apparence satisfaction à la loi,
s'est divisé en une vingtaine de sociétés soi-disant indépendantes :
mais la presque totalité de leurs actions se trouve entre les mains
d'une seule d'entre elles. Ces sociétés gouvernantes sont elles-
mêmes le plus souvent aux mains de gros financiers auxquels on
décerne le titre de rois du pétrole, de l'acier, des chemins de fer,
etc., etc. [2].

---

[1] Interdiction seulement entre les États de la Fédération, ou avec l'étranger,
dit le texte de la loi. En effet, la loi fédérale n'a pas le pouvoir d'intervenir dans
les conditions du commerce intérieur de chaque État. Or, parmi les 48 États
de la grande République américaine, il s'en trouve toujours quelques-uns qui sont
trop heureux d'offrir l'abri de leur législation aux trusts à la recherche d'un lieu
d'asile. L'État de New-Jersey s'est fait une spécialité en ce genre d'hospitalité :
innombrables sont les trusts qui y ont élu domicile.

[2] D'après les commissaires chargés d'une enquête lors du procès contre le trust
du pétrole par la Chambre des députés aux États-Unis, deux hommes (MM. Rocke-
feller et Pierpont Morgan) gouverneraient — soit directement, soit par des directeurs interposés (environ 320) qui figureraient en leur nom dans les conseils
d'administration et toutes les entreprises — un ensemble d'entreprises (chemins
de fer, mines, puits de pétrole, forges, banques, etc.) représentant un capital de

Le trust se distingue du cartel non pas seulement par le lien plus étroit qui unit les associés et va jusqu'à la fusion, mais aussi parce qu'il n'est pas seulement une organisation commerciale, mais une organisation de production. On a dit du trust du pétrole que c'était la plus complète organisation qu'il y ait eu en ce monde — après celle de l'Église catholique romaine. Le trust pousse au maximum les traits caractéristiques de la grande industrie, comme la concentration, la localisation et l'intégration[1], comme aussi il pousse à l'extrême les abus des sociétés par actions, tels que la surcapitalisation des actions[2].

Les trust, dont bien peu de personnes connaissaient le nom il y a vingt ans et que nous n'avions pas jugé utile de mentionner dans les premières éditions de ce livre, sont devenus le phénomène le plus symptomatique du mouvement économique contemporain. Leur nombre grandissant, et surtout les proportions colossales qu'ils ont déjà atteintes, stupéfient même le public indifférent[3]. Le pétrole, l'acier, la viande, le whiskey, le tabac, les chemins de fer,

125 milliards de francs. D'où le jeu de mot des Américains qui ne parlent plus de « l'organisation » mais de la « morganisation » de l'industrie.

[1] C'est ainsi que le trust de l'acier ne se contente pas de grouper les forges, mais aussi les mines de fer, et même les chemins de fer et canaux qui transportent les minerais.

[2] La *surcapitalisation*, c'est-à-dire l'émission d'actions à un taux majoré, a d'ailleurs ici pour excuse l'anticipation des bénéfices qui sont attendus précisément de la constitution du monopole.

[3] Le trust du pétrole *(Standard Oil Trust)* est le plus ancien et le plus fameux de tous. Créé en 1872 par la fusion de 29 sociétés, il a distribué annuellement de 1 1/2 à 2 milliards de francs de dividendes pour un capital originaire qui ne dépassait pas 500 millions de francs.

Le trust de l'acier *(United States Steel Cᵒ)*, créé en 1901 pour fusionner 15 sociétés métallurgiques, dont la principale était celle de Carnegie, distribue un total de dividendes énorme aussi, mais beaucoup plus variable (ainsi 540 millions de francs en 1907 et seulement 290 millions en 1909). La guerre a accru encore énormément ces prodigieux chiffres. En 1916, le chiffre des ventes a été de 1.231 millions de dollars (6.376 millions de francs) et le bénéfice de 294 millions de dollars (1.523 millions de francs). Il est vrai que le capital est beaucoup plus gros : la valeur de ses propriétés (mines, usines, chemins de fer, flotte de 70 steamers, etc.) avant la guerre était évaluée à 10 milliards de francs.

Le trust de la viande *(beef-trust)* avait accumulé, disait-on, dans ses réfrigérateurs, non seulement des millions de carcasses de bœufs, de moutons, de porcs, mais 1.800 millions d'œufs et toutes autres denrées alimentaires évaluées à 15 milliards de francs. Mais comme il touchait les consommateurs plus directement que les autres trusts, il a provoqué une révolte et un boycottage des consommateurs.

Le trust qui visait à englober tous les transports maritimes, sous le nom magnifique de *trust de l'Océan*, n'a pas réussi. Mais il y a en Angleterre et en Allemagne de grandes Compagnies maritimes qui sont de véritables trusts.

les transports maritimes, les fils de fer, les cigarettes, tout devient matière à trust. C'est comme une faune monstrueuse subitement engendrée par l'âge capitaliste, et que socialistes et économistes de l'école libérale contemplent avec une égale curiosité quoique dans des sentiments opposés : — les premiers y saluant déjà le dernier degré de concentration capitaliste après lequel il ne restera plus que le collectivisme ; — les seconds, plutôt gênés par ce résultat paradoxal de la libre concurrence, mais fidèles à l'espoir que, nonobstant, la même liberté qui les a fait naître suffira à les tuer ou à les rendre inoffensifs.

Au reste, la question de savoir si dans ce mouvement le bien l'emporte sur le mal, ou *vice versa*, n'est pas encore résolue.

En faveur des trusts on peut faire valoir deux arguments de poids :

1° *L'économie réalisée sur le coût de production*, laquelle est le vrai critérium du progrès économique.

Un des exemples les plus remarquables de réduction des frais de production, que les trusts seuls peuvent réaliser, c'est le réseau de tuyaux en fer établi par le *Oil Trust* sur des milliers de kilomètres (83.000 milles, soit plus de 150.000 kilomètres) pour transporter le pétrole des lieux de production aux lieux de consommation sans avoir besoin de recourir aux chemins de fer.

On peut citer aussi la suppression ou tout au moins la diminution du nombre des voyageurs de commerce [1], des dépenses de réclame et de publicité [2], en un mot, de tous les frais nécessités par la concurrence, lesquels deviennent inutiles du jour où une industrie étant investie d'un monopole n'a plus besoin de courir après le client, mais n'a qu'à attendre qu'il vienne : inutile de se mettre en frais d'éloquence. Rien que cette économie peut se chiffrer par centaines de millions de francs.

Ajoutez encore la suppression des usines mal situées et la localisation de la production sur les points les plus favorables [3]. Remarquez que les cartels, ou simples ententes commerciales, sont impuissants à atteindre ces résultats.

2° Le maintien de *l'équilibre entre la production et la consommation* que le régime de libre concurrence s'est montré impuis-

---

[1] En 1892 déjà, on évaluait à 35.000 le nombre de ceux qu'ils avaient éliminés.

[2] D'après Richard Ely (*Monopolies and Trusts*) le trust des cigarettes (*American Tobacco Company*) a permis aux fabricants d'économiser 250.000 dollars (près de 1.300.000 francs) qu'ils dépensaient chaque année en réclames sous forme d'envoi de cartes coloriées.

[3] Le trust du whiskey, aussitôt constitué, en 1890, fit fermer 70 distilleries sur 80.

sant à réaliser et, par cet équilibre, la suppression des crises et
la fixation des prix. D'ailleurs les avocats des trusts nient qu'ils
aient relevé les prix et citent au contraire de nombreux exemples
d'une diminution progressive [1]. La politique des trusts vise aussi
bien à empêcher la hausse exagérée que la baisse. Du reste,
disent-ils, quand bien même le prix serait un peu relevé, les consommateurs trouveraient encore une compensation avantageuse
à cette stabilité. Généralement aussi les trusts veillent à la bonne
qualité des produits et dédaignent les procédés misérables du
petit commerce qui cherche à faire passer la mauvaise marchandise pour la bonne. Les raffineries du trust du pétrole sont soumises au contrôle le plus rigoureux. Enfin leurs ouvriers et
employés sont généralement très bien payés [2].

La concurrence n'est d'ailleurs jamais complètement supprimée,
car il n'est pas possible qu'un trust accapare la totalité de la production dans une industrie quelconque. On évalue à 90 p. 100
de la vente totale du pétrole américain la vente faite par le *Standard Oil Trust*, mais c'est là une proportion rarement atteinte.
Le Trust de l'acier (*Steel Trust*) n'accapare guère que la moitié de
la production totale de l'acier, et il a des rivaux très puissants tels
que la Société des usines de Bethléhem. Cependant on évalue généralement à 70 p. 100 la proportion minima qu'un trust doit grouper
pour pouvoir exercer une action dominante sur les prix.

Mais aux adversaires des trusts les arguments ne manquent
pas non plus.

D'abord on peut penser *a priori* qu'il est bien invraisemblable,
dans l'ordre économique aussi bien que dans l'ordre politique,
qu'un pouvoir sans contrepoids n'abuse pas de sa puissance ou du
moins ne la mette pas au service de ses propres intérêts.

En admettant que les trusts n'aient pas toujours surélevé les
prix, en admettant même qu'ils aient fait bénéficier le consommateur, dans une faible mesure, des économies réalisées sur le
coût de production, il est certain qu'ils en ont employé la plus
grande partie à enrichir les actionnaires et à accumuler entre les

[1] Il est généralement admis que le trust de l'acier aurait pu vendre ses produits
à un prix supérieur à celui auquel il les a volontairement maintenus : telle est du
moins l'opinion de ses concurrents qui lui en ont su mauvais gré.

[2] La moyenne des salaires payés par le Trust de l'acier, qui était d'un peu plus
de 700 dollars avant la guerre (3.600 francs), s'est élevée depuis lors à plus de
1.000 dollars (plus de 5.000 francs). Les employés supérieurs surtout sont richement
payés et la facilité qu'ont les trusts de payer les hautes capacités à n'importe quel
prix constitue une des causes de leur supériorité.

mains de quelques-uns d'entre eux des fortunes fabuleuses. C'est le trust qui a créé l'espèce jusqu'alors inconnue du milliardaire et même du polymilliardaire. L'âge économique moderne sera caractérisé par l'apparition de ces mammouths de l'industrie, comme les âges paléontologiques par celle du mastodonte et du dinothérium.

Non seulement ils n'ont pas eu pour but de faire bénéficier le consommateur de l'abaissement du coût de production, mais encore ils l'ont dans certains cas exploité jusqu'à provoquer un boycottage général des consommateurs, comme dans le trust de la viande, sans parler des révélations révoltantes sur la fabrication des conserves de Chicago.

Ils tendent à créer des monopoles de fait en écrasant férocement toute concurrence — et cela non pas seulement par la supériorité de l'organisation et le moindre coût de revient, ce qui serait légitime et bienfaisant — mais par des procédés de pirates : soit en faisant vendre à perte partout où surgit un concurrent [1], soit en imposant aux Compagnies de chemins de fer des traitements de faveur, contrairement à la loi [2]. Le trust de la viande ne cachait pas son intention de tuer, sur le marché de Londres, l'importation de la République Argentine en vendant le bœuf à 30 centimes la livre. Or, sans professer une foi aveugle dans les vertus de la concurrence, on peut cependant estimer que le gouvernement industriel de quelques magnats autocrates serait un pire régime.

Enfin, au point de vue politique, l'apparition de ces géants, armés de tout le pouvoir de corruption que donne une richesse

[1] M. Martin Saint-Léon cite ce passage d'une enquête officielle faite sur le trust du pétrole. Le président de la Commission dit au vice-président du trust : « Vous avez bien pour règle de maintenir vos prix au-dessous du prix de revient jusqu'à ce que votre rival disparaisse ? — Oui ».

Le trust des « machines à fabriquer les chaussures » s'est assuré un monopole en prenant des brevets dans tous les pays. Et pour mieux en tirer parti, il n'a garde de vendre ces machines aux fabricants étrangers, aux industriels français notamment : il les leur *loue* moyennant d'abord un versement à peu près égal à leur valeur, puis une redevance sur la fabrication mesurée par un compteur, et autres clauses léonines. Mais à cela il n'y a rien à dire puisque les fabricants français y trouvent encore avantage.

[2] Les lois américaines interdisent aux Compagnies de chemins de fer de consentir des réductions de tarif individuelles, mais il y a cent moyens de tourner la loi. Tantôt la Compagnie modifie brusquement ses tarifs, soit en hausse, soit en baisse, et prévient à l'avance le trust qui peut ainsi en profiter le premier. Tantôt elle fait passer les expéditions du trust toujours avant celles de ses concurrents. On cite même le cas d'une Compagnie qui devait reverser au trust une partie des péages prélevés sur ses malheureux concurrents !

illimitée, menace de fausser les ressorts du gouvernement, tout
particulièrement dans les sociétés démocratiques.

Y aurait-il quelque moyen de conserver les avantages économiques des trusts tout en les rendant impuissants pour le mal?
Tel est, en effet, le problème, quelque peu contradictoire, à la
solution duquel s'évertuent les économistes et les gouvernements.
On sait que plusieurs présidents des États-Unis, M. Roosevelt, et
après lui M. Taft, ont pris cette tâche à cœur. C'est un vrai drame
tragi-comique que celui qui se joue aux États-Unis depuis une
dizaine d'années entre le gouvernement et les trusts, le législateur s'efforçant de saisir ce Protée dans ses métamorphoses.

Des poursuites ont été engagées contre les principaux trusts et
en 1911 deux d'entre eux, celui du pétrole et celui du tabac,
après de longs procès et des condamnations à 29 millions de dollars (150 millions de francs) d'amende devant les juridictions inférieures, ont été condamnés par la Cour suprême à se dissoudre.
Mais leur division en plusieurs corporations, nominalement autonomes, n'a rien changé à la situation, la majorité des actions de
chacune de ces corporations restant entre les mains des anciens
directeurs[1]. Quant aux poursuites contre le trust de l'acier qui
étaient engagées avant la guerre, elles ont été abandonnées ainsi
que beaucoup d'autres ou du moins ajournées par la Cour
suprême jusqu'après la guerre, afin de ne pas affaiblir l'effort
militaire des alliés, hommage significatif rendu à la puissance
industrielle des trusts.

[1] Le texte des arrêts antérieurs se trouve très bien commenté dans un message
du président Taft (1912) : « Par ses récents arrêts la Cour suprême met en évidence que rien dans la loi ne condamne les agglomérations de capitaux ni l'extension donnée à une entreprise... C'est seulement lorsque le but ou l'effet inévitable
de cette agglomération est l'étranglement de la concurrence, existante ou éven-
tuelle, l'élévation du prix ou l'établissement d'un monopole, que la loi est violée.
La dimension de l'entreprise n'est point un délit, *mere size is no sin against the
law* »; et la fusion de plusieurs entreprises non plus, ajoute le Message. Et d'après
un projet de loi (Webb bill) la légalité de ces ententes serait toujours reconnue
lorsqu'elles auraient pour but l'exportation.

Le vieil accaparement, celui qui consiste à retirer une certaine catégorie de
marchandises du marché pour la faire monter artificiellement, s'appelle aux États-
Unis le *corner*, comme nous l'avons dit tout à l'heure. Il y a eu, aux États-Unis,
en 1898, un exemple célèbre d'un corner sur les blés par un jeune spéculateur,
Leiter — qui d'ailleurs échoua, non sans avoir bouleversé le marché.

Le cartel, moins ambitieux que le trust, vit généralement en bons termes avec
l'État. Même on a vu se constituer en Allemagne un trust à caractère officiel,
gouvernemental et obligatoire de par la loi! C'est celui qui englobe toutes les
mines de potasse de l'Empire (1910).

D'ailleurs les considérants du dernier arrêt laissaient une échappatoire aux trusts. En effet, disent-ils, la loi qui prohibe la restriction du commerce doit être interprétée « à la lumière de la raison », c'est-à-dire que ce n'est pas le trust en tant qu'institution qui est illégal, mais seulement l'emploi abusif qui peut être fait du trust.

Si la loi peut empêcher les Compagnies de chemins de fer de faire des discriminations de tarifs, comment pourrait-elle empêcher quelques richissimes capitalistes d'acquérir les actions de ces sociétés et de ces chemins de fer et de s'entendre entre eux? Le trust aujourd'hui, comme nous l'avons vu, n'est plus qu'un *agreement*, un accord, qui échappera ainsi à toute répression.

Le législateur français, obéissant d'ailleurs en cela à l'opinion publique, s'est montré autrefois très rigoureux pour ce qu'on appelait l'*accaparement*. Les prétendus « accapareurs » de blé ont fait la terreur des populations jusqu'à une époque rapprochée de nous. La survivance de cette législation répressive se retrouve encore dans l'article 419 du Code pénal, qui frappe d'amende et de prison « tous ceux qui par réunion ou coalition entre les principaux détenteurs d'une marchandise ou denrée... *tendant à ne la vendre qu'à un certain prix*... ou qui, par des voies et moyens frauduleux quelconques, auront opéré la hausse ou la baisse du prix des denrées ou marchandises ». Mais la jurisprudence et la plupart des auteurs admettaient que ce texte ne s'appliquait pas aux ententes entre producteurs qui n'ont pour but que de régler ou même de limiter la quantité offerte. C'est ainsi que la légalité du Comptoir de Longwy (voir ci-dessus) a été reconnue par les tribunaux [1].

Mais la crainte des accaparements ayant repris une force nouvelle au cours de la guerre, une loi nouvelle a été votée (20 avril 1916) [2] qui s'est efforcée de frapper l'accaparement sans mettre obstacle à l'entente quand elle a seulement pour but de régulariser la

---

[1] Voir Dolléans, *L'accaparement,* et Colson, *Cours d'Économie politique.*

[2] Voici le texte. Il réprime les agissements de ceux qui « même sans emploi de moyens frauduleux mais dans un but de spéculation illicite, c'est-à-dire non justifiée par les besoins de leurs approvisionnements ou de légitimes prévisions industrielles ou commerciales, auront opéré ou tenté d'opérer la hausse du prix des denrées ou marchandises au-dessus des cours qu'aurait déterminés la concurrence naturelle et libre du commerce ».

Or, les ententes, cartels ou trusts, n'ont pas d'autres raison d'être que de mettre obstacle au jeu « de la concurrence naturelle et libre ». Elles seraient donc toutes frappées par ce texte si elles ne trouvaient une heureuse échappatoire dans le droit de faire de « légitimes prévisions industrielles et commerciales ».

concurrence. C'est là un problème insoluble ou du moins qui ne comporte que des solutions de fait pour chaque cas particulier.

Les économistes de l'école libérale disent que si l'on pouvait arriver à la suppression du régime protectionniste, alors les trusts, qui jusqu'à présent ont grandi à l'abri des barrières douanières, se trouveraient suffisamment matés par la concurrence internationale. Ils citent à l'appui de cette thèse l'Angleterre où les trusts se sont moins développés qu'ailleurs. Cependant, rien n'autorise à croire qu'aux États-Unis ou en Allemagne les trusts et les cartels seraient les premiers tués par la concurrence étrangère. Il paraît plus probable, au contraire, qu'ils supporteraient le coup bien mieux que les entreprises plus faibles. L'effet du libre-échange généralisé serait probablement non de supprimer les trusts, mais de les transformer, de nationaux qu'ils sont, en internationaux, ce qui ne les rendrait pas moins redoutables : tant s'en faut ! Le trust du pétrole l'est déjà.

Comme conclusion, les cartels et trusts nous apparaissent comme un mode d'organisation supérieur à l'organisation dite naturelle de la concurrence individuelle, non seulement au point de vue technique, mais au point de vue social, mais il faut souhaiter : 1° qu'ils procèdent par voie d'entente plutôt que par celle d'absorption, réalisant ainsi une évolution semblable à celle désirable dans l'ordre politique : fédération mais non centralisation ; 2° qu'ils trouvent un contrepoids dans une organisation parallèle des consommateurs sous la forme de sociétés coopératives de consommation : les fédérations d'achat coopératives sont de véritables trusts des consommateurs [1].

V

L'industrie à domicile.

Quand on parle de l'industrie « à domicile », on pourrait croire au premier abord qu'il s'agit de la petite industrie et que, par conséquent, nous allons aux antipodes de la grande industrie telle que nous venons de la voir dans les pages précédentes. Mais nullement ! Il ne s'agit pas ici d'un retour à cette forme primitive de l'industrie qui s'appelle l'industrie « domestique », laquelle est

---

[1] Si chimérique que puisse paraître aujourd'hui une telle solution, étant donnée l'extrême inégalité des forces en présence, toujours est-il qu'en Angleterre, en 1906, un trust du savon, qui était déjà constitué, a dû se dissoudre à la suite de la campagne menée contre lui par la Fédération Coopérative de Manchester.

tout à fait différente, ni même de l'industrie exercée encore aujourd'hui sous forme de « métier » par des « artisans » — le cordonnier, le serrurier, le relieur, le peintre, le maréchal ferrant qui travaillent aussi à domicile, mais travaillent pour eux, avec leur propre capital et vendent au client. Or l'industrie à domicile dont il s'agit ici c'est celle des ouvriers qui travaillent chez eux mais pour le compte d'un patron et avec des matières premières fournies par celui-ci : le vrai nom à employer serait non pas l'industrie à domicile, mais *le salariat à domicile* [1].

Or, si la situation de l'artisan indépendant est à certains égards enviable et peut même être considérée théoriquement comme l'idéal de l'existence ouvrière — quoiqu'en pratique il faille en rabattre — au contraire celle du salarié à domicile est généralement pitoyable. Encore faut-il ici distinguer divers degrés.

1° Si l'ouvrier à domicile possède ses instruments de travail, son métier [2], et traite directement avec le patron, avec le fabricant, il se rapproche de l'artisan. Il diffère pourtant de celui-ci en ce qu'il ne possède pas la matière première, et surtout en ce qu'il ne vend pas directement le produit au public mais à son patron. Mais d'autre part il n'est pas tout à fait un salarié, car il vend à son patron la façon : aussi l'appelle-t-on souvent *le façonnier*. Tout de même il se sent indépendant, et il faut bien croire que les avantages de l'indépendance l'emportent sur le préjudice d'un salaire inférieur à la moyenne, puisque les ouvriers eux-mêmes préfèrent ce régime à celui du travail en fabrique : tels les ouvriers tisseurs de Lyon et de Saint-Étienne, les ouvriers horlogers du Jura français et suisse, etc.

2° Mais c'est quand l'ouvrier travaille pour le compte d'un sous-entrepreneur que le travail à domicile devient terrible. Or, ce cas est très fréquent et constitue même l'état normal dans la plupart des industries de confection.

En effet, dès qu'il s'agit d'une entreprise importante, le patron

---

[1] Le Play, qui, le premier, a signalé l'importance de cette forme de l'industrie, l'a baptisée du nom de *fabrique collective*. Ce nom ne nous paraît pas heureux, car il suggère l'idée d'un groupement des ouvriers dans un même local, idée contraire à celle qu'il veut exprimer. Ce qui au contraire caractérise cette phase industrielle c'est un nombre plus ou moins considérable d'ouvriers travaillant pour un même patron, mais chacun chez soi : la *fabrique disséminée*.

[2] Généralement l'ouvrier à domicile doit posséder les instruments et moteurs, et louer lui-même la force motrice, s'il y a lieu. C'est le cas des ouvriers tisseurs de Lyon et de Saint-Étienne. Il arrive cependant que les patrons prêtent les machines aux ouvriers, notamment dans la lingerie, mais ils ont souvent à le regretter parce qu'alors ces machines sont très mal soignées. Voir l'enquête faite par l'Office du travail, *Enquête sur le travail à domicile*, tome I.

n'a ni le temps ni les moyens d'aller racoler chaque ouvrier : il ne peut se passer d'intermédiaires. Or, l'intervention de ceux-ci a généralement pour conséquence une réduction du salaire, puisque c'est sur le salaire des ouvriers que l'intermédiaire prélève ses propres profits — ce qui ne veut pas dire d'ailleurs qu'il fasse fortune : souvent il travaille aussi dur et ne gagne guère plus que ses ouvriers.

3° Enfin, si le sous-entrepreneur fait travailler les ouvriers chez lui, alors à ceux-ci il ne reste plus même l'avantage du travail chez soi ! c'est le travail à l'atelier, mais dans un atelier étroit, sordide, nid de tuberculose et de maladies infectieuses, dépourvu de toute la protection de la législation ouvrière[1]. C'est ici que le travail à domicile devient plus spécialement ce qu'on appelle le *sweating system,* le système qui consiste à « faire suer » à un travailleur tout ce qu'il peut rendre.

Pourquoi l'avilissement du salaire est-il une des caractéristiques de l'industrie à domicile ? — 1° parce que les ouvriers qu'elle occupe sont plus que tous les autres exposés à la concurrence des travailleurs les plus mal payés : des femmes, des étrangers, des établissements philanthropiques et naguère des couvents[2], des petits fonctionnaires pensionnés, de tous ceux qui, ayant une autre occupation ou une petite rente, ne demandent à ce travail accessoire qu'un modique supplément de revenu, un appoint; — 2° parce que ces ouvriers étant, par définition même, à l'état dispersé, ne peuvent s'entendre ni se syndiquer, et se font entre eux une concurrence homicide[3].

Voilà pourquoi la question du travail à domicile a, dans ces derniers temps, fortement ému l'opinion publique[4], d'autant plus qu'on lui a montré les périls que faisaient courir à la santé des clients les produits sortis de certains de ces antres — et de nom-

---

[1] Parfois même il arrive que l'ouvrier non seulement doit travailler au domicile du sous-entrepreneur, mais qu'il y est logé et aussi nourri, et qu'il doit lui payer, comme prix de pension d'une misérable nourriture et d'un plus misérable logement, autant ou plus que ce qu'il doit toucher comme salaire. Ceci est comme le dernier cercle de cet enfer, et c'est la situation de milliers d'émigrants juifs, russes ou polonais, perdus dans les faubourgs du East End de Londres.

[2] L'enquête déjà citée révèle ce fait curieux que la dissolution des congrégations religieuses avait eu pour effet de relever un peu le taux des salaires dans la lingerie.

[3] Voir le livre émouvant et très documenté de M. Gemähling, *Travailleurs au rabais. Les concurrences ouvrières.*

[4] Des expositions éloquentes des produits des industries *sweated,* avec indication des salaires payés et du temps de travail nécessaire, ont été organisées à Bruxelles, Berlin et autres villes.

breux remèdes ont été suggérés dont malheureusement l'efficacité
est très douteuse. Celui qui paraîtrait le plus simple, à savoir
l'assimilation de ces ateliers aux fabriques en ce qui concerne la
législation et le contrôle des inspecteurs, est peu pratique, car
non seulement il faudrait accroître énormément le nombre des
inspecteurs, mais encore ceux-ci se trouveraient le plus souvent
dans l'impossibilité de distingue l'atelier du sous-entrepreneur,
qu'on voudrait atteindre, de l'atelier familial qu'il faut pourtant
respecter chez le pauvre aussi bien que chez le riche[1]. En tout
cas, l'inspection des ateliers à domicile fût-elle possible qu'elle
ne pourrait remédier tout au plus qu'à deux des maux de ce
genre d'industrie — insalubrité des ateliers et durée excessive du
travail - mais non au troisième qui est l'avilissement des salaires.

Le remède ici paraît devoir être cherché : — soit dans l'organisation des ouvriers en *syndicat*, quoique leur état de dispersion
et d'isolement constitue le milieu le plus défavorable à cette organisation ; — soit dans l'établissement par la loi d'un certain *minimum de salaires* au-dessous duquel il sera interdit de descendre.
Nous verrons plus loin qu'en Australie d'abord, puis en Angleterre, la loi a établi un minimum de salaire dans les industries
plus spécialement dévorées par le sweating system. Ce minimum
de salaire a été établi aussi en France par une loi récente, mais
seulement pour les femmes travaillant à la couture. On hésite à
généraliser une protection de ce genre, de crainte qu'elle ne se
retourne contre ceux qu'on veut protéger : en effet, la fixation
d'un salaire minimum légal risque d'avoir pour effet de priver les
ouvriers inhabiles de tout salaire. Nous retrouverons cette question dans le chapitre *Des salariés*.

On pourrait essayer aussi d'un remède plus modeste et qui
pourrait être plus efficace, quoiqu'il ne comporte qu'une sanction
morale : c'est celui appliqué par la loi anglaise et à l'état de projet
de loi en France, à savoir l'obligation pour le patron d'inscrire
sur un registre les noms et adresses des ouvriers qu'il fait travailler à domicile, les salaires qu'il leur paie et autres conditions du travail. Il est permis d'attendre quelque chose aussi du
contrôle exercé par les « Ligues sociales d'acheteurs » (voir au
livre IV).

Mais le seul remède vraiment efficace serait de découvrir les

---

[1] La loi française ne permet pas à l'inspecteur d'entrer dans un atelier de
famille — à moins qu'il ne s'y trouve un moteur mécanique ou qu'il s'agisse d'une
industrie classée comme insalubre; et, même en ce cas, il n'a à contrôler que
l'application des règlements d'hygiène ou de préservation des accidents.

causes du développement de l'industrie à domicile pour tâcher de les supprimer. Où se développe-t-elle de préférence?

C'est surtout dans l'industrie du vêtement (lingerie, confection, bonneterie, gants, dentelles, etc.) [1], et aussi dans quelques autres, telles que jouets, que ce mode de production subsiste et même, d'après quelques-uns, serait en voie d'extension. Pourtant l'industrie du vêtement semble être une de celles qui s'adaptent le mieux au machinisme et à la division du travail et pour laquelle, par conséquent, la supériorité de la fabrique semblerait le mieux établie? Aussi bien y a-t-il lieu de croire que celle-ci aura finalement le dernier mot. Mais, d'autre part, la résistance tenace de l'industrie à domicile à l'absorption de la fabrique dans l'industrie du vêtement peut s'expliquer par les causes suivantes :

1° Parce qu'il s'agit d'une industrie saisonnière, caractérisée par des alternances de morte-saison et de coups de feu, qui ne se prêtent pas facilement à la production continue de la fabrique, et auxquelles, au contraire, l'industrie à domicile peut s'adapter — mais pour le plus grand dommage des ouvriers, car ce sont eux de cette façon qui pâtissent seuls des morte-saisons, tandis que le patron évite la perte d'intérêt et d'entretien qui résulterait pour lui d'un gros capital immobilisé.

2° Parce qu'il s'agit généralement de produits de petite dimension — vêtements ou pièces de vêtements — dont la production n'exige pas beaucoup de place ni beaucoup de force mécanique et qui, par conséquent, peuvent très bien être confectionnés en chambre, avec une machine à coudre, voire même un petit moteur, électrique ou à gaz, d'un quart de cheval et moins encore. Il ne faut pas confondre l'industrie du vêtement avec l'industrie textile.

D'autre part, la confection se prête très bien à la division du travail même avec l'industrie à domicile et sans concentration en fabrique, en distribuant aux ouvriers ou ouvrières des pièces différentes qui seront rajustées ou montées après coup [2].

L'horlogerie se prête aussi à merveille au travail à domicile, chaque montre ou pendule se composant de centaines de pièces détachées, de très petite dimension, qui peuvent être exécutées séparément et qu'il suffit ensuite d'ajuster. C'est pourquoi cette industrie est si développée dans toute la région de montagnes qui va de Belfort jusqu'à Cluses en Savoie.

[1] Voir en ce sens les faits cités et les conclusions du livre de M. Aftalion, *Le développement de la fabrique et de l'industrie à domicile dans l'habillement.*

[2] Il se peut même, lorsqu'il s'agit de produits de luxe, dentelle, lingerie, etc., que le client n'accepte pas le travail à la machine.

3° Parce que les patrons de leur côté y trouvent de grands avantages : *a)* d'abord, ainsi que nous venons de le dire, d'économiser la dépense de construction d'une fabrique et d'un coûteux outillage; *b)* d'échapper à toutes les lois de réglementation du travail et à la surveillance des inspecteurs chargés de les appliquer; *c)* d'avoir à payer des salaires moindres, par les motifs indiqués ci-dessus. Ces avantages sont tels qu'ils peuvent l'emporter dans certains cas sur ceux qui résulteraient de la production en fabrique [1].

4° Enfin parce que la production à domicile est très appréciée par les ouvriers eux-mêmes, du moins par beaucoup d'entre eux, à raison de l'indépendance qu'elle leur laisse, comme nous l'avons dit tout à l'heure, et si précieuse pour eux qu'ils ne craignent pas de la payer par une forte diminution de salaire. Ils sont obligés généralement, pour pouvoir gagner autant qu'en fabrique, de travailler beaucoup plus longtemps, mais du moins ils travaillent quand ils veulent : ils règlent l'emploi de leur temps à leur gré. Et quant aux femmes surtout, le travail à domicile leur offre cet avantage très apprécié de leur permettre de vaquer aux soins de leur ménage ou de leurs enfants.

Même s'il s'agit des personnes dont nous avons parlé tout à l'heure — retraités, concierges, ouvriers des arsenaux de l'État — qui prennent du travail pour leurs moments perdus et ne lui demandent qu'un salaire d'appoint, lequel, si maigre soit-il, en s'ajoutant au salaire ou à la pension, arrondira un peu le budget familial [2], on ne peut le leur interdire. Seulement ceux-ci devraient avoir conscience de la concurrence homicide qu'ils font ainsi aux vrais ouvriers et aux vraies ouvrières qui n'ont que ce travail pour unique ressource et s'interdire à eux-mêmes d'accepter du travail au rabais.

---

[1] Les rapports des inspecteurs du travail dans ces dernières années signalaient fréquemment des cas d'industries en fabrique transformées en industries à domicile et les attribuaient aux causes ci-dessus indiquées et surtout à la cause *b*. Cependant il semble maintenant que les patrons en viennent à reconnaître que, tout mis en balance, la production en fabrique leur est plus avantageuse. — Voir certaines déclarations intéressantes dans l'enquête citée ci-dessus.

[2] Il y a même des femmes et filles d'employés ou de petits fonctionnaires d'un rang relativement assez élevé qui acceptent des travaux à domicile et les font en cachette. Voir le volume publié par la Direction du Travail, *L'industrie à domicile.*

VI

Les grands magasins.

On croit généralement que c'est dans le commerce que la loi de concentration se fait le plus sentir, et pourtant le petit commerce se défend et survit beaucoup mieux que la petite industrie. Mais la concentration commerciale y est plus visible pour tout le monde parce qu'elle apparaît sous la forme des grands magasins avec lesquels le public est en rapports quotidiens. Et il entend plus souvent aussi les plaintes des petits boutiquiers, écrasés par la concurrence de ces colosses.

Mais le grand magasin n'est qu'un des aspects, quoique le plus connu, de la concentration dans le commerce de détail. Il y en a deux[1] qu'il importe de distinguer, quoiqu'ils soient généralement confondus : le grand magasin et le magasin à succursales.

§ 1. *Le grand magasin.* — La supériorité économique du grand magasin tient aux causes suivantes :

a) Économie de travail.

Ce premier avantage tient surtout à la possibilité d'établir une division du travail plus perfectionnée, en créant autant de rayons qu'il y a de catégories de marchandises. Mais il résulte déjà du simple fait du groupement des employés. Dans le petit magasin, la plus grande partie du temps est perdue. Les heures pour chaque vendeur restent souvent inoccupées. Voici 100 maisons de commerce qui entretiennent chacune 10 employés. Réunissez-les en une seule : il ne sera pas nécessaire, évidemment, pour faire un chiffre d'affaires égal à celui de ces 100 maisons séparées, de conserver les 1.000 employés. Point n'est besoin de 100 caissiers ou de 100 teneurs de livres. Chaque employé, pouvant travailler désormais d'une façon continue, pourra faire deux ou trois fois plus de travail et, par conséquent, remplacer à lui seul deux ou trois travailleurs.

b) Économie d'emplacement.

Pour avoir cent fois plus de place dans un magasin ou dans une usine, il n'est pas nécessaire d'occuper une superficie centuple, ni d'employer cent fois plus de matériaux pour construire le local.

---

[1] Il y en a même trois, car la société coopérative de consommation sous la forme de magasin de gros *(Wholesale)*, c'est-à-dire de Fédération d'achats, peut dépasser de beaucoup les dimensions des grands magasins, mais il s'agit ici moins d'une organisation commerciale que d'une organisation anti-commerciale : elle trouvera mieux sa place ailleurs (voir ci-dessus p. 258 et à la *Consommation*).

Le calcul le plus simple démontre que lorsque les volumes de deux cubes sont entre eux comme 1 est à 1.000, leurs surfaces sont entre elles comme 1 est à 100. Or, ce sont les surfaces seules qui coûtent. — D'ailleurs, à défaut de calcul mathématique, l'expérience suffit à apprendre que le coût d'une construction ou le prix du loyer ne grandit pas proportionnellement à la place occupée. Le moindre magasin à Paris, faisant pour 500 francs d'affaires par jour, paiera 6.000 ou 8.000 fr. de loyer. Mais le loyer du « Bon Marché », lequel vend, un jour dans l'autre, pour plus de 500.000 francs par jour et fait par conséquent mille fois plus d'affaires, est loin d'être mille fois plus élevé, ce qui le porterait à 6 ou 8 millions : il est évalué tout au plus à 1 million de francs, ce qui ne représente donc que l'équivalent de deux journées de vente.

c) Économie de capitaux.

Le capital circulant ou fonds de roulement d'un grand magasin peut être très inférieur à celui d'un petit magasin proportionnellement au chiffre de ses affaires, pour trois raisons : — parce qu'achetant ses marchandises en grandes quantités, ou même les faisant fabriquer directement, il a moins d'argent à débourser pour se les procurer; — parce que ses marchandises ne restent que quelques jours ou quelques semaines sur ses rayons au lieu d'y rester des mois et des années comme dans le petit magasin, et que, par conséquent, son argent lui rentre beaucoup plus rapidement. Il est clair qu'un capital de 100 équivaut à un capital de 1.000 s'il peut se renouveler dix fois plus vite. De plus, c'est un attrait pour les consommateurs, car les marchandises seront d'autant plus fraîches, d'autant plus à la mode, d'autant plus des *nouveautés*, que le renouvellement sera plus rapide; — et enfin la grande entreprise se procure le capital dont elle a besoin à meilleur compte que la petite, car, ayant plus de crédit, généralement elle obtient un taux d'intérêt plus bas.

Ces grands magasins ont pris une grande place dans la vie de la femme française de toutes classes. Ce fut sous le Second Empire [1], au milieu du XIXe siècle, que ce mouvement commença, mais ce

---

[1] Ce fut en 1852 que Aristide Boucicaut fonda le *Bon Marché;* en 1855, que MM. Chaulard et Hériot fondèrent le *Louvre.* La *Belle Jardinière* est de 1856, la *Samaritaine* de 1859, le *Printemps* de 1865, etc.

Dans la série de romans où Zola a voulu peindre la société française sous le Second Empire, il n'a pas négligé cet événement. C'est le duel entre le petit boutiquier et le grand magasin qui fait le sujet de son roman : *Au Bonheur des Dames.*

n'est que depuis une vingtaine d'années qu'il a vraiment bouleversé l'organisation économique du commerce de détail. Ces
grands magasins ont introduit trois très heureuses réformes qui
sont : — la vente à prix fixe, en supprimant le temps perdu dans
l'archaïque et ridicule marchandage ; — la vente au comptant, en
supprimant la dégradante habitude du crédit, ruineuse pour le
marchand et, par contre-coup, pour le client, puisque le prix doit
être majoré d'une prime d'assurance contre les risques d'insolvabilité ; — le renouvellement rapide des marchandises par la vente,
même à perte, s'il le faut. Grâce à lui le gaspillage de richesses
que les modes saisonnières entraînent dans la consommation,
notamment dans le vêtement, peut se trouver par là corrigé
dans une certaine mesure, en ce sens que la catégorie des consommateurs sages, qui se soucient peu de la nouveauté, se trouve
avantagée aux dépens de ceux qui la recherchent.

Il est d'autres réformes qui ont été très favorables aux grands
magasins en ce sens qu'elles ont aussi contribué à leur fortune,
mais dont l'utilité sociale est beaucoup plus discutable. Notons
d'abord la faculté laissée au client de rendre la marchandise,
invention à laquelle le fondateur du *Bon Marché* attribuait la plus
grande part de son succès, parce qu'elle induit en tentation
l'acheteuse. En effet, celle-ci se dit : Prenons toujours, puisque je
pourrai rendre ! puis, elle ne peut se décider à rendre [1]. Puis les
attractions de toute nature sous forme d'expositions, de distribu-
tions de jouets, parfois de concerts et de fêtes, les avalanches de
catalogues avec échantillons, les centaines de voitures avec toute
une cavalerie servant à la réclame autant qu'aux livraisons, tout
cela exerce sur le public, surtout féminin, une telle fascination
qu'il en est résulté une monomanie spéciale « la kleptomanie » : il
faut tout un personnel d'inspecteurs pour empêcher ou découvrir
ces vols commis par des personnes de « la bonne société ». Enfin
la commission ou « guelte », accordée à l'employé sur la vente des
marchandises, d'autant plus forte que les marchandises sont plus
difficiles à écouler [2]. Cette invention a pour effet de pousser à la
vente du côté du vendeur, comme la faculté de rendre y pousse
du côté de l'acheteur.

Par tous ces traits caractéristiques les grands magasins appa-

---

[1] Ou bien — ce qui, comme effet démoralisant, ne vaut pas mieux — la cliente
use de cette faculté pour commettre de véritables escroqueries, c'est-à-dire pour
user gratis, pendant un ou deux jours, de chapeaux, éventails, etc.

[2] Il ne faut donc pas confondre la guelte avec la participation aux bénéfices, puisque c'est fréquemment sur les ventes faites à perte que la guelte est la plus forte.

raissent surtout comme d'ingénieuses machinations psychologiques pour pousser à la consommation, et le soi-disant bon marché finit par ruiner beaucoup de ménages. Et d'ailleurs, le bon marché lui-même finit par se réduire beaucoup par l'exagération des frais généraux, réclames, etc., puisque finalement il faut bien retrouver tout cela dans le prix [1].

D'autre part ces grands magasins exercent sur les producteurs un contrôle tout-puissant et à certains égards désastreux pour eux. Comme ils constituent pour ces fabricants leur plus gros client et souvent même leur unique client (car ils n'accordent leur clientèle qu'à ceux qui s'engagent à ne pas vendre ailleurs), ils les tiennent à leur discrétion, ils leur imposent leur prix. Encore quand il s'agit de gros fabricants, ceux-ci peuvent se défendre, mais quand il s'agit de petits fabricants, les grands magasins ont bien vite fait de les réduire à la condition de salariés à domicile, trop heureux de travailler pour le prix qui leur est alloué et qu'ils ne pourront discuter. Certains d'entre eux finissent par éliminer les fabricants en produisant eux-mêmes ce qui leur est nécessaire et font aussi de l'intégration, tout comme les industriels [2].

Si l'on remarque en outre que les armées d'employés de ces magasins se recrutent en partie parmi les petits marchands éliminés et parmi les fils et filles des populations rurales et que, de ce côté aussi, ils tendent à réduire le nombre des producteurs indépendants et à grossir le prolétariat des grandes villes, on estimera que l'action économique des grands magasins est peut-être plus inquiétante que réjouissante pour l'avenir des sociétés.

Cependant il ne faut pas non plus trop généraliser. On aurait pu croire, et quelques-uns même l'avaient prédit, que l'évolution caractérisée par les grands magasins aurait inévitablement pour

---

[1] On a calculé que le grand magasin, pour obtenir 5 p. 100 de bénéfice net, devait faire au moins 16 p. 100 de bénéfice brut, la différence étant absorbée par les frais généraux. Cela n'empêche pas qu'il ne puisse vendre à meilleur marché que le petit magasin, car, si énormes que soient ses frais généraux, il peut, en les répartissant sur des quantités énormes aussi, ne grever chaque unité que d'un très faible pourcentage, ce que le petit magasin ne peut faire. Celui-ci, pour vivre, devra majorer le prix de revient de ses articles environ de 30 p. 100.

C'est pour rétablir l'égalité dans la concurrence que nos lois fiscales (et récemment encore la loi organique de l'impôt sur les revenus) majorent les impôts sur les grands magasins. Il faut prendre garde cependant de ne pas contrarier, par de prétendus impôts de redressement, une évolution, somme toute, favorable au consommateur.

[2] L'épicerie Potin fabrique elle-même ses conserves, biscuits, savons, chocolat, et possède des vignobles en Tunisie pour la production de son vin. Une grande maison de vente de chemises fabrique elle-même la toile qu'elle emploie.

effet : d'abord de faire disparaître tous les petits commerçants ; - puis de réduire le nombre des grands magasins eux-mêmes par la concurrence qu'ils se feraient entre eux, jusqu'à ce qu'il n'y eût plus qu'un seul survivant, un seul trust entre les plus gros — et qu'ainsi la loi de concentration nous ferait passer du régime de la concurrence la plus acharnée au régime du monopole le plus absolu. Mais cette prophétie simpliste ne semble nullement en voie de réalisation. Les faits nous montrent plutôt le contraire et c'est une leçon à certains égards inattendue.

D'abord ces grands magasins ne se sont développés que dans le commerce des « nouveautés » et aussi, quoique dans une moindre mesure, dans l'épicerie. Mais ailleurs, dans la boulangerie notamment, les tentatives faites ont échoué. Il en résulte que, somme toute, le nombre des petits magasins, bien loin de diminuer, s'accroît[1]. De plus, les grands magasins, après avoir atteint un certain degré de développement, s'arrêtent là, et en tout cas ils n'empêchent nullement la naissance et la croissance de magasins similaires dans d'autres quartiers[2] ; en sorte que là, mieux que partout ailleurs, paraît se vérifier le fait que la croissance des organismes économiques, tout comme celle des organismes vivants, est limitée par certaines lois inflexibles.

Il est à remarquer que c'est en France que les grands magasins

[1] Il faut cependant remarquer que si ces petits magasins se multiplient, ce sont surtout ceux auxquels les grands ne font pas concurrence. Il est naturel qu'autour d'un grand magasin il y ait beaucoup de pâtissiers, mais on n'y verra guère de magasins de nouveautés. Et malheureusement là où les petits magasins ont à soutenir la concurrence des grands, ils sont obligés de recourir à de déplorables moyens dont les principaux sont le *sou par franc* donné aux domestiques, la vente à crédit, les *timbres-rabais* et les *primes*, c'est-à-dire des cadeaux distribués aux acheteurs au-dessus d'un certain chiffre d'achat.

[2] En 1900, on évaluait le chiffre d'affaires du *Bon Marché* à plus d'un demi-million de francs en moyenne par jour et on croyait qu'il mangerait son grand rival le *Louvre*. Or, depuis lors, son chiffre d'affaires ne paraît pas avoir augmenté, et non seulement le *Louvre* se tient au même rang, mais une douzaine d'autres magasins ont surgi dans Paris, dont quelques-uns paraissent appelés à une aussi grande fortune. L'arrêt de la croissance tient peut-être aussi à la cause indiquée à la note de la page 282, à ce fait que, passée une certaine limite, les frais généraux tendent à augmenter plus que proportionnellement.

Ces grands magasins se sont développés aussi bien sous forme d'entreprises individuelles (le *Louvre, Dufayel,* la *Samaritaine*) que sous forme de sociétés par actions (le *Printemps*). Quant au *Bon Marché,* il a une organisation tout à fait spéciale. C'est une société par actions ordinaire, sous cette réserve que les actionnaires ne peuvent être que des employés de la maison, en principe du moins. Mais ceci ne suffit pas pour lui conférer le caractère de société coopérative, comme on le dit à tort, car les bénéfices y sont répartis à la mode capitaliste, c'est-à-dire au prorata des actions et non au prorata des salaires.

ont pris le plus d'extension : c'est probablement parce que c'est dans notre pays que le commerce de détail s'était multiplié le plus exagérément et par conséquent avait le plus dégénéré en exploitation du public !.. ... ...

§ 2. *Le magasin à succursales.* — Il y a ici plus qu'une variété du grand magasin : c'est une conception économique différente. Au lieu de la concentration c'est la dispersion : au lieu de faire venir à lui le client, le magasin va au-devant du client, là où il se trouve, dans la ville de province en ouvrant des succursales [2], ou même au village et jusque dans la ferme, au moyen de roulottes [3],

[1] Voici les chiffres donnés dans les *Résultats statistiques du recensement de la population* (t. I, 2e partie, p. 121 : nous n'avons pas encore les chiffres du recensement de 1911) ; nous les groupons pour simplifier :

	1896	1906	Accroissement
Petits magasins (avec 1 employé)	126.909	156.626	23 p. 100
Grands magasins (de 2 à 100 employés)	106.072	120.667	13 »
Très grands magasins (plus de 100 employés)	143	273	91 »
Total	233.124	277.566	19 p. 100

On voit que dans ce court intervalle de dix ans le nombre des petits magasins a augmenté d'un quart : celui des très grands établissements a presque doublé. Ce sont les établissements de moyenne importance qui ont le moins augmenté mais simplement parce que bon nombre ont passé dans la catégorie des grands magasins.

La statistique ne prouve donc pas que la loi de concentration n'opère pas ici, mais elle prouve du moins que le petit commerce n'est pas mangé par le gros. A remarquer, d'ailleurs, la proportion infime encore des grands magasins relativement aux petits, 1 sur 1.000 à peu près. Ne sont compris d'ailleurs dans ce tableau que les établissements occupant au moins un employé, ce qui laisse de côté le nombre énorme d'établissements tenus par une seule personne ou un ménage : ceux-ci aussi ont augmenté.

Il faut remarquer cependant que cette statistique pourrait induire en erreur sur l'accroissement des petits établissements ; elle compte, en effet, comme établissements distincts toutes les succursales ; or on sait que les magasins à succursales, bien loin d'appartenir au petit commerce, sont une des manifestations les plus remarquables de la loi de concentration. Mais il n'y en avait pas encore beaucoup en 1906 quand cette statistique a été établie.

[2] Par exemple les magasins de nouveautés de *Paris-France* avec une centaine de magasins, chacun portant le nom de la ville où il est établi.

[3] Par exemple les petites voitures tricycles des « Planteurs de Caïffa », maison qui a commencé par vendre du café mais aujourd'hui vend de tout. Ces petites voitures circulent au nombre de plusieurs milliers sur toutes les routes de France et vont dans les hameaux les plus reculés.

On comptait en France avant la guerre 150 maisons de commerce de cette catégorie comptant ensemble plus de 12.000 succursales et faisant plus de 1.200 millions de francs de vente — en Angleterre 500 maisons avec plus de 20.000 succursales : on dit, en un seul mot, les *multiples.*

Voir le livre très documenté d'un de nos jeunes collègues que la guerre nous a enlevé, Moride : *Les maisons à succursales multiples en France et à l'étranger.*

ou simplement par correspondance [1]. La loi de concentration s'applique tout de même en ce sens que tous ces magasins ou vendeurs ambulants sont reliés entre eux par une direction unique — ou, pour mieux dire, ne sont que les filiales et les agents d'une maison mère qu'on pourrait appeler, comme Verhaeren dit des villes. « le magasin tentaculaire ».

Avec ce genre d'organisation, quelques-uns des avantages des grands magasins disparaissent, notamment ceux que nous avons indiqués : économie de loyer et de personnel — mais ils sont compensés par d'autres : notamment par la substitution à l'employé salarié de *gérants responsables;* — par la suppression de tout coulage, les manquants étant mis à la charge du gérant; — et par plus de facilités pour s'adapter aux goûts d'une clientèle locale. Dans chaque succursale, au lieu d'un employé salarié et par conséquent médiocrement intéressé à la vente, se trouve un gérant qui n'a pour rémunération qu'une part sur les résultats de la vente, qui supporte toutes les pertes, et qui même doit fournir un cautionnement. On pourrait s'étonner que les magasins à succursales trouvent des gérants dans ces conditions, mais ils spéculent sur le désir très répandu dans la classe moyenne (et surtout en France) de « tenir un magasin » et sur l'espoir de faire rapidement fortune, sans avoir un capital à soi. En fait, il arrive très souvent que dans la même succursale deux ou trois gérants se ruinent successivement, mais la maison n'y perd rien — au contraire! puisqu'elle garde leur cautionnement — et elle trouve aussitôt un remplaçant convaincu qu'il sera plus heureux.

Ces maisons font de l'intégration, tout aussi bien que les grands magasins, en fabriquant une partie des articles qu'elles vendent.

De toutes les formes de concentration commerciale c'est celle-ci dont les avantages sociaux nous paraissent les plus douteux. Elle

---

[1] La première de ces maisons de vente par correspondance (*Mail Orders*) a été fondée à Chicago en 1872 par Ward. Elle compte aujourd'hui, dit-on, 3 millions de clients. Et il y en a d'autres de première importance à Chicago même et en d'autres villes des États-Unis. Ce système convient particulièrement à des pays comme les États-Unis ou le Canada, où les habitants sont très dispersés et auraient souvent à franchir des centaines de milles pour aller au magasin le plus proche.

D'ailleurs en France même les grands magasins vendent beaucoup par correspondance, et tel est le cas aussi de certains fabricants comme la « Manufacture d'armes de Saint-Étienne ». Mais ce qui caractérise les *Mail Orders* c'est l'absence de tout magasin de ventes : rien qu'un bureau de correspondance et d'envoi de catalogues.

ne réalise aucune économie réelle dans le coût social de l'échange et, en propageant le goût de la dépense dans la population provinciale et rurale, elle tend à pervertir ses habitudes de vie simple et à tuer son épargne.

VII

L'évolution dans la production agricole.
Grande et petite culture.

Les lois que nous venons d'étudier et qui sont caractéristiques de l'évolution industrielle ou commerciale — concentration, division du travail, intégration — s'appliquent-elles aussi à la production agricole?

C'est ce qu'on veut dire quand on parle, comme on le fait si souvent, de l'*industrialisation de l'agriculture*. On entend par là que l'agriculture de nos jours, dans la mesure où les conditions naturelles et spéciales à cette branche de production le lui permettent, tend à recourir précisément aux mêmes procédés que l'industrie manufacturière et commerciale; et cela pour la même fin, c'est-à-dire pour tirer le meilleur parti possible des facteurs de la production et diminuer ainsi le prix de revient.

Mais pourtant si nous prenons un à un les traits caractéristiques de l'évolution industrielle, nous n'en trouvons guère qui puissent trouver place dans l'industrie agricole :

Ni la loi de concentration, puisque le capital et le travail employés sont bien obligés de se répartir sur toute l'étendue du terrain cultivé. L'exploitation d'un grand domaine n'est pas plus concentrée que celle d'un petit : elle l'est même généralement moins, surtout quand elle dégénère en ces *latifundia* si communs dans les pays de grande propriété. D'ailleurs, les modes d'association par lesquels se réalise généralement la grande production, à savoir la constitution des sociétés par actions, n'est guère réalisable dans l'agriculture : nous avons expliqué pourquoi (p. 250)

Ni la loi de la division du travail et de la spécialisation, parce que la diversité de constitution des terres et le rythme des saisons impliquent nécessairement une variété et à la fois une intermittence d'occupations qui ne permettent pas au travailleur agricole de se cantonner dans une seule tâche. Il est impossible d'organiser le travail dans une ferme comme dans un atelier en chargeant tel ouvrier uniquement des semailles, tel autre uniquement de la moisson, tel encore uniquement de la taille de la vigne, etc., parce que chacun de ces travaux ne durant que

quelques semaines, chacun des ouvriers qui se cantonnerait dans
une de ces spécialités devrait rester oisif presque onze mois de
l'année sur douze[1].

Ni la loi d'intégration, parce que l'agriculture n'a ni l'outillage,
ni les capitaux, ni la compétence nécessaires pour annexer à son
exploitation agricole des industries diverses : — soit celles antérieures, par exemple, fabriquer dans la ferme les engrais chimiques ou les futailles pour loger son vin ; — soit celles postérieures,
par exemple, utiliser les sous-produits de la récolte, distiller
l'alcool, extraire l'acide tartrique des lies, moudre les grains.

De ces différences, fondées sur la nature des choses, on ne peut
manquer de conclure que dans l'agriculture la production en
grand ne peut bénéficier des mêmes causes de supériorité que
dans l'industrie ou le commerce. Et même elle a à souffrir d'une
cause d'infériorité que nous estimons très grave : c'est la séparation entre celui qui possède et celui qui cultive. Les grands
domaines ne peuvent être cultivés que par des fermiers ou
métayers, ou, s'il s'agit du faire-valoir direct, par des salariés sous
les ordres d'un régisseur. Sans doute la grande industrie aussi ne
peut marcher qu'avec un personnel salarié. Mais dans l'industrie
le travail du salarié est surveillé de beaucoup plus près que dans
l'agriculture et d'ailleurs se révèle immédiatement par le résultat.
En outre, divers artifices que nous aurons à étudier dans le chapitre sur le *Salaire*, tels que travail aux pièces, salaire avec
primes, etc., permettent de remédier dans une certaine mesure à
l'infériorité volontaire du travail salarié. Mais pour le travailleur
agricole presque aucun de ces modes de contrôle n'est réalisable
— pas même le renvoi, car la main-d'œuvre est rare et difficile à
remplacer et combien plus le sera-t-elle demain ! Au contraire,
dans la petite exploitation, quand la terre est cultivée par celui
qui la possède, le travail atteint son maximum d'intensité — on
sait ce que peut donner le travail du paysan cultivant son propre
champ — et même s'il emploie pour s'aider quelques journaliers,
ceux-ci restent sous l'œil du maître et sont obligés de se mettre à
son pas.

Tout ceci explique suffisamment que les grandes exploitations

---

[1] Sans doute, il y a bien certains travaux continus et qui, comme tels, peuvent
être confiés à un même individu pendant toute l'année : le *charretier* mène les
bêtes au charroi ou au labour, le *berger* garde le troupeau, le *jardinier* cultive le
jardin — mais le plus grand nombre des travailleurs restent indifférenciés. Et
d'ailleurs même cette spécialisation des occupations agricoles n'a pas grand rapport avec la division technique du travail dans l'atelier.

agricoles ne soient pas près d'envahir l'industrie agricole et que même ce soient plutôt les petites qui gagnent du terrain. Les grandes semblent en voie de décroissance doublement, à la fois comme nombre et comme superficies. On peut citer çà et là quelques domaines immenses, mais ils restent à l'état d'exception et ils ne semblent point annoncer, comme les capitalistes mammouths et les trusts de l'industrie, l'avènement d'un régime nouveau. Au reste les socialistes eux-mêmes qui font de la loi de concentration la pierre angulaire de leur doctrine reconnaissent généralement, quoique à regret, ceux du moins qui n'y apportent pas de parti pris, que la loi de concentration ne se vérifie pas dans l'agriculture [1].

Mais faut-il aller plus loin et conclure que la marche de l'évolution est ici en sens inverse et que c'est la grande culture qui est destinée à être progressivement éliminée par la petite culture? Une telle conclusion pourrait trouver une confirmation dans les statistiques des divers pays [2]. Néanmoins elle serait tout au moins

[1] Bernstein, quoique socialiste, dit dans son livre déjà cité : « Il est hors de doute que partout, dans l'Europe occidentale comme dans les États de l'Est de l'Union américaine, le nombre des entreprises agricoles petites et moyennes augmente et que celui des entreprises grandes et géantes diminue ».

[2] Voici les chiffres du *Recensement de 1906* qu'il faut rapprocher de ceux reproduits ci-dessus pour l'industrie et le commerce et empruntés à la même source (tome I, 2ᵉ partie, p. 121). Nous avons abaissé seulement la ligne de démarcation entre la deuxième et la troisième catégorie à 50 ouvriers au lieu de 100, parce que 50 ouvriers représentent déjà la très grande culture.

	1896	1906	Accroissement ou diminution
Petite exploitation (1 ouvrier au plus) . . .	683.596	708.872	+ 3,6 p. 100
Moyenne exploitation (de 1 à 50 ouvriers).	791.126	615.188	— 22 »
Très grande exploitation (plus de 50 ouvriers)	233	201	— 14 »
	1.474.955	1.324.261	— 10 p. 100

On voit que le nombre des petites exploitations agricoles a augmenté un peu, et le fait est d'autant plus remarquable que le nombre total des exploitations agricoles a diminué. C'est donc seulement sur les grandes et moyennes exploitations que la diminution s'est réalisée et elle est énorme pour un aussi court laps de temps que dix ans.

On remarquera aussi la proportion infinitésimale des grandes exploitations agricoles, pas même 1 sur 3.000.

Même aux États-Unis qui sont toujours cités comme le pays des grandes exploitations agricoles, de même que tous les pays neufs d'Amérique et d'Australie, les *Census* décennaux nous montrent que la superficie moyenne des exploitations a diminué rapidement dans la seconde moitié du xixᵉ siècle. Il est vrai que depuis 1890 elle est à peu près stationnaire avec quelques oscillations : cet arrêt

prématurée. La grande et la petite culture ont chacune leur raison d'être, selon la nature des terrains, les conditions climatériques, le degré de développement économique du pays et surtout selon la densité de la population, et l'une n'est pas plus que l'autre vouée à l'infériorité, chacune pouvant évoluer sur son plan et atteindre au plus haut degré du perfectionnement, l'une dans la culture *extensive*[1], l'autre dans la culture *intensive*, celle-ci visant plutôt à l'accroissement du produit brut, celle-là plutôt à l'abaissement du coût de production.

La grande culture ne peut prétendre, il est vrai, à tous les avantages de la grande industrie par les raisons que nous venons d'expliquer, mais néanmoins il lui en reste encore d'assez importants : — d'abord la réduction sur le pourcentage des frais généraux, qui dans l'agriculture constituent une part notable du prix de revient ; — puis la faculté de vendre et d'acheter par plus grandes quantités et par conséquent dans de meilleures conditions, un crédit plus étendu chez les banquiers, les économies sur les transports et charrois, la possibilité d'installer dans la ferme même une forge et atelier pour les réparations quotidiennes des instruments aratoires ; — et surtout la possibilité d'employer des machines, soit les machines pour le travail (charrues, défonceuses, semoirs), soit les machines pour la récolte (moissonneuses, faucheuses, batteuses), soit les machines pour le service intérieur (pompes, pressoirs ou fouloirs pour vendanges). Les machines agricoles ne peuvent fonctionner économiquement qu'autant qu'on peut leur fournir une certaine étendue de terrain (au moins 15 à 20 hectares d'un seul tenant) et une quantité suffisante de produits : sinon leur travail revient plus cher que la main-d'œuvre.

dans la courbe décroissante s'explique par le fait qu'au cours de cette période de vastes étendues de terres publiques ont été mises en vente ; peut-être aussi par le fait que la culture s'est étendue sur les régions arides et quasi désertiques de l'Ouest qui, par leur faible rendement, ne se prêtent qu'à la culture extensive. Voici les chiffres :

1850	202,6	acres, soit	82	hectares
1890	136,5	»	55	»
1900	146,2	»	59	»
1910	138,1	»	56	»

On voit que la contenance moyenne est assez modeste pour un pays neuf où la population est encore si clairsemée.

[1] La culture est dite *extensive* quand, comme le mot l'indique, elle s'étend en surface au lieu de s'étendre en profondeur ; — mais il ne faudrait point y voir un mode de culture primitif et barbare comme celle qui gratte seulement la surface du sol et, au lieu de fumer les terres, les laisse en friche, s'en remettant à la nature du soin de réparer leurs pertes. La culture extensive peut être non moins industrialisée que la culture intensive

C'est mieux encore si ces machines peuvent être actionnées par des forces motrices autres que celles de l'homme ou des animaux, par des locomobiles, moteurs à essence ou dynamos. Par ces moyens mécaniques, la grande culture peut couvrir de vastes surfaces, gagner du temps, économiser la main-d'œuvre — ce dernier avantage d'autant plus appréciable que c'est là, nous venons de le dire, le point faible de la grande culture — et ainsi réduire au minimum le coût de production [1]. C'est le mode de culture indiqué pour les pays, comme ceux d'Amérique ou d'Australie, où la terre disponible est immense et la main-d'œuvre rare. Mais la motoculture a aussi sa place dans maintes régions de nos vieux pays, en France même, et après les ravages de la guerre actuelle, c'est elle seule qui pourra rapidement, et malgré le manque de bras, remettre en état la terre appauvrie dans tous les pays belligérants [2].

Néanmoins la petite culture n'est nullement incompatible avec le progrès : non seulement elle n'exclut aucun des modes de culture les plus perfectionnés, mais même, peut-on dire, c'est elle seulement qui peut les réaliser. Sans doute une telle assertion paraît paradoxale parce que quand on parle de petite culture on ne voit que la terre du paysan — mais pourquoi ne pas prendre plutôt comme spécimen de la petite culture un jardin maraîcher de la banlieue de Paris? Quand on compare la terre du paysan au grand domaine équipé à l'américaine, on compare des cultures qui ne sont pas au même degré de l'évolution et qui par conséquent ne sont pas comparables. Si l'on veut établir un rapport de comparaison, alors que ce soit entre la terre du paysan et les *latifundia* de la campagne romaine — ou entre une grande ferme américaine et un des vergers de la Californie, et on verra que la comparaison, dans les deux cas, n'est pas défavorable à la petite culture [3]. Quand on vante la supériorité technique de la grande

---

[1] Le coût de production du travail d'un homme étant évalué à 100, celui d'un cheval est évalué à 22, d'un moteur à vapeur à 10, d'un moteur électrique à 7. D'après M. Girard, *Le matériel agricole en France*, dans l'enquête faite par l'Association Nationale d'expansion économique.

[2] Il faut espérer que la guerre et ses ruines auront du moins pour résultat de donner une vigoureuse impulsion à l'emploi des machines agricoles et surtout des moteurs mécaniques en France, car notre pays est fort en retard à cet égard.

[3] Il faut cependant supposer que ces terres auront une superficie minima, variable selon la nature de la culture, et d'un seul tenant, car ce qui fait l'infériorité actuelle de la petite culture et la difficulté de recourir à des modes de culture économique c'est moins l'exiguïté de leur superficie que leur morcellement et leur enchevêtrement. Mais on peut y remédier par l'opération du remembrement dont nous aurons à parler à propos de la propriété foncière.

culture, on est souvent induit en erreur par la supériorité de culture intellectuelle que possèdent naturellement les grands agriculteurs sur les petits paysans : on voit les grands domaines mieux tenus et donnant l'exemple des améliorations agricoles, et on attribue à la différence des modes d'exploitation ce qui ne tient, en réalité, qu'à l'inégalité de condition sociale et d'instruction des propriétaires.

Sans doute la petite exploitation n'emploie pas de moissonneuses, faucheuses, etc., dont elle n'a que faire, mais c'est pourtant là qu'on peut trouver réalisée la vraie concentration, car qu'est-ce que la concentration sinon l'accumulation maxima de capitaux et de main-d'œuvre sur le plus petit espace ?

La culture maraîchère dans les environs de Paris peut représenter un capital de 30 à 40.000 francs par hectare, mais aussi elle peut donner 30.000 francs par hectare en produit brut et de quoi nourrir 30 personnes. On y trouvera la spécialisation, ici pour la culture des petits pois, là pour celle des fraises, ailleurs celle du lilas. On y trouvera, tout au moins à l'état d'expériences, la culture la plus *industrialisée* qui soit, puisque les plantes y sont soumises à des conditions de température, d'éclairage, d'alimentation artificielle, comme dans un laboratoire : c'est ce qu'on appelle la culture forcée [1].

Il est vrai que l'horticulture et l'arboriculture n'occupent encore qu'une faible partie de la terre, mais elles ne peuvent manquer de s'étendre au fur et à mesure que l'accroissement de la population obligera à demander à la terre une quantité croissante de subsistances ou, sans attendre cette date fatale, dès qu'on aura trouvé des débouchés et moyens de transport pour leurs produits [2].

[1] Dans la station agricole de Rothamsted, en Angleterre, on a soumis la terre des serres, au moyen de tuyaux de vapeur en forme de tuyaux de drainage, à une température de 80 à 90 degrés une heure durant, et non seulement la récolte s'est trouvé doublée, mais elle a pu être renouvelée sept fois dans la même saison : on explique ce prodige par la stérilisation, la destruction des microbes, quoiqu'on enseignât au contraire qu'ils sont indispensables à la végétation.

[2] C'est ainsi que déjà en Californie, quoique la densité de la population y soit encore très clairsemée, de vastes domaines sont spécialisés dans la production de certaines espèces de fruits, oranges, abricots, amandes, etc., en vue de l'exportation.

La spécialisation des cultures n'est pas tout à fait la même chose que la *monoculture* : la première, dans l'horticulture ou l'arboriculture, comporte généralement une certaine diversité de produits sous forme de récoltes successives, par exemple des fleurs ou des fruits se succédant selon la saison, tandis que la monoculture ne comporte qu'une seule récolte dans l'année : la viticulture en est le plus remarquable exemple. Mais la monoculture fait courir de grands risques, car

Il en résulte donc que si l'intérêt individuel du propriétaire peut trouver aussi bien son compte dans le second de ces modes que dans le premier, parce que l'individu ne vise qu'au profit — l'intérêt social trouve beaucoup mieux son compte au premier, car la culture intensive a cet avantage d'augmenter à la fois, par l'accroissement de l'emploi de la main-d'œuvre, la masse des salaires à distribuer et, par l'accroissement des produits bruts, la masse des subsistances. L'emploi des machines, au contraire, tend plutôt à diminuer les salaires et augmente rarement la récolte. Sur une grande échelle, il aurait même pour résultat d'aggraver l'émigration de la population rurale. Mais il est vrai que si celle-ci est déjà déterminée par d'autres causes, l'emploi des machines dans l'agriculture aura au contraire ce résultat bienfaisant de permettre de suppléer aux bras qui manquent[1]. Au reste, l'agriculteur n'a pas toujours le choix entre la culture extensive et la culture intensive; il est des terres qui, selon leur nature, ne se prêtent qu'à l'un ou à l'autre de ces deux modes d'exploitation.

Si maintenant, regardant à l'avenir, on pose la question de savoir si la grande et la petite culture continueront à coexister, ou si l'une est destinée à éliminer l'autre, la prévision paraît assez facile. Toute l'évolution agricole nous montre, comme nous l'avons déjà vu ci-dessus (p. 102), une réduction progressive des superficies exploitées, au fur et à mesure qu'un peuple passe par les phases successives de la vie de chasseur, de la vie pastorale, de la vie agricole — et dans la période agricole elle-même, au fur et à mesure qu'il passe de la culture extensive à la culture intensive, de la culture agricole proprement dite à celle maraîchère. Mais d'autre part, à chacune de ces phases de la culture, en même temps que la superficie de chaque exploitation se restreint, nous voyons une quantité croissante de capital et de travail s'y accumuler et l'effort de la culture augmenter comme monte le niveau et la pression de l'eau dans un réservoir dont les parois se resserrent.

si cette unique récolte se trouve frappée par quelque intempérie ou quelque maladie, tout est perdu. Les propriétaires des grands vignobles du Midi de la France en ont fait maintes fois la cruelle expérience : aussi beaucoup reviennent-ils à une certaine polyculture, tout au moins dans la mesure nécessaire pour pourvoir aux besoins de l'exploitation et dispenser d'acheter du fourrage.

[1] Nous ne croyons pas d'ailleurs que le machinisme puisse jamais produire dans l'agriculture les mêmes effets que dans l'industrie. Ici en effet, comme il s'agit seulement de déplacer la matière ou de changer la forme, la force motrice peut presque tout, mais là où il s'agit d'engendrer la vie, elle ne peut rien faire de plus que mieux préparer le milieu (voir ci-dessus p. 121).

Si donc on veut essayer de se représenter le régime agricole du monde à venir, c'est plutôt du côté de la Chine que du côté de l'Amérique qu'il faut regarder[1]. Et il semble qu'il répondra assez bien à l'idéal promis par les prophètes d'Israël : chacun reposera sous sa vigne et sous son figuier — comme aussi à la maxime que Voltaire a mise dans la bouche de Candide : il faut cultiver son jardin.

Quant à savoir si ces exploitations agricoles, petites en surface, grandes en rendement, resteront sous le régime de la propriété individuelle ou passeront sous un régime plus ou moins associationniste ou collectiviste, ceci est une question qui relève de la répartition et ne touche plus, directement du moins, à la production : nous la retrouverons en son lieu[2].

CHAPITRE V

LA PRODUCTION PAR L'ÉTAT

L'État peut intervenir dans la production à deux titres très différents : — soit en qualité de *législateur* pour réglementer ou stimuler l'entreprise privée; — soit en qualité d'*entrepreneur* pour se substituer à l'entreprise privée.

Quand l'État agit par voie législative, son intervention, peut s'exercer sous des modes très différents :

[1] C'est grâce à la petite culture que la Chine réussit à nourrir sa population grouillante. Or, on assure que les Chinois, en repiquant chaque épi de blé, en triturant la terre et en la faisant passer au tamis, peuvent obtenir jusqu'à 150 quintaux de blé sur un hectare — soit le quintuple de ce qu'on obtient en Europe sur les meilleures terres.

Mais la culture chinoise diffère de la culture maraîchère ou arboricole d'Europe et des États-Unis en ce qu'elle s'intensifie surtout par la main-d'œuvre, tandis que celle-ci s'intensifie surtout par le capital.

[2] Il ne faut pas, comme on le fait trop fréquemment, confondre grande culture avec grande propriété, ni petite culture avec petite propriété. Sans doute la petite propriété implique toujours la petite culture, quoique pourtant, par l'association, elle puisse bénéficier de quelques-uns des procédés de la grande culture — mais la grande propriété n'implique pas nécessairement la grande culture, car un grand domaine peut être divisé en un plus ou moins grand nombre de fermes, et l'est même très souvent. Nous avons déjà mis en garde contre cette confusion à propos de la loi dite de concentration.

a) par voie de *réglementation,* c'est-à-dire de coercition, ordre ou interdiction de faire : — par exemple, les conditions imposées aux sociétés par actions ou aux trusts, la limitation des heures de travail, les prescriptions d'hygiène, le repos hebdomadaire, etc. Ce mode d'intervention porte donc atteinte directement à la liberté du travail, et, comme tel, est celui qui a motivé les protestations les plus vives de l'école libérale.

La réglementation de la production n'est pas chose nouvelle. Autrefois les artisans étaient soumis à des règlements nombreux et minutieux, même au point de vue purement technique : il fallait que leurs produits fussent conformes à un type déterminé, et il était interdit même aux propriétaires de transformer, sans autorisation, leurs terres à blé en vignobles ou leur vin en eau-de-vie, ou de commencer la vendange avant que le ban eût été publié, ou de garder leur récolte de blé dans leurs greniers. Et d'autre part, l'État assumait parfois la charge de pourvoyeur des citoyens, tout au moins pour le blé, sans parler des peines terribles édictées contre les prétendus accapareurs.

Depuis la Révolution de 1889 cette mise en tutelle des producteurs était à peu près abandonnée [1]. Mais la guerre ayant eu pour effet de faire passer presque toutes les industries sous le contrôle de l'État — sous forme de réglementation de la production, réquisition des produits, mobilisation du personnel, interdiction des exportations ou des importations — il est possible que ce contrôle se continue après la guerre. Le parti socialiste poussera fortement en ce sens [2].

b) par voie *d'encouragement* aux initiatives individuelles ou aux associations privées : — soit en leur allouant des subventions sur le budget, par exemple aux associations agricoles et coopératives, ou à certaines industries d'intérêt national comme la marine marchande ; — soit en créant certaines institutions destinées à soutenir et à coordonner les efforts individuels, telles que écoles professionnelles, caisses d'épargne, conseils du travail, bureaux de placement ; — soit en mettant à la disposition de ceux qui voudront en user, des cadres légaux considérés comme désirables au

---

[1] Cependant dans certains pays, comme en Suisse, l'autorisation préalable est exigée pour la création de toute fabrique.

[2] Le président de la Confédération suisse, M. Schulthess, disait (1917) : « Ce serait fermer les yeux à l'évidence que ne pas admettre ce fait : dans tous les pays le pouvoir de l'État sortira fortifié de la guerre. Nous n'échapperons pas non plus à cette loi ». L'orateur visait bien l'économie nationale. Cependant il y a une autre éventualité possible : celle d'une violente réaction contre cette mainmise de l'État.

point de vue social : par exemple un régime de société à participation ouvrière créé par une loi récente.

Mais nous ne traiterons pas dans ce chapitre de ces modes d'intervention législative, parce qu'ils sont innombrables et qu'il est plus méthodique de les étudier à propos de chacun des cas spéciaux qui motivent cette intervention. C'est ce que nous avons fait déjà à propos des sociétés par actions, des trusts et des diverses associations. En ce qui concerne les lois nombreuses qui réglementent les fabriques et l'inspection du travail, nous les retrouverons à propos des salaires et des mesures de protection qui constituent ce qu'on appelle la législation ouvrière.

Nous ne parlerons donc dans ce chapitre que de l'État entrepreneur d'industrie.

I

Le développement des entreprises d'État et municipales.

Après les entreprises sous forme individuelle et celles sous forme d'associations, il convient de parler des entreprises organisées par l'État, en entendant par l'État non seulement le gouvernement central mais les municipalités, et généralement les pouvoirs publics et même les établissements publics[1].

Ce n'est pas chose précisément nouvelle que l'État entrepreneur, puisque quelques-unes des manufactures nationales de la France remontent à Colbert : cependant la tendance au développement des entreprises d'État, et plus encore des entreprises municipales, est caractéristique de l'époque actuelle. Elle tient à trois causes :

1° Une cause *fiscale* qui est la nécessité de trouver des ressources nouvelles pour pourvoir à des dépenses sans cesse grandissantes sans écraser le contribuable. Nul doute que cette cause n'agisse avec une intensité irrésistible à la suite de la guerre, alors que les États auront à faire face à des budgets tels qu'on n'aurait pu les imaginer. Étant donnée, d'une part, l'impossibilité de prélever sur les revenus privés les milliards nécessaires sans aboutir à une totale confiscation ; étant donnée, d'autre part, l'irritation

---

[1] C'est-à-dire les établissements qui, tout en ayant un caractère officiel et fonctionnant comme organes de l'État, ont cependant une personnalité distincte et une organisation autonome : telle l'Assistance publique.

On pourrait aussi très bien concevoir des entreprises gérées par des syndicats d'États dans un intérêt international : tel pourrait être le régime des canaux de Suez et de Panama, des câbles sous-marins, etc.

que provoqueront dans le peuple tous les impôts de consommation
parce qu'ils aggraveront encore le coût de la vie déjà surélevé —
il ne restera plus pour l'État qu'à essayer de gagner lui-même les
milliards qui lui seront indispensables, en se faisant industriel et
commerçant. Ce ne sera pas facile, mais il le faudra pourtant. On
verra reparaître, avec une force accrue, les projets de monopole
des mines, de la houille blanche, des assurances, de l'alcool, du
sucre, du café, du pétrole, peut-être même de tous les produits
d'importation.

Cependant il faut prendre garde que si l'État se contente d'exproprier à son profit des industries déjà existantes, avec ou sans
indemnité, il pourra augmenter ses revenus, mais il n'ajoutera
rien au revenu du pays : ce ne sera qu'un déplacement de profits.
Ces expropriations peuvent être justes et désirables au point de
vue de la répartition, mais il se peut qu'elles soient inefficientes
ou même nuisibles au point de vue de la production [1].

2° Une cause *sociale* qui est l'hostilité contre le capitalisme, et
l'idée que les profits et dividendes des grandes Compagnies sont
un vol fait au peuple et qu'il faut les rendre au peuple. Pour cela
le moyen le plus sûr n'est-ce pas que le peuple lui-même, représenté par l'État ou par la commune, prenne en main les entreprises lucratives? Aussi donne-t-on généralement à cette tendance
le nom de socialisme d'État ou socialisme municipal, quoique à
vrai dire, là où elle a trouvé le plus d'applications, elle n'ait été
nullement inspirée par un esprit socialiste ou collectiviste au sens
où l'on prend ce mot : exemples l'État prussien ou les municipalités anglaises.

3° Une cause *politique* qui est le désir du gouvenement d'étendre ses attributions pour avoir plus de force et plus de solidité,
pour s'attacher un plus grand nombre d'électeurs. Dans les pays
de suffrage universel comme la France, c'est peut-être la cause
la plus agissante, car on comprend que ce n'est pas peu de chose
pour un gouvernement que d'enrôler à son service 300.000 employés de chemins de fer, ou, pour une municipalité, les employés
des services publics. Pourtant cette préoccupation politique est
déplorable, car elle tend à vicier le caractère économique de ces
entreprises, et elle risque même d'aller contre son but, car ces
mêmes employés, qui faisaient appel à l'État quand ils étaient au

---

[1] C'est ainsi que le monopole des allumettes a si mal réussi que l'État trouve
plus de bénéfice à les faire venir aujourd'hui de l'étranger. Une industrie nationale
a donc été supprimée sans profit.

service d'entreprises privées, passeront dans les rangs de l'opposition quand ils seront au service de l'État ou de la municipalité! Et les conflits ou grèves prendront un caractère beaucoup plus dangereux pour l'ordre public, celui d'un acte de révolte contre le gouvernement.

Il va sans dire que le mouvement que nous venons d'exposer suscite de vives appréhensions et de vertes critiques de la part des économistes de l'école libérale[1]. « Ni l'État, ni les communes ne doivent jamais faire ce que peut faire un particulier, telle est la formule économique », dit M. Yves Guyot : tout au moins faudrait-il ajouter un mot et dire : ce que peut faire *mieux* un particulier ».

Mais encore faut-il savoir sur quoi se fonde ce principe *a priori*. On l'appuie en effet sur les résultats financiers des entreprises d'État et sur leurs conséquences économiques et sociales. Les arguments classiques contre l'étatisation et la municipalisation sont :

1° L'affirmation de *l'incapacité de l'État* (ou de tout corps politique) à exercer les fonctions d'entrepreneur. Il n'a pour cela, dit M. Paul Leroy-Beaulieu[2], ni esprit d'initiative parce qu'il n'est pas stimulé par la concurrence, ni compétence parce qu'il n'est pas organisé en vue de ce rôle, ni esprit de suite parce que ses représentants sont soumis à toutes les vicissitudes de la politique et des élections.

On pourrait résumer ces arguments en un mot, en disant que le fonctionnaire est l'homme qui n'agit pas — soit parce qu'il ne le peut pas, soit plus fréquemment parce qu'il a pour mot d'ordre de ne pas « se faire d'affaires »[3].

---

[1] Comme argument contre l'intervention de l'État dans l'ordre économique, voir tous les livres de l'école économique libérale, Dunoyer, Bastiat, Taine, Herbert Spencer, et, pour les contemporains, tous les livres de M. Yves Guyot, plus spécialement celui *La gestion par l'État et les municipalités*, où on trouvera le choix le plus varié et le plus copieux de cas de sottises et malfaçons, parfois même de malhonnêteté, des États et des municipalités. Nous n'en contestons pas l'exactitude. La guerre actuelle fournira un nombre prodigieux de bévues et d'incohérences à ajouter à ce répertoire, non seulement en France mais dans tous les pays belligérants et même en Allemagne. Mais aussi la tâche était-elle au-dessus des forces humaines.

[2] *Précis d'Économie politique*, et pour plus de détails son livre sur *L'État*.

[3] Cette inaction se manifeste souvent sous la forme d'une impuissance, non pas seulement à faire mais *à défaire*. Comme exemple, on peut citer la digue du Mont-Saint-Michel dont la suppression a été décidée depuis plus de dix ans et renouvelée par chacun des ministres qui se sont succédé depuis lors, mais qui néanmoins demeure toujours intacte.

D'où il résulte que l'État produira plus chèrement que l'entreprise privée, autrement dit, que l'on ira en sens contraire du principe hédonistique qui vise au maximum de satisfaction pour le minimum de frais [1].

2° Le danger politique d'un *fonctionnarisme* grandissant et qui finira par englober la majorité des citoyens, tous les modes d'activité économique se trouvant peu à peu convertis en « places » à conquérir, soit par examens et concours, soit, ce qui sera pire, par népotisme et favoritisme : un Saint-Simonisme moins la maxime « à chacun selon ses œuvres ». Et il est à craindre que dans chaque entreprise d'État ou municipale le nombre des places soit mesuré non aux besoins du service mais au nombre des clients à placer.

3° Même au point de vue fiscal, l'entreprise d'État ne peut rien donner parce qu'elle se trouve tiraillée en sens contraire *entre deux buts opposés*.

En effet, pour atteindre le premier but, qui est de procurer des ressources par un moyen plus commode que l'impôt, il faudrait faire payer le plus cher possible les services rendus, comme fait l'État français pour ses tabacs. Pour atteindre le second, qui est de procurer au public le maximum d'avantages, il faudrait rendre ces services gratuitement ou, tout au plus, au prix de revient, comme fait l'État dans la plupart des pays pour les Postes et, mieux encore, pour l'instruction. Les socialistes comptent bien qu'un jour, non seulement l'eau, mais les tramways, et peut-être le pain et le théâtre, seront gratuits pour tous et qu'on reviendra ainsi au *panem et circenses*. — Mais entre ces deux buts, il faudra pourtant opter. Or il y a toute raison de penser que c'est le second but qui prévaudra et que sous la pression de la masse, pression irrésistible dans un pays de suffrage universel, l'abaissement continu de tous les tarifs aura pour effet d'annuler les recettes.

Pourtant ces objections ne nous paraissent point suffisantes pour écarter systématiquement les pouvoirs publics comme entrepreneurs d'industrie. Autant il serait absurde de poser en principe que l'État fait toutes choses, y compris la production, mieux que l'individu, autant il nous paraît anti-scientifique de poser en

---

[1] Taine dit : « On a calculé qu'une entreprise, si elle est conduite par l'État, coûte un quart de plus et rapporte un quart de moins. Partant, si on retirait le travail aux particuliers pour en charger l'État, il y aurait en fin de compte pour la communauté moitié de perte ».

dogme que toute entreprise faite par l'État ou par une municipalité sera toujours inférieure à une entreprise individuelle.

1° D'abord en ce qui concerne les échecs et malfaçons des entreprises d'État, c'est un argument facile et dont il ne faut pas abuser. Il ne serait probant que si on pouvait faire le même bilan pour les entreprises privées. Or c'est ce qu'on ne fait point. Et il est à peu près impossible de le faire parce que les échecs des entreprises privées passent inaperçus, tandis que ceux des administrations publiques font scandale. Mais chacun de nous a fait mille fois cette expérience. Chaque fois que pour quelque réparation d'appartement nous avons eu le malheur d'être obligé de faire venir le serrurier, le peintre, l'électricien, le fumiste, le plombier, nous avons su ce qu'il en coûtait de temps, d'argent et de désagréments. Pourtant ce même public, qui supporte avec une admirable indulgence les déboires quotidiens que lui infligent ses fournisseurs, s'indigne quand ce fournisseur est l'État[1]. Il a raison d'ailleurs, mais cette exigence plus grande vis-à-vis de l'entreprise d'État est un hommage qu'il lui rend. Sans doute on ne peut attendre de l'État entrepreneur les qualités propres à l'entreprise individuelle, mais il n'y a pas de raison de principe pour qu'il soit plus incompétent que toute autre organisation[2] Compagnie, trust ou société coopérative : car il est à noter que ce n'est pas généralement entre l'entreprise *individuelle* et celle d'État, mais entre l'entreprise *collective privée* et celle d'État, que l'alternative se pose. Or on ne voit pas pourquoi les conseils d'administration des entreprises d'État, des chemins de fer par exemple, ne pourraient pas être composés d'hommes aussi compétents que ceux des grandes Compagnies : quant aux ingénieurs, ce sont les mêmes pour les unes que pour les autres.

On a fait remarquer que l'entreprise du canal de Panama qui avait lamentablement échoué sous le régime de l'entreprise privée a été menée à bonne fin par la mise en régie.

2° En ce qui concerne l'argument politique, nous avons déjà fait remarquer que l'État, tel qu'il se trouve constitué dans nos sociétés modernes, et particulièrement dans les démocraties, est mal adapté aux fonctions économiques[3], et on peut en dire autant

---

[1] L'exemple des allumettes en France est caractéristique. Elles sont aussi bonnes que dans les autres pays (quoique, il est vrai, beaucoup plus chères). Mais à force de répéter que les allumettes « de la régie » ne s'enflamment jamais, cette plaisanterie a passé en axiome. Ce qui est vrai toutefois c'est que la fabrication des allumettes par l'État ne donne que des résultats misérables comme rendement (voir ci-dessus, p. 320, note).

[2] Voir ce que nous avons dit à propos du socialisme d'État, p. 39.

des municipalités. Sans doute si l'État ou les municipalités dans leur fonctionnement économique suivent les mêmes errements que dans leur fonctionnement politique, si les administrateurs des entreprises peuvent être, comme dans l'administration publique, déplacés sur les ordres des députés qui eux-mêmes obéissent aux ordres de leurs électeurs, si les emplois industriels ne servent qu'à caser les fils de personnages influents, alors il est à prévoir en effet que ces entreprises marcheront mal. Les pays les plus démocratiques — qui sont généralement ceux où l'on pousse le plus à l'extension des attributions économiques de l'État — sont précisément ceux où leur mise en pratique est la plus difficile, parce que l'entreprise municipale ou d'État s'y trouve fréquemment et presque nécessairement subordonnée à des intérêts de parti[1]. L'évolution industrielle tend bien aussi vers la démocratisation, mais elle est loin en arrière de l'évolution politique. Ceci explique qu'on ne puisse donner à cette question une solution générale : on comprend très bien qu'on puisse être pour le rachat des chemins de fer par l'État dans certains pays, par exemple en Allemagne ou en Angleterre, et contre dans d'autres pays, par exemple en France, en Suisse ou aux États-Unis.

On pourrait pourtant remédier dans une certaine mesure à l'intrusion politique en se conformant aux règles suivantes :

a) Conférer aux entreprises d'État ou municipales une organisation autonome, un budget spécial, une personnalité morale distincte, un conseil d'administration recruté en dehors du Conseil municipal (ou du moins dans lequel les conseillers municipaux ne seront qu'en minorité et avec interdiction pour ceux-ci et pour leurs proches parents d'occuper un emploi dans les entreprises municipales), et leur imposer les mêmes règles de comptabilité qu'aux entreprises privées[2].

C'est ce que l'Italie a réalisé par l'institution des *Enti autonomi*, trop peu connus en France et qui ont donné les plus remarquables résultats. Ce sont des corps autonomes composés de délégués

---

[1] Gambetta disait : « On gouverne avec un parti : on administre avec des capacités ». Mais le danger c'est que les partis au pouvoir n'entendent nullement séparer l'administration du gouvernement et ne cherchent les capacités que dans leurs rangs. C'est là l'écueil des entreprises d'État. Voir ci-dessus, *Socialisme d'État*, pp. 31-32.

[2] L'autonomie financière des entreprises industrielles d'État est critiquée comme portant atteinte au grand principe financier de l'*unité de budget*. Il est vrai, mais aussi faut-il rejeter ce principe comme absolument incompatible avec les fonctions nouvelles de l'État. Comment contrôler et améliorer des entreprises où tout, profits et pertes, serait jeté dans le même gouffre !

élus à la fois par la municipalité, par les établissements d'utilité publique et d'assistance, parfois aussi par les sociétés de consommation ou directement par les consommateurs eux-mêmes, chacun de ces éléments ayant une représentation proportionnelle au capital qu'il a apporté. Il s'agit donc là d'organisation tout à fait nouvelle, relevant à la fois de l'économie publique et de l'économie privée, et apte à réunir les avantages de l'une et de l'autre[1].

b) Faire une place dans le conseil d'administration aux représentants des consommateurs d'une part, à ceux des employés d'autre part, afin de donner à ces entreprises d'État le caractère de véritables Coopératives, à la fois de production et de consommation — ce qui suffirait peut-être pour leur éviter de s'encroûter dans le fonctionnarisme[2].

c) Soumettre ces entreprises, qu'elles soient d'État ou municipales, à une responsabilité de droit commun, identique à celle des simples particuliers. C'est une condition *sine qua non* et sans laquelle l'extension des attributions économiques de l'État deviendrait la plus intolérable tyrannie. Cette responsabilité est déjà reconnue quand il s'agit des chemins de fer de l'État, mais elle est généralement déclinée quand il s'agit des services des postes, télégraphe ou téléphone. C'est un abus de pouvoir que de faire couvrir l'État-industriel par l'État-gouvernement en disant qu'ils ne sont qu'un ! Il faut qu'ils soient tout à fait distincts[3].

3° L'objection fiscale est la plus forte. Il est certain qu'il y a une certaine incompatibilité entre ces deux buts : d'une part procurer des ressources à l'État, d'autre part satisfaire le plus économiquement possible aux besoins des consommateurs.

---

[1] Ces *Enti autonomi* pendant la guerre ont rendu des services éminents pour l'approvisionnement des villes. Elles vont même s'unir en Fédération Nationale, à la grande indignation des commerçants qui mènent campagne pour l'empêcher.

En France, pour organiser le ravitaillement, l'administration, après bien des échecs, s'est décidée à créer des Offices composés de professionnels.

[2] On a commencé, quoique timidement, à entrer dans cette voie en réservant une place aux délégués des sociétés de consommation dans quelques-uns des conseils extra-parlementaires institués au cours de la guerre pour s'occuper des questions d'approvisionnement ou de travail. La ville de Paris, en 1915, a délégué à la Fédération Coopérative l'organisation de la vente de la viande frigorifiée. En Allemagne, les villes du Rhin, Heidelberg, Karlsruhe, etc., ont constitué une société coopérative entre elles pour l'achat d'approvisionnements.

[3] On a vu l'État suspendre le service des téléphones à des abonnés dont il avait à se plaindre, à titre de pénalité, et sans rembourser le prix d'abonnement.

Un arrêt du Conseil d'État de 1908 a déclaré irrecevable toute réclamation de la part de l'abonné au téléphone des sommes versées à l'État, le prix perçu pour l'abonnement étant assimilé aux impôts ! Voilà un exemple de la confusion détestable entre la fonction économique et la fonction publique.

Ce dernier but est certainement le but essentiel ; l'autre ne peut être justifié que par des nécessités exceptionnelles et temporaires. Sans doute une entreprise d'État doit se proposer pour idéal non le profit à réaliser, mais les besoins à satisfaire.

Mais la contradiction apparente entre le but fiscal et le but social peut se résoudre assez facilement. Pour les services qui sont utiles à tout le monde ou tout au moins à la grande majorité des citoyens, pour les consommations nécessaires et désirables, on s'acheminera probablement en effet vers la gratuité, mais pour les services qui n'intéressent qu'une minorité, pour les consommations de luxe, on maintiendra les hauts prix avec bénéfices, et ce sera pour le profit de tous. Il n'y aurait rien de choquant si les majorations de prix imposées aux fumeurs de tabac ou aux buveurs d'alcool étaient employées à fournir au-dessous du prix de revient l'eau, le transport, l'éclairage et peut-être même le chauffage et la force motrice, à tous les citoyens.

Il est à remarquer que ce programme — la production et l'échange organisés en vue des besoins et non en vue des profits — ressemble beaucoup à celui des sociétés coopératives de consommation. C'est pourquoi ceux qui, comme nous, croient à l'avenir de ces sociétés ne peuvent se montrer antipathiques, en principe, à la municipalisation, car celle-ci n'est, en réalité, qu'une association coopérative en vue de pourvoir au moindre coût possible aux besoins les plus nécessaires et les plus généraux de tous les membres de la cité. Aussi croyons-nous que les municipalités tendront de plus en plus à se rapprocher des sociétés de consommation et à leur déléguer le soin d'organiser les entreprises commerciales. La guerre aura eu ce résultat très important de leur apprendre combien elles étaient proches parentes.

Toutefois les sociétés coopératives de consommation ne peuvent réaliser la gratuité et même rarement vendent-elles au prix de revient. Au contraire, la plupart ont pour règle de faire des profits conformément au programme de Rochdale (voir ci-après)[1] : seulement, ces profits elles les répartissent entre tous leurs membres. Mais n'est-ce pas ce que font les États ou les municipalité quand ils réalisent des profits sur leurs entreprises ? En effet puisque ceux-ci sont versés dans le budget, il est évident qu'ils profitent à tous les citoyens : c'est autant de moins de contributions à payer pour chacun.

---

[1] Mais généralement elles font les plus gros profits sur les articles de luxe (conserves, vins fins) et les moindres sur les denrées nécessaires à la vie — précisément le système que nous venons d'indiquer pour les régies.

II

Quelles sont les entreprises qui se prêtent à l'étatisation ou à la municipalisation?

Cette tendance à l'étatisation ou à la municipalisation des entreprises est plus accentuée dans certaines industries que dans d'autres.

Celles qui s'y prêtent le mieux sont naturellement celles qui, à raison des conditions techniques de leur exploitation, sont déjà constituées sous la forme de *monopoles* et ne peuvent l'être autrement : pour l'État, ce seront les Postes et télégraphes, monnayage, chemins dé fer; — pour les villes, la distribution des eaux, éclairage, tramways, etc. En effet, actuellement, quand des entreprises de cette nature doivent être constituées, comme elles ne peuvent fonctionner qu'investies d'un monopole légal, qu'arrive-t-il? C'est que l'État ou la ville concède ces entreprises à des Compagnies pour une durée plus ou moins longue. Puis un jour vient où l'État ou la ville se disent : Pourquoi ne pas les concéder à moi-même? Pourquoi consentir bénévolement à des actionnaires le privilège de toucher les profits que je n'ai qu'à garder dans ma caisse? Et monopole pour monopole, pourquoi le mien ne vaudrait-il pas autant que celui d'une Compagnie?

Cependant ce serait une conception trop étroite du rôle économique des pouvoirs publics que de la limiter aux entreprises à caractère de monopole. Le fait qu'une entreprise peut fonctionner sous le régime de la concurrence ne nous parait pas une raison suffisante pour écarter *a priori* l'État ou les municipalités. Pour déterminer quelles sont les entreprises qui se prêtent à devenir service public, il faut un autre critère. Nous dirons qu'une

¹ C'est par ces motifs que le Conseil d'État en France a toujours refusé aux municipalités l'autorisation de créer des entreprises commerciales lorsqu'elles devaient avoir pour résultat de faire concurrence aux entreprises privées. C'est ainsi qu'en 1892 il a refusé à la ville de Roubaix l'autorisation d'établir une pharmacie municipale, quoique pourtant celle-ci dût livrer les médicaments à prix coûtant et pût être considérée ainsi comme faisant œuvre d'assistance. D'autre part le Conseil d'État a autorisé d'autres villes à créer des bains payants, à construire des maisons à louer et même à se charger de l'éclairage au gaz (Tourcoing), ce qui prouve que sa jurisprudence est un peu incertaine.

Mais au cours de la guerre, on ne s'est plus guère inquiété de la légalité. Et plusieurs villes, celles où la municipalité était socialiste, ont ouvert des boucheries municipales (Nîmes, Montpellier, Limoges, etc.), lesquelles généralement ont donné de bons résultats.

entreprise se prête à l'exploitation en régie lorsqu'elle répond :

_a_) à un besoin nécessaire, ou du moins dont la satisfaction importe à la vie publique;

_b_) à un besoin commun à tous et qui comporte pour tous les mêmes satisfactions, ou du moins n'admet que peu d'inégalités, ce qui permet un prix de vente unique ou avec deux ou trois degrés seulement;

_c_) à un besoin auquel il peut être pourvu par des moyens simples et uniformes.

Si l'on veut un exemple type d'une entreprise répondant à ces conditions, il faut citer le service des eaux. L'eau répond à un besoin indispensable, universel, quotidien, absolument égalitaire, et quoique l'installation de ce service puisse représenter de grosses dépenses, son exploitation est aussi simple que possible. Aussi tout le monde ici est-il d'accord.

Mais il est d'autres services qui, sans répondre aussi parfaitement à ces conditions, s'en rapprochent plus ou moins — notamment le service des transports urbains et suburbains : tramways et chemins de fer métropolitains. Celui-ci répond aussi à un besoin commun à tous les habitants de la ville, besoin quotidien et si impérieux que si le service s'arrête, c'est toute la vie urbaine qui est paralysée. Non seulement au point de vue économique mais au point de vue de l'hygiène, son importance est grande, car lui seul peut permettre aux ouvriers de loger hors des villes. Enfin il ne comporte qu'un tarif à deux ou trois degrés.

De même aussi l'éclairage Au reste on ne bataille plus sur ces services-là ni sur ceux qui intéressent la santé publique, tels que bains et douches, inhumations, désinfections, halles et marchés, abattoirs. Mais il en est autrement quand les villes entreprennent la construction des maisons pour la population ouvrière. Ici l'opposition devient ardente! Et pourtant la construction de maisons hygiéniques et à bon marché répond bien au genre de besoin indiqué ci-dessus, car il n'est rien qui soit plus important pour la santé (nous ne disons pas seulement pour celle des locataires, mais de tous les habitants d'une ville) que le logement. On peut en dire autant de l'approvisionnement du lait, service si utile pour lutter contre la mortalité infantile.

Pour les aliments nécessaires, pour le pain et la viande, si les besoins de la population étaient en souffrance, soit au point de vue de la qualité, soit au point de vue du prix, il faudrait bien reconnaître aux municipalités le droit d'ouvrir des boulangeries et des boucheries, et cela vaudrait peut-être mieux que la taxe du

pain et de la viande qui a été maintenue en France depuis plus
d'un siècle comme la seule arme des municipalités pour défendre
les consommateurs contre les abus de ces deux grands commerces.

Mais, en admettant que ces diverses entreprises puissent être
socialisées, reste à savoir si l'État ou les municipalités devront les
exploiter sous la forme d'un monopole ou en se plaçant sous le
régime de la libre concurrence?

La réponse à donner dépend évidemment du but qu'on se propose. Si ce but est uniquement fiscal, c'est-à-dire augmenter les
recettes de l'État ou de la ville pour suppléer aux impôts, alors
on aura évidemment recours au monopole parce que ce régime
est le seul qui puisse permettre une majoration des prix sans
autre limite que celle imposée par la capacité d'achat des consommateurs. C'est ainsi qu'en France l'État réussit à vendre le
tabac à un prix représentant plus du quintuple de son prix de
revient, et réalise ainsi 435 millions de bénéfices alors que sous
le régime de la libre concurrence il n'en aurait pas réalisé la
dixième partie.

Mais si la préoccupation fiscale peut se trouver écartée ou reléguée
au second plan, le but essentiel étant le service public, ce qui est
généralement le cas pour les entreprises municipales, alors c'est
la nature de l'entreprise qui doit décider. Si elle implique l'unité
d'exploitation, par exemple pour le service des eaux, des tramways,
du gaz — car il serait anti-économique et souvent matériellement
impossible de juxtaposer dans les mêmes rues plusieurs lignes
de trams ou plusieurs conduites d'eau ou de gaz concurrentes —
alors c'est le régime du monopole qui s'impose. D'ailleurs ce
monopole peut être limité à un quartier ou secteur déterminé,
ce qui n'exclut pas l'existence d'entreprises parallèles et, jusqu'à
un certain point, concurrentes.

Si l'entreprise est de celles qui ont vécu jusqu'à présent sous le
régime de la concurrence, par exemple la boulangerie, boucherie,
il est mieux que la ville accepte de se placer sous ce même régime.
En ce cas elle n'a à attendre d'autres bénéfices que les profits
normaux, et à la condition, laquelle ne sera pas souvent réalisée[1]
d'exploiter aussi économiquement que ses concurrents — mais
elle pourra rendre aux consommateurs le très grand service de
modérer les prix par sa seule présence et de briser ces coalitions
tacites qui se forment toujours entre marchands dans une même
localité. Son action sera bien plus efficace que celle de la taxation

[1] En ce qui concerne la nationalisation des chemins de fer, des mines, de la
houille blanche, des assurances, voir ci-après les chapitres relatifs à ces questions.

du prix des denrées, tout en étant moins vexatoire; la guerre actuelle en a fourni de nombreux exemples dans tous les pays belligérants.

Les adversaires de l'interventionnisme disent, il est vrai, que les entreprises similaires se trouveront dans une situation singulièrement inégale et même très injuste, puisque l'État ou la ville leur feront concurrence non seulement avec le prestige qui s'attache généralement à tout ce qui porte un caractère officiel, mais sans avoir à s'inquiéter des risques de perte, sans avoir à redouter la faillite et en se servant de capitaux qui, étant pris sur les contribuables, sont pris en partie sur les producteurs eux-mêmes auxquels l'État fait concurrence! Ce ne sont assurément pas des conditions de lutte loyale que celles où l'une des parties doit fournir à l'autre les verges pour se faire battre.

L'argument ne manquerait pas de force si pourtant ceux qui le mettent en avant n'en avaient eux-mêmes affaibli la portée en posant en principe l'incapacité industrielle de l'État : il semble donc que cette incapacité devrait suffire à rétablir le *fair play!* Mais mieux vaut donner satisfaction à l'objection par l'institution des régies autonomes dont nous avons parlé tout à l'heure.

Mais voyons les faits. Confirment-ils ces distinctions?

En ce qui concerne l'*étatisation,* les Postes sont service d'État par tout pays; les télégraphes dans presque tous les pays (sauf aux États-Unis) pour les lignes de terre, car les câbles sous-marins appartiennent à des Compagnies; les téléphones seulement dans quelques pays (en France notamment où les abonnés ne s'en félicitent pas). Les chemins de fer appartiennent à l'État en Allemagne, Russie, Danemark, Belgique, Suisse, Italie, Hollande et, pour une fraction du réseau, en France. En dehors de ces grands services, on peut citer bien d'autres entreprises de l'État. En Prusse, l'État a des mines, fonderies, plus de mille fermes, quelques vignobles : le tout donnant plus de 1.600 millions de francs de bénéfices nets[1]. En Italie, l'État a pris récemment le monopole

---

[1] Voici quels étaient les revenus domaniaux et industriels des États d'Allemagne (1912-1913) (d'après M. Barriol, *Le revenu domanial des États allemands*) :

	Revenu brut	Revenu net
Chemins de fer.	4.075 millions fr.	1.375 millions fr.
Mines.	493 »	22,5 »
Exploitations agricoles . .	67 »	40 »
Forêts	368 »	185 »
	5.003 »	1.622,5 »

Ces 5 milliards de revenus représentent plus de la moitié des budgets si l'on

des assurances sur la vie. La Nouvelle-Zélande préfère exploiter
l'assurance-accident et l'assurance-incendie. La Russie, jusqu'à
la guerre, vendait l'alcool au détail et retirait de ses débits officiels
1.700 millions de francs de bénéfices. La Suisse exerce encore le
monopole de l'alcool, mais pas pour la vente au détail. En France,
en dehors des grands monopoles fiscaux du tabac, des allumettes,
de la poudre et de ses forêts, l'État a quelques industries de peu
d'importance : porcelaines de Sèvres, tapis des Gobelins, gravures
du Louvre, Imprimerie nationale, haras, établissements thermaux
dans des villes d'eaux, etc. Aux abords de toutes les gares de
Paris, parmi les écriteaux-réclames, on voit ceux-ci : *Pastilles
Vichy-État* : voilà l'État pharmacien ! Enfin pour beaucoup de pays
(Italie, Espagne, plusieurs États d'Allemagne, etc.) il faut ajouter
une industrie peu recommandable mais assez lucrative : l'État s'est
fait entrepreneur de loterie.

En ce qui concerne la *municipalisation,* elle est beaucoup plus
avancée. La plupart des villes ont pris en régie la distribution
de l'eau, les inhumations, abattoirs, halles, désinfections, etc.
Pour l'éclairage, soit au gaz, soit à l'électricité, elle est réalisée
dans plus de 500 villes aux États-Unis, dans un grand nombre en
Allemagne ; elle se développe en Grande-Bretagne, Suisse et Italie :
en France, elle n'existe encore que dans une douzaine de villes
(dont Grenoble, Tourcoing, Valence [1], etc.). Pour les tramways,
la municipalisation est très avancée en Angleterre, plus de la
moitié des entreprises (174 municipales contre 122 privées en
1911) : elle tend à se généraliser en Allemagne et en Suisse ; elle
se développe beaucoup en Italie [2]. Pour la construction de maisons,

compte les revenus bruts — c'est-à-dire plus que les impôts — mais seulement
17 à 18 p. 100 (un peu plus de un sixième) si l'on ne compte que le revenu net.

Les trois quarts de ces revenus sont pour le compte de la Prusse seule.

On remarquera l'extrême modicité du produit net des mines, pas même 5 p. 100
de bénéfices sur le prix de vente ! C'est un chiffre peu encourageant pour les projets de nationalisation des mines.

Il y a, croyons-nous, d'autres exploitations industrielles en Prusse qui ne figurent pas dans cet inventaire, telles que fabriques de porcelaine ; mais le chiffre de
leurs bénéfices doit être peu élevé.

[1] La Ville de Paris exploite directement un des secteurs de l'éclairage électrique (celui des Halles).

[2] En Italie, une loi du 29 mars 1903 énumère les entreprises qui pourront être
municipalisées, sous la condition de l'autorisation du pouvoir central, et sous celle,
plus originale, d'un referendum des électeurs de la localité. Les entreprises énumérées sont au nombre de 19, à peu près celles indiquées ci-dessus. Cependant la
construction de maisons n'y figure pas. Cette loi, qui trace les règles générales
des entreprises municipales, a donné une vive impulsion à ce mouvement. On

elle marche grand train en Angleterre [1] et un peu plus lentement en Allemagne et en Suisse. La ville de Genève distribue à domicile la force motrice. Enfin on trouve en Angleterre des essais de municipalisation dans les branches les plus diverses et les plus imprévues, non seulement bains, lait stérilisé pour nourrissons, mais glace artificielle, brasseries, divers sous-produits extraits des ordures ménagères, et même à Glascow des fleurs pour orner les fenêtres. Il y a des boulangeries municipales à Catane, à Palerme, à Vérone, à Leipzig, à Budapest, et des boucheries municipales à Lisbonne, Zurich.

Dans l'Italie du Nord, un projet est à l'étude d'après lequel plusieurs villes pourraient se constituer en « syndicats » pour acheter le poisson à des associations coopératives de pêcheurs de l'Adriatique et faire elles-mêmes la vente aux halles. Et ce ne serait pas seulement l'achat du poisson que ces syndicats de munici-palités viseraient, mais l'achat collectif de tous matériaux pouvant servir aux régies municipales, tels que charbons, tuyaux pour l'eau ou le gaz, fils de fer ou de cuivre.

Et maintenant quels sont les résultats? Que nous enseignent les faits? Les services d'États ou municipaux, là où ils ont été organisés, fonctionnent-ils bien? Donnent-ils de gros bénéfices aux villes ou du moins donnent-ils satisfaction aux consommateurs? — Rien de plus contradictoire que les réponses données par les faits ainsi consultés, ce qui confirme l'opinion que nous exprimions tout à l'heure, à savoir que le résultat dépend des circonstances, aussi bien de celles relatives à la nature de l'industrie que de celles relatives à l'organisation politique de l'État.

Au point de vue des consommateurs, les résultats obtenus par la municipalisation paraissent généralement assez satisfaisants. Pour les entreprises d'État, c'est plus variable. Par exemple, en France, les Postes et télégraphes marchent assez bien et les chemins de fer de l'État au moins aussi bien que ceux des Compagnies [2], quoi qu'on en dise, mais le service téléphonique laisse à désirer.

compte plus de 3.000 entreprises municipales en Italie. Elles ont tenu un congrès à Vérone en 1910, ville au premier rang par la multiplicité de ses entreprises industrielles et commerciales. Elle vend pain, viande, poisson, bois, charbon ; elle a installé des logements, des bains publics, etc.

[1] La municipalité de Londres (*London County Council*), à la date de 1911, avait construit u e dizaine de milliers de cottages ou appartements pouvant loger un peu plus de 50.000 personnes. Voir ci-après au *Logement*.

[2] Remarquez que nous ne parlons en ce moment que des intérêts des voyageurs, non de ceux du budget et des contribuables (voir ci-après *Chemins de fer*).

Au point de vue financier l'expérience est évidemment moins encourageante. Voici, d'après un rapport du *Local Government Board*[1], quels étaient les résultats globaux de toutes les entreprises municipales en Angleterre pour 1910-1911 :

Profits (versés aux caisses municipales).   33 millions de francs.
Pertes (payées par lesdites caisses) . . .   24   »   »
                                            ———
      Excédent des profits.   9   »   »

Évidemment, c'est peu pour rémunérer un capital de premier établissement, difficile à évaluer, parce qu'il est difficile de le dégager de l'ensemble des emprunts ou recettes municipales, mais qui peut être estimé au moins à 4 milliards de francs : cela ne fait qu'un intérêt dérisoire de 2 p. 1000. De plus, l'amortissement est à peu près nul, 1 $1/_2$ p. 1000. Si on l'élevait à 2 p. 100, ce qui serait un minimum de rigueur pour toute entreprise privée, alors ce petit bénéfice se transformerait en 71 millions fr. de pertes[2]. Ces moyennes sont donc, au point de vue fiscal, peu encourageantes ; mais ce ne sont que des moyennes, ce qui veut dire non point que les villes bien administrées ne puissent trouver dans ces entreprises des sources importantes de revenus, mais seulement que les municipalités qui remplissent ces conditions ne sont encore qu'en petit nombre[3].

[1] Yves Guyot, *La gestion par l'État et les municipalités*, p. 158, note.
Voir pour la thèse contraire toute la collection de la Revue de M. Édgard Milhaud, professeur à l'Université de Genève, *Les Annales de la Régie directe*.
[2] En Angleterre, en 1910-1911, le total des emprunts effectués pour des services municipaux s'élevait déjà au chiffre énorme de 410 millions de livres. Si l'on déduit les dépenses pour écoles, hôpitaux, asiles, prisons, routes, canaux, ports, cimetières, égouts, voirie — pour s'en tenir aux entreprises industrielles proprement dites, le total est encore de près de 170 millions de livres, plus de 4 milliards de francs (dont près de 300 millions de francs pour la ville de Birmingham).
D'après un rapport officiel anglais, cité par M. Y. Guyot, *op. cit.*, les municipalités anglaises dans leur ensemble auraient réalisé (de 1898 à 1902) un bénéfice *brut* de 5,4 p. 100 pour l'éclairage au gaz, mais seulement de 0,6 p. 100 de bénéfice *net* si on déduit l'intérêt et l'amortissement. Quant à l'éclairage à l'électricité, les exploitations municipales se solderaient en perte, même à ne prendre que le bénéfice brut. Les tramways généralement sont plus lucratifs.
Les maisons construites par la municipalité de Londres ont coûté (jusqu'en 1911) 72 millions de francs et rapportaient 5.229.000 francs *brut*, soit 7,20 p. 100, mais si l'on déduit intérêts, amortissement, réparations, impôts, il reste évidemment peu de chose comme revenu net.
[3] D'après M. E. Milhaud, la ville de Genève retire de ses entreprises municipales près de la moitié de ses revenus : en effet ses bénéfices représentent 18 francs par habitant, tandis qu'elle ne demande à l'impôt que 22 fr. 25 par tête.
La ville de Glascow a racheté les tramways en 1894 et les a mis à traction

III

Les divers modes d'entreprises des pouvoirs publics.

Quand les pouvoirs publics veulent créer quelque entreprise nouvelle, ils ont recours à l'un des quatre modes suivants :

1° Le plus simple c'est quand l'État exploite directement par ses propres agents : c'est ce qu'on appelle *la régie*. C'est celui que nous avons supposé jusqu'à présent et dont nous venons d'exposer les avantages et les inconvénients.

2° Si l'État ne se soucie pas de prendre l'entreprise à son compte, il peut la céder à un entrepreneur privé : c'est ce qu'on appelle *la concession* [1]. C'est le système qui était presque uniquement employé jusqu'à présent et est encore de beaucoup le plus pratiqué. La concession ne veut pas dire que l'État se désintéresse absolument de l'entreprise. Généralement l'État y reste intéressé à divers points de vue : — *a)* en fixant dans le cahier des charges certaines conditions à remplir au point de vue de la bonne exécution des travaux, de la protection des ouvriers [2] et des satisfactions à donner aux consommateurs : un tarif est toujours annexé à la concession ; — *b)* en se réservant une part de bénéfices. C'est ce qu'a fait l'État français pour les chemins de fer, la Banque de France, les mines ; et c'est ce que font les villes

électrique en 1901. Ils lui ont coûté jusqu'à aujourd'hui (1917) près de 100 millions de francs (3.835.000 liv. st.), mais elle en retire un revenu net de 6.250.000 francs (250.000 liv. st.), sans compter 2 millions de taxes municipales. C'est donc un magnifique placement et qui a permis à la municipalité de souscrire pour 50 millions de francs au dernier emprunt de guerre. Ajoutons que le public est parfaitement servi et les employés très bien payés.

[1] S'il s'agit d'entreprises qui ne sont pas destinées à donner un revenu, telles que l'ouverture d'une route, le percement d'un tunnel, la construction d'un édifice quelconque, alors on n'emploie pas le mot de concession, qui indique une entreprise de longue durée et lucrative, mais celui d'*entreprise de travaux publics*.

D'ailleurs, pour les entreprises de travaux publics, il y a aussi des cahiers des charges. L'entreprise doit, en principe, être donnée par adjudication à la sous-enchère (c'est-à-dire à l'entrepreneur qui consent le plus fort rabais) et non de gré à gré — tandis que pour la concession cette condition n'est pas obligatoire ni même usitée. Aussi ces concessions donnent-elles lieu trop souvent à des « pots-de vin », qui ont provoqué parfois, surtout aux États-Unis, de honteux scandales et que le système de l'adjudication a précisément pour but d'éviter.

[2] Dans les entreprises de travaux publics, il y a des mesures de protection pour les ouvriers imposées par les décrets du 10 août 1889 que nous verrons plus loin à propos de la *Réglementation du travail*. Et il est question d'en introduire d'autres dans les concessions de mines.

quand elles concèdent les entreprises de gaz, d'électricité, de
tramways, de chemins de fer métropolitains, etc. [1] ; — c) en limi-
tant la durée de la concession et réservant le retour à l'État à
l'expiration du terme. Tel a été le cas pour les chemins de fer,
pour le canal de Suez, et pour tant d'autres. Ce terme mis à la
concession est nécessaire, mais il n'est pas sans produire des
effets fâcheux, car, lorsqu'il approche, le concessionnaire ne se
préoccupe que de tirer le profit maximum de l'entreprise pendant
le temps qui lui reste, sans se soucier de l'avenir, à moins qu'il
ne puisse obtenir un renouvellement de la concession ; — d) en
subventionnant parfois l'entreprise, le plus souvent sous forme
de garantie d'intérêts. Tel a été le cas en France pour les chemins
de fer, et dans certains pays neufs pour acclimater diverses
industries.

3° Entre le système de la régie et celui de la concession il y a
deux systèmes intermédiaires : — ou bien l'État attribue une
certaine part des bénéfices aux employés de l'entreprise, c'est ce
qu'on appelle *la régie intéressée;* — ou bien l'État stipule une
redevance fixe et se comporte ainsi comme un propriétaire vis-
à-vis de son fermier, c'est ce qu'on appelle *la ferme.*

Ce dernier système, fort usité autrefois — on sait que le recouvrement des impôts s'effectuait sous la forme d'entreprises exploitées par de riches traitants qu'on appelait « les fermiers généraux » — est aujourd'hui presque absolument abandonné parce
qu'il sacrifie trop les intérêts du public [2]. Mais la régie intéressée
est au contraire un système qui tendra sans doute à se développer,
car il atténue un des inconvénients graves de la régie en donnant
aux employés un intérêt à la bonne marche de l'entreprise [3].
D'autre part, là où il est applicable, ce régime permet, par des
combinaisons ingénieuses, d'associer les intérêts des quatre parties qui sont les quatre facteurs de la vie économique : 1° l'État
ou la ville; 2° l'entrepreneur, c'est-à-dire le capital; 3° les ouvriers,

[1] Pour la Banque de France, voir ci-après le chapitre sur la *Banque de France.*
Quant aux mines, l'État touche 6 p. 100 sur le produit net. On y voit plutôt un
impôt, mais c'est bien une participation et elle sera certainement fortement majorée
après la guerre. Voir ci-après le chapitre sur les *Mines.*

[2] Cependant le système de ferme est encore pratiqué dans quelques grandes
villes belges (Liége, Gand, Ostende), pour les tramways, le gaz et l'électricité, et
dans quelques villes anglaises pour les tramways seulement.

[3] Ce mot de régie *intéressée* paraît bizarre, car n'est-ce pas la régie simple qui
est la plus intéressée, puisque l'État prend tout? Mais aussi n'est-ce pas à l'État
que s'applique ce qualificatif : c'est à l'entrepreneur et aux employés. On veut dire
qu'au lieu d'être de simples salariés de l'État, ceux-ci sont intéressés dans l'affaire.

c'est-à-dire le travail; 4° et les consommateurs — les trois premiers sous la forme de participation aux bénéfices, le dernier sous forme de réduction de prix.

Il faut remarquer que ce système n'est réalisable que pour les entreprises qui sont susceptibles de donner des bénéfices, ce qui n'est pas le cas de toutes les entreprises municipales.

Il est très probable qu'à la suite de la guerre il recevra une vive impulsion. Il faudra créer une foule d'entreprises nouvelles, tant pour remplacer celles détruites que pour utiliser celles créées spécialement en vue de la guerre, mais qui devront transformer leur production. On fera de grands efforts aussi pour créer les industries pour lesquelles nous étions tributaires de l'Allemagne — tels que produits chimiques, teintures, appareils électriques, instruments d'optique, etc. [1]. L'État les aidera, soit en leur cédant les nombreuses usines avec outillages qu'il a installées à ses frais au cours de la guerre, soit même par des avances en argent ou garanties d'intérêt (là surtout où, comme pour les produits des pays amis, la protection douanière ne pourra qu'être modérée) — et, en retour, l'État se réservera, ou ne laissera aux entrepreneurs qu'une part plus ou moins forte des bénéfices [2].

---

[1] Déjà (novembre 1916) « la Compagnie Nationale de matières colorantes et de produits chimiques », au capital de 40 millions, vient d'être créée dans ces conditions. L'État a mis à sa disposition des usines qui avaient été installées pour la fabrication de matières explosives et se trouvaient à peu près outillées en vue de leur nouvelle destination, et il s'est réservé une participation de un quart sur les dividendes à répartir au-dessus de 5 p. 100.

[2] Ce régime a déjà été appliqué pendant la guerre, et divers projets de loi ont eu pour objet de le généraliser dans toutes les industries recevant des commandes de l'État. L'État laisserait aux fabricants une part de bénéfices représentant d'abord 6 p. 100 sur le capital, puis une part variant de 25 à 40 p. 100 selon le quantum des bénéfices réalisés. Un contrôleur, représentant les intérêts de l'État, surveillerait l'exécution des travaux.

A vrai dire, ce système ne ferait pas gagner présentement grand'chose à l'État, celui-ci percevant déjà, sous forme d'impôt « sur les bénéfices de guerre », autant et plus que le pourcentage indiqué ci-dessus.

LIVRE II

LA CIRCULATION

Dans les premières éditions de ce traité, nous avions fait rentrer la circulation dans le même livre que la production[1]. Nous avions été frappé par ce fait que la circulation n'est pas un but en soi, les richesses ne circulant pas pour circuler. L'*échange* et le *crédit*, qui forment les deux parties essentielles de la circulation des richesses, et qui, d'ailleurs, ainsi que nous le verrons, ne font qu'un, ne nous apparaissent que comme des modes d'*organisation du travail,* ayant absolument le même but que l'association et la division du travail, à savoir : faciliter la production.

Si, néanmoins, nous nous sommes décidé à adopter la division classique et à faire les honneurs d'une section spéciale à l'échange et au crédit, ce n'est point parce qu'il est plus commode pour l'enseignement et la préparation aux examens de faire des coupures symétriques, ce n'est point non plus parce que celle-ci correspond à la distinction banale entre *le commerce* et *l'industrie,* mais c'est surtout parce que ces nouveaux modes d'organi-

[1] Dans le traité classique de J.-B. Say, la circulation se trouve aussi incluse dans la *production.* Dans certains traités plus récents, on tend plutôt à inclure la circula'ion dans la *répartition,* et cela par la raison même que nous indiquons dans le texte, à savoir que la circulation implique un transfert de propriété, un contrat d'échange et de crédit et que les modes de répartition, d'où dérivent tous les revenus, tels que le salaire, le fermage, l'intérêt, etc., ne sont eux-mêmes que des modes d'échange ou de crédit.

Cette façon de voir peut se défendre aussi. Voir notamment l'excellent traité de M. Pierson, *Principles of Economics* (traduit du hollandais en anglais). Cependant, nous ne pouvons l'adopter parce que les théories sur la répartition des richesses impliquent nécessairement une idée de *justice distributive,* laquelle doit rester absente des théories sur la circulation des richesses : l'échange implique bien l'idée de justice, mais seulement au sens où l'on dit « le juste prix », c'està-dire la *justice commutative.*

satioṅ du travail nous transportent vraiment dans un domaine différent. La richesse est désormais créée : il s'agit maintenant de la transférer. Elle ne changera plus de *forme :* elle changera seulement de *propriétaire.* Elle ne sera plus l'objet de transformations *techniques,* mais elle va devenir l'objet de *contrats.*

Néanmoins il ne faudrait pas en conclure que nous sortons du domaine de l'Économie politique pour entrer dans celui du Droit. Ce sont bien les caractères économiques de l'échange et non les caractères juridiques que nous aurons à étudier. Il ne s'agit pas de déterminer quels sont les droits ou les obligations qui résulteront de la vente civile ou des opérations commerciales, mais quelle est l'utilité, la plus-value, qui en résultera pour les coéchangistes et pour la nation.

D'autre part, l'étude de l'échange, quand on se place au point de vue économique, comprend celle des conditions de l'échange, c'est-à-dire des modes de transport par terre et par mer, et celle des instruments de l'échange, parmi lesquels le plus important de tous : la monnaie.

CHAPITRE I

L'ÉCHANGE

I

Historique de l'échange.

La place que tient l'échange dans la vie moderne est incalculable.

Pour s'en faire quelque idée, il suffit de remarquer que la presque totalité des richesses n'ont été produites que pour être échangées. Prenez les récoltes dans les greniers ou dans les celliers des propriétaires, les vêtements dans les ateliers de confection, les chaussures chez le cordonnier, les bijoux chez l'orfèvre, le pain chez le boulanger... et demandez-vous quelle est la part de ces richesses que le producteur destine à sa propre consommation ! Elle est nulle ou insignifiante. Ce ne sont que des *marchandises,* c'est-à-dire, comme le nom l'indique assez, des objets destinés à être vendus. Notre industrie, notre habileté, nos talents, sont aussi le plus souvent destinés à satisfaire les besoins *des autres* et non les nôtres. Arrive-t-il jamais que l'avocat, le médecin, le notaire aient à travailler pour eux-mêmes, à plaider leurs propres procès, à soigner leurs propres maladies ou à dresser des actes pour leur propre compte? Eux aussi donc ne considèrent ces services qu'au point de vue de l'échange. Et voilà pourquoi, quand il s'agit d'estimer nos richesses, nous les apprécions non point d'après leur plus ou moins d'utilité pour nous, mais uniquement d'après leur valeur d'échange, c'est-à-dire leur utilité pour autrui.

Mais il ne faut pas croire qu'il en ait été ainsi de tout temps. L'échange n'est pas un procédé aussi simple que l'association ou la division du travail, ceux-ci si naturels que certaines espèces animales elles-mêmes savent les mettre en pratique. Loin d'être instinctif, l'échange paraît avoir été antipathique à la nature humaine! L'homme primitif considérait les produits de son travail corporel comme inhérents à sa personne. De là les formalités étrangement solennelles dont l'aliénation est entourée à ses origines (par exemple la *mancipatio* du droit romain). Chose curieuse! le don paraît avoir été pratiqué avant l'échange et on croit même que c'est lui qui a donné naissance à l'échange sous la fiction d'un don réciproque [1].

A première vue on pourrait croire que l'échange a dû précéder la division du travail, puisque chaque individu n'a pu historiquement se spécialiser dans une seule tâche qu'autant qu'il savait pouvoir obtenir des autres hommes de quoi satisfaire à ses autres besoins. Et c'est bien ce que disait Adam Smith. Mais la vérité paraît plutôt en sens inverse. C'est la division du travail qui a précédé l'échange, car elle peut très bien fonctionner sans échange dans l'état de communauté de la famille ou même de la tribu, —tandis qu'il n'est guère facile de concevoir l'échange fonctionnant sans division du travail, c'est-à-dire sans une certaine spécialisation de la production [2].

Dans la première phase d'organisation industrielle, celle de la famille, il est évident qu'il ne peut y avoir lieu à aucun échange à l'intérieur, chaque groupe formant un organisme autonome qui se suffit à lui-même. C'est par le travail de ses membres et de ses

---

[1] On trouvera dans le deuxième volume des *Varii Scritti delle Economia politica* de Pantaleoni une longue et curieuse discussion des origines et des formes primitives de l'échange. Voir aussi dans *L'Origine des villes*, par René Maunier.

[2] Voir cependant pour cette seconde thèse, Bücher, *Études d'histoire économique* (traduction française).

esclaves, plus tard par les corvées de ses serfs, que la famille, la tribu, le manoir, ou le couvent, pourvoit à ses besoins. L'échange intervient seulement pour certains produits exotiques que des marchands étrangers apportent du dehors, en sorte qu'on peut dire que l'échange « international » (quoique le mot soit un peu grandiose pour de si petits groupes) a été la première forme de l'échange entre les hommes. D'abord irrégulier et accidentel, il est devenu ensuite périodique et le *marché* s'est constitué sur les frontières des pays ou tout au moins en dehors des remparts [1].

Dans la seconde phase, celle de l'industrie corporative, l'échange apparaît nécessairement avec la séparation des métiers. Et alors il se renferme dans les murailles de la ville : le marché devient la place centrale de la cité. C'est sur ce marché *urbain* que se rencontrent les producteurs et les consommateurs qui sont devenus concitoyens. Les marchands du dehors, « les forains », au contraire, sont exclus, ou du moins ne peuvent entrer que sous certaines conditions rigoureuses [2].

A la troisième phase, celle des manufactures, le marché cesse d'être local pour devenir *national :* alors commencent véritablement l'échange et le commerce. Et on a fait remarquer que l'établissement du marché national coïncide avec la constitution des grands États modernes — et aussi avec le système des fortifications nationales de Vauban substitué aux fortifications urbaines — ce qui prouve que l'évolution, qu'elle soit économique, politique, militaire, suit partout des voies parallèles.

Le marché s'élargit encore en devenant colonial et c'est alors que se créent, au XVIIIe siècle, ces grandes compagnies de commerce qui jouèrent un rôle si considérable, par exemple la Compagnie des Indes anglaises. — Puis finalement, dans la quatrième phase, celle de l'industrie mécanique et des chemins de fer, le marché devient vraiment *mondial* et désormais le commerce

---

[1] Il faut entendre par *marché,* au sens économique de ce mot, non pas seulement une même place ou un même local, mais toute sphère dans laquelle le déplacement des marchandises et les communications des vendeurs et acheteurs sont assez rapides pour qu'un même prix s'établisse. L'étendue du marché varie donc suivant la nature de la marchandise : la France constitue presque un seul marché pour le blé : le monde, un seul marché pour l'or.

[2] Les marchands étrangers n'étaient admis à vendre dans les villes que sous certaines conditions : — 1º payer une certaine taxe ; — 2º ne pas vendre au détail, c'est-à-dire de vendre non au public mais aux marchands de la localité ; — 3º tout au moins, ne vendre qu'à certaines époques de l'année et sur certains lieux déterminés (Voy. Ashley, *Histoire économique de l'Angleterre,* traduction française). Parfois même ils devaient rester hors des portes.

preud les grandes allures qui ont si profondément modifié les
rapports économiques de notre vieille Europe et qui ont fait de
cette question du commerce international une des plus importantes de notre temps.

II

La décomposition du troc en vente et achat.

Lorsque l'échange se fait directement, marchandise contre marchandise, il porte alors le nom de *troc*, mais c'est la plus incommode et souvent même la plus impraticable des opérations. Il
faut, en effet, pour que le troc aboutisse, que le possesseur d'un
objet quelconque se mette en quête d'une personne *disposée à
acquérir·la marchandise qu'il possède* et (double coïncidence bien
difficile à réaliser !) qui se trouve disposée *à lui céder précisément
l'objet dont il a besoin*. Ce n'est pas tout : il faut encore, en
admettant que cette rencontre heureuse puisse s'effectuer, que
les deux objets à échanger soient de valeur égalé, c'est-à-dire
répondent à des désirs égaux et inverses, troisième improbabi-
lité [1].

L'invention d'une *marchandise tierce* remédie en effet à ces
inconvénients. Elle suppose évidemment une certaine convention
préalable et tacite établie entre les hommes vivant en société, à
savoir que chacun consentira à recevoir en échange de ses produits cette marchandise tierce. Ceci admis, l'opération marche à
souhait. Soit le métal argent choisi à cette fin. En échange de la
marchandise que j'ai produite et dont je veux me défaire, j'accepte
volontiers une certaine quantité d'argent, alors même que je n'en
ai que faire : et pourquoi cela ? Parce que je sais que, lorsque je
voudrai acquérir l'objet dont j'ai besoin, je n'aurai qu'à offrir à

---

[1] Le lieutenant Cameron, dans son voyage en Afrique (1884), nous raconte
comment il dut s'y prendre pour se procurer une barque : « L'homme de Saïd voulait être payé en ivoire et je n'en avais pas. On vint me dire que Mohammed Ibn
Sélib avait de l'ivoire et qu'il désirait de l'étoffe : malheureusement, comme je
n'avais pas plus de l'un que de l'autre, cela ne m'avançait pas beaucoup. Mais Ibn
Guérib qui avait de l'étoffe manquait de fil métallique dont j'étais largement pourvu.
Je donnai donc à Ibn Guérib le montant de la somme en fil de cuivre : il me paya
en étoffe que je passai à Ibn Sélib ; celui-ci en donna l'équivalent en ivoire à
l'agent de Saïd — et j'eus la barque ! ».
  Combien le troc est encore plus difficile quand il s'agit de troquer des services ! L'Almanach·des missions de Bâle de 1907 nous apprend que dans le
Groënland, à Godhab, chez les Esquimaux, il y a un journal fait par des mission-
naires dont l'abonnement coûte une *oie sauvage* par trimestre ou un *phoque* pour
l'année.

son possesseur cette même quantité d'argent et qu'il l'acceptera par la même raison qui me l'a fait accepter à moi-même.

Il est clair que par là toute opération de troc va se trouver décomposée en deux opérations distinctes. Au lieu d'échanger ma marchandise A contre votre marchandise B, j'échange ma marchandise A contre de l'argent, pour échanger ensuite cet argent contre la marchandise B. La première opération porte le nom de *vente* et la deuxième d'*achat* (du moins quand la marchandise tierce se présente sous la forme de monnaie proprement dite). Il semble donc qu'il y ait là une complication plutôt qu'une simplification. Mais le chemin le plus court n'est pas toujours la ligne droite et ce détour ingénieux supprime au contraire une quantité incalculable de peine et de travail. Ce qui rendait en effet le troc impraticable, c'est que, comme nous l'avons dit, un producteur quelconque, Primus, devait rencontrer comme coéchangiste une autre personne, Secundus, qui se montrât disposée tout à la fois : *a)* à acquérir la chose dont Primus voulait se défaire ; *b)* à lui céder précisément la chose que Primus voulait acquérir. Dorénavant, le producteur a encore à se préoccuper de trouver preneur de sa marchandise, du moins n'aura-t-il plus à attendre de ce preneur la marchandise dont il a besoin lui-même. Ce sera à une autre personne, dans un autre moment, dans un autre lieu, qu'il s'adressera pour cela. C'est l'*indivisibilité de ces deux opérations qui les rendait très difficiles :* une fois rompu le nœud qui les unissait, chacune d'elles séparément devient assez simple, car il ne sera pas très difficile de trouver quelqu'un qui ait besoin de votre marchandise, c'est-à-dire un acheteur. Il sera moins difficile encore de trouver quelqu'un d'autre qui soit disposé à vous céder la marchandise dont vous avez besoin, c'est-à-dire un vendeur.

Remarquez que dans l'échange sous forme de troc l'évaluation est très incertaine, ce qui donne lieu aux pires exploitations. Dans le commerce avec les indigènes de l'Afrique centrale, quand on donne au nègre des fusils ou des cotonnades en échange du caoutchouc ou de l'ivoire, le produit qui sert à l'achat est compté à quatre fois sa valeur et la valeur du produit acheté est diminuée de moitié, ce qui fait que l'Européen donne 1 contre 8 — encore est-ce là un taux honnête. Dans bien des cas, le rapport est de 1 à 100. A cet égard, on peut bénir l'intervention de la monnaie elle a été un instrument de moralisation et de justice [1].

---

[1] Tous les philanthropes qui ont dénoncé l'effroyable exploitation des noirs dans lés États du Congo ont indiqué comme une des réformes les plus efficaces l'aboli-

Mais il ne faut pas oublier que, quoique désormais décomposées, ces deux opérations continuent pourtant à former un tout et qu'on ne saurait concevoir l'une sans l'autre. Nous sommes trop disposés, par la vie de tous les jours, à nous imaginer qu'une vente ou un achat sont des opérations indépendantes et qui se suffisent à elles-mêmes. C'est une illusion. *Tout achat suppose une vente préalable,* car, avant de pouvoir acheter, il faut au préalable avoir échangé quelque chose, notre travail, nos services, nos produits, contre de l'argent. A l'inverse, *toute vente présuppose un achat pour l'avenir,* car si nous échangeons nos produits contre de l'argent, ce n'est que pour échanger plus tard cet argent contre d'autres marchandises : sinon, qu'en ferions-nous? — Toutefois, comme l'argent peut se conserver indéfiniment sans être employé, il est possible qu'il s'écoule un entr'acte très long, plusieurs années, peut-être même plusieurs générations, entre les deux actes de la pièce, entre la vente et l'achat complémentaire. Mais la pensée doit rapprocher ces deux actes et alors on voit que, malgré l'intervention de la marchandise tierce et la complication qu'elle introduit, tout homme, dans nos sociétés civilisées aussi bien que dans les sociétés primitives, ne peut vivre qu'en échangeant ses produits ou services, présents ou passés, contre d'autres produits ou d'autres services, présents ou passés. Quant au rentier, s'il vit oisif, il ne peut dépenser que parce que quelqu'un de ses ancêtres ou de ses débiteurs a vendu les produits de son travail et lui a transmis l'argent reçu.

Cette marchandise intermédiaire qui sert à décomposer le troc en vente et achat s'appelle *la monnaie.* Son rôle dans la science économique, aussi bien que dans la vie pratique, est énorme. Nous aurons à lui consacrer plusieurs chapitres.

III

La valeur d'échange ou le prix.

Les anciens économistes, à commencer même par Aristote et après lui Adam Smith, distinguaient deux valeurs : celle qu'ils appelaient *valeur d'usage* et celle qu'ils appelaient *valeur d'échange.* Et ils montraient que ces deux valeurs pouvaient être fort divergentes. Ainsi pour un savant, s'il est myope, des lunettes ont une

tion des paiements en nature et l'introduction de la monnaie, tant pour le paiement des marchandises aux indigènes que pour le paiement des impôts de la part des indigènes.

valeur d'usage inappréciable, mais inversement leur valeur d'échange est très modique, tandis que des pendants d'oreille en brillants, dont la valeur d'échange peut être fort considérable, n'ont certes pour lui qu'une valeur d'usage infiniment petite.

Pourquoi cette antinomie? Parce que la valeur d'usage d'une chose est déterminée uniquement par les besoins et les désirs, par les appréciations personnelles d'un individu déterminé : elle n'a d'autre fondement que *l'utilité subjective* pour cet individu : elle varie au gré des besoins ou des caprices de cet individu et n'a aucun caractère général ni aucune importance sociale. La valeur d'échange est plus stable parce qu'elle est déterminée par les besoins et les désirs de tous ceux qui dans un pays, ou dans le monde entier peut-être, veulent ou peuvent l'acquérir. La valeur d'un portrait de famille peut être grande pour moi; mais cela ne lui confère aucune valeur d'échange si ce portrait est une croûte. Si, au contraire, il est de Van Dyck ou de Rembrandt, il a une valeur d'échange mondiale déterminée par le désir de tous les amateurs de tableaux.

On pourrait donc mieux appeler la valeur d'usage *valeur individuelle* et la valeur d'échange *valeur sociale,* car celle-ci ne naît qu'autant qu'il y a au moins deux personnes en présence et généralement même des milliers en relations sur un même marché [1].

Il est évident que pour l'homme vivant en société la valeur d'échange tient une place incomparablement plus grande dans sa vie et ses préoccupations que la valeur d'usage. Car, si la valeur d'usage peut exister sans valeur d'échange, la réciproque n'est pas vraie. Toute valeur d'échange implique nécessairement une grande valeur d'usage, puisque l'échange est lui-même un très fréquent et très important usage de la richesse pour son possesseur et que, indépendamment même de la possibilité de vente, la possession d'un objet de valeur est une cause de grande satisfaction. Dans l'exemple précédent, il n'est pas improbable que le

---

[1] Cette proposition a cependant besoin d'une rectification. Il est bien vrai que pour qu'il y ait échange, il faut être au moins deux; mais pourtant, à y regarder de plus près, la valeur d'échange implique préalablement une sorte d'échange individuel, un marchandage qui s'accomplit dans le for intérieur de chacune des parties, puisque, avant de consentir à l'échange, chacune d'elles a pesé mentalement l'utilité de l'objet à acquérir et celle de l'objet à céder et ne se décide qu'autant que celle-ci a été trouvée plus légère que celle-là.

Et bien entendu, l'échange ne pourra aboutir que si ces pesées mentales *donnent un résultat inverse chez chacun des coéchangistes,* c'est-à-dire que si ce qui pèse moins pour l'un pèse plus pour l'autre.

possesseur du portrait d'un inconnu par Van Dyck y tint encore plus qu'au portrait de son grand-père.

La valeur d'échange est généralement confondue dans le langage courant avec *le prix*.

Ce n'est pourtant point la même chose, puisque nous avons vu ci-dessus que le prix (p. 84) n'est qu'une des mille expressions possibles de la valeur. La valeur est un rapport établi entre deux choses quelconques; *le prix est un rapport dans lequel l'un des deux termes est toujours la monnaie* — je ne dis point nécessairement monnaie métallique et frappée, ni monnaie de papier, car en Afrique, où on emploie pour monnaie des pièces de cotonnade ou des verroteries, la valeur des marchandises ainsi exprimée est tout de même leur prix, mais en tout cas, le mot « prix » implique une commune mesure, un étalon choisi comme terme de comparaison [1].

Néanmoins, cette réserve faite, il n'y a pas d'objection à se conformer à l'usage et à employer le mot prix comme expression courante de la valeur d'échange.

Voyons maintenant quelles sont les conditions auxquelles la valeur d'échange, le prix courant, doit satisfaire.

On peut les formuler ainsi :

1° Le prix qui s'établit sur un marché à un moment donné, pour des produits similaires, ne peut être qu'un *prix unique*. C'est ce que Stanley Jevons a appelé la *loi d'indifférence*. Il entend par là que toutes les fois qu'il est absolument indifférent d'acquérir l'un ou l'autre de plusieurs objets, parce qu'ils sont identiques — en d'autres termes, lorsque nous n'avons aucun motif pour préférer l'un à l'autre — nous ne consentirons pas à payer l'un plus cher que l'autre.

Au premier abord, on pourrait penser le contraire : car voici sur un marché cinq vendeurs de blé avec cinq sacs ayant chacun des prétentions différentes, et voici d'autre part cinq acheteurs de blé attribuant chacun au blé qu'il désire une valeur différente. Pourquoi n'y aurait-il pas autant de prix différents qu'il y aura de couples d'échangistes, l'acheteur disposé à payer le plus cher s'entendant avec le vendeur le plus exigeant, tandis que l'acheteur le moins pressé par le besoin s'entendra avec le vendeur le moins exigeant comme prix? — Parce que nul acheteur, si désireux soit-il d'acheter, ne consentira à donner un prix supérieur à celui de ses concurrents; et nul vendeur, si coulant soit-il, ne

---

[1] Le mot prix s'emploie aussi pour exprimer la valeur d'usage même non échangeable : on dit couramment « j'attache un grand prix à tel souvenir ». Mais ceci alors n'est qu'une expression littéraire.

consentira à céder son blé à un prix inférieur à celui de ses confrères. Les uns et les autres attendent donc que le prix du marché soit établi.

C'est ce prix unique du marché, à un moment donné, qui est ce qu'on appelle le *cours* [1]. Ce cours est publié dans les journaux spéciaux pour tous les biens de quelque importance, blé, vin, charbon, coton, laine, cuivre, etc., de même que pour les valeurs mobilières et les fonds d'État : c'est *la cote* de la Bourse — Bourses de commerce (voir ci-après) ou Bourses des valeurs. Et ce cours sert de base à toutes les opérations commerciales.

2° Ce prix unique doit être tel *qu'il fasse coïncider la quantité offerte et la quantité demandée.*

Il est de toute nécessité que ces deux quantités coïncident, car il serait absurde et contradictoire de supposer qu'il puisse y avoir plus de sacs de blé vendus que de sacs de blé achetés — puisque ce sont les mêmes !

Seulement, on n'arrive pas tout de suite à cette coïncidence ; elle ne se réalise qu'à la suite d'une série d'oscillations entre les quantités offertes et les quantités demandées, correspondant à des oscillations de prix : dès que l'équilibre est établi, le prix courant apparaît. Voici nos cinq vendeurs de blé sur le marché en face de cinq acheteurs, mais ils demandent 22 francs. A ce prix, une partie des acheteurs se retirent effrayés et il n'en reste que trois. Les cinq vendeurs, prévoyant que leur blé leur restera sur les bras. font sous-enchère pour obtenir la préférence des trois acheteurs : ils descendent à 20 francs. Mais à ce prix un des acheteurs qui avaient fui revient et les voici quatre maintenant disposés à prendre quatre sacs. Si les cinq vendeurs sont tous décidés à vendre à tout prix, il faudra qu'ils se résignent à baisser encore le prix (par exemple à 18 francs) afin de rappeler le dernier acheteur, le plus timoré, et de faire monter la demande au niveau de

---

[1] S'il suffit, pour qu'il y ait échange, qu'il se trouve deux coéchangistes en présence, cela ne suffit pas pour qu'il y ait un cours. En ce cas, en effet, le prix resterait indéterminé : pour que le cours puisse s'établir il faut qu'il y ait concurrence entre les vendeurs d'un côté et les acheteurs de l'autre. Voici un écolier qui, pour avoir une tartine de son camarade, est disposé à lui donner ses billes. Combien en donnera-t-il? On ne peut le dire : toutes celles qu'il possède, s'il n'a pas déjeuné ! Ce sera le marché d'Esaü et de Jacob. Mais s'il y a plusieurs écoliers disposés à céder leurs tartines et plusieurs disposés à céder leurs billes, alors seulement *s'établira un cours,* comme on dit.

C'est pourquoi dans la vente d'objets rares où il n'y a en présence qu'un seul vendeur et parfois un seul collectionneur, il n'y a point de loi des prix, « l'objet n'a pas de prix », comme l'on dit très bien — ce qui veut dire que le prix, en ce cas, dépend seulement de la richesse de l'acheteur ou du savoir-faire du vendeur.

l'offre, c'est-à-dire à cinq sacs. Mais il est possible aussi que l'un
des vendeurs préfère remporter son sac plutôt que de descendre
au-dessous de 20 francs. En ce cas, le prix de 20 francs restera le
prix du marché, car, à ce prix, il y aura quatre sacs vendus,
quatre sacs achetés : chaque demande trouvera sa contre-partie:
La coïncidence nécessaire se trouve réalisée.

3° Le prix du marché doit être tel *qu'il donne satisfaction au
plus grand nombre possible de couples de vendeurs et d'acheteurs*
présents sur le marché.

Représentons-nous les vendeurs et acheteurs, V et A, en face
les uns des autres sur le marché au blé, et exprimons en chiffres
leurs prétentions dans l'ordre décroissant — c'est-à-dire en numé-
rotant les vendeurs depuis celui qui prétend au prix le plus élevé
jusqu'à celui qui se contente du moindre, et les acheteurs depuis
celui qui est le plus serré dans ses offres jusqu'à celui qui est le
plus large :

V^1 demande...	22 fr.	A^1 offre......	18 fr.
V^2	... 21 fr.	A^2	...... 19 fr.
V^3	... 20 fr.	A^3	...... 20 fr.
V^4	... 19 fr.	A^4	...... 21 fr.
V^5	... 18 fr.	A^5	...... 22 fr.

Supposons que ce soit V^1 qui ouvre le feu en demandant
22 francs. A ce prix, il n'y a qu'un seul acheteur, A^5, qui soit disposé
à répondre, car aucun des quatre autres ne veut monter à ce prix.
Il n'y aurait donc à ce prix qu'un seul marché conclu, un seul sac
vendu, tandis qu'il y a quatre autres vendeurs qui sont désireux
de vendre fût-ce même à un prix inférieur. D'ailleurs, A^5 lui-
même ne sera pas assez naïf pour donner 22 francs s'il peut
obtenir le blé au-dessous. Il attendra donc que les autres vendeurs
moins exigeants aient fait leurs demandes... Alors, vient V^2 qui
ne demande que 21 francs. Cette demande fait accourir un second
acheteur, A^4. Les voici donc deux disposés à répondre, mais,
d'autre part, il y a trois acheteurs qui ne veulent pas monter
jusque-là.

Enfin vient V^3 qui ne demande que 20 francs. A ce prix-là
A^3 répond à son tour, ce qui fait trois acheteurs sur cinq, donc
la majorité, et puisqu'il y a précisément trois vendeurs disposés
à s'en contenter, il y aura donc trois couples sur cinq qui obtien-
dront satisfaction. Aucun autre prix ne donnerait satisfaction à
autant de coéchangistes. C'est donc ce prix-là qui fera la loi du
marché, qui *fera le cours*, comme on dit. On ne descendra pas

au-dessous. En effet, si l'on veut supposer que V^4 s'avance à son tour et déclare se contenter de 19 francs, que se passera-t-il? Sans doute à ce prix-là il y aurait quatre acheteurs qui seraient contents, mais il y aurait les trois premiers vendeurs qui refuseraient de traiter et s'en iraient! Il ne resterait donc que deux vendeurs en face de quatre acheteurs, et il serait impossible de conclure.

On s'en tiendra donc à 20 francs. Et que deviendront les deux vendeurs les plus exigeants, V^1 et V^2, et les deux acheteurs à la bourse la plus serrée, A^1 et A^2? Ou bien ils accepteront les uns et les autres le prix de 20 francs et suivront le cours, comme on dit, ou bien, s'ils ne veulent pas rabattre de leurs prétentions, eh bien! ils s'en iront du marché : ils ne concourront pas à l'établissement du prix [1]

[1] Le prix ainsi établi à 20 francs donne satisfaction à la majorité des couples échangistes, mais on voit qu'il leur confère des satisfactions inégales, car V^3 et V^4 se trouvent vendre au-dessus du prix qu'ils avaient l'intention de demander, l'un à 2 francs de plus, l'autre à 1 franc de plus; — et de même A^3 et A^4 se trouvent payer moins que le prix qu'ils étaient disposés à payer, l'un 2 francs et l'autre 1 franc de moins. Et ce sont, au contraire, les deux coéchangistes qui ont fixé par leur entente le prix courant, V^3 et A^3, qui se trouvent retirer l'avantage minimum, puisqu'ils n'obtiennent l'un et l'autre que juste le prix qu'ils s'étaient fixé, ni plus ni moins.

Quant à V^1 et V^2 et A^1 et A^2, s'ils se résignent à traiter au prix de 20 francs, ils seront en perte chacun sur le prix qu'ils s'étaient fixé.

A première vue, on serait tenté de croire, au contraire, que ce devrait être le vendeur le plus pressé de vendre et l'acheteur le plus désireux d'acheter qui devraient les premiers se rencontrer et lier partie, comme s'il s'agissait d'un mariage; — mais il faut réfléchir que précisément parce que l'un est impatient de vendre à n'importe quel prix et l'autre d'acheter à n'importe quel prix, ce prix reste en suspens. Dans le tableau ci-dessus, l'un demande 18 francs, mais voudrait tout de même obtenir plus; l'autre offre 22 francs mais voudrait, si possible,. donner moins. Ils restent donc dans l'expectative en attendant que les moins pressés aient fait l'accrochage des prix. Des trois vendeurs qui ont trouvé preneur, V^3 était le moins pressé de vendre, puisqu'il se tenait le plus haut, et des trois acheteurs qui ont obtenu satisfaction, A^3 était le moins pressé d'acheter puisqu'il offrait le moins. Or, il est très logique que ce soient *les deux parties les moins impatientes de conclure le marché qui fixent le prix parce que ce sont celles dont les prétentions antagonistes ont le plus de chances de se rencontrer.*

L'école autrichienne désigne les deux parties dont le concours détermine le prix sous le nom de *couple-limite.*

L'école autrichienne rattache cette théorie de la valeur d'échange à celle de l'utilité finale, mais non sans peine, car il faut remarquer cette conséquence curieuse que la valeur d'échange ne coïncide *avec l'utilité finale que pour un seul des acheteurs et pour un seul des vendeurs.* C'est le cas de dire que l'exception emporte la règle (Voir cette critique développée dans Macfarlane, *Value and distribution*).

Ceux qui seront curieux de voir comment un esprit subtil jongle avec ces diffi-

Il faut rendre hommage à ce qu'il y a d'ingénieux et de vrai au fond dans cette analyse psychologique du mécanisme de l'échange. Sans doute, comme le dit très bien M. Brouilhet : « la formation des prix est un phénomène essentiellement collectif et relève beaucoup plus des foules, dont il reflète les capricieuses variations, que des froids calculs des économistes » [1], mais les foules obéissent à des mobiles qu'elles ignorent et qu'il n'est pas inutile de préciser, encore qu'on pût le faire peut-être plus simplement.

IV

La loi de l'offre et de la demande.

Autrefois, dans tous les traités classiques d'économie politique, il y avait une formule très simple et très claire, en apparence du moins, pour expliquer tout ce qui concerne la valeur et le prix : on disait que *la valeur d'échange varie en raison directe de la demande et en raison inverse de l'offre.*

Cette formule est aujourd'hui fort discréditée, un peu trop peut-être. On peut certainement lui reprocher :

1° D'être, dans ses prétentions mathématiques, en contradiction avec les faits. Une réduction de *moitié* dans la quantité offerte n'entraîne pas nécessairement un *doublement* des prix. Si l'offre du blé venait à diminuer de moitié dans un pays fermé, le prix du blé ferait beaucoup plus que doubler : il quintuplerait — et *vice versa* [2].

cultés n'ont qu'à se référer au livre de M. de Böhm-Bawerk sur le *Capital,* dont une traduction a paru en français, ou au résumé très complet de M. Smart, *Introduction to the Theory of Value.*

[1] Dans la revue *La Vie contemporaine,* avril 1908. Mais l'explication qu'il donne lui-même de la formation du prix dans son *Précis d'Économie Politique* (p. 544), à savoir qu'elle est « l'issue d'une lutte entre deux armées, celle des acheteurs et celle des vendeurs » et que « le marché est le champ de bataille », ne fait guère que traduire l'explication autrichienne en images.

[2] Un économiste anglais du XVIIe siècle, Gregory, dans une loi célèbre qui porte son nom, établissait ainsi la relation entre la quantité du blé et le prix du blé :

Déficit.	Hausse.
10 p. 100	30 p. 100
20 »	80 »
30 »	160 »
40 »	280 »
50 »	450 »

Ce qui veut dire qu'au cas où la récolte serait réduite de moitié, le prix serait presque quintuplé.

Cette loi, vraie du temps où l'Angleterre formait un marché fermé, semblait

2° De prendre l'effet pour la cause. Si l'accroissement de la demande fait hausser le prix, il est clair que la hausse du prix à son tour va faire décroître la demande : et si l'accroissement de l'offre fait baisser le prix, il est clair que la baisse du prix à son tour tend à restreindre l'offre. En d'autres termes, au lieu de dire que l'offre et la demande règlent le prix, on pourrait aussi bien dire que le prix règle l'offre et la demande. Prenons une valeur quelconque sur le marché de la Bourse, la rente 3 p. 100 par exemple, et supposons-la à 100 francs. Il y a chaque jour une certaine quantité de rentes offerte et une certaine quantité demandée. Je suppose qu'à l'ouverture de la Bourse il y ait demande pour 200.000 francs de rentes contre 100.000 francs seulement de rentes offertes. Qui pourra imaginer que le prix de la rente doive *doubler* et s'élever à 200 francs ! Et cependant c'est bien le phénomène qui devrait se produire si la formule ci-dessus était exacte. Or, en réalité, le cours de la rente ne s'élèvera peut-être pas même de 1 franc. Et cela, par la raison toute simple que le plus grand nombre de personnes qui se portaient acheteurs à 100 francs, se retirent dès que le prix s'élève à 101, 102, 103 francs. D'autre part, il est clair que si le chiffre de rentes demandées diminue à mesure que le prix monte, en même temps et pour la même raison le chiffre de rentes offertes augmente. Il arrivera donc nécessairement un moment où la demande qui décroît et l'offre qui croît seront égales, peut-être au chiffre de 150.000 francs, et à ce moment l'équilibre se rétablira. Mais une hausse de *quelques centimes* suffit généralement pour amener ce résultat.

3° De n'attribuer aux mots *offre* et *demande* aucun sens intelligible. Encore par le mot offre peut-on comprendre la quantité de marchandises, le stock existant sur le marché (quoique dans bien des cas, une raréfaction purement virtuelle, par exemple la crainte d'une mauvaise récolte, produise le même effet) — mais qu'entendre par demande ? La quantité demandée est indéterminée, puisqu'elle dépend précisément de là valeur d'échange, du prix de l'objet : à 1 sou la bouteille, la demande du vin de Bordeaux serait presque illimitée ; à 100 francs la bouteille, elle serait presque nulle. Donc, nous tournons dans un cercle vicieux.

avoir perdu de nos jours toute importante pratique par suite du commerce international des céréales. Mais la guerre lui a rendu une saisissante actualité, la récolte de blé ayant été très déficitaire dans les pays belligérants et les importations ayant été plus ou moins interceptées par le blocus. Cependant, même restreinte, la possibilité d'importation a empêché la loi de Gregory de jouer pleinement ; la récolte du blé en France a été réduite environ de moitié, de 1914 à 1917, et le prix sur le marché a seulement un peu plus que doublé.

Pour sortir de ce cercle, les économistes, abandonnant la recherche vaine de savoir si c'est l'offre et la demande qui déterminent le prix ou le prix qui détermine l'offre et la demande, s'attachent seulement à préciser les rapports qui existent entre ces divers faits, et cette analyse a été poussée à fond par les économistes contemporains[1].

On constate d'abord comme établi par l'expérience que *toutes les fois que les prix augmentent la demande diminue* jusqu'à un certain prix auquel elle devient nulle. On traduit cette loi par une

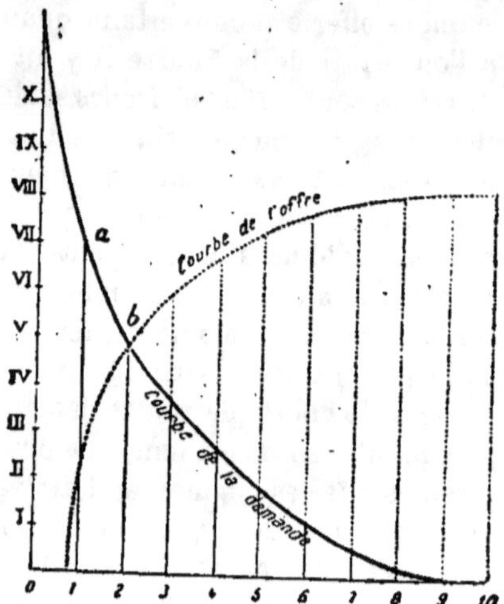

figure très simple. Prenons une marchandise quelconque. Tracez une ligne horizontale sur laquelle vous marquez, à des intervalles équidistants, des prix croissants : 1, 2, 3, 4, 5... 10, etc., chiffres conventionnels qui représentent les prix cotés sur un marché, en centimes, francs ou livres. Représentez par une ligne verticale d'une hauteur quelconque *a* la quantité demandée au prix de 1 fr., par exemple le nombre de kilos ou de mètres ou de litres d'une marchandise quelconque — puis, par d'autres verticales et à la même échelle, la quantité de la même marchandise demandée aux prix de 2, de 3, de 4, de 5..., de 10 fr., etc. On verra ces lignes verticales aller en décroissant, de plus en plus petites jusqu'à zéro[2]. Reliez enfin les sommets de toutes ces verticales par une même ligne : cette ligne, toujours descendante, plus ou moins rapide-

---

[1] On trouvera cette analyse dans les livres déjà cités de MM. Colson et Landry. On y trouvera aussi des figures représentant des cas plus compliqués que nous croyons inutile de reproduire ici.

[2] Dans tous les graphiques les verticales s'appellent *les ordonnées*, et les distances marquées sur l'horizontale *les abcisses*.

ment infléchie, mais qui finit toujours, à un point donné, par s'évanouir dans l'horizontale, montre par une frappante image comment varie la demande en rapport du prix. On l'appelle *la courbe de la demande.*

Ce n'est pas pour rien qu'on dit « la courbe » : ce serait un hasard bien invraisemblable qu'elle fût droite comme le côté d'un triangle, car cela supposerait que la demande varie exactement en rapport du prix, ce qui n'arrive guère. Le plus souvent, la demande décroît plus vite que le prix ne monte, par la raison très simple que, les riches étant beaucoup moins nombreux que les pauvres, il suffit d'une faible hausse de prix pour rendre le produit inaccessible à la foule, ce qui donne à la courbe une forme concave. Mais la forme de cette courbe varie selon chaque marchandise. Il en est pour lesquelles la courbe est très rapidement descendante (ou rapidement ascendante, selon que l'on préfère regarder la montée ou la descente), notamment pour les objets de luxe : si le prix des automobiles diminuait de moitié, il est possible que le nombre des acheteurs décuplât. Alors la courbe serait à pente beaucoup plus rapide que dans notre figure, à pente vertigineuse! Il en est au contraire pour lesquels la demande ne fléchit que très peu malgré la hausse du prix, notamment pour les objets de première nécessité : le prix du pain viendrait à doubler qu'on n'en consommerait guère moins, car il faut la ration ordinaire, et il diminuerait de moitié qu'on n'en consommerait guère plus, car on le consomme par nécessité plutôt que par plaisir.

Donc, tantôt la courbe est concave, tantôt elle est convexe tantôt elle est irrégulière et descend ou monte par ressauts — il n'y en a pas deux de semblables, en sorte qu'un économiste bien renseigné pourrait, rien qu'à l'aspect d'une de ces courbes et sans autre indication, dire : voilà le charbon! ou voilà le blé !

Ainsi chaque marchandise pourrait avoir son portrait schématique, son signalement, sa fiche, comme les délinquants qui ont passé au service anthropométrique ou, si l'on préfère une comparaison plus noble, comme ces raies du spectre solaire qui permettent au physicien de reconnaître chaque élément.

Et l'offre, que fait-elle? Elle varie naturellement en sens inverse. *A chaque accroissement de prix, la quantité offerte augmente,* et l'on peut aussi tracer la courbe de l'offre qui n'aura pas une physionomie moins curieuse que celle de la demande. Elle est même beaucoup plus variable encore, car en fin de compte de quoi dépend l'offre ? De la production. Selon donc qu'il s'agira d'une production strictement limitée (objets d'art, crus fameux etc.,, ou d'une industrie à rendement non proportionnel (c'est-à-dire où les frais de production augmentent plus que la quantité produite, par exemple les produits agricoles), ou au contraire d'une industrie où plus on produit et plus le coût de production diminue (ce qui est le cas de la plupart des produits industriels) — l'essor de la courbe de l'offre sera plus ou moins gêné ou plus ou moins hardi [1].

Et maintenant superposons, dans un troisième diagramme qui est précisément celui qui figure dans le texte, les deux courbes déjà tracées, celle de la demande et celle de l'offre : elles se croiseront nécessairement puisqu'elles vont en sens inverse. Ce point d'intersection est d'une importance capitale, car il marque précisément le moment psychologique où les quantités offertes et demandées étant égales, l'échange se fait instantanément, comme une combinaison chimique. Et si de ce point, marqué *b* sur la figure, l'on abaisse une verticale sur l'horizontale où sont inscrits les prix, elle indiquera, comme fait l'aiguille de la balance, le prix du marché, le prix courant, 2 fr.

Et après ? diront les sceptiques. Que nous apprend tout cela ? Toutes ces courbes nous permettront-elles de prévoir quand le café ou le pain haussera ? — Hélas ! non. Mais c'est quelque chose que de serrer dans des formules élégantes et précises des notions qui n'étaient que des à peu près.

<h2 style="text-align:center">V</h2>

<h3 style="text-align:center">La valeur de monopole.</h3>

Nous avons supposé jusqu'à présent un nombre quelconque de vendeurs et d'acheteurs — c'est-à-dire précisément ce qu'on appelle le régime de libre concurrence — mais si l'on suppose qu'il n'y a qu'un seul vendeur ou qu'un seul acheteur, évidemment tout change. Ce second cas est ce qu'on appelle le régime du monopole.

Si l'on s'en tenait à la signification étymologique du mot monopole, il n'y aurait de monopole que pour la vente (μόνος, seul, πολεῖν, vendre). Pourtant, comme la concurrence existe aussi bien du côté des acheteurs, quand ils font surenchère, que du côté des vendeurs, logiquement il faut prévoir le monopole aussi bien d'un côté que de l'autre. Mais, en fait, le cas de monopole

---

[1] Généralement l'offre commence par augmenter rapidement dès que le prix hausse, mais arrivée à une certaine limite, elle se ralentit quelle que soit l'augmentation du prix parce que la production s'essouffle et ne peut suivre. Cette marche de l'offre apparaît sur la figure ci-dessus sous l'image d'une courbe rapidement ascendante, puis à faible pente se rapprochant de l'horizontale.

du côté de l'acheteur est beaucoup plus rare. On peut citer celui des grands magasins vis-à-vis des petits fabricants, ou mieux encore celui de l'État quand il réserve certains produits pour ses besoins : — par exemple, en France, l'État n'a pas seulement le monopole de la vente du tabac, mais aussi le monopole de l'achat du tabac étranger. Ou encore quand l'État, sans se réserver un monopole absolu, est le principal acheteur d'une marchandise, par exemple acheteur d'or pour son Hôtel des Monnaies. La guerre a fourni d'innombrables exemples de l'État monopolisant l'achat de blé, charbon, et même, en Allemagne, de presque toutes les matières premières et denrées nécessaires à la vie.

Supposons donc le cas d'un seul vendeur : par exemple, comme Cournot qui le premier a étudié la loi des prix sous le régime du monopole, supposons le propriétaire d'une source minérale douée de vertus curatives uniques. On pourrait croire qu'il dépend de lui de fixer le prix qu'il veut et que, par conséquent, il n'y a plus ici de loi des prix : il n'en est rien. La fixation des prix, même sous le régime du monopole, n'est pas arbitraire. Elle est aussi déterminée par la demande, mais non plus par l'offre. Supposons en effet que, pour commencer, le monopoleur inexpérimenté essaie du prix de 10 francs la bouteille, il verra qu'il n'en vend qu'un petit nombre et que par conséquent il gagne peu : il en vendra 1.000 bouteilles, par exemple, ce qui lui fait 10.000 francs. Alors il baisse à 1 franc : il en vendra 100.000 bouteilles, ce qui lui fait 100.000 francs, car il trouve aussitôt un débouché dans la masse des classes moyennes. Mais encouragé, il abaisse à 0 fr. 40 la bouteille : alors, comme le nombre des malades est limité et qu'en somme on ne boit pas l'eau minérale pour son plaisir, il n'en vend que deux fois plus, soit 200.000 bouteilles, et il est désagréablement surpris de voir sa recette tomber à 80.000 francs. Il se hâtera donc de relever son prix jusqu'à ce qu'il arrive à un *prix tel que, en le multipliant par la quantité vendue, il trouve le produit maximum,* prix qui, dans l'espèce donnée, est de 1 franc.

Mais ce qu'il y a de plus intéressant dans cette démonstration, c'est qu'elle nous montre que le monopoleur n'a aucun intérêt à écouler toute la quantité produite, toute l'eau de la source dans l'espèce ! Point du tout ! Si nous supposons que le débit de la source soit de 300.000 litres, il se gardera bien de chercher à placer ces 300.000 litres, car il lui faudrait peut-être pour cela abaisser le prix à 0 fr. 10, ce qui ne lui donnerait plus que 30.000 francs de recettes. Il préférera, comme nous venons de le dire, garder le prix le plus avantageux pour lui, soit celui de 1 franc qui correspond à une vente de 100.000 litres, et laisser perdre les 200.000 litres de trop. C'est ainsi que, à ce qu'on raconte, certain éditeur mit au pilon une partie des exemplaires de l'Encyclopédie, et que la Compagnie des Indes Hollandaises, les années de grandes récoltes d'épices, en faisait brûler une partie pour mieux vendre le restant. Ce n'étaient point là áctes de Vandales mais application intelligente de la loi que nous venons d'exposer. Si les viticulteurs du midi de la France, durant la grande crise de mévente de 1900 à 1909, avaient pu s'entendre pour la même opération, ils n'auraient pas hésité à l'exécuter.

Aujourd'hui, pourtant, les monopoleurs emploient des procédés moins barbares; ils ne détruisent pas l'excédent de production, mais se contentent de ne pas l'apporter sur le marché et de le mettre en réserve pour les années maigres.

C'est ainsi que, pour arrêter la baisse du café, l'État de Saint-Paul au Brésil, qui est le plus gros producteur de cette denrée, a acheté en 1906 plus de 8 millions de sacs pour les retirer du marché et les emmagasiner en attendant une reprise des cours [1]. Et en même temps, il prohibait toute plantation nouvelle. Ainsi a fait le gouvernement en Grèce pour relever le prix des raisins secs.

Ces explications suffisent pour écarter l'idée vulgaire que sous le régime du monopole le prix n'est soumis à aucune autre règle que celle du bon plaisir du monopoleur et que, si l'on ne veut sacrifier le consommateur, il faut que tout monopole ait pour correctif une tarification légale. Non, il y a sous le régime du monopole une loi des prix, tout comme sous le régime de la concurrence, et qui agit même sans tarif imposé.

Seulement il semble bien résulter de ces explications cette conclusion que le prix de monopole sera généralement plus élevé que le prix sous le régime de la concurrence, puisque nous venons de voir que le monopoleur n'a nullement intérêt à fixer son prix au plus bas, mais bien à choisir le prix qui lui rapportera le profit net maximum, alors même qu'il devrait laisser perdre ou détruire systématiquement une partie de sa marchandise. Ainsi son intérêt apparaît comme directement en conflit avec l'intérêt du

---

[1] Cette gigantesque opération, dite « valorisation du café », pour laquelle le gouvernement a dû avancer 450 millions de francs, a été vivement critiquée comme anti-économique. Elle ne semble pas cependant avoir été sans résultats pour stabiliser et même pour relever le prix du café. Il est vrai qu'en soutenant les cours, cette opération devait avoir pour résultat de stimuler les plantations, qui étaient déjà excessives, et par là d'accroître la surproduction. Mais le gouvernement a pris ses précautions contre ce risque en réglementant la plantation.

consc mmateur. Et ainsi semble justifiée la doctrine des économistes de l'école classique qui, comme on le sait, affirmaient que monopole voulait dire cherté et concurrence bon marché, et à qui la seule idée d'établir une sorte de comparaison et de balance entre les deux régimes eût paru extravagante et impertinente[1].

La conclusion n'est pourtant pas si simple, car s'il est généralement vrai que la concurrence assure le prix minimum, c'est-à-dire le plus rapproché du coût de production — parce que les vendeurs, désireux d'écouler leurs marchandises, se disputent les clients, et pour cela font sous-enchère les uns contre les autres, espérant que l'accroissement du nombre des acheteurs compensera avantageusement pour eux la diminution des profits — ce n'est pourtant pas toujours vrai, puisque nous avons vu ci-dessus (p. 213) que l'exagération du nombre des producteurs ou vendeurs pouvait avoir pour résultat d'élever le coût de production et, par contre-coup, le prix aussi.

Et, d'autre part, le monopoleur peut avoir intérêt à réduire le prix de revient et y réussir mieux que la concurrence. Nous en avons cité de remarquables exemples dans les trusts : il est donc possible que le prix le plus avantageux pour lui se trouve au-dessous du prix du marché libre[2].

Le prix de monopole a, en outre, cette supériorité curieuse sur le prix de concurrence de pouvoir être adapté aux ressources différentes des acheteurs, même pour des produits de même qualité. Un commerçant ne pourrait songer, sous le régime de concurrence, à vendre le même article à des prix différents selon que le client appartient à la classe riche ou à la classe pauvre — tandis qu'une société d'eau minérale, dans l'exemple ci-dessus,

---

[1] Cette doctrine de l'avantage maximum réalisé par le régime de la libre concurrence a été reprise sous une forme mathématique par Walras et est devenue sa célèbre théorie de l'équilibre économique. Mais son successeur à l'Université de Lausanne, Vilfredo Pareto, élargissant cette théorie, a démontré que l'équili' re économique était aussi bien compatible avec un régime de monopole qu'avec un régime de libre concurrence.

[2] L'opposition établie entre la concurrence et le monopole est purement théorique, car, en fait, il est bien rare que l'un ou l'autre puisse se trouver à l'état pur : en fait, c'est presque toujours un état intermédiaire, mais plus ou moins rapproché de ces deux extrêmes. Il n'est pas de petit marchand qui n'ait son petit monopole ne fût-ce que d'être à tel coin de rue et pas à tel autre, et pas de monopoleur qui n'ait à subir une certaine concurrence, voire même l'État marchand de tabac qui a à subir celle de la contrebande.

Aussi est-il très difficile de donner une définition précise du monopole. On trouvera dans le livre du professeur Richard Ely (*Monopolies and Trusts*) toutes les définitions et classifications désirables.

pourra établir un tarif gradué selon que les consommateurs sont logés dans un hôtel de 1re, 2e ou 3e classe, d'après le même principe que celui qui sert à l'établissement de la *Kur-taxe* dans certaines stations balnéaires d'Allemagne. Le cas des Compagnies de tramways qui font payer un prix différent pour la 1re et 2e classe, quoique les voitures soient les mêmes, ou des villes qui, comme celle de Genève, vendent la même force motrice à des prix différents selon la catégorie des consommateurs[1], sont autant de manifestations de ce phénomène de la multiplicité des prix sous le régime du monopole[2].

Il y a là toute une revolution en germe et qui, elle se généralisant, aboutirait au socialisme égalitaire le plus parfait. En effet, du jour où les produits et les services ne seraient plus payés en raison de leur valeur mais en raison des ressources de l'acheteur, du jour où le prix de toute chose serait établi de la même façon que l'impôt sur le revenu, c'est-à-dire serait proportionnel et même progressif selon la fortune, il est clair que le billet de cent francs du riche ne vaudrait pas plus que le sou du pauvre, puisqu'il n'aurait que le même pouvoir d'achat.

VI

Les variations de prix. La théorie quantitative.

Le prix c'est la quantité de monnaie qu'il faut donner en échange d'un bien ou d'un service quelconque pour se le procurer. Il est évident que plus la valeur d'un objet sera grande et plus grande sera la quantité de monnaie qu'il faudra donner pour l'acquérir — ou, ce qui revient au même, plus petite sera la quantité de cet objet qu'on pourra acquérir avec une somme déterminée de monnaie.

Le prix n'est donc — comme la valeur elle-même dont il n'est

[1] Voir dans *Les Annales de la régie directe* de Genève (octobre 1915), un article de M. Edgard Milhaud sur l'application de ce système dans la régie genevoise de l'électricité.

[2] En d'autres termes, le prix de monopole n'est pas soumis à la loi dite d'indifférence (voir p. 345) qui gouverne tous les prix sous un régime de libre concurrence, à savoir qu'il ne peut y avoir qu'un seul prix pour des produits identiques.

Il est vrai que, même sous le régime de concurrence, il peut arriver, comme l'a fait remarquer spirituellement Walras, que l'épicier vende sous le nom de *bon ordinaire, fin, superfin, extra-fin,* le même chocolat ou le même vin, mais alors c'est en faisant croire au client que ce sont des qualités différentes et en les habillant à cet effet de papiers différents. Le monopoleur n'a pas besoin de recourir à cette fraude.

qu'une des expressions (voir ci-dessus, p. 84) — qu'un rapport. Or on sait que si l'on change l'un des deux termes du rapport, on change nécessairement le rapport lui-même.

Si la longueur du mètre n'était demain que la moitié de ce qu'elle est aujourd'hui, par suite d'un raccourcissement de la circonférence terrestre dont le mètre n'est qu'une subdivision, ou plutôt par celle de l'étalon qui sert à le régler, n'est-il pas évident que pour tous les objets que nous n'aurions pas sous les yeux, et dont nous lirions les mesures, nous croirions leurs dimensions changées, puisque là où nous comptions un mètre nous en trouverions dorénavant deux? Cependant il n'en serait rien : en réalité, il n'y aurait là qu'une illusion produite par le raccourcissement de l'unité de mesure. De même, si l'or et l'argent venaient à perdre la moitié de leur valeur par suite de quelque cause beaucoup moins miraculeuse, par exemple par suite de leur surabondance, il est clair que le prix de tous les objets, c'est-à-dire leur valeur exprimée en monnaie, nous paraîtrait avoir doublé. Et ici nous n'aurions pas la ressource, pour redresser l'erreur, de regarder les objets ou de toucher, car, en ce qui concerne la valeur, les sens ne nous apprennent rien.

Nous pouvons donc formuler cette loi : *toute variation dans la valeur de la monnaie entraîne une variation inversement proportionnelle dans les prix.*

Mais il serait inexact de retourner la formule en disant que toute variation dans le prix d'un objet quelconque suppose nécessairement une variation inverse dans la valeur de la monnaie, car il est possible aussi que cette variation de prix ait sa cause dans l'objet lui-même, par exemple, s'il s'agit du blé, qu'elle ait pour cause une récolte déficitaire.

Par conséquent, toutes les fois qu'on se trouve en face d'une hausse ou d'une baisse des prix, il y a deux catégories de causes à étudier : 1° celles qui agissent sur la valeur de cette marchandise unique qui est la monnaie; 2° celles qui agissent sur la valeur de la marchandise quelconque qui est sur le marché.

En ce qui concerne les causes spécifiques qui agissent sur la valeur de la marchandise, elles échappent à toute classification générale, car chaque marchandise subit l'effet de causes qui lui sont propres et qui sont innombrables, tout événement, non seulement d'ordre économique mais d'ordre politique ou même moral, se répercutant sur les prix. S'il y a une hausse du blé, ou du caoutchouc, ou des loyers, ou des tableaux de maîtres du xviii° siècle, il faudra chercher séparément pour chacune de ces richesses quelles sont les causes qui ont pu influer sur sa valeur et ces causes n'auront aucune relation nécessaire entre elles.

Mais au contraire si nous regardons à l'autre terme du rapport, la monnaie, nous pouvons formuler des propositions générales et qui s'appliqueront à tous les cas, puisque la monnaie est le commun dénominateur de tous les prix.

Or, nous voyons quatre causes qui peuvent faire varier la valeur de la monnaie, dont trois agissent parallèlement et la quatrième en sens inverse [1].

a) La plus ou moins grande quantité de numéraire est le principal élément qui agit sur la valeur de la monnaie. On peut donc poser cette seconde loi, symétrique à celle de tout à l'heure : toute variation dans la quantité de monnaie entraîne une variation directement proportionnelle dans les prix. Si la quantité de monnaie vient à doubler, il faudrait conclure de cette formule que, toutes choses égales d'ailleurs, les prix doubleront. Pourquoi? Parce que la monnaie subit la loi commune qui veut que toute marchandise se déprécie par l'abondance et renchérisse par la rareté. Si donc le nombre de pièces vient à doubler, chacune perdra la moitié de sa valeur, ce qui veut dire qu'il faudra en donner deux au lieu d'une pour acquérir le même objet.

On peut présenter la démonstration autrement, car l'échange n'est pas une simple comparaison comme une pesée et la monnaie n'est pas seulement un instrument pour mesurer : elle est aussi un instrument d'acquisition; c'est par elle que se fait toute demande. Si donc chacun vient à posséder deux fois plus d'argent, la demande de tout produit doublera et le doublement de la demande déterminera le doublement des prix.

Mais cette loi, désignée sous le nom de *théorie quantitative* de la monnaie et dont la découverte fut un des titres de gloire de Ricardo, est aujourd'hui très discréditée.

---

[1] Les économistes qui pensent que la valeur des produits est déterminée par leur *coût de production* pensent logiquement que le coût de production de la monnaie, c'est-à-dire du métal (car le coût du monnayage est insignifiant), est la seule cause qui détermine sa valeur.

Telle est notamment la doctrine du professeur Loria. Mais nous ne voyons pas là une réfutation de la théorie quantitative, mais plutôt une façon de dire que la quantité de la monnaie n'est qu'une cause seconde, cette quantité étant elle-même déterminée par le coût de production de l'or :

soit *coût d'extraction* s'il s'agit d'un pays possédant des mines d'or;

soit *coût d'importation* s'il s'agit d'un pays (comme c'est le cas de la plupart) qui ne peut se le procurer qu'en l'achetant qu'avec des marchandises exportées, si bizarre que puisse paraître cette expression « acheter de l'or ».

C'est le sort de toutes les théories dites classiques. Admirées d'abord, on finit par trouver qu'elles ne serrent pas d'assez près la vérité et ne sont que grossièrement approximatives. Puis viennent des économistes critiques démontrant qu'elles sont totalement inexactes. Tel a été le sort de la théorie fameuse de l'offre et de la demande (voir ci-dessus, p. 349). Celle-ci avait pourtant du bon, à telles enseignes qu'on ne peut guère s'en passer dans le langage courant. Il en est de même de la théorie quantitative de la monnaie. Sans doute, si on la prend dans un sens absolu, si l'on affirme, comme nous venons de le faire, que toutes les fois que la quantité de monnaie doublera les prix doubleront, on risquera de recevoir des faits un démenti, car la quantité de monnaie n'est qu'un des facteurs qui agissent sur les prix et il y en a d'autres, comme nous allons le voir [1]. Mais il est indéniable que c'est tout au moins un de ces facteurs et même le plus important. L'économiste a parfaitement le droit, tout comme fait l'expérimentateur, de ne regarder qu'à l'une des causes d'un phénomène, en faisant abstraction de toutes les autres. Donc, pour restituer aux formules ci-dessus énoncées leur vérité, il suffit d'ajouter cette réserve « toutes choses égales d'ailleurs » et c'est bien ainsi que l'entendaient les économistes classiques qui l'ont d'abord énoncée. Ils n'étaient pas assez aveugles pour ne pas voir que d'autres causes agissaient sur la monnaie — sans parler même de celles qui agissent sur les marchandises — et qu'elles peuvent se neutraliser.

Ce n'en est pas moins un fait universellement constaté que partout où la monnaie est surabondante les prix sont très élevés. Dans toutes les régions où sont les mines d'or tout se paie à des prix fabuleux [2]. De même, toutes les fois que dans l'histoire la

---

[1] D'ailleurs il faut faire ici la même remarque qu'à propos de la loi de l'offre et de la demande. Si la quantité de la monnaie agit sur les prix, réciproquement la hausse ou la baisse des prix réagit sur la quantité de monnaie. Supposons, en effet, que la monnaie, étant trop abondante pour les besoins, se déprécie. En ce cas, sa quantité va être réduite par une double cause :

parce que la valeur des métaux précieux devenant moindre, il y aura moins de profit à les produire, et, par conséquent, la production minière se ralentira ;

parce que la valeur du métal devenant moindre, la consommation industrielle augmentera, et par là aussi le stock monétaire sera diminué.

[2] Ce n'est pas que la monnaie, à proprement parler, y soit plus abondante, puisqu'elle n'est pas frappée sur place et doit être importée, mais sa valeur se règle nécessairement sur celle de sa matière première ; il est difficile qu'un poids d'or en monnaie y ait un pouvoir d'acquisition très supérieur à celui d'un même poids d'or non monnayé.

quantité de métaux précieux s'est brusquement accrue, il y a eu
une forte hausse de prix : par exemple au xvie siècle après la
découverte de l'Amérique, époque à laquelle la hausse des prix
stupéfia les contemporains d'autant plus qu'ils ne pouvaient s'en
expliquer la cause; puis au milieu du xixe siècle après la découverte des mines de Californie et d'Australie. La période de grande
et universelle hausse de prix qui a précédé la guerre a eu lieu à
la suite de la découverte des mines du Transvaal.

b) La plus ou moins grande rapidité de circulation de la monnaie équivaut à une variation dans la quantité et par conséquent
produit le même effet. Il est évident que si une Compagnie de
chemins de fer peut faire parcourir à ses wagons deux fois plus
de kilomètres dans la journée, cela revient au même que si elle
en avait le double. C'est pour cela qu'un navire à vapeur, même
à tonnage égal, est compté pour le triple d'un voilier. De même
si une pièce d'or peut servir à trois fois plus d'échanges dans la
journée, c'est comme s'il y en avait trois, et sa valeur sera réduite
d'autant.

Et la rapidité de la circulation de la monnaie dépend à son tour
de la densité de la population. Une même pièce a passé par bien
plus de mains, à la fin de la journée, dans une grande ville qu'à
la campagne. C'est pourquoi les prix sont plus élevés à la ville
qu'à la campagne, et s'ils ne le sont pas plus encore, c'est parce
que cette cause de dépréciation de la monnaie, tenant à la rapidité de circulation, se trouve parfois compensée par la multiplicité des actes d'échange, ainsi que nous allons voir sous le N° *d*.

Et, bien entendu, la monnaie qui ne circule pas du tout, la
monnaie thésaurisée, n'a aucune action sur les prix; la monnaie
n'agit sur les prix qu'en tant qu'instrument de la demande.

c) Le degré de perfectionnement des modes de crédit qui permettent de se passer de monnaie et qui par conséquent rendent la
monnaie moins utile et moins demandée.

En ce qui concerne le papier-monnaie et le billet de banque,
leur émission équivaut à un accroissement de monnaie métallique
et par conséquent doit avoir pour effet sa dépréciation et une
hausse de prix. Il ne faut pas oublier cependant de déduire de la
valeur de cette monnaie de papier la quantité de monnaie
enfermée dans l'encaisse des banques et que le billet ne fait que
remplacer dans la circulation (Voir au *Crédit*, chap. VII).

Mais c'est surtout par le chèque et les compensations que le
crédit se substitue à la monnaie. Sans ces puissants auxiliaires
celle-ci n'aurait pu suffire, malgré les nouvelles mines d'or, à

l'accroissement général des besoins du commerce et très probablement nous aurions vu des phénomènes inverses de ceux d'aujourd'hui, à savoir un renchérissement notable de la monnaie et une baisse consécutive des prix.

d) La plus ou moins grande activité de l'échange (ventes, prêts, escomptes, paiement de salaires, etc.) agit aussi sur la valeur de la monnaie, mais en sens inverse des trois causes précédentes, c'est-à-dire que plus il y a à faire d'échanges, plus la monnaie est demandée, et par conséquent plus sa valeur monte. Et comme tel est le cas aujourd'hui par tous les pays, il y a dans cet accroissement de la demande de la monnaie une force qui tend à relever sa valeur ou tout au moins, quand sa quantité augmente, à enrayer sa dépréciation, à relever son utilité finale, à lui servir de parachute. S'il n'y avait pas eu dans ces dernières années un énorme accroissement de l'activité industrielle, la dépréciation de l'or, et par suite la hausse des prix, eût été bien plus forte encore qu'elle ne l'est.

Cette question des causes de la variation des prix était déjà passionnément agitée avant la guerre par suite de la grande hausse des prix qui s'était manifestée par tout pays dans les dernières années du XIX⁰ siècle et avait donné lieu à d'innombrables enquêtes dans les journaux et controverses dans les sociétés savantes. La hausse des prix à partir de 1896, année qui marque le point de départ de la courbe ascendante, avait été de 30 à 40 p. 100 selon les pays [1].

Pour nous, l'explication de cette crise ne doit pas être cherchée ailleurs que dans l'énorme accroissement de la production des mines d'or qui s'est fait sentir précisément à la même époque, et nous y voyons une confirmation éclatante de la théorie « quantitative » que nous venons d'exposer [2]. Cette production avait quintuplé depuis vingt ans [3]. Et précisément dès qu'elle s'est ralentie — 1912 a marqué la production maxima et depuis lors

---

[1] Voir ci-dessus (p. 90) l'*Index Number* donné. Il indique le chiffre de 80 pour l'année 1896 et 104 à la date de 1910, ce qui représente exactement une hausse de 30 p. 100.

[2] C'est aussi l'opinion émise par les professeurs Irving Fisher aux États-Unis, Daniel Zolla en France.

Mais pour la thèse contraire voir notamment un article de M. Lescure, *Hausses et baisses de prix* dans la *Revue d'Économie politique*, 1912, p. 454.

[3] La production totale des mines d'or, qui était tombée à moins de 500 millions de francs en 1883, est remontée progressivement jusqu'au chiffre de 2.413 millions en 1912, puis est redescendue un peu en 1913-1914, puis a remonté durant la guerre à cause des énormes besoins d'or des États belligérants.

plutôt décroissante — aussitôt la hausse des prix s'est arrêtée. On avouera qu'il serait invraisemblable que de telles coïncidences fussent fortuites !

Pourtant il faut dire que bon nombre d'économistes et presque tous les gens d'affaires rejettent cette explication et cherchent les causes de la hausse des prix non dans la dépréciation de la monnaie, mais dans des causes spécifiques aux diverses marchandises. Et alors, comme nous l'avons fait remarquer tantôt, on peut trouver un nombre de causes illimité. Chacun a indiqué la sienne : celui-ci le protectionnisme, celui-là les impôts croissants; l'un les grèves incessantes, l'autre la législation ouvrière et le repos hebdomadaire, l'autre les trusts; ou bien encore la multiplication des intermédiaires, le goût croissant du luxe, la guerre russo-japonaise, etc., etc.

Mais je prie qu'on me dise s'il y a une seule de ces causes qui soit assez universelle pour expliquer un phénomène qui s'est fait sentir à la fois dans tous les pays d'Europe, en Amérique, en Australie, en Extrême-Orient? dans les pays libre-échangistes aussi bien que dans ceux protectionnistes? dans les pays où on ne connaît ni syndicats, ni grèves, ni trusts, tels le Japon, comme dans ceux qui sont aux prises avec la question sociale? En fait de cause générale de variation des prix il ne peut y en avoir qu'une seule : c'est celle qui agit sur l'étalon des prix, sur la monnaie.

La résistance que rencontre une explication aussi simple peut être attribuée, soit chez les économistes au discrédit dans lequel est tombée la théorie quantitative, soit dans le public et chez les gens d'affaires à la difficulté de comprendre que la monnaie puisse changer de valeur.

Peut-être pourrait-on nous demander pourquoi, si la cause de la hausse des prix doit être cherchée dans l'accroissement de la production de l'or, la hausse n'a été que d'un tiers environ? N'aurait-elle pas dû être proportionnelle à l'augmentation de la production de l'or, qui a été, avons-nous dit, presque du quintuple? Nullement ! Voici pourquoi — : 1° parce que cet afflux annuel d'or s'est déversé dans un stock de 50 à 60 milliards de francs qui en a amorti l'effet et dont le niveau n'a pu monter que lentement : l'apport annuel ne représentait que moins de 5 p. 100 par an, ce qui correspond assez bien au mouvement de hausse des prix et confirme par conséquent l'explication; — 2° parce que l'accroissement de la production de l'or a trouvé pour contrepartie un accroissement général de la demande de l'or causé par

l'expansion du commerce et de l'industrie, telle que la multiplication des chèques et opérations de crédit n'a pas suffi à la satisfaire ; — 3° enfin parce qu'une portion grandissante de la production or et argent se trouve absorbée, comme par une énorme
éponge, aux Indes et dans les pays thésauriseurs de l'Asie et de
l'Afrique musulmane d'où elle ne ressort plus.

Mais cette discussion paraît déjà de l'histoire ancienne parce
que la hausse des prix antérieure à la guerre a été commé effacée
par l'énorme hausse due à la guerre et qui, selon les pays, a
varié de 60 à 150 p. 100 et au delà. Celle-ci peut-elle mieux nous
renseigner sur la théorie quantitative? Peut-on l'expliquer par
l'accroissement de la quantité de monnaie? — De la monnaie d'or
ou même d'argent, certes pas! car la première a totalement disparu de la circulation pour s'enfouir dans les caves des Banques
d'État, comme si l'or était rentré dans ses mines, et la monnaie
d'argent et de billon sont elles-mêmes devenues rares et insuffisantes pour les besoins. Mais, par contre, la quantité de monnaie
de papier, des billets de banque, s'est énormément accrue et
comme c'est maintenant la seule monnaie en circulation, ne
pourrait-on trouver là une explication suffisante de la hausse des
prix?

Cependant tandis que nous l'adoptions tout à l'heure, ici nous
ne pensons point qu'on puisse s'en contenter. L'accroissement du
papier-monnaie a dû certainement avoir une action sur les prix —
comme elle en a eu certainement sur le change, ainsi que nous le
verrons quand nous en serons à ce chapitre — mais cette action
a été comme noyée dans l'action de causes plus puissantes
encore qui ont agi sur la valeur de tous les produits et qui sont
évidentes : raréfaction ou même destruction des stocks existants, difficulté ou même impossibilité de les remplacer par suite
du manque de main-d'œuvre, du manque de moyens de transports et de la hausse inouïe du fret.[1]

---

[1] Si la hausse des prix depuis la guerre avait pour unique cause la surabondance
de monnaie de papier, on devrait évidemment constater pour chaque pays une
hausse d'autant plus forte qu'il aurait émis plus de billets. Or tel n'est point le
cas. La France est de tous les pays belligérants un de ceux qui avait émis le plus
de billets : le chiffre de billets émis a triplé, passant de 5.800 millions de francs en
juillet 1914 à plus de 20 milliards en juillet 1917. Et pourtant la hausse des prix au
détail n'est à cette dernière date que de 65 p. 100, tandis qu'elle est de plus de
100 p. 100 en Angleterre et même de 78 p. 100 en Suisse, pays où l'accroissement
du chiffre de billets en circulation a été très modéré — mais ces pays ont dû plus
que la France recourir à l'importation et par conséquent ont eu plus à souffrir de
la difficulté des transports.

Mais quand, après la guerre, ces causes cesseront d'agir et que la surabondance de papier-monnaie, si les gouvernements ne peuvent la ramener à son ancien niveau, se fera seule sentir, il est très probable que la théorie quantitative trouvera une nouvelle et grandiose vérification. Espérons qu'elle ne sera pas comparable à celle des assignats de la Révolution, mais néanmoins c'est une perspective qui ne laisse pas que d'être inquiétante.

En effet, les variations de prix causent de grandes perturbations dans les conditions sociales. Étant donné que le bon marché est le signe ordinaire de l'abondance, on serait en droit de croire que la baisse des prix est l'idéal désiré et la hausse le péril redouté? Pourtant, il n'en est rien, et nous voyons au contraire la hausse attendue et saluée comme le beau temps dans l'ordre économique, tandis que la baisse attriste comme la pluie. Le spéculateur à la hausse est vu d'un œil indulgent tandis que le spéculateur à la baisse est honni comme un oiseau de mauvais augure.

Cette contradiction apparente s'explique facilement par le fait que la hausse bénéficie aux commerçants, aux fabricants, aux propriétaires — et indirectement aux ouvriers dont les salaires suivent tôt ou tard la hausse des prix, en un mot, à tout ce qu'on appelle la population « active » — tandis que la baisse du prix ne bénéficie qu'à la foule muette des consommateurs.

Pourtant la hausse ou baisse du prix n'est signe d'activité ou d'abondance qu'autant qu'elle résulte de causes affectant les marchandises, mais lorsqu'elle résulte d'une raréfaction ou surabondance de monnaie, elle n'implique aucun changement dans la production. On pourrait même croire qu'en ce cas elle doit être absolument indifférente, étant purement nominale. Mais tel n'est pas le cas. Sans doute, la variation du prix, en tant qu'elle résulte uniquement d'une variation de l'étalon monétaire, importe peu à ceux qui achètent d'une main pour revendre de l'autre, mais elle a de grandes conséquences pour les créanciers à long terme et surtout pour les crédi-rentiers qui ont à toucher, durant un grand nombre d'années ou même sous forme de rente perpétuelle, une somme d'argent fixe — et inversement pour les débiteurs qui auront à la payer, parmi lesquels le plus gros de tous qui est l'État. Il est clair que la dépréciation de la monnaie est aussi désastreuse pour les premiers qu'elle est avantageuse pour les seconds. Mais nous retrouverons ceci à propos du *Crédit public*[1].

---

[1] En ce qui concerne les conséquences des variations du prix sur les conditions des diverses classes de la société, voir ci-après *De la dépréciation de l'Argent.*

Comme ces perturbations en bien ou en mal sont en somme injustes puisqu'elles changent les conditions stipulées dans le contrat de prêt ou d'émission de rente, il serait à désirer que l'on pût trouver quelque moyen de les éviter. Il n'en manque pas, en théorie, mais malheureusement difficiles à appliquer — nous les avons indiqués ci-dessus p. 92-94, à propos des *Index Numbers,*

Quant aux moyens de prévenir les variations de prix en ce qui concerne les causes agissant sur les marchandises, ils sont aussi complexes que ces causes elles-mêmes, mais on peut dire que c'est là la fonction essentielle des cartels, telle que nous l'avons exposée ci-dessus (p. 287). Leur raison d'être est précisément d'assurer *la stabilité du prix.*

VII

Les avantages de l'échange.

Voici les avantages de l'échange :

1° L'échange permet *d'utiliser pour le mieux les richesses qui sans lui seraient restées inutiles.*

Sans l'échange, que ferait l'Angleterre de sa houille, le Transvaal de son or, la Tunisie de ses phosphates, le Brésil de son café ou de son quinquina? En analysant la notion de la richesse, nous avons constaté que la condition indispensable pour qu'un objet quelconque figure parmi les richesses c'est qu'on puisse l'utiliser, (p. 58). Or pour qu'une richesse puisse être utilisée, il faut que l'échange la mette entre les mains de celui qui doit s'en servir, la quinine entre les mains du fiévreux, le phosphate entre celles du cultivateur, la houille entre celles de l'usinier. Imaginez que demain, en vertu d'un décret, l'échange soit partout supprimé et que chaque homme et chaque pays soit obligé de garder chez soi et pour soi la totalité des richesses qu'il produit : pensez alors quelle énorme quantité de richesses se trouveraient du même coup frappées d'inutilité et bonnes seulement à laisser pourrir sur place ! Non seulement il faut dire que sans l'échange la plupart des richesses resteraient inutiles, mais encore il faut dire que sans lui elles n'auraient jamais été produites. L'échange crée donc un accroissement d'utilité et souvent crée l'utilité elle-même.

Il faut voir dans l'échange le dernier acte de cette série d'actes de production qui commence par l'invention, acte immatériel aussi, et qui se poursuit à travers toute la série des opérations agricoles, manufacturières et de transport, acheminant les produits, étape par étape, vers leur destination définitive qui est d'arriver entre les mains de celui qui doit en user. Changement *de forme*, changement *de lieu*, changement *de mains* [1], tous les trois sont également indispensables pour arriver au résultat final.

Il est vrai qu'il y a certaines opérations d'échange et de crédit, comme les ventes de maisons, celles des valeurs mobilières à la Bourse qui se chiffrent par milliards, celles des objets d'art ou des meubles à l'hôtel des ventes, dont on ne saurait dire qu'elles constituent des actes de production, car qu'importe à la production que telle action ou telle obligation, tel titre de rente, tel tableau ou telle maison, appartienne à Pierre ou à Paul? Ce sont des actes de transfert purement juridiques. Aussi bien n'ont-ils d'intérêt que pour le jurisconsulte et non pour l'économiste, mais c'est de la première catégorie seulement, ceux qui sont liés à la production, que nous avons à nous occuper ici.

Et encore est-on en droit de dire, même quand il s'agit de ventes ou de locations ayant pour objet soit des produits définitifs, soit des capitaux ou des terres, qu'alors même que ces opérations ne constituent pas des actes de commerce, pourtant elles peuvent être considérées comme *créatrices d'utilité* et par conséquent comme productives en ce sens que la chose vendue ou louée acquiert toujours plus d'utilité par l'acte même de vente ou de louage, puisqu'elle est évidemment plus désirée par l'acheteur ou l'emprunteur que par le vendeur ou le prêteur — car s'il n'en était pas ainsi, ni le vendeur ne l'aurait vendue, ni le bailleur ne l'aurait louée [2].

---

[1] Ne pourrait-on objecter que le changement de mains n'implique pas nécessairement un *échange* dans le sens juridique de ce mot, c'est-à-dire un changement de propriété? — Si on se place sous un régime communiste, non sans doute : le transfert d'une personne à l'autre se ferait de la même façon que, dans l'intérieur d'une même fabrique, passent les produits de telle équipe à telle autre. Mais sous le régime de la propriété individuelle, le changement de mains implique nécessairement un transfert de propriété, ou du moins un transfert de droit quelconque, sinon une vente, du moins une location, un dépôt, etc.

C'est bien par une série d'actes successifs de vente que la matière première passe des mains de l'entrepreneur de mines ou de l'agriculteur à celles des fabricants successifs qui transforment la matière et l'amènent à l'état définitif, et enfin des mains du dernier détenteur, qui est le commerçant de détail, entre celles du consommateur.

[2] C'est une vieille question d'école que celle de savoir s'il faut considérer l'échange comme productif de richesses. Les Physiocrates le niaient. Ils prétendaient même démontrer que l'échange ne pouvait rien faire gagner à personne. En effet, disaient-ils, tout échange, s'il est équitable, suppose *l'équivalence des deux valeurs échangées* et implique par conséquent qu'il n'y a ni gain ni perte d'aucun côté. Il est vrai qu'il peut y avoir une dupe, mais en ce cas le profit de l'un

2° L'échange permet d'*utiliser pour le mieux les personnes et leurs capacités productives qui sans lui seraient restées inactives.*

Remarquez en effet que si l'échange n'existait pas chaque homme devrait se préoccuper de produire tout ce qui est nécessaire à ses besoins et, en supposant que ses besoins fussent au nombre de dix par exemple, il devrait faire dix métiers différents : qu'il les fît bien ou mal, il n'importe, il serait obligé de régler sa production *non point sur ses aptitudes mais sur ses besoins.* Du jour où l'échange est mis en pratique, la situation est complètement intervertie : chaque homme, sûr désormais de pouvoir se procurer par l'échange tout ce qui lui sera nécessaire, se préoccupe seulement de faire ce qu'il pourra faire le mieux ; il règle désormais sa production *non sur ses besoins mais sur ses aptitudes* ou ses moyens. Avant l'échange, chacun en ce monde devait se préoccuper de produire ce qui lui était le plus nécessaire ; depuis l'échange, chacun se préoccupe seulement de produire ce qui lui est le plus aisé. Voilà une grande et merveilleuse simplification.

On peut dire que les avantages que nous venons de signaler ressemblent beaucoup à ceux que procure la division du travail, et, en effet, ce sont bien les mêmes, mais combien régulièrement agrandis et multipliés ! Si l'échange n'existait pas, l'association et la division du travail exigeraient nécessairement un concert préalable entre les coopérateurs : il faudrait que tous s'entendissent pour concourir à l'œuvre commune. Mais l'échange *dispense de cet accord préalable* et par là permet à la division du travail de fran-

a pour compensation exacte le dommage de l'autre, en sorte que dans tous les cas le résultat final est zéro.

C'est un pur sophisme que Condillac a réfuté depuis longtemps. Il suffit de remarquer que si aucun échange ne faisait rien gagner à personne ou si tout échange supposait nécessairement une dupe, il serait difficile de comprendre pourquoi les hommes persistent à pratiquer l'échange depuis tant de siècles ! En réalité, ce que je cède par l'échange est toujours moins utile pour moi, moins désirable, *vaut moins* que ce que j'acquiers, car sans cela il est bien évident que je ne le céderais pas : et mon coéchangiste fait de son côté le même raisonnement. Chacun de nous pense par l'échange *recevoir plus qu'il ne donne* — et, si bizarre que cela paraisse, chacun a raison. Il n'y a dans ces jugements opposés et dans ces préférences inverses aucune contradiction, puisque nous savons que l'utilité de toute chose est purement subjective et varie suivant les besoins et les désirs de chacun (voir ci dessus, p. 56). Quand donc on dit que dans tout échange on donne valeur égale pour valeur égale, il faut s'entendre ! Les deux objets échangés ont la même *valeur d'échange* par définition même, en ce sens que l'une et l'autre, mesurées à une commune mesure qui est la monnaie, sont quantitativement de même grandeur — mais au point de vue de chacun des deux coéchangistes les deux *valeurs d'usage,* comme on disait autrefois, les deux *utilités finales,* comme on dit aujourd'hui, sont qualitativement et inversement inégales.

chir le cercle étroit de l'atelier ou de la communauté de famille pour rayonner sur toute la surface d'un vaste pays et jusqu'aux extrémités de la terre. Chacun désormais, de près ou de loin, produira suivant ses aptitudes naturelles ou acquises, suivant les propriétés naturelles de la région qu'il habite; il pourra se consacrer tout entier à un seul travail et jeter toujours le même produit sur le marché, assuré qu'il est, grâce aux mécanismes ingénieux que nous étudierons plus loin, de retirer en échange n'importe quel autre produit dont il aura besoin. On a souvent fait remarquer que ce que chacun de nous consomme dans un jour était le résultat combiné de l'action de centaines et peut-être de milliers de travailleurs, tous réunis par le lien d'une association très réelle quoique inconsciente [1].

L'échange serait presque impossible s'il ne s'était créé lui-même certains organes indispensables :

1° des agents professionnels désignés sous le nom de *marchands* ou *commerçants* pour servir d'intermédiaire entre producteurs et consommateurs ;

2° des lieux de rendez-vous appelés *marchés* pour permettre aux propriétaires d'objets différents de se rencontrer ;

3° des instruments dits *poids et mesures* pour mesurer les quantités échangées ;

4° des *moyens de transport* destinés à faciliter et à accélérer le déplacement des marchandises ;

5° une marchandise tierce désignée sous le nom de *monnaie* et destinée à décomposer le troc en vente et achat.

Nous allons les étudier successivement en réunissant dans un même chapitre les trois premiers qui ne donnent pas lieu à beaucoup de difficultés, mais les deux autres, le transport et surtout la monnaie, exigeront de longs développements.

---

[1] On raconte que le milliardaire américain, M. Carnegie, en offrant un splendide festin aux membres du congrès pan-américain de 1890, leur dit fièrement : « Le monde presque entier a contribué au menu qui va vous être servi ». Sans doute, mais ce qui est admirable c'est qu'un pauvre homme pourrait en dire exactement autant de son dîner ! Comme le dit très bien M. de Laveleye : « Le plus pauvre ouvrier consomme les produits des deux mondes. La laine de ses habits vient d'Australie ; le riz de sa soupe, des Indes ; le blé de son pain, de l'Illinois ; le pétrole de sa lampe, de Pensylvanie ; son café, de Java..... » (*Éléments d'Économie politique*, p. 198).

CHAPITRE II

LES MARCHANDS

I

Histoire et rôle des marchands.

Le commerce n'a point commencé entre voisins, comme on serait certainement tenté de le croire, pour s'étendre peu à peu au loin. Entre les habitants d'une même famille, d'un même clan, il y avait trop de conformité d'habitudes et de besoins, une division du travail trop peu développée, pour qu'un mouvement d'échanges régulier pût prendre naissance. On n'y connaissait ni marchands, ni marchandises, ni marché. Mais sur les confins entre les territoires des tribus, sur ces terres n'appartenant à personne qu'on aurait pu appeler d'un mot si souvent répété dans la guerre actuelle, la *no man's land*, on se rencontrait de temps en temps pour se battre et aussi pour échanger. Ce fut là que naquit le *marché*, car il y a eu des marchés longtemps avant qu'il y eût des marchands, c'est-à-dire des professionnels de l'échange [1].

Toutefois l'échange entre tribus voisines ne pouvait guère se développer à cause de la similitude de leurs produits et de leurs besoins. Ce n'est que le jour où la navigation a permis à des pays distants, et différant entre eux par leur civilisation, de communiquer entre eux que le commerce proprement dit a pris naissance. Le commerce a été extérieur avant d'être intérieur. Il a été maritime avant d'être terrestre. Comme Vénus Aphrodite les premiers marchands sont sortis de la mer.

---

[1] « L'étranger, si même on n'allait pas contre lui la lance à la main, était toujours l'ennemi qu'il n'était pas déshonorant de tromper Là (sur le marché) prit naissance, avec le commerce et le droit international, l'idée du droit de chacun à obtenir le meilleur prix possible » (Brentano, *Revue d'Économie politique*).

Il est curieux à noter que le mot *marché* a la même origine étymologique que le mot *marche* au sens de *frontière*, parce que c'est sur les limites des territoires des tribus que l'échange se faisait. Encore aujourd'hui, dans certaines îles des Nouvelles Hébrides, les indigènes déposent leurs produits par terre sur la frontière, puis se retirent, attendant que ceux de l'autre tribu viennent déposer les leurs et échanger, s'il y a lieu.

Voilà pourquoi les premiers marchands ont été des voyageurs, des aventuriers, ainsi que l'enseigne l'histoire des Argonautes et de la Toison d'Or, de Sindbad le Marin dans les Mille et Une Nuits, ou celle, guère moins merveilleuse quoique véridique, du vénitien Marco Polo à travers toute l'Asie au XIIIe siècle.

Il en est résulté que le commerce se faisant d'étranger à étranger, c'est-à-dire (car les deux mots étaient synonymes pour les anciens) d'ennemi à ennemi, a partout débuté par la fraude, la ruse et souvent la violence, et que Mercure a pu être, sans que la conscience publique songeât à s'en étonner, à la fois le dieu des marchands et celui des voleurs.

Il en est résulté aussi que dès le début les marchands ont été de grands personnages enviés et redoutés, bien au-dessus des artisans et des agriculteurs, constituant une véritable aristocratie. Ce n'est qu'à une époque relativement récente que le petit commerce de détail a apparu.

On peut signaler deux phases dans cette histoire des marchands :

1° La première est celle du marchand ambulant. — Tous les pays où le commerce est peu développé, en Afrique par exemple, en sont encore à cette phase-là : le commerce s'y fait par caravanes. On la retrouve dans nos villages sous la figure du *colporteur* et même sous celle de ces marchands à la *criée*, qui font retentir les rues de Paris de leurs mélopées variées.

Mais ce système du marchand voyageant avec sa marchandise ne peut s'appliquer qu'à des produits d'un transport facile — et surtout il est très onéreux parce qu'il grève chaque article de frais généraux énormes. Nous avons dit (p. 342) que les profits des marchands qui vont en caravanes dans l'Afrique centrale sont léonins, mais il faut reconnaître qu'ils ne peuvent être rémunérateurs qu'à un taux très élevé, 3 à 400 p. 100, dit-on.

2° Aussi, partout où le commerce prend un certain développement, le marchand ambulant ne tarde pas à faire place au marchand sédentaire, au *boutiquier*[1]. Avant, c'était le marchand qui allait chercher le client : désormais, c'est le client qui ira chercher le marchand. Seulement, il faut alors que le marchand attire l'attention du passant : — soit par des *enseignes* parlantes, dont nous retrouvons le souvenir dans le plat à barbe qui se balance à la porte des coiffeurs, dans la pipe de bois qui se dresse sur celle des marchands de tabacs, ou dans le chapeau de tôle qui décore

---

[1] Mais on constate, au début, une lutte entre le marchand voyageur et le marchand devenu sédentaire. Voir la note de la page 340.

celle des chapeliers ; — soit par l'*étalage* des marchandises elles-mêmes dans des devantures resplendissantes ; — soit encore, quand il faut attirer le client de loin, par les *annonces, réclames, pros-pectus, catalogues,* ou par les *commis voyageurs* qui ne diffèrent des marchands voyageurs d'autrefois qu'en ce qu'ils emportent avec eux, non des marchandises, mais de simples échantillons.

Les avantages que la société retire de l'existence des commer-çants sont les suivants :

1° Ils servent d'*intermédiaires* entre le producteur et le consom-mateur, en épargnant à chacun d'eux le temps qu'il lui faudrait perdre à rechercher l'autre ;

2° Ils prennent les marchandises *en gros* chez les producteurs et, en les débitant *au détail,* ils épargnent par là les embarras qui résulteraient nécessairement de l'absence de coïncidence entre la quantité offerte par le producteur et la quantité réclamée par le consommateur ;

3° Ils *gardent* la marchandise en magasin et suppriment par là les difficultés qui résulteraient de l'absence d'une autre coïnci-dence, à savoir le moment où le producteur veut se défaire de son produit et celui où le consommateur est disposé à l'acquérir ;

4° Ils *apprêtent* les marchandises pour la consommation en les triant (blé), en les nettoyant (café), en les mélangeant (vins), en les découpant (étoffes, viande, etc.).

Ce sont là, sans doute, des services réels, mais il faut voir aussi ce qu'ils coûtent. En effet, par suite de diverses causes, au premier rang desquelles on doit faire figurer le caractère peu pénible de la profession de marchand et l'attrait qu'elle exerce sur beaucoup de personnes, notamment en France, il s'est trouvé que le nombre de ces intermédiaires, surtout des commerçants au détail, des boutiquiers, est devenu tout à fait disproportionné avec les besoins.

Le nombre des commerçants, qui était de 972.000 en 1866, s'est élevé à 1.881.000 en 1901 et à 2.053.000 en 1911 [1]. Il a donc plus que doublé (111 p. 100) en 45 ans ! et cela pour une population qui n'a augmenté dans cette même période que de 3 p. 100 ! Si la progression devait se continuer à ce taux, en moins de 200 ans tous les habitants de la France seraient devenus commerçants ! Ces 2 millions de commerçants représentent avec leurs familles environ 8 millions de personnes : on peut donc dire que un Fran-

---

[1] *Résultats statistiques du Recensement de la population en 1911,* publié par le Ministère du Travail), t. l, 3° partie, pp. 12-13.

çais sur cinq est dans le commerce — ce qui ne veut nullement
dire que la France soit le premier pays commerçant du monde,
tant s'en faut ! Cet état de choses fait sentir son influence non
seulement sur toute l'économie de la France, mais même sur sa
politique et sur sa mentalité. Ces petits commerçants constituent,
avec les artisans qui ne s'en distinguent guère, puisqu'eux aussi
vendent au public, la petite bourgeoisie qui a eu une si grande
influence sur l'histoire de la France.

Il y avait, il y a 30 ans, à Paris, une boulangerie par 1.800 habitants ; il y en a une aujourd'hui par 1.300 habitants, et dans certaines villes bien plus encore (1 pour 500 à Lyon, 1 pour 380 à
Saint-Étienne. Qu'en résulte-t-il? Que le kilo de pain est vendu
à 10 centimes au moins au-dessus du prix de revient, j'entends
par là, par exemple, le prix auquel peuvent le livrer les sociétés
coopératives. La consommation moyenne en France étant de
550 grammes par tête, la consommation annuelle est de près de
8 milliards de kilos. Cette majoration de 10 centimes le kilo, par
suite de la multiplicité inutile des intermédiaires, coûte donc à la
population française 800 millions de francs par an, rien que pour
le pain (il faudrait déduire, il est vrai, les paysans qui font leur
pain eux-mêmes, mais ils sont de plus en plus rares), Et maintenant multiplions ce chiffre par tous les articles de consommation
et nous aurons une idée du tribut préleve par les intermédiaires. Il
s'élève probablement à plus du double de ce que nous payons à
l'État par l'impôt ! Socialistes et économistes sont du reste unanimes pour dénoncer ce vice de notre organisation sociale, surtout Fourier qui, dès 1822, a dénoncé et même prédit les abus de
l'organisation commerciale avec une précision et une verve qui
n'ont pas été surpassées [1].

Cette multiplication des intermédiaires, en réduisant le débit
de chacun, a eu pour résultat de grever chaque article de frais
généraux proportionnellement énormes et d'empêcher la baisse
naturelle des prix de se faire sentir dans le commerce de détail
(voir ci-dessus, p. 214). Ces intermédiaires tendent donc à devenir
de véritables parasites.

Si l'on ajoute à cet inconvénient, déjà si grave, la falsification
des denrées qui devient un véritable péril pour la santé publique,
les réclames mensongères qui sont également un effet de la concurrence acharnée des marchands, on doit se demander si les
services rendus par ces intermédiaires ne sont pas payés aujour-

[1] *OEuvres choisies de Fourier*, édition Guillaumin.

d'hui trop cher et si l'on ne pourrait pas trouver quelque autre mode d'organisation de l'échange moins onéreux pour la société?

Nous avons vu déjà (voir ci-dessus, p. 303) la loi de concentration se manifester dans le commerce et spécialement dans le commerce de détail, sous la forme des Grands Magasins, maisons à succursales, et il en est résulté certainement, à côté de certains inconvénients, de grands avantages pour le consommateur. Mais le véritable remède serait de mettre directement en relations le producteur et le consommateur en supprimant les intermédiaires ou, du moins, en réduisant leur nombre au minimum.

La grosse difficulté, c'est que le producteur ne peut guère vendre au détail, tandis que le consommateur peut encore moins acheter en gros. On essaie aujourd'hui de surmonter cette difficulté, grâce à l'association sous une double forme : — soit l'association des producteurs qui s'entendent pour vendre directement au public, par exemple les *associations agricoles* (voir ci-dessus, p. 250); — soit l'association des consommateurs qui s'entendent pour acheter directement aux producteurs : c'est le rôle des *sociétés coopératives de consommation* (voir p. 257 et livre IV).

II

Les Foires, les Bourses de commerce et les marchés à terme.

De tout temps et dans tous les pays, même dans les sociétés les plus primitives, les hommes ont eu la coutume de se réunir à certains jours et dans certains lieux désignés, pour échanger leurs produits : c'est ce qu'on appelle *les marchés* ou *les foires*, les premiers ayant une périodicité plus courte, généralement hebdomadaire, et une circonscription plus restreinte, généralement urbaine. Les foires avaient autrefois une grande importance. Elle se formaient généralement en des lieux de pèlerinage où peu à peu l'attraction religieuse se transformait en attraction commerciale. La foire de Beaucaire en novembre marquait pour tout le midi de la France la date d'échéance de tous les contrats, et encore aujourd'hui la foire de Nijni-Novgorod, du 15 juillet au 10 septembre, faisait avant la guerre 170 millions de roubles, soit 450 millions de francs d'affaires, et réunissait de 2 à 300.000 personnes venues des extrémités de l'ancien continent.

Néanmoins, les foires et marchés tombent en désuétude, parce que les exigences de la vie moderne ne peuvent plus s'accommoder d'un mécanisme intermittent. On tend à les remplacer aujourd'hui

par des *foires d'échantillons*. C'est la ville de Leipzig qui a donné
l'exemple et quoiqu'elle ne réunisse que 4 à 5.000 maisons et dix
fois moins de visiteurs qu'à Nijni-Novgorod, elle faisait un chiffre
d'affaires à peu près égal. Au cours de la guerre la ville de Lyon
et ensuite diverses villes de France ont institué non sans succès,
surtout à Lyon, des foires semblables. On n'y vend rien, on y
reçoit seulement les commandes.

Mais les foires ont été surtout détrônées par les Bourses, institutions où l'échange s'opère de façon permanente et continue. On
distingue les *Bourses de commerce* où se fait l'échange des marchandises et les *Bourses* proprement dites où se fait l'échange des
valeurs mobilières. Elles sont le théâtre d'opérations colossales et
d'une activité vertigineuse. Les Bourses ne servent point à la vente
de toutes les marchandises, mais seulement de celles qui se traitent
par grandes masses et qui sont homogènes, fongibles, comme on
dit en droit, c'est-à-dire qui n'ont point d'individualité propre :
il importe peu d'avoir tel sac de blé, telle balle de coton, telle
barrique d'alcool, tel boucaut de sucre, plutôt que tel ou tel autre ;
on ne s'occupe que de quantités.

En concentrant des milliers d'opérations sur un même lieu, ces
Bourses permettent d'établir un prix uniforme pour toutes les
marchandises de même catégorie — ce qui serait impossible s'il
y avait des milliers d'achats dispersés. En un mot, elles permettent
d'établir et de publier chaque jour un *cours*, qui est publié,
coté, dans les journaux quotidiens — et c'est un grand service
rendu au commerce qui peut ainsi calculer exactement ses opérations.

La cote de la Bourse ayant une influence décisive sur tout le
mouvement des échanges, sa fixation est soumise à des règlements
minutieux. D'ailleurs, les opérations ne peuvent généralement
être faites que par des intermédiaires spéciaux, *courtiers*, ou, pour
les valeurs mobilières, *agents de change :* ces derniers sont investis
d'un monopole légal comme les notaires [1].

[1] Ce fut l'édit de 1572 sous Charles IX qui donna une investiture officielle aux
courtiers, comme on disait déjà : « Créons et établissons à titre d'office tous courtiers, tant de change et de deniers que de drap de soie, laine, toile, cuir et autres
sortes de marchandises ».

Les agents de change ont seuls le droit de négocier les valeurs inscrites à la
cote officielle et ce sont eux seuls qui autorisent cette inscription. Comme compensation à ce privilège, ils sont soumis à un tarif pour la perception des droits et
astreints à une responsabilité solidaire vis-à-vis des clients. Le tarif d'ailleurs, ni
la responsabilité, ne les empêche pas de réaliser d'énormes bénéfices puisque
chaque charge vaut 1.500.000 francs, et il y en a 70.

Autrefois, dans les Bourses, on vendait tout à la fois marchandises, effets de commerce et valeurs mobilières, et les agents chargés de ces opérations étaient les mêmes. On les appelait « agents de banque, de change, de commerce et finances ». Ce ne fut guère qu'au commencement du XVIIIe siècle, après la crise de Law, que la Bourse des valeurs se sépara des Bourses de commerce et que les « courtiers » se distinguèrent des agents de change[1].

Les ventes se font au *comptant* ou *à terme,* mais ces derniers représentent, de beaucoup, la plus grande masse des opérations.

Le vendeur, par exemple, vend aujourd'hui et *au cours du jour* dix mille hectolitres de blé *livrables à la fin du mois,* il est très possible qu'il ne possède pas un grain de blé. Mais ce n'est pas une difficulté : quand le moment sera venu de livrer, il ne sera pas en peine d'en trouver sur le marché. Comme on l'a dit spirituellement, il se trouve dans la situation d'un porteur d'eau qui vendrait des seaux d'eau livrables demain ou à la fin du mois : il n'a pas l'eau, c'est vrai, mais il y en a à la rivière : il ira en puiser quand il faudra. De même, le marchand à terme : il puisera, quand le moment sera venu, au marché qui est la rivière.

Si la marchandise, d'ici à la fin du mois, vient à baisser, par exemple, si le blé vendu 20 francs ne vaut plus que 19 francs, le vendeur à terme aura fait une bonne affaire, car pour exécuter la livraison, il lui suffira d'acheter à 19 francs le blé vendu 20 francs. Il gagne donc 1 franc de différence. C'est bien là-dessus qu'il comptait! Tout vendeur à terme est un homme qui prévoit la baisse : on l'appelle *le baissier.* — Car si au contraire le blé vient à hausser, s'il monte par exemple à 21 francs, il est clair que le vendeur aura fait un marché de dupe.

S'il s'agit de l'acheteur à terme, il se trouve évidemment dans la situation inverse. Il a acheté à 20 francs livrable fin courant. Si le blé baisse à 19 francs, il a fait une mauvaise affaire; il a payé 1 franc de trop pour s'être trop pressé. Mais si le blé monte à 21 francs, il a fait une bonne affaire; il gagne la différence, 1 franc. Tout acheteur à terme est donc un homme qui prévoit la hausse : on l'appelle *le haussier.*

De là vient que pour les commerçants, et même pour le gouvernement, le vendeur à terme est un personnage mal vu, suspect de chercher à créer la baisse puisqu'il a intérêt à ce qu'elle arrive,

---

[1] Néanmoins tout ce que nous dirons ici des ventes à terme s'applique également aux Bourses tout court, c'est-à-dire Bourses de valeurs mobilières.

tandıs que l'acheteur à terme est une *persona grata,* toujours annonciateur de beau temps. Et puis, le fait de vendre une marchandise qu'on ne possède pas, cela apparaît comme une sorte d'escroquerie. En réalité, ces appréciations sont peu fondées. Et même, à se placer au point de vue du public, du consommateur, il semble que les appréciations devraient être plutôt interverties. En effet, l'intérêt général c'est l'abondance et, par conséquent, c'est la baisse qui devrait être considérée comme le signe du beau temps puisqu'elle annonce l'abondance.

D'autre part, il est bien impossible que des marchandises ou des titres haussent indéfiniment et, si même c'était possible, ce ne serait nullement un bien. Les hausses et les baisses ne peuvent être que des oscillations rythmiques qui sont aussi bonnes les unes que les autres, puisque les unes et les autres sont indispensables à l'équilibre économique : nous avons vu en effet que ce sont elles qui rétablissent chaque fois l'adaptation entre la production et les besoins. Quand on a trop produit de marchandises, ou qu'on a fait monter des titres au-dessus de leur véritable valeur, il est très utile que la baisse vienne.

Ce qu'il faut souhaiter c'est que ces oscillations puissent exercer leur action salutaire en causant le moins de dommages possible et que, pour cela, elles soient le moins brusques possible. Or, précisément, la vente et l'achat à terme ont ce double effet :

1° D'annoncer à l'avance, quinze jours ou un mois d'avance, la variation des prix et le sens probable dans lequel elle s'effectuera : c'est un baromètre qui peut prévenir les naufrages. En effet, les vendeurs et acheteurs à terme sont comme l'avant-garde qui précède la masse des vendeurs et des acheteurs au comptant, et la hausse ou la baisse des prix du terme ne fait qu'anticiper la hausse ou la baisse du comptant ;

2° D'atténuer (ce qui est plus utile encore) ces variations de prix, car toute crise prévue est escomptée et par là même diminuée en intensité. Si la baisse du blé doit se produire dans un mois, tout ce qui est vendu d'ici jusqu'à la fin du mois sera autant de moins qui sera offert fin courant et le marché sera dégagé d'autant. Et si, au contraire, le blé doit hausser, tout ce qui est acheté dès à présent et pendant le mois réduira d'autant la demande fin du mois. D'autant plus que la production, avertie par les variations du cours du terme, va, suivant les cas, accélérer ou ralentir son mouvement. Sans doute, si la hausse ou la baisse tient à des causes naturelles, par exemple pour le blé à une mauvaise récolte ou à une récolte surabondante — les ventes et les achats à terme ne pourront l'empêcher, mais du moins ils l'espaceront sur un plus long temps et la dissémineront sur un terrain élargi. Vendeurs et acheteurs à terme remplissent l'office de ces ingénieurs qui remplacent les brusques escarpements par des pentes douces, prises de loin, et sur lesquelles le commerce, au lieu de verser ou de casser ses ressorts, peut rouler sans accidents et même sans trop de cahots.

Faisons un pas de plus. Il est très possible que le vendeur à terme non seulement ne possède pas actuellement la marchandise, mais n'ait pas même l'intention de se la procurer quand viendra l'échéance, et que l'acheteur de son côté n'ait pas le moins du monde l'intention de l'acquérir à un moment quelconque [1]. Peut-être l'un et l'autre ne sont-ils pas même des commerçants, mais des messieurs ou des dames qui vendent et achètent blé ou laine sans avoir jamais eu en mains grains de blé ni flocon de laine! C'est même très fréquent. Alors qu'est-ce que cette étrange opération qui consiste à vendre ce qu'on ne possédera jamais? C'est tout simplement un pari sur la hausse ou la baisse des marchandises ou des titres, exactement comme un pari aux courses de chevaux.

Pourtant, quand viendra l'échéance, ne faudra-t-il pas que le vendeur à terme livre les marchandises et que l'acheteur paie le prix? — Point du tout! S'il y a baisse, le vendeur dit à l'acheteur : « Vous n'exigez point que je vous livre mon blé et vous seriez même doublement embarrassé si je le faisais, car vous ne vous souciez point de blé et vous ne vous souciez point de le payer. Eh bien, je vous le rachète! seulement, comme il ne vaut maintenant que 19 francs, je vous l'achète au prix actuel. Vous me l'aviez acheté à 20 francs. Vous ne me devez donc que la différence, soit un franc.

Si le blé a monté, s'il est à 21 francs, tout se passera de même à cela près que c'est l'acheteur qui revendra au vendeur à 21 francs

---

[1] C'est dans ce cas, c'est-à-dire quand il s'agit d'une vente fictive, qu'elle s'appelle vente à terme ou, plus exactement, *marché à terme* : mais quand la vente est réelle et que la livraison seulement est différée, par exemple parce que la marchandise est en route, alors on emploie l'expression *marché à livrer*. Les grandes administrations, notamment celles de la guerre et de la marine, ont très souvent recours aux marchés à livrer, mais il va sans dire qu'elles ne font pas de marchés à terme.

Il n'y a en France, sur 30 bourses de commerce, que 5 qui fassent le marché à terme proprement dit, c'est-à-dire le jeu.

le blé qu'il lui avait acheté 20 francs, et qui, par conséquent, touchera un franc de plus-value.

Donc tout se règle ou, pour employer l'expression technique, se liquide sans livrer la marchandise et sans payer le prix, mais seulement en payant les *différences* [1].

Pour faciliter ces opérations on a inventé les *Caisses de liquidation :* ce sont des sociétés qui jouent le rôle d'intermédiaires entre les vendeurs et les acheteurs, se portant acheteuses vis-à-vis des premiers et vendeuses vis-à-vis des seconds. Comme les opérations de part et d'autre sont nécessairement égales, la caisse n'a jamais rien à débourser — et, quant à l'insolvabilité possible d'une des parties, elles s'en couvrent par un dépôt. — Mais à quoi servent-elles? D'abord elles opèrent à la façon d'un *Clearing House* en économisant le va-et-vient du numéraire. De plus, en supprimant les risques d'insolvabilité du débiteur, elles évitent les krachs. Enfin, en solidarisant toutes les parties, elles éliminent les perturbations tenant à des circonstances individuelles pour ne laisser que les variations tenant à des causes économiques et qui par là se dégagent et apparaissent plus clairement [2].

La vente et l'achat à terme ou, comme on dit aussi, *à découvert,*

[1] Il est possible cependant que l'une des parties ne veuille pas faire cette opération, qui s'appelle la liquidation, précisément parce qu'elle ne veut pas liquider, mais qu'elle préfère continuer la partie. C'est l'acheteur, par exemple, qui n'a pas vu se réaliser la hausse qu'il attendait, mais croit qu'elle s'accentuera le mois prochain : il veut donc rester acheteur à terme. Mais si le vendeur, lui, veut liquider — peut-être précisément parce qu'il partage l'opinion de l'acheteur — comment faire? Eh bien! même en ce cas l'acheteur n'est pas dans l'embarras. Il y a en effet une foule de capitalistes prêts à lui prêter l'argent nécessaire pour lui permettre d'attendre, pour se faire *reporter*, et qui même s'en font une sorte de profession. En effet le *report* constitue un placement très recherché par les capitaux disponibles en quête d'emploi, car c'est un prêt à court terme et qui offre une sécurité absolue. Il est garanti en effet par les marchandises que l'acheteur lui donne en gage (ou, plus exactement, qu'il lui vend au comptant et lui rachète à terme).

Si, inversement, c'est le vendeur qui veut continuer tandis que l'acheteur veut liquider, eh bien! de même le vendeur trouvera à emprunter (ou plus exactement à acheter au comptant en les revendant à terme) les marchandises ou les titres qu'il lui faut. Cependant cette seconde opération est moins commode et moins pratiquée que l'autre.

Le report tient une grande place dans les opérations de Bourse dès valeurs : tout se passe comme il est expliqué ci-dessus, il suffit de remplacer dans ces explications le mot « marchandises » par le mot « titres ».

[2] La première caisse de liquidation paraît avoir été créée au Havre en 1882 (voir Oscar Bloch, *op. cit.*). Il y en a dans diverses villes de France, parfois spécialisées pour la vente de certaines marchandises — mais il n'y en a point à Paris. Cette création, souvent réclamée, a provoqué de vives oppositions que nous ne pouvons expliquer ici : voir le livre de M. O. Bloch, p. 207.

n'est donc qu'un jeu [1] : ne devrait-on pas l'interdire? Telle est la très grave question qui se pose.

En faveur des opérations à terme, on peut dire que, même fictives et n'aboutissant jamais à une réalisation effective, elles peuvent rendre exactement les mêmes services, et avec une puissance de multiplication à grande échelle, que ceux que nous avons expliqués pour les ventes à terme réelles, à savoir : indiquer à l'avance les variations des cours et, en les anticipant, les amortir. On craint dans le public qu'elles ne soient une arme aux mains des gros capitalistes et des accapareurs pour faire la loi sur le marché. Mais, au contraire, le fait que les opérations seront publiques et pourront être suivies par tous est plutôt de nature à contrarier les manœuvres qui se trament dans l'ombre et ne se révèlent que par le coup de l'étranglement.

Toutefois, pour que les Bourses de commerce puissent rendre ces services, encore faut-il qu'elles soient utilisées par des professionnels ou tout au moins par des gens capables de prévoir. Si elles sont faites par n'importe qui [2], elles ne sont plus qu'une forme de *paris,* paris à la hausse ou à la baisse, comme les paris aux

---

[1] Jeu d'autant plus tentant que l'on a inventé, pour les gens prudents ou les petites bourses, un moyen de limiter les risques : c'est ce qu'on appelle le *marché à primes*. C'est une espèce d'assurance moyennant laquelle, si l'opération tourne mal, le spéculateur peut s'en dégager en payant un dédit convenu. Il est donc assuré, au pis aller, de n'y laisser que quelques plumes.

[2] Nous avons reçu personnellement, comme beaucoup d'autres certainement, non seulement des lettres-circulaires, mais des visiteurs nous invitant à faire des opérations à terme sur le sucre et l'alcool ! Voici un extrait curieux de ces circulaires :

« En raison de la fréquence et de l'importance des devoirs financiers survenant à une époque où la diminution du revenu impose à chacun l'obligation d'augmenter ses ressources, nous croyons utile de vulgariser les opérations traitées à la Bourse de commerce. Ignorées de la grande majorité des rentiers, ces opérations sont, à notre avis, les seules rationnelles et logiques : effectuées judicieusement, elles peuvent faire rendre aux capitaux engagés le maximum de bénéfices contre le minimum de risques...

» La hausse et la baisse sont, en effet, régies par la seule loi de l'offre et de la demande, la production d'un côté, la consommation de l'autre. Point d'artifices..... Nous traitons des affaires commerciales sur des marchandises conservant toujours une *valeur intrinsèque* qu'elles ne peuvent perdre en aucun cas. Quel peut être le risque en achetant une marchandise vers son prix de revient, livrable dans six mois ? N'est-il pas légitime d'espérer que, dans un laps de temps aussi considérable, vous puissiez profiter d'un cours avantageux pour vous liquider, c'est-à-dire réaliser un bénéfice ?

» Ce genre d'opération convient aux esprits froids, pondérés, qui préfèrent une opération commerciale aux spéculations dont la réussite est presque toujours une question de pile ou face »...

courses. Or, malheureusement, tel est trop souvent le cas. La
fureur du jeu est telle aujourd'hui que l'on voit des gens du
monde, des militaires ou des concierges, faire des opérations sur
la laine ou les cuirs, comme sur n'importe quelle valeur que leur
indique un journal de réclame financière. Le mal devient plus
grave si, par de fausses nouvelles par exemple, on fait varier
artificiellement les cours. Alors la spéculation, au lieu de prévenir
la panique, ce serait son véritable rôle, au contraire la crée.

.Le problème est donc d'établir la limite entre la spéculation
fondée sur la prévision, laquelle est une des formes les plus élevées
de l'intelligence économique, et la spéculation fondée sur le hasard
qui est une des formes les plus déplorables de la démoralisation
contemporaine [1]. L'école libérale estime, ici comme partout, que
le meilleur remède c'est que les Bourses de commerce, qui sont
des corps constitués officiellement, fassent leur police elles-
mêmes. Et il faut reconnaître que le législateur n'est guère en
mesure de séparer la bonne spéculation de la mauvaise ni de créer
un contrôle propre à le faire. Tout au moins cependant pourrait-il
imposer certaines règles, notamment l'exclusion des non-professionnels [2].

[1] M. Oscar Bloch (*La réforme des Bourses de marchandises en France et en
Allemagne*) marque bien cette distinction en disant : « Nous aurons restitué à la
spéculation son titre de noblesse : celui de se confondre avec le génie de la
découverte. Nous l'aurons affranchi de ce qui est sa tare et son avilissement : l'art
de s'enrichir sans travail ».

[2] C'est ce que fait la législation allemande. Une première loi de 1896 ne permettait les opérations de Bourse qu'à ceux qui se faisaient inscrire sur un registre
spécial. Mais les commerçants s'étant refusés avec indignation à cette sorte de mise
en carte et ayant fait une grève générale, la loi est tombée et a dû être remplacée
par une loi du 8 mai 1908 qui n'exige d'autre condition que la qualité de commerçant — mais de gros commerçant, la ligne de démarcation étant d'ailleurs laissée
à l'appréciation des tribunaux. En outre, les opérations sur céréales sont interdites
en principe.

Mais, en fait, ces prescriptions sont facilement éludées : les non-professionnels
en sont quittes pour recourir à des intermédiaires (qui se font couvrir à l'avance
pour le cas où la nullité serait invoquée). Quant aux opérations à terme sur céréales
elles sont très actives, sauf le risque de nullité s'il est prouvé qu'il s'agit non de
ventes réelles, mais de jeu sur des différences (Voir Bloch, *op. cit.*).

En France, pendant longtemps, la loi, ou du moins la jurisprudence, assimilait
les marchés à terme au jeu et, en conséquence, refusait toute action en justice au
créancier. Mais la loi de 1884 a supprimé cette façon de se dispenser de payer ses
dettes qui n'empêchait nullement les opérations à terme, mais dont bénéficiaient
seulement de temps en temps quelques malhonnêtes gens.

Certaines Bourses, notamment celle de Roubaix, qui est le grand centre des
opérations sur les laines, avaient de leur propre chef exigé la qualité de commerçant. Cette condition ne paraît pas cependant avoir suffi pour éviter les abus, car

III

Poids et mesures.

L'institution d'un système de *poids et mesures* est indispensable
à l'échange. Il est peu fréquent, en effet, qu'on puisse se contenter
d'échanger une unité spécifique contre une autre (un fusil contre
une dent d'éléphant) : or, dès qu'on échange des quantités, il faut
bien, pour pouvoir les évaluer, déterminer préalablement les
quantités échangées. La balance n'est point seulement l'attribut
classique de la justice : elle est aussi celui du commerce. En ce
qui concerne la mesure de longueur, l'homme a emprunté à son
propre corps l'étalon nécessaire (la main, le pouce, le pied, le
pas) : en ce qui concerne le poids ou les volumes, il a fallu inventer
des mesures arbitraires. Chez les peuples primitifs, les opérations
de mesurage sont parfois invraisemblables. On raconte que, dans
les échanges entre les Peaux-Rouges et les trappeurs de la Baie
d'Hudson, on mesurait les peaux en prenant pour unité la longueur d'un fusil, quelle que fût cette longueur, et c'est pourquoi les « longues carabines » [1] sont devenues en usage chez
ceux-ci.

Les savants français de la Révolution furent très fiers d'avoir
donné comme étalon à leur système comme mètre le globe terrestre
lui-même, ou du moins une fraction déterminée (la quarante
millionnième partie) de sa circonférence.

En réalité, cet étalon était plus grandiose que précis, car on ne
pourra jamais savoir exactement quelle est la circonférence du
globe terrestre, d'autant moins que certainement cette grandeur
varie. Déjà aujourd'hui il est constaté que la circonférence de la
terre a 8 kilomètres de plus que ne l'avaient calculé les fondateurs
du système métrique — erreur d'ailleurs fort honorable — d'où il
résulte que le mètre adopté est trop court d'un cinquième de mil-
limètre [2]. On aurait pu trouver mieux avec la longueur d'une
pendule battant la seconde à la latitude de Paris ou même avec
les longueurs d'onde des rayons lumineux. Mais peu importe :
depuis la Conférence internationale de 1889 le véritable étalon
du système métrique est la barre de platine iridié déposée à

le Gouvernement vient de nommer une commission extra-parlementaire pour s'en
occuper (Voir M. Sayous, *Les Bourses de commerce en Allemagne*).

[1] Tel est le surnom d'un héros célèbre des romans de Fenimore Cooper.

[2] D'où il résulte que toutes les autres mesures basées sur le mètre, le litre, le
kilo, etc., comportent la même rectification, insensible d'ailleurs dans la pratique.

Saint-Cloud dans un coffre-fort dont trois pays ont les clefs — et personne ne songe plus au globe terrestre.

Ce qui a valu au système français, dit système métrique, sa célébrité, ce n'est point la supériorité de son étalon, c'est simplement la conformité de ses divisions avec le système numérique décimal, ce qui simplifie extrêmement les calculs.

Mais si le système métrique est supérieur à tout autre système de mesures parce qu'il s'adapte au système de numération décimale employé par tous les peuples civilisés, ce n'est point à dire que le système décimal soit lui-même le meilleur système numérique qu'on pût imaginer. Il a sans doute été invené par le premier homme qui a compté sur les doigts de ses mains, mais, s'il était à refaire, il eût bien mieux valu, au lieu de 10 caractères (9 chiffres et le zéro), en créer 12 (11 chiffres et le zéro). Le service rendu au genre humain eût été infiniment plus grand, car le nombre 10 est un pauvre nombre qui n'est divisible commodément que par moitié, tandis que 12, la douzaine populaire, est divisible par moitié, par tiers et par quarts, et ces fractions simples conviennent bien mieux à tous nos besoins, tant pour les marchandises que pour la monnaie. C'est bien pour cela que certains peuples préfèrent garder leur vieux système de poids et mesures et de monnaies, quoique ne cadrant pas avec leur système numérique, parce qu'il est mieux adapté aux besoins de la vie courante[2] et d'ailleurs on sait que pour la division du temps et les mesures astronomiques c'est un système d'un décimal qui est toujours employé (360 degrés pour la circonférence du globe, chaque degré divisé en 60 minutes et chaque minute en 60 secondes). Mais on adaptera bientôt là aussi une division centésimale. Même en France, nombreuses encore sont les régions où l'on reste fidèle

[1] Le « Bureau international des poids et mesures » siège au pavillon de Breteuil dans le parc de Saint-Cloud. Il a la garde du prototype du mètre et des mesures qui en dérivent. Il procède à l'étalonnage et à la comparaison de toutes les règles géodésiques, étalons, échelles de précision, etc. Il vient de demander et d'obtenir que le *carat* (mesure de poids pour les pierres précieuses), qui variait selon les pays de 191 à 212 milligrammes, fût fixé partout au poids uniforme de 200 milligrammes. Et le pas de vis vient aussi d'être internationalisé.

Plus modestes sont les « vérificateurs des poids et mesures », fonctionnaires qui ont pour rôle d'inspecter les marchands et de s'assurer qu'ils ne vendent pas à faux poids.

[2] On sait que dans le système anglais, la livre se divise en 20 schellings et le schelling en 12 pence, ce qui rend les quatre opérations arithmétiques très compliquées ; le nombre d'heures perdues annuellement de ce chef, si on pouvait le compter, serait effrayant. Et il en est de même pour toutes leurs mesures de poids, volumes ou longueurs.

aux vieilles mesures de la livre, de l'arpent, etc. Néanmoins, le système métrique sera bientôt adopté par tous les peuples de la terre [1].

CHAPITRE III

LE TRANSPORT

I

La route.

Le transport est une des parties généralement sacrifiées dans l'enseignement et les programmes de nos Universités. Cependant, la place qu'il occupe dans l'économie nationale et internationale est telle qu'on ne saurait guère l'exagérer et 'la guerre actuelle vient de la mettre encore plus en relief. Il a suffi qu'il fût enrayé par les opérations militaires ou la guerre sous-marine pour que le prix de toutes choses ait doublé, pour que les pays belligérants ou même neutres aient été réduits les uns au rationnement, les autres presque à la famine.

L'échange peut se concevoir sans aucun déplacement de la matière, par exemple quand il s'applique aux choses immobilières, ou encore quand il s'agit de simples spéculations sur les marchandises. Néanmoins, le déplacement peut être considéré comme un caractère essentiel de cette forme particulière de l'échange à laquelle la pratique et le langage juridique réservent le nom de *commerce*. Toute invention qui aura pour résultat de faciliter les moyens de transport facilitera par là même l'échange et, en créant l'échange, créera la production elle-même. Que de

[1] Il est obligatoire déjà dans 20 pays d'Europe et d'Amérique comptant 427 millions d'habitants ; et légalement facultatif dans d'autres pays comptant 1.300 millions d'habitants, parmi lesquels les trois Empires, britannique, américain et russe, et le Japon. Toutefois, il ne s'y développe que lentement et c'est un exemple de plus à ajouter à ceux qui montrent que la routine est difficilement vaincue par la liberté seule. Mais aux Etats-Unis et en Angleterre la question de l'obligation est déjà posée. Aux Etats-Unis la division monétaire est déjà centésimale : 100 *cents* au dollar. Et il est probable qu'à la suite de la guerre actuelle et des rapports étroits qu'elle est en train de créer entre les deux Républiques, le système métrique sera officiellement adopté.

produits qui n'auraient jamais vu le jour si des moyens de transport n'étaient venus les rendre utilisables ! par exemple, toutes les
denrées coloniales et exotiques ou, sans aller chercher des exemples
outre-mer, la plus grande partie des vignobles plantés dans le
midi de la France.

Les difficultés du transport tiennent à des causes diverses.

1° *La distance.* — Le génie de l'homme n'a aucune prise sur
la distance : il ne peut en aucune façon supprimer ou réduire
l'espace qui sépare deux points du globe. Mais l'obstacle de la
distance se traduit pratiquement pour nous par une question de
temps : or l'invention humaine s'est exercée d'une façon singulièrement efficace à réduire le temps nécessaire pour parcourir
une distance donnée. Si le temps nécessaire pour parcourir une
distance quelconque en France est aujourd'hui 20 fois moindre
qu'il n'était au XIII° siècle, on peut dire rigoureusement que le
résultat obtenu est absolument le même que si la France était
aujourd'hui 400 fois plus petite qu'au XIII° siècle (les surfaces
variant proportionnellement aux carrés des rayons). Or, grâce aux
chemins de fer, cette hypothèse est devenue une réalité. Les progrès dans la rapidité des communications ont donc pour résultat
de réduire indéfiniment la superficie du globe terrestre [1].

2° *La nature de la marchandise.* — Un bœuf vivant ne se transporte pas aussi commodément que des légumes dans des paniers,
ni des légumes aussi facilement que la houille, ni la houille
aussi bien que l'or. La *difficulté de conservation*, le *poids*, la
fragilité, la *sensibilité* de l'objet à transporter, sont autant d'obstacles. Il est vrai que cette même rapidité des transports dont
nous venons de parler permet de les surmonter dans une grande
mesure. Le poisson, les primeurs, le gibier, ne pouvaient être
expédiés de la province à Paris : ils le sont journellement à cette
heure, un si long trajet se faisant en moins de vingt-quatre heures.
D'autre part, diverses inventions pour la conservation des denrées
alimentaires — salaison, stérilisation, frigorification surtout, dont
l'importance économique grandit tous les jours — permettent de
faire venir de la viande fraîche de nos antipodes, soit sous forme
de carcasses congelées, soit mieux simplement « frigorifiées » à

---

[1] Sans même remonter au XIII° siècle, à la fin du XVIII°, les diligences de Turgot,
dont la vitesse émerveillait les contemporains, mettaient 13 jours pour aller de
Paris à Marseille; aujourd'hui, on met 12 heures, donc 26 fois moins.

M. Cheysson a dressé une série de cartes de France à surface de plus en plus
réduite, depuis Louis XIV jusqu'à nos jours, qui rend ce phénomène visible à
première vue.

an degré suffisant pour assurer leur conservation, dans des navires
et wagons spécialement aménagés à cet effet [1]. Mais malgré tout,
la difficulté ou, ce qui revient au même, le coût du transport de
certains produits périssables ou pondéreux a encore aujourd'hui
des conséquences économiques très fâcheuses.

3° *L'état des voies de communication.* — L'histoire du commerce se confond dans une certaine mesure avec l'histoire du
développement des communications par terre et par mer. Et ce
n'est pas seulement le mouvement des échanges, c'est la marche
de la civilisation elle-même qui se trouve dans une certaine mesure
déterminée par les grandes voies de communication, disons par
le tracé de la *route*.

Qui a tracé les routes? Un auteur américain, parlant de celles
de son pays, répond : « Ce sont les animaux sauvages, le buffle,
le daim, l'antilope et l'ours, qui traversent la forêt, guidés non
par le compas mais par l'instinct, lequel les conduit sur le bon
chemin, à savoir : aux cols les moins élevés des montagnes, aux
gués les moins profonds des rivières, aux meilleures sources et à
la voie la plus praticable et la plus directe pour aller d'un point
à un autre... Ce sont ces ingénieurs primitifs qui tracent la première route dans un pays neuf : les Indiens la suivent... Les premiers chasseurs blancs arrivent et empruntent encore les mêmes
pistes, en attendant qu'elles deviennent la route macadamisée ou
la voie ferrée de l'homme de la science » [2].

Sans doute, et nous ne voulons pas déprécier les services rendus
par ces humbles prédécesseurs de l'homme, mais pourtant les
animaux n'ont fait que suivre les routes qui se trouvaient déjà
tracées par la configuration orographique des pays. Rien de plus
passionnant que l'étude des routes naturelles et de l'influence
qu'elles ont eue sur l'histoire des divers peuples [3].

Les fleuves ont marqué les premières routes, non pas tant en
portant les bateaux qu'en offrant sur leurs rives un parcours
horizontal — par exemple l'Euphrate et le Tigre qui, entre les
déserts qui les enserrent des deux côtés, ont ouvert une allée si
fertile que la légende y a placé le jardin d'Eden, et ont permis à

---

[1] En 1910, à Vienne, s'est tenu un Congrès international *du Froid* dans ses
applications au transport et à la conservation.

[2] Finley, dans son beau livre : *Les Français au cœur de l'Amérique*.

[3] Voir cette influence exposée, non sans exagération, dans le livre de Demolins.
Comment la route crée le type social. Ce n'est pas au sens métaphorique seulement qu'il s'écrie : « Oh ! qu'il est important pour un peuple d'avoir bien su choisir
sa route ».

l'Europe et à l'Asie d'entrer en relations : route d'Alexandre! et aujourd'hui de nouveau enjeu de la guerre, route de Bagdad! De même le Nil, route entre les déserts aussi. Les grandes routes de l'Afrique Centrale, et notamment la route anglaise du Caire au Cap par le Nil et les Grands Lacs, tiendront une grande place dans les négociations après la guerre, et dans de moindres proportions, le Danube, le Rhin, le Rhône.

Par mer, la route est toute faite, ou plutôt il n'est pas besoin de route : l'élément liquide porte indifféremment un poids quelconque et sa surface mathématiquement horizontale permet aux véhicules de se déplacer librement dans une direction quelconque. La force motrice la plus faible, force gratuite si l'on emploie le vent, suffit pour mettre en mouvement des masses énormes. Il n'est donc pas étonnant que la mer ait été de tout temps le grand chemin du commerce et que des peuples séparés par mille lieues de mer se soient trouvés, en réalité, plus voisins que d'autres séparés par cent lieues de terre ferme, que serait l'Europe, que serait le monde, s'il n'y avait pas eu la Méditerranée? Même à cette heure, malgré les progrès des transports par voie de terre, le transport par voie de mer est encore beaucoup moins onéreux, ce qui signifie qu'il représente un travail bien moindre [1]. Le prix de transport de la tonne kilométrique par mer ne dépasse presque jamais 2 centimes et s'abaisse très souvent à un demi-centime et même au-dessous encore, tandis que le prix du transport par voie ferrée revient à 4 ou 5 centimes.

Sur terre, la difficulté est plus grande. La surface accidentée de notre planète ne permet guère le transport des marchandises sans l'établissement de *routes artificielles.*

Suivre les rives d'un fleuve, c'est s'astreindre à d'interminables détours et dès qu'on veut les quitter, en tout cas, quand il faut passer d'un bassin à l'autre, alors il faut d'abord chercher la vallée qui conduit au col le plus bas [2]. Et même quand on l'a

---

[1] A Marseille, le charbon qui vient par mer d'Angleterre en passant par le détroit de Gibraltar et qui a parcouru 3.500 kilomètres se vend moins cher que le charbon qui vient des mines de la Grand'Combe par chemin de fer et qui n'a eu à franchir qu'une distance de 177 kilomètres.

Les viticulteurs d'Algérie, pour envoyer leur vin à Paris, ont moins de frais en le faisant passer, *via* Rouen, par la mer et la Seine que par Marseille et Lyon.

[2] « C'est assez tard, au xiii° siècle seulement, que se produisit l'événement décisif: la découverte du Gothard, c'est-à-dire du seul passage (entre Coire et le Léman) où il n'y ait qu'un seul col à franchir pour passer du versant brumeux et froid aux pays de la lumière. Cette découverte coïncide avec la splendeur des villes lombardes » (H. Hauser dans les *Annales de Géographie,* 15 novembre 1916).

trouvée, si on peut s'en contenter pour le transport à dos d'homme
ou à dos de mulet : on ne peut se dispenser, dès qu'on veut user
de véhicules, de construire une route artificielle, c'est-à-dire avec
une pente uniforme, et pour cela avec chaussées, tranchées, ponts
et tunnels. Or l'établissement de la route est un travail très coûteux
et d'autant plus coûteux que la route est plus perfectionnée, c'est-
à-dire que sa surface est plus résistante et que son tracé se rapproche davantage de l'horizontale.

La route de terre était un peu délaissée depuis la création des
chemins de fer et l'on pouvait croire que son rôle économique
était fini ou du moins qu'elle ne servirait plus guère qu'aux
communications locales et rurales. Mais l'invention de l'auto va
leur rendre toute leur importance passée, car le transport est en
fonction à la fois de la route et du véhicule, et l'auto qui déjà
pouvait lutter de vitesse avec la locomotive, s'est révélé dans cette
guerre comme constituant aussi un puissant moyen de transport [1].

Le chemin de fer est une route parfaite, mais c'est aussi la plus
coûteuse. Elle absorbe un capital énorme qui grèvera évidemment le transport des marchandises de toute la somme indispensable pour l'intérêt et l'amortissement.

C'est dans le transport que se manifeste surtout cette loi économique que nous avons signalée (p. 192) de l'accroissement
progressif du capital fixe par rapport au capital circulant.

Néanmoins, si le trafic est suffisant, la voie ferrée réalise une
grande économie dans les transports, sans même faire entrer en
ligne de compte la régularité, la commodité, la rapidité. Pour
produire un travail égal à celui d'une locomotive attelée à un
train de marchandises, il faudrait au moins, sur une route ordinaire mille chevaux — et ils feraient dix fois moins de chemin.
Et que dire si on le compare au *portage* à dos d'hommes comme
en Afrique ! Le portage est imposé comme corvée aux indigènes

---

[1] Le perfectionnement des moyens de transports, soit sur terre, soit sur mer, se
manifeste sous trois aspects différents :

Progrès de la *route*. Sur terre : chaussée empierrée, chemins de fer, ponts et
tunnels. Sur mer : tracé des grandes routes maritimes d'après la direction des
vents et des courants, canaux de Suez, de Panama, de Corinthe, de Kiel ;

Progrès du *véhicule*. Sur terre : invention merveilleuse de la roue, et sur mer
substitution des navires en fer aux navires en bois ;

Progrès du *moteur*. Sur terre : le cheval, la locomotive à vapeur ou électrique,
l'automobile. Sur mer : l'homme lui-même autrefois dans les galères à rames, le
vent gonflant les voiles, la vapeur actionnant la roue à palettes, puis l'hélice — et
dans les airs : le moteur à essence des ballons dirigeables et des aéroplanes.

et est devenu pour eux un fléau pire que la traite. Aussi chaque nouvelle voie ferrée ouverte à travers le continent noir leur est une libération.

On sait qu'en outre de la route d'eau et de la route de terre, le génie humain vient d'en ouvrir une troisième : la route de l'air. Elle commence déjà à être utilisée pratiquement. C'est ainsi qu'en attendant le chemin de fer transaharien, on va essayer d'établir un service régulier de communication par aéroplane entre Alger et Tombouctou en trente heures et on songe à en établir un entre Londres et les Indes : trois ou quatre jours suffiraient [1]. Il est probable que ce mode de transport pourra être utilisé par les Postes et par les voyageurs pressés qui ne regarderont pas à la dépense. Mais il paraît bien douteux que ce mode de transport puisse jamais devenir *économique,* car, s'il a l'avantage (qu'il partage avec la route de mer) d'économiser la construction d'une route, il a l'inconvénient d'exiger une énorme dépense de forces pour surmonter la pesanteur et le vent, ce qui sans doute ne permettra guère de l'utiliser pour le transport des marchandises.

II

Le coût de transport.

Les obstacles divers que rencontre le transport se traduisent nécessairement par des frais. Ces frais doivent être décomposés en deux éléments :

1° Ceux destinés à rémunérer les frais d'établissement de la route (de terre, de fer ou d'eau), c'est-à-dire l'intérêt et l'amortissement du capital investi dans ces constructions; c'est ce qu'on appelle *le péage;*

2° Ceux destinés à rémunérer le travail de traction, c'est-à-dire l'entretien des chevaux, des véhicules et des hommes qui les conduisent — ou celui des navires et de leur équipage — ou, s'il s'agit de chemins de fer, les traitements et salaires du personnel, le coût du charbon, le renouvellement du matériel roulant, en un mot, les services dits de *la traction* et de *l'exploitation.*

C'est une très grosse question que celle de savoir quel est le prix qu'une entreprise de transport doit ou peut faire payer à ses clients? On comprend que ce ne soit pas aussi facile à déterminer que quand il s'agit pour un épicier de vendre ses denrées. Il ne

---

[1] Déjà, malgré la guerre, on a commencé à installer un service régulier d'aviation de Turin à Rome, et on en prépare un de Hambourg à Constantinople.

s'agit pas ici d'un produit à livrer, mais d'un service à rendre, et d'un service dont les éléments déterminants sont très complexes : la distance, la vitesse, le poids (s'il s'agit de marchandises), le confort (s'il s'agit de voyageurs), etc. D'autre part, les recettes sont nécessairement en fonction à la fois de la densité de la population dans la région desservie et de la quantité de ses produits [1]. Rien n'est plus compliqué pour une grande entreprise de transport que l'établissement des *tarifs,* comme on dit.

Et si l'entreprise de transport est investie d'un monopole, légal ou de fait, ce qui est le cas le plus ordinaire, la difficulté est encore plus grande puisque la grande régulatrice des prix, la concurrence, n'agit plus : il n'y a que la tarification imposée par l'État, pour fixer la limite maxima. Mais comment déterminer cette limite? Dira-t-on que c'est le prix au-dessus duquel le client préférerait, plutôt que le payer, renoncer au transport pour sa personne ou pour ses produits? Mais cette utilité-limite varie selon chaque individu et selon chaque acte de transport — et cependant on ne peut procéder que par voie de tarif général et non par tarif individuel.

Toutes les fois que la route est construite par une Compagnie ou un entrepreneur privé quelconque, il va de soi qu'ils n'accepteront l'entreprise qu'autant qu'ils y trouveront premièrement l'intérêt et l'amortissement du capital engagé et en outre un profit au taux courant. Tel était le cas autrefois de presque toutes les routes de terre qui, en Angleterre par exemple, il n'y a pas plus d'un demi-siècle, étaient toutes hérissées de barrières à péages. Tel est le cas aujourd'hui des chemins de fer, des tramways, de quelques ponts suspendus, et surtout des grands canaux maritimes comme ceux de Suez et de Panama [2]. Mais l'économie réalisée, rien que sur le coût de l'assurance, par les navires qui prennent la route de Suez au lieu de celle du Cap de Bonne Espérance, ou la route de Panama au lieu de celle du Cap Horn, est égale à ce péage, et l'économie réalisée sur le charbon, nourriture et gages de l'équipage, est décuple.

Mais, au contraire, là où les routes sont construites par l'État,

---

[1] C'est pourquoi en Allemagne, où la densité de la population est beaucoup plus forte qu'en France, les recettes brutes des chemins de fer sont presque le double qu'en France.

[2] Pour le canal de Suez, le prix de passage était de 10 francs par tonne : il avait été abaissé à 5 francs au fur et à mesure de l'élévation progressive des recettes, mais vient d'être relevé à 7 fr. 50 par suite des déficits résultant de la guerre. Pour Panama, le prix est, croyons-nous, de 1 1/2 dollars (7,75).

généralement il passe par profits et pertes les frais de construction
et ne fait rien payer pour leur usage. Tel est le cas du magnifique
réseau de routes de terre que possède la France, plus de 600.000 kilomètres de routes nationales, départementales ou vicinales, ayant
coûté plus de 4.500 millions de francs de premier établissement
et absorbant plus de 200 millions d'entretien annuel. Et même,
là où des ponts à péage existent encore, l'État les rachète pour
abolir le péage. Pourquoi cela ? Évidemment, cette gratuité est, à
certains égards, un leurre, car l'État ne fait rien gratis. Tout simplement, il fait payer à tous les citoyens, en tant que contribuables, les frais d'entretien des routes dont il exonère ceux qui usent
de la route. Or, cela est-il juste ? Pourquoi moi, si mes occupations ou mes goûts me retiennent à la maison, dois-je payer les
frais causés par celui qui pulvérise la route avec son automobile ?
Cela n'est-il pas aussi choquant que de voir tant de personnages
plus ou moins importants voyager gratis en chemins de fer aux
frais de tout le monde ?

On ne peut nier en effet que la prétendue gratuité de tout
service public n'aboutisse à en faire payer les frais par les contribuables au lieu des consommateurs ; et tandis que les consommateurs paieraient au prorata de leur consommation, les contribuables paient généralement au prorata de leurs revenus, ce qui
fait que le paiement n'a plus aucun rapport avec le service rendu.

Néanmoins s'il s'agit de services qui sont réellement d'utilité
publique, c'est-à-dire qui servent aux besoins de la grande majorité des citoyens et dont profitent indirectement ceux-là mêmes qui
n'en usent pas, ce mode de recouvrement peut se justifier. En ce
qui concerne la route notamment, on peut répondre à la thèse un
peu individualiste que nous venons d'exposer que les routes sont
d'une utilité générale pour tous — même pour ceux qui y passent
le moins souvent, car elles servent tout au moins au transport
des produits que consomment ces sédentaires — et que dès lors
l'impôt apparaît comme un mode de contribution beaucoup moins
vexatoire que de faire arrêter chaque passant ou chaque marchandise par un péage. Le péage transformé en impôt peut être considéré comme un paiement par abonnement.

Mais s'il s'agit d'un moyen de transport qui n'a d'utilité que
pour un nombre très restreint de personnes [1] ou dont l'usage est

---

[1] C'est le cas des propriétaires d'automobiles, du moins jusqu'à présent. Aussi
un péage spécial pour les automobiles se justifierait-il très bien par cette raison et
aussi par les dégradations énormes qu'ils causent à la voie publique ; il est vrai
qu'il existe, mais indirectement, sous forme d'impôt sur les autos.

limité à une certaine région, en ce cas la gratuité n'a plus la
même raison d'être. Il serait injuste, par exemple, que l'État éta-
blît la gratuité des téléphones dans les villes, parce que ce serait
faire payer aux populations rurales un moyen de communication
dont elles ne peuvent guère user. L'injustice serait moindre si des
communes rachetaient et **rendaient gratuits** les tramways qui les
desservent, quoique pourtant tous les habitants de la ville n'en usent
pas également. Que dire pour les canaux? Quelques économistes
critiquent la gratuité des canaux : ils trouvent injuste que l'État
prenne aux contribuables des centaines de millions pour creuser
et entretenir ces voies navigables qui ne servent qu'à un nombre
restreint de personnes, surtout aux riverains [1]. A cela pourtant
on peut répondre qu'en transportant les marchandises lourdes,
telles que le charbon, et aussi en obligeant par leur concurrence
les chemins de fer à abaisser leurs tarifs, elles bénéficient à ceux
qui n'en usent pas directement.

Que dire des chemins de fer? Faut-il les faire rentrer dans la
première ou dans la seconde catégorie? On peut bien dire que si
autrefois ce moyen de transport était réservé à une petite minorité,
au fur et à mesure que le réseau s'étend et que tout le monde
prend le chemin de fer, il n'y a plus guère de bonne raison pour le
laisser sous un autre régime que les routes ordinaires, et que par
conséquent là où les chemins de fer appartiennent à l'État l'abolition du péage pourrait aussi bien se justifier, en théorie tout au
moins. En pratique, l'énormité de la dépense qui devrait être assu-
mée par l'État, et qu'il serait obligé de rejeter sur le contribuable
par une majoration d'impôts, ne permet guère de compter que
cette gratuité puisse être réalisée de longtemps. Mais elle pourrait l'être par bonne chance en France lorsque, à l'expiration des
concessions faites aux Compagnies de chemins de fer, le réseau
des **voies ferrées** reviendra gratuitement à l'État (voir le chapitre
suivant) si toutefois l'État n'a pas d'avance hypothéqué cet héritage, ce qui est assez probable.

Nous n'avons parlé de suppression que pour le péage. Quant
aux frais de traction et d'exploitation qui constituent la majeure
partie du prix de transport [2], leur suppression pourrait également
se justifier en ce qui concerne les marchandises, car les marchandises ne voyagent pas pour leur plaisir et la gratuité de leur trans-

---

[1] Pour le coût des canaux voir ci-après p. 408. Toutes ces questions sont
traitées à fond dans le tome IV du *Cours d'Économie politique* de M. Colson.

[2] Le péage proprement dit représente 40 p. 100 environ dans le prix des places :
donc 60 p. 100 en moyenne servent à payer les frais de traction et d'exploitation.

port se traduirait par une diminution du prix de tous les produits
dont tous les consommateurs profiteraient. Tout au moins faut-il
espérer que les tarifs si terriblement compliqués seront simplifiés
comme l'a été le transport des lettres et colis postaux.

Mais en ce qui concerne le transport des voyageurs il en est un
peu autrement. Le voyage a le plus souvent pour but des satisfactions individuelles qui ne peuvent être mises à la charge de tous.
La gratuité pour tous aurait, il est vrai, pour avantage de supprimer le scandale actuel de la gratuité usurpée par un bon nombre
de privilégiés, mais c'est un mauvais moyen de corriger un abus
que de l'universaliser. Toutefois il n'est pas improbable que le
prix des transports pour les personnes ne se transforme en un
abonnement à prix très modique, comme pour les députés, par
exemple, qui paient 10 francs par mois, moyennant quoi ils
prennent le train à leur gré.

III

Les chemins de fer.

La construction des chemins de fer a été l'événement économique le plus considérable du XIXe siècle.

Ce fut en 1830 que circulèrent sur des rails de fer les premiers
trains remorqués par des locomotives, en Angleterre d'abord,
puis aux États-Unis et un peu plus tard en France[1], Mais déjà,
en 1840, il y avait 3.000 kilomètres de chemins de fer en Europe
(dont près de la moitié en Angleterre).

En 1913, à la veille de la guerre, on comptait un peu plus de
1.100.000 kilomètres de chemins de fer (vingt-huit fois la circonférence du globe terrestre)[2]. Ce réseau s'accroît à raison de 2 à
3 p. 100 par an, soit 25.000 kilomètres environ. En Europe, le
réseau est près d'être achevé; aux États-Unis et dans l'Afrique
Méditerranéenne, il est assez avancé, mais dans les autres parties
du monde il est à peine amorcé.

La voie ferrée est aujourd'hui un des plus puissants instru-

---

[1] Ce fut le 27 août 1838 que la reine Amélie inaugura le chemin de fer de Paris
à Saint-Germain dont M. Thiers disait : « C'est un joujou qui amusera les Parisiens ». Cependant, dès 1832, il y avait quelques chemins de fer pour desservir les
centres miniers de Saint-Étienne à Lyon.

[2] Ce chiffre global se répartit ainsi entre les diverses parties du monde :

Europe	347.000	Asie	110.000
Amérique Nord	484.000	Afrique	43.000
Amérique Sud	86.000	Australie	35.000

ments de la colonisation. On l'emploie non point, comme dans les vieux pays, pour compléter un réseau de routes de terre et pour relier des centres de population déjà installés, mais pour les créer. Le rail devance la route : il perce droit à travers la brousse ou la forêt vierge, et sur ses lignes de fer on voit bientôt, comme sur des troncs vivants, pousser des branches qui sont des routes et des fruits qui sont des villes.

La densité d'un réseau de chemin de fer est déterminée dans chaque pays par deux facteurs qu'il n'est pas toujours facile d'accorder — d'une part la population, d'autre part la distance. Le premier représente le besoin à satisfaire ; le second l'obstacle à surmonter. Le premier représente la recette, le second la dépense, (comme on le voit par le tableau en note). La France est assez bien desservie relativement à sa population, mais c'est malheureusement parce que sa population est rare ; elle est assez médiocrement outillée relativement à sa superficie, et encore son réseau est-il mal ordonné, ayant été établi uniquement en vue de Paris, et sans égards ni pour les relations des diverses régions de la France entre elles ni pour celles de transit avec les pays étrangers. Il en résulte que son trafic en voyageurs et en marchandises est relativement faible [1].

On peut penser qu'un tel instrument coûte cher. Le coût de

[1] Voici les chiffres pour quelques pays d'Europe, avec le pourcentage relativement à la superficie et relativement à la population (en 1913) :

	Kilomètres.	par myriamètre carré	par 10.000 habit.
Allemagne	64.000	11,8	9,5
Russie (d'Europe)	62.000	1,1	4,8
France	52.000	9,5	13
Autriche-Hongrie	46.000	6,8	9
Grande-Bretagne	39.000	12	8,3
Italie	17.000	6,1	5,1
Suède	14.500	3,2	26,5
Belgique	9.000	30	12
Suisse	5.000	12	14

Il est à remarquer que les petits pays comme la Belgique, la Suède, la Suisse, et d'autres qui ne figurent pas dans ce tableau, tiennent le premier rang, soit par rapport à la superficie territoriale (Belgique), soit par rapport à la population (Suède).

Contrairement à ce qu'on pourrait croire, l'accroissement a continue et peut-être s'est intensifié durant la guerre. On a créé des voies ferrées nouvelles en grand nombre, sans doute pour des raisons purement militaires, mais dont la plupart subsisteront néanmoins après la guerre. Le grand chemin de fer de Bagdad a été presque achevé, et en Palestine, Egypte, Pologne, Belgique, Nord de la France, nombre de kilomètres ont été construits.

construction dépend de divers facteurs dont les principaux sont :
1° le relief et la configuration orographique du sol : 2° le coût du
terrain à exproprier ; 3° la largeur de la voie ; 4° le coût du fer.
Mais en moyenne il faut compter 300.000 francs le kilomètre, soit,
pour l'ensemble du réseau actuel, plus de 330 milliards de
francs [1] — énorme somme! quoique très inférieure à celle déjà
absorbée par la guerre actuelle.

Mais si élevé que soit le coût il n'empêche pas ce mode de transport d'être très économique. Nous avons dit déjà que le transport
d'une tonne par kilomètre ne coûte que 4 centimes environ (4,3 en
France, mais y compris un impôt de 12 p. 100, et, de même, à
quelques millimes près, dans les autres pays d'Europe ; moins de
3 centimes aux États-Unis), tandis que le transport par voitures
coûterait 30 centimes; donc, en multipliant les 26 centimes économisés par les 20 milliards de tonnes kilométriques transportées
en France, on peut chiffrer l'économie annuelle à plus de 5 milliards
de francs — mais d'ailleurs ce calcul ne signifie rien puisqu'il est
évident que sans les chemins de fer ces milliards de tonnes n'auraient pas circulé du tout et que, pour la plus grande partie, elles
n'auraient même pas été produites !

»Un peu plus de la moitié du prix perçu représente le coût du
transport proprement dit. L'autre moitié représente l'intérêt et
l'amortissement du capital, ce qu'on appelle le péage, aboli
aujourd'hui sur les routes de terre parce que ces routes ont été
construites à fonds perdus (voir le chapitre précédent).

La question de savoir à qui doivent appartenir les chemins de
fer et comment ils doivent être exploités est un gros problème.
Il comporte trois solutions.

§ 1. La libre concurrence.

Le chemin de fer n'est qu'une entreprise de transport : pourquoi ne pas la laisser sous le régime ordinaire de toutes les entreprises? — Tel est, en effet, le système qui est en vigueur en
Angleterre et aux États-Unis et, par ce double exemple, on peut
voir qu'il n'a pas nui au développement des chemins de fer.

[1] Coût moyen du kilomètre :

Angleterre	694.000 fr.
France	406.000 »
Allemagne	370.000 »
États-Unis	193.000 »
Colonies françaises	100.000 »

Cependant, il a de nombreux inconvénients. L'assimilation avec les libres entreprises n'est qu'un leurre. D'abord le chemin de fer n'est pas seulement une entreprise de transports, mais il implique l'établissement d'une route et, pour cela, le droit d'expropriation, lequel ne peut être conféré que par une loi et est trop grave pour être délégué à une entreprise privée sans de sérieuses garanties [1]. De plus, la construction de lignes à peu près parallèles entre deux villes, seule façon dont la concurrence puisse s'exercer, implique nécessairement l'investissement d'un capital double et, par conséquent, est tout à fait en désaccord avec le principe hédonistique qui veut le minimum d'effort pour un résultat donné. En admettant même qu'une seule ligne soit insuffisante pour le trafic, il en coûterait beaucoup moins de doubler ou de quadrupler les voies que de construire une ligne rivale.

Même pour le public, la concurrence n'a pas les avantages qu'il croit, car en admettant même que la concurrence force les deux Compagnies à abaisser leur tarif au prix de revient et à renoncer à tout profit, il n'en résultera pas moins que ce prix de revient sera nécessairement plus élevé là où il y a deux lignes que là où il n'y en a qu'une, puisqu'il aura fallu faire tous ces doubles terrassements, gares, tunnels, ponts, etc. Mais, d'ailleurs, il est facile de prévoir que les deux Compagnies concurrentes — après avoir essayé peut-être, par l'abaissement des tarifs et même par le transport à perte (on les a même vues aux États-Unis offrir dans leurs buffets des rafraîchissements gratuits), de se tuer réciproquement — se lasseront bientôt à ce jeu et aboutiront à une entente qui relèvera les tarifs, en sorte que, finalement, la soi-disant concurrence aboutira au monopole. L'expérience des États-Unis confirme pleinement ces prévisions. Les ententes entre les entreprises de chemins de fer y revêtent des formes variées — et, quoique traquées et frappées vainement par les lois, n'en aboutissent pas moins à conférer à quelques « rois des chemins de fer » une quasi-souveraineté sur toute la circulation et la production. Cette question est devenue un des gros problèmes nationaux, politique plus qu'économique. En Angleterre, il y a beau temps que les entreprises concurrentes se sont entendues pour se partager le pays en secteurs à peu près semblables à ceux des six grandes Compagnies françaises.

[1] Cependant la législation américaine n'en exige presque aucune. Aux États-Unis, n'importe qui peut créer une ligne de chemin de fer, à la seule condition de former une société de 25 personnes et de souscrire 628 dollars par kilomètre, dont un dixième seulement à verser (315 fr.) moyennant quoi elle est *incorporate* (enregistrée) : elle peut émettre des actions pour un chiffre fantastique, exproprier, etc.

§.2. L'exploitation par l'État.

Ce système est pratiqué par beaucoup de pays (Allemagne, Autriche-Hongrie, Russie, Belgique, Hollande, Roumanie, Suisse, Italie, Japon, etc., environ 360.000 kilomètres, soit exactement le tiers du réseau total)[1] et il gagne du terrain. En France, environ la cinquième partie du réseau appartient à l'État : depuis 1878 les chemins de fer des Charentes, et depuis 1909 le réseau de la Compagnie de l'Ouest, ont été rachetés par l'État[2].

Cette question de l'exploitation des chemins de fer par l'État a provoqué des discussions passionnées. Il va sans dire que l'école économique libérale la condamne absolument[3]. En dehors de la discussion de principes pour laquelle nous renvoyons à ce que nous avons dit (p. 321), il semble que l'expérience déjà faite dans tant de pays devrait être décisive et que la question devrait être aujourd'hui tranchée dans un sens ou dans l'autre. Mais tel n'est point le cas parce que les résultats apparaissent différents suivant le point de vue auquel on se place.

Si l'on se place au point de vue du public, c'est-à-dire des avantages procurés au consommateur, il ne semble pas que les chemins de fer de l'Etat soient inférieurs à ceux des Compagnies, ni comme confort, ni comme sécurité, ni comme facilités de toute nature. Au contraire ! Les voitures des chemins de fer allemands sont plutôt supérieures à celles des grandes Compagnies françaises et, en France même, le voyageur, quand il passe du réseau des Compagnies sur le réseau de l'État, n'a généralement pas à se plaindre. Il est évident que tandis qu'une Compagnie privée se préoccupe d'abord de l'intérêt de ses actionnaires, les services rendus au public étant pour elle un moyen et non une fin, au contraire une

---

[1] Aux États-Unis, l'immense réseau des chemins de fer représentant à lui seu plus de 400.000 kilomètres, soit près de 40 p. 100 de celui du monde entier, est tout entier sous le régime de l'exploitation privée. Il en résulte donc que pour l'Europe et les autres parties du monde la part exploitée par l'État est très supérieure à la moyenne indiquée ci-dessus : elle s'élève à 51 p. 100.

[2] C'est la loi du 13 juillet 1908 qui a autorisé le rachat et la loi du 24 décembre 1909 qui en a ratifié les conditions et fixé le prix.

Le réseau de l'État a été par là plus que doublé ; il couvre aujourd'hui près de 10.000 kilomètres ; c'est-à-dire à peu près autant que le P.-L.-M. et plus qu'aucune des autres Compagnies.

[3] Léon Say écrivait dans le *Journal des Économistes,* en 1882 (octobre) : « Il est bien facile aujourd'hui de s'assurer que l'exploitation par l'État (des chemins de fer) est une des plus colossales erreurs qu'on ait pu commettre... c'est un désastre ». Voir, pour la thèse contraire, M. Milhaud, *Le rachat des chemins de fer.*

administration d'État, n'ayant pas de dividendes à servir, se préoccupera uniquement de l'intérêt du public. Elle se trouve d'ailleurs beaucoup plus directement sous le contrôle de l'opinion publique et de la presse. Elle n'hésitera pas à multiplier les trains en raison des convenances locales, alors même qu'il y aurait beaucoup de places vides, et à mettre des voitures de 3° classe dans tous les express. Elle facilitera les voyages circulaires et surtout ceux pour familles nombreuses : elle élèvera la limite d'âge pour les enfants [1].

Mais si l'on se place au point de vue de l'économie dans l'exploitation, il n'est pas moins évident que la supériorité doit se trouver du côté de l'exploitation privée. Ce qu'on appelle le *coefcient d'exploitation,* c'est-à-dire le rapport entre les frais d'exploitation et le produit brut (la différence constituant le produit net), sera toujours moins élevé pour une Compagnie que pour l'État [2]. Pourquoi?

---

[1] Dans les *Annales de la Régie directe,* où M. Edgard Milhaud mène une active campagne contre les Compagnies de chemins de fer, il fait remarquer que tandis qu'en France la gratuité n'est admise que jusqu'à 3 ans et la demi-place jusqu'à 7, on est beaucoup plus large dans tous les pays où les chemins de fer appartiennent à l'État.

[2] Ainsi en Suisse, depuis le rachat, c'est-à-dire de 1903 à 1913, les dépenses pour les traitements des employés, y compris les pensions, ont exactement doublé (de 41 millions à 81 millions), tandis que les recettes n'augmentaient que de 63 p. 100 (de 134 millions à 212). Aussi le coefficient d'exploitation (rapport entre les frais d'exploitation et le produit brut) a-t-il passé de 64 p. 100 à 73 p. 100, puis a été ramené, il est vrai, à 67 p 100 en 1913.

L'argument du coefficient d'exploitation n'est d'ailleurs pas décisif, car aux États-Unis, précisément sous le régime de la libre concurrence, il était de 72 p. 100 en 1913; il est vrai qu'il s'est baissé à 67 p. 100 en 1916, mais probablement à la suite de relèvement de tarifs par les trusts de chemins de fer.

En France, la recette kilométrique du réseau de l'État est au dernier rang, après les Compagnies, comme recette brute kilométrique et au premier rang comme coefficient d'exploitation! Voir *Annuaire Statistique de la France,* 1914, pp. 161-163 (les chiffres se réfèrent à 1911).

Compagnie du Nord	F.	81.300	61,4
» du P.-L.-M		58.000	55,2
» de l'Est		55.700	58,6
» d'Orléans		36.500	55,6
» du Midi		34.000	56,4
» de l'État		34.000	87

On voit que tandis que le coefficient moyen d'exploitation pour les 5 Compagnies est de 57,6 p. 100, celui du réseau de l'État est de 87 p. 100. La différence est énorme. On fait remarquer, pour justifier cette différence, que la région ouest de la France desservie par le réseau de l'État était assez pauvre en industrie jusqu'à

Ce n'est point que les administrations des Compagnies soient supérieures à celle de l'État, car elles emploient les mêmes ingénieurs sortis des mêmes écoles ; et quant aux inconvénients inhérents à toute organisation bureaucratique, ceux-là sont inhérents à toute exploitation d'un grand réseau de chemins de fer, que cette exploitation soit étatiste ou privée. L'exploitation d'un réseau comme celui du P.-L.-M., avec 10.000 kilomètres de voies et 70.000 employés, a nécessairement tous les caractères d'une administration publique. — Mais la raison c'est que la Compagnie a un capital à rémunérer : il faut qu'elle distribue des dividendes à ses actionnaires, et comme elle ne peut chercher ses profits dans une élévation du prix des transports parce que ses tarifs sont limités par la loi, elle est bien obligée de les chercher dans une réduction du prix de revient et, pour cela, dans le perfectionnement incessant de tous les rouages, dans une administration de plus en plus économe. Et elle n'a pas à s'inquiéter des réclamations du public puisqu'elle a un monopole. Au contraire, les entreprises de l'État n'ont pas à se préoccuper de réserver les parts des dividendes, ni même d'obtenir un produit net. Elles n'ont pas à rendre compte de leur gestion à des actionnaires qui réclament des dividendes, mais à des représentants du public, lequel demande seulement à être bien servi.

D'autre part, comme nous venons de le dire, il est plus difficile à l'État qu'à une société privée de se défendre contre les réclamations incessantes du public [1]. — telles que tarifs réduits et distribution plus généreuse de places gratuites, trains plus nom-

présent, mais, pourtant, la ligne du Havre à Paris, qui en fait partie, est une des plus fréquentées du monde.

En Allemagne aussi (chemins de fer d'État), le coefficient d'exploitation est plus élevé que celui des Compagnies françaises (69 p. 100 au lieu de 56). Et pourtant la grande densité de population de l'Allemagne, comme aussi le coût moindre de la houille, devrait procurer aux chemins de fer allemands un rendement plus favorable qu'aux nôtres (Voir Colson, *Cours d'Économie politique,* livre VI). Mais, d'autre part, le luxe des gares y est incomparable et nos gares françaises à côté ont l'air sordide. Les uniformes des employés y ont aussi tout autre façon, mais c'est précisément parce que l'État ne regarde pas à la dépense, tandis que nos Compagnies y regardent de très près.

[1] Il faut distinguer entre les réclamations pour *avantages collectifs* (telles que améliorations du service) et celles à raison de *dommages individuels* (telles que retards, perte de bagages). Les premières seront plus facilement accueillies par l'État que par les Compagnies, nous avons dit pourquoi. Mais, au contraire, les secondes auront moins de chance d'aboutir vis-à-vis de l'État que vis-à-vis des Compagnies, soit parce que l'État limitera sa responsabilité, comme il le fait déjà en tant qu'entrepreneur des Postes ou Télégraphes, soit parce que les tribunaux hésiteront à condamner.

breux, plus rapides et néanmoins arrêts réclamés pour les petites
stations, accroissement du nombre d'employés à seule fin de
donner satisfaction à un plus grand nombre de candidats, construction de lignes onéreuses sans trafic possible et uniquement
destinées à satisfaire des intérêts électoraux ou militaires — en
sorte que l'administration se trouve prise, comme entre l'enclume
et le marteau, entre un accroissement incessant de dépenses
d'une part et une réduction inévitable des tarifs d'autre part[1].
Nous avons déjà dénoncé (p. 324) cette déplorable ingérence de
la politique dans les fonctions industrielles de l'État.

Il est vrai que ce même public aurait un grand intérêt, en tant
que contribuable, à ce que le coefficient d'exploitation fût réduit
au minimum et il est vrai aussi que le ministre des Finances
aurait intérêt à trouver dans l'exploitation des chemins de fer
des ressources pour son budget toujours besogneux. Mais l'expérience prouve que le public ne se préoccupe jamais des répercussions que pourront avoir ses actes en ce qui concerne les
impôts et il s'en préoccupera d'autant moins que, par la généralisation de l'impôt progressif et dégressif, la masse n'aura pas à
les payer. Quant au contrôle du ministre des Finances et du Parlement, il ne s'exercera pas à beaucoup près avec la même sollicitude qu'un conseil d'actionnaires qui ont une partie de leur fortune
engagée dans l'affaire.

Encore s'il n'y avait d'infériorité qu'au point de vue du produit
net il n'y aurait pas grand mal, car on pourrait très bien admettre que les chemins de fer ne donnent aucun produit net, ce qui
est à peu près le cas des Postes et que l'État ne demande pour le
service du transport que le prix de revient. Seulement ce qui
importe à l'économie nationale c'est que l'exploitation soit assurée
au minimum de coût compatible avec les nécessités du service,
car tout ce qui sera dépensé en plus sera une consommation
inutile et grèvera d'autant la production nationale. Or c'est à ce
point de vue purement hédonistique (minimum de dépenses pour
le maximum de satisfaction) que l'exploitation par l'État peut
donner lieu à des critiques fondées.

---

[1] C'est ainsi qu'en France depuis dix ans on fait campagne pour obtenir pour
tous les officiers de l'armée de réserve, c'est-à-dire pour peut-être 100.000 bourgeois, le « quart de place ». Jusqu'à présent les Compagnies ont vaillamment
résisté : mais si les officiers de réserve n'avaient eu à lutter que contre l'État, ils
l'auraient forcé à capituler tout de suite.

Une des causes de l'état humiliant des services de navigation entre la France
et l'Algérie est le nombre de fonctionnaires ou qualifiés tels qui doivent être
transportés gratuitement ou à prix réduit.

Il est incontestable, en effet, que l'État construit plus chèrement que l'industrie privée et il est à craindre que le favoritisme et le parasitisme, dont les Compagnies ont déjà tant de peine à se défendre, ne trouvent ici leurs coudées franches et que les employés à tous les degrés, se considérant comme promus à la dignité de fonctionnaires, ne fournissent qu'un minimum de travail tout en réclamant un traitement supérieur".

Cependant, pour l'exploitation par l'État, on pourrait faire valoir un argument d'ordre économique : unifier les tarifs de transport, éviter les détournements de trafic inutiles, souder les voies ferrées aux voies navigables intérieures et aux lignes maritimes.

Cette question de l'exploitation des chemins de fer par l'État est donc une question d'espèce qui ne peut se résoudre par des raisons purement de principes : tant vaudra l'administration de l'État tant vaudra le système.

Au reste, quels que soient les arguments économiques pour et contre, il est à prévoir que l'exploitation des chemins de fer par l'État se généralisera de plus en plus. C'est parce que ce mouvement obéit à des raisons politiques beaucoup plus qu'économiques et qu'on peut résumer ainsi :

a) Le désir des gouvernements de ne pas laisser aux mains de sociétés privées dirigées par de grands capitalistes les puissants moyens d'influence économique, sociale et même politique, inhérents à ces grandes entreprises;

b) Les intérêts de la défense nationale qui exigent qu'au jour de la mobilisation toutes les voies ferrées soient mises entre les mains de l'État;

c) Les besoins croissants du fisc pour lesquels les recettes grandissantes (ou espérées telles) des chemins de fer sont une magnifique aubaine. Car si, comme nous l'avons dit tout à l'heure, le revenu net des chemins de fer de l'État est moindre que celui des Compagnies, néanmoins il peut devenir parfois considérable. En Prusse, il constitue une part notable des recettes du Trésor [2].

---

[1] La grève générale des chemins de fer en France en 1910 a trouvé parmi les employés de l'État quelques-uns de ses fauteurs les plus ardents.

[2] En Allemagne, les chemins de fer versent au budget 1.375 millions de francs avant la guerre, mais aujourd'hui lui coûtent des milliards.

En Suisse, il n'en est pas de même : l'Administration fédérale des chemins de fer garde pour elle tous les bénéfices et doit les employer en améliorations du service. Entre elle et le Trésor, il y a, comme on l'a dit, une cloison étanche. Mais

§ 3. Le régime des concessions.

Le régime de la concession est un système mixte entre les deux précédents : c'est le système français. Très décrié en France, il a été souvent admiré par l'étranger [1]. Il est très compliqué mais peut se résumer par les traits suivants :

1° Les chemins de fer sont considérés comme faisant partie du domaine public. Mais l'État, au lieu d'exploiter lui-même, en régie, concède l'exploitation à des Compagnies — de même que pour les mines. Seulement, tandis que pour les mines la concession est perpétuelle et équivaut à un dessaisissement complet du droit de propriété, pour les chemins de fer la concession n'est que temporaire — à long terme, il est vrai : pour 99 ans. Mais ce terme échu, l'État reprendra la pleine propriété des chemins de fer. Comme les conventions avec les six grandes Compagnies, entre lesquelles l'État a réparti le territoire français, ont été faites de 1850 à 1860 [2], c'est donc entre 1950 et 1960 qu'elles viendront

un tel désintéressement de la part de l'État est rare et s'explique peut-être en Suisse par une certaine jalousie des cantons contre le gouvernement fédéral.

[1] Voir surtout le livre du professeur Richard de Kaufmann, *La politique des chemins de fer en France* (traduction Hamon) très élogieux pour le système français.

Le régime des chemins de fer en France est le résultat de deux séries de conventions passées entre l'État et les Compagnies.

Les premières furent celles de 1859, sous le Second Empire. Les grandes lignes étaient déjà construites et commençaient à donner des bénéfices. Mais il s'agissait de construire des lignes secondaires et les Compagnies ne voulaient pas s'en charger sans une garantie d'intérêts de 4 p. 100 (4,65 avec l'amortissement).

Alors on imagina le système ingénieux du *déversoir*, c'est-à-dire que la garantie de l'État ne fonctionnerait pour les lignes du nouveau réseau qu'après que la Compagnie aurait déversé sur celles-ci les excédents de recettes de l'ancien réseau. Les sommes payées en garanties étaient d'ailleurs remboursables quand le rendement dépasserait une limite fixée.

Les secondes conventions, celles de 1882, ont provoqué les plus vives critiques et même ont été qualifiées de « conventions scélérates ». Elles répondaient pourtant aux mêmes nécessités que celles de 1859. Il s'agissait, pour compléter le réseau français et réaliser ce qu'on appelait le plan Freycinet, de faire construire 10.000 kilomètres de lignes de troisième catégorie, celles qui ne desservaient aucun centre important. L'État avait commencé par les faire lui-même, mais voyant que cette opération devenait ruineuse, il demanda aux Compagnies de s'en charger. Celles-ci n'acceptèrent qu'à la condition que l'État leur rembourserait leurs frais (sauf un forfait de 25.000 francs par kilomètre qu'elles prirent à leur compte) et qu'il leur garantirait l'intérêt des emprunts, c'est-à-dire des obligations qu'elles émettraient, et même les dividendes de leurs actions. Mais d'autre part, l'État obtenait une participation aux bénéfices au delà d'un certain rendement

[2] C'est en 1842 que les grandes lignes furent constituées dans un plan d'ensem-

à terme et que par conséquent l'État entrera en possession de ces réseaux qui, il y a peu d'années, apparaissaient comme un magnifique héritage, suffisant à lui seul pour couvrir et au delà les intérêts de la dette publique, alors que ces intérêts représentaient moins de 1 milliard, mais qui dorénavant ne seront plus qu'un faible appoint dans l'immense dette.

2° L'État est associé des Compagnies : il coopère à l'établissement des chemins de fer de deux façons différentes :

a) Par des *subventions*, en se chargeant de la construction des lignes, en tout ou en partie. C'est ainsi qu'après la constitution des grandes Compagnies, l'État a pris à sa charge l'infrastructure, comme on dit, c'est-à-dire l'établissement de la voie. Et lors des conventions de 1882, quand l'État a voulu créer des milliers de kilomètres de lignes à la fois très coûteuses parce qu'elles traversaient des régions accidentées et de faible rendement parce que ces régions étaient pauvres, il a dû prendre à son compte la presque totalité des frais de construction de ces lignes [1]. Au total, l'État a contribué pour 7.424 millions de francs — soit pour un peu plus de 39 p. 100 du coût total des réseaux français, lequel s'élève à 18.874 millions de francs [2].

b) Par des *garanties d'intérêt* calculées de façon à assurer l'intérêt des emprunts émis par les Compagnies pour construire leurs réseaux. Et même, depuis les conventions de 1882, les dividendes des actions sont garantis aussi : ils ne peuvent plus diminuer, mais comme ils ne peuvent guère monter non plus — le surplus des bénéfices, s'il y en a, devant être versé à l'État — ces actions sont devenues par le fait de véritables obligations.

Il fallait bien recourir à ce moyen : d'abord quand, les grandes lignes étant construites, on voulut commencer les lignes d'importance secondaire, « le nouveau réseau », comme on l'appelait — et plus tard quand, dans un sentiment de solidarité nationale, le gouvernement voulut créer une troisième catégorie de lignes sans avenir. On a dit spirituellement de l'une d'elles « qu'elle traversait les Cévennes incognito ». D'ailleurs, c'est à la garantie d'intérêts qu'on a recours aussi quand on veut construire des chemins de fer dans les colonies.

---

ble. Mais les débuts furent difficiles : la Révolution de 1848 ne les facilita pas et sous le Second Empire il fallut tout réorganiser.

[1] Voir la note de la page précédente.

[2] Tels sont les chiffres donnés par M. Colson, *Statistique des transports, Supplément au Cours.* Ceux donnés par l'*Annuaire statistique de la France* (année 1914, p. 162) sont un peu moindres : 16.276 millions de coût d'établissement, dont 5.235 fournis par l'État, soit 32 p. 100.

Les garanties d'intérêt ont joué souvent et même pour des sommes considérables. Les Compagnies du Nord et du P.-L.-M. n'ont jamais eu besoin de recourir à la garantie. D'autres, au contraire, ont accumulé sur leur tête une dette si considérable qu'on se demande si elles pourront jamais la rembourser [1]. Car il faut noter que ces suppléments d'intérêt ne sont que des avances faites par l'État et que les Compagnies doivent les rembourser dans les bonnes années lorsque leur produit net dépasse la somme nécessaire au service de leurs obligations et actions.

Mieux que cela ! Si le produit net dépasse un certain taux, alors l'État avait droit aux deux tiers des bénéfices. Ce jour heureux, auquel déjà on croyait toucher lors des conventions de 1883, s'est fait attendre. Cependant, en 1906, l'État a commencé à toucher une part dans les bénéfices de quelques Compagnies. La participation viendrait naturellement beaucoup plus vite si les lois nouvelles (retraites pour les employés, repos hebdomadaire, améliorations du service, etc.) n'augmentaient beaucoup les frais des exploitations. Mais l'État ne peut guère éviter de sacrifier ses propres intérêts à ceux des employés et du public [2].

Mais ce régime n'a plus qu'un intérêt historique, car après la guerre un régime nouveau a été institué par une Convention du 12 juin 1919. L'État et les Compagnies ont fait abandon de leurs créances et dettes réciproques, en sorte que tout le passé se trouve liquidé [3].

3° L'État exerce un contrôle sur les tarifs des Compagnies. Elles ne peuvent en élever ou en abaisser aucun sans l'avoir fait homologuer par l'État [4]. L'État exerce aussi un contrôle sur l'exploitation et prête volontiers son appui aux réclamations du public.

---

[1] C'était le cas pour la Compagnie de l'Ouest, ce qui a permis à l'État, en faisant compensation entre le montant de sa créance et l'indemnité due par lui, de faire le rachat à peu de frais.

[2] Au reste, quoique l'État jusqu'à présent n'ait pas touché grand'chose à titre de remboursement d'avances ou de participation aux bénéfices, il touche néanmoins à d'autres titres. L'État impose aux Compagnies quantité de services, tels que transport gratuit pour les Postes (charge énorme et rapidement grossissante 72 millions), transport à prix réduit des militaires et d'une foule de fonctionnaires.

[3] Pour l'avenir, une sorte d'association coopérative se trouve établie entre les six grands réseaux, y compris celui de l'État. Elle est dirigée par un Conseil supérieur. Bénéfices et pertes seront versés dans un fonds commun — sauf des primes de bonne gestion pour les Compagnies qui auront fait des bénéfices.

[4] On comprend qu'elles n'aient pas le droit de relever les tarifs sans autorisation, le maximum étant ici, comme dans toutes les concessions, la rançon du privilège; mais pourquoi ne pas leur laisser la faculté de les abaisser librement ? — Parce que les *différentiations* des tarifs sont une arme dangereuse aux mains

4º Enfin, l'État s'est réservé le droit de rachat à toute époque. Mais il sera tenu en ce cas : — a) de servir, pour tout le temps restant à courir de la concession, une annuité calculée d'après le revenu des sept dernières années (déduction faite des deux plus mauvaises), mais qui ne pourra être inférieure au produit net de la dernière année. C'est ainsi que les titres des actionnaires ou obligataires de la Compagnie Ouest se sont trouvés transformés en titres de rente sur l'État : cela ne les change guère ; — b) de rembourser la valeur estimative du matériel des Compagnies. Mais les sommes dues à l'État par celles-ci pourront venir en compensation.

Les adversaires du rachat font valoir (en dehors des arguments de principe indiqués ci-dessus) cette objection pratique que puisque l'État doit dans 30 ou 40 ans recevoir tous les réseaux gratuitement, ce serait agir de sa part en prodigue que de les racheter aujourd'hui pour en jouir un peu plus tôt : il se conduirait à la façon de ces fils de famille qui escomptent chez l'usurier la succession paternelle qui doit leur échoir. — Ses partisans répondent que, au contraire, l'État pourra faire un très bon placement, puisque, ne payant les chemins de fer que d'après le produit actuel, il pourra bénéficier de tout l'accroissement des bénéfices à venir au lieu de les laisser pendant quarante ans encore aux Compagnies. Il agirait non comme un fils de famille, mais au contraire comme un bon père de famille qui achète une valeur d'avenir pour la mettre en portefeuille. — Cette réplique serait bonne si l'augmentation progressive du revenu net des chemins de fer était certaine, mais elle est très douteuse et le transfert aux mains de l'État pourrait avoir pour effet de l'enrayer complètement par les raisons ci-dessus indiquées [1].

des Compagnies et dont, aux États-Unis, par exemple, elles ont fait un grand abus. Si la différentiation de tarifs peut rendre de grands services, par exemple pour faciliter le transit ou le transport de marchandises de peu de valeur, elle peut aussi servir à favoriser une industrie, au détriment de ses concurrents. Quand elle s'applique à des produits étrangers importés, la différentiation s'appelle *tarif de pénétration*.

[1] Même avant la guerre, dans ces dernières années, sur tous les réseaux les bénéfices avaient cessé d'augmenter ou diminué, à tel point que les Compagnies avaient fait prévoir la nécessité de relever les tarifs. Cependant les recettes brutes ne cessent d'augmenter, mais les dépenses augmentent plus encore, tant à cause des améliorations techniques que de l'augmentation des salaires et des pensions de retraite, du repos hebdomadaire, etc. Toutes ces causes agiront avec plus de force encore quand les chemins de fer appartiendront à l'État.

Et au cours de la guerre la situation s'est fort aggravée, car les recettes ont énormément diminué, tandis que les dépenses d'exploitation s'enflaient démesu-

Il est certain que, dès la guerre finie, la question va se poser avec plus de force que jamais, car la guerre aura fourni des arguments nouveaux pour les deux thèses.

Les partisans de la nationalisation ne manqueront pas de faire valoir la nécessité de créer des ressources nouvelles pour le budget et où trouver les milliards nécessaires sinon dans l'exploitation des chemins de fer ? Et d'ailleurs cette nationalisation sera déjà quasi chose faite par suite de la militarisation des chemins de fer et de tous leurs employés au cours de la guerre.

Les adversaires du rachat feront valoir de leur côté les services rendus par les Compagnies précisément au cours de la guerre, soit au moment de la mobilisation, soit au cours des différentes opérations militaires, mis en regard des échecs ou difficultés éprouvés par l'État quand il a voulu assumer lui-même la charge du ravitaillement et du transport de charbon, et l'imprudence qu'il y aurait à vouloir majorer encore la dette effroyable qui va peser sur l'État en y ajoutant le poids de la dette résultant du rachat.

Au point de vue financier, il paraitrait plus avantageux, loin d'abolir le régime des concessions, de le prolonger de 50 ans, par exemple, c'est-à-dire jusqu'à la fin du siècle, à la charge par les Compagnies de payer un bon prix, soit en capital, soit sous forme de participation aux bénéfices.

En tout cas, et quel que soit le régime futur de l'exploitation des chemins de fer, ce qui est malheureusement certain, c'est que, après la guerre, les tarifs des chemins de fer seront considérablement augmentés. Ils l'ont déjà été dans la plupart des pays belligérants et même des pays neutres et vont l'être en France[1]. L'exploitation des chemins de fer a été en effet ruineuse au cours de la guerre, tant par suite des nécessités militaires que de la hausse énorme des charbons, et il est peu probable que l'exploitation devienne moins onéreuse après la guerre, car les voies ferrées et le matériel qui n'ont pu être réparés, seront tout à refaire.

---

rément. Le prix du charbon a triplé et il a fallu réduire de moitié ou des deux tiers le nombre des trains. Aussi le déficit, pour les six années 1914-1920, s'est élevé à près de 6 milliards, dont la plus grande partie pour l'année 1920 — et cela bien que les dépenses de réfection des voies et du matériel aient été quasi supprimées.

[1] Les tarifs des chemins de fer ont été en effet majorés énormément par tout pays; en France à peu près doublés et ce n'est pas suffisant pour couvrir les déficits de l'exploitation qui ont monté jusqu'à 2.800 millions en 1920, l'année même du relèvement des tarifs. Les déficits ont diminué depuis lors, par suite de la baisse des prix du charbon, mais ils sont encore de près de 1 milliard, répartis inégalement entre les réseaux.

D'après la convention nouvelle de 1921, les tarifs devront être augmentés automatiquement, de façon à couvrir au moins les dépenses.

Cet accroissement du prix des transports terrestres et maritimes sera pour l'Europe de demain une grave aggravation du coût de production et une cause d'infériorité vis-à-vis des pays concurrents d'Amérique et d'Orient.

III

Les canaux et voies navigables.

Les voies navigables naturelles ont exercé une influence de premier ordre sur les destinées des pays. Nous avons dit ci-dessus qu'elles ont été les premières routes. Sans même parler de l'Égypte qui a été, dans le sens le plus absolu du mot, une création du Nil, on ne saurait exagérer le rôle économique de fleuves comme le Mississipi pour les États-Unis, ou comme le Rhin pour l'Allemagne. Ce sont, selon le mot éloquent de Pascal, « des chemins qui marchent » et qui ne coûtent rien. Toutefois, ce sont des chemins qui marchent toujours dans le même sens et si c'est un avantage pour ceux qui vont dans le même sens et qui n'ont qu'à se laisser aller, il est évident que c'est au contraire un inconvénient pour ceux qui remontent ! Les fleuves qui offrent les conditions nécessaires à une bonne navigation — faible pente, niveau à peu près constant, cours pas trop sinueux — sont assez rares. La France est mal partagée à cet égard. Ses grands cours d'eau rayonnent en divergeant d'un plateau central à peu près improductif qui, s'il les alimente au point de vue hydrologique, ne les alimente pas au point de vue économique et ne fait que les séparer par une barrière quasi infranchissable. Cette disposition orographique, qui était bonne au temps de la petite batellerie et que le géographe Strabon avait alors raison de vanter, est plutôt fâcheuse aujourd'hui. Quelle différence avec l'Allemagne dont les quatre fleuves coulant parallèlement dans le même sens semblent avoir été tracés comme les rues d'une ville américaine ! La Loire a un débit trop intermittent, la Seine fait trop de détours [1], le Rhône est trop rapide. Après que des centaines de millions ont été dépensés pour améliorer le cours du Rhône, on parle aujourd'hui de remplacer ce fleuve rebelle par un canal latéral de Marseille à Lyon [2], et par une série de bassins en escalier de Lyon à Genève,

---

[1] Et pourtant la Seine est ce que la France a de mieux en fait de voie navigable ; aussi, grâce à elle, Paris est-il devenu le premier port de France et un des plus grands du monde (plus de 10 millions de tonnes) et Rouen lui-même rivalise avec Le Havre.

[2] La partie du canal qui va de Marseille au Rhône, par le tunnel de Rove et l'étang de Berre, et même celle de Marseille à Arles, sont achevées.

travail qui coûterait sans doute non loin d'un milliard : il est vrai
que la force motrice créée par les barrages en rembourserait une
partie.

Les voies d'eau artificielles ou canaux ont sur les fleuves cette
supériorité *de ne pas marcher*, c'est-à-dire d'offrir à la navigation
un niveau parfaitement horizontal. Mais comme on ne peut
supprimer les différences de niveau des terrains, il en résulte que
ces « biefs » horizontaux doivent être reliés les uns aux autres
par des écluses, en sorte que, au lieu de remonter le courant, il
faut remonter les écluses, et ces écluses, avec les bassins qu'elles
comportent, exigent des travaux très coûteux, parfois même,
ainsi les écluses du canal de Panama, gigantesques.

D'autre part, la force motrice de l'eau se trouvant supprimée —
comme aide à la descente et comme obstacle à la montée — il
faut la remplacer par quelque autre force motrice, remorqueur,
chaîne noyée (touage), traction animale, traction électrique —
tous systèmes plus ou moins coûteux. Il ne faut donc pas s'imaginer que le transport par canaux soit quasi gratuit.

C'est une querelle toujours pendante que celle des mérites respectifs du chemin de fer ou du canal comme mode de transport.
Si l'on ne peut contester au premier la supériorité comme rapidité,
il semble qu'on ne puisse pas non plus contester la supériorité
du second comme économie. Et la preuve décisive, semble-t-il,
c'est que partout où une voie ferrée se trouve parallèle à une voie
d'eau, celle-ci se trouve obligée à baisser ses prix.

Cependant l'argument n'est pas aussi décisif qu'il le semble, car
si le transport par canal est incontestablement moins coûteux que
le transport par chemin de fer, c'est parce qu'il y a entre eux une
inégalité artificielle résultant de ce que le péage est supprimé pour
le canal tandis qu'il ne l'est pas pour le chemin de fer. En effet,
en ce qui concerne les canaux, l'État a pris à son compte tous les
frais de construction et d'entretien[1], en sorte que l'usage des

---

[1] En France, l'État consentait donc jusqu'à présent à passer par profits et pertes
les 1.600 millions de francs consacrés à l'établissement des canaux, sans compter
une vingtaine de millions par an d'entretien. Mais sans doute, après la guerre, les
nécessités du budget mettront fin à cette libéralité. Et on dira qu'il est juste que
les industriels et commerçants qui se servent des canaux — le public ne s'en sert
jamais — paient l'intérêt et l'amortissement du capital qu'ils représentent, surtout
si l'on doit mettre à exécution les plans grandioses projetés (voir cependant p. 392).

Il pourrait paraître abusif de faire payer un droit de péage sur les fleuves et
rivières navigables, ceux-ci devant être considérés comme un bien commun à
tous. C'est en effet la distinction observée en Allemagne — péage très modique
sur les canaux, gratuité sur les cours d'eaux naturels. Cependant si l'on pense à

canaux est aussi gratuit que celui de la route ou du pont. Il n'y a à payer que les frais de transport par bateau, exactement comme quand on loue une voiture. Il n'est pas étonnant, dans ces conditions, que la concurrence entre le chemin de fer et le canal soit inégale.

Mais il est bien évident que cette gratuité est illusoire et qu'en réalité les frais correspondant au péage, c'est-à-dire l'intérêt et l'amortissement du capital employé à la construction du canal, comme aussi les frais d'entretien, doivent être payés par quelqu'un : ils le sont par le contribuable, au lieu de l'être, comme sur le chemin de fer, par le commerçant.

Si donc, comme sans doute on sera bientôt obligé de le faire, les transports par canal avaient à acquitter le droit de péage, la supériorité économique du canal serait moins marquée [1]. Elle subsisterait tout de même si les canaux sont établis dans les conditions que nous allons indiquer.

Depuis quelques années, il y a un grand mouvement en France en faveur des canaux, parce qu'on a cru qu'ils étaient un des principaux facteurs dans le développement économique de l'Allemagne, et les projets les plus grandioses — canal des Deux-Mers de Bordeaux à Narbonne (coût 7 à 800 millions), canal de Marseille à Lyon et de Lyon à Genève, canal de Paris à la mer, Loire navigable, etc. — sont à l'ordre du jour. Mais il ne faut pas se laisser hypnotiser par le succès de la navigation intérieure en Allemagne. Ils sont dus, comme nous venons de le dire, à des conditions topographiques qu'il n'est pas en notre pouvoir de reproduire. Il n'y a en France aucun fleuve comme le Rhin et qui, comme celui-ci, ait la chance de drainer, de sa source à son embouchure, un des plus riches bassins industriels de l'Europe [2].

---

toutes les dépenses qu'il a fallu faire pour rendre navigables les cours d'eaux soi-disant naturels, on estimera que cette distinction n'a pas grande raison d'être. Le Rhône a coûté plus que n'importe quel canal.

[1] Un économiste, qui s'est tout spécialement occupé des questions de transport, M. Colson, la nie absolument.

Pourtant le coût de transport est évalué à un peu plus de *un centime* par tonne kilométrique, contre *quatre centimes* par chemin de fer. Et même si l'on faisait payer les frais d'établissement, 1 centime de plus (donc 2 en tout), d'après M. Colson, suffirait.

[2] Sur les 14.000 kilomètres du réseau navigable allemand il y a beaucoup plus de moitié de cours d'eau naturels. Et le Rhin, à lui seul, fournit plus de la moitié du trafic. Quand on compare le Rhône au Rhin et Marseille à Rotterdam, comme l'ont fait quelques Marseillais avec une verve méridionale, on oublie non seulement que le Rhin a un débit plus large, plus régulier, moins torrentueux que le Rhône, qu'il est navigable jusqu'à Bâle (700 kil.) tandis que le Rhône ne l'est que

Nous sommes donc assez disposés à croire qu'il serait imprudent d'essayer de rivaliser avec l'Allemagne en engageant des milliards dans des constructions de canaux et qu'à la suite de la guerre la France pourra trouver sans peine d'autres emplois plus urgents et plus productifs des capitaux, qui seront rares. Mais d'autre part on ne peut songer à combler les canaux existants[1] : il faut donc bien tâcher d'en tirer le meilleur parti possible, et pour cela de recourir aux moyens suivants :

Il faudrait améliorer le service de navigation en employant des bateaux plus grands, de 5 à 600 tonnes au moins, ce qui représente un fort train de marchandises. Il est vrai que pour faire circuler ces bateaux, il faudra refaire beaucoup d'écluses, sinon le canal lui-même. Il serait nécessaire aussi d'employer des systèmes de traction plus rapides et d'installer un éclairage suffisant pour permettre la navigation de nuit.

Il faudrait substituer au régime pittoresque mais suranné de l'exploitation par bateaux individuels — chacun étant la propriété du batelier qui y vit avec sa femme et ses enfants, son chien et ses pots de fleurs — le système d'exploitation par grandes Compagnies, comme celui des chemins de fer. Évidemment ce serait l'élimination d'une classe particulièrement intéressante, plus encore que celle des petits commerçants, parce qu'elle est la survivance d'un temps très vénérable et de corporations très illustres parmi lesquelles il suffit de rappeler celle des Nautes parisiens qui a donné ses armes à la ville de Paris. Mais ce serait une énorme économie comme utilisation de bateaux, modes de traction, etc. [2].

jusqu'à Lyon (320 kil.), mais surtout qu'il dessert tout le bassin houiller de Westphalie, qu'il relie trois pays : Suisse, Allemagne, Hollande, tandis que le bassin du Rhône est étroit, peu peuplé, et vide de toute industrie, sauf Lyon dont la principale industrie, les soieries, n'a que faire de navigation fluviale. Le Rhin est un fleuve international, le Rhône, quoique plus beau, n'est qu'un fleuve provincial.

De plus le Rhin peut être mis en communication avec le Danube et cette voie magnifique, qui traverse l'Europe dans toute sa largeur, aura une tout autre portée que la communication du Rhône avec la Seine.

Cependant il n'est pas impossible que la grande guerre ait pour conséquence de rendre à la Méditerranée — à la mer latine — une partie de son ancienne prospérité.

[1] Les 11.400 kilomètres de voies navigables ont transporté (en 1912) plus de 5.767 millions de tonnes kilométriques, et les 40.000 kilomètres de chemins de fer (non compris lignes locales) 23.288 millions. Le transport est donc proportionnellement presque le même sur les canaux que sur les chemins de fer.

[2] Pourquoi ne s'est-il pas formé des Compagnies pour construire et exploiter les canaux extérieurs, de même que pour les chemins de fer ? Précisément parce que la concurrence de ceux-ci leur laissait peu de perspectives lucratives. On sait

Il faudrait que ces Compagnies de navigation intérieure, une fois constituées, s'entendent avec les Compagnies de chemins de fer, au besoin sous le contrôle de l'État, pour établir entre elles une division du travail, comme font les industries concurrentes quand elles suppriment la concurrence par des cartels. Cette répartition des marchandises à transporter est d'ailleurs commandée dans bien des cas par la nature même des marchandises, le transport des marchandises par eau étant indiqué pour les marchandises de faible densité économique, c'est-à-dire contenant peu de valeur sous un gros volume ou un gros poids, telles que minerais, houille, pierre à bâtir, bois, et même les vins — les chemins de fer, au contraire, étant désignés pour les marchandises de valeur, pour lesquelles les frais de transport ne représentent qu'une faible majoration de prix et pour lesquelles la rapidité du transport a une grande importance.

C'est ainsi qu'en France les vins d'Espagne, d'Algérie et même des départements limitrophes de la Méditerranée, vont passer par Rouen qui devient de plus en plus un grand marché de vins, quoique la Normandie n'en produise point.

La concurrence des voies navigables a l'avantage pour le public de forcer les Compagnies de chemins de fer à abaisser leurs tarifs. Non seulement elles se résignent à le faire, mais elles ne manqueraient même pas de les abaisser jusqu'au point nécessaire pour annihiler tout transport par canal si l'État n'intervenait d'office pour maintenir une certaine marge (20 p. 100) au moins de différence), en sorte que c'est l'État, chose curieuse, qui impose la cherté du transport par voie ferrée afin de protéger les canaux !

Ce trait révèle l'incohérence de notre régime des transports.

IV

Les transports maritimes.

Nous avons dit à propos des routes que la route de mer avait toujours tenu une grande place dans l'histoire, mais combien de

que les grands canaux internationaux, Suez, Corinthe, ont été construits et sont exploités par des Compagnies privées. Mais on sait que la Compagnie française du Panama ayant échoué, c'est le gouvernement des États-Unis qui a repris l'entreprise à son compte. Le canal a coûté 394 millions de dollars (soit 2.043 millions de francs). A quoi il faudrait ajouter les 1.300 millions dépensés par la première entreprise, celle de Lesseps, déduction faite pourtant des 200 millions d'indemnités remboursés par les États-Unis — soit au total un peu plus de 3 milliards de francs. Il est douteux que le canal puisse jamais payer l'intérêt de cet énorme capital. Le canal de Suez n'avait coûté que 400 millions et il dessert trois continents.

plus en plus grande au fur et à mesure que les nouveaux mondes
se peuplent et que tant par l'effet du commerce que par celui de
la colonisation, les liens entre les continents se multiplient !
Hésiode disait déjà de ses contemporains : les peuples sont assis
comme des grenouilles aux bords de la mer. C'est de la petite
Méditerranée qu'il parlait, mais aujourd'hui c'est l'Atlantique que
les Américains qualifient de mare aux grenouilles. Chaque jour,
plusieurs steamers à service régulier, en outre des navires de
commerce, le traversent dans les deux sens. De là l'aspiration des
peuples vers la mer, qui va grandissant, exprimée autrefois par
la parole si connue de l'empereur Guillaume : « Notre avenir est
sur les eaux » et, au cours même de cette guerre, par la déclaration du président Wilson qu'il fallait réserver à chaque peuple un
libre accès vers la mer.

Ce sentiment aura été singulièrement exalté par la guerre
actuelle, qui a été dans une grande mesure une lutte pour la maîtrise — ou pour la liberté — des mers. Il n'est pas jusqu'à la
Suisse qui n'ait demandé et obtenu qu'un port lui fût réservé et
même qui n'ait arboré son pavillon sur des navires destinés à la
ravitailler.

Le transport par mer est beaucoup plus économique que le
transport par route de terre ou même par canaux, et cela par
l'évidente raison qu'il n'est pas besoin de construire la route mais
seulement le véhicule — et même le moteur est gratuit quand le
transport se fait par voilier. Néanmoins l'économie de temps fait
préférer le navire à vapeur quoique plus coûteux. Même avec le
navire à vapeur le coût du transport est quatre fois moindre
qu'avec le chemin de fer (voir ci-dessus, p. 387)[1].

Le transport maritime occupait avant la guerre (en août 1914)
une flotte de 40.000 navires, représentant un tonnage brut de près
de 50 millions de tonnes, dont 88 p. 100 pour les vapeurs et
12 p. 100 seulement pour les voiliers, la proportion de ceux-ci
décroissant sans cesse[2]. Plus de 40 p. 100 de cet énorme tonnage

---

[1] Avant la guerre le transport d'une tonne de blé coûtait 10 francs de New-York
à Liverpool, 13 ou 15 francs de La Plata et 20 à 22 francs de l'Australie, pour franchir de 5.000 à 20.000 kilomètres, soit 1/5 ou 1/10 de centime par kilomètre et par
tonne. Par chemin de fer il faudrait compter pour le même trajet 200 à 400 francs
par tonne.

Mais à la date à laquelle nous écrivons ces lignes (juillet 1817) le fret par tonne
de blé est décuple, soit 180 francs de New-York ou de La Plata, 250 de l'Australie, ce qui fait que le prix du transport en ce moment double le prix du blé.

[2] Il va sans dire que ces 50 millions de tonnes représentent une capacité de
transport annuelle cinq ou six fois plus grande, chaque navire faisant plusieurs

revient à l'Angleterre : le reste se répartit très inégalement entre les autres pays [1].

Les arguments qu'on fait valoir dans chaque pays pour l'extension de la marine marchande sont partout les mêmes.

voyages dans l'année. L'Allemagne, par exemple, avec sa flotte de 5 millions de tonnes transportait environ 40 millions de tonnes de marchandises par an.

[1] Voici les marines marchandes des principaux pays (en milliers de tonnes) :

Angleterre.	20.874	Russie	1.560
Allemagne.	5.516	Suède.	1.168
États-Unis.	5.000	Autriche	1.025
Norvège.	2.474	Grec	976
France.	2.294	Espagnol	906
Japon	1.866	Danois	826
Italie.	1.707	Belgique	358
Hollande	1.559		

La statistique ci-dessus est celle du Commissariat de la Navigation aux États-Unis (*The World Almanach*, 1917) et se réfère au début de l'année 1915, date à laquelle les ravages de la guerre sous-marine n'avaient pas commencé.

Mais elle a besoin de quelques commentaires explicatifs. Rien de plus variable en effet que les statistiques de la marine marchande.

Les unes comptent seulement les navires à vapeur, les autres, vapeurs et voiliers. Celle ci-dessus compte les uns et les autres. Les voiliers ne représentent plus qu'un tonnage de 6 millions de tonnes environ sur un total de 50 millions de tonnes pour l'ensemble de la flotte de commerce du monde, soit 12 p. 100. C'est la France qui en compte relativement le plus : 600.000 tonnes, soit plus du quart de sa flotte. C'est à de mauvaises lois protectionnistes, comme nous le verrons plus loin, qu'elle doit cette peu enviable supériorité, le rendement du voilier ne représentant que le 1/3 ou le 1/5 du rendement du vapeur, avec un coût de transport moindre, il est vrai.

Les unes comptent le tonnage *brut*, les autres seulement le tonnage *net*, c'est-à-dire la capacité disponible pour la cargaison. Cela fait une grosse différence qu'on peut évaluer en moyenne à 40 p. 100. Le tonnage net représente 65 p. 100 du tonnage brut dans les navires aménagés le plus économiquement, les cargo, et s'abaisse jusqu'à 10 p. 100 pour les paquebots ultra-rapides, les *liners*. La statistique ci-dessus donne le tonnage brut pour les vapeurs, net pour les voiliers.

D'autres différences tiennent à ce qu'on ne compte pas les petits bateaux, mais la limite varie selon les statistiques : généralement 100 tonnes pour les vapeurs, 50 tonnes pour les voiliers.

Les chiffres varient aussi si, comme on le fait aux États-Unis, on compte, avec la navigation maritime, la navigation intérieure. C'est ainsi que dans la statistique reproduite ci-dessus, le chiffre mis en regard des États-Unis était 8.389.000 tonnes, ce total comprenant près de 3 millions de tonnes pour la navigation sur les fleuves et les grands lacs. La navigation pour l'étranger n'est que de 2.185.000 tonnes, mais il faut ajouter le grand cabotage, c'est-à-dire la navigation d'une côte à l'autre des États-Unis, de l'Atlantique au Pacifique, qui est de près de 3 millions de tonnes, c'est pourquoi nous avons pris le chiffre rond de 5.000.000 tonnes.

Ce sont là les chiffres d'avant la guerre. Ils se trouvent nécessairement beaucoup modifiés après. Les navires capturés ou coulés à la fin de la troisième année de guerre représentaient environ 8 millions de tonnes, réparties non pas seulement,

1° Argument formulé dans la maxime *le commerce suit le pavillon*, ce qui veut dire que le commerce d'exportation d'un pays serait proportionnel à l'importance de sa marine marchande. Cette proposition paraît un peu bizarre au point de vue logique, car elle revient à dire que c'est le transport qui crée la clientèle. Il est vrai que parfois l'organe crée la fonction, contrairement à l'ordre naturel des choses — par exemple la construction d'un chemin de fer crée un mouvement de voyageurs et de marchandises, mais alors c'est parce que le besoin existe déjà à l'état latent, ce qui n'est pas le cas ici. D'ailleurs cette prétendue loi n'est pas justifiée par les faits, car la Belgique, par exemple, qui occupe, relativement à sa population, le premier rang dans le commerce international et qui même a un des plus beaux ports du monde et des plus enviés, Anvers, vient pourtant au dernier rang comme marine marchande. Et inversement d'autres pays qui sont au premier rang, relativement à leur population, comme marine marchande n'ont qu'un commerce insignifiant, tels la Norvège ou la Grèce. Qu'on regarde sur le tableau que nous donnons en note et on verra combien se trouve en défaut le parallélisme entre le mouvement commercial et le mouvement maritime qu'implique l'adage si souvent répété [1].

Sans doute l'apparition fréquente du pavillon d'un pays dans un port peut agir à la façon d'une réclame, d'une enseigne lumineuse, mais certainement moins que la réclame ordinaire par la voie de la presse ou tout autre mode de publicité, car celle-ci va partout tandis que le pavillon ne frappe la vue que des habitants des ports de mer. Ce qui importe bien plus à un pays qui veut développer son exportation, que la nationalité du bateau transporteur, c'est celle de l'agent commercial à l'étranger chargé de la vente : celui-ci, s'il est étranger, sera naturellement enclin à favoriser la vente des produits de son pays plutôt que celle d'un pays concurrent, ou s'il est indigène il sera tout au plus indifférent. Or ce qui fait l'infériorité de la France dans les comptoirs de l'étranger, c'est bien moins l'absence de son pavillon que l'absence de ses

comme on pourrait le croire, entre les belligérants, mais aussi entre les neutres — chacun selon l'importance de sa flotte : le Japon a le moins souffert. Ce déficit s'est trouvé plus que compensé par la construction de nouveaux bateaux qui se fait à outrance (sauf en France). Mais il y aura tout de même après la guerre, au lieu de l'augmentation normale, une notable diminution. Il faut donc s'attendre à ce que le fret, qui avait atteint au cours de la guerre des proportions vertigineuses, reste encore longtemps très élevé.

[1] Voici, en regard, l'importance de la marine et celle de l'exportation pour chacun des pays inscrits sur le tableau précédent. La première colonne donne le

nationaux. Et c'est là au contraire ce qui fait la supériorité de ses rivaux, Anglais, Italiens et surtout Allemands.

2° Argument de l'*économie du fret*. En admettant que la marine marchande ne soit pas un facteur indispensable de l'exportation, tout au moins un pays qui a un grand commerce maritime a-t-il intérêt à le faire avec ses propres navires plutôt que de recourir à la marine étrangère et à payer par là un tribut considérable. Or tel est le cas de la France. Elle a un mouvement maritime très considérable, plus de 40 millions de tonnes, mais elle n'en transporte sur ses navires que le tiers environ, les deux autres tiers (52 p. 100 à l'exportation, 77 p. 100 à l'importation) étant transportés par des navires étrangers auxquels il faut payer plus de 300 millions de fret annuellement. Ne pourrait-elle tout au moins s'affranchir de ce tribut? D'autres pays au contraire se font de gros bénéfices en transportant les marchandises de l'étranger : l'Angleterre gagne 2 à 3 milliards par an, et la Norvège, la Hollande, la Grèce, beaucoup aussi, toutes proportions gardées.

Il est vrai, mais le même argument pourrait servir dans tous les cas où nous demandons quelque chose à l'étranger, services ou produits. On pourrait dire aussi bien — et les protectionnistes ne s'en font pas faute : — pourquoi payer tribut à l'étranger en lui

nombre de tonnes par millier d'habitants, la seconde le chiffre de l'exportation par tête d'habitants.

	Tonnage	Exportation
Norvège	1.005 tonnes	181 francs
Angleterre	463 »	357 »
Danemark	283 »	300 »
Hollande	246 »	112 »
Suède.	207 »	175 »
Grèce.	191 »	30 »
Allemagne	82 »	201 »
France	57 »	174 »
Belgique	47 »	520 »
Italie	46 »	68 »
Espagne	45 »	50 »
Japon	41 »	27 »
États-Unis	25 »	125 »
Autriche	20 »	56 »
Russie	9 »	38 »

On voit que les pays sont loin d'occuper les mêmes rangs sur les deux colonnes. La Norvège qui figure au premier rang, hors pair, pour sa marine, n'est qu'au cinquième pour son exportation. La Grèce, qui est au sixième rang pour son tonnage, est à l'avant-dernier pour l'exportation. Inversement la Belgique qui tient le premier rang, et de haut, pour l'exportation, n'est qu'au neuvième rang pour son tonnage.

achetant machines, cotonnades, produits chimiques? Mieux vaudrait les faire nous-mêmes. Et la réponse est la même : c'est que
si nous demandons tel ou tel service à l'étranger c'est évidemment parce que nous y trouvons avantage. Si les commerçants
français font transporter leurs marchandises par des navires
étrangers, c'est assurément parce qu'ils ont moins à payer ou
qu'ils sont mieux servis. Ils ont à payer plus de 300 millions de
francs de fret à l'étranger, dit-on? Sans doute, mais s'ils s'adres-
saient aux armateurs français ils auraient à en payer-peut-être
400 millions. Et leur marchandise, grevée de cette majoration de
frais, ne pourrait peut-être plus soutenir la concurrence des produits étrangers, en sorte qu'au lieu de servir les intérêts de notre
exportation, comme on s'y efforçait tout à l'heure, on l'aurait
enrayée.

Au reste, nous nous engagerions ici dans la question de la protection de la marine marchande, grave question qu'il vaut mieux
traiter en même temps que la question du protectionnisme, ce que
nous ferons dans le second volume. Disons cependant dès à présent que pour les transports maritimes comme pour toute autre
industrie, l'intérêt de tous les peuples est de réduire au minimum
le coût de production et pour cela de confier chaque tâche à
celui qui est le mieux qualifié pour l'exécuter. Il est naturel que
des peuples insulaires, comme l'Angleterre, ou qui sont tout en
côtes, comme la Norvège, la Grèce ou la Hollande, soient spécialisés par la nature, comme ils le sont déjà par leur histoire, dans
le rôle de rouliers des mers. D'ailleurs si l'on regarde sur le tableau
ci-dessous, on voit que la France ne laisse pas que de tenir un rang
assez honorable puisqu'elle vient immédiatement après les pays
qu'on pourrait appeler maritimes — et après l'Allemagne aussi,
il est vrai, mais pas de beaucoup.

3° Le dernier mobile qui pousse les peuples vers la mer, — ce
n'est certes pas le moins puissant et c'est celui qui va prendre après
la guerre une force irrésistible — est d'ordre politique et militaire :
c'est le désir d'assurer *leur indépendance économique* en s'assu-
rant les moyens de communiquer avec les pays d'outre-mer. On
ne voudra plus courir les risques d'un nouveau blocus.

Cet argument paraît cependant encore moins décisif que les
précédents et il ne semble pas que les enseignements de la guerre
actuelle lui aient donné une force nouvelle : tout au contraire,
puisque les pays qui ont le plus souffert du blocus sont précisément
ceux qui disposaient des plus puissantes marines, tant marchande
que militaire, et que c'est précisément à l'intermédiaire des neutres

que la plupart d'entre eux ont dû recourir. Le seul moyen de parer
au danger d'un nouveau blocus serait d'établir la liberté des mers,
c'est-à-dire le libre parcours (sans droit de prise, ni zones ou
ports interdits) pour tous les navires non belligérants. Et il est à
espérer que ce sera, en effet, un des résultats de la guerre actuelle[1].

Nous avons dit tout à l'heure que les voies de navigation intérieure et les chemins de fer, étant plus ou moins parallèles, se font
nécessairement plus ou moins concurrence et qu'il en résulte certaines difficultés pour l'établissement des tarifs. Il en est tout
autrement des voies de navigation maritime et des voies ferrées :
celles-là sont le prolongement de celles-ci et la question qui se
pose pour les unes comme pour les autres est non point celle des
tarifs concurrents mais des *tarifs soudés* : il serait désirable de
pouvoir expédier d'une gare quelconque de l'intérieur à un port
d'outre-mer (ou même à une autre gare d'outre-mer), par un seul
paiement et sur une même feuille d'expédition. Mais jusqu'à présent cette simplification n'a pu se réaliser, par suite de difficultés
administratives, que dans des cas exceptionnels.

La question des ports est inséparable de celle des transports
maritimes. Les ports sont, comme on l'a dit, les gares des voies
maritimes. Et il est clair qu'un pays ne peut pas espérer voir les
grandes lignes maritimes le toucher s'il ne peut leur offrir de
grandes gares. Autrefois il n'y avait que des ports naturels et le
fait pour un pays d'avoir été plus ou moins bien doté par la nature
à cet égard était un grand facteur de son développement. La
France est aussi riche en ports nombreux et sûrs qu'elle a été mal
lotie en ce qui concerne son réseau fluvial. Mais cela ne lui sert
guère parce qu'on ne peut plus se contenter de port « naturel » :
aucun n'est suffisamment aménagé par la nature pour recevoir les
colossaux navires que l'on fait aujourd'hui[2] — auxquels il faut des
fonds de 8 à 10 mètres pour pouvoir accoster, des dizaines de

---

[1] Quant à l'argument que l'existence d'une forte marine de commerce serait
indispensable au maintien d'une puissante flotte de guerre parce que la navigation
sur les navires marchands préparerait le personnel nécessaire pour le service de
la marine de guerre, nous le retrouverons à propos de la question de la protection
de la marine marchande.

[2] Le port de Hambourg a 400 hectares de bassins et 400 kilomètres de quais maritimes, plus 24 kilomètres de quais fluviaux. Le port de Liverpool 43 kilomètres
de quai, celui d'Anvers 43. Pour le Havre, après vingt ans de tergiversations et de
travaux effectués lentement qui se sont trouvés insuffisants avant même d'être
achevés, on vient de se décider à faire pour 200 millions de francs de travaux
nouveaux — et aussi pour une somme considérable à Bordeaux.

kilomètres de quais pour y trouver place, des cales de 300 mètres de long pour se réparer, des rades de centaines d'hectares pour évoluer et des douzaines d'hectares de docks pour déposer leurs cargaisons [1].

Donc, pour construire ces ports où les navires de toute dimension, déjà de 275 mètres et demain de plus de 300 mètres, doivent

---

[1] Voici le tonnage des principaux ports (en 1911). Il s'agit ici du tonnage des *navires* (pleins ou vides) entrés dans le port. Les statistiques qui donnent le chiffre des tonnes de *marchandises* peuvent être notablement différentes — et bien plus encore si, comme certaines statistiques, on additionne le nombre des navires entrés et sortis, quoique ce soient nécessairement les mêmes! car d'abord les navires sont loin d'être toujours pleins et, d'autre part, dans les ports où ils ne font que toucher, la quantité de marchandise qu'ils embarquent ou débarquent est insignifiante par rapport à leur tonnage. Ainsi Cherbourg inscrit 4 millions de tonnes comme navires et seulement 293.000 tonnes comme marchandises : c'est que les grands steamers des lignes allemandes ne s'y arrêtaient que pour prendre ou débarquer des voyageurs et par conséquent figurent dans le premier chiffre (qui met ainsi en apparence Cherbourg avant Bordeaux), mais non dans le second.

France.		Étranger.	
Marseille. . . .	9.770.000 tonnes.	Londres. . . .	19.663.000 tonnes
Le Havre. . . .	4.959.000 »	Liverpool. . .	14.713.000 »
Bordeaux . . .	2.916.000 »	Hambourg . .	13.176.000 »
Boulogne . . .	2.639.880 »	Anvers	13.350.000 »
Dunkerque. . .	2.408.000 »	Rotterdam . .	11.194.000 »
Rouen.	2.282.000 »	Gênes.	7.149.000 »

Paris pourrait figurer en tête des ports français, avec 10 millions de tonnes, mais nous ne le mettons pas dans la liste parce que, à la différence de Londres et de Rouen, c'est uniquement un port de rivière. D'ailleurs la plupart des grands ports de l'Océan sont situés sur des fleuves, assez loin de la mer : Hambourg 130 kilomètres, Anvers 110, Bordeaux 100, Rotterdam 30, etc.

Les ports de Hambourg et de Rotterdam sont ceux dont l'accroissement a été le plus rapide; ils ont, depuis 1885, le premier quintuplé, le second plus que triplé. Les ports français, dans la même période, ont à peu près doublé.

Nous ne donnons dans cette liste que les ports d'Europe, mais Hong-Kong et New-York vont de pair avec Anvers et Rotterdam. Marseille n'arrive donc sur la liste des grands ports du monde qu'au huitième rang.

Tout autres sont les chiffres si on prend non le nombre de tonnes mais la *valeur des marchandises*. Voici à ce point de vue les chiffres des six plus grands ports du monde (en 1913-1914 d'après l'Annuaire américain *The World* de 1917).

en millions de francs

New-York.	11.002	Liverpool.	8.626
Londres	9.987	Anvers	6.193
Hambourg. . . .	9.847	Marseille	3.811

On voit que le port de Marseille, quoique le dernier et d'assez loin sur cette liste, occupe un rang honorable dans le monde : c'est qu'il importe et exporte des marchandises d'assez grande valeur.

pouvoir aborder et se radoubér, il faut des dépenses énormes [1].
Et même les plus grands pays ne peuvent prétendre qu'à en avoir
deux ou trois. L'Allemagne n'a que deux grands ports (Hambourg
et Brême), la Hollande un seul, la Belgique un.

La question de savoir à qui doivent incomber ces énormes
dépenses est très difficile. On peut distinguer trois solutions :

a) L'État peut prendre les ports à sa charge, tout comme les
routes nationales et les canaux.

L'État n'est pas bien en situation de faire ces travaux, non seulement parce que son budget est toujours grevé lourdement, mais
parce que le sentiment de la solidarité nationale n'est pas assez
développé pour que les représentants de cent ports consentent à
faire une large part à un seul. Lorsque, dans le grand programme
des travaux publics de 1879, on affecta 500 millions de crédit
pour nos ports, il aurait fallu, si on avait voulu en tirer bon parti,
les consacrer tout entiers à deux ports seulement, Le Havre et
Marseille; et même, d'après les chiffres que nous venons de voir,
ce n'eût pas été tróp pour un seul.

On a dépensé, il est vrai, un peu plus que la somme votée, soit
788 millions, mais ils ont été répartis entre 70 ports, de façon à
faire le plus d'heureux possible! La moitié seulement, 365 millions, a été réservée aux grands ports et encore, ces grands ports
étant au nombre de sept, on voit que la moyenne pour chacun a
été peu de chose. Il est vrai que de plus grosses dépenses venaient
d'être engagées à la veille de la guerre. C'est ici surtout que la loi
de concentration s'impose.

b) Des *entreprises privées* peuvent se charger à leurs risques et
périls de ces travaux. Ce régime est très fréquent pour les ports
d'Orient ou d'Afrique, du Maroc par exemple, où les ressources
locales sont insuffisantes, mais il est pratiqué aussi en Angleterre.

c) Les *villes* intéressées sont naturellement disposées à faire des
sacrifices et les *Chambres de commerce* des ports seraient encore

---

[1] Voici, d'après M. Bernard d'Aunet (*Pour remettre de l'ordre dans la maison*),
les dépenses faites ou engagées dans les grands ports depuis une quarantaine
d'années :

Hambourg.	500 millions.
Buenos-Ayres.	450 »
Anvers.	424 ».
Londres.	360 »
Liverpool	300 »

Et on pourrait ajouter à cette liste des ports dont les noms sont à peine connus
comme celui de Port Alegre dans le sud du Brésil, qui est en train de dépenser
150 millions de francs.

mieux qualifiées, mais les ressources des premières et des secondes sont tout à fait insuffisantes pour de telles entreprises.

Il y a cependant un moyen : c'est d'emprunter les capitaux nécessaires et de faire payer à ceux qui profiteront de ces travaux, c'est-à-dire aux navigateurs, des péages suffisants pour assurer l'intérêt et l'amortissement de l'emprunt. On le fait en effet, mais il faut dans la fixation des tarifs une certaine prudence sous peine de chasser les navires vers les autres ports et d'avoir fait les travaux en vain.

d) On peut enfin remettre à un corps spécial l'exploitation du port. C'est le régime de l'*autonomie*. Les ports anglais (Londres par exemple, Liverpool, Glascow) sont généralement administrés par des conseils dont certains membres sont nommés par le conseil municipal ou le gouvernement, et la majorité élue par les intéressés, c'est-à-dire par les armateurs, les propriétaires de docks, etc. A Gênes, c'est un « consorzio », à Barcelone une « junte », etc.

En tout cas, ce qui serait urgent, ce serait d'opter entre ces différents systèmes, car présentement leur concours, loin d'avoir les effets bienfaisants d'une coopération, aboutit à l'anarchie et à des retards invraisemblables dans l'exécution des travaux[1].

La question la plus intéressante à propos des ports est celle des *ports francs*. On appelle ainsi des ports où les marchandises qui ne font que transiter peuvent débarquer, séjourner, être vendues, manipulées et même manufacturées sans avoir de droits à payer, mais nous nous en occuperons lorsque nous en serons à l'exposé du régime protectionniste.

V

Les modes de transport de la pensée.

Pour se communiquer les nouvelles les uns aux autres, les hommes d'autrefois n'avaient à leur disposition que trois moyens :

---

[1] Et ce qui est incroyable c'est que les ports français, qui sont, ainsi que nous venons de le voir, les moins bien outillés, sont ceux qui font payer le plus cher aux navires. D'après M. d'Aunet (citant Casimir-Perier d'après son livre *Brest, port transatlantique*), un vapeur débarquant 4.000 tonnes aurait à payer 9.253 francs au Havre, 6.670 francs à Marseille, 4.000 francs à Anvers, et seulement 2.200 francs à Hambourg ! Les frais de pilotage à Cherbourg sont absolument extravagants, mais servent à faire de grosses rentes à une corporation locale de pilotes qui bénéficie de ce monopole.

Une « Association nationale des Ports » vient de se constituer en France pour coordonner ces efforts dispersés.

1° *La parole*, mais qui ne peut servir qu'entre ceux présents sur un même point;

2° *La lettre missive*, mais qui ne peut être transmise que par un porteur et par conséquent ne peut aller plus vite que lui et n'atteint d'ailleurs son destinataire qu'individuellement;

3° Certains *signes* visibles de loin et qui permettent ainsi de communiquer à distance et assez rapidement, tels que les feux allumés de proche en proche pour signaler une grande nouvelle, mais dont la signification ne peut être que très limitée.

Dans la seconde moitié du xix° siècle ces trois moyens de communication ont fait tout d'un coup de tels progrès comme célérité, comme régularité et comme puissance, qu'on n'imagine guère ce qu'on pourra y ajouter de plus :

1° Pour la parole d'abord, elle est transmise par le *téléphone* à des centaines de lieues. Aujourd'hui, dans tout pays civilisé, l'homme assis dans son fauteuil cause avec l'un quelconque des milliers de ses semblables que va atteindre l'un des fils de ces réseaux qui obscurcissent le ciel — et demain sans doute ces fils même pourront être supprimés. Il est telle ville de Suisse ou des États-Unis où il y a déjà un abonné par cinq ou six habitants[1].

2° Quant à la lettre missive, elle est transmise par des entreprises spéciales, dites administrations des *Postes*, qui ont à leur service les moyens de transport les plus rapides, trains et paquebots. A chaque heure, les avalanches de lettres jetées dans d'innombrables boîtes sont entassées dans des wagons spéciaux

---

[1] L'emploi du téléphone se développe très inégalement selon les pays. Voici le nombre de téléphones par 1.000 habitants (avant la guerre) :

États-Unis	95	Allemagne	21
Canada	62	Grande-Bretagne	17
Danemark	43	Hollande	14
Suède	41	Finlande	13
Norvège	34	Belgique	9
Suisse	25	France	8

On voit que la France occupe un rang peu brillant, le dernier ! du moins entre les douze pays compris sur cette liste. La principale raison, c'est que l'État, qui a le monopole des téléphones, fait payer un prix d'abonnement très élevé (400 francs à Paris) et pour un service qui laisse à désirer.

Dans certaines villes des États-Unis, des pays Scandinaves, de Suisse, la proportion s'élève à 150 et jusqu'à 200 téléphones par 1.000 habitants : — à Paris 32 seulement.

Si l'on trouve plus commode, comme représentation statistique, d'avoir le nombre d'habitants par téléphone, on n'a qu'à diviser 1.000 par le nombre inscrit sur le tableau : on aura ainsi 1 abonné par 11 habitants aux États-Unis, 1 par 125 habitants en France, etc.

et transportées par les voies les plus directes jusqu'aux extrémités
du monde pour un prix uniforme, à forfait, et d'un bon marché
dérisoire qui ne dépasse pas 25 centimes pour aller jusqu'aux
extrémités du monde [1].

Pendant des siècles, la Poste n'a servi qu'au transport des
messages des souverains, comme aujourd'hui les courriers de
cabinets; plus tard elle a servi aux Universités. Sous Henri IV
seulement (1608) un « Général des Postes » fut institué. Mais l'entreprise fut constituée d'abord sous forme de ferme : ce ne fut
que sous Louis XIV que le service des Postes devint un service
d'État.

Par l'invention de l'imprimerie, la lettre a pris la forme collective
du *journal* et s'adresse ainsi à des millions de destinataires. Grâce
aux progrès mécaniques de l'imprimerie, des journaux contenant
la matière d'un gros volume sont tirés en quelques heures et
envoyés, pour quelques centimes aussi, à des centaines de milliers
d'abonnés.

Mais le principal facteur de cette révolution a été, en dehors de
l'imprimerie et des chemins de fer, l'invention en 1837 du *timbre-
poste* par Rowland Hill, en Angleterre. La lettre transmise de Paris
à Marseille ne coûte pas plus que celle de Paris pour Paris, ni
celle de Paris pour Tokyo plus que celle de Paris pour Bruxelles.
Et si la différence subsiste encore pour la lettre en ce qui concerne
l'intérieur et l'étranger, elle a déjà disparu pour les cartes postales [2]. Ce système eût paru absurde autrefois : il est pourtant destiné
probablement à se généraliser. C'est une conception vraiment neuve
dans la fixation des prix, égalitaire, communiste même, en ce sens
qu'elle n'a plus égard aux différences de travail et de frais que
comporte nécessairement la satisfaction des besoins individuels [3].

---

[1] Ce système de la taxe fixe, quelle que soit la distance, a été étendu même aux
marchandises par l'institution des *colis postaux* (5 ou 10 kilos maximum). On sait
quel énorme développement a pris ce mode de transport et il n'est pas impossible
qu'il ne soit généralisé un jour à toutes les marchandises. Quoique ces colis soient
dits « postaux », en France l'administration des Postes ne s'en occupe pas : ce
sont les chemins de fer qui en sont chargés.

[2] Et même, en ce qui concerne la carte postale, le tarif se trouve assez absurde-
ment interverti en France, car par suite des nouveaux impôts le prix de la carte
postale à l'intérieur a été porté à 15 centimes tandis que le tarif international a
dû nécessairement être respecté et maintenu à 10 centimes.

[3] On a fait observer, il est vrai, que le travail nécessaire pour l'expédition des
lettres est plutôt celui de la réception, timbrage, mise en sac et distribution à domicile que celui du transport et que par conséquence la distance importe peu — Mais
ce n'est pas tout à fait exact : les 3 ou 4 wagons pour le transport des sacs de poste
attelés chaque jour aux trains express représentent une grosse dépense.

Il faut noter aussi la création de 1875 de l'*Union Postale Universelle* qui englobe aujourd'hui 1.200 millions d'hommes et transporte plus de 20 milliards de lettres ou cartes postales [1].

3° Mais c'est pour les signes surtout que les progrès ont été miraculeux. Des mouvements synchroniques transmis par l'électricité, et rendus aussi clairs que la parole ou l'écriture, ont permis de transmettre les nouvelles avec plus de vitesse que les nerfs ne transmettent la pensée dans le corps humain [2]. Pour cela, l'électricité emprunte le secours de 3 millions de kilomètres de lignes, fils terrestres ou câbles sous-marins, qui enserrent le globe, mais déjà elle rejette ces béquilles pour voler plus librement par la télégraphie sans fil [3].

Il serait oiseux d'indiquer quelles sont les conséquences, non seulement économiques, mais politiques, intellectuelles et morales, de ces moyens de communication qui tendent à faire du monde entier un seul marché, une seule cité — dangereuses aussi, car l'unité qu'ils créent n'est pas toujours celle de l'amour, mais plutôt celle qui insuffle une âme aveugle aux foules.

A raison même de l'importance sans égale de ces divers moyens de communication, les États s'en sont partout emparés et en ont fait des monopoles. Il n'y a que les téléphones dans quelques pays, et le télégraphe aux États-Unis, qui soient gérés par des entreprises privées. Et d'ailleurs l'anomalie que nous venons de signaler dans le tarif postal, celle d'une égalité absolue sans aucun

---

[1] L'*Union Postale Universelle*, comme beaucoup d'autres unions internationales, a son siège à Berne, où un beau monument commémore sa naissance. Elle a établi le port uniforme de 25 centimes (ou l'équivalent en chaque monnaie) pour tous les pays adhérents, c'est-à-dire pour presque toute la terre. Et elle vient d'instituer — non point encore, il est vrai, le timbre-poste international, le même pour tous les pays, ce que la diversité des systèmes monétaires ne permet point encore — mais un *bon* international donnant droit à un timbre d'affranchissement pour réponse dans tous les pays de l'Union postale.

Le seul pays considérable qui reste encore en dehors de l'Union postale est la Chine : l'Abyssinie elle-même y a adhéré.

En France (en 1913) le nombre de lettres et cartes postales a été de moins de 50 par habitant, très inférieure à celles d'autres pays : 80 en Allemagne et en Suisse, 96 en Angleterre, 150 aux États-Unis ; il est vrai que par contre on n'en compte que 15 en Italie, 10 en Espagne et 8 en Russie.

[2] Le *Times* de New-York a fait une expérience pour voir combien de temps mettrait un télégramme pour faire le tour du monde et lui revenir. Il a mis 7 heures 16 minutes 30 secondes, pour un trajet de 46 000 kilomètres. Il va sans dire que la durée du trajet est due uniquement au temps perdu dans les transmissions d'un bureau à l'autre, et que par fil continu la transmission eût été instantanée.

[3] On compte déjà environ 3.000 postes de radiotélégraphie — dont 1.300 en Angleterre et ses colonies, 600 en Allemagne, 300 en France.

égard à l'inégalité du coût ni du service rendu, n'est guère compatible avec le régime de l'entreprise privée. Ajoutez l'intérêt politique et militaire qui ne permet guère de conférer à une entreprise privée le monopole des communications entre les gouvernants et les gouvernés.

Ce n'est point que la gestion de ces grands services par l'État ne donne lieu, çà et là, à de vives récriminations[1], notamment au point de vue de l'irresponsabilité en cas d'erreur commise, mais l'État a du moins cette supériorité sur l'entreprise privée de ne pas chercher des profits. Longtemps les Postes, comme le monnayage, ont servi à procurer des bénéfices à l'État. Mais de plus en plus, dans l'un comme dans l'autre de ces deux services, il tend à sacrifier ses intérêts fiscaux à l'intérêt public et à vendre au prix de revient — parfois même en ce qui concerne les Postes, à perte[2].

CHAPITRE IV

LA MONNAIE MÉTALLIQUE

I

Historique de la monnaie.

Ce n'est pas en vertu d'une convention expresse, d'un contrat social, que certains objets ont pu devenir le *medium* des échanges,

---

[1] En France surtout, l'exploitation des téléphones par l'État a provoqué une véritable irritation et même la constitution d'une Ligue d'abonnés contre l'État. Le service y est à la fois très cher et assez lent : c'est pour cela que le nombre des abonnés y est relativement faible.

En France, le nombre des télégrammes en 1913 n'est que de 68 millions (non compris les correspondances pneumatiques pour Paris), ce qui fait moins de 2 par habitant et par an, chiffre vraiment infime.

[2] En France, les dépenses des Postes, y compris télégraphes et téléphones, s'élevaient, en 1913, à 349 millions de francs pour 411 millions de recettes, ce qui laissait 62 millions de francs de bonis apparents. Mais il faudrait ajouter les subventions payées aux Compagnies maritimes, au moins pour partie, et les pensions servies aux agents retraités. En outre, il faut noter qu'une partie du service des Postes est mise à la charge des Compagnies de chemins de fer, frais évalués à 70 millions de francs.

mais par suite de certains avantages qui les imposaient au choix
des hommes et les prédestinaient à cette haute fonction.

Les difficultés du troc (voy. ci-dessus, p. 344) ont forcé les
hommes à choisir une marchandise tierce destinée à figurer dans
chaque échange. Ils ont choisi naturellement celle qui leur était
la plus familière et de l'usage le plus général, mais d'abord les
produits spontanés de la nature et plus tard des produits fabriqués. Les coquilles (cauries) des populations côtières de l'Afrique,
les noix de coco et plumes colorées d'oiseaux dans les îles du Pacifique, ont dû précéder ethnographiquement, sinon chronologiquement, les pointes de flèche en silex taillé qui sont déjà des produits industriels.

Dans les sociétés patriarcales c'est naturellement leur unique
richesse, le bétail, buffle, bœuf ou mouton, qui paraît avoir joué
ce rôle de marchandise tierce, et la plupart des langues indo-
européennes, même la langue basque, nous ont transmis le souvenir de cette forme primitive de la monnaie dans le nom même
qu'elles lui donnent [1].

Nombre d'autres marchandises ont aussi, suivant les cas et suivant les pays, joué le rôle de marchandises tierces — riz au
Japon, briques de thé dans l'Asie centrale, fourrures ou plutôt
couvertures de laine sur le territoire de la baie d'Hudson, cotonnades dites guinées ou barres de sel d'Afrique centrale — mais il
est, entre tous, une certaine catégorie d'objets qui ont eu le privilège d'attirer de bonne heure l'attention des hommes et qui n'ont
pas tardé, dans toutes les sociétés tant soit peu civilisées, à
détrôner toute autre marchandise, je veux parler des métaux dits
précieux : l'or, l'argent et le cuivre.

Grâce à leurs propriétés chimiques qui les rendent relativement
inaltérables, ce sont les seuls qu'on trouve dans la nature à l'*état
natif* — l'or mieux que l'argent et l'argent mieux que le cuivre —
et par conséquent les hommes ont pu les connaître et les exploiter
avant que leurs connaissances métallurgiques leur permissent de
connaître et d'exploiter d'autres métaux, tels que le fer. Il est à
remarquer que la vieille légende des quatre âges, âge d'or, d'argent, de cuivre et de fer, range les quatre métaux précisément

---

[1] C'est ainsi, pour ne citer que la plus connue, que le mot latin *pecunia* désignait, à l'origine, le bétail, le troupeau. Et même dans Homère, on voit que les
valeurs, celles des armures de Diomède et de Glaucus, par exemple, sont évaluées
en « bœufs ». De là l'expression, qui a paru si risible, de Leconte de Lisle dans sa
traduction d'Eschyle, dire pour acheter le silence de quelqu'un : « Mettre un bœuf
sur sa langue ! ».

dans l'ordre où ils ont été connus des hommes [1]. Leurs propriétés physiques aussi, éclat, couleur, malléabilité, qui les ont fait rechercher de bonne heure, soit pour l'ornementation, soit pour certains travaux industriels, justifieraient assez le rôle considérable qu'ils ont joué de tout temps et chez tous les peuples.

Ces propriétés naturelles entraînent certaines conséquences économiques de la plus grande importance et qui confèrent aux métaux précieux une supériorité très marquée sur toute autre marchandise :

1° *Facilité de transport.* — Aucun autre objet n'a une aussi grande valeur sous un aussi petit poids. Le poids qu'un homme peut transporter sur son dos est d'environ 30 kilogrammes. Or, 30 kilogrammes en charbon représenteraient à peine une valeur de 1 franc; en blé, de 7 à 8 francs; en laine, 30 à 40 francs; en cuivre, 50 à 100 francs selon le cours; en ivoire, 7 à 800 francs; en soie grège, 1.500 francs; en argent au pair, 3.000 francs, et, en or pur, 100.000 francs [2].

L'importance de ce premier caractère est énorme, beaucoup plus grande qu'on ne peut le penser à première vue. Voici pourquoi.

Il est clair que si la difficulté de transport pouvait être supprimée pour une marchandise quelconque, si on pouvait lui conférer le don d'ubiquité, si le monde ne constituait pour elle qu'un seul marché, on arriverait à ce résultat que sa valeur serait exactement la même sur tous les points du monde. Suppose-t-on, en effet, qu'une telle marchandise coûtât moins dans un pays que dans un autre? On ne manquerait pas de venir la chercher dans le premier de ces pays pour la transporter dans le second, et comme le transport, par hypothèse, ne présenterait aucune difficulté ni aucun frais, la plus légère différence suffirait pour que l'opération fût profitable. L'équilibre, en le supposant rompu, se rétablirait donc instantanément comme le niveau se rétablit instantanément dans un liquide dont les molécules sont parfaitement fluides.

Or, les métaux précieux étant de toutes les marchandises, hormis les pierres précieuses, celles qui ont la plus grande valeur sous le plus petit volume, ce sont celles dont le transport est le

---

[1] L'or en effet, là où on en trouve, se présente généralement à l'état pur, tandis que l'argent est toujours à l'état d'alliage, de minerai. C'est pourquoi dans Homère, l'argent et le cuivre paraissent-ils plus appréciés, parce que plus rares, que l'or.

[2] Et en liasses de billets de banque de mille francs — 30 kilos représenteraient 170 millions de francs.

plus aisé et dont la valeur par conséquent reprendra le plus rapidement son niveau normal. Moyennant 1 p. 100 de sa valeur, fret et assurance compris, on transportera une masse d'or ou d'argent d'un bout du monde à l'autre (voir *Le Change*), tandis que le même poids de blé ou de charbon devrait payer, suivant les distances, 20, 30 et en ce moment 100 p. 100 de sa valeur. L'or se précipite vers les marchés où il a le plus de valeur avec la force d'un courant d'air.

Il résulterait de là que la valeur des métaux précieux devrait être la même, à 1 p. 100 près, sur tous les points du monde. Ce serait là, toutefois, une conclusion exagérée. Il est certain, au contraire, que la valeur des métaux précieux n'est pas la même partout et que naturellement elle est moindre sur les lieux de production. Ce qui explique les prix incroyables qui ont été cités tant de fois pour les régions minières où l'or jaillit de terre comme une source (Australie, il y a un demi-siècle, Transvaal ou Klondyke aujourd'hui) — mais néanmoins on peut dire que la valeur de ces métaux satisfait très suffisamment à la première condition d'une bonne mesure des valeurs, invariabilité dans l'espace.

2° *Durée indéfinie.* — A raison de leurs propriétés chimiques qui les rendent réfractaires presque à toute combinaison avec l'air, l'eau, ou tout autre corps, l'or et l'argent peuvent se conserver indéfiniment sans altération. Il n'est aucune richesse dans la nature dont on puisse en dire autant ; les produits d'origine animale et végétale se gâtent, et même les métaux, tels que le fer, s'oxydent et finissent par tomber en poussière [1].

Cette propriété a une importance presque égale à la précédente. Elle a produit dans le *temps* le même effet que l'autre dans l'*espace*, à savoir une invariabilité au moins relative de la valeur d'une époque à une autre. A raison de leur durée, qui fait que les mêmes particules de métal monnayées et remonnayées peuvent traverser les âges, les métaux précieux s'accumulent petit à petit en une masse imposante — quelque 80 milliards de francs aujourd'hui, dont 50 milliards en or (sur lesquels les États-Unis, la France, la Russie, l'Allemagne et l'Angleterre, en détiennent plus de la moitié) — dans laquelle la production annuelle se déverse comme dans un réservoir toujours grandissant et dans laquelle, par conséquent, les variations accidentelles vont s'atténuant de plus en plus. Dans un torrent qui se précipite les moindres crues se manifestent par des changements de niveau énormes, mais les

---

[1] Le cuivre se conserve assez bien aussi, grâce à la belle patine (carbonate) qui le recouvre et le protège.

plus fortes crues du Rhône n'élèvent le niveau du lac de Genève
que de quelques centimètres. De même le fleuve d'or qui vient se
déverser dans le trésor du monde, quelles que soient ses crues,
ne peut en faire monter le niveau que lentement. Ainsi, quoique
l'accroissement de la production aurifère ait été énorme depuis
vingt-cinq ans puisqu'elle s'est élevée de 500 millions à près de
2 milliards 1/2, cependant cette production ne représente qu'une
petite fraction du stock bi-métallique existant. Et encore s'en
faut-il de beaucoup que toute cette récolte d'or annuelle vienne
grossir le stock monétaire : une grosse part, entre un tiers et la
moitié, est dérivée vers l'industrie ou la thésaurisation des pays
d'Orient, en sorte que l'afflux monétaire n'est guère que de 1 milliard 1/2, ce qui, sur une masse de 50 milliards au moins (rien
que pour le métal or), représente un taux d'accroissement de
3 p. 100 seulement.

Combien diffère le blé, par exemple ! Il ne dure pas, il se consomme par le premier usage. Aussi quand survient chaque nouvelle récolte annuelle, les greniers où elle se déverse sont à peu
près vides. Supposez que la récolte de blé vienne une année à
doubler dans le monde entier ! le stock se trouvant également
doublé, l'avilissement des prix sera effroyable.

Toutefois ces variations finissent par être sensibles à la longue,
puisque même à ce faible taux d'accroissement de 3 p. 100 le
stock doublerait tous les trente ans. Si donc la valeur des métaux
précieux présente des garanties suffisantes de stabilité dans le
temps quand on s'en tient à de courtes périodes, elle est loin de les
présenter au même degré quand on embrasse de longues durées.
De là des inconvénients graves sur lesquels nous aurons à revenir

3° *Identité de qualité.* — Les métaux étant, comme on dit en
chimie, des corps simpl s, sont partout identiques à eux-mêmes.
Un négociant expérimenté saura distinguer le blé d'Odessa du blé
de Californie, ou une touffe de laine d'un mouton d'Australie de
celle prise sur le dos d'un mérinos d'Espagne, mais l'orfèvre le
plus habile ou le chimiste armé des plus puissants réactifs ne
trouvera aucune différence entre l'or d'Australie et celui de l'Oural.
Il n'est pas besoin ici « d'échantillons »

4° *Difficulté de falsification.* — Les métaux précieux sont reconnaissables à la fois, à l'œil, à l'ouïe, au toucher, par leur couleur,
leur sonorité et leur poids, et par là se distinguent assez aisément
de tout autre corps et même des autres métaux [1].

---

[1] Les pièces de nickel peuvent, à la vue, être confondues avec celles d'argent,
mais au toucher. elles donnent une sensation nettement différente.

5° *Divisibilité parfaite.* — Cette divisibilité doit s'entendre non seulement au sens mécanique de ce mot (l'or et l'argent étant en effet extraordinairement divisibles, soit à la filière, soit au laminoir), mais encore au sens économique. Divisez un lingot en cent parties, vous n'en changez en rien la valeur : chaque fragment a une valeur précisément proportionnelle à son poids et tous les fragments réunis ont une valeur précisément égale à celle du lingot primitif [1].

Autre chose est d'employer les métaux précieux comme instrument d'échange, autre chose est employer la *monnaie* proprement dite [2]. C'est une évolution qui a passé par trois étapes très distinctes :

1° On a commencé par se servir de métaux précieux sous la forme de lingots bruts. Il fallait donc dans tout échange les *peser* d'abord, les *essayer* ensuite. Les actes juridiques du vieux droit romain, la *mancipatio* par exemple avec son *libripens*, conservaient le symbole de ce temps où l'instrument des échanges, argent ou bronze, était pesé [3]. Naguère encore en Chine, où la monnaie frappée n'était pas en usage, on voyait les marchands porter à leur ceinture la balance et la pierre de touche.

2° Las d'être obligés de se livrer à chaque échange à cette double opération, les hommes ont eu l'idée de se servir de lingots taillés dont le poids et le titre étaient déterminés à l'avance et au besoin garantis par quelque sceau, quelque poinçon officiel. Le législateur qui a eu cette idée ingénieuse peut revendiquer la gloire d'avoir véritablement inventé la monnaie, car désormais

[1] Les pierres précieuses, qui présentent une supériorité sur les métaux précieux au premier point de vue — grande valeur sous un petit volume — sont, à tous les autres, dans des conditions très défavorables. Elles sont très variables en qualité, susceptibles d'être imitées à s'y tromper et surtout elles ne peuvent être divisées sans que leur valeur soit pour ainsi dire anéantie.

[2] « De grands et puissants empires comme ceux de l'Égypte, de la Chaldée et de l'Assyrie, ont traversé des milliers d'années d'existence dans la richesse et la prospérité, avec des relations commerciales aussi étendues qu'ont jamais pu l'être celles d'un peuple de l'antiquité, en se servant constamment de métaux précieux dans les affaires de négoce, mais ignorant absolument l'usage de la monnaie » (*Monnaies et médailles,* chap. I). — Les Égyptiens les employaient surtout sous la forme d'anneaux.

[3] Il va de soi que l'invention de la monnaie comme mesure de valeur dans l'échange implique comme condition préalable l'établissement d'un système des poids et mesures. Celui-ci ne paraît pas avoir précédé de beaucoup chez les Grecs l'invention de la monnaie, mais il existait de longue date dans les civilisations égyptienne et babylonienne (voir Théodore Reinach, *L'invention de la monnaie. Revue de Sociologie,* février 1894).

on ne *pèsera* plus les lingots, on les *comptera* et telle est la caractéristique de la monnaie. Il paraît probable que c'est un roi de Lydie, un successeur de Gygès, vers l'an 650 à 700 avant Jésus-Christ, qui a fait frapper la première monnaie, dont on peut voir encore les spécimens au musée britannique. Elle n'est ni or ni argent, mais faite d'un alliage des deux métaux que les Grecs nommaient « electrum », et elle n'a pas encore la forme d'un disque, mais celle d'un lingot ovoïde, d'un haricot, portant seulement la marque de quelques raies et de trois poinçons. Tel était le cas jusqu'à ces derniers temps pour la Chine où les lingots sont souvent revêtus de la marque de certaines maisons de commerce, destinée à certifier leurs poids et leur titre.

3° Il restait encore un pas à faire. Non seulement la forme du lingot cubique ou irrégulière est peu commode, mais, malgré l'empreinte du poinçon, rien n'est plus aisé que de le rogner sans que cette falsification soit reconnue. Il est donc toujours prudent de le peser pour s'assurer qu'il est intact. C'est pour remédier à ces difficultés pratiques qu'on a été conduit à adopter cette forme de la monnaie frappée qui est familière à tous les peuples civilisés, à savoir celle de petits disques revêtus d'empreintes en relief sur la totalité de leur surface, la face, le revers et le cordon, de façon qu'on ne puisse limer ni altérer la pièce sans laisser des traces visibles sur les dessins qui la recouvrent de toutes parts.

Désormais, on est arrivé au type de la pièce de monnaie proprement dite, qui, depuis des siècles, ne s'est pas sensiblement modifié et pour lequel on peut adopter la définition donnée par Stanley Jevons : *lingots dont le poids et le titre sont garantis par l'Etat et certifiés par l'intégrité des empreintes qui recouvrent la surface.*

C'est certainement une des inventions qui sont au premier rang dans l'histoire de la civilisation — pas au même rang que celle de l'alphabet mais peu s'en faut [1]. Qu'on songe à ce que seraient je ne dis pas seulement la science économique, mais le commerce et

---

Voici ce qu'en dit Michelet (*Histoire de France*, t. IV) : « Gardons-nous de dire du mal de l'or. Comparé à la propriété féodale, à la terre, l'or est une forme supérieure de la richesse. Petite chose mobile, échangeable, divisible, facile à manier, facile à cacher, c'est la richesse subtilisée déjà, j'allais dire spiritualisée. Tant que la richesse fut immobile, l'homme, rattaché par elle à la terre et comme enraciné, n'avait guère plus de locomotion que la glèbe sur laquelle il rampait. Le propriétaire était une dépendance du sol, la terre emportait l'homme. Aujourd'hui c'est tout le contraire : il enlève la terre concentrée et résumée par l'or. Chacune des grandes révolutions du monde est aussi l'époque des grandes apparitions de l'or ».

l'industrie si on n'avait aucune mesure de la valeur ! On en serait
au régime du troc des sauvages. Le fabricant, l'exportateur, avant
d'accepter une commande, doit calculer son prix de revient et son
prix de vente, et un centime en plus ou en moins par unité du
produit fabriqué peut faire pour lui toute la différence entre la
fortune ou la ruine.

Ce n'est pas seulement une question de profit: c'est aussi une
question de justice. Ce n'est pas pour rien que la figure allégori-
que de la Justice porte toujours une balance. L'abominable exploitation dont sont victimes les noirs d'Afrique tient en grande partie
à l'absence de monnaie qui la dissimule : c'est un fait bien connu
des coloniaux que dès que la monnaie commence à être employée
dans les ventes, la condition des indigènes s'en trouve très relevée.

II

Des fonctions de la monnaie.

Nous venons de dire que la monnaie en tant que mesure des
valeurs a été un des meilleurs instruments de la civilisation. Mais
la monnaie, le numéraire, pris au sens de richesse, au sens où l'on
emploie couramment ce mot « l'argent » ou, celui plus moderne,
« l'or », mérite-t-il une place à part, hors rang, entre toutes les
richesses? — Ceci est une autre question.

Si l'on consulte l'opinion courante, la réponse à cette question
ne sera pas douteuse. De tout temps, en tout lieu, sauf chez les
sauvages, la monnaie a tenu une place hors rang dans les préoccupations et dans les désirs des hommes.

Il serait curieux de suivre à travers l'histoire les manifestations
diverses de cette idée qui confond l'or avec la richesse : — dans
les tentatives des alchimistes du moyen âge pour changer en or les
métaux et réaliser ainsi ce qu'ils appelaient « le Grand Œuvre »,
entendant par là bien moins une découverte chimique qu'une révolution économique; — dans l'enthousiasme qui saisit le vieux
monde à l'arrivée des premiers galions d'Amérique et lui persuada
qu'il allait trouver dans ce pays d'Eldorado la fin de toutes ses
misères; — dans les systèmes compliqués essayés par tous les
gouvernements durant les XVIe et XVIIe siècles, pour faire affluer le
numéraire dans les pays qui n'en possédaient pas ou l'empêcher
de sortir de ceux qui en étaient pourvus; — et, à cette heure
encore, dans les préoccupations avec lesquelles hommes d'État et
financiers surveillent de l'œil les entrées et sorties du numéraire,

causées par les différences des exportations et des importations. Le célèbre financier Law écrivait encore au début du xviii° siècle : « une augmentation de numéraire ajoute à la valeur du pays [1] ».

Mais si on s'adresse aux économistes, la réponse sera bien différente. On peut dire que c'est par une protestation contre cette idée, qu'elle qualifie de préjugé [2], que l'Économie politique a révélé pour la première fois son existence. Elle venait à peine de naître et balbutiait encore avec Boisguillebert (1697), que déjà par sa bouche elle affirmait : « qu'il est très certain que l'argent n'est point un bien de lui-même et que la quantité ne fait rien pour l'opulence d'un pays ». Et depuis lui, il n'est pas d'économiste qui n'ait traité le numéraire avec un parfait dédain et n'ait affirmé que ce n'est qu'une marchandise comme toutes les autres, et même bien inférieure à toute autre; car par elle-même elle est incapable de satisfaire directement aucun besoin ou de nous procurer aucune jouissance, et c'est en conséquence *la seule dont on puisse dire que son abondance ou sa rareté sont choses également indifférentes*. S'il y a peu de pièces de monnaie dans un pays, chacune aura un pouvoir d'acquisition plus considérable; s'il y en a beaucoup, chacune aura un pouvoir d'acquisition moindre. Que nous importe !

Ces deux opinions, si contradictoires qu'elles paraissent, se concilient très bien. Le public a raison au point de vue *individuel*, le seul qui l'intéresse; les économistes ont raison en faisant abstraction des individus, car l'utilité de la monnaie n'est pas la même pour la société que pour les individus.

---

[1] Dans ses *Considérations sur le numéraire*. Ce n'est point que Law vît dans le numéraire une richesse en soi propre à satisfaire les besoins de l'homme, mais il y voyait l'aliment indispensable de tout travail productif. .« Une plus grande addition au numéraire emploiera plus d'individus ou le même nombre avec plus d'avantage, ce qui, en rendant l'exportation plus considérable, établira une balance due au pays. Si au contraire le numéraire diminue, une partie des ouvriers alors employés demeure sans travail..... les productions et les manufactures sont moindres ».

L'assertion de Law semble confondre le numéraire et le capital circulant. C'est ce dernier seulement qui est indispensable à l'entretien du travail. On pourrait très bien payer les ouvriers en nature, et c'est souvent le cas pour les ouvriers agricoles. Cette confusion entre la monnaie et le capital était d'autant plus dangereuse que Law, après avoir assimilé la monnaie au capital, faisant un second saut, plus téméraire encore, assimilait la monnaie de papier à la monnaie métallique. Voir plus loin (*Monnaie de papier*) les anathèmes de Boisguillebert contre l'argent en tant que richesse.

[2] M. Novicow, dans son livre, *Les Gaspillages des sociétés modernes*, l'appelle « l'illusion crysohédonique » (du grec ἡδονή or, et χρυσός jouissance).

Pour les indi**v**idus, la monnaie a non pas une, mais trois utilités distinctes

1° Elle est *le seul instrument d'acquisition direct*.

Toute pièce de monnaie doit être considérée comme un bon portant sur l'ensemble des richesses existantes et donnant droit au porteur de se faire délivrer une portion quelconque de ces richesses à son choix jusqu'à concurrence de la valeur indiquée sur sa pièce[1].

L'argent peut remplacer toute autre richesse puisqu'il suffit de le posséder pour se procurer tout ce que l'on peut souhaiter. C'est la lampe d'Aladin : les génies sont ses serviteurs.

Il est clair que l'intérêt de chacun de nous c'est d'avoir le plus grand nombre possible de ces « bons », et que plus nous en aurons, plus nous serons riches. Sans doute, les hommes savent bien que par eux-mêmes ces bons ne peuvent ni les rassasier ni les désaltérer; ils n'ont jamais été si stupides que de le croire, et longtemps avant que les économistes eussent réfuté cette erreur la légende antique avait instruit les hommes en montrant le roi Midas mourant de faim au milieu des aliments que sa cupidité avait mués en or. Mais, néanmoins, tous estiment qu'il est infiniment plus commode d'avoir ces bons que n'importe quelle autre richesse, et tous ont parfaitement raison de penser ainsi. En effet, étant donnée l'organisation de nos sociétés, nous savons que toute personne qui désire se procurer un objet qu'elle n'a pas produit directement (et c'est le cas de l'immense majorité) ne peut se le procurer que par une double opération qui consiste :

premièrement à échanger les produits de son travail ou son travail lui-même contre du numéraire, ce qui s'appelle *vendre;*

secondement à échanger ce numéraire contre les objets qu'elle désire acquérir, ce qui s'appelle *acheter.*

Or, de ces deux opérations, la seconde, l'achat, est très aisée : avec de l'argent, il est toujours facile de se procurer ce que l'on veut. La première opération, la vente, est au contraire beaucoup plus difficile; avec un objet quelconque, même de grande valeur, il n'est pas toujours aisé de se procurer de l'argent. Le possesseur de numéraire se trouve donc dans une position bien plus avanta-

---

[1] Un bon qui présente cette supériorité sur les titres de crédit de porter son gage avec lui; il est garanti en effet, du moins en partie, par la valeur du métal que contient la pièce. « Si vous savez lire avec les yeux de l'esprit les inscriptions dont un écu est chargé, vous déchiffrerez distinctement ces mots : Rendez au porteur un service équivalent à celui qu'il a rendu à la société, valeur constatée, prouvée et mesurée par celle qui est en moi même » (Bastiat, *Maudit argent*). — Faisons toutefois certaines réserves sur le postulat optimiste que toute pièce de monnaie représenterait réellement *un service rendu.*

geuse que le possesseur d'une marchandise, car le premier, pour arriver à la satisfaction de ses besoins, n'a qu'une seule étape à franchir et très aisée, tandis que le second en a deux et donc l'une est souvent très malaisée. Comme on l'a fort bien dit, une richesse quelconque ne permet de satisfaire qu'un *besoin spécial et déterminé* tandis que le numéraire permet de satisfaire un besoin quelconque *à notre choix*. Le possesseur d'une marchandise, même très utile, peut ne savoir qu'en faire. Le possesseur de monnaie n'est pas en peine; il trouvera toujours preneur et, si par hasard il ne trouvait pas à l'employer, il aurait du moins la ressource de la garder indéfiniment pour une meilleure occasion, ce qui n'est pas toujours possible pour toute autre marchandise.

2° La monnaie, en dehors de cette qualité d'être le seul instrument d'acquisition direct, en possède une autre fort importante : elle est *le seul instrument de libération*. Il n'est aucune autre richesse qui jouisse de cette vertu singulière, car la loi, comme l'usage, ne reconnaît d'autre mode de libération que la monnaie. Il n'est personne, dans le monde commercial ou industriel, qui ne soit toujours débiteur de sommes plus ou moins considérables. Or, vainement le commerçant ou le fabricant posséderait-il en magasin des marchandises supérieures au montant de ses dettes (et il arrive en effet plus d'une fois que dans une faillite l'actif se trouve, tout compte fait, supérieur au passif) — s'il n'a pas, au moment voulu, pour faire honneur à sa signature, cette richesse spéciale qui s'appelle des espèces monnayées, il est déclaré en faillite. Est-il donc surprenant que les hommes attachent une importance si grande à une marchandise de la possession de laquelle peut dépendre à tout instant leur crédit et leur honneur?

On peut même dire, en prenant le mot de libération en un sens plus large, que l'argent libère celui qui le possède de l'obligation du travail à laquelle il semblait que tous les fils d'Adam fussent astreints.

3° La monnaie a encore un troisième rôle qui est *d'emmagasiner et de conserver la valeur* pour le jour où on en aura besoin[1]. C'est ce rôle-là qu'elle joue toutes les fois qu'elle est thésaurisée. Il est vrai que ce qui détermine cet emploi c'est moins le caractère de monnaie frappée que celui de métal précieux; et autrefois la thésaurisation se faisait aussi bien sous forme de vases ou orne-

---

[1] Comme le dit très bien M. Brouilhet dans son *Précis* : « la monnaie devient un condensateur éternel d'un droit de créance (pourquoi pas simplement d'une valeur?) qui pourra être mis en action quand le détenteur voudra ».

Stanley Jevons avait signalé cette fonction de la monnaie dans son beau livre sur *La Monnaie*.

ments d'or ou d'argent et même sous celle de pierres précieuses. Cependant il est plus commode de thésauriser des pièces d'or que de la vaisselle ou des bijoux.

Tout individu est donc bien fondé à s'estimer plus ou moins riche selon la quantité de monnaie qu'il possède.

Mais si, au lieu de considérer la situation d'un individu, nous considérons l'ensemble des individus constituant une société, le point de vue change. C'est ici que se vérifie la thèse des économistes, en vertu de laquelle le plus ou moins de numéraire est chose indifférente. Peu importe, en effet, de voir décuplée la quantité de numéraire que je puis avoir en ma possession *si pour tous les autres membres de la société il en est de même.* Dans cette hypothèse, en effet, je ne serai pas plus riche, car la richesse est chose purement relative, et je ne pourrai pas me procurer une plus grande somme de satisfactions que par le passé, puisque, la somme totale de richesses sur laquelle portent ces « bons » ne se trouvant pas accrue, chaque bon désormais ne pourra donner droit qu'à une part dix fois moindre, chaque pièce de numéraire aura un pouvoir d'acquisition dix fois moindre, ou, en d'autres termes, tous les prix se trouveront décuplés — et ma situation restera la même.

Mais faisons un pas de plus et considérons les pays *dans leurs rapports les uns vis-à-vis des autres.* Alors il apparaitra qu'eux aussi ont intérêt, tout comme les individus dans leurs rapports entre eux, à être bien pourvus de numéraire. Si la quantité de numéraire existant en France venait à décupler, cela ne changerait rien sans doute à la situation respective des Français les uns vis-à-vis des autres (en supposant que l'augmentation fût proportionnelle pour tous), mais cela changerait fort la situation de la France vis-à-vis des pays étrangers, et les économistes ont eu quelquefois le tort, dans leur lutte contre le système mercantile, de sembler nier un fait aussi évident. Il est bien vrai que, en raison même de leur abondance, les pièces de monnaie se trouveraient dépréciées en France, mais elles conserveraient intact leur pouvoir d'acquisition sur les marchés étrangers : la France les emploierait à acheter des marchandises étrangères, et, par conséquent, elle pourrait se procurer un accroissement de satisfactions proportionnel à l'accroissement de son numéraire.

Et pourtant la grande guerre nous a offert un spectacle extraordinaire, celui de pays refusant l'or parce qu'ils en avaient trop ! C'est ce qu'ont fait (en 1917) la Suède d'abord, puis les deux autres pays scandinaves qui ont le même régime monétaire. Pour se préserver de l'invasion de l'or ils ont décidé qu'ils n'en frapperaient plus — et tandis que dans tous les pays belligérants on refusait de donner de l'or en échange de billets, dans les pays scandinaves on refusait de donner des billets en échange de l'or ! A vrai dire, ce curieux phénomène est une conséquence du change que nous aurons à étudier plus loin [1].

La thèse des économistes que le plus ou moins d'abondance du numéraire est chose indifférente, ne devient donc absolument vraie que du moment où l'on embrasse par la pensée, non plus certains individus ni même certains pays, mais *le genre humain dans son ensemble*. Alors en effet l'or ou l'argent monnayé n'ont plus d'autre utilité que des instruments de mesure : il en faut une quantité suffisante pour les besoins de l'échange, ni plus ni moins. Ces besoins augmentant progressivement, il est bon que la quantité de monnaie augmente parallèlement — et même, comme nous allons le voir dans le chapitre suivant, il est désirable que son accroissement soit un peu plus rapide que celui des besoins, mais il est certain que la découverte de mines d'or cent fois plus abondantes que celles qui existent à ce jour ne serait d'aucun avantage pour les hommes : ce serait même un événement plutôt désagréable, car l'or, en ce cas, ne valant pas plus que le cuivre, nous serions obligés de surcharger nos poches d'une monnaie aussi encombrante que celle que Lycurgue voulut imposer aux Lacédémoniens [2].

III

De la dépréciation de la monnaie et de ses conséquences sociales.

La dépréciation continue de la monnaie métallique est un fait démontré par tous les documents historiques, tout au moins depuis un millier d'années. Cette dépréciation est même énorme. La valeur de l'argent était environ *neuf* fois plus grande au temps de Charlemagne qu'au début du xxᵉ siècle ; elle était encore *six* fois plus grande à la veille de la découverte de l'Amérique ; elle

---

[1] Cette inondation d'or dans les pays Scandinaves, comme d'ailleurs plus ou moins dans tous les pays neutres, avait pour cause les ventes faites par eux aux pays belligérants dont ils avaient ainsi soutiré tout l'or disponible en dehors des encaisses des Banques.

[2] Adam Smith avait dit : « Les mines les plus abondantes de métaux précieux n'ajouteraient rien à la richesse du globe, un produit qui fonde sa principale valeur sur sa rareté étant nécessairement déprécié lorsqu'il abonde ».

était environ *trois* fois plus grande à l'époque de la Révolution française[1].

Or cette dépréciation a suivi une marche parallèle à celle de la production de l'or.

La production de l'or a brusquement augmenté à la suite de la découverte de l'Amérique, puis s'est ralentie quand les stocks accumulés par les indigènes ont été épuisés et qu'il a fallu recourir à l'exploitation des mines. Au cours des trois siècles qui ont suivi, la production moyenne annuelle n'a pas dépassé 30 millions de francs. Elle a augmenté dès le début du XIXe siècle, mais c'est seulement à partir de 1850, date de la découverte des mines de Californie et d'Australie, que la production moyenne a atteint et dépassé 600 millions de francs. Puis, ces mines s'épuisant, la production s'est un peu ralentie mais a repris un essor sans précédents dans les dernières années du siècle passé avec l'exploitation des mines du Transvaal et du Klondyke. Voici les chiffres de quelques-unes des dernières années[2] :

1886....	520 millions de fr.		1912...	2.456 millions de fr.
1896....	1.093	»	1913...	2.396 »
1906...	2.100	»	1916...	2.414 »

La prévision que cette courbe ascendante doit continuer indéfiniment paraît donc très légitime. L'industrie humaine devient chaque jour plus ingénieuse pour découvrir les cachettes où la

[1] Voir Leber, *Appréciation de la fortune privée au moyen âge*, et d'Avenel, *Histoire des prix*. La baisse, du reste, n'a pas été régulière, et souvent la valeur de la monnaie a remonté. Voici les maxima et les minima de la courbe historique de la valeur de la monnaie d'après M. d'Avenel :

850	9
1375	3
1500	6
1600	2 1/2
1750	3
1890	1

Le fait le plus saillant mis en relief par ces chiffres est la chute énorme de la valeur du numéraire au cours du XVIe siècle, conséquence de la découverte de l'Amérique.

Mais depuis la dernière date marquée sur ce tableau (1890) l'or même a encore perdu beaucoup de sa valeur, environ 20 p. 100 de 1890 à 1914 et peut-être 40 p. 100 selon les pays, depuis le début de la guerre. Il n'est pas sûr que cette baisse ne soit que momentanée. Il faut donc, si l'on prend pour unité la valeur actuelle de la monnaie, doubler au moins les chiffres ci-dessus en remontant de siècle en siècle.

[2] Sur cette production mondiale de 2.400 millions, il y en a 1.500 millions pour l'Empire Britannique et 500 millions pour les États-Unis.

nature a enfoui ses trésors et plus habile pour les exploiter économiquement. L'argent et même l'or ne sont pas aussi rares qu'on
le croit; il y en a partout [1] — en quantité infinitésimale, il est vrai,
mais les perfectionnements de l'art métallurgique abaissent progressivement la limite au-dessous de laquelle le traitement du
minerai cesse d'être rémunérateur. Il est donc vraisemblable que
les métaux précieux deviendront de plus en plus abondants, et,
par suite, de plus en plus dépréciés.

On pourrait répliquer que la demande de ces métaux, par suite
de l'accroissement de la population et du développement des
échanges, suffira à contrebalancer l'offre croissante, mais il faut
penser que cette cause peut à son tour se trouver contrebalancée
par le perfectionnement des moyens de crédit et la rapidité des
communications (Voir ci-dessus *Les variations de prix*). Nous
verrons que dans les plus grands centres financiers on arrive à
supprimer presque complètement la monnaie métallique par des
systèmes ingénieux de compensation et de crédit.

Faut-il se réjouir ou s'attrister de ce fait que le numéraire
augmente en quantité et se déprécie en raison de cette abondance?
Qu'importe, dira-t-on? Personne n'en sera ni plus riche ni plus
pauvre. Le seul résultat fâcheux est que nous risquerons d'avoir
une monnaie de plus en plus lourde relativement à sa valeur :

> Comment en un plomb vil l'or pur s'est-il changé?

Et encore, grâce à l'intervention des billets de banque et des
chèques, cette éventualité ne sera pas bien gênante. Et si d'ailleurs il arrivait que les métaux dits précieux devinssent un jour
des métaux vils, même dans cette éventualité on ne manquerait
pas de trouver d'autres métaux plus rares pour remplacer ces
majestés détrônées [2].

---

[1] Dans les corps les plus communs, dans l'eau de mer, dans l'argile. L'eau de
mer contient 40 à 50 milligrammes d'or par mètre cube, ce qui représente une
quantité suffisante pour doter chaque habitant du globe d'une centaine de millions
de francs. Il est démontré que l'intérieur du globe terrestre est composé de matériaux beaucoup plus lourds que la surface, donc probablement de métaux. Et,
comme l'or est un des plus lourds métaux connus, peut-être trouvera-t-on sous
l'écorce terrestre quelque noyau d'or massif.

[2] Il y a des métaux plus précieux que l'or. Le platine, qui jusqu'en 1905 avait à
peu près la même valeur que l'or, valait le double à la veille de la guerre et vaut
aujourd'hui près de 5 fois plus (18.000 francs le kilo en juillet 1917). Le lithium,
le zirconium et le vanadium coûtent 20 et 40 fois plus que l'or — sans parler du
radium, qui valait naguère 800.000 francs *le gramme!* et seulement 200.000 depuis
la découverte de gisements dans le Colorado, mais qui n'est pas monnayable pour
beaucoup de raisons — dont la moindre est qu'il tuerait le porteur.

Qu'en sera-t-il après la guerre? Les économistes sont partagés quant à leurs prévisions. Au premier abord, on peut incliner à croire que les peuples, las d'être au régime du papier-monnaie, ressentiront une fringale de l'or et que l'avidité avec laquelle ils se disputerout le précieux métal aura le double effet de déprécier le papier-monnaie et d'élever la valeur de l'or. Cependant, ce n'est pas certain ; car il ne faut pas oublier que si les pays belligérants ont été privés d'or, les pays neutres (et même les États-Unis, sans être restés neutres) en regorgent et ne demanderont pas mieux que de s'en débarrasser, comme nous venons de le voir par l'exemple de la Suède : ils en ont une indigestion. Et quant aux pays belligérants, il peut très bien se faire qu'ils se soient déshabitués de l'or et n'aient plus grande envie de s'en servir. L'or deviendra de plus en plus la monnaie internationale servant uniquement d'appoint pour régler la balance des comptes là où la compensation des créances et des dettes n'aura pas suffi.

En tout cas, ce n'est pas une question indifférente, car la dépréciation continue de l'étalon monétaire est un phénomène d'une haute importance sociale et dont les effets doivent être considérés, à tout prendre, comme bienfaisants.

D'abord, la dépréciation de la monnaie a pour conséquence ordinaire, comme nous le savons, une hausse des prix[1]. Or, la hausse des prix est un stimulant utile à la production ; elle tient en haleine l'esprit d'entreprise, elle favorise la hausse des salaires, elle agit comme un tonique, elle est un symptôme de bonne santé économique. Il est vrai que si ces heureux effets s'expliquent quand la hausse des prix tient à l'accroissement de l'activité commerciale et de la demande, il n'en devrait pas être de même quand cette hausse n'a aucun rapport avec le mouvement des affaires et n'a d'autre cause, comme ici, qu'une dépréciation de la monnaie. N'importe ! l'apparence a ici les vertus de la réalité.

Aussi le public s'en réjouit-il inconsciemment, même quand il n'y a pas sujet pour cela. Dans les pays de l'Amérique du Sud par exemple, où la multiplication inconsidérée du papier-monnaie a provoqué une hausse énorme des prix, les producteurs et industriels se félicitent de cette hausse et se montrent en général hostiles aux mesures financières nécessaires pour la faire disparaître, telles que le retrait du papier-monnaie.

---

[1] Sur la question de savoir si toute variation dans la quantité de monnaie entraîne une variation proportionnelle dans les prix, ce qu'on appelle *la théorie quantitative* de la monnaie, voir ci-dessus chapitre du *Prix.*

Il est à prévoir qu'il en sera de même en Europe après la guerre. La hausse des prix agira comme un stimulant tout à fait opportun à l'heure où il faudra que tous les pays donnent un terrible coup de collier pour remettre l'industrie en marche. Une baisse de prix serait désastreuse car elle agirait comme une douche réfrigérante[1]. Il est même très probable qu'il se formera, comme dans l'Amérique du Sud, un parti d'*inflationistes* qui s'opposeront aux mesures à prendre en vue de retirer les billets de banque de la circulation.

De plus, la dépréciation de la monnaie favorise les débiteurs, puisqu'ils pourront se libérer en donnant une valeur moindre que celle qu'ils ont reçue; elle apporte, pour répéter un mot fameux appliqué à la découverte des mines du Nouveau Monde, la libération des vieilles dettes. Elle agit dans le même sens que l'abaissement du taux de l'intérêt ou, mieux encore, comme un amortissement fatal du capital. Il est très bon que les vieilles dettes soient amorties et ne pèsent pas jusqu'à la centième génération sur les fils et petits-fils des emprunteurs. Cela est précieux surtout pour les États qui sont les plus gros débiteurs et les seuls vraiment perpétuels.

Or, si jamais dans l'histoire financière du monde les États ont eu besoin d'être soulagés, ce seront bien ceux de demain qui chancelleront sous le poids de dettes incommensurables! Si la dépréciation de la monnaie a pour effet de réduire de moitié ou plus encore les milliards qu'ils auront à payer, ce sera vraiment pour eux la libératrice. On ne voit même guère comment ils pourraient se libérer autrement.

Il est vrai que, dans la mesure même où la dépréciation de la monnaie favorise le producteur et le débiteur, elle porte préjudice au consommateur et au créancier. Mais ce préjudice lui-même est un bien. En ce qui concerne le consommateur d'abord, il pourra compenser l'accroissement des dépenses par la plus-value de ses produits s'il est producteur autonome, ou par la hausse de ses salaires s'il est salarié[2]. S'il consomme sans rien produire, tant pis pour lui : la hausse des prix le frappe justement. En ce qui

---

[1] Nous devons dire cependant que telle n'est pas l'opinion de tous les économistes. Le professeur Nicholson, un spécialiste sur la question des prix, dit au contraire : « qu'il faut espérer que les prix baisseront après la guerre et que s'ils se maintenaient ce serait une calamité nationale ».

[2] Sans doute cette situation appelle la vigilance des syndicats ouvriers, car ils doivent prendre garde que le mouvement des salaires ne reste en arrière de la hausse des prix. Mais il leur sera bien plus facile de suivre le courant de la hausse que de lutter pour maintenir les salaires contre un contre-courant de baisse.

concerne le créancier, si sa créance est à courte échéance, comme celles en usage dans le commerce, alors la dépréciation de la monnaie lui est insensible. Si sa créance est à long terme ou perpétuelle, si elle est sous forme de placements, tels que rentes sur l'État, rentes foncières, obligations du Crédit foncier, des chemins de fer ou des villes, etc.), alors, il rentre précisément dans la catégorie des consommateurs improductifs et il est bon que la réduction croissante de ses revenus l'avertisse qu'il joue en ce monde le rôle de parasite et qu'il fera bien, s'il veut conserver ou transmettre aux siens une situation sociale équivalente à la sienne, de s'évertuer ou du moins d'apprendre à ses enfants à jouer un rôle actif. Il y a déjà longtemps qu'un homme qui n'était rien moins que socialiste, un grand financier de la Restauration, Laffitte, disait en parlant du rentier : « Il lui faut ou travailler ou se réduire. Le capitaliste a le rôle de l'oisif : sa peine doit être l'économie et elle n'est pas trop sévère ».

D'ailleurs les rentiers ont d'autant moins lieu de se plaindre que, s'ils sont intelligents, ils ont bien des moyens pour éluder cette pénalité et déjouer la dépréciation de valeur de la monnaie :

soit en achetant des titres *au-dessous du pair* (c'est-à-dire au-dessous du prix auquel le débiteur a promis de les rembourser) et en bénéficiant ainsi de la plus-value ;

soit en plaçant une partie de leur fortune en *actions* de compagnies industrielles, titres qui, à la différence des obligations ou titres de rente, suivent dans leur cours la hausse du prix des produits. C'est précisément ce que font aujourd'hui tous les capitalistes avisés, et dans de telles proportions que, les valeurs à revenu fixe étant délaissées, leur cours à la Bourse a beaucoup baissé.

Ceux qui sont le plus à plaindre, dans le cas de dépréciation continue de la monnaie, ce sont les personnes morales — fondations charitables ou scientifiques, établissements d'utilité publique, œuvres sociales, etc. — qui, ne pouvant rien produire puisqu'elles n'ont pas de but lucratif, ni placer leurs fonds autrement qu'en rentes sur l'État (du moins en France), voient progressivement fondre leurs revenus. Mais il n'est pas mauvais, même pour elles, qu'elles aient à se revivifier par des libéralités actuelles et ne puissent se reposer indéfiniment sur des charités mortes.

Pour faire la contre-épreuve, supposons que nos prévisions au sujet de la baisse des métaux précieux ne viennent pas à se réaliser — et au bout du compte elles sont loin d'être infaillibles — alors nous verrions se produire les effets inverses de ceux que nous venons d'indiquer : une dépression constante des prix peser sur l'industrie et décourager l'esprit d'entreprise, les États accablés sous le poids d'une dette grossissante et acculés à la banqueroute, et les rentiers s'enrichissant plus sûrement par l'oisiveté que les autres classes de la population par leur travail. Rien ne serait plus propre à provoquer une révolution sociale. Réjouissons-nous donc de la dépréciation des métaux précieux, pour autant qu'elle dure : elle sert d'huile dans les rouages [1].

Nous avons vu ci-dessus à propos des *Index Numbers* (p. 92) que l'on a cherché les moyens de stabiliser la valeur de la monnaie pour éviter les perturbations sociales que nous venons d'indiquer — et les solutions de ce problème ne manquent pas, en théorie tout au moins. En fait, c'est plus difficile car le budget d'un individu, riche ou pauvre, ne se règle jamais, comme un Index Number, sur des moyennes générales, mais sur des besoins particuliers. Et la solution fût-elle même pratiquement possible qu'elle serait plutôt fâcheuse, ainsi que nous venons de le montrer, en tant du moins qu'elle aurait pour effet d'enrayer la loi naturelle de dépréciation de la monnaie. Elle ne serait désirable que dans le cas contraire.

IV

Les conditions que doit remplir toute bonne monnaie.

Toute monnaie légale doit avoir une valeur métallique rigoureusement égale à sa valeur nominale. Tel est le principe dominant en cette matière [2].

Nous savons que la monnaie a une triple fonction : celle d'être

---

[1] M. Herckenrath, dans la traduction hollandaise de ce livre, a critiqué la thèse soutenue dans ce chapitre. De même que son compatriote, M. G. Pierson, il ne croit pas que la dépréciation des métaux précieux soit toujours un bien. Ihering avait dit aussi, dans *La lutte pour le droit*, que « sympathiser avec le débiteur est le signe le plus patent de la faiblesse d'une époque ». — Nous admettons que, du moins de notre temps, le prêteur peut être tout aussi digne de sympathie que l'emprunteur : exemple, le petit rentier vis-à-vis des grandes Compagnies. Néanmoins, *le pouvoir grandissant de l'argent* nous paraît constituer toujours un danger social et la dépréciation du métal nous apparaît donc comme son heureux correctif.

[2] Il faut remarquer cependant que la valeur métallique (on dit souvent aussi *valeur intrinsèque*, mais c'est une expression qui peut induire en erreur) est dans une certaine mesure subordonnée à la valeur légale de la monnaie en ce sens que la valeur des lingots d'or et d'argent tient en grande partie à ce qu'ils servent à fabriquer la monnaie. Mais ceci trouvera mieux sa place dans le chapitre *Monnaie de papier*.

instrument d'acquisition, instrument de libération, instrument de thésaurisation. Toutes trois sont nées de l'usage, mais elles doivent être sanctionnées par la loi. La loi seule en effet peut imposer au créancier ou au vendeur l'obligation de recevoir telle ou telle monnaie en paiement. C'est ce privilège qui constitue ce qu'on appelle le *cours légal*. Et l'épargne aussi ne peut trouver de sécurité qu'autant que la monnaie thésaurisée conservera son cours légal. Mais ce privilège suppose une condition, celle-là même que nous venons d'indiquer dans la définition ci-dessus. Voici une pièce d'or de 20 francs. En faisant graver sur cette pièce le chiffre de 20 francs en même temps que les armes de l'État, le Gouvernement entend certifier que la pièce a bien réellement une valeur de 20 francs et que chacun peut la recevoir en toute confiance. Si la pièce n'a pas la valeur qu'il lui attribue, l'État commet un véritable faux. Pendant de longs siècles, malheureusement, les souverains ont eu peu de scrupules à cet égard ; mais aujourd'hui c'est une question de dignité et de loyauté sur laquelle un gouvernement n'oserait guère se laisser prendre en faute.

Toute pièce de monnaie doit donc être considérée sous un double aspect : — *en tant que pièce de monnaie frappée, elle a une valeur déterminée, qui est inscrite sur l'une des faces ; — en tant que lingot, elle a une valeur identique au prix du métal sur le marché ;* car il y a des marchés et des prix cotés pour l'or et pour l'argent, tout aussi bien que pour le blé ou le coton.

Toutes les fois que ces deux valeurs coïncident — toutes les fois, par exemple, que le petit lingot de 6 gr. 451 milligr. au titre de 9/10, qui constitue notre pièce de 20 francs, a sur le marché une valeur de 20 francs (ce qui correspond au prix de 3.100 francs le kilo)[1] — on dira que la monnaie est bonne, ou, pour employer l'expression technique, qu'elle est *droite*. Reste à savoir comment on assurera et on maintiendra cette coïncidence parfaite.

Premier cas. — Si la valeur du lingot est supérieure à celle de la pièce, si, par exemple, alors que la pièce ne vaut légalement que 20 francs, le poids de métal fin qu'elle contient vaut 21 francs, on dit que la monnaie est *forte*.

C'est un beau défaut, pourtant c'est un défaut et qui même, comme nous le verrons bientôt, peut avoir d'assez graves inconvénients. Toutefois il n'y a pas lieu de s'inquiéter beaucoup de cette éventualité : — 1° parce qu'il n'arrivera pas souvent qu'un

[1] Nous parlons du kilo or au titre de 9/10 qui est le titre de notre monnaie, car il va sans dire que le kilo or *pur* vaut 1/9 de plus, soit 3.444 fr. 44.

gouvernement s'avise de frapper de la monnaie trop forte : s'il le
fait, ce ne peut être que par ignorance, car cette opération le
constitue évidemment en perte : frapper des pièces d'or qui ne
valent que 20 francs avec des lingots qui en valent 21 serait une
opération aussi ruineuse que celle d'un industriel qui fabriquerait
des rails à 100 francs la tonne avec du fer qui en vaudrait 105 ; —
2° parce que, même en admettant que le fait se produise par suite
de certaines circonstances que nous verrons plus tard (par exemple
une hausse dans le prix du métal survenue après coup), il ne peut
être de longue durée. En effet, du jour où le public saurait que la
pièce de 20 francs vaut comme lingot 21 francs, chacun, pour
réaliser ce bénéfice, s'empresserait d'employer sa monnaie comme
une marchandise en la vendant au poids et cette opération conti-
nuerait jusqu'à ce que les pièces d'or eussent complètement disparu. Nous verrons que, dans les systèmes bimétallistes, cette
situation se présente assez fréquemment.

Deuxième cas. — Si la valeur du lingot est inférieure à celle de
la pièce, si, par exemple, alors que la pièce vaut légalement
20 francs, le poids du métal qu'elle contient ne vaut que 19 francs,
on dit que la monnaie est *faible*.

Cette éventualité est beaucoup plus à redouter que l'autre parce
que, à l'inverse de la précédente, elle est de nature à induire en
tentation un gouvernement[1]. Faire des pièces de 20 francs avec
des lingots qui ne valent que 19 francs est une opération assez
séduisante pour un gouvernement besogneux et peu scrupuleux.
Et, par le fait, nombreux sont ceux qui s'y sont laissés entraîner :
il suffit de rappeler le nom de « faux monnayeur » que le ressen-
timent public a attaché à la mémoire de certains rois de France,
Philippe le Bel entr'autres (assez injustement d'ailleurs, paraît-il).
Et où serait le mal, dira-t-on peut-être? Le mal c'est que le pays

---

[1] C'est ce que font aujourd'hui les gouvernements pour les monnaies d'argent et
de cuivre. Les pièces d'argent ne valant naguère comme valeur marchande de
lingot que la moitié de la valeur légale, il y avait un gros bénéfice à transformer
le lingot argent en monnaie : il y en a encore un aujourd'hui quoique moindre.
Mais pour éviter cette tentation, une Convention internationale depuis 1878,
comme nous le verrons plus loin, a prohibé ou limité cette frappe.

Pour le cuivre, le bénéfice serait plus grand encore, la valeur intrinsèque des
pièces de cuivre n'étant en temps normal que le cinquième et même, depuis la
guerre, que la moitié de leur valeur légale.

Mais ni pour l'une ni pour l'autre l'inconvénient n'est le même que pour la
monnaie d'or parce que ces monnaies d'argent (sauf l'écu de cinq francs) ou de
cuivre ne sont que des monnaies d'appoint qu'on ne peut employer pour les gros
paiements.

serait peu à peu inondé d'une monnaie avariée, une fausse monnaie. Et une fois qu'une semblable monnaie est entrée dans la
circulation, elle ne s'élimine pas du tout par la force des choses
comme la monnaie forte : tout au contraire elle demeure ! et on a
même, comme nous le verrons tout à l'heure (voir *Loi de Gresham*),
toutes les peines du monde à s'en débarrasser.

Pour maintenir l'équivalence entre la valeur du lingot et celle
de la pièce, il est de règle dans tout bon régime monétaire — c'est
ici un principe essentiel — de laisser à quiconque voudra transformer un lingot en monnaie la faculté de le faire (non pas chez
lui, bien entendu ! mais par l'intermédiaire de l'Hôtel des Monnaies) : c'est ce qu'on appelle la *frappe libre*. Aussi longtemps que
la frappe est libre, elle garantit l'équivalence, car s'il arrivait
que la valeur de la pièce d'or fût supérieure à celle du lingot,
chacun s'empresserait de profiter du bénéfice qui résulterait de la
fabrication de cette monnaie : chacun achèterait des lingots d'or
et les porterait à l'Hôtel des Monnaies pour les faire transformer
en monnaie, jusqu'à ce que la raréfaction du métal or et l'augmentation de l'or monnayé eussent rétabli l'égalité entre les deux
valeurs. La bonne monnaie doit pouvoir être fondue sans rien
perdre de sa valeur. C'est pour cela que les Anglais disent dans
une formule pittoresque que la bonne monnaie se reconnaît à
« l'épreuve du feu » — en souvenir de l'épreuve du feu, qui, dans
la procédure du moyen âge, était employée pour reconnaître le
bon droit. C'est ici l'application d'un axiome économique, à savoir
que toutes les fois que deux objets peuvent se transformer à volonté
l'un dans l'autre, ils ont nécessairement une valeur égale [1].

Il existe cependant, par tous pays, certaines catégories de
pièces qui ne satisfont pas à la condition précédente, c'est-à-dire

[1] Voir p. 345, *La loi d'indifférence*.

Toutefois, pour que cette transformation puisse se faire parfaitement et instantanément, il faut qu'aucun obstacle ne la gêne ou ne la relarde, pas même celui
du coût de transformation. Aussi pour que l'équivalence entre le métal monnaie
et le métal marchandise soit absolue, il ne suffit pas que la frappe soit libre, il
faut de plus qu'elle soit *gratuite*. Telle est la règle en effet en Angleterre et aux
États-Unis : aussi le souverain et le dollar sont-ils les types de la monnaie parfaite, celle dont la valeur comme lingot est absolument égale à la valeur nominale.
Mais ce n'est pas tout à fait le cas pour le franc, car l'État faisant payer les frais
de fabrication il y a nécessairement entre la valeur de la matière première et celle
de l'objet fabriqué, qui est la monnaie, une différence égale au coût de fabrication.
C'est peu de chose — 7 fr. 44 pour le kilo d'or qui servira à fabriquer 155 pièces
de 20 fr. — soit 4 centimes par pièce de 20 fr. Mais tout de même il en résulte que
la pièce d'or de 20 fr. ne contient pas exactement 20 francs d'or, mais seulement
19 fr. 96 : ce n'est pas une monnaie tout à fait droite.

qui n'ont qu'une valeur intrinsèque plus ou moins inférieure à leur valeur légale : on les appelle monnaies de *billon*. Ce sont, en général, des pièces de peu de valeur, le plus souvent de cuivre, quelquefois aussi d'argent, dont on n'a pas l'habitude de se servir pour des paiements importants, mais seulement comme *appoint*. Dans ces conditions, le législateur peut sans inconvénient se départir de la rigueur des principes. Mais en abandonnant le principe de l'équivalence des deux valeurs, il doit sacrifier du même coup les caractères de la bonne monnaie, c'est-à-dire :

1° *Il doit refuser à la monnaie de billon le caractère de monnaie légale :* personne ne sera tenu de la recevoir dans les paiements [1] ;

2° *Il doit suspendre pour la monnaie de billon la liberté du monnayage,* sans quoi tout le monde ferait frapper du métal en monnaie de billon pour gagner la différence entre sa valeur métallique et sa valeur légale. C'est le gouvernement seul qui se réserve le droit d'en émettre telle quantité qu'il jugera utile aux besoins.

V

De la loi de Gresham.

Dans tous les pays où deux monnaies sont en circulation, la mauvaise monnaie chasse toujours la bonne.

C'est en ces termes que l'on formule une des lois les plus curieuses de l'Économie politique que l'on a baptisée du nom d'un chancelier de la reine Élisabeth qui l'a découverte, dit-on, il y a trois siècles. Mais longtemps avant lui, Aristophane avait signalé ce fait curieux que les hommes préféraient la mauvaise monnaie à la bonne [2].

---

[1] Ainsi en France on n'est forcé de recevoir les pièces de cuivre que pour une somme inférieure à 5 francs (et même, comme nous le verrons, les petites pièces d'argent que pour une somme inférieure à 50 francs).

[2] Aristophane, dans sa comédie des *Grenouilles*, dit : « Nous avons souvent remarqué que dans cette ville (Athènes) on en use à l'égard des honnêtes gens comme à l'égard de l'ancienne monnaie. Celle-ci est sans alliage, la meilleure de toutes, la seule bien frappée, la seule qui ait cours chez les Grecs et chez les Barbares, mais *au lieu d'en user, nous préférons de méchantes pièces* de cuivre nouvellement frappées et de mauvais aloi ».

Mais sans remonter jusqu'à Aristophane, un conseiller du roi de France Charles V, Nicolas Oresme, en 1366, et plus tard l'illustre astronome Copernic au début du xvie siècle — avaient signalé et parfaitement expliqué ce phénomène. Voici ce que dit Oresme : « la valeur légale des monnaies doit être strictement conforme à la valeur naturelle des métaux reconnue sur le marché. Si ce rapport légal diffère de ladite valeur, la monnaie sous-évaluée disparaît de la circulation et celle évaluée demeure seule en causant la ruine du commerce ».

Ce qui donne à première vue à cette loi un caractère paradoxal, c'est qu'elle semble dire que l'on préfère *toujours* la mauvaise monnaie à la bonne. Or cela paraît absurde. La science économique repose tout entière sur ce postulat qu'en toute circonstance l'homme préférera le produit qui est de meilleure qualité, qui répond le mieux à ses besoins, et les faits de tous les jours le confirment. Entre deux fruits, nous préférons le plus savoureux, et entre deux montres, celle qui marche le mieux. Pourquoi alors agirions-nous d'une façon inverse quand il s'agit de la monnaie ?

Mais aussi n'agissons-nous point différemment ! Nous nous conduisons de la même façon pour la monnaie que pour tout autre bien ; nous préférons la bonne s'il s'agit *de la garder pour nous,* mais s'il s'agit de la donner à nos créanciers et à nos fournisseurs, pourquoi choisirions-nous la bonne si la mauvaise peut faire aussi bien l'affaire, c'est-à-dire si on ne peut la refuser en paiement? La loi de Gresham n'est donc pas une anomalie, mais au contraire une application du principe hédonistique qui est à la base de toute l'Économie politique : donner le moins pour obtenir le plus.

C'est généralement lorsqu'il s'agit de deux monnaies qui sont l'une et l'autre monnaie légale, ou qui peuvent passer pour telles, que la loi de Gresham joue [1]. Cependant il est à remarquer que, même lorsqu'il s'agit de pièces fausses ou démonétisées, la loi de Gresham s'applique encore en ce sens que les neuf dixièmes des personnes qui ont eu la mauvaise chance de la trouver dans leur porte-monnaie n'ont rien de plus pressé que de « la faire passer » comme on dit, en sorte qu'elle circule d'autant plus vite qu'elle paraît plus suspecte. C'est comme ces petits jeux de salon, « le furet » ou « petit bonhomme vit encore », où il s'agit de faire passer un objet de main en main pour ne pas être pris.

Ceci nous explique pourquoi la mauvaise monnaie reste dans

---

[1] Notre collègue, M. Brouilhet, dans son *Précis d'économie politique* (p. 503), refuse à « la prétendue loi » de Gresham toute considération. La mauvaise monnaie ne serait préférée à la bonne que lorsque l'État « l'impose par un acte arbitraire ».

L'argument ne nous paraît pas fondé, car la loi de Gresham impliquant toujours par définition le choix entre deux monnaies, on ne saurait dire que la mauvaise est imposée par l'État. Et d'ailleurs, comme nous le faisons remarquer ci-dessus, même lorsque la mauvaise pièce n'a pas cours légal, il suffit qu'elle soit acceptée en fait dans la circulation pour qu'elle exerce son action expulsive sur les bonnes pièces. C'est ainsi que dans la province d'Oran la peseta avait en fait expulsé le franc.

la circulation, mais il est moins facile de s'expliquer pourquoi la bonne disparaît. Que devient-elle donc?

Eh bien! nous l'employons là où nous ne pouvons nous servir de la mauvaise, et ceci se réalise dans les trois cas suivants, qui sont les trois issues par lesquelles fuit la bonne monnaie : la thésaurisation, les paiements à l'étranger et la vente au poids.

1° La *thésaurisation* d'abord. Quand les gens veulent se faire une réserve de monnaie, c'est-à-dire la garder en cas de besoin, ils ne manquent pas cette fois de se conformer à la règle commune et ils ne sont pas assez sots pour jeter leur dévolu sur les mauvaises pièces. Ils choisissent les meilleures, parce qu'ils les gardent pour eux-mêmes et que ce sont celles qui leur offrent le plus de garantie. Les gens effrayés qui, durant la Révolution française, voulaient thésauriser, ne s'amusaient pas à le faire en assignats, mais en bons louis d'or. Ainsi font les banques aussi. La Banque de France cherche à grossir son encaisse or et au contraire à refouler son encaisse argent dans la circulation.

Par cette voie déjà une certaine quantité de la meilleure monnaie peut disparaître de la circulation. Toutefois, cette première cause de déperdition n'est pas définitive, mais seulement temporaire.

2° Les *paiements à l'étranger* ont un effet plus considérable. — Bien qu'un pays n'ait jamais à solder en numéraire qu'une petite partie de ses importations, cependant il y a toujours des remises en espèces à faire à l'étranger. Or, si nous avons, de par la loi, la faculté de nous servir de la mauvaise monnaie aussi bien que de la bonne quand il s'agit de payer nos dettes à l'intérieur vis-à-vis de nos concitoyens, cette alternative nous fait défaut quand il s'agit de régler un achat fait à l'étranger. Le créancier étranger, n'étant nullement tenu de prendre notre monnaie, ne l'acceptera que pour le poids de métal fin qu'elle contient, c'est-à-dire pour sa valeur réelle. Nous ne pouvons donc songer à lui envoyer de la monnaie faible. La conclusion qui s'impose, c'est que nous devons garder celle-ci pour le commerce intérieur, puisque dans ce domaine elle rend les mêmes services que l'autre, et réserver la bonne pour notre commerce extérieur. Et c'est là une seconde et importante cause de déperdition de la bonne monnaie [1].

C'est ainsi que au cours de la guerre actuelle la monnaie d'or des pays belligérants — toute celle du moins dont ils pouvaient disposer sans trop diminuer l'encaisse de leurs Banques d'émission — a pris le chemin des pays neutres.

---

[1] Comme le dit très bien M. Paul Leroy-Beaulieu : la monnaie *locale* refoule au debors la monnaie *universelle*.

3° Une autre cause qui fait disparaître très rapidement la bonne monnaie, c'est la vente, *la vente au poids*. — Vendre de la monnaie au poids! Voilà une opération bien singulière en apparence et dont on ne s'explique guère l'utilité. Elle est pourtant fort simple. Sitôt que par suite d'une hausse dans la valeur de l'or, la pièce d'or se trouve avoir une valeur métallique supérieure à sa valeur légale, sitôt qu'*elle vaut plus comme lingot que comme monnaie*, on a un intérêt évident à ne plus s'en servir comme pièce de monnaie, mais à s'en servir comme lingot. On la retire donc de la circulation et on l'envoie sur le marché des métaux précieux. Si la valeur du bronze haussait notablement, ne pense-t-on pas que bon nombre d'objets en bronze, cloches, canons, statuettes, seraient fondus pour réaliser la valeur du métal qu'ils contiennent? Ou bien encore, quand l'alcool vient à augmenter de prix dans des proportions très considérables, beaucoup de vin est envoyé à la distillerie pour être converti en alcool. De même quand le métal précieux hausse de valeur, les pièces de monnaie frappées avec ce métal perdent leur caractère de monnaie et deviennent des marchandises que l'on s'empresse de réaliser, c'est-à-dire de vendre aux commerçants qui les font fondre pour des usages industriels ou pour les envoyer comme matière première aux Hôtels des monnaies de l'étranger.

Telle est l'explication de la loi de Gresham, mais voyons maintenant dans quels cas elle s'applique.

La loi de Gresham trouve son application dans trois cas :

1° Toutes les fois qu'une *monnaie usée* se trouve en circulation avec une *monnaie neuve*.

C'est précisément en pareille circonstance que la loi fut observée par Thomas Gresham. On avait fait frapper, sous le règne d'Élisabeth, une monnaie neuve pour remplacer celle en circulation qui était tout à fait détériorée, plus encore par la rognure que par l'usure, et l'on constata avec stupeur que les pièces neuves ne tardaient pas à disparaître, tandis que les anciennes pullulaient plus que jamais [1].

Il importe donc à un gouvernement de procéder à des refontes fréquentes pour entretenir toujours sa monnaie à l'état de neuf, sans quoi il rencontrera plus tard de grandes difficultés à remplacer la monnaie vieillie par la neuve ; et il faut une surveillance attentive, car la monnaie s'use rapidement (voir p. 455).

---

[1] Dans le cas signalé par Aristophane, c'était l'inverse : la monnaie neuve chassait l'ancienne. Mais c'est parce que la situation était inverse : cette monnaie neuve était la mauvaise ; elle était, dit-il, frappée à un titre inférieur.

2° Toutes les fois qu'une *monnaie de papier dépréciée* se trouve en circulation avec une *monnaie métallique.*

Dans ce cas et pour peu que la dépréciation du papier soit un peu forte, l'expulsion du numéraire s'opère sur la plus vaste échelle. Nous avons vu, il y a quelques années, la totalité de la monnaie italienne émigrer en France : le gouvernement italien avait beau prendre diverses mesures pour la faire rentrer et obtenir même du gouvernement français d'en interdire la circulation en France, il n'aurait pu réussir s'il n'avait attaqué le mal dans sa racine en supprimant le papier-monnaie ou du moins le cours forcé. Nous avons vu autrefois même les pays qui sont précisément les plus grands producteurs de métaux précieux, les États-Unis et la Russie, ne pouvoir réussir à conserver chez eux cette monnaie métallique. Et pourtant ils en fournissaient la matière première au monde entier. Mais vainement essayaient-ils d'en frapper avec l'or de leurs mines : leur papier-monnaie déprécié expulsait impitoyablement leur monnaie neuve.

Mais jamais la loi de Gresham n'a trouvé plus d'éclatantes illustrations que dans la guerre actuelle. Dès que les billets de 20 francs et de 5 francs ont été émis, l'or a disparu et n'est sorti que péniblement et partiellement de ses cachettes pour répondre aux appels patriotiques de la Banque de France. Même la monnaie divisionnaire d'argent et de cuivre est devenue rare. Pour remédier à la pénurie, les villes et les Chambres de commerce ont émis des coupures de papier de 2 francs, 1 franc, 0 fr. 50, et même de 10 et 5 centimes. Imprudent remède et qui a aggravé le mal ! Dans ces villes, la monnaie de billon a totalement disparu — et cela quoique la Monnaie frappât sans cesse des pièces neuves[1].

3° Toutes les fois qu'une *monnaie faible* se trouve en circulation avec une *monnaie droite,* ou même toutes les fois qu'une *monnaie droite* se trouve en circulation avec une *monnaie forte.*

En ce cas, la plus faible des deux monnaies expulse l'autre. C'est le cas le plus intéressant : il se présente presque dans tous les pays qui ont adopté à la fois la monnaie d'or et la monnaie d'argent. Mais l'examen de ce cas nous amène à la question du monométallisme et du bimétallisme, que nous allons traiter dans le chapitre suivant.

---

[1] Si la ville de Paris a été presque la seule à conserver sa monnaie divisionnaire d'argent, ce n'est point, comme l'expliquait avec fantaisie un journal, parce que les Parisiens, à la différence des provinciaux, n'ont point l'habitude de la thésaurisation, — mais parce que la Ville a eu la sagesse de ne point émettre de coupons en papier, malgré les fréquentes réclamations du public.

CHAPITRE V

LES SYSTÈMES MONÉTAIRES

I

De la constitution d'un système monétaire.

Il faut commencer par choisir l'*unité* monétaire qui donnera son nom à la monnaie du pays. Quand il s'agit de la mesure des longueurs, des capacités ou des poids, on a pour se guider certaines données, telles que les membres et gestes du corps, ou le charge que peut porter un homme, mais en ce qui concerne la mesure des valeurs, le choix est plus arbitraire : dirons-nous la valeur représentée par la consommation moyenne quotidienne minima ? — Autre embarras : par suite de la dépréciation graduelle de l'argent, en vertu d'une loi que nous avons déjà constatée, l'unité primitivement choisie se rapetisse de plus en plus jusqu'à devenir insuffisante.

C'est pourquoi l'unité monétaire varie selon les pays, depuis la livre anglaise qui vaut un peu plus de 25 francs jusqu'au rei brésilien qui vaut (au pair) environ 1/4 de centime [1], soit entre ces deux extrêmes le rapport de 1 à 10.000 !

On sait que l'unité monétaire sous l'ancien régime s'appelait la livre. Mais on ne sait pas d'ordinaire que ce nom lui vient de ce qu'à l'origine, du temps de Charlemagne, elle représentait réellement *un poids d'une livre* d'argent (la livre carolingienne était de 408 grammes seulement), c'est-à-dire qu'elle représentait un poids égal à celui de 82 francs aujourd'hui ! Comment est-elle tombée de chute en chute à ce poids de 5 grammes qui était à peu près celui de la livre à la fin de l'ancien régime et qui est devenu celui de notre franc ? — Uniquement par une série continuelle d'émissions de monnaies de plus en plus faibles ; chaque roi rognait un peu sur le poids de l'ancienne livre, tout en essayant de lui maintenir son ancienne valeur légale [2] —. L'histoire de la livre anglaise

---

[1] Aussi ne se sert-on plus comme unité du rei, mais du *milreis* qui vaut au pair 2 fr. 58.

[2] Voir sur les « affaiblissements » et les « forcements » de monnaie sous les rois de France le livre de M. Landry, *Les Mutations de Monnaies.*

est à peu près la même, un peu plus honorable cependant pour le gouvernement anglais, puisque, étant partie du même point de départ, elle s'est arrêtée dans sa chute à la valeur de 25 francs qui est sa valeur actuelle.

Mais à son tour, le franc, qui a succédé à notre ancienne livre, est lui-même devenu, par l'effet du temps, une unité trop petite comme mesure des valeurs. On ne peut guère se servir de ses sous-multiples et le centime ne sert plus à rien qu'à faire perdre des milliers d'heures aux comptables.

Si le franc est trop petit, inversement, la livre anglaise (25 fr. 22) représente une valeur exagérée pour les besoins de la vie courante : aussi ne comporte-t-elle point d'échelons supérieurs, si ce n'est sous forme de billets.

Le dollar américain, dont la valeur en monnaie française est 5 fr. 18, paraît être de toutes les unités monétaires celle qui répond le mieux aux besoins de la vie économique : se trouvant à peu près au milieu de l'échelle, elle permet également bien la frappe des multiples jusqu'à la pièce de 5 dollars et celle des sous-multiples jusqu'au centième, le *cent*, qui correspond à notre sou. Aussi est-ce celle qui a le plus de similaires dans les divers pays et le plus de chances d'être adoptée comme unité internationale, si le projet souvent caressé d'une monnaie internationale vient à se réaliser. Malheureusement les systèmes monétaires ne permettent pas cette unification sans des modifications assez sensibles dans le poids des pièces[1], et par conséquent sans des refontes générales dont les frais seraient hors de proportion avec l'utilité à attendre d'une telle mesure, car cette utilité d'une monnaie internationale se réduit en somme à éviter quelques ennuis de change aux touristes et, ce qui est plus grave, il est vrai, à éviter aux commerçants et statisticiens des calculs compliqués pour transposer une monnaie en l'autre.

Une fois l'unité choisie, il faut établir des multiples et sous-multiples en nombre suffisant pour répondre à tous les degrés de l'échelle des valeurs. Mieux vaut évidemment les établir conformément au système numérique décimal, puisque c'est une grande

---

[1] Si l'on frappait les pièces que voici, elles ne différeraient guère, mais pourtant assez pour qu'on ne pût les rendre interchangeables : quand il s'agit de monnaies, des différences de quelques centimes sont beaucoup.

Pièce de l'Union latine. . . . . F.	5 »
Dollar américain	5 18
Quatre schellings.	5 04
Quatre marks.	4 91

simplification dans tous les calculs des prix; mais pourtant quelques peuples ont adopté et sont restés encore fidèles au système duodécimal parce que le nombre 12 comporte 5 facteurs (1, 2, 3, 4, 6), par conséquent 5 subdivisions non fractionnaires, tandis que le nombre 10 n'en comprend que 3 (1, 2 et 5). Avec le système français, on ne peut frapper que des multiples de 2, 5, 10, 20 francs et des sous-multiples de 0,50 — 0,20 — 0,10 — 0,05, mais on n'a point de pièces qui correspondent à ces divisions commodes de 3 ou 4 francs, de 1/3 ou 1/4 de franc.

Tout système monétaire doit comporter un nombre de pièces suffisant pour correspondre aux divers degrés de l'échelle des valeurs et par là aux besoins des paiements quotidiens. Dans le système français, depuis la pièce de 5 centimes jusqu'à celle de 20 francs (sans compter les pièces de 1 et 2 centimes et celle de 50 et 100 francs qui ne circulent pas en fait), il y a 10 pièces de monnaie de valeurs différentes. Mais il en résulte une grande complication, à savoir la nécessité de recourir, pour constituer le système monétaire, à des métaux différents : or, argent, cuivre ou d'autres[1]. En effet, si l'on n'employait qu'un seul métal, étant donnée la règle impérative de tout honnête système monétaire qui est de donner à chaque pièce un poids proportionnel à sa valeur (voir ci-dessus, p. 443), il faudrait, pour les multiples et les sous-multiples, frapper des pièces trop petites ou trop grosses et par là trop incommodes pour la circulation.

Comment pourrait-on sor.er à n'employer que de l'or? La pièce d'or de cinq francs est déjà incommode par sa petitesse : que serait une pièce d'or de 1 sou! un grain impalpable. Bien moins encore pourrait-on songer, à moins de nous ramener aux temps

---

[1] En France, il y a même quatre métaux en circulation : or, argent, bronze et nickel, ce dernier pour la pièce de 25 centimes seulement, et il est à remarquer que cet intrus constitue une anomalie dans notre système monétaire, un échelon surnuméraire; en effet, il impliquerait symétriquement une pièce d'argent de 2 fr. 50 et une pièce d'or de 25 francs, lesquelles n'existent pas : c'est la pièce de 20 centimes qui est la seule correcte et qu'il fallait maintenir.

Ces métaux entrent pour des parts très inégales dans l'ensemble de la circulation. On procède de temps en temps à des recensements monétaires dans les caisses publiques. Ils ont donné cette répartition en valeurs (comme *nombre,* les proportions sont évidemment tout autres, les pièces d'or ne représentant que 6 à 7 p. 100 :

Or	65,8 p. 100
Argent	32,4 »
Cuivre et nickel . . .	1,8 •

Mais la part des billets de banque dans la circulation est très supérieure à celle de l'or, même en temps normal, comme nous le verrons ci-après.

de l'as romain, à n'employer que le cuivre, puisqu'une pièce de 20 francs en cuivre devrait peser une douzaine de kilogrammes! Même l'argent seul, quoique moins incommode à raison de sa valeur intermédiaire, ne pourrait suffire, la pièce de 5 francs étant déjà grosse et la pièce de 20 centimes trop petite pour l'usage courant. Il faut donc de toute nécessité employer au moins trois métaux à la fois.

Mais en employant plusieurs métaux, on ne résout la difficulté que pour tomber dans une autre encore plus grave, car les pièces frappées avec ces différents métaux doivent obéir à la même loi que nous avons expliquée, celle qui veut que leur poids soit exactement proportionnel à leur valeur. Or, ces métaux ont des valeurs graduées — c'est pour cela qu'on les a pris — mais graduation qui se moque du système décimal : on sera donc obligé, en fixant les poids des multiples et des sous-multiples, de leur donner des poids fractionnaires. Ainsi la valeur de l'or étant, lorsque le système fut établi, 15 1/2 fois celle de l'argent, et l'unité monétaire, le franc, pesant 5 grammes, il a fallu donner au franc d'or un poids de $\frac{5}{15,5} = 0,3226$, pièce trop petite pour être frappée, mais qui correspond à un poids de 3,226 grammes pour la pièce d'or de 10 francs et de 6,452 pour la pièce de 20 francs.

Ceci sans doute n'est qu'un petit inconvénient : le public ignore complètement quel est le poids des pièces d'or et s'inquiète peu que leur poids soit fractionnaire. Mais ce qui est plus grave c'est que la valeur de ces métaux varie avec le temps, en sorte que les valeurs une fois établies ne se trouvent plus concorder avec les poids : l'une des deux monnaies devient ainsi trop forte ou trop faible, la loi de Gresham va jouer et nous voilà aux prises avec toutes les difficultés qui ont rendu célèbre la question du bimétallisme que nous allons voir dans le chapitre suivant.

En ce qui concerne les pièces de valeur inférieure, celles de cuivre et même celles d'argent, on peut se tirer d'embarras en rejetant délibérément le principe de la concordance entre le poids et la valeur, c'est-à-dire en leur donnant un poids arbitraire, mais alors aussi en renonçant à leur maintenir le caractère de monnaie légale et en les réduisant au rôle de monnaie d'appoint. Mais on ne peut traiter les pièces d'or avec si peu de façon.

Pour terminer en ce qui concerne le choix des unités monétaires, notons encore qu'il importe de ne pas frapper de pièces trop petites, surtout quand il s'agit de pièces d'or, parce que l'usure, autrement dit le *frai*, étant en raison de la surface des pièces et le rapport de la surface au volume étant d'autant plus grand que le volume est plus petit, il en résulte que les petites pièces s'usent très rapidement[1]. C'est là une perte notable à laquelle il faut ajouter le coût de refonte fréquente de la monnaie pour la remettre en état; ou, si l'on néglige de le faire, alors il y a à craindre tous les inconvénients qui résultent de la circulation d'une monnaie faible et que nous avons déjà indiquée.

II

Les difficultés de fonctionnement du système bimétalliste.

Nous venons de dire que dans tout système monétaire on est obligé d'employer des pièces de métaux différents. Mais cela ne veut pas dire qu'on soit obligé d'attribuer à toutes ces pièces la dignité de monnaie légale, c'est-à-dire avec les deux caractères que nous avons définis ci-dessus : pouvoir libératoire et frappe libre. On peut très bien réduire telle ou telle de ces pièces au rôle inférieur de monnaie d'appoint, c'est-à-dire qui n'ont cours que jusqu'à concurrence d'une certaine somme et que l'État ne frappe qu'à son gré. C'est ce qu'on fait par tout pays pour les pièces de cuivre ou de nickel — mais que faut-il faire pour les pièces d'argent? Convient-il de leur reconnaître le caractère et les attributs de monnaie légale comme aux pièces d'or? Voilà la question qu'on désignait autrefois sous le nom de question du « simple ou du double étalon » et qu'on désigne plus correctement aujourd'hui sous le nom de *monométallisme* ou *bimétallisme*.

Si l'on ne reconnaît le titre de monnaie légale qu'à *un seul* des deux métaux, l'or, par exemple, en ce cas, il n'y a point de difficultés. La monnaie d'argent est reléguée, comme la monnaie de cuivre, au rang de monnaie de billon : on lui attribue une valeur purement conventionnelle, mais aussi ne force-t-on personne à la recevoir dans les paiements. La monnaie d'or est la seule qui ait cours légal : c'est la seule aussi pour laquelle on ait à se préoccuper de maintenir une parfaite équivalence entre sa valeur légale et sa valeur intrinsèque.

[1] Les pièces d'or de 20 francs perdent en moyenne chaque année *un dix-millième* de leur poids, soit 1/5 de centime en valeur. Or la « tolérance », comme on dit, c'est-à-dire la variation légalement admise dans le poids, ne doit pas dépasser 7 millièmes. Par conséquent la vie légale, si j'ose dire, de la pièce de 20 francs ne peut dépasser 70 ans : elle a perdu alors 14 centimes. Quant à la pièce de 10 francs, elle perd *trois* dix-millièmes, ce qui veut dire qu'elle s'use trois fois plus vite et que sa vie légale ne peut dépasser la courte durée de 23 ans.

Si l'on veut reconnaître aux *deux* monnaies à la fois le caractère de monnaie légale, en ce cas la situation devient beaucoup plus compliquée. Prenons, pour nous rendre mieux compte de ces difficultés, le système français, qui peut être considéré, surtout dans ses origines, comme le type du système bimétalliste, et reportons-nous au moment où le législateur l'organisait de toutes pièces (Loi du 7 germinal an XI, 28 mars 1803).

L'unité monétaire était l'ancienne livre transformée en franc. C'était une pièce d'argent : l'argent fut donc pris comme monnaie légale ; à cette époque, nul n'aurait songé à lui contester ce titre. Mais on ne pouvait faire moins pour l'or que de le lui accorder aussi.

Prenons, pour plus de clarté, les deux pièces similaires qui existent l'une et l'autre dans notre système monétaire, la pièce de 5 francs d'argent et la pièce de 5 francs d'or. Nous voulons que l'une et l'autre soient monnaie légale : il faut donc que l'une et l'autre aient une valeur métallique rigoureusement égale à leur valeur légale ; c'est une condition *sine qua non*, nous le savons. Pour la pièce d'argent il n'est pas difficile de satisfaire à cette condition. L'argent vaut, ou du moins valait à l'époque où nous nous sommes reporté, 200 francs le kilogramme : donc, un lingot de 25 grammes valait juste 5 francs ; donc nous devons donner à notre pièce de 5 francs d'argent un poids de 25 grammes, et, en ce qui la concerne, la condition voulue sera remplie. Mais, pour la pièce d'or de 5 francs, quel poids devons-nous lui donner ? Le kilogramme d'or vaut 3.100 francs (au même titre que l'argent, 9/10) : si donc, avec un kilo d'or, nous frappons 620 pièces, chacune d'elles vaudra exactement 5 francs (car 620 × 5 = 3.100) et chacune pèsera 1 gr. 613 : la condition sera remplie aussi pour celle-ci.

Prenons ces deux pièces et mettons-les dans les deux plateaux d'une balance ; nous verrons que, *pour faire équilibre à la pièce d'argent de 5 francs, il faut mettre dans l'autre plateau 15 pièces d'or de 5 francs, plus une demie*, ou que, autrement dit, pour faire équilibre à 2 écus de 5 francs il faut mettre dans l'autre plateau 31 pièces d'or de 5 francs. Cela nous prouve que l'opération a été bien faite. En effet, le kilo or valait à cette époque tout juste quinze fois et demie le kilo argent (3.100 francs le kilo or contre 200 francs le kilo argent). Retenons ce rapport de 15 1/2, c'est le rapport légal entre la valeur des deux métaux : il est aussi célèbre en économie politique que le fameux rapport géométrique du diamètre à la circonférence, $\pi = 3,1416$. Jusqu'à présent donc tout marche à souhait, mais attendons la fin !

En 1847, on découvre les mines d'or de la Californie : en 1851, celles d'Australie. La quantité d'or produite annuellement se trouve quadruplée[1]. Par contre, l'argent se raréfie par suite du développement du commerce dans l'Inde qui en absorbe des quantités considérables. Il en résulte que la valeur respective des deux métaux a changé sur le marché des métaux précieux : pour se procurer 1 kilo or, il n'est plus nécessaire de donner comme autrefois 15 1/2 kilos argent, il suffit d'en donner 15 ; ce qui revient à dire que l'or a perdu plus de 3 p. 100 de sa valeur. Dès lors il est clair que ces petits lingots d'or qui constituent les pièces d'or ont subi une dépréciation proportionnelle : la pièce de 5 francs d'or ne vaut plus en réalité que 4 fr. 84.

Que faut-il faire pour rétablir l'équilibre ? Pour rétablir l'équivalence entre la valeur intrinsèque et la valeur légale de la monnaie d'or il faudrait que 15 pièces de 5 francs d'or (et non plus 15 1/2) fissent équilibre à la pièce de 5 francs d'argent. Comment faire ? Faut-il ajouter un peu plus d'or à chaque pièce d'or — 3 p. 100 environ ? Alors c'est toute la monnaie d'or qui serait à refondre ?... Attendons encore.

Vingt ans plus tard, en 1871, changement inverse. La production de l'or, par suite de l'épuisement des mines d'Australie et de Californie, diminue de moitié : au contraire, par suite de la découverte des mines de l'ouest américain, la production de l'argent augmente de moitié. En même temps l'Allemagne, adoptant l'étalon d'or, démonétise sa monnaie d'argent et fait refluer sur le marché ses thalers dont elle ne veut plus. Encore une fois la valeur respective des deux métaux change, mais cette fois en sens inverse : sur le marché des métaux précieux, avec un kilo d'or on peut se procurer non plus seulement 15 1/2 kilos d'argent, mais 16, 17, 18, et jusqu'à 20 kilos d'argent ! Ce qui revient à dire que l'argent a perdu plus d'un quart de sa valeur relativement à l'or. Dès lors il est clair que chaque lingot d'argent qui constitue une pièce d'argent a subi une dépréciation proportionnelle : la pièce de 5 francs d'argent ne vaut plus en réalité que 3 fr. 80. Qu'aurait-il fallu faire pour rétablir l'équilibre ? Évidemment mettre beaucoup plus d'argent dans chaque pièce, augmenter d'un quart leur poids jusqu'à ce que la pièce d'argent de 5 francs pesât autant que 20 pièces d'or de 5 francs : alors l'équivalence entre la valeur

---

[1] La production de l'or de 1841 à 1850 était évaluée comme moyenne annuelle à 184 millions de francs seulement. De 1850 à 1860, elle fut de 700 millions de francs, donc presque le quadruple.

métallique et la valeur légale aurait été établie : mais c'est toute notre monnaie d'argent qu'il eût fallu refondre!

Quoi donc? si nous voulons conserver à nos deux monnaies leur caractère de monnaie droite, c'est-à-dire l'équivalence rigoureuse entre leur valeur intrinsèque et leur valeur légale, faudra-t-il donc refondre perpétuellement tantôt l'une, tantôt l'autre des deux monnaies pour accommoder leurs poids aux variations de valeur des deux métaux? C'est, semble-t-il, la conclusion qui s'impose [1]. Mais c'est impraticable. Nous allons voir au chapitre suivant à quel expédient on s'est arrêté.

III

Comment les pays bimétallistes se trouvent en fait n'avoir qu'une seule monnaie.

Tout système bimétalliste présente, comme nous venons de le voir, cet inconvénient grave qu'il ne réussit jamais à maintenir, pour chacune des deux monnaies à la fois, cette équivalence entre la valeur intrinsèque et la valeur légale qui doit être le caractère de toute bonne monnaie. Sans cesse, suivant les variations de valeur des deux métaux, l'une des deux se trouvera trop forte ou trop faible.

On pourrait penser, peut-être, que cet inconvénient est plus théorique que pratique. Qu'importe, dira-t-on, que nos pièces d'or ou d'argent aient une valeur légale un peu supérieure ou un

---

[1]. A vrai dire, il ne serait pas nécessaire de faire varier le poids des *deux* monnaies mais *d'une seule* des deux, en prenant l'autre, toujours la même, pour unité : par exemple, en prenant pour unité le franc d'argent de 5 grammes, faire varier le poids des pièces d'or, tantôt au-dessus, tantôt au-dessous du poids légal, suivant les variations de valeur du métal or. Mais, malgré cette simplification, ce ne serait guère plus pratique.

On pourrait aussi, comme solution du problème, maintenir le poids des pièces d'or invariable, mais effacer l'indication de la valeur légale qui y est gravée et laisser leur valeur osciller librement suivant les lois de l'offre et de la demande : ainsi variait dans certains pays, dans l'Indo-Chine naguère, la valeur de la piastre. Les législateurs de germinal an XI qui, en organisant notre système monétaire, avaient parfaitement prévu les difficultés qui pourraient en résulter, avaient précisément proposé ce système. Et quelques économistes aujourd'hui y voient la seule solution possible du problème bimétalliste. Mais alors les pièces d'or ne seront plus, à vrai dire, des pièces de monnaie; elles ne seront plus que des lingots qui circuleront comme une marchandise quelconque. Il y aura un cours coté pour les pièces de 20 francs, comme pour les cotons ou le blé, et qui variera de même. Quelle complication dans les affaires, et surtout quel piège tendu aux simples!

peu inférieure à leur valeur réelle ? Personne n'y fait attention et en tout cas personne n'en souffre.

C'est une erreur : il y a dans cette situation un inconvénient très réel, plus que cela, un véritable péril, et voici lequel : la monnaie qui est la plus faible des deux expulsera peu à peu de la circulation la monnaie forte, en sorte que tout pays qui est soi-disant au régime du double étalon se trouve en fait dans cette singulière situation qu'il *ne conserve jamais dans sa circulation qu'une seule des deux monnaies et justement la plus mauvaise.* Un mouvement de flux et de reflux périodique emporte le métal qui est en hausse et ramène le métal qui est en baisse.

C'est l'application pure et simple de la loi de Gresham que nous avons déjà étudiée, mais l'histoire de notre système monétaire depuis le milieu du siècle dernier en a offert une merveilleuse démonstration.

Quand, sous le second Empire, l'or se trouva en baisse, par suite des circonstances que nous avons indiquées dans le chapitre précédent, notre monnaie d'argent commença à disparaître et à être remplacée par la monnaie d'or, par ces beaux « napoléons », monnaie à laquelle on était encore peu habitué, que l'on admirait fort et dans laquelle les courtisans saluaient la richesse et l'éclat du nouveau règne, mais qui, en réalité, n'était si abondante que parce qu'elle était faite avec un métal déprécié. Et ce phénomène de la transmutation des métaux s'explique très aisément.

Le banquier de Londres qui voulait de l'argent pour l'envoyer aux Indes, cherchait à l'acheter là où il pouvait le trouver à meilleur marché. On achète l'argent avec l'or. L'or ayant baissé de 3 p. 100, avec 1 kilo or il n'aurait pu se procurer sur le marché que 15 kilos argent. Mais en envoyant son kilo or à la Monnaie de Paris, il pouvait y faire frapper 3.100 francs or, et échanger n'importe où ces 3.100 francs or contre 3.100 fr. d'argent qui pèsent tout juste 3.100 $\times$ 5 gr. = 15.500 grammes. Avec son kilo or, il avait donc réussi, en définitive, à se procurer 15 1/2 kilos argent[1].

Il est facile de voir que, grâce à ce commerce, une certaine quan-

---

[1] L'opération pouvait se faire encore d'une façon inverse. Un banquier de Paris réunissait 3.000 pièces de 1 franc argent qui pèsent tout juste 15 kilos (3.000 $\times$ 0,005 = 15). Il envoyait ces 15 kilos argent à Londres et obtenait en échange 1 kilo or, puisque telle était la valeur marchande de ces deux métaux. Il se faisait renvoyer de Londres son kilo or, et le faisait frapper à la Monnaie de Paris sous la forme de 3.100 francs or. Il gagnait donc 100 francs brut sur cette opération, soit un peu plus de 3 p. 100, et, même déduction faite du coût de monnayage et de transport, l'opération était très lucrative.

tité de monnaie d'argent était sortie de France et qu'elle avait été remplacée par une quantité égale de monnaie d'or. C'est justement le jeu de la loi Gresham : la monnaie forte est remplacée par la monnaie faible. C'est par pleines cargaisons que l'on emportait aux Indes les pièces d'argent de France. On les achetait à leur poids d'argent pour les vendre aux hôtels des Monnaies de Bombay et de Madras et les convertir en roupies. Durant cette période, ces hôtels transformèrent en monnaie indienne pour plus de deux milliards de francs de nos pièces françaises.

On ne tarda pas à souffrir d'une véritable disette de monnaie d'argent. Pour arrêter sa fuite, on n'aurait pas manqué au temps jadis de recourir à des mesures prohibitives et peut-être à des pénalités contre les gens qui exportaient la monnaie d'argent. La science économique, en indiquant la cause du mal, permettait d'apporter un remède bien plus efficace. La monnaie d'argent disparaissait parce qu'elle était trop forte ; il suffisait donc de l'affaiblir en diminuant son poids ou simplement sa proportion de métal fin et on pouvait être certain qu'on lui aurait coupé les ailes : elle ne bougerait plus. C'est ce que firent d'un commun accord la France, l'Italie, la Belgique, la Suisse, par la convention du 23 décembre 1865[1]. Le titre de toutes les pièces d'argent, *hormis des pièces de 5 francs*, fut abaissé de 900 millièmes à 835 millièmes, ce qui leur enlevait un peu plus de 7 p. 100 de leur valeur. *Toutes ces pièces devinrent donc et sont restées monnaie de billon* et, suivant les principes invariables en cette matière, elles ont perdu depuis ce jour leur caractère de monnaie légale et n'ont plus été reçues que comme monnaie d'appoint[2]. Pourquoi fit-on exception pour la pièce de 5 francs ? Ce fut la France qui l'exigea, par respect pour le principe bimétalliste, car billonner toutes les pièces d'argent c'eût été renoncer complètement à la monnaie d'argent comme monnaie légale, c'eût été devenir franchement mono-

---

[1] C'est ce qu'on appelle l'*Union Latine* (quoiqu'elle ne comprenne pas l'Espagne ni le Portugal). Peu après la Grèce s'y est jointe. A l'origine il était convenu que les pièces frappées dans l'un quelconque de ces cinq pays auraient droit de circulation dans tous. Mais cette libre circulation a été retirée en 1893 aux monnaies d'argent divisionnaires (c'est-à-dire inférieures à la pièce de 5 francs) d'Italie et un peu plus tard à celles de Grèce. Ce n'est pas contre le gré de ces pays, mais sur leur demande que cette mesure a été prise, parce que le change, qui leur était défavorable, faisait émigrer en France ces petites pièces de monnaie et celles-ci leur faisaient faute. Voir ci-après au chapitre *Du change*.

[2] Jusqu'à concurrence de 50 francs entre particuliers et de 100 francs dans les caisses publiques — mais pour celles-ci en fait sans limitation. Il est juste en effet que l'État ne puisse refuser la monnaie qu'il a émise lui-même.

métalliste or, comme l'Angleterre, et cette révolution dans notre
système monétaire effraya le gouvernement français. On maintint
donc la pièce de 5 francs avec son poids et son titre et son caractère de monnaie légale. Naturellement elle continua à fuir, mais
on pouvait plus aisément se passer d'elle que de la monnaie divisionnaire : au besoin, on pouvait la remplacer par la pièce de
5 francs d'or.

A partir de 1871 nous avons vu qu'une révolution inverse s'était
accomplie dans la valeur respective des deux métaux et que l'appareil monétaire français s'était trouvé de nouveau désaccordé, mais
cette fois en sens inverse. Ce fut la monnaie d'or qui se trouva
trop forte et qui, par conséquent, commença à émigrer. Ce fut la
monnaie d'argent qui se trouva trop faible et qui commença à
pulluler.

Les mêmes opérations que nous avons expliquées tout à l'heure
recommencèrent, mais en sens inverse. Recommençons aussi
l'explication, pour éviter toute obscurité sur ce point essentiel.

Un banquier à Paris se procurait 3.100 francs d'or en pièces de
20 francs ou de 10 francs, il n'importe. Cela fait tout juste un kilo
d'or. Il les mettait dans un sac et les expédiait à Londres. Sur le
marché des métaux précieux à Londres, avec un kilo or, on pouvait avoir jusqu'à 20 kilos argent. Il achetait donc 20 kilos argent,
se les faisait réexpédier à Paris et les faisait monnayer à l'Hôtel
des Monnaies. Comme l'Hôtel des Monnaies avec un kilo argent
devait frapper 40 pièces de 5 |francs (c'est-à-dire 200 francs), elle
délivrait à notre banquier 20 × 200 = 4.000 francs, en pièces de
5 francs. Bénéfice brut 900 francs. Déduisez les frais de transport,
de monnayage, etc., et aussi la prime nécessaire pour se procurer
les pièces d'or, à mesure qu'elles devenaient rares, l'opération
n'en était pas moins très lucrative. Et il est clair que pour la
France l'opération se traduisait par une diminution de la monnaie d'or et une augmentation de la monnaie d'argent. Répétée
indéfiniment, cette opération devait avoir pour résultat inévitable
de substituer complètement dans la circulation la monnaie
d'argent à la monnaie d'or.

Il fallut donc que les puissances qui avaient formé l'Union latine
(la Grèce depuis s'y était adjointe) se concertassent pour remédier
à ce nouveau danger. De même qu'en 1865 elles avaient arrêté la

---

¹ Du moins pour la pièce de 5 francs, la seule monnaie d'argent ayant cours
légal. Car pour les petites pièces d'argent, chaque État s'est réservé le droit d'en
frapper une certaine quantité déterminée par le chiffre de sa population — et qui
depuis la guerre a été très augmentée.

fuite de la monnaie d'argent en affaiblissant son titre, de même elles auraient pu arrêter la fuite de la monnaie d'or en affaiblissant son titre ou en diminuant son poids. Mais ces refontes incessantes, portant tantôt sur une monnaie, tantôt sur l'autre, auraient fini par désorganiser tout le système monétaire. On préféra recourir à un procédé plus simple mais plus brutal : on trancha le nœud gordien. *La convention du 5 novembre 1878 a suspendu la frappe de la monnaie d'argent* [1]. Dès lors, l'opération que nous venons de décrire est devenue impossible. Il n'y a plus de profit à acheter des lingots d'argent à l'étranger, puisqu'on ne peut plus les convertir en monnaie [1].

Aussi bien cette mesure réussit pleinement à conserver à la France son beau stock métallique or, qui n'avait pas encore été sensiblement entamé. Mais comme on peut bien le penser, cette convention, qui fermait au métal argent un marché de près de 80 millions d'hommes et restreignait d'autant ses débouchés, eut pour effet de précipiter encore la dépréciation du métal argent, c'est-à-dire d'aggraver le mal. C'est alors qu'on a vu le métal argent, qui jusqu'alors n'avait guère perdu que 10 à 12 p. 100, tomber de chute en chute à 77 francs le kilo en 1903, ce qui représente moins des 2/5 seulement de sa valeur légale (200 francs) et correspond au rapport de 1 à 40 entre la valeur des deux métaux ! En d'autres termes, l'écu de 5 francs ne valait plus que 2 francs et le franc (à cause du titre plus faible) environ 36 centimes !

Dans ces conditions, la frappe libre de la monnaie d'argent n'a pas été reprise, et nul ne sait si on la reprendra jamais [2]. Dès lors, on peut dire que, quoique les pays de l'Union latine soient encore légalement sous le régime bimétallique, en fait ils sont à peu près devenus monométallistes or. *De toutes leurs pièces d'argent, il n'en est plus qu'une seule qui soit encore monnaie légale, et celle-là précisément on ne la frappe plus !*

---

[1] Toutefois, ce danger n'est peut-être pas absolument conjuré, car il faut prévoir la possibilité d'une fabrication clandestine de monnaie d'argent — non de fausse monnaie, mais *de bonne monnaie* ayant le poids et le titre légaux — laquelle fabrication procurerait tout de même au contrefacteur l'énorme bénéfice de 100 p. 100 que l'État réalise aujourd'hui sur la frappe. Et il est certain que cette opération illicite s'effectue en effet et probablement dans de plus grandes proportions qu'on ne pense, car il est difficile de reconnaître cette fausse monnaie qui est une bonne monnaie. Il en résulte que la quantité de monnaie d'argent en circulation doit être un peu supérieure à la quantité frappée.

[2] Il est vrai que depuis la guerre la valeur de l'argent a notablement augmenté, non seulement parce que le métal blanc a participé à la hausse générale des prix, mais aussi parce que tous les pays belligérants ont eu besoin d'augmenter beau-

IV

S'il convient d'adopter le système monométalliste.

Il semble, d'après les explications qui précèdent, qu'il n'y ait plus lieu d'hésiter. Le système monométalliste est infiniment plus simple, il coupe court à toutes les difficultés que nous venons de signaler. Pourquoi ne pas l'adopter?

Tel est le parti qu'ont pris déjà la plupart des pays, l'Angleterre la première (1816), puis le Portugal (1854), l'Allemagne (1873), les États Scandinaves (1875), la Finlande (1878), la Roumanie (1890), l'Autriche (1892), la Russie (1897), le Japon (1897), le Pérou (1901).

Il ne reste plus, comme pays bimétallistes, que le groupe dit de l'Union latine (France, Italie, Belgique, Suisse et Grèce), la Hollande, l'Espagne, les États-Unis, le Mexique et les Indes.

Le monométallisme argent règne en Asie, à l'exception des Indes [1] et du Japon qui l'ont abandonné depuis peu. C'est pourquoi Léon Say disait : les hommes blancs recherchent le métal jaune et les jaunes le métal blanc.

coup la frappe de monnaie d'argent pour remplacer l'or et subvenir à la disette de petite monnaie — et enfin parce que la production des mines d'argent a un peu faibli.

Voici les variations principales du cours de l'argent et du rapport à l'or :

1903	77 francs le kilo, rapport 1 à 40			
1910	118 »	»	»	1 à 26
1913	80 »	»	»	1 à 38
1917 (septembre) .	180 »	»	»	1 à 17

La valeur de l'argent est toujours cotée à l'anglaise, en *onces* et en *pences*. Pour traduire ces évaluations, il faut faire un triple calcul assez compliqué, étant donné que l'once représente 31,103 grammes, que l'alliage anglais est au titre de 925 millièmes et que le penny vaut un peu plus de 10 centimes (0 fr. 105). Mais on peut simplifier le calcul en multipliant le chiffre anglais par le rapport 11/3. Ainsi quand la cote anglaise donne 60 pence l'once, si on multiplie $60 \times \frac{11}{3}$, on a 220 qui est précisément le prix de l'argent *pur* quand il est au pair. S'il s'agit de l'argent au titre d'alliage français de 9/10, alors la cote correspondante est naturellement 1/10 de moins, soit 54 pence. Tel est le cours qui correspond au pair de l'argent monnayé, soit 200 francs le kilo, et au rapport légal 15 1/2. Et pour avoir l'équivalence pour tout autre cours, il suffit de faire un calcul de proportion.

[1] L'Inde, depuis 1893, est bimétalliste, puisque le souverain anglais or et la roupie argent sont admis l'un et l'autre comme monnaie légale et dans le rapport fixe de 1 livre pour 15 roupies. — Et voici une surprise! Par suite de la hausse de valeur de l'argent, la roupie se trouve valoir maintenant plus du 1/15 de la livre — ou, autrement dit, la livre ne vaut plus 15 roupies — en sorte que c'est la roupie qui se trouve monnaie forte et le souverain monnaie faible relativement. Néanmoins la roupie ne pourra sortir parce que l'exportation de l'argent est défendue, mais on ne pourra empêcher l'or américain d'arriver : il s'y prépare déjà.

L'Amérique du Sud est théoriquement bimétalliste, mais en fait elle est toute au régime du papier-monnaie — et depuis la guerre il faut en dire autant de tous les pays belligérants, hormis l'Angleterre et les États-Unis.

En ce qui concerne l'Union latine, nous avons vu tout à l'heure combien est faible le lien qui la rattache au bimétallisme légal, presque purement nominal. De même aussi les États-Unis. Pendant longtemps chez eux un parti puissant, celui des *Silvermen*, a fait campagne pour établir légalement et même propager au dehors le vrai bimétallisme, c'est-à-dire la frappe libre de l'argent : il avait même obtenu le vote d'une loi célèbre, en 1890, obligeant le Gouvernement à acheter chaque mois pour quelque 25 millions de francs de lingots d'argent. Mais dans les campagnes électorales les *Silvermen* ont été battus et la loi du 14 mars 1900 a déclaré expressément que le dollar or serait étalon monétaire : il est vrai que le dollar argent conserve le pouvoir libératoire illimité, mais la frappe en est limitée [1].

Pourquoi donc ces États ne coupent-ils pas le fil si ténu qui les rattache encore au bimétallisme et n'adoptent-ils pas, comme les autres, le monométallisme? D'autant plus que, même parmi les pays bimétallistes, il en est plusieurs qui employaient en fait la monnaie d'or qu'ils ont en abondance, tels la France, ou qui du moins avaient de l'or en quantité suffisante pour leurs échanges internationaux, tels les États-Unis.

Mais c'est que le bimétallisme n'a pas encore tout à fait perdu la partie. Il y a encore des bimétallistes en France et même parmi les économistes.

Voici les arguments qu'on peut faire valoir et qui ne manquent pas de force :

1° Pourquoi mettre au rebut un métal dont la principale utilisation a été de tout temps la monnaie, à ce point qu'aujourd'hui encore l'Argent est le mot qui sert à désigner la richesse? Ce n'est pas d'une sage économie. La moitié du monde, l'Orient, se sert encore aujourd'hui d'argent. En le démonétisant chez nous, on rompt un lien qui unissait l'Orient à l'Occident.

2° L'adoption de l'étalon d'or entraîne la démonétisation de l'argent et ce sera une opération très coûteuse, car si on enlève à la pièce de 5 francs le caractère de monnaie légale, il faut la reti-

---

[1] Les États-Unis n'ont pas adopté le même rapport que l'Union latine entre la valeur des deux métaux : entre leur dollar or et leur dollar argent le rapport est de 1/16.

rer, en grande partie, de la circulation. Or, on estime qu'en France ces pièces de 5 francs, les écus, comme on les appelle, représentent 1 1/2 à 2 milliards de francs, valeur nominale, mais vendues au poids d'argent, valaient, avant la guerre, à peine 1 milliard. Les frais de cette opération se seraient donc élevés au moins à 500 millions de francs.

Il est vrai que cet argument a perdu beaucoup de sa force, la valeur de l'argent s'étant notablement relevée depuis la guerre (voir ci-dessus p. 463)[1], et tendant même à revenir au pair. Mais raison de plus pour ne pas démonétiser l'argent, précisément à la veille du jour où il semble reprendre son ancienne valeur !

3° En ce qui concerne la France, et notamment la Banque de France, nous verrons plus loin que le cours légal de l'argent, tout au moins de la pièce de 5 francs, a été d'un grand secours à la Banque de France, en lui permettant, en temps de crise, de sauvegarder son encaisse d'or sans avoir besoin de recourir aux mesures défensives qu'emploient les autres pays, telle que la hausse du taux de l'escompte. Peut-être aurait-elle à regretter de s'être dessaisie de cette arme défensive.

4° Nous savons que toute variation dans la valeur de la monnaie a pour conséquence immédiate une variation inverse dans les prix (voir ci-dessus, p. 358) : or, quand il n'y a qu'une seule monnaie, il est à craindre que ces variations ne soient fréquentes et brusques, qu'elles ne détraquent tout l'organisme commercial et ne provoquent des crises incessantes.

Quand on emploie, au contraire, pour mesurer les valeurs, deux monnaies, alors *il s'établit entre elles une sorte de compensation* très favorable à la stabilité des prix et par suite aussi à la prospérité du commerce, car, dans les affaires, c'est surtout la stabilité qui est à considérer. L'explication de ce phénomène de compensation est un peu délicate, mais il est facile cependant de s'en faire une idée.

Il faut remarquer d'abord que les variations des deux métaux

---

[1] Il faut remarquer en outre que ce serait une assez grosse perte pour la Banque de France, car elle a encore dans son encaisse 261 millions de francs en argent sur lesquels elle se trouverait perdre environ 30 millions de francs même au prix actuel de l'argent (septembre 1917) qui bénéficie d'une hausse énorme, mais peut-être momentanée.

Cependant l'opération serait bien moins onéreuse aujourd'hui qu'elle ne l'eût été avant la guerre, alors que la Banque avait près de 1 milliard d'écus en caisse et que l'argent perdait plus de 60 p. 100 de sa valeur. Mais la Banque a eu la sagesse de profiter de la guerre et des besoins énormes de petite monnaie que la guerre a créés pour se débarrasser de la plus grosse partie de son encaisse argent.

seront nécessairement solidaires comme s'ils ne faisaient qu'un.
Ceci n'est qu'un cas particulier de la loi de substitution (voir p. 52),
laquelle veut que toutes les fois qu'un produit peut être substitué à un autre dans la consommation, leurs valeurs s'égalisent
nécessairement. Si l'électricité peut remplacer parfaitement le
gaz pour l'éclairage et *vice versa*, le prix de celui-ci se règle nécessairement sur le prix de celle-là. Or, il n'est aucun cas de substitution plus parfaite que celle du franc d'argent au franc d'or —
ou *vice versa* — en supposant un régime de bimétallisme vrai,
c'est-à-dire la frappe libre des deux métaux. Donc, tant qu'on
peut indifféremment employer l'un pour l'autre, l'un ne saurait
valoir plus ou moins que l'autre.

Ceci admis, il faut se rappeler que la cause de la supériorité
des métaux précieux, en tant que mesure des valeurs, tient à ce
fait que les variations de quantité sont peu de chose relativement
à la masse existante (voir ci-dessus, p. 427). Or cette condition
sera d'autant mieux remplie que le stock métallique sera plus
considérable et s'alimentera à des sources différentes. Composé
de deux métaux il formera d'abord une masse double, et, de plus,
comme il est peu probable que les causes qui amènent un surcroît
de production de l'un ou de l'autre des deux métaux coïncident,
les variations seront moins sensibles. C'est ainsi que les crues
d'un fleuve sont d'autant moins soudaines et moins à redouter que
ses affluents sont plus nombreux et qu'ils prennent leur source
dans des régions plus éloignées et plus différentes par leurs caractères géologiques ou climatériques. Les crues de la Seine, dont les
affluents ont la forme rayonnante, sont généralement inoffensives[1],
tandis que celles de la Loire ou de la Garonne, dont les grands
affluents prennent tous leur source dans la même région, sont
désastreuses. A ce point de vue, il est préférable que notre réservoir métallique soit alimenté par deux affluents d'origine différente, par l'or et l'argent, que par un seul, et s'il y en avait trois
ou quatre le niveau serait d'autant plus stable, en sorte que
théoriquement le *poly-métallisme* vaudrait encore mieux que le
bimétallisme[2]. En fait, s'il n'y avait eu que le métal or, la découverte des mines d'or de Californie et d'Australie aurait causé la

---

[1] L'inondation de la Seine de 1910 ne nous inflige pas un démenti, car elle n'a
été si désastreuse que précisément parce qu'elle été inattendue : elle n'avait pas
de précédents depuis deux siècles et demi (1658).

[2] Ou si l'on aime mieux une autre comparaison, il est préférable pour un système
monétaire de rouler sur deux roues parallèles que sur une seule : l'équilibre sera
assurément moins instable.

plus profonde perturbation par une hausse démesurée des prix, et tel aurait pu être l'effet des mines du Transvaal ou du Klondyke. Leur épuisement en causerait une inverse encore plus redoutable. Il n'importe guère que les prix soient hauts ou bas, mais ce qui importe beaucoup, c'est qu'on ne voie pas brusquement les bas prix succéder à de hauts prix et *vice versa*. L'idéal d'un bon système monétaire c'est la *stabilité des prix*.

Non seulement les bimétallistes ne sont pas disposés à renoncer à leur système, mais encore ils voudraient y convertir les pays monométallistes or et prétendent qu'aucune des difficultés que l'on redoute ne se produirait si ce système était consacré par un accord international de tous les grands pays sur le pied de 15 1/2, ou tout autre rapport à déterminer, peu importe lequel.

Cette affirmation paraît choquante aux économistes de l'école classique. Il ne saurait dépendre, disent-ils, de la volonté d'un gouvernement, ni même de tous les gouvernements réunis, de fixer la valeur respective de l'or et de l'argent *ne varietur*, pas plus que la valeur respective des bœufs et des moutons ou celle du blé et de l'avoine. La valeur des choses est fixée uniquement par la loi de l'offre et de la demande et échappe complètement à la réglementation du législateur : celle des métaux précieux ne fait pas exception à la règle.

Ce raisonnement comme généralisation nous paraît trop absolu. L'or et l'argent ne sont point des marchandises qui puissent être assimilées aux bœufs ni aux moutons, ni à toute autre marchandise, et voici pourquoi : leur principale utilité est, nous l'avons vu, de servir à fabriquer la monnaie. Par conséquent, quand on parle de la demande des métaux précieux, il faut entendre par là presque exclusivement la demande qu'en font une douzaine de grands États pour les Hôtels des Monnaies. Or il n'y a rien d'absurde à penser que si cette douzaine d'acheteurs s'entendaient pour fixer les prix respectifs des deux métaux, ils ne pussent, en effet, y réussir. S'ils déclarent qu'ils achèteront tous le kilo or sur le pied de 3.100 francs, et le kilo argent sur le pied de 200 francs, il est fort probable qu'ils feront la loi au marché.

On dit qu'il serait absurde de décréter qu'un bœuf vaudra toujours dix moutons ou qu'un hectolitre de blé vaudra toujours deux hectolitres d'avoine ! Oui, sans doute, parce que le marché de ces marchandises est immense et que leur cours est déterminé par les besoins de chacun de nous, c'est-à-dire de millions de consommateurs. Mais s'il n'y avait de par le monde qu'une douzaine de personnes qui fissent usage de bœuf ou de mouton, il est très vraisemblable qu'il dépendrait d'elles, en se coalisant, d'en fixer les prix sur le pied de 1 à 10 ou sur tout autre pied qu'il leur plairait. Un pareil résultat a été obtenu très souvent, malgré des conditions bien moins favorables, dans les coalitions commerciales que nous avons déjà vues sous le nom de *Cartels* ou *Trusts* [1].

Sans doute, il ne faut pas pousser cette conclusion à l'absurde. Il va sans dire qu'il ne serait pas au pouvoir des gouvernements, fussent-ils unanimes, de décréter que le rapport entre l'or et l'argent sera désormais sur le pied d'égalité ou, moins encore, que le rapport sera renversé et que désormais un kilo d'argent vaudra 15 kilos 1/2 or ! Pourquoi une telle déclaration serait-elle lettre morte? Parce que l'emploi industriel des métaux précieux, bien que de moindre importance que l'emploi monétaire (quoique pourtant il absorbe annuellement 30 à 40 p. 100 de la production), serait suffisant pour empêcher la fixation d'un rapport aussi extravagant que celui que nous venons d'indiquer. Tous les gouvernements du monde auraient beau décréter que l'argent vaudra autant que l'or, jamais hommes et femmes ne paieront pour une montre ou pour une bague d'argent le même prix que pour une montre ou pour une bague d'or [2].

Mais dans des limites raisonnables, nous n'hésitons pas à croire qu'un accord international serait efficace pour fixer la valeur respective des deux métaux et pour supprimer par conséquent le

[1] On peut citer d'ailleurs maintes preuves de cette influence exercée par le législateur sur le cours des métaux précieux : — par exemple, la stabilité du rapport entre la valeur des deux métaux qui s'est prolongée près de trois quarts de siècle, grâce à la loi française ou encore celle que maintient depuis une dizaine d'années le gouvernement anglais aux Indes : il a établi un rapport légal entre l'or et l'argent (le souverain d'or s'échangeant contre 15 roupies argent) et il le maintient en suspendant la frappe de celui des deux métaux qui est en baisse et en monnayant celui qui est en hausse; — et, comme preuve en sens inverse, la baisse de l'argent produite par la démonétisation de l'Allemagne, aggravée plus tard par la convention qui a supprimé la frappe de ce métal dans l'Union latine, et précipitée récemment par la suppression de la frappe dans l'Inde anglaise.

[2] Ajoutons que si, dans une telle hypothèse, on parvenait à maintenir la valeur de l'or au même niveau que celle de l'argent, comme les frais de production de l'or sont normalement plus considérables que ceux de l'argent, il en résulterait que la production argentifère déborderait, tandis que les mines d'or ne tarderaient pas à être abandonnées parce qu'elles ne donneraient plus de bénéfices; et une semblable mesure aurait finalement pour résultat de supprimer la production de l'or dans un délai plus ou moins éloigné. De même que si l'on décrétait qu'un bœuf ne vaudra pas plus qu'un mouton et qu'on réussit à imposer cette base d'évaluation, on peut tenir pour certain qu'au bout d'un certain temps la race bovine aurait disparu.

principal inconvénient du système bimétalliste, à savoir la fuite de l'une des deux monnaies. Où fuirait-elle, puisque par tout pays elle serait soumise à la loi?

Seulement cet accord international est-il possible en fait? Ceci est une autre question. Il ne le semble pas, car chaque pays met un point d'honneur à adopter l'étalon d'or, et notamment le gouvernement anglais, dont le concours serait indispensable au rétablissement du bimétallisme, l'a toujours repoussé. D'ailleurs, les pays qui ont fixé un rapport entre les deux métaux ont établi les rapports les plus différents (États-Unis 1 à 16; Mexique 1 à 32,58; Autriche 1 à 18,22; Russie 1 à 23,25; Japon 1 à 32,33, etc.).

Le mieux donc pour les pays bimétallistes paraît être de garder le *statu quo* : et c'est aussi ce qu'ils font [1]. Cette politique pouvait présenter quelques dangers il y a une dizaine d'années, alors que la production de l'or se raréfiait étonnamment et qu'on pouvait se demander s'il y en aurait assez pour tous les États qui voudraient le prendre comme étalon et si ceux qui tardaient à se décider n'arriveraient pas trop tard, mais depuis les dernières années du XIXe siècle, la production de l'or a presque quintuplé et il y a lieu de penser qu'elle augmentera encore, peut-être plus que celle de l'argent, toutes proportions gardées.

La production annuelle, qui était tombée presque à 150.000 kilos (500 millions de francs) en 1882, a atteint plus de 700.000 kilos de 1912 à 1916, valant plus de 2.400 millions de francs (or évalué au titre des monnaies) [2].

---

[1] Une Commission de délégués des États-Unis et du Mexique a été envoyée en Europe en 1903 pour voir si on pourrait s'entendre pour reprendre la frappe de l'argent. Le rapport très intéressant de cette mission, qui d'ailleurs n'a pas abouti, a été publié (*Introduction of the gold-exchange standard*, 1903-1904, Washington).

[2] La production totale de l'or depuis la découverte de l'Amérique jusqu'à 1850 a été évaluée à 4.752.000 kilos, pour une période de 350 ans, soit une production moyenne par an, de 13.576 kilos, valant en chiffre rond 46 millions de francs.

De 1850 à 1875, en 25 ans seulement, un chiffre un peu supérieur, 4.776.000 kilos, soit une production annuelle moyenne de 191.000 kilos qui font 550 millions fr.

De 1876 à 1913, en 37 ans, 13.396.000 kilos, soit une production annuelle de 362.000 kilos qui font 1.231 millions fr.

Pour les chiffres des dernières années qui ont dépassé 2.400 millions, voir ci-dessus, p. 437.

Il est vrai que tout cet or n'est pas monnayé, 40 p. 100 environ est employé dans l'industrie; mais la proportion de l'emploi industriel ne devait pas être très inférieure autrefois. Il y a cependant l'Inde qui, autrefois, ne thésaurisait guère que l'argent et qui de plus en plus absorbe l'or; on a évalué au chiffre prodigieux de 700 millions de francs la quantité qui aurait été absorbée annuellement par les Indes ces derniers temps

La production de l'argent a beaucoup augmenté aussi : elle s'est élevée de 2.150.000 kilos en 1875 (valant alors au pair 430 millions de francs) à près de 7 millions de kilos en 1911, année qui a marqué la production maxima. Mais en 1916 elle est tombée à 5.400.000 kilos. On voit donc par ces chiffres que la production de l'argent s'accroît moins vite que celle de l'or (celle-ci a quintuplé, celle-là triplé) et aussi que le rapport entre les quantités produites annuellement des deux métaux n'est plus que de 1 à 8. Le rapport de valeur actuel entre l'or et l'argent, quoique redescendu de 1/30 à 1/17, est donc encore très au-dessus du rapport entre la production respective des deux métaux. Aussi les prévisions émises dans nos précédentes éditions à savoir que si les sources d'or continuaient à couler aussi abondamment, la valeur de l'argent se relevât à nouveau et même qu'on la vît revenir au vieux rapport légal de 1 à 15 1/2 — semblent près de se réaliser.

Déjà depuis le commencement de la guerre la valeur du métal argent est remontée de 80 à 180 francs (voir ci-dessus p. 462), ce qui représente une hausse de 125 p. 100. Il est vrai que cette hausse tenait à des causes spéciales à la guerre et le kilo argent est retombé à 120 francs. Au reste l'argent, comme l'or, a disparu de la circulation en France.

La question du bimétallisme a donc perdu beaucoup de son acuité. Il n'y a pas péril en la demeure pour les États bimétallistes à le rester, et s'ils veulent un jour adopter le monométallisme or, le passage sera moins onéreux qu'aujourd'hui. La solution devient chaque jour plus facile en même temps que moins urgente.

Seulement, comme l'or est devenu en fait la seule monnaie internationale, il faut que les pays bimétallistes veillent à s'en assurer un stock suffisant. Sinon, ils seront obligés d'en acheter pour faire leurs paiements à l'étranger, ce qui sera onéreux.

La guerre a amené de grandes perturbations dans la répartition de l'or : il s'est accumulé dans les pays neutres, en paiement des fournitures faites aux belligérants, au point qu'ils en ont regorgé et que même, comme nous l'avons dit déjà (p. 436) les pays scandinaves ont arrêté la frappe de l'or.

A vrai dire, toute monnaie, or, argent, ou papier, en ce moment subit une dépréciation rapide et si l'or semble augmenter de valeur et faire prime, ce n'est que parce que la valeur des autres monnaies baisse plus rapidement que la sienne. D'ailleurs les valeurs de toutes les monnaies sont nécessairement solidaires.

CHAPITRE VI

LA MONNAIE DE PAPIER

I

Si l'on peut remplacer la monnaie métallique par de la monnaie de papier.

Qui a inventé la monnaie de papier ? On ne sait. Elle était connue en Chine de temps immémorial et le voyageur Marco Polo au XIVe siècle en avait rapporté la description. L'antiquité nous a laissé maints exemples de monnaies, sinon de papier du moins de cuir ou d'une valeur purement conventionnelle, que l'on appelait monnaies *obsidionales* parce qu'elles avaient en général été émises dans des villes assiégées, pour suppléer à la monnaie métallique qui faisait défaut.

Si nous ne savions déjà par une expérience journalière que l'on peut substituer la monnaie de papier à la monnaie métallique, nous aurions quelque peine à le croire et la question inscrite en tête de ce chapitre paraîtrait bizarre.

S'il s'agit de monnaie de papier sous la forme de billet de banque, il n'y a pas là de mystère. Le billet de banque n'est que le signe représentatif d'une valeur égale en or ou en titres déposée à la Banque et, quoique la plupart de ceux entre les mains de qui ils circulent l'ignorent ou ne s'en soucient guère, on comprend facilement qu'ils soient acceptés comme monnaie. Mais quand il s'agit du *papier-monnaie* proprement dit, c'est-à-dire de morceaux de papier émis par un État sans remboursement, pas du moins à date fixée, et sans aucune couverture en or, argent ou valeurs, on peut à bon droit s'étonner.

Assurément on ne saurait remplacer du blé, ou du charbon, ou une richesse quelconque, par de simples feuilles de papier sur lesquelles on aurait fait graver ces mots : « cent hectolitres de blé » ou « cent quintaux de charbon ». Ce ne sont pas ces feuilles de papier qui pourront nous nourrir ou nous chauffer. Et si même nous nous servions des pièces de monnaie pour les suspendre à notre cou, comme les filles d'Orient de leurs sequins d'or ou d'argent, il est clair que des morceaux de papier multicolores ne pourraient en tenir lieu. — Mais nous savons que la monnaie n'est pas une richesse comme une autre et que dans nos sociétés civilisées son utilité est tout immatérielle. Une pièce de monnaie n'est pas autre chose qu'un bon qui nous donne le droit de nous faire délivrer, sous certaines conditions, une part des richesses existantes (voir p. 433). Or, ce rôle de « bon » peut être joué par une feuille de papier aussi bien — disons même beaucoup mieux en ce qui concerne les facilités de circulation — que par un morceau de métal. Le financier Law, quoique d'ailleurs par ses expérimentations prématurées il ait mené la France à la banqueroute, a eu le mérite de parfaitement comprendre et de démontrer cette possibilité [1]. Et la meilleure démonstration d'ailleurs c'est l'emploi de la monnaie de papier qui tend à se généraliser de plus en plus. Pourquoi pas en effet? Si par la volonté de la loi et par le consentement général ces morceaux de papiers blancs ou bleus sont investis de la propriété de servir à payer nos achats, nos dettes, nos impôts, pourquoi ne circuleraient-ils pas tout aussi bien que les pièces blanches ou jaunes? Car celles-ci ne nous servent pas à autre chose.

Et même il est à remarquer que la perspective ou la certitude d'un remboursement à un terme plus ou moins éloigné, si elle peut être d'un grand poids pour les financiers, n'en a presque aucun pour le public, car qu'importe à celui qui reçoit en paiement des coupures de papier-monnaie de savoir qu'il pourra les échanger un jour, on ne sait quand, contre de l'or ou de l'argent? Aucun de ceux qui les reçoivent n'a l'intention de les garder jusqu'à ce terme. Il suffit de savoir, pour les accepter, qu'on pourra les faire passer à d'autres qui les accepteront de même. C'est un acte de foi réciproque.

[1] A peu près à la même date que Law, Boisguillebert exprimait la même idée en termes pathétiques :

« Le ciel n'est pas si éloigné de la terre qu'il se trouve de distance entre la véritable idée qu'on doit avoir de l'argent et celle que la corruption en a établie dans le monde...

» En effet, l'argent, dont on se fait une idole depuis le matin jusqu'au soir, n'est absolument d'aucun usage par lui-même... Il n'y a même aucune denrée si abjecte qui ne lui fût préférée en quelque lieu qu'on la rencontrât, s'il était absolument défendu au possesseur de l'argent de s'en dessaisir.

» Si les hommes s'entr'entendaient, il serait aisé de lui donner son congé. Nous avons en Europe un moyen bien facile pour mettre ces métaux à la raison et détruire leur usurpation... et cela en leur donnant pour concurrent un simple morceau de papier qui ne coûte rien et remplace néanmoins toutes les fonctions de l'argen ».

(*Dissertation sur la nature des richesses*, date inconnue, 1700 environ).

C'est même un fait remarquable que la facilité avec laquelle
les populations les plus arriérées dans l'évolution économique
acceptent la substitution d'une monnaie purement conventionnelle
à une monnaie marchandise. Il est à présumer que parmi les
monnaies primitives bon nombre d'entre elles, telles que les coquillages, étaient déjà monnaies conventionnelles, car elles ne représentaient guère une valeur comestible, et encore moins, pour les
tribus chez qui elles avaient cours, une valeur de collectionneur.
En tout cas, on a pu expérimenter maintes fois, et récemment
encore chez les tribus marocaines, l'empressement avec lequel,
après quelques hésitations, elles acceptent le papier à la place de
la grosse pièce d'argent qu'elles avaient toujours connue [1]. Et
l'histoire de toutes les guerres, surtout de la guerre actuelle,
fournit maintes preuves de ce fait psychologique si curieux parce
qu'il révèle quelle est la part de la foi dans les choses humaines
même dans l'idée que les hommes se font de la richesse. Dans la
plupart des villes de France (hormis Paris), la population a
réclamé elle-même l'émission de monnaie de papier pour remédier à la disette de la petite monnaie métallique [2]; les chiffons
de papier les plus crasseux ont été acceptés partout avec le même

[1] Un payeur principal rapporte qu'ayant à effectuer d'urgence les achats de bétail
nécessaires au ravitaillement d'une colonne militaire, il se trouva dépourvu de
numéraire : « Les fournisseurs, originaires des Riats, des Branès, des Houaras, de
tribus avec lesquelles l'administration française prenait langue pour la première
fois, refusent d'abord les billets, puis, après de longues palabres, les acceptent
sous la réserve formelle de les convertir le plus tôt possible en numéraire. Le
surlendemain, le convoi de fonds attendu rejoint le corps de troupes. Ruée immédiate vers la caisse; mais, quelques heures plus tard, vérification faite que les
sacs correspondent aux liasses, retour à la caisse pour rééchanger le métal contre
du papier. Le fait est significatif. L'Arabe, lorsqu'il s'est démontré à soi-même
l'équivalence du billet avec l'écu, les accepte indifféremment. Souvent même, à
cause de la longueur et de l'insécurité des voyages, sa préférence va au billet.
L'argent, disait un nomade, pèse et sonne : il retarde la marche, appelle le voleur.
La « carta banca », elle, est légère et silencieuse ».

[2] Au cours de la guerre, dans presque toute la France, hormis à Paris, on a vu
ces petites coupures de papier — 1 franc, 50 centimes, et même, dans nombre
de villes, 10 et 5 centimes ! — émises par les départements ou les Chambres de
commerce, voire même par des usines ou par des cafés, et qui n'avaient qu'une
circulation locale. J'ai vu des coupures de 1 franc coupées en deux pour faire
0 fr. 50, et le marchand qui les recevait recollant ensuite tous ces fragments.
Créée en vue de remédier à la pénurie de la monnaie divisionnaire d'argent,
elles ont eu pour effet de l'aggraver. En effet, elles ont illustré admirablement la
loi de Gresham en faisant disparaître absolument toute pièce d'argent et parfois
même celles de cuivre. Si Paris a pu garder, malgré quelques moments difficiles,
sa circulation métallique, c'est parce que la ville de Paris a eu la sagesse de
n'émettre aucune coupure de papier-monnaie.

empressement que des napoléons d'or — et quant à sa belle
monnaie d'or, elle l'a apportée avec toute la bonne grâce possible
à la Banque de France, en échange de billets (environ 2 milliards
de francs ont été ainsi apportés bénévolement). Non seulement la
monnaie de papier a circulé sans difficultés, mais on s'est mis à
la thésauriser à la place de la monnaie d'or, ce qui est le comble
d'honneur qu'on puisse lui faire !

D'ailleurs on s'étonnera moins de la circulation d'une monnaie
conventionnelle si l'on réfléchit que la monnaie métallique n'a
elle-même qu'une valeur en grande partie conventionnelle, car
quand on dit, comme on le répète très souvent, que toute bonne
monnaie d'or ou d'argent a une valeur intrinsèque égale à sa
valeur nominale, il ne faut pas se laisser abuser par ce mot de
valeur *intrinsèque*. S'il est vrai que le petit lingot d'or qui forme
la pièce de 20 francs ait réellement une valeur marchande de
20 francs, c'est en grande partie parce que l'or sert à faire les
pièces de 20 francs ou toute autre monnaie d'or. S'il ne servait
qu'à faire des bijoux ou à dorer des cadres de tableaux, ce lingot
d'or ne vaudrait certainement pas 20 francs : il ne vaudrait
peut-être pas même 5 francs !

C'est cependant une illusion que se font beaucoup d'économistes ou du moins contre laquelle ils ne mettent pas assez en
garde leurs lecteurs. La plupart semblent dire que le sceau de
l'État imprimé sur les pièces d'or et d'argent ne fait que constater
leur valeur réelle, comme ces étiquettes que les marchands
piquent sur leurs marchandises. Mais la déclaration que la pièce
d'or de six grammes vaut 20 francs n'est pas seulement *déclara-
tive*, elle est en partie *attributive* de valeur. C'est parce que la
volonté du législateur, ratifiant, si l'on veut, le libre choix des
hommes, a élevé l'or et l'argent à la dignité suprême de monnaie
que ces métaux ont acquis la plus grande partie de leur valeur,
mais du jour où la monnaie d'or ou d'argent serait démonétisée,
elle ne laisserait plus entre les mains de son possesseur qu'un
gage très déprécié[1].

Au reste il n'y a rien là de spécial à la monnaie. Pour qu'un
objet quelconque ait une valeur d'échange, il faut toujours que
le choix des hommes y ait une certaine part, mais si ce choix

---

[1] C'est ce qu'Aristote du reste avait vu très clairement : « Par l'effet d'une
» convention volontaire, dit-il, la monnaie est devenue l'instrument d'échange. On
» l'appelle νόμισμα, de νόμος, loi, parce que la monnaie n'existe pas de par la
» nature : elle n'existe que de par la loi et il dépend de nous de la changer et de
» la priver de son utilité, si nous le voulons » (*Morale à Nicomaque*, livre V).

est déterminé par des causes *naturelles*, la valeur qui en résultera sera pour partie naturelle et pour partie conventionnelle. Le blé lui-même ne doit sa valeur qu'au fait que la plupart des hommes civilisés ont adopté cette céréale, entre tant d'autres, pour leur alimentation, et si jamais la mode la remplaçait par quelque autre, nul doute que sa valeur ne fût anéantie : pourtant personne ne songera à dire que la valeur du blé est conventionnelle. Il en est de même des métaux précieux. Le choix des hommes, en se portant sur les métaux précieux, n'a rien eu d'arbitraire, car il a été dicté par les qualités très réelles que possèdent ces métaux et que nous avons indiquées. La seule différence c'est qu'il est plus aisé de remplacer les métaux précieux comme monnaie que de remplacer le blé comme aliment.

Cependant il faut avouer qu'entre la valeur de la monnaie métallique et celle de la monnaie de papier, il y aura toujours de graves différences. Les voici :

1° La monnaie de papier, n'ayant qu'une valeur conférée par la loi, ne peut s'étendre en dehors des limites du territoire que cette loi régit. Elle ne peut donc servir à régler les échanges internationaux. Au contraire, la valeur de la monnaie métallique, étant réglée par celle du métal, est à peu près la même par tout pays civilisé : elle peut donc circuler partout, sinon comme monnaie frappée, du moins comme lingot. Voilà pourquoi la monnaie métallique est essentiellement la *monnaie internationale*, tandis que la monnaie de papier reste essentiellement une monnaie nationale [1].

---

[1] Pourtant, dira-t-on, un billet de la Banque de France est généralement accepté à l'étranger ? — Oui, mais en ce cas on le reçoit, non comme une monnaie, mais comme un titre de créance, c'est-à-dire avec l'intention de le renvoyer en France pour *le faire payer en monnaie*. Le voyageur est libéré vis-à-vis de son hôtelier, mais son pays ne l'est pas, car il faudra qu'il paie le billet.

M. Levasseur répondait jadis à ceux qui regrettaient que nous ayons trop de métal-argent : « *Notre monnaie d'argent c'est notre armée territoriale ; elle garde » nos forteresses et nos frontières à l'intérieur ; l'or, c'est notre armée active » qui va à l'extérieur et revient dans le pays après avoir fait de fructueuses » campagnes* ». Mais cette comparaison spirituelle aurait beaucoup plus de force encore appliquée à la monnaie de papier qu'à la monnaie d'argent.

Un projet de loi vient d'être déposé à la Chambre pour démonétiser la monnaie d'or et d'argent et la remplacer par une monnaie nouvelle. Le but de cette singulière proposition est de forcer ceux qui gardent encore de la monnaie d'or, sourds aux appels patriotiques qui leur ont été adressés, à s'en défaire et à l'apporter à la Banque de France ou à l'État, par la crainte de ne pouvoir plus s'en servir après la guerre.

Il est possible que cette menace impressionne les petits thésauriseurs et par là fasse sortir un peu d'or de leurs armoires — mais tous ceux qui ont quelque notion

2° Le papier-monnaie n'a aucune valeur marchande, car il repose uniquement sur la volonté du législateur, et la même loi qui l'a créé peut aussi l'anéantir. Si la loi démonétise le papier-monnaie, il ne restera rien entre les mains du porteur qu'un chiffon sans valeur : quand il a perdu sa valeur légale, il a tout perdu. Il n'en est pas tout à fait de même de la monnaie métallique. En dehors de sa valeur légale, elle a aussi une valeur naturelle — certes ! bien moindre que sa valeur nominale, ainsi que nous venons de le dire, mais pourtant une certaine *valeur marchande* qu'elle doit aux propriétés physiques des métaux qui la constituent et qui sont loin d'être communes et de peu d'importance, en sorte que, même si ces monnaies se trouvaient démonétisées par la loi, tout de même le possesseur de ces pièces n'aurait pas tout perdu. Sans doute, si l'or et l'argent étaient démonétisés *par tous pays* la monnaie métallique perdrait la plus grande partie de sa valeur : parce que leur principal débouché, celui des Hôtels des Monnaies, leur ferait défaut. Et la preuve c'est qu'il a suffi que quelques pays seulement aient démonétisé leur monnaie d'argent pour causer une baisse considérable dans la valeur du métal blanc. Toutefois, même dans cette hypothèse extrême, les métaux précieux conserveraient encore une certaine utilité puisqu'ils pourraient être affectés à des usages industriels ; et comme ces emplois industriels deviendraient d'autant plus importants et d'autant plus nombreux que la valeur du métal baisserait, il est possible que cette baisse de valeur ne fût pas aussi grande qu'on le pense. Mettons qu'elle fût des deux tiers ou des trois quarts de la valeur actuelle. Encore resterait-il, entre les mains du porteur des pièces de monnaie, une certaine valeur

d'économie politique en riront, car ils savent que la monnaie d'or qu'ils détiennent conservera la même valeur après la guerre par le fait qu'elle restera monnaie internationale : au lieu d'être en napoléons ou pièces à l'effigie de la République, elle serait en souverains, en roubles ou même en marks, qu'elle aurait la même valeur — la valeur de son poids d'or — sur le marché international. Les auteurs du projet répondent, il est vrai, qu'ils déjoueront ce calcul en prohibant l'exportation de l'or. La sortie de l'or est en effet prohibée et pour toute la durée de la guerre, mais elle ne pourrait être prohibée après la guerre sans disqualifier la France sur le marché du monde, car dire qu'il sera défendu d'exporter de l'or de France, ce serait dire que la France ne pourra jamais payer ses achats ni ses dettes en monnaie ayant cours international. Et si l'on voulait ne permettre l'exportation que pour la nouvelle monnaie mais non pour l'ancienne, alors il faudrait trouver moyen d'empêcher que celle-ci ne fût transformée en lingots.

Pour la monnaie d'argent, la loi serait plus efficace, l'argent étant, comme nous venons de le dire, monnaie nationale plus qu'internationale et n'ayant qu'une valeur en partie factice.

que la loi n'aurait pu lui ravir, probablement même une valeur supérieure à celle de n'importe quelle autre marchandise qu'on aurait choisie comme monnaie légale et qui viendrait à être démonétisée.

3° Enfin la valeur de la monnaie de papier est généralement plus variable que celle de la monnaie métallique : et cela par la raison que la quantité de monnaie de papier dépend de la volonté des hommes, tandis que la quantité de monnaie métallique ne dépend que de causes naturelles, à savoir la découverte de nouvelles mines. L'une est émise par les gouvernements, l'autre par la nature. Il est donc au pouvoir d'un législateur imprévoyant de déprécier la monnaie de papier en en émettant une quantité exagérée, et le fait n'est que trop fréquent, tandis qu'il n'est pas au pouvoir d'un gouvernement de *déprécier par une frappe exagérée la monnaie métallique.*

Il est vrai que la découverte de mines exceptionnellement riches peut aussi jeter dans le monde, à un moment donné, une quantité considérable de métaux précieux, et, par suite, faire baisser la valeur de la monnaie métallique. Il est vrai aussi que lorsqu'une période de dépression succède à une période d'activité, la monnaie métallique qui a été attirée dans un pays peut se trouver momentanément en excès. Le fait est fréquent, mais ces variations dans la quantité d'or ou d'argent ne causent jamais la même brutale perturbation que les variations dans la quantité de papier-monnaie, parce qu'elles s'étendent sur toute la surface du monde civilisé : partout recherchés et reçus, les métaux précieux, s'ils sont en excès dans un pays, ne tardent pas à refluer d'eux-mêmes dans les autres pays, tandis que les crues subites du papier-monnaie — étant toujours renfermées dans les limites d'un pays déterminé qui forme comme réservoir clos et en dehors duquel elles ne peuvent se déverser — peuvent devenir désastreuses.

Tels sont les inconvénients qui font du papier-monnaie un instrument d'un maniement plus dangereux que la monnaie métallique. Ils sont loin cependant de justifier l'anathème prononcé contre le papier-monnaie quand on a dit « qu'il est le plus grand fléau des nations : il est au moral ce que la peste est au physique »[1]. A ce compte, toute l'Europe à ce jour serait pestiférée.

Il faut même remarquer que ces dangers pourraient être atténués et disparaître presque complètement si l'on imaginait une conven-

[1] Paroles attribuées souvent à Napoléon, mais qui sont d'un de ses ministres, M. de Montalivet (Circulaire du 10 octobre 1810).

tion internationale conclue entre tous les **pays** civilisés et par laquelle ils s'engageraient tous :

1° à donner cours légal à un même papier-monnaie;

2° à n'en pas augmenter la quantité, ou à ne l'augmenter que dans une proportion déterminée à l'avance, calculée pour chaque pays, par exemple d'après l'accroissement de sa population.

En ce cas, la valeur du papier-monnaie, quoique toujours conventionnelle, artificielle si l'on veut, néanmoins par le seul fait qu'elle reposerait sur le consentement unanime des peuples, aurait désormais une assiette aussi large et plus stable que la valeur de la monnaie métallique elle-même. Car s'il est vrai, comme nous l'avons dit, que celle-ci est émise par la nature et celle-là par les gouvernements, il faut remarquer que la nature est toujours aveugle, tandis qu'il y aurait chance qu'un syndicat d'États fût éclairé! Ils ont aujourd'hui, comme nous le verrons, assez de moyens de se renseigner pour pouvoir régler l'émission du papier-monnaie d'après les besoins de la circulation. Dès lors, comme sa quantité serait réglée par les prévisions scientifiques et non plus par le jeu du hasard, il est à croire que sa valeur serait moins sujette à varier. C'est probablement sous cette forme que sera la monnaie de l'avenir (voir p. 93) [1].

Le caractère de la monnaie de papier d'être artificielle n'est point, d'ailleurs, un signe d'infériorité : bien au contraire! Le chronomètre est un instrument artificiel pour mesurer les heures tandis que le soleil est un instrument naturel. Cela n'empêche pas que le premier ne soit, pour cet usage, fort supérieur au second. C'est la caractéristique même du progrès de remplacer les instruments naturels par des instruments artificiels : le bâton par le fusil, le cheval par la locomotive, la lumière du soleil par la lampe électrique et sa chaleur par le calorifère.

---

[1] Il a été déposé à la Chambre des États-Unis un projet de loi pour créer des *billets internationaux* qui porteraient l'indication de leur valeur en unités monétaires de tous les principaux pays, livres, dollars, francs, marks, roubles, milreis, yens, etc., et seraient garantis par une encaisse or de valeur égale.

La guerre actuelle aura probablement pour effet de hâter sa réalisation, car déjà sont éclos de nombreux projets de monnaie internationale sous forme de billets garantis par toutes les puissances de l'Entente et qui même — c'est ici que commence la chimère — serviraient à payer les centaines de milliards des dépenses de la guerre.

II

Si la création d'une monnaie de papier équivaut
à une création de richesse.

Les hommes qui les premiers ont eu l'idée de créer de la monnaie de papier se flattaient par là d'accroître la richesse générale, de la même façon que s'ils avaient découvert une mine d'or ou réalisé le Grand-Œuvre de la permutation des métaux rêvé par les alchimistes.

Sous cette forme l'idée était évidemment absurde, car elle suppose une création de ri hesse *ex nihilo*. Et pourtant on l'a trop tournée en ridicule, car il est très vrai que l'émission d'une monnaie de papier peut accroître dans une certaine mesure la quantité de richesses existant dans un pays. Mais de quelle façon? C'est Adam Smith qui le premier en a donné l'explication. Il fait observer que la monnaie métallique qui circule dans un pays est un capital improductif et que la substitution de la monnaie de papier, en rendant disponible ce capital, permet de l'utiliser et de lui donner un emploi productif. C'est ainsi, dit-il, dans une comparaison restée célèbre, que si l'on trouvait le moyen de voyager dans les airs, on pourrait restituer à la culture et à la production toute la surface du sol occupée par les routes.

La comparaison ingénieuse d'Adam Smith laisse cependant quelque obscurité dans l'esprit. On voit bien clairement que du jour où l'on n'aurait plus besoin des routes ni des chemins de fer, on pourrait défricher le terrain qu'ils occupent et rendre ainsi à la culture et à la production environ 400.000 hectares, rien que pour la France, — mais on ne voit pas aussi clairement ce qu'on pourra faire de la monnaie métallique du jour où l'on aura trouvé le moyen de s'en passer. La fera-t-on fondre pour en faire de la vaisselle ou des pendants d'oreilles? Le gain serait bien mince. — Non! mais on l'emploiera en achats ou en placements à l'étranger: voilà le bénéfice. La France a un capital de plus de 9 milliards de francs sous forme de monnaie d'or et d'argent [1]. Ce capital

---

[1] Ce numéraire devait se décomposer à peu près ainsi, avant la guerre: monnaie d'or 6 milliards; monnaie d'argent 3 milliards, plus une cinquantaine de millions de francs en monnaie de cuivre.

Aujourd'hui (décembre 1922) l'encaisse or de la Banque s'élève à 5.800 millions et il doit rester encore 1 milliard d'or dans les cachettes privées. De plus, il était sorti environ 2 milliards d'or pour les paiements à l'étranger. Le tout ferait donc 8,3 milliards. Mais il y a une déduction à faire, car une grosse part de l'encaisse de la Banque est composée non de monnaie d'or française, mais de lingots ou

énorme ne lui rapporte rien. Supposons qu'on trouve le moyen de le remplacer par du papier : voilà 9 milliards qu'elle pourra placer à l'étranger, soit en achetant des titres de rentes, des actions de chemins de.fer, des terres, des navires, soit en renouvelant son outillage industriel ou agricole, et qui, d'une façon ou de l'autre, pourront lui rapporter de 5 à 6 p. 100, c'est-à-dire peut-être 4 à 500 millions de revenus.

Ainsi font ces familles qui, possédant une argenterie ou des bijoux d'une valeur considérable, les remplacent par un métal d'imitation ou des pierres fausses et, pour grossir leurs revenus, réalisent le capital ainsi investi. Ou encore comme ces particuliers bien avisés qui, sachant que l'argent ne rapporte rien aussi longtemps qu'il dort dans leur poche ou dans leur coffre-fort, ont soin de n'en garder chez eux que le strict nécessaire et de placer tout le reste. Les plus riches sont le plus souvent ceux qui ont le moins d'argent chez eux. Le paysan économe a quelque tiroir secret plein de napoléons ou d'écus, mais le millionnaire n'a, pour payer son fournisseur, qu'un carnet de chèques. Les nations peuvent faire de même. Tandis que la France emploie 9 milliards de numéraire, l'Angleterre, plus experte en fait de crédit, se contente de 3 ; elle n'en est pas plus pauvre pour cela, au contraire !

Quand donc on pose cette question : Est-il au pouvoir d'un État ou même des banques, en émettant du papier-monnaie, d'augmenter réellement la richesse du pays ? — il ne faut pas répondre par une négation absolue. En réalité la chose est faisable, mais *seulement jusqu'à concurrence de la quantité de monnaie métallique existante.* En remplaçant les 9 milliards de numéraire que possède la France par égale somme en billets, l'émission du papier-monnaie pourrait en effet procurer à la France un supplément de richesses de 9 milliards — mais pas un sou de plus, et encore est-ce là un maximum théorique, car en fait il serait bien téméraire d'aller jusqu'à cette limite.

Il importe de remarquer encore que si le gain que nous venons d'évaluer peut être réalisé par certains pays, il ne saurait l'être *par tous à la fois.* Un pays peut bien utiliser son stock métallique d'une façon productive en l'écoulant à l'étranger, mais si chacun voulait en faire autant, il est clair qu'aucun n'y réussirait. Les espèces d'or et d'argent étant offertes par tous les pays, qui cher-

monnaies étrangères. La proportion avant la guerre s'élevait presque aux 2/3 : présentement elle doit être bien moindre, parce que la Banque ayant envoyé près de 2 milliards d'or à l'étranger a dû envoyer de préférence les lingots et monnaies étrangères.

cheraient à s'en débarrasser, n'auraient plus que leur valeur industrielle et encore très dépréciée par l'accroissement de l'offre — tandis que si l'on découvrait le moyen de se passer de routes, il en serait autrement : *tous les pays à la fois* pourraient bénéficier également de l'utilité nouvelle qu'ils trouveraient dans les terrains autrefois consacrés au transport et désormais devenus disponibles. C'est en cela que la pittoresque comparaison d'Adam Smith, à notre avis, pèche un peu.

Et pourtant elle reste vraie en ce sens que même en supposant la monnaie métallique remplacée partout par une monnaie de papier, le genre humain économiserait désormais tout le travail qu'il est obligé d'employer annuellement à entretenir son stock métallique, à combler les vides que le frai et les pertes accidentelles y creusent chaque jour, et surtout à en maintenir la masse au niveau qu'exigent les besoins d'un commerce et d'une population toujours grandissante. Pense-t-on que ce travail-là soit peu de chose ? L'exploitation des mines d'or et d'argent, la fonte, le transport, le monnayage des lingots, représentent le travail de centaines de mille de travailleurs, toute une armée. Supprimez la nécessité d'employer les métaux précieux et tous ces bras vont devenir disponibles pour une production nouvelle. La force productive de l'Humanité en sera accrue d'autant.

En résumé, on voit que la réponse à la question qui fait le titre de ce chapitre est bien différente de celle qu'on donnait autrefois. Il ne faut plus dire que la monnaie de papier accroît la richesse d'un pays *dans la mesure où elle augmente son stock monétaire*, mais au contraire *dans la mesure où elle permet de le diminuer*.

III

De l'émission exagérée de papier-monnaie et des signes qui la révèlent.

Nous avons mesuré l'avantage *économique* que peut procurer l'émission du papier-monnaie à un pays. Mais celui-là n'intéresse que les économistes et ce n'est jamais ce motif qui détermine les gouvernements à émettre du papier-monnaie. Le but qu'ils visent est plus pratique et plus simple : c'est un avantage *financier*. Quand un gouvernement se trouve à court d'argent, la création d'un papier-monnaie est pour lui un moyen très commode de payer ses fournisseurs, ses fonctionnaires, ses dépenses, *sans être obligé d'emprunter et par conséquent sans avoir besoin de payer d'intérêt.* Quand un gouvernement est dans cette situation, il est à croire qu'il ne jouit pas d'un crédit très élevé et que, s'il a besoin d'argent, ou bien il ne trouvera pas de prêteurs, ou bien le taux d'intérêt sera très onéreux. Voilà pourquoi beaucoup d'États ont eu recours à l'émission de papier-monnaie, et en somme ne s'en sont pas mal trouvés lorsqu'ils ont eu la sagesse de ne pas dépasser dans leurs émissions la limite nécessaire aux besoins du pays, laquelle est représentée par la quantité de monnaie métallique en circulation. Malheureusement la tentation est grande pour un gouvernement obéré de franchir ce cercle fatal : beaucoup y ont cédé qui ont fini par la banqueroute — pas tous pourtant.

Tout le monde connaît la lamentable histoire des *assignats* qui furent émis par la Convention et le Directoire. Les premiers assignats furent émis en août 1789 : au début la dépréciation fut assez lente et à la fin de 1791 elle n'était encore que de 8 p. 100, l'assignat de 100 francs étant à 92 francs, mais fin 1792 l'assignat de 100 livres était tombé à 72 francs et en 1793 il tomba à 22 livres. Il y eut un temps d'arrêt, puis fin 1795 il s'effondra à 2 livres et en mars 1796 (ventôse an IV) à 30 centimes [1].

On sait que ces assignats avaient pourtant pour gage les biens confisqués aux émigrés et à l'Église, mais ils furent émis en quantité infiniment supérieure à la valeur de ces biens, jusqu'au chiffre extravagant de 45 milliards de francs, c'est-à-dire vingt fois probablement la quantité du numéraire existant à cette époque ! Alors même que cette émission se serait faite en bonnes pièces d'or et d'argent, elle n'en aurait pas moins entraîné une dépréciation considérable de la monnaie métallique, puisque celle-ci se serait trouvée vingt fois supérieure aux besoins. On peut penser dès lors quelle dut être la dépréciation d'une simple monnaie de papier ! On vit une paire de bottes se vendre 4.700 francs, une rame de papier 450 francs et l'abonnement au *Journal Officiel* 1.000 francs [2].

---

[1] Voir dans la collection des Documents de la Révolution française, *Dépréciation de l'assignat d'après le tableau officiel*, par M. Caron.

[2] On a vu, il y a quelques années, et même actuellement, une dépréciation presque égale en Colombie : la piastre en papier, qui au pair vaut 5 francs, est tombée à moins de 5 centimes, autrement dit, un billet de 100 piastres vaut un peu moins de 1 piastre or. Aussi un œuf s'y vendait 2 piastres 1/2 (12 fr. 40) et une mule 30.000 piastres (150.000 francs) !

Au Brésil, on n'en est pas là : cependant tandis que le *milreis* d'or vaut 2 fr. 87 le milreis de papier ne vaut que 1 fr. 68 et même, il y a peu de temps, il ne valait que 1 fr. 20 — ce qui représente une différence de 40 à 60 p. 100.

Les porteurs d'assignats ne purent même les utiliser qu'en partie pour l'achat des biens nationaux ou pour le paiement des impôts, car le gouvernement lui-même ne voulut plus les accepter pour leur valeur nominale, mais seulement pour leur valeur calculée d'après des échelles de dépréciation officielle sans cesse renouvelées et décroissantes.

Toutefois on peut dire que, dans l'état actuel de la science économique, un gouvernement qui franchit la limite est vraiment inexcusable. Il y a en effet des signes certains, familiers à l'économiste et au financier, qui permettent de reconnaître le danger, même à distance, et qui donnent des indications plus sûres que celles que le plomb de sonde ou les amers peuvent donner au pilote :

Le premier, c'est la *prime de l'or*. Du jour où le papier-monnaie a été émis en quantité exagérée relativement aux besoins, il commence à se déprécier suivant la loi constante des valeurs, et le premier effet de cette dépréciation, le premier signe qui la révèle, alors qu'elle n'apparaît point encore aux yeux du public, c'est que la monnaie métallique fait prime. La monnaie métallique fait prime, c'est-à-dire que sa valeur ressort, dans cette dépréciation commençante de l'instrument monétaire, comme on voit émerger les roches à la marée descendante. Les banquiers et les changeurs commencent à la rechercher pour l'étranger sous forme de lingots et ils paient une petite majoration pour se la procurer. Voici alors pour les financiers le moment d'ouvrir l'œil !

Le second, c'est la *fuite de la monnaie métallique*. Si faible que soit la dépréciation de la monnaie de papier, si cette dépréciation n'est pas immédiatement conjurée par le retrait du papier en excès et si on la laisse se prolonger et s'aggraver, on verra disparaître le peu de monnaie métallique qui restait encore. Ce phénomène est tout à fait caractéristique : il s'est manifesté dans tous les pays où l'on a abusé du régime du papier-monnaie, depuis longtemps dans toute l'Amérique du Sud (pays de mines d'or et d'argent cependant !), tout comme aujourd'hui dans les pays belligérants. Nous l'avons expliqué en détail à propos de la loi de Gresham : nous n'y revenons pas (voir p. 450).

Le troisième, c'est la *hausse du change*. Nous n'avons pas encore parlé du change, mais il est facile de comprendre que les créances payables sur l'étranger, les lettres de change ou chèques, donnent lieu dans toutes les places commerciales du monde à un grand mouvement d'affaires. Elles ont un cours public, comme toute autre marchandise, qui est justement ce qu'on appelle le cours

du change. Or, ces créances sur l'étranger sont presque toujours
payables en or, puisque l'or c'est la monnaie internationale : une
lettre de change sur Londres est donc considérée comme équivalente à de l'or et par conséquent, si celui-ci fait prime, elle bénéficiera de la même prime [1].

Le quatrième, c'est la *hausse des prix*. Il n'apparaît que plus
tard, mais indique que le mal est déjà grave et que la limite permise
a été beaucoup dépassée. Aussi longtemps, en effet, que la dépréciation du papier-monnaie est faible, par exemple de 2 ou 3 p. 100,
les prix ne s'en ressentent guère (excepté le prix des lingots d'or
ou d'argent). Le marchand en détail ou même en gros ne majorera pas le prix de ses marchandises d'une si petite différence, et
le ferait-il que le public ne s'en inquiéterait pas. Mais du jour où
la dépréciation de la monnaie de papier atteint 10, 15,50 p. 100,
alors tous les marchands ou producteurs haussent leurs prix
proportionnellement. Le mal, qui jusqu'alors était à l'état latent,
fait éruption au dehors et se révèle au grand jour.

Enfin, il faut remarquer que les anciens prix ne changent pas
pour les personnes qui peuvent payer en monnaie métallique, si
toutefois il leur en reste encore : celle-ci en effet n'a rien perdu de
sa valeur, bien au contraire. On assiste donc à un curieux spectacle,
celui du *dédoublement des prix* : chaque marchandise se trouve
avoir désormais deux prix, l'un payable en monnaie métallique,
l'autre payable en monnaie de papier et la différence entre les
deux mesures est précisément la dépréciation de celle-ci. Mais si
le phénomène est curieux, il est rare et fugitif, car l'or disparaissant de la circulation aussitôt que s'y trouve une monnaie de
papier dépréciée, il ne peut plus y figurer comme moyen d'achat.

Sitôt donc qu'un gouvernement constate les signes précurseurs,
fuite et prime de l'or, hausse du change, son premier devoir serait
de s'interdire absolument toute émission nouvelle de papier-
monnaie : il a atteint en effet la limite à laquelle il faut s'arrêter.
S'il a eu le malheur de la franchir et s'il voit se manifester en
conséquence les redoutables symptômes de la hausse et du dédou-

---

[1] Cependant si toute dépréciation de la monnaie de papier détermine une hausse
du change sur l'étranger, il n'en faut point conclure *vice versa* que toute hausse
du change implique une dépréciation de la monnaie de papier, car elle peut tenir
à bien d'autres causes. Ainsi, à la date où nous écrivons ceci, en France, le change
sur Londres, New-York, et aussi sur tous les pays neutres, est de 100 à 150 p. 100
au-dessus du pair; mais ce n'est point à dire que le billet de banque soit déprécié
dans une proportion égale. Au reste, nous devons ajourner ces explications au
chapitre du *Change*.

blement des prix, il doit faire machine en arrière et détruire tout le papier-monnaie au fur et à mesure qu'il rentre dans ses caisses, jusqu'à ce qu'il l'ait ramené à de justes proportions. Mais ce remède héroïque, il n'est pas toujours possible à un gouvernement de l'appliquer. En effet pour arrêter l'émission de papier-monnaie, il faudrait qu'il pût se procurer des ressources par quelque autre moyen, par l'emprunt, et pour pouvoir rembourser le papier émis en trop, il faudrait qu'il trouvât des excédents dans le budget. C'est parce que ces conditions ne peuvent être remplies actuellement dans la plupart des États belligérants que l'émission du papier continue nonobstant la hausse des prix et celle du change.

L'expérience a démontré que lorsque l'émission de la monnaie de papier est faite par l'intermédiaire des banques, sous forme de billets de banque, au lieu d'être faite directement par le gouvernement, elle s'opère en général avec beaucoup plus de mesure et présente moins de dangers — parce que les banquiers sont plus vigilants pour défendre leurs intérêts et ceux de leurs actionnaires que ne l'est le Trésor pour défendre les intérêts du public. Aussi la plupart des gouvernements préfèrent-ils recourir aujourd'hui à ce procédé (voir ci-après *Le billet de banque*).

Les signes révélateurs que nous venons d'énumérer, s'ils sont précieux pour les gouvernements, leur sont d'autre part fort désagréables précisément parce qu'ils renseignent aussi le public et risquent de l'inquiéter. Aussi s'efforcent-ils de les empêcher d'apparaître au grand jour. C'est pourquoi en ce moment en France une loi de circonstance punit de peines sévères toute exportation et même toute négociation, avec primes, de monnaie métallique [1]. Il est donc interdit d'offrir ou de recevoir 110 ou 120 francs en billets de banque contre 100 francs d'or. Ces

---

[1] Loi du 12 février 1916.

La loi a été appliquée à diverses reprises : par exemple le 1er mars 1917, un Italien a été condamné à trois mois de prison et 2.000 francs d'amende pour avoir remis 2.600 francs de billets contre 2.500 francs d'or, et ses complices ont été condamnés à la prison et à l'amende, plus à la confiscation de l'or. A remarquer pourtant la modicité de la prime perçue sur l'or, 100 francs sur 2.500, soit 4 p. 100, très inférieure à la prime réelle.

La Banque de France elle-même ne donne aucune prime contre la monnaie d'or. Il est d'autant plus beau qu'elle ait pu obtenir du public près de 2 milliards d'or contre valeur égale en billets ; mais il faut voir là une politique plus patriotique qu'économique. Les Banques de Russie et d'Autriche ont offert des primes considérables pour l'or, 30 p. 100 la première et 16 p. 100 la seconde, il y a peu de temps. En Roumanie, la pièce d'or française de 20 francs était payée couramment

opérations étant défendues, il n'y a pas de prime de l'or, du moins apparente, et il n'y a pas non plus de dédoublement des prix, mais on ne peut empêcher la hausse du change ni la hausse des prix. Seulement le public ne s'inquiète pas de la première ou même l'ignore, et quant à la seconde il l'attribue à de tout autres causes que la dépréciation de la monnaie de papier. Au reste si les consommateurs en gémissent, tous les producteurs s'en réjouissent; nous avons déjà expliqué pourquoi.

CHAPITRE IX

LE CRÉDIT

I

Comment le crédit n'est qu'une extension de l'échange.

Le crédit n'est qu'un élargissement de l'échange — un échange dans le temps au lieu d'être dans l'espace. On peut le définir *l'échange d'une richesse présente contre une richesse future.*

Par exemple, je vous vends de la laine. Mais vous n'avez pas de quoi me payer, c'est-à-dire pas de richesse présente à me donner en échange de celle que je vous livre. Qu'à cela ne tienne! Vous me donnerez en échange la richesse future que vous vous proposez de créer avec cette laine, c'est-à-dire une valeur équivalente à prendre sur la valeur du drap quand il sera fabriqué.

30 francs. Mais en France aucune loi jusqu'à présent ne punit le fait de garder de l'or chez soi ni de s'en servir pour payer ses achats.

La loi est bien plus sévère en d'autres pays belligérants. En Bulgarie, c'est cinq à dix ans de travaux forcés. En Turquie, c'est la peine de mort et non pas seulement pour celui qui trafique des pièces d'or, mais pour quiconque les garde chez soi! En Italie même une loi de 1917 défend d'employer ou de garder des pièces d'argent.

Parmi les mesures prises par les gouvernements pour empêcher la dépréciation du papier-monnaie, il faut citer comme curiosité un décret du commandant de l'armée turque de Syrie (30 février 1917), publié par un journal arabe de Damas *Al Charq*, déclarant que « si d'ici au 15 mars la valeur du papier ne redevient pas égale à celle de l'or, dix notables, parmi lesquels les directeurs de la Banque ottomane et de la Banque allemande, seront exilés. Et de six semaines en six semaines l'opération recommencera jusqu'à ce que la circulation fiduciaire ait repris son cours normal ».

Ici le fait de l'échange apparaît à l'œil nu : c'est bien une vente. La seule différence avec la vente ordinaire, c'est qu'elle est faite *à crédit* au lieu d'être faite au comptant. Mais cette différence, qui paraît de peu d'importance, a des conséquences énormes. Ce n'est pas peu de chose que de faire entrer l'avenir dans la sphère des contrats !

Voici un autre mode de crédit où l'acte d'échange est moins facile à voir quoique virtuellement existant. Au lieu de vous vendre du blé, je vous le prête, c'est-à-dire que vous me le rendrez à la prochaine récolte. Bien entendu, vous ne me rendrez pas le même blé puisqu'il aura servi à ensemencer votre champ, mais un autre blé, celui que vous retirerez de la moisson. Les jurisconsultes romains disaient très bien que dans le prêt la chose était transférée en toute propriété — aussi l'appelaient-ils *mutuum* (de mien-tien) — et qu'il en était de même inversement de la chose similaire donnée lors du paiement. Si, au lieu de blé, nous supposons une somme d'argent, ce qui constitue aujourd'hui l'objet ordinaire du prêt, il n'est pas moins évident qu'ici encore il y a échange d'une richesse présente contre une richesse future[1].

Or, ces deux opérations, *la vente à crédit* et *le prêt*, constituent précisément les deux formes essentielles du crédit.

Les caractères essentiels du crédit sont donc : 1° la *consommation* de la chose vendue ou prêtée; 2° l'*attente* de la chose nouvelle destinée à la remplacer. Car, tandis que, dans la location d'une maison ou d'une terre, le bailleur sait qu'elle lui sera restituée et ne la perd pas de vue un instant entre les mains de l'emprunteur, celui qui prête une chose destinée à être consommée sait qu'il s'en dépouille irrévocablement; il sait qu'elle va être détruite et que telle est sa destination. Le sac de blé emprunté devra passer sous la meule pour devenir farine ou être enfoui sous le sillon en attendant la moisson nouvelle. Le sac d'écus emprunté, quel que soit l'usage qu'on veuille en faire, devra être vidé jusqu'à sa dernière pièce en attendant l'argent futur que l'on espère gagner. Or, c'est là une situation redoutable, aussi bien pour la personne qui emprunte que pour celle qui prête, car voici ce qui va en résulter :

---

[1] S'il s'agit du prêt d'un objet certain que l'emprunteur devra rendre tel quel, prêt d'une maison ou d'une terre (qui s'appelle bail à ferme ou à loyer), prêt d'un cheval ou d'un livre (qui s'appelle prêt à usage), en ce cas la définition que nous avons donnée ne s'applique plus : il n'y a plus d'échange, il y a *location* — mais aussi il n'y a plus de *crédit*, dans le sens propre de ce mot. On ne saurait dire que le propriétaire qui me loue un appartement me fait crédit, surtout quand il me fait payer le loyer d'avance, ce qui est la règle pour les petits loyers.

a) Quant au prêteur d'abord, il est exposé à des risques considérables. Sans doute, il compte sur une richesse équivalente qui viendra remplacer celle qu'il a prêtée, mais enfin *elle n'existe pas encore;* elle devra être produite à cette fin et tout ce qui est futur est par là même incertain. Les législateurs se sont ingéniés à garantir le prêteur contre tout danger — et les précautions qu'ils ont imaginées à cet effet constituent une des branches les plus considérables de la législation civile : cautionnement, solidarité, hypothèques, etc.

Quand la créance est garantie par la livraison d'un bien de valeur au moins équivalente, meuble ou immeuble (pour l'immeuble, ni même parfois pour les objets mobiliers, la livraison n'a pas besoin d'être effective), en ce cas le maximum de sécurité est obtenu et on dit que le crédit est *réel,* voulant dire par là que la créance porte sur une chose, *res.* Pourtant, même en ce cas, la sécurité n'est pas absolue, car l'immeuble hypothéqué ou l'objet donné en gage peuvent perdre de leur valeur. Donc il faut toujours de la part du prêteur une certaine confiance, un acte de foi, et voilà justement pourquoi on a réservé à cette forme particulière du prêt le nom de « crédit » qui suppose, en effet, par son origine étymologique, un acte de foi *(creditum, credere,* croire). Et le crédit est appelé à justifier de plus en plus son beau nom, puisque, comme nous le verrons, le crédit dit *réel,* c'est-à-dire garanti par une hypothèque ou un gage, cède de plus en plus la place au crédit dit *personnel,* c'est-à-dire à celui qui, sous forme de comptes courants en banque ou de société de crédit mutuel, se fonde uniquement sur la promesse de l'emprunteur. On dira, il est vrai, que c'est là un retour au passé, au temps antique de Rome où le créancier n'avait aussi d'autre gage que la personne même du débiteur, mais là différence est grande, car alors c'était le corps même du débiteur qui servait de gage, un corps qu'on pouvait emprisonner, frapper, peut-être même couper en morceaux *(partis secanto,* disait la loi des XII Tables), tandis qu'aujourd'hui le crédit personnel n'a pour gage que l'honorabilité du débiteur, non sa personne physique, mais sa personne morale.

2° Quant à l'emprunteur, son obligation ne consiste pas seulement, comme celle du fermier ou du locataire, à conserver la chose prêtée et à l'entretenir en bon état pour la restituer au terme fixé; il faut qu'après l'avoir utilisée, c'est-à-dire détruite, il travaille à en constituer une autre équivalente pour s'acquitter au jour de l'échéance. *Il faut donc qu'il ait grand soin d'employer cette richesse d'une façon productive.* S'il a l'imprudence de l'employer improductivement, pour des consommations personnelles, ou si par malheur il ne réussit pas à reproduire une richesse au moins équivalente à celle qui lui a été prêtée, c'est la ruine. Et de fait l'histoire de tous les pays et de tous les temps est un véritable martyrologe des emprunteurs, qui se sont trouvés ruinés par le crédit.

Le crédit est donc un mode de production infiniment plus dangereux que tous ceux que nous avons vus jusqu'à présent et qui ne peut rendre des services que dans les sociétés dont l'éducation économique est très avancée.

II

Historique du crédit.

De tous les modes d'organisation sociale, le crédit est de beaucoup le plus récent. En effet, sa fonction, telle que nous venons de la définir, est trop compliquée pour avoir pu naître dans des sociétés primitives, car elle suppose, au préalable, l'accumulation des capitaux sous la forme monnayée[1]. Autrefois pourtant, et même, il y a peu de temps encore, en Allemagne, le crédit a été pratiqué sous la forme de prêt de bétail.

Cependant, dira-t-on, le prêt (sinon la vente à terme) a déjà tenu une grande place dans l'antiquité et au moyen âge? Il est vrai : mais uniquement comme mode d'assistance entre gens de même famille, de même classe, ou à l'inverse comme mode d'exploitation entre étrangers ou gens de classes différentes[2] — rarement comme mode de production ! Et de là la défaveur qui s'est attachée à si juste titre à cette forme du contrat, les émeutes que cette question des dettes a si souvent provoquées, et la remise des dettes si souvent réclamée et parfois accordée par les gouvernements populaires. Les canonistes du moyen âge, en s'appliquant à dégager du contrat de prêt le cas où il était productif (et où ils admettaient l'intérêt comme légitime) de ceux où il était improductif (et où ils

---

[1] M. Bruno Hildebrand classe même l'évolution économique en trois périodes : — 1° l'économie *naturelle* caractérisée par l'absence de l'échange (le producteur consommant lui-même ses produits), ou tout au plus par l'échange en nature ; — 2° l'économie *argent* caractérisée par la vente ou l'achat ; — 3° l'économie *crédit* caractérisée par le prêt et la vente à terme, et qui, à notre avis, n'est pas encore arrivée à son apogée, puisque nous pensons qu'elle pourra un jour rendre complètement inutile l'emploi de la monnaie (voir ci-dessus, p. 499).

[2] « Tu pourras prêter à intérêt à l'étranger, mais non à ton frère » (Deutéronome, XXIII, 20).

condamnaient l'intérêt comme usuraire), ne raisonnaient pas si mal qu'on l'a dit et leurs préoccupations répondaient très bien aux nécessités de leur temps[1].

Mais il fallait au crédit, pour qu'il pût se développer, un instrument. Aussi n'a-t-il véritablement pris naissance, en tant que mode de production, que du jour où les richesses futures, qui constituent son véritable objet, ont été en quelque sorte, quoique non encore existantes, réalisées et mises dans le commerce sous la forme de *titres négociables*. Il y a eu là une véritable révolution économique qu'on peut faire dater du XIIIe siècle. Voici comment il faut la comprendre.

Au début, la créance n'est pas conçue en tant que richesse, car elle ne porte pas sur un objet matériel, sur une richesse quelconque : c'est un lien purement personnel entre le créancier et le débiteur. Selon la forte expression des glossateurs, l'obligation adhère au corps du débiteur, *ossibus hæret*. Et si le débiteur ne rembourse pas, le créancier ne peut se payer sur ses biens : il n'a point d'objet à saisir, sinon le corps même du débiteur, et voilà pourquoi, comme nous le rappelions tout à l'heure, il peut l'emprisonner ou même le couper en morceaux. Dans ces conditions, l'idée de créances *transmissibles,* c'est-à-dire la possibilité de mettre entre les mains de n'importe qui un tel pouvoir sur une personne, ne peut même pas venir à la pensée !

Mais bientôt — et les jurisconsultes romains ont fait ce grand pas — les créances sont assimilées aux biens matériels *(bona),* et on arrive par d'ingénieux détours à les rendre transmissibles par la *novatio* et la *litis contestatio*[2].

Cependant cette transmission est restée toujours plus difficile que celle des biens matériels — et encore aujourd'hui, d'après notre Code civil, la cession des créances exige des formalités assez compliquées, notamment la notification au débiteur.

Mais le droit commercial, qui, comme on l'a fait remarquer souvent, devance toujours le droit civil et marche en éclaireur, a réalisé, dès le moyen âge, une double et admirable invention qui consiste à représenter le droit de créance par un titre écrit, une lettre *(lettre de change* ou *billet à ordre).*

Qu'est-ce que la lettre de change? Un écrit par lequel le créancier intime à son débiteur *l'ordre de payer,* non à lui-même

----

[1] Voir Ashley, *Histoire et doctrines économiques de l'Angleterre* (traduction française), et ci-après, *De l'intérêt.*

[2] Voir le livre de Paul Gide, *La novation et le transport des créances* (1879).

« tireur », mais à *un tiers*, lequel est généralement dans un autre lieu ou dans un autre pays. C'est grâce à cette forme que là lettre de change a été de tout temps spécialement employée pour régler les opérations à distance, de place à place, de pays à pays.

Le marchand de Venise, qui devait 1.000 ducats à un marchand d'Amsterdam, au lieu d'envoyer ces 1.000 ducats en espèces, ce qui, en ce temps-là, n'était guère commode, les remettait à quelqu'un de ses confrères de Venise ayant créance sur Amsterdam; et celui-ci lui remettait en échange une lettre ordonnant à son correspondant d'Amsterdam de payer 1.000 ducats à qui lui présenterait la lettre. Ainsi le marchand de Venise n'envoyait à son créancier d'Amsterdam que la lettre au lieu de monnaie et était tout de même libéré. Il en est de même aujourd'hui[1]. — Mais, au début, cette lettre ne pouvait être utilisée que par celui qui l'avait tirée. Ce n'est que plus tard, au xve siècle, qu'on imagina de la rendre négociable par une simple mention au revers de la lettre, un *endossement*.

L'endossement n'a pas seulement pour effet de simplifier merveilleusement le règlement des affaires et de permettre de payer sans argent par un simple transfert de la lettre, mais aussi de fortifier la valeur de la lettre de change, puisque chacun de ceux entre les mains de qui elle passe et qui appose sa signature au dos devient solidairement responsable de la dette qu'elle représente. Le proverbe qui dit : pierre qui roule n'amasse pas mousse, est bien en défaut ici ; traite qui roule fait boule de neige et se grossit de garanties superposées. C'est donc un instrument de crédit parfait[2].

---

[1] Voici la formule de la *lettre de change*. Supposons que Paul ait vendu à Pierre des marchandises quelconques. Il écrit sur une feuille de papier timbré : « Montpellier, le 1er janvier 1917. — A quatre-vingt-dix jours de date, veuillez payer à Jacques, ou à son ordre, la somme de 1.000 francs, valeur reçue en marchandises ». Il ajoute en bas : « A M. Pierre, à Paris ». Il signe : « Paul », et il la remet à Jacques. Et quand Jacques voudra la transférer, il écrira derrière : « Payez à l'ordre de Guillaume. — Signé : Jacques ». — Et ainsi de suite.

Il y a un autre titre de crédit qui est le *billet à ordre*. En ce cas, c'est Pierre, acheteur, qui écrit ainsi : « A quatre-vingt dix jours de date, je paierai à Paul, ou à son ordre, la somme de 1.000 francs, valeur reçue en marchandises. — Ce 1er janvier 1917. — Signé : Pierre ».

Le billet à ordre est donc simplement *une promesse de payer* faite par le débiteur à son créancier, tandis que la lettre de change est *un ordre de payer* adressé par le créancier à son débiteur. Il joue un rôle beaucoup moins important que la lettre de change.

[2] Même sans la responsabilité des endosseurs, la lettre de change est un titre solide, parce que c'est chose grave pour un commerçant que de ne pas la payer à

Pourtant l'endossement, quoique créant une facilité nouvelle pour la circulation, constitue en même temps un obstacle, non pas tant par la petite formalité de la signature à apposer que par la responsabilité qu'elle implique. Faisons un pas de plus : supprimons l'endossement lui-même et créons des titres de crédit qui pourront se transmettre simplement de la main à la main comme des pièces de monnaie : titres au porteur, chèques, billets de banque[1].

Cette fois, le dernier terme est atteint. Et désormais des masses prodigieuses de richesses — non pas précisément fictives, mais futures, ce qui est bien différent — viennent s'ajouter à la masse des richesses existantes et vont circuler sous la forme de titres négociables ou au porteur. Ces titres font l'objet d'un commerce colossal dont on ne pouvait se faire autrefois aucune idée, et les marchands qui ont la spécialité de ce commerce-là s'appellent les banquiers.

La création de titres représentatifs du capital n'a pas seulement pour utilité de faciliter les ventes, les prêts et les paiements : elle a un effet plus curieux et en apparence quasi miraculeux : elle équivaut à un *dédoublement du capital* qui permet à deux personnes de l'utiliser à la fois.

C'est un prodigieux avantage, car s'il est très avantageux pour l'acheteur dans la vente à crédit de garder son argent à sa disposition pendant un certain temps, à l'inverse il est très désavantageux pour le vendeur d'être réduit à s'en passer pendant le même laps de temps. Un fabricant a besoin tous les jours de faire des achats et de payer des salaires. Il ne peut marcher qu'à la condition de renouveler au jour le jour, par la vente de ses marchandises, le capital qui lui est nécessaire : mais s'il vend ses marchandises à crédit, c'est-à-dire sans être payé, il semble qu'il va lui devenir impossible de continuer ses opérations.

Comment faire ? On ne peut pourtant, semble-t-il, faire que le même capital se trouve *en même temps* à la disposition de deux personnes différentes, celle qui l'a prêté et celle qui l'a emprunté ?

Si, vraiment, on y parvient[1] et c'est précisément le titre négo-

l'échéance, de la laisser *protester*, comme on dit. Il aura généralement des frais à payer et même il peut, de ce fait, être déclaré en faillite : en tout cas, il perd tout crédit. Si celui sur qui la lettre de change a été tirée est insolvable, alors c'est celui qui l'a émise, le tireur, qui est responsable.

[1] A vrai dire, le billet de banque et même le chèque sont moins des instruments de *crédit* que des instruments de *paiement*, des espèces de monnaie (voir ci-après).

ciable qui réalise ce problème en apparence insoluble. En échange du capital par lui cédé, le prêteur ou le vendeur à terme reçoit un titre, c'est-à-dire un morceau de papier sous diverses formes, billet à ordre, lettre de change, etc., et ce titre représente une valeur qui, comme toutes les valeurs, peut être vendue. Si le prêteur veut rentrer dans ses capitaux, rien de plus simple, il lui suffit de vendre, ou, comme on dit, de *négocier* son titre.

Bien entendu, il n'y a là aucune sorcellerie et l'opération s'explique très naturellement, ainsi que nous allons le voir dans la section suivante.

III

Si le crédit peut créer des capitaux.

Le crédit a pris une telle importance dans nos sociétés modernes que l'on est tenté de lui attribuer des vertus miraculeuses. En parlant à chaque instant des grandes fortunes fondées sur le crédit, en constatant que les plus vastes entreprises de l'industrie moderne ont pour base le crédit, on se persuade invinciblement que le crédit est un agent de la production qui peut, tout aussi bien que la terre ou le travail, créer la richesse.

Il y a là une pure fantasmagorie. Le crédit n'est pas un *agent* de la production : il est, ce qui est fort différent, un *mode* spécial de production, tout comme l'échange, tout comme la division du travail. Il consiste, comme nous l'avons vu, à transférer une richesse, un capital, d'une main dans une autre, mais transférer n'est pas créer. Le crédit ne crée pas plus les capitaux que l'échange ne crée les marchandises. Comme le dit admirablement Stuart Mill : « Le crédit n'est que la permission d'user du capital d'autrui ».

Ce qui favorise l'illusion, c'est l'existence des titres de crédit. Nous avons vu que tout capital prêté était représenté entre les mains du prêteur par un titre négociable et de même valeur. Dès lors, il semble bien que le prêt ait cette vertu miraculeuse de faire *deux* capitaux d'un seul. L'ancien capital de 10.000 francs qui a été transféré entre vos mains et le nouveau capital qui se trouve représenté entre les miennes par un titre de 10.000 francs, cela ne fait-il pas deux ? — Au point de vue subjectif, ce papier est, en effet, un capital; il l'est pour moi, mais il ne l'est pas pour le pays. Il est clair, en effet, qu'il ne pourra être négocié qu'autant qu'une autre personne voudra bien me céder en échange le capital qu'elle possède sous forme de monnaie ou de marchandise. Ce titre n'est donc point un capital par lui-même, mais il me donne simplement *la possibilité de me procurer un autre capital en remplacement de celui dont je me suis dessaisi.* Il est évident d'ailleurs que, quel que soit l'emploi que je veuille faire de cette valeur que j'ai en portefeuille, que je veuille la consacrer à mes dépenses ou à la production, je ne pourrai le faire qu'en convertissant cette valeur en objets de consommation ou en instruments de production déjà existants sur le marché. C'est avec ces richesses en nature que je produirai ou que je vivrai, non avec des chiffons de papier [1].

Si tout titre de crédit, c'est-à-dire si toute créance constituait véritablement une richesse, il suffirait que chaque Français prêtât sa fortune à son voisin pour doubler du coup la fortune de la France et pour l'élever de 250 milliards à 500 milliards !

Ne peut-on dire du moins que ces titres représentent des *richesses futures ?* Parfaitement ! mais c'est précisément parce qu'elles sont futures qu'on ne doit pas les compter. On les comptera le jour où elles auront pris naissance. Jusque-là, entre les richesses présentes et les richesses futures, il y aura toujours cette différence notable que les premières existent, tandis que les secondes n'existent pas ! On ne produit pas et on ne vit pas avec des richesses en espérance. Autant vaudrait, en faisant le recensement de la population de la France, compter, à titre de membres futurs de la société, tous ceux qui naîtront d'ici à vingt ans.

Mais si le crédit ne peut être qualifié de productif, en ce sens qu'il ne crée pas les capitaux, il rend cependant d'éminents services à la production en permettant *d'utiliser le mieux possible les capitaux existants* [2].

En effet, si les capitaux ne pouvaient pas passer d'une personne

---

[1] Léon Say dit, dans sa préface à la *Théorie des changes* de Gœschen :

« Cette représentation absolue de la propriété par le titre a fait disparaître toutes les difficultés qui entravaient l'échéance et la transmission des droits. On envoie aujourd'hui, dans une lettre de France en Angleterre, d'Angleterre au Canada, de Hollande aux Indes et réciproquement, les usines, les fabriques, les chemins de fer, tout ce qui se possède, en un mot. La chose reste immobile, mais son image est sans cesse transportée d'un lieu à un autre. C'est comme un jeu de miroirs qui enverrait un reflet au bout du monde. Le miroir s'incline et le reflet va frapper plus haut, plus bas, à droite, à gauche. La chose est dans un lieu, mais on en jouit partout. Qui a le reflet la possède ».

[2] Nous ne parlons ici, parce que nous sommes dans le livre de la production, que du crédit qui a pour but de faciliter la production, mais il y a aussi un crédit, plus périlleux encore, qui a pour but de faciliter la consommation. Nous le retrouverons sous cette rubrique

à une autre et si chacun en était réduit à faire valoir par lui-
même ceux qu'il possède, une masse énorme de capitaux resterait
sans emploi. Il y a dans toute société civilisée nombre de gens
qui ne peuvent tirer parti eux-mêmes de leurs capitaux, à savoir :

ceux qui en ont *trop ;* car dès qu'une fortune dépasse un certain
chiffre, il n'est pas facile à son possesseur de la faire valoir par
ses seules forces — sans compter que, d'ordinaire, en pareil cas,
il n'est guère disposé à prendre la peine nécessaire pour cela ;

ceux qui n'en ont *pas assez :* car les ouvriers, paysans, domestiques, qui ont fait quelques petites économies, ne sauraient
donner eux-mêmes un emploi productif à ces capitaux minus-
cules, et pourtant ces petits sous, une fois réunis, peuvent former
des milliards ;

ceux qui, à raison de leur *âge,* de leur *sexe* ou de leur *profession,* ne peuvent faire valoir par eux-mêmes leurs capitaux dans
des entreprises industrielles : les enfants, les femmes, les personnes qui se sont consacrées à une profession libérale, avocats,
médecins, militaires, prêtres, fonctionnaires et employés de tout
ordre.

Et, d'autre part, il ne manque pas de gens de par le monde, fai-
seurs d'entreprises, inventeurs, agriculteurs, ouvriers même, qui
sauraient tirer bon parti des capitaux, s'ils en avaient : malheureusement, ils n'en ont pas.

Dès lors si, grâce au crédit, les capitaux peuvent passer des
mains de ceux qui ne peuvent ou ne veulent rien en faire aux
mains de ceux qui sont en mesure de les employer productivement, ce sera un grand profit pour chacun d'eux et pour le pays
tout entier. Or, c'est par milliards que se chiffrent par tout pays
les capitaux ainsi soustraits, soit à une thésaurisation stérile, soit
à une consommation improductive, et fécondés par le crédit. On
a dit avec raison que le crédit avait cette vertu de faire passer à
l'état *actif* les capitaux qui étaient à l'état *latent.* En somme, le
crédit joue vis-à-vis des capitaux le même rôle que l'échange vis-
à-vis des richesses. Nous avons déjà vu que l'échange, en les
transférant d'un producteur à un autre, ne les crée pas mais sert
à les mieux utiliser et à mieux utiliser aussi le travail des producteurs et les ressources naturelles (Voir ci-dessus p. 368).

IV

Comment le crédit permet de supprimer la monnaie.

Que le crédit permette d'*ajourner* le paiement, cela est évident et résulte de sa définition même, mais qu'il permette de le *supprimer*, cela n'apparaît pas aussi clairement : car, dira-t-on, tôt ou tard, au jour de l'échéance, il faudra bien que le débiteur s'exécute et paie? — Mais non ! cela même ne sera pas nécessaire.

Supposons que toute vente, au lieu de se régler en argent, se règle par la création d'un titre de crédit — lettre de change ou chèque — et que ces titres de crédit soient jetés sur le marché et passent de mains en mains par des transmissions successives. Il devra arriver pour la plupart d'entre eux qu'ils finissent par se rencontrer et par s'annuler les uns les autres, soit par compensation, soit pas confusion, comme disent les jurisconsultes.

Soit dans le monde trois pays, ou trois personnes, que nous appellerons A, B, C. Supposons, comme tantôt, que A est débiteur de B, lequel est débiteur pour la même somme de C, lequel à son tour est débiteur de A, situation que nous représenterons par le diagramme suivant :

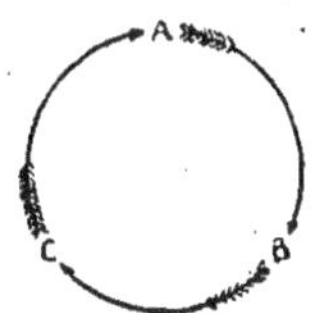

N'est-il pas évident qu'au lieu de faire faire un circuit complet à la somme d'argent due respectivement par ces trois débiteurs à leurs trois créanciers — c'est-à-dire d'obliger A à payer 1.000 à B, lequel ensuite paiera 1.000 à C, lequel enfin remettra les 1.000 à A des mains de qui ils étaient sortis — il est plus simple de régler tout sans débourser un sou?

Mais n'est-il pas bien invraisemblable, dira-t-on peut-être, que C soit justement débiteur de A et se trouve là, comme à point nommé, pour fermer le cercle? — Sans doute, mais si C n'est pas débiteur de A, il sera peut-être débiteur de D, ou de E, ou de F, ou de G, ou de H, etc., jusqu'à ce que finalement, à force de voyager, le titre arrive par chance cette fois à quelqu'un, quelque X qui se trouvera débiteur de A, et alors le problème sera résolu. Plus il y aura de personnes qui entreront en jeu, plus grand sera

le cercle, et, évidemment; *plus il y aura chance de fermer le cercle,
de boucler la boucle.* D'ailleurs il y a des intermédiaires tout exprès
pour faire de ces chances là des réalités : ce sont les banquiers.

C'est tout d'abord dans le commerce international, dans
l'échange de pays à pays, que l'on a appris à recourir au crédit
pour se passer de monnaie. Les difficultés et les dangers de transporter à de grandes distances de grosses quantités de numéraire
avaient inspiré aux Lombards, avons-nous dit, l'idée de la *lettre
de change,* dont l'utilité principale était d'éviter un transport de
monnaie entre deux places par un double paiement sur chacune
de ces places. Mais si le transport de monnaie était supprimé, le
paiement sur place ne l'était pas. Il n'y avait cependant qu'un
pas à faire pour y arriver — car il suffit de supposer que de chacune des deux places, disons Londres et Paris, il ait été tiré des
lettres de change sur l'autre : si chacune des deux places se
trouve créancière et débitrice de la même somme, il est clair que
les créances pourront être éteintes par le mode de paiement
qu'on appelle en droit *la compensation* et si les sommes sont inégales la compensation aura lieu tout au moins jusqu'à concurrence de la plus petite[1]. Il suffit pour cela que des intermédiaires
qui sont les banquiers se chargent de faire la balance.

Sans ces ingénieuses combinaisons, le commerce international
serait vraiment impossible, car s'il fallait que la France soldât en
numéraire chaque année sept ou huit milliards de francs d'importations, où prendrait-elle cette énorme quantité de monnaie? Il
y en a à peine autant dans toute la France. En fait, comme nous le
verrons, le numéraire qui voyage d'un pays à l'autre ne représente
de la valeur des marchandises échangées qu'une faible fraction.

Mais ce n'est pas seulement dans les rapports internationaux,
c'est aussi dans les rapports entre habitants d'une même ville ou
d'un même pays que le titre de crédit peut remplacer la monnaie
et la rendre inutile. C'est sous la forme de chèque surtout qu'il
remplit cette fonction.

Supposons que chaque Français se fasse ouvrir un compte
courant dans une banque, qu'il donne pour mandat à celle-ci
d'encaisser tout ce qui lui est dû et de payer tout ce qu'il doit,
qu'arrivera-t-il? Chaque fois qu'il aura à payer un fournisseur,
au lieu de sortir de sa poche son porte-monnaie, il en sortira un

---

[1] Même dans le cas de créances inégales entre deux places, la compensation
peut se faire le plus souvent en recourant à une troisième place pour y chercher
le solde voulu. C'est ce qu'on appelle *l'arbitrage* (voir ci-après).

carnet de chèques et, après avoir détaché une feuille et inscrit la somme due, il invitera son créancier à aller la toucher à la banque dont il est client. — Et de son côté quand il aura reçu en paiement — de son acheteur s'il est marchand, de son client s'il est avocat ou médecin, de l'entreprise dont il est actionnaire s'il est rentier, — un chèque représentant le prix de vente, les honoraires ou les dividendes, il ne prendra pas la peine d'aller toucher lui-même ces chèques, mais les remettra à son banquier pour qu'il fasse l'encaissement.

Que se passera-t-il? Que chaque banque A. B. C... se trouvera à la fois créancière et débitrice de liasses de chèques vis-à-vis des autres banques ou d'elle-même aussi, vis-à-vis de A. B. C... et le cercle que nous tracions tout à l'heure se trouvera bien plus rapidement formé et bien plus aisément fermé — mieux encore si toutes ces banques sont à leur tour clientes de quelques grandes banques : et c'est ce qui se réalise de plus en plus par le mouvement de concentration des banques. Comme nous le verrons plus loin, tous les chèques de l'Empire britannique et une bonne part de ceux du monde entier viennent se concentrer entre les mains des vingt banquiers qui constituent le *Clearing House* de Londres.

On pourrait même, poussant l'hypothèse jusqu'au bout, concevoir tous les habitants d'un pays client d'une même banque dans laquelle viendraient se concentrer et par là s'éteindre réciproquement toutes les créances et toutes les dettes sans bourse délier ou en ne laissant comme différence qu'un faible solde à régler en argent ou billets.

Si l'hypothèse de tous les Français clients d'une même banque, disons même de la Banque de France, ne paraît pas près de se réaliser, il y a du moins un établissement national dont tous les Français sont nécessairement les clients et qui pourrait, sur une plus petite échelle, jouer ce rôle. C'est l'Administration des Postes qui, par ses bureaux dans chaque commune et, d'ailleurs, par ses facteurs à domicile, va partout et reçoit de chacun. On a songé en effet à mettre à profit cette situation unique pour faire jouer à la Poste le rôle de banquier universel. Pour cela, il suffirait qu'elle ouvrît un compte courant à quiconque le demanderait et lui remît en même temps un carnet de chèques. Dès lors, pour effectuer un paiement quelconque, il suffirait que le débiteur versât au bureau le plus proche la somme due au nom du créancier, et la Poste se chargerait de l'inscrire au crédit du compte de celui-ci. Si le créancier n'avait pas encore de compte courant à la Poste, en ce cas le débiteur lui enverrait un chèque que celui-ci toucherait comme un mandat-poste ordinaire. Ce système pourrait donc en théorie réaliser parfaitement la suppression de la monnaie comme instrument d'échange, et en attendant elle rendrait de grands services ne fût-ce que pour remplacer les ennuyeuses et onéreuses présentations à domicile des innombrables quittances pour cotisations, abonnements, factures, etc. [1].

Ainsi donc, après avoir vu la monnaie métallique éliminée par le papier-monnaie, nous voyons la monnaie de papier éliminée à son tour par le chèque. Est-ce le dernier terme de l'évolution ? Non, car ces instruments de crédit supposent encore l'existence de la monnaie métallique cachée dans les encaisses des banques. Dans tout règlement fait avec des billets de banque ou des chèques, la monnaie métallique figure derrière la coulisse, invisible et présente. Ne peut-on concevoir le chèque lui-même supprimé : à quoi bon le créer pour l'éteindre aussitôt par compensation ? Ne pourrait-on remplacer l'émission du chèque et son annulation par de simples opérations d'écritures? Supposons que tous les habitants d'un pays aient un compte ouvert dans une seule banque qui sera chargée d'encaisser, pour chacun de ses clients, toutes leurs recettes qu'elle inscrira à leur *crédit*, et de régler pour eux toutes leurs dépenses qu'elle inscrira à leur *débit*. A la fin de l'année, la Banque enverrait à chacun son compte. Il se solderait

---

[1] Ceci n'est pas un rêve. Le régime du chèque postal a été inauguré en Autriche en 1883, puis en Suisse (1905), en Allemagne (1908) et un projet de loi a été déposé en France en 1909. Mais il n'a pas encore abouti.

Comme on peut le penser, les adversaires de l'intervention de l'État ne voient pas d'un bon œil cette nouvelle fonction de banquier universel que va assumer l'État. Ils estiment que l'administration des Postes a déjà assez de mal à suffire à sa fonction propre sans lui en annexer une autre qui exigera une armée d'employés — demain syndiqués et peut-être après-demain grévistes ! D'autre part, les banques privées et plus encore les caisses d'épargne privées craignent que la Poste devenue Banque Nationale ne leur fasse une concurrence redoutable, surtout si ces versements ne comportaient pas de limitation des versements. Cette concurrence serait très atténuée si les fonds déposés à cette banque postale ne bénéficiaient d'aucun intérêt. Et ceci paraît raisonnable puisqu'il ne s'agit que d'un argent déposé en vue de paiements à faire, comme celui qui dort dans notre coffre-fort. En Allemagne aucun intérêt n'est alloué, mais en Autriche-Hongrie il est accordé un taux de 2 p. 100.

Une autre difficulté est de savoir ce que l'État fera de l'argent déposé et ce n'est pas peu de chose ! car les mandats-poste représentent un mouvement de fonds de 3 milliards. Il est clair qu'il ne peut les immobiliser en rentes sur l'État comme il fait pour les Caisses d'épargne.

Le Bureau de l'Union Postale Internationale à Berne fonctionne déjà comme Chambre de compensation pour les mandats entre les pays qui en font partie.

par une balance, soit en faveur de la Banque, soit en faveur du client. On reporterait ce solde pour l'année suivante, soit au débit du client dans le premier cas, soit à son crédit dans le second cas, et ainsi de suite. Il est clair qu'en généralisant ce système on pourrait théoriquement régler la totalité des transactions par de simples règlements d'écritures, par des *virements de parties*, comme l'on dit. Et on ne verrait plus cette armée de garçons de recettes coiffés d'un bicorne, et avec un portefeuille attaché par une chaînette, qui vont toucher les traites à domicile et se font de temps en temps assassiner ! [1]

Mais un tel régime tendrait alors, comme l'avait remarqué Stanley Jevons, en supprimant complètement l'instrument des échanges, à nous ramener à l'échange direct de marchandises contre marchandises, c'est-à-dire, en somme, au troc. C'est un phénomène analogue à celui qui tend à supprimer le marchand pour revenir à la mise en contact du producteur et du consommateur (voir p. 374) [2]. Il y a, en effet, dans les procédés savants et compliqués qui constituent le dernier mot du progrès économique, une curieuse ressemblance avec les procédés primitifs des sociétés encore barbares. Ce n'est pas la première fois que l'on signale dans le développement historique des peuples cette marche singulière de l'esprit humain qui, parvenu au terme de sa carrière, semble revenir tout près de son point de départ, ayant

---

[1] Cette grandiose vision est à peu près celle que Proudhon avait rêvée et essayé de réaliser dans sa fameuse Banque d'échange. Seulement ce qui faisait l'utopie de la banque de Proudhon c'est qu'elle ne se bornait pas à balancer des opérations commerciales déjà *réglées et soldées* par des chèques, mais des opérations non encore réglées, encore sous la forme de lettres de change, et, par conséquent, comportant tous les risques d'insolvabilité (voir *Histoire des Doctrines économiques*, par Gide et Rist.

En fait, l'élimination de la monnaie est déjà presque réalisée pour ceux qui ont un compte ouvert à la Banque de France, ainsi que le montre cette statistique:

Règlement par compensation.	718
Règlement en billets de banque.	277
Règlement en numéraire	5
	1.000

[2] On pourrait en trouver dans les autres sciences sociales bien d'autres exemples non moins curieux : — le formalisme verbal des législations primitives tend à revivre dans les législations avancées, sous forme de formules inscrites sur des registres et créant le droit ; — le gouvernement direct par le peuple des cités antiques reparaît dans le *referendum* des constitutions modernes ; — le service militaire obligatoire pour tous les citoyens nous ramène au régime qui a précédé l'institution des armées permanentes, etc., sans parler des armes et procédés de la guerre actuelle qui font revivre si curieusement ceux d'autrefois.

décrit ainsi, non pas précisément un de ces grands cercles qui avaient si fort frappé l'imagination de Vico, mais plutôt une courbe en forme de spire ascensionnelle.

C'est bien à une sorte de troc que l'on arriverait dans l'hypothèse que nous avons supposée, celle où tous les habitants d'un pays seraient clients d'une même banque : ce régime social, où nul n'aurait plus besoin de monnaie, ne pourrait s'expliquer que parce que chacun paierait les produits ou les services qu'il consommerait avec ses propres produits ou ses propres services.

C'est bien une sorte de troc qui est réalisé dans cette merveilleuse institution du *Clearing-House*, car ces liasses monstrueuses de chèques, lettres de change, effets de commerce, qui sont échangés et compensés chaque jour, ne sont que des signes représentatifs des monceaux de caisses, de ballots, de barriques, qui ont été échangés en nature et, pour qui sait regarder derrière les coulisses, le *Clearing-House* apparaît comme un grandiose marché analogue à ceux des peuplades africaines ou des cités disparues, avec cette seule différence qu'au lieu d'échanger des marchandises en nature on échange les titres qui les représentent.

Et, comme nous le verrons dans le chapitre suivant, le commerce international entre deux pays tend automatiquement à prendre la forme du troc, les exportations tendant toujours à se mettre en équilibre avec les importations.

On dira sans doute qu'un tel régime différerait toujours du troc en ceci que, même en supposant que la monnaie métallique eût perdu complètement sa fonction d'instrument d'échange, elle conserverait encore son autre fonction de mesure des valeurs, car il est clair que la valeur de tous ces papiers, billets de banque, etc., repose en fin de compte sur la monnaie métallique et que, dans l'hypothèse où tout se réduirait à des écritures, ces écritures elles-mêmes seraient exprimées en monnaie? — Sans doute, seulement cette base devient chaque jour de plus en plus étroite relativement à l'énorme édifice que le crédit bâtit sur elle. C'est, comme on l'a dit, une pyramide grandissante qui repose sur le sommet, ou une toupie tournant avec une rapidité vertigineuse sur une pointe de métal immobile, et dans ces conditions l'équilibre paraît terriblement instable. Car dès que la toupie cesse de tourner, elle tombe!

Au reste, on peut très bien concevoir un état social dans lequel l'unité de valeur servant à régler les comptes serait purement nominale et ne correspondrait à aucune pièce existante dans la circulation. On connaît dans l'histoire bien des monnaies de compte de ce genre, à commencer par le *marc banco* des banques du moyen âge, la *livre tournois* de l'ancien régime en France, ou même la *guinée* des Anglais aujourd'hui.

La monnaie serait devenue ainsi une pure abstraction. Et que nous voilà loin, malgré une ressemblance superficielle, du régime grossier du troc! Combien la monnaie, et avec elle la richesse dont elle est le signe, se trouve d'étape en étape — métal, papier, écriture — dématérialisée et comme sublimisée!

V

Le crédit foncier.

Le crédit foncier est celui *qui prend la terre pour gage.*

La forme la plus simple et la plus ancienne du crédit foncier, c'est le prêt sur hypothèque[1]. Il présente, au point de vue du prêteur, un avantage considérable qui l'a fait rechercher de tout temps par les capitalistes : c'est une sécurité presque absolue, la terre étant un gage qui ne peut périr ni être volé. Mais le prêt hypothécaire présente, à côté de cet avantage, de grands inconvénients pour chacune des deux parties.

Pour l'emprunteur d'abord, parce qu'il fait peser sur lui une charge des plus onéreuses, le taux d'intérêt étant rarement inférieur à 5 p. 100, tandis que le revenu qu'il pourra tirer de sa terre ne dépassera pas souvent ce taux; que lui restera-t-il alors? Et si, comme il arrive le plus souvent, l'emprunteur consacre la somme empruntée à agrandir son domaine, il marche infailliblement à la ruine parce que les terres achetées ne lui donneront qu'un revenu inférieur à l'intérêt qu'il doit payer — à moins qu'il ne les cultive de ses mains et, même en ce cas, le revenu sera très variable selon les années, tandis que l'intérêt qui court est inflexible. On a dit souvent que le crédit soutient le propriétaire comme la corde soutient le pendu et, malgré sa brutalité, ce dicton n'est pas très exagéré, à moins que ceux qui empruntent ainsi ne soient de gros financiers, de grandes sociétés.

Pour le prêteur lui-même ce mode de crédit a aussi de grands

---

[1] Le montant des prêts hypothécaires pour la France n'est pas exactement connu. M. de Foville l'évaluait à 15 milliards de francs. Mais il s'agit ici des prêts sur maisons aussi bien que sur la terre : or, on peut estimer que la dette hypothécaire de la propriété rurale ne représente que la moitié — soit 7 à 8 milliards. En évaluant à 80 milliards la valeur totale des terres (voir ci-après *Le partage égal*), cela représente une charge de 10 p. 100. Elle est fort supérieure dans d'autres pays. Elle est évaluée à 58 p. 100 pour l'Angleterre.

inconvénients, parce que le prêt hypothécaire, tout en lui donnant pleine sécurité pour son argent, ne lui permet pas d'y rentrer facilement ; il ne trouve pas aisément à céder sa créance. Et, quand le terme est venu, il lui faut recourir trop souvent à une extrémité aussi désagréable pour le créancier que lamentable pour le débiteur : l'expropriation forcée. Aussi est-ce surtout au profit des usuriers que le prêt hypothécaire a fait merveille ! Si le nombre de propriétaires que l'emprunt hypothécaire par tout pays a ruinés et expropriés était mis en balance avec le nombre de ceux qu'il a enrichis, certes ce mode de crédit apparaîtrait sous un jour odieux et qui engagerait plutôt à l'abolir. Là surtout où le crédit hypothécaire opère sur une population ignorante et imprévoyante — dans les pays du Danube, en Russie, en Algérie — il exerce des ravages incalculables.

Aussi sur cette question du crédit foncier le législateur se trouve ballotté entre deux tendances contraires.

D'une part on se préoccupe aujourd'hui dans la plupart des pays de mettre une barrière aux abus du crédit foncier en rendant insaisissable le minimum de terre indispensable à l'existence d'une famille ; c'est ce qu'on appelle le *homestead* que nous retrouverons à propos de la propriété foncière.

D'autre part, on voudrait faciliter au prolétariat rural les moyens de s'élever à la petite propriété, et comment le faire, sinon par le crédit, c'est-à-dire en lui procurant le capital nécessaire pour l'acquisition et l'aménagement du fonds? C'est là le but de la loi récente du 19 mars 1910 qui met à la disposition des paysans, sous certaines conditions, des fonds prêtés par la Banque de France, loi que nous retrouverons au chapitre de la Propriété.

On a introduit cependant dans le mécanisme du crédit foncier des perfectionnements ingénieux qui atténuent à la fois ses dangers pour l'emprunteur et ses embarras pour le prêteur.

a) Un premier système ingénieux consiste dans la création de banques spéciales qui sont désignées ordinairement sous le nom de *Sociétés de Crédit Foncier.* Ces banques jouent le rôle d'intermédiaires entre les capitalistes et les propriétaires ; elles empruntent l'argent aux premiers pour le prêter aux seconds et, bien qu'elles ne rendent pas ce service gratis, cela va sans dire, cependant elles procurent certains avantages importants aux deux parties. — Aux capitalistes prêteurs, elles offrent des titres plus solides que des titres hypothécaires puisqu'ils ont, en plus de la garantie hypothécaire, celle de la Société foncière elle-même avec son capital et ses réserves — et, en outre, titres beaucoup plus

aisément réalisables, parce qu'ils seront cotés à la Bourse; ils
auront un « marché », ce qui serait impossible pour des créances
individuelles. C'est d'ordinaire une puissante Compagnie qui émet
ces titres, et ils circulent aussi aisément que des titres de rente
ou des actions ou obligations de chemins de fer, et quand le possesseur veut rentrer dans son argent, il n'a qu'à les vendre à la
Bourse. — Aux propriétaires emprunteurs, elles offrent le triple
avantage : 1° d'un emprunt à longue échéance, 75 ans, par
exemple; 2° d'un remboursement s'opérant petit à petit et d'une
façon presque insensible par voie d'*annuités;* 3° enfin, en général,
d'un taux d'intérêt relativement modéré.

Les banques foncières existent dans beaucoup de pays. En
France, il n'existe qu'une seule société de ce genre, puissante
Compagnie qui est investie d'un monopole depuis 1852, sous le
nom de *Crédit Foncier de France.* Ce grand établissement prête
généralement pour de longues périodes. Pour 75 ans l'intérêt est
de 4,99 p. 100, autant dire 5 p. 100, mais ce taux comprend une
annuité calculée de façon à éteindre le capital au terme des 75 ans
(pour 50 ans l'annuité est de 5,34 p. 100), de sorte qu'à l'arrivée
du terme le propriétaire se trouve libéré de toute dette, tout en
ayant payé un intérêt un peu moindre que celui qu'il aurait dû
payer à un créancier ordinaire. D'autre part, s'il se sent en mesure
de se libérer plus tôt, il peut le faire quand il lui plaît (sauf une
petite indemnité de 5 p. 1.000 à retenir sur les remboursements
déjà faits)[1]. Malgré ces ingénieuses combinaisons, les services que
le Crédit Foncier a pu rendre à l'agriculture ne sont pas considérables : le total des prêts effectués depuis sa fondation s'élève
bien au chiffre imposant de plus de 11 milliards de francs (sur
lesquels 5 milliards actuellement dus)[2], mais la plus grande partie
a été employée en prêts aux communes ou en prêts à la propriété
privée urbaine; et même les 2 ou 3 milliards avancés à la propriété
foncière l'ont été plutôt pour faciliter des achats de domaine que
pour améliorer l'agriculture.

Et, d'après ce que nous venons de dire, nous serions plutôt
disposé à nous féliciter de le voir inutile, si malheureusement
beaucoup des propriétaires ruraux ne recouraient à l'emprunt
par d'autres moyens, surtout par l'intermédiaire des notaires qui
est pire.

---

[1] Ces taux sont ceux établis avant la guerre, mais on ne pourra éviter de les
relever après.

[2] Exactement, au 31 décembre 1916, 6.903 millions en prêts hypothécaires privés (sur lesquels 2.894 millions non encore remboursés) et 4.766 millions de francs
en prêts aux communes (sur lesquels 2.248 millions en cours).

b) Un autre procédé consiste à rendre les créances hypothécaires négociables par voie d'endossement comme des créances commerciales, et ce système, désigné quelquefois, quoique assez improprement, sous le nom de *mobilisation de la propriété foncière*, a été très savamment organisé dans plusieurs pays [1].

En Allemagne, le propriétaire peut créer d'avance sur sa terre, avant tout emprunt, des créances hypothécaires qu'il négocie ensuite au fur et à mesure de ses besoins, comme un banquier qui tirerait des chèques sur sa propre caisse. On appelle ces bons hypothécaires des *handfesten*. Le propriétaire porte ainsi sa terre dans sa poche et il peut la monnayer, car il peut diviser une terre de 10.000 marks, par exemple, en dix bons hypothécaires de 1.000 marks chacun, qu'il utilisera selon ses besoins. Ces bons portent des numéros d'ordre, 1, 2, 3, etc., classés par ordre, depuis le n° 1 qui a pour gage la terre entière et qui, par conséquent, offre toute sécurité, jusqu'au n° 10 et dernier qui, ne venant qu'après tous les autres, est assez aléatoire. Il y a donc une grande inégalité entre eux. Or, ce qu'il y a de curieux c'est que le propriétaire peut les offrir dans un ordre quelconque. Par exemple, s'il inspire toute confiance, il pourra donner en gage le n° 10 et se réserver ainsi les autres numéros, les meilleurs, pour les mauvais jours — tandis qu'avec le système de l'hypothèque ordinaire, l'emprunteur est nécessairement obligé d'accorder le premier rang au premier à qui il emprunte; et, plus tard, quand son crédit personnel sera en baisse, il ne pourra plus offrir que les hypothèques en deuxième, troisième, dixième ordre et, par conséquent, de peu de valeur [2].

Cet ingénieux système, qui a vu le jour à Brême en 1860, avait

---

[1] En Australie, sous le régime de l'*Act Torrens*, le titre hypothécaire peut être transféré aussi très aisément. — Voir livre III, *Évolution de la propriété foncière*.

[2] Cependant le propriétaire n'a le droit d'émettre ces *handfesten* qu'après certaines formalités : vérification des titres par un tribunal spécial, enquête et annonces dans les journaux, etc.

Ces titres sont ainsi libellés : « La Commission foncière atteste par la présente que M..... a créé sur son immeuble, situé à...., une handfeste de 2.000 marcs ». — Et si le titre n'est pas du premier rang, il porte en tête la somme après laquelle il doit prendre rang. Ainsi si dans l'exemple que nous avons pris, c'est le titre n° 7, il portera ces mots : *après six mille marcs*. Par là le prêteur saura qu'il ne viendra en rang utile que si la terre vaut au moins 7.000 marcs. Si donc elle ne se vendait que 6.000 marcs, il n'aurait rien à toucher, se trouvant exclu par les créanciers d'un numéro antérieur — à moins pourtant que le propriétaire n'eût gardé dans sa poche les six premiers titres : en ce cas il ne pourrait s'en prévaloir pour exclure le trop confiant prêteur, parce qu'en ce cas il ne serait pas de bonne foi.

un précédent, quoique moins compliqué, dans un décret du 9 messidor an III, qui avait créé des *cédules hypothécaires*, émises par le propriétaire et transmissibles par endossement, mesure qui d'ailleurs ne fut pas appliquée. Cette innovation fit même scandale. Celle de Brême ne paraît pas avoir eu beaucoup plus de succès.

Il est très douteux qu'aucun système, si ingénieux soit-il, puisse permettre au créancier hypothécaire de négocier son titre comme un effet de commerce : cela est contraire à la nature des choses. Le titre hypothécaire participera toujours, dans une certaine mesure, à l'immobilité de la terre sur laquelle il repose. C'est .vouloir faire un monstre — un peu comme on le fit pour les assignats — que de chercher à accomplir une sorte de mariage entre la terre et la lettre de change. La sûreté et la longue durée du placement hypothécaire ne peuvent se prêter à une circulation rapide. Et d'ailleurs, nous le répétons, plus on facilitera le crédit hypothécaire et plus on le rendra dangereux, plus on livrera les petits propriétaires aux usuriers.

En somme, ce qu'on appelle « le Crédit Foncier » est en marge du crédit : c'est plutôt une opération de placement.

VI

Le crédit agricole.

On est facilement tenté de confondre le crédit agricole avec le crédit foncier. Il en diffère toutefois et par son *but économique*, et par son *caractère juridique*, et par les *institutions* qui lui servent d'organes. Il en diffère surtout, à notre avis, en ce qu'il peut rendre beaucoup plus de services.

1° D'abord, le crédit agricole a pour but de procurer non pas précisément les capitaux nécessaires pour les dépenses d'acquisition ou de premier établissement d'un domaine, mais le fonds de roulement nécessaire pour les *dépenses courantes d'exploitation*. Il s'adresse donc non seulement au propriétaire, mais au fermier. Il faut remarquer qu'il est dans la nature de l'industrie agricole de ne donner des recettes qu'au bout d'un an et quelquefois d'un temps beaucoup plus long encore — l'agriculture, dit un dicton pittoresque des paysans du midi de la France, est le métier « de l'an qui vient » — tandis que les dépenses qu'elle exige sont continues. Il faut donc que le cultivateur fasse continuellement des avances : or, ces avances, c'est précisément le crédit agricole qui a pour but de les fournir et il n'y a rien de plus utile. Ces prêts n'ont pas besoin d'être à très longue échéance comme les prêts hypothécaires. Cependant, ils ne peuvent pas non plus être à court terme comme le sont les prêts industriels, ceux-ci généralement représentés par des lettres de change à 90 jours.

2° De plus, le crédit agricole ne repose pas sur la terre elle-même. Il a pour garantie : — *a*) soit le capital d'exploitation, l'outillage de la ferme, le bétail et les récoltes une fois rentrées : c'est alors, comme disent les jurisconsultes, un *crédit mobilier* et non immobilier; — *b*) soit même et plus fréquemment, comme nous allons le voir, il n'y a point de gage, mais la simple solvabilité de l'emprunteur, fortifiée généralement par l'appui d'une autre personne qui sert de caution ou par la solidarité dans l'association; alors, c'est le *crédit personnel*. Et, par là, il marque un grand progrès moral sur le crédit réel, ainsi que nous l'avons dit ci-dessus (p. 455).

3° Enfin, les institutions qui servent d'organes au crédit agricole sont très différentes de celles du crédit foncier. Elles se classent en deux catégories : — celles qui ont pour but d'organiser le crédit personnel; — celles qui ont pour but d'organiser le crédit mobilier.

a) Les premières sont les *sociétés coopératives de crédit* [1]. Ce sont des propriétaires (généralement de petits propriétaires, car les gros n'en ont guère besoin) qui se réunissent pour obtenir par l'association le crédit qu'ils ne pourraient obtenir isolément.

Le type le plus complet de ces associations, et qui s'est propagé dans le monde entier, est celui désigné sous le nom de son créateur *Raiffeisen*.

C'est en 1849 que Raiffeisen a fondé la première caisse. A sa mort, en 1888, il y en avait 862. On en compte aujourd'hui environ 5.000, avec 500.000 membres, et environ 85 millions de francs de prêts [2].

Ces sociétés présentent généralement les caractères suivants : 1° les associés n'apportent *aucune mise* dans la société : celle-ci se constitue donc sans capital, il n'y a point d'actions [3]; — 2° ils ne

---

[1] On les appelle aussi *sociétés de crédit mutuel*. Mais ce titre n'est pas très exact et peut induire en erreur, car il invite à croire que les sociétaires se prêtent *mutuellement* les capitaux dont ils ont besoin. Or, cela est assez rare : généralement, les capitaux prêtés aux sociétaires sont empruntés au dehors.

[2] En 1914 les 4.388 sociétés Raiffeisen qui avaient fourni un rapport comptaient 485.000 membres, mais, par suite de la guerre, le chiffre des prêts était descendu à 70 millions.

[3] Tel est du moins le principe; mais en fait il a fallu parfois y apporter quelque

touchent *aucun dividende :* les profits, s'il y en a, servent à constituer un fonds indivisible et perpétuel qui, en grossissant sans cesse, pourra permettre un jour de se dispenser de faire appel aux capitaux du dehors et alors de prêter sans intérêt. Ce sera le crédit gratuit rêvé par Proudhon ; — 3° ils sont *solidairement responsables sur tous leurs biens.* Ceci est le trait caractéristique qui confère à ces sociétés une valeur morale et éducative remarquable, mais qui, d'autre part, effraie ceux chez qui l'esprit individualiste est tenace, et notamment le paysan français ; — 4° toutes les fonctions sont absolument gratuites, sauf parfois celle du caissier ; — 5° enfin, ces sociétés procèdent généralement d'une inspiration religieuse (en Allemagne, en France, en Italie) qui permet plus facilement d'imposer à leurs membres les obligations que nous venons d'indiquer, et en même temps d'exercer sur eux une sélection sévère qui accroît d'autant le crédit de l'association.

Ces sociétés ont rendu des services incomparables ; elles ont véritablement libéré le paysan allemand de l'usure qui le dévorait et, en s'étendant vers les pays du Danube et de l'Orient, elles font chaque jour reculer ce fléau. Elles ont pris un développement prodigieux en Russie où leur nombre dépasse même celui de l'Allemagne [1] et s'infiltrent dans les pays des Balkans. En Allemagne, en Italie et même en France, l'école sociale catholique s'emploie activement et avec succès à leur développpement.

Mais toutes les sociétés de crédit agricole ne sont pas moulées sur le type Raiffeisen : même en Allemagne, les deux tiers des 18.000 existantes se rattachent à d'autres formes : à celle dite Schulze-Delitszch ou à celle Haas. Elles sont pourtant toutes coopératives en ce sens qu'elles ne prêtent qu'à leurs propres membres ; elles se fondent aussi sur le principe de la responsabilité solidaire, mais elles ont un caractère purement laïque et même les préoccupations d'ordre moral et philanthropique n'y sont pas aussi marquées : c'est ainsi que les parts sociales y sont d'un chiffre plus élevé, les fonctions d'administrateur ne sont pas gratuites, etc. Au total, ces sociétés font un chiffre d'affaires de 7 milliards de francs.

dérogation, la loi ne reconnaissant pas généralement l'existence d'une société à but économique qui n'a point de capital. En tout cas on prend pour règle de réduire ce capital (sous forme d'actions ou parts sociales) au minimum possible.

[1] Alors qu'il y a une quinzaine d'années on ne comptait que 1 millier de ces sociétés avec moins de 500.000 membres, on en compte aujourd'hui plus de 12.000 avec près de 8 millions de membres et plus de 600 millions de roubles (1.600 millions de francs au pair) de prêts

La France a été très en retard. La première société de crédit agricole date de 1885 ; elles furent lentes à se mettre en route. Les agriculteurs auraient préféré recourir à la Banque de France, comme le font les commerçants et industriels, mais ils ont besoin de prêts à long terme, un an généralement, tandis que la Banque de France ne peut faire que des prêts à court terme, 90 jours au plus, par la raison que nous verrons plus loin. Alors l'État, lors du renouvellement du privilège de la Banque, en 1897, a eu l'idée de la faire concourir néanmoins à l'organisation du crédit agricole en lui faisant verser 40 millions de francs sans intérêt [1] qu'il mettrait à la disposition des sociétés de crédit agricole sous forme de prêts à petit intérêt. Dans les premiers temps, les sociétés de crédit n'ont utilisé qu'une faible partie de ce fonds, mais aujourd'hui que ce Pactole commence à être mieux connu, on y puise plus largement.

Les sociétés de crédit agricole en France se divisent en deux groupes :

Le premier groupe comporte deux étages. En bas les sociétés qui se rattachent au mouvement syndical et ont été fondées conformément à une loi du 5 novembre 1894. Elles ne peuvent se composer que d'agriculteurs syndiqués (ou de membres d'associations d'assurance agricole) et ne peuvent faire que des prêts ayant un but agricole. C'est à elles que sont destinés les millions provenant de la Banque de France dont nous venons de parler. Mais ce n'est pas l'État qui les leur prête directement ; il serait trop incompétent et soumis à trop d'influences politiques. Au-dessus donc ont été créés des organes intermédiaires (loi du 31 mars 1899), que l'on appelle *Caisses régionales de crédit*. Ce sont des banques foncières (il y en a une centaine aujourd'hui) qui reçoivent de l'État cet argent, à titre de prêt sans intérêt, et ces caisses régionales le prêtent à leur tour aux sociétés locales de crédit à un taux d'intérêt modéré, pour une durée maximum de cinq ans et pour une somme ne dépassant pas le quadruple du capital versé par les membres. Généralement, leurs prêts sont faits plutôt sous forme d'escompte des traites tirées par les agriculteurs (voir page sui-

---

[1] Ce prêt devra donc être remboursé par l'État à l'expiration de la concession (1946), sauf renouvellement du privilège.

Nous avons dit qu'en outre la Banque verse à l'État, à titre de participation aux bénéfices, une redevance annuelle qui s'élevait à une quinzaine de millions de francs avant la guerre, à une trentaine depuis la guerre et qui, en s'accumulant depuis 1897, s'élève aujourd'hui au chiffre respectable de 300 millions. D'ailleurs ces avances ne sont pas encore utilisées en totalité.

vante) que sous forme d'avances proprement dites. Ces sociétés de crédit mutuel, à la différence de celles Raiffeisen, ne pratiquent presque jamais le principe de la solidarité. A quoi bon? puisque l'État met des capitaux à leur disposition au delà de leurs besoins sans leur demander cette garantie.

Le second groupe comprend les sociétés qui reproduisent fidèlement le type Raiffeisen et qu'on appelle quelquefois « caisses Durand », du nom de celui qui les a introduites en France et qui est toujours leur directeur. Elles n'exigent pas que leurs membres soient syndiqués; elles ne limitent pas leurs prêts aux opérations purement agricoles; elles font les prêts sous forme d'avances et non sous forme d'escomptes; elles exercent sur l'emploi des sommes prêtées un contrôle paternel; elles exigent la signature d'une caution; elles font prédominer le caractère sinon confessionnel du moins religieux; elles n'usent pas des avances de l'État, d'abord parce qu'elles déclarent ne vouloir ni aide ni contrôle de l'État et préfèrent ne compter que sur elles-mêmes, et aussi parce que l'administration ne leur fait pas volontiers ces prêts et trouve souvent quelque prétexte pour les refuser. Elles sont assez nombreuses dans certaines régions de la France, mais très petites : leur circonscription ne dépasse pas le village : on veut que tous les membres se connaissent.

Au total, on peut compter en France 5 à 6.000 sociétés de crédit agricole, mais qui font annuellement tout au plus 200 millions de francs de prêts [1]. Les causes de ce médiocre succès de la coopération de crédit en France ne sont pas faciles à découvrir. C'est surtout sans doute le caractère du paysan français qui non seulement n'est guère enclin à solidariser ses intérêts avec ses voisins, mais qui n'aime pas à faire connaître ses affaires et, quand il s'agit d'emprunter surtout, préfère recourir au ministère discret du notaire [2].

---

[1] Les sociétés du premier type ou syndicales sont au nombre de 4.000, plus 100 caisses régionales. Elles comptent 250.000 adhérents. Elles disposent pour leurs prêts (1920) : — a) de leur capital (actions, dépôt, réserve), 25 millions de francs; — b) des avances de l'État, 80 millions de francs. Avec ces ressources, elles ont fait pour 183 millions de francs de prêts, ce qui est peu à côté des 7 milliards de francs des banques allemandes. Il est vrai que les caisses régionales, de leur côté, en ont fait pour une somme presque égale d'escomptes, mais la plus grande partie de ces opérations fait double emploi avec les précédentes.

Les sociétés du second type, type Raiffeisen, sont, à leur dire, au nombre de 2.623, avec 30 ou 40.000 membres, et font pour 20 millions de francs de prêts, ce qui ne ferait donc en moyenne qu'une douzaine de membres et 7 à 8.000 francs de prêts par société.

[2] Il faudrait à côté du crédit agricole inscrire le *crédit maritime* pour les

b) Le crédit mobilier est organisé pour les agriculteurs sous forme de prêt sur gage fictif, c'est-à-dire sans obliger l'emprunteur à remettre au prêteur l'objet mis en gage. S'il s'agissait d'un industriel qui voulût emprunter sur gage, il devrait déposer sa marchandise dans des établissements qui s'appellent *Magasins Généraux*. Il recevrait en échange un double titre : l'un pour constater son droit de propriété sur l'objet déposé et qui lui permet de le vendre quand bon lui semble; l'autre qui s'appelle un *warrant* et qui lui permet d'emprunter en donnant pour gage au prêteur non l'objet lui-même, mais le titre qui le représente.

Mais ces ingénieuses combinaisons, qui facilitent beaucoup l'emprunt aux industriels, ne sauraient convenir à l'agriculteur. Ce serait une opération bien incommode et même ruineuse pour lui que d'aller transporter et emmagasiner aussi loin sa récolte de blé ou de vin, sans compter que ce serait un gros embarras pour le Magasin Général, qui n'est pas outillé pour cela, que d'avoir à les soigner. En conséquence, l'agriculteur, tout en gardant sa récolte dans son grenier ou sa cave, a obtenu le droit de la donner en gage et de se faire délivrer des warrants qu'il remettra au prêteur. Et, dira-t-on, si néanmoins il vend une partie de sa récolte? En ce cas, il sera puni de peines correctionnelles (lois du 18 juillet 1898 et 3 mai 1906). Cependant il faut bien croire que les prêteurs se méfient, car jusqu'à présent ce mode de crédit ne se développe que lentement [1]. Le mieux serait de créer pour les agriculteurs l'équivalent de ce que sont les Magasins Généraux pour les industriels, c'est-à-dire d'établir dans chaque village des greniers ou des celliers communaux, ou mieux encore coopératifs, qui recevraient et soigneraient les récoltes — probablement mieux que ne sauraient le faire la plupart de leurs propriétaires — et offriraient toute sécurité aux prêteurs.

Au lieu de recourir aux emprunts par des avances ou des warrants, pourquoi l'agriculteur ne pourrait-il pas user du crédit

pêcheurs. Il ne serait pas moins nécessaire en effet à ceux-ci qu'aux agriculteurs, mais, étant encore plus pauvres et plus insoucieux de leurs intérêts, ils ne savent pas en user. Des lois récentes en France (25 mars 1910 et 4 décembre 1913) viennent d'essayer de l'organiser sur les mêmes bases et avec les mêmes ressources que le crédit agricole. Le montant du prêt peut s'élever jusqu'à 40.000 francs : c'est la nature de l'entreprise qui l'exige. Mais ces lois ne semblent pas avoir, jusqu'à présent, donné de résultats.

[1] En 1910, les sociétés coopératives de crédit escomptaient pour 10 millions de francs de warrants et la Banque de France à peu près autant, presque tout pour les viticulteurs de Bordeaux.

tout simplement comme le fait le plus modeste commerçant, en tirant une lettre de change sur ses acheteurs et en la faisant escompter à une banque? — En effet nous avons vu que les sociétés de crédit syndicales et les caisses régionales procèdent ainsi le plus souvent. Elles escomptent les traites de l'agriculteur et, après y avoir ajouté leur signature, les font réescompter à la Banque de France. Mais pour tirer une lettre de change, il faut d'abord avoir vendu : or l'agriculteur peut avoir besoin d'argent avant d'avoir vendu et même précisément en vue d'éviter de vendre à un moment inopportun ; — et de plus il est de règle que les banques ne prêtent sous forme d'escompte que pour un temps très court (90 jours maximum pour la Banque de France), tandis que l'agriculteur a besoin de délais beaucoup plus longs : il est vrai que les banques peuvent consentir à renouveler les traites, mais c'est un expédient dangereux.

<h2 style="text-align:center">VII</h2>

<h3 style="text-align:center">Crédit populaire.</h3>

Le crédit populaire a été très en vogue vers le milieu du XIXe siècle et sous l'influence des idées de Proudhon. On y voyait même la solution de la question sociale : voici comment. Le but n'est-il pas de remettre entre les mains des travailleurs l'instrument du travail qui est le capital? Pour atteindre ce but, il semble qu'il n'y ait que deux moyens : — celui préconisé par les économistes, *l'épargne* — et celui préconisé par les socialistes, *l'expropriation* de la classe capitaliste. Or entre ces deux solutions — la première qui est impraticable parce que l'ouvrier ne gagne pas assez pour acquérir le capital qui le libérerait ; la seconde, qui est encore moins pratique, et qui, en tout cas, impliquerait un bouleversement général et d'inévitables injustices — Proudhon en voyait une autre qui s'offre : c'est le crédit ! Que l'on trouve un moyen de prêter à l'ouvrier le capital nécessaire pour qu'il puisse produire pour son propre compte, qu'on puisse le lui prêter à un taux d'intérêt minime et sous forme de prêt toujours renouvelable, et ainsi on obtiendra le même résultat que par l'expropriation sans qu'il soit besoin d'exproprier personne [1] !

Aujourd'hui le crédit populaire n'apparaît plus sous un jour aussi grandiose. On n'y cherche plus les moyens d'émanciper les

---

[1] Proudhon pensait même pouvoir abaisser le taux d'intérêt jusqu'à la quasi-gratuité, et par là supprimer le salariat. Voir livre III, *L'intérêt*.

salariés, mais seulement de ne pas laisser tomber dans le salariat les producteurs indépendants qui subsistent encore, autrement dit, il ne s'agit plus de transformer les ouvriers en petits capitalistes, mais de sauvegarder et de développer la classe moyenne des artisans et des petits commerçants.

Comme moyens, c'est d'abord le même que tout à l'heure pour les paysans, à savoir l'*association de crédit*, et c'est aussi le *warrantage*, c'est-à-dire le moyen de faire de l'argent avec la marchandise quoique non encore vendue. Nous ne reviendrons pas sur ce second moyen qui n'a aucune utilité pour les ouvriers et qui, même pour les artisans ou commerçants, n'a qu'une médiocre importance. Mais le premier en a une très grande, sinon pour les salariés en général, du moins pour les ouvriers qui veulent devenir ou rester producteurs indépendants.

Un petit industriel isolé, si honnête et si laborieux qu'on le suppose, ne peut offrir une garantie suffisante à un prêteur, la maladie, le chômage ou la mort menaçant à tout instant de déjouer la meilleure volonté. On connaît le proverbe : « on ne prête qu'aux riches », et l'expérience de tous les jours le vérifie. Il ne trouve donc que difficilement une banque disposée à lui avancer des fonds, fût-ce même sous la forme qui offre le moins de risque, celle d'escompte d'un effet de commerce. Mais si ces artisans sont au nombre de dix, de cent, de mille, alors — groupés en faisceau et réunis au besoin par le lien d'une responsabilité solidaire — ils présenteront une grande surface et pourront facilement trouver du crédit sans passer par les mains d'usuriers. D'ailleurs, leurs cotisations personnelles, si modiques qu'elles soient, finiront par constituer, par leur nombre et par l'effet du temps, un fonds social imposant qu'ils pourront aussi se prêter entre eux.

C'est en Allemagne surtout, sous l'inspiration d'un homme dont le nom est resté attaché à cette institution, Schulze-Delitzsch, — et qui a tenu la même place dans le crédit coopératif industriel que Raiffeisen dans le crédit coopératif agricole, à la même date d'ailleurs, à partir de 1849, — que ces *banques populaires* ont pris un développement extraordinaire [1]. On les appelle aussi

---

[1] La fédération Schulze-Delitzsch groupait avant la guerre environ 1.200 banques populaires (sans compter un grand nombre de sociétés coopératives de consommation et autres qui font partie de la même Fédération); elles comptaient plus de 600.000 membres. Elles avaient à leur disposition un capital (actions, dépôts ou emprunts) de 1.600 millions de francs, et, par suite du roulement de ces capitaux, elles en arrivaient à faire à leurs membres près de 5 milliards de francs de prêts. Et sur cette somme énorme elles ne subissent que des pertes insignifiantes,

sociétés coopératives de crédit et elles ont pour caractère essentiel la solidarité illimitée de tous les associés. Les chefs de ces sociétés en Allemagne espèrent qu'elles réussiront à donner à la petite industrie les moyens de lutter efficacement contre la grande, en lui procurant les capitaux et l'outillage qui lui manquent. Ce sera un résultat considérable s'il se réalise.

Mais ces sociétés n'ont pas pour but unique le crédit; elles ont aussi pour but de développer l'habitude de l'épargne dans les classes populaires. C'est pour cela qu'à côté du principe qu'elles ont en commun avec les caisses Raiffeisen, responsabilité solidaire de tous les associés, elles ont d'autres règles qui à première vue ne paraissent pas très démocratiques : — 1° des actions qui représentent une grosse somme (1.000 marks généralement) mais payables petit à petit, par versements échelonnés, pour obliger le souscripteur à économiser; — 2° répartition des bénéfices aux actionnaires pour les stimuler; — 3° et, pour avoir des bénéfices à distribuer, intérêt assez élevé demandé à l'emprunteur. En sorte que l'emprunteur paraît un peu sacrifié au prêteur; mais qu'importe? puisque le prêteur ici est aussi un ouvrier dont on veut faire un capitaliste.

En Italie aussi, ces banques populaires, dont la première fut fondée à Milan, par M. Luzzatti, en 1865, sont très prospères. Mais, en Angleterre, il n'y a point de coopératives de crédit, alors que la coopération, sous la forme de sociétés de consommation, y est si puissamment développée. La cause en est sans doute que la petite industrie autonome, tout comme la petite propriété, a renoncé à lutter contre l'envahissement de la grande propriété et de la grande industrie [1].

Quant à la France, le crédit populaire y est encore bien moins développé que le crédit agricole [2], et ceci est un fait vraiment

---

5 centimes par 100 francs. Les bénéfices réalisés sont partagés entre les membres au prorata de leurs *actions,* mais non (ce qui serait pourtant plus conforme au principe coopératif) au prorata des *emprunts* faits par eux.

Ces banques Schulze-Delitzsch font aussi le crédit agricole; elles prétendent même en faire autant que les sociétés Raiffeisen, mais elles se placent à un point de vue capitaliste plutôt que philanthropique.

[1] En Écosse, ce sont les banques ordinaires qui jouent le rôle de banques populaires : elles y réussissent le mieux du monde, grâce au nombre énorme de leurs succursales, à leurs rapports intimes avec la population et la haute éducation morale et économique de celle-ci.

[2] En France, les banques populaires, c'est-à-dire les sociétés coopératives de crédit *urbaines,* sont très peu nombreuses (15 seulement en 1913), et leurs clients sont plutôt des petits bourgeois que des ouvriers.

inconcevable puisque la France est le pays par excellence de
petite bourgeoisie et de petit commerce. Peut-être le mot de
l'énigme doit-il être cherché dans ce fait que ces petits commerçants et artisans préfèrent user de l'action politique que de l'action économique. Pour lutter contre les grands magasins, les
grandes Compagnies et les coopératives, ils pèsent sur les députés
et obtiennent des lois et des impôts à l'effet de gêner ou surcharger leurs concurrents; c'est plus commode en effet comme
tactique, mais très dangereux pour l'évolution économique du
pays.

Pourtant, en France, le vieil idéal du crédit populaire, comme
moyen d'arriver à l'abolition du salariat, est encore vivant, mais
sous une forme différente, celle d'une commandite des associations
ouvrières de production. De 1860 à 1866, plusieurs établissements
de crédit, dont un sous le titre significatif de *Crédit au Travail*,
furent créés à cet effet : ils échouèrent [1]. Il y a aujourd'hui une
« Banque des associations ouvrières de production » pour aider
les associations coopératives, et c'est par son intermédiaire que
l'État alloue chaque année quelques centaines de mille francs, sous
forme de prêts, à ces associations [2] : ces subventions viennent
d'être portées par une loi récente à 2 millions (voir ci-dessus
p. 239). Mais ces associations n'étant encore qu'en nombre infime,
il est clair que ce n'est pas dans cette voie qu'on trouvera la solution du crédit à la petite industrie.

Cette solution, on vient d'essayer de la trouver par une loi pro-
mulguée au cours de la guerre, la loi du 16 mars 1917. Elle s'est
inspirée des lois déjà existantes sur le crédit actuel en élevant un
monument à deux étages : les *sociétés de caution mutuelle* qui
correspondent aux sociétés de crédit agricole, et au-dessus les
banques populaires qui correspondent aux caisses régionales.

Les sociétés de caution mutuelle devront être constituées par
les petits commerçants et petits industriels [3]; le capital sera
formé par des souscriptions non d'actions mais de parts (de 40 fr.);

---

[1] Voir le récit des tentatives faites à cette époque dans un article de M. Moride,
Le mouvement des Coopératives de crédit vers 1863, *Revue d'Économie poli tique*, 1910.

[2] Sur la dernière avance de 20 millions de francs imposée à la Banque de France
il leur a été réservé 2 millions.

[3] Ce titre de « caution mutuelle » peut donner à croire que les sociétaires sont
tous solidairement responsables comme dans les caisses Raiffeisen. Il n'en est
rien : il s'agit seulement de la responsabilité collective de la société. La clause de
solidarité n'est pas prohibée, mais elle n'est pas imposée. On s'est plu sans doute
par ce titre à établir une certaine parenté avec les sociétés de secours mutuels.

les souscriptions de membres honoraires seront admises. Mais ce capital ne devra pas être employé en prêts, ni autres opérations commerciales : ce sera simplement un fonds de garantie. Quand un membre de ces sociétés aura besoin d'argent, il souscrira un effet de commerce qui sera endossé par la société et engagera ainsi la responsabilité collective de celle-ci — et cet effet sera ensuite remis à la banque populaire qui, elle, avancera l'argent en escomptant l'effet.

Et où les banques populaires trouveront-elles les fonds nécessaires? Elles se les procureront par des souscriptions d'actions comme toutes les sociétés, mais en outre elles recevront de l'État *sans intérêt* une avance de 10 millions à prélever sur les 20 millions imposés à la Banque de France par une convention de 1911. Elles peuvent aussi recevoir des fonds des caisses d'épargne si celles-ci sont disposées à leur en prêter (avec leur fortune personnelle seulement, non avec les dépôts). Au reste, si la banque populaire n'a pas les fonds nécessaires, elle pourra toujours faire escompter l'effet à la Banque de France; ce sera possible puisqu'il portera les trois signatures requises, sans parler des autres garanties (voir ci-après *Banque de France*).

VIII

Du crédit public. — Les emprunts d'État.

Les États, comme les particuliers, vivent normalement de leurs revenus. Mais, moins sages que les particuliers, il leur arrive souvent de dépenser plus que leurs revenus : alors ils empruntent, et il n'en est pas un seul, du moins parmi ceux qualifiés de civilisés, qui n'ait aujourd'hui sa dette publique, petite ou grande. Dès qu'un pays barbare fait son entrée dans « le concert des peuples européens », comme on dit élégamment, c'est d'ordinaire à ce signe qu'on le reconnaît. L'accroissement des dettes publiques a subi une progression effrayante : le total, qui était insignifiant il y a un siècle seulement, était évalué avant la guerre pour le monde entier à plus de 200 milliards [1]. Entre tous les États, la France avait déjà le privilège, peu enviable, d'occuper de beau-

[1] En voici les principales étapes :

1800	12 milliards.
1850	42 »
1900	160 »
1913	210 »
1917	1.500 »

coup le premier rang, avec une dette publique de 33 milliards [1].
Les dettes les plus considérables [après la sienne, celles de la
Russie et de l'Allemagne, ne dépassaient pas 24 à 25 milliards [2].
Si énorme que parût ce chiffre, cependant nous avons fait souvent remarquer qu'il ne représentait pas plus que le revenu total
de la France évalué à 33 milliards de francs, et la huitième partie
environ de son capital évalué à 260 milliards. Or, si l'on suppose
qu'un simple particulier, un industriel, par exemple, gagnant
33.000 francs par an et disposant d'un capital de 260.000 francs,
eût contracté pour 33.000 francs de dettes, personne n'aurait jugé
sa situation désespérée ni même son crédit très compromis.

Mais tout ceci est déjà de l'histoire ancienne, car après la
guerre tous les États belligérants, et surtout la France, vont se
trouver en face de dettes qui représenteront sans doute quelque
chose comme la moitié de tous leurs capitaux et le tiers de tous

---

[1] Elle se décomposait ainsi (en chiffres ronds et en millions de francs) :

rente 3 p. 100 perpétuelle	22.000
rente 3 p. 100 amortissable	3.500
annuités diverses (dues surtout aux Cᶦᵉˢ de chemins de fer) . . .	6.000
dette flottante.	1.500
	33.000

En outre, les dettes communales et départementales s'élèvent environ à 6 milliards — dont près de la moitié pour Paris seul.

[2] Voici quelles étaient avant la guerre les dettes des principaux États et le pourcentage en capital par tête d'habitant (Voir *Annuaire des porteurs français des
valeurs étrangères*, par M. Boissière, 1912) :

France.	33 milliards	840 francs
Empire allemand	25 »	380 »
Russie.	24 »	144 »
Autriche Hongrie. . . .	19 »	373 »
Angleterre.	18 »	400 »
Italie.	14 »	400 »
États-Unis.	14 »	150 »

Le record est tenu par l'État de l'Australie Occidentale : dette de 900 millions de
francs pour une population de 308.000 habitants, soit près de 3.000 francs par tête.

Toutefois, il faut remarquer :

Que pour évaluer la charge réelle de la dette publique, il faudrait déduire les
valeurs possédées, l'actif, qui est peu de chose en France, mais considérable pour
certains États : — ainsi pour l'Allemagne, 15 à 20 milliards de propriétés en
chemins de fer, mines, etc., — pour les États-Unis, une dizaine de milliards d'encaisse d'or en lingots ou monnaie ;

Que la charge par tête d'habitant ne signifie que peu de chose tant qu'on ne
connaît pas la richesse du pays. Ainsi, il est certain que quoique la contribution
soit la même pour l'Italien que pour l'Anglais, la charge est beaucoup plus légère
pour celui-ci que pour celui-là.

leurs revenus. Il est inutile de s'engager dans des calculs anticipés sur les budgets de demain. Mais du moins vaut-il la peine plus que jamais d'indiquer sommairement les modes par lesquels jusqu'à présent les États avaient emprunté et ceux par lesquels, beaucoup plus rarement, ils s'étaient libérés.

§ 1. Comment les États empruntent-ils ?

Il y a trois façons d'emprunter pour un État.

1° Ils peuvent emprunter sous forme de *bons* remboursables à court terme, trois ou six mois. — Bons du Trésor, comme on les appelait avant la guerre, Bons de la Défense nationale, comme on dit aujourd'hui [1]. Une dette ainsi constituée est ce qu'on appelle la *dette flottante*, expression heureuse car elle fait image : c'est bien un réservoir qui s'emplit sans cesse par l'afflux de bons nouveaux et sans cesse se vide par le remboursement de bons échus et dont le niveau par conséquent monte et descend sans cesse selon que le courant d'entrée l'emporte sur celui de sortie ou inversement.

Mais il n'est pas besoin de dire qu'une telle dette est très dangereuse pour un État, presque autant que pour une banque l'emprunt sous forme de dépôts à vue ou à court terme. Aussi la prudence commande à tout État, dès que cette dette prend des proportions inquiétantes, de la consolider, comme on dit, c'est-à-dire de remplacer ces engagements à court terme par des obligations à long terme ou rentes perpétuelles dont nous allons parler. C'est ce que font en ce moment la France et tous les États belligérants : on emprunte sous forme de bons, mais tous les ans en France, tous les six mois en Allemagne, on fait un grand emprunt de consolidation.

2° L'État emprunte sous forme d'*obligations à long terme*, c'est-à-dire dont l'échéance est reculée à 20, 50, voire même 99 ans — ou mieux encore, en *rentes perpétuelles*, c'est-à-dire dont le capital de la dette ne sera jamais remboursé ou du moins jamais exigible : l'État se réserve le droit de ne le rembourser que si cela lui convient [2]. On peut être tenté de s'étonner au premier abord que les

[1] A ce jour (décembre 1922), les Bons de la Défense nationale en circulation atteignent 60 milliards et s'accroissent régulièrement (déduction faite des Bons remboursés) de 8 à 900 millions de francs par mois.

[2] L'État peut s'adresser directement au public, en ouvrant des listes de souscription, ou se servir de l'intermédiaire des banquiers. Le premier système est généralement préféré pour des raisons politiques, parce qu'il fait plus d'effet si l'emprunt est couvert un grand nombre de fois (l'emprunt qui suivit la guerre de 1870 le fut 40 fois !) ; — mais il n'est pas plus économique, car il y a de gros frais de publi-

prêteurs acceptent une semblable clause; mais il suffit de réfléchir que les capitalistes qui prêtent leur argent à l'État ne le font pas dans l'intention de se le faire rembourser, mais à seule fin de placer leur capital, c'est-à-dire de se procurer un revenu assuré. Or un titre de rente perpétuelle remplit à merveille cette condition. Et d'ailleurs si le capitaliste, à un moment donné, veut rentrer dans son argent, rien ne lui sera plus facile : il n'aura qu'à vendre son titre de rente à la Bourse.

Les emprunts sous forme de rentes d'État diffèrent des emprunts que font les simples particuliers par deux caractères :

a) L'État (et de même font les villes et les grandes Compagnies quand elles procèdent par voie d'emprunt public), au lieu de débattre la somme à emprunter et l'intérêt à payer, met en vente des *titres* rapportant un intérêt déterminé et moyennant un prix qu'il fixe à l'avance (mais qu'il ne peut fixer, cela va sans dire, que d'après le taux réel de l'intérêt sur le marché des capitaux, sans quoi il ne trouverait pas d'acheteurs). Par exemple s'il a besoin d'un milliard, il *émet*, c'est le mot consacré, des *titres de rente* rapportant 3 francs par an, dont il fixera le prix à un chiffre plus ou moins élevé, suivant la situation de son crédit et suivant qu'il espère que les capitalistes seront plus ou moins empressés à répondre à son appel [1].

b) L'État emprunte d'ordinaire *au-dessous du pair*, c'est-à-dire qu'il se reconnaît débiteur d'une somme supérieure à celle qu'il a réellement touchée. Voici un État qui trouverait prêteur au taux de 6 p. 100 mais pas au-dessous : il pourrait en conséquence émettre des titres représentant un capital de 100 francs, et rapportant un intérêt de 6 francs, et les mettre en vente au prix de 100 francs,

cité, et d'ailleurs par prudence on demande toujours à des banquiers de se porter forts de la souscription et ils ne le font pas gratis.

[1] Ce mode d'emprunt a une origine historique. Le contrat de rente fut inventé pour éluder la prohibition du prêt à intérêt. Si en effet le droit canonique prohibait l'intérêt, c'est parce qu'il trouvait injuste que l'emprunteur fût tenu à la fois de rembourser le capital et de payer un intérêt. Mais s'il était convenu que le capital ne serait *jamais remboursé*, alors le droit du prêteur à une annuité *perpétuelle* devenait tout à fait légitime. Ce fut là le contrat de rente, et l'État ne fit que l'adopter, au xvie siècle, quand il eut lui-même à emprunter.

Il est assez piquant de voir l'État français qui s'arroge ainsi le droit d'emprunter en rentes perpétuelles, défendre aux communes et aux départements, au nom des intérêts des générations futures dont il a la garde, de recourir à de semblables procédés ! Les départements et les villes ne peuvent emprunter, en effet, que sous forme d'obligations amortissables dans un délai déterminé par la loi même de l'emprunt : autrement dit, en s'engageant expressément à rembourser l'emprunt petit à petit, par annuités, dans une période de vingt, trente, quarante ans.

c'est-à-dire *au pair*. Ce serait assurément le procédé le plus simple : quelques pays font ainsi, mais d'ordinaire l'État s'y prend d'une autre façon. Il préfère émettre des titres représentant un capital nominal de 100 francs et rapportant un intérêt de 5 francs seulement; mais comme il ne peut guère espérer trouver un nombre suffisant de prêteurs dans ces conditions — alors il l'offre au prix de 83 francs seulement. Il est clair que pour les prêteurs l'opération revient au même que la précédente, puisque toucher 5 francs de rente pour une somme de 83 francs versée c'est placer son argent exactement à 6 p. 100. Elle est même beaucoup plus avantageuse pour le prêteur ! En effet, quoiqu'il ne donne que 83 fr., il reçoit en échange un titre dont la valeur nominale était de 100 francs et dont la valeur réelle pourrait atteindre un jour ce chiffre si le crédit de l'État faisait des progrès. C'est ce qui très souvent s'est réalisé [1].

Mais c'est de la part de l'État qu'on ne s'explique guère une semblable opération, car non seulement elle est étrangement compliquée, mais encore elle paraît absolument ruineuse et ressemble trop à ces emprunts que les fils de famille font à des usuriers, par lesquels ils se reconnaissent débiteurs de 1.000 francs, alors qu'ils n'ont touché en réalité que la moitié ou les trois quarts de la somme ! Sur les 25 milliards qui constituaient la dette consolidée de l'État français avant la guerre, il n'avait probablement pas reçu en réalité 20 milliards.

Toutefois, l'excuse de ce singulier procédé, c'est qu'il permet à l'État d'obtenir des conditions plus favorables au point de vue de l'intérêt; en effet, il est probable que le prêteur, *à raison même de la plus-value qu'il espère pour son titre, se montrera moins exigeant sur le taux de l'intérêt :* si le titre acheté 83 fr. s'élève à 100 fr. au bout de dix-sept ans et si le rentier le vend alors, il aura touché, en plus des 5 p. 100 d'intérêt, une plus-value de 1 franc par an, ce qui lui fera juste du 6 p. 100. D'autre part, il faut remarquer que l'État n'étant jamais tenu de rembourser le capital, puisque

<hr>

[1] Le gouvernement français a émis son premier emprunt de guerre, celui de 1915, au cours de 87 fr. 25 et celui de 1916 au cours de 87 fr. 50, ce qui représente du 5,70 p. 100. Il a été trop généreux pour les prêteurs, ou pour mieux dire, il n'a pas eu assez de confiance dans leur bonne volonté : il aurait pu relever le prix de vente du titre à 90 et même 95 francs sans que le chiffre de souscription en eût été, à notre avis, notablement diminué. Le gouvernement allemand, plus hardi, a émis ses huit emprunts de 5 p. 100 à des cours variant entre 97 et 99, c'est-à-dire presque au pair.

Les deux emprunts ont donné 28 milliards environ, mais, pour la plus grosse part, sous forme de consolidation des Bons de la Défense nationale.

nous avons dit qu'il empruntait en rentes perpétuelles, peu lui importe de s'obliger à rembourser plus qu'il n'a reçu ! la seule chose qui lui importe, c'est que l'intérêt à payer soit le moins élevé possible[1].

Malgré ces raisons, l'emprunt au-dessous du pair doit être condamné au point de vue des principes, parce qu'il a l'inconvénient de rendre pour l'avenir tout remboursement de la dette impossible ou du moins ruineux pour l'État et par là même, comme nous le verrons tout à l'heure, de rendre très difficile toute conversion future[2].

3º Enfin, l'État peut emprunter par *l'émission de papier-monnaie* soit directement en émettant des billets d'État, soit indirectement par l'intermédiaire d'une Banque qui émet les billets pour son compte au fur et à mesure de ses besoins. Nous avons expliqué les différences entre ces deux formes de papier-monnaie (voir ci-dessus, p. 471, la première étant simple monnaie de papier, la seconde titre de crédit) et pourquoi la seconde est généralement préférée par l'État : c'est que la Banque joue le rôle de tampon et que la dépréciation des billets est moins à craindre, le public ayant plus de foi dans le remboursement par la Banque que par l'État.

Aucun mode d'emprunt n'est plus séduisant pour un État que celui-ci et par là même plus dangereux. Il réunit en effet tous les avantages. Il donne l'argent immédiatement, le temps seulement de faire graver et tirer les billets. Il le procure en telle quantité qu'on désire et sans qu'il soit besoin de faire appel à la bonne volonté des capitalistes ni de se contenter de ce qu'ils voudront bien apporter. Il ne coûte aucun intérêt[3]. Et il ne sera remboursable que le jour où le cours forcé sera aboli, date qu'il dépend

---

[1] Il y a aussi, il faut l'avouer, l'intention de ne pas révéler trop clairement au public, par l'émission d'un titre de 6 p. 100 au pair, quel est le véritable taux du crédit de l'État. On pense que le public ne fera pas le calcul que nous venons de faire, si simple soit-il, et croira que l'État emprunte à 5 p. 100.

[2] Pour le troisième emprunt, que l'on discute déjà au jour où nous écrivons ces lignes, quelques financiers ont demandé que l'emprunt fût émis ouvertement à 6 p. 100 au pair. Nous doutons qu'on s'y décide, soit par la raison que nous venons d'indiquer, soit par la crainte (assez fondée) de faire tomber, par la concurrence de ce nouveau titre, les cours des anciens titres de rente émis au taux nominal de 3 p. 100.

[3] Sans intérêt quand l'État émet lui-même les billets. Quand il a recours à la Banque, il est d'usage de reconnaître ce service par un léger intérêt : il a été fixé à 1 p. 100 pour toutes les avances faites à l'État par la Banque durant la guerre ; mais sera élevé à 3 p. 100 après.

du gouvernement d'ajourner à son gré et même *sine die*. Aussi les États belligérants ne se sont-ils pas fait faute d'en user [1]. Il ne faut pas trop le leur reprocher, car on ne voit guère comment ils auraient pu faire autrement.

Seulement le revers de la médaille c'est que toute émission de papier-monnaie au delà des besoins de la circulation a pour résultat, comme nous le savons, d'entraîner d'abord la disparition de l'or, puis la hausse du change sur l'étranger, finalement une hausse du prix qui étant à peu près parallèle à l'émission des billets peut devenir aussi illimitée que celle-ci.

§ 2. Comment les États se libèrent-ils?

1° *Amortissement.*

L'Américain Jefferson disait qu'une nation n'a le droit de contracter une dette publique qu'à la condition de la rembourser de son vivant, c'est-à-dire dans un délai de trente ou quarante ans; on lui donne volontiers raison, car il semble inique qu'une génération puisse rejeter sur toutes les générations à venir le poids de ses sottises [2].

Est-ce vraiment inique? Pourtant si, pour les nations comme pour les hommes, les enfants sont appelés à souffrir ou à bénéfi-

---

[1] A ce jour (décembre 1922), les avances faites à l'État (ou aux puissances alliées) par la Banque de France s'élèvent à près de 30 milliards. Ces 30 milliards représentent précisément la somme dont la circulation des billets s'est accrue : 6 milliards avant la guerre, 37 maintenant.

Quoique l'État français, comme on le voit, ait eu largement recours à l'emprunt commode sous forme d'émission de billets, cependant ce n'est rien en regard des émissions de billets faites par les États de l'Europe Centrale et Orientale.

En Allemagne, le chiffre des billets émis, fin 1922, s'élève à 1.300 milliards de marks et continue à augmenter à raison de 10 à 20 milliards par jour.

En Russie, ce n'est plus par milliards mais par *trillions* de roubles que se chiffre le total de billets.

Il est à remarquer que lorsque l'inflation est poussée à ce degré, elle se suicide, c'est-à-dire que la dépréciation des billets progresse plus vite que l'émission, en sorte que la valeur totale des billets en circulation va décroissant et qu'on arrive à ce résultat paradoxal *qu'il n'y a plus assez de monnaie pour les besoins !*

[2] Aussi les États-Unis sont-ils de tous les pays ceux qui ont employé les procédés les plus vigoureux et les plus efficaces pour réduire leurs dettes. En voici la preuve :

En 1816, après la guerre contre l'Angleterre, la dette des États-Unis s'élevait à 650 millions de francs; en 1835, elle était réduite presque à rien.

En 1865, après la guerre de Sécession, elle s'élevait à 12 milliards de francs; en 1891, elle était ramenée à moins de 8 milliards.

Elle est remontée depuis lors à 15 milliards de francs, chiffre à la veille de son entrée en guerre et, à la suite de la guerre, à 120 milliards de francs, mais nul doute que cette troisième poussée ne soit amortie comme les précédentes.

cier des fautes ou des mérites des pères, ce n'est là qu'un effet de la loi de solidarité, laquelle, comme nous le savons, est très en honneur aujourd'hui. Si nous prenons pour exemple la guerre actuelle, et si elle devait avoir pour effet d'en épargner de nouvelles aux générations à venir, pourquoi celles-ci qui en recueilleront le fruit n'en supporteraient-elles pas les charges? Chaque génération doit accepter l'héritage de ses devancières en bloc, actif et passif réunis, et d'ailleurs le fait que cet héritage va grossissant suffit à prouver que, somme toute, et au point de vue économique tout au moins, celles qui viennent n'ont pas trop à se plaindre de celles qui ne sont plus.

Il est vrai, mais d'autre part, on peut dire que c'est dans l'intérêt même de la génération présente et pour soulager son crédit, qu'une politique financière sage doit s'appliquer à amortir.

Il faut remarquer d'abord que si l'État a eu la sagesse d'emprunter sous la forme d'*obligations amortissables*, le remboursement s'opère automatiquement, une fraction déterminée du capital se trouvant remboursée chaque année par le tirage au sort d'un certain nombre d'obligations. Si la période de temps est assez longue, il suffit d'une prime d'amortissement extrêmement faible (1/2 p. 100 du capital, par exemple, ou moins encore) pour rembourser complètement le capital, grâce à la merveilleuse puissance de la capitalisation des intérêts [1]. Ainsi, la charge de l'amortissement n'ajoute que peu de chose à celle qui résulte de l'intérêt et elle offre l'inappréciable avantage de libérer l'avenir [1].

Il y a un autre système, aussi favorable aux générations futures et qui paraît encore plus avantageux pour l'État : c'est ce qu'on appelle le système des *annuités terminables*. Du jour où un nombre d'années fixé à 30, 50 ans est révolu, l'État se trouve complètement libéré : la dette est éteinte en capital comme en intérêts. L'Angleterre a employé souvent ce système.

---

[1] On procède de la façon suivante : tous les ans, un certain nombre de titres désignés par le tirage au sort sont remboursés : on s'arrange pour que ce nombre soit très faible dans les débuts, mais aille en augmentant au fur et à mesure que la diminution des intérêts, qui sera la conséquence de la diminution du capital, permettra de disposer de sommes plus considérables.

Ce remboursement par voie de tirages au sort annuel se combine très bien avec le système du remboursement avec lots, certains des titres sortants étant remboursés non seulement au pair, mais à 5.000, 20.000, 100.000 francs. Toute loterie est évidemment un mode immoral de répartition des richesses ; néanmoins sous cette forme son immoralité est réduite au minimum et il est question en ce moment d'employer ce mode d'emprunt pour l'État dans l'espoir que l'attrait des lots engagerait les prêteurs à se contenter d'un intérêt moindre.

L'opération est cependant moins avantageuse pour l'État qu'il ne le semble au premier abord, car il est bien évident qu'en imposant de telles conditions, il ne pourra trouver d'emprunteurs qu'autant qu'il leur accordera une annuité suffisante pour permettre à ceux-ci de reconstituer leur capital par une épargne annuelle avant l'expiration du terme. Théoriquement donc la charge devrait être la même pour l'État que s'il empruntait en titres amortissables. Si néanmoins l'emprunt sous cette forme est généralement plus avantageux pour l'État, c'est parce que le prêteur n'évalue pas toujours à sa juste valeur la charge de l'amortissement, c'est parce qu'il la sacrifie plus ou moins en se laissant tenter par l'appât d'un plus fort intérêt à toucher présentement. L'État spécule donc sur l'imprévoyance des rentiers — et voilà pourquoi ce mode d'emprunt, quoique plus avantageux au point de vue financier, est critiquable au point de vue moral, à peu près comme les emprunts à lots. Il n'est d'ailleurs pas usité en France.

Mais si l'emprunt a été fait en rentes perpétuelles, en ce cas l'État, n'étant pas tenu de rembourser, est naturellement très tenté de ne pas le faire. Pourquoi s'infligerait-il ou plutôt infligerait-il aux contribuables la charge énorme du remboursement si elle n'est pas nécessaire? Il y a pourtant de bonnes raisons pour le faire : c'est d'abord de soulager le crédit de l'État pour le cas où il y aurait de nouveaux emprunts à faire : c'est aussi de supprimer ou diminuer les charges annuelles de l'intérêt — mais ce second but peut être atteint, comme nous allons le voir, sans recourir au remboursement.

Au lieu de rembourser les porteurs de rente, l'État préfère généralement racheter à la Bourse, au cours du jour, un certain nombre de titres, jusqu'à concurrence de la somme dont il dispose pour l'amortissement, et les détruire ensuite en les frappant d'un timbre d'annulation[1]. L'État se trouvant par là à la fois

---

[1] On procédait autrefois d'une façon plus compliquée. La somme affectée tous les ans à l'amortissement était versée dans une caisse spéciale appelée Caisse d'amortissement. Cette caisse employait bien cette somme à acheter des titres de rente, mais au lieu de détruire ces titres, elle les conservait pour en toucher les intérêts qu'elle employait à acheter d'autres titres — dont elle employait encore les intérêts de la même façon. On espérait arriver, par le jeu continu de la capitalisation des intérêts, à des résultats prodigieux. En fait, on n'est jamais arrivé par là qu'à créer une sorte de réserve sur laquelle le gouvernement s'empressait de mettre la main dès qu'il en trouvait l'occasion : c'est ce qui est arrivé autrefois en Angleterre. D'ailleurs l'annulation des titres achetés pourrait avoir les mêmes effets de progression géométrique que la capitalisation des intérêts, si une somme

créancier et débiteur, la dette se trouve éteinte par confusion. Cette opération est parfois plus avantageuse pour l'État que le remboursement des titres parce que lorsqu'il rembourse, il est obligé de rembourser au pair, c'est-à-dire de payer une somme égale à la valeur nominale des titres, tandis que, s'il les achète à la Bourse il peut souvent les acheter au-dessous du pair.

Cette opération, pratiquée avec suite et énergie, pourrait donner des résultats considérables; malheureusement elle exige, comme condition préalable, que le budget se solde en excédent d'une façon régulière et continue : or, comme les budgets de la plupart des États modernes se sont soldés jusqu'à présent (et que dire de ceux de demain!) en déficit, il n'y a guère eu moyen de pratiquer l'amortissement. Et si on le pratique tout de même, comme on l'a fait en France dans ces dernières années, ce n'est qu'une duperie, car à quoi sert d'amortir d'une main pour emprunter de l'autre?

2° Conversion.

2° Si un État doit renoncer à éteindre le capital de sa dette perpétuelle, cela est fâcheux sans doute, mais enfin il peut s'en consoler puisque, comme nous l'avons dit, ce capital n'est qu'une charge fictive, n'étant jamais exigible. La seule charge réelle dans la dette publique, parce que c'est celle-là seulement que l'État est obligé de payer, ce sont les intérêts. Réduire les intérêts est donc tout aussi efficace en fait que réduire le capital; mais comment y arriver sans rembourser le capital?

Il semble bien, en effet, que le rentier n'acceptera pas bénévolement une réduction dans le taux d'intérêt qui lui a été promis. D'autre part, l'État ne peut non plus le réduire d'office et contre le gré du rentier, car ce serait manquer à ses engagements et faire une sorte de banqueroute. Le problème semble donc insoluble? — Il se résout, au contraire, très simplement, de la façon suivante.

Prenons comme exemple la dernière conversion de rente qui a été faite en 1902, et qui a consisté à réduire à 3 p. 100 les rentes qui étaient auparavant à 3 $\frac{1}{2}$. Cette dernière rente était, au jour où l'opération s'est faite, au cours de 102 environ, c'est-à-dire qu'elle se vendait à la Bourse 2 francs environ au-dessus du pair. Le Gouvernement a dit aux rentiers : « Je vous offre le choix entre

équivalente à celle des arrérages supprimés était employée chaque année à annuler de nouveaux titres; et cela sans le risque d'induire le gouvernement en tentation par l'accumulation d'un capital disponible.

les deux partis suivants : ou bien vous allez accepter désormais un intérêt réduit à 3 p. 100, — ou bien je vais vous rembourser le capital que je vous dois, c'est-à-dire 100 francs par titre ». Il faut se rappeler, en effet, que si l'État n'est jamais *obligé* de rembourser le capital de la dette, il a toujours le *droit* de le faire. La double proposition que fait l'État est donc absolument correcte. Mais que pouvait faire le rentier mis en demeure d'opter? S'il optait pour le remboursement, il perdait sur la valeur de son titre puisque son titre se vendait à la Bourse plus de 100 francs; il risquait aussi de perdre sur sa valeur future, puisqu'il était à prévoir que si le crédit de l'État se soutenait, ce titre, même réduit à 3 p. 100, vaudrait dans l'avenir plus de 100 francs. Remarquez que si le ministre des Finances sait son métier, il choisit, pour faire cette opération, le moment où les cours sont en hausse et où, par conséquent, il est impossible au rentier de placer son argent en bonnes valeurs à plus de 3 p. 100. Dès lors, puisque, d'une part, le rentier ne peut espérer tirer de son argent un taux d'intérêt supérieur à celui qu'on lui offre, puisque, d'autre part, le remboursement le mettrait en perte, puisque enfin son acceptation lui offre une chance de plus-value [1], il accepte — quoique de fort mauvaise humeur — la réduction d'intérêt. Dans l'exemple que nous avons choisi, comme dans tous les autres, l'unanimité des rentiers, sauf une proportion infinitésimale de récalcitrants, a accepté. Or comme les arrérages des rentes 3 $\frac{1}{2}$ p. 100 représentaient un total de 238 millions de francs, cette réduction de 0,50 p. 100 (soit un septième) a procuré une économie annuelle de 34 millions [2]. Et au total les conversions accomplies depuis le commencement du XIXe siècle ont allégé les intérêts de la dette publique de 160 millions de francs. Il est vrai que le contribuable

---

[1] En fait, cette plus-value ne s'est pas réalisée, puisque le 3 p. 100 ne vaut plus aujourd'hui que 61 francs (septembre 1917). Les rentiers de 1902, moins heureux que leurs prédécesseurs, qui avaient perdu sur leurs revenus mais gagné sur le capital, se trouvent perdre à la fois sur le revenu et sur leur capital.

[2] Il ne faut pas oublier que le 3 $\frac{1}{2}$ p. 100 était lui-même le résultat d'une série de conversions sur le titre primitif de 5 p. 100 — qui l'avaient d'abord réduit en 1884 à 4 $\frac{1}{2}$, puis en 1894 à 3 $\frac{1}{2}$ — en sorte que le rentier qui aurait conservé le même titre depuis l'emprunt de 1872 aurait vu son revenu diminué des deux cinquièmes — et son capital d'un quart environ.

De plus, l'État n'avait garanti les rentiers contre toute nouvelle conversion que pour huit ans : si donc, à partir de 1910, la rente avait dépassé le pair, l'État aurait pu réduire encore ce 3 p. 100 en 2 $\frac{1}{2}$ p. 100, comme l'Angleterre; on l'espérait, malheureusement le 3 p. 100 au lieu de monter au-dessus du pair, est tombé fort au-dessous.

ne s'en est pas aperçu, car il paie autant et plus, parce que les dépenses n'ont cessé d'augmenter (voir au livre IV, *Les dépenses publiques*). Mais tout de même, s'il n'y avait pas eu les conversions, c'est 160 millions *de plus* qu'il aurait à payer.

On voit, d'après les explications qui précèdent, que toute conversion suppose comme condition préalable que le fonds d'État que l'on veut convertir est coté *au-dessus du pair*. Aussi longtemps, en effet, qu'un fonds quelconque est coté au-dessous du pair, c'est-à-dire au-dessous du prix auquel il est remboursable, il est évident que l'État ne peut songer à mettre les rentiers en demeure de choisir entre le remboursement ou la réduction d'intérêt. Tous s'empresseraient de le prendre au mot en choisissant le remboursement, puisque ce remboursement leur donnerait plus que la valeur réelle de leur titre : en sorte que l'État, obligé de rembourser plusieurs milliards, que d'ailleurs il ne possède pas, serait obligé de les emprunter — probablement à ceux-là mêmes auxquels il devrait rembourser ! — et il aurait fait une manœuvre aussi désastreuse que ridicule.

La conversion suppose, comme condition préalable, non seulement une hausse générale dans le cours de la rente, mais aussi une hausse générale des valeurs, avons-nous dit, — car c'est précisément l'impossibilité de placer son argent à un taux aussi avantageux que par le passé qui mettra le rentier dans la nécessité d'accepter le taux d'intérêt réduit que lui offre l'État. Or hausse générale des valeurs veut dire baisse générale du taux de l'intérêt.

Il n'y a rien à dire contre la légitimité de semblables opérations et même elles constituent un véritable devoir pour l'État, parce qu'il ne doit jamais imposer inutilement à ses contribuables une charge qui peut leur être épargnée. Mais pour qu'elles soient vraiment utiles, il faut que l'État cesse d'emprunter à jet continu, car s'il doit continuer à emprunter, il doit se dire que la crainte des conversions futures rendra les prêteurs plus exigeants sur le taux de l'intérêt et qu'ainsi l'État sera obligé de payer en plus sur les *emprunts à venir* ce qu'il aura payé en moins sur les *emprunts passés*.

Voilà pour la dette perpétuelle. En ce qui concerne le remboursement de la dette résultant de l'émission du papier-monnaie, tout le monde est d'accord pour penser et déclarer que c'est par celle-là qu'il faut commencer. L'État, a-t-on dit, remboursera sa dette envers la Banque sur ses premières ressources. Mais entre le vouloir et le faire, il y a loin, ici surtout.

Après la guerre de 1870 la dette de l'État vis-à-vis de la Banque de France fut en effet la première préoccupation du gouvernement; elle fut assez rapidement remboursée, ce qui permit d'abolir le cours forcé; mais il ne s'agissait que de 1.500 millions. Quand il s'agira de rembourser à la Banque quelque 20 ou 30 milliards ce sera une autre affaire! La loi a pris, il est vrai, les précautions nécessaires pour exercer une certaine pression sur l'État en décidant que le taux d'intérêt pour les avances faites par la Banque, qui n'est que de 1 p. 100 tant que la guerre durera, « sera porté à 3 p. 100 une année après la cessation des hostilités ». Mais, même à 3 p. 100, l'État aura encore avantage à rester débiteur de la Banque plutôt que d'emprunter à 6 p. 100 pour la rembourser. D'autre part, il y aura probablement d'énormes emprunts à faire pour des nécessités encore plus urgentes, par exemple pour la reconstitution des pays envahis et le remboursement des dommages, pour la liquidation des dépenses non réglées et surtont pour nous libérer vis-à-vis de l'étranger. Il est donc à croire que le remboursement des avances de la Banque, et par suite l'abolition du cours forcé, se fera attendre longtemps. Au reste cette éventualité ne nous apparaît pas comme un péril mortel pour le pays (Voir ci-dessus p. 477).

CHAPITRE X

DES BANQUES

I

Les fonctions et l'évolution des banques.

Nous avons vu que l'échange des marchandises était à peu près impossible sans le secours de certains intermédiaires qui sont les marchands. De même, le commerce des capitaux serait impossible sans le secours de certains intermédiaires qui s'appellent les *banquiers*.

L'histoire des banques se rattache étroitement à l'histoire du commerce depuis le moyen âge, et chaque grande banque **créée** marque une étape nouvelle du développement commercial. Les premières furent celles des Républiques italiennes : Venise (1400 ?) Gênes (1407). La prééminence commerciale passe à la Hollande et nous voyons alors apparaître la célèbre Banque d'Amsterdam (1609), suivie bientôt par celles de Hambourg et de Rotterdam. Enfin la création de la Banque d'Angleterre, en 1694, nous apprend que cette nation va hériter de la suprématie commerciale dans le monde. La Banque de France n'est venue que beaucoup plus tard, au commencement du xixᵉ siècle seulement. Toutefois, en 1716, Law avait fondé une banque remarquablement en avance sur son temps, mais célèbre surtout par sa triste fin.

Les banquiers, à l'origine, ont été tout simplement des marchands d'argent, des *changeurs*, comme on dit aujourd'hui. A Londres, au xviiᵉ siècle, c'étaient les orfèvres qui jouaient ce rôle. Mais tandis que les changeurs n'ont aujourd'hui qu'un rôle insignifiant — on ne les voit que dans les villes frontières ou lés gares, là où les étrangers ont besoin de changer leur monnaie — au moyen âge, la multiplicité prodigieuse des monnaies (chaque seigneur avait le droit de faire battre monnaie), la fréquence des falsifications clandestines, souvent faites par le souverain lui-même, rendaient très important le rôle de ces boutiques où chacun pouvait trouver de la bonne monnaie en payant un agio.

En Hollande où venaient s'accumuler, par suite de son grand commerce, les monnaies de tous les pays, les commerçants avaient un grand avantage à déposer leur argent à la Banque d'Amsterdam, celle-ci leur garantissant qu'ils recevraient toujours le même poids d'argent, c'est-à-dire une valeur égale à la somme déposée. On faisait le compte en une monnaie idéale qu'on appelait l'*argent de Banque*. Aussi un crédit sur la Banque représentait toujours une valeur de 8 ou 10 p. 100 supérieure à la même somme en monnaie courante (voir sur ce sujet le célèbre exposé d'Adam Smith, liv. IV, ch. iii).

Les banquiers sont des commerçants tout comme les autres. Les commerçants opèrent sur des marchandises : les banquiers opèrent sur le capital circulant représenté par des titres de crédit ou du numéraire. Les premiers achètent pour revendre, et trouvent leur bénéfice à acheter le meilleur marché possible pour vendre le plus cher possible. Les seconds empruntent pour prêter, et trouvent leur bénéfice à emprunter le meilleur marché possible pour prêter le plus cher possible. Mais il est facile de comprendre que ces commerçants exercent une fonction économique de la plus haute importance, car nulle marchandise n'est plus importante que l'argent, dans notre vie moderne du moins, et ceux qui la détiennent ont le pouvoir, selon qu'ils l'accordent ou la refusent, de dispenser la fortune ou la ruine, ou tout au moins de réduire le commerçant ou l'industriel à l'impuissance. Dans les affaires, la suppression du crédit c'est la mort.

Voilà donc les deux opérations fondamentales de tout commerce de banque : emprunter et prêter — et comme ces emprunts se font le plus souvent sous la forme de *dépôts* et ces prêts sous la forme d'*escompte*, les banques sont fréquemment désignées sous ce nom « banques de dépôt et d'escompte ».

Mais à côté de ces deux opérations fondamentales, les banques en font beaucoup d'autres.

L'emprunt se fait généralement sous la forme de *comptes courants* ouverts aux clients de la Banque et dans lequel ceux-ci versent leurs fonds disponibles. Mais il peut se faire aussi sous la forme d'*émission de billets de banque*. Toutefois cette opération a pris une telle importance, en créant une monnaie nouvelle, qu'elle a cessé d'être une des opérations normales des banques et se trouve réservée à certaines banques privilégiées dites « banques d'émission », le plus souvent même à une seule qui est la Banque d'État.

En ce qui concerne le prêt, il y a bien d'autres modes de prêter que l'escompte.

Il y a le prêt sur la simple honorabilité de l'emprunteur, qui consiste à ouvrir un crédit, généralement sous la forme d'un compte courant, compte débiteur lorsque le client a touché plus qu'il n'a versé — et créditeur lorsque, au contraire, le client a versé plus qu'il n'a touché. Toutefois, comme cette façon de prêter « à découvert », comme l'on dit, est fort dangereuse et n'offre aucune garantie réelle, comme elle exige de la part du directeur de la banque une appréciation très exacte de ce que *vaut* chacun de ses clients, certaines banques s'y refusent. Les règlements de la Banque de France la lui interdisent absolument.

Il y a l'*avance sur titres*, qui est un prêt sur gage, le gage étant les valeurs mobilières déposées par l'emprunteur, lesquelles doivent représenter une somme toujours supérieure à la somme prêtée pour parer aux risques de dépréciation.

Il y a le *report*, qui est aussi un prêt sur titres, mais à court terme : il est fait pour ceux qui ont acheté à la Bourse des valeurs à terme et qui, ne pouvant pas ou ne voulant pas payer à l'échéance, se font reporter, c'est-à-dire ajournent le règlement de leur achat (voir ci-dessus, p. 379).

Il y a le prêt sous forme de *commandite industrielle*, c'est-à-dire la participation à la création d'entreprises, soit par l'avance d'un capital, soit par souscription d'actions, opération aventureuse dont nos grandes banques françaises s'abstiennent généralement, mais que les banques allemandes pratiquent sur grande échelle et qui n'a pas peu contribué à l'essor industriel de leur pays.

Il y a le prêt hypothécaire, mais celui-ci constitue sous le nom de *crédit foncier* une opération d'une nature spéciale qui est incompatible avec celles que nous venons d'énumérer et doit être réservée à des établissements spéciaux (voir ci-dessus *Crédit foncier*).

L'escompte lui-même comporte bien des aspects différents : s'il s'applique spécialement au commerce des lettres de change sur l'étranger, il conduit aux opérations de *change* et d'*arbitrage*.

Enfin les banques ne se bornent pas à emprunter pour prêter : elles rendent aussi à leurs clients — qu'ils soient commerçants, États ou simples rentiers — divers services.

Aux capitalistes, elles rendent le service de *garder leurs valeurs* et d'en toucher les coupons, ce qui est une grande commodité pour eux, et aussi de leur faciliter le placement de leurs épargnes en leur indiquant de bons placements, ce qui est une source considérable de bénéfices pour le banquier, non à raison du droit de garde très minime qu'il perçoit, mais parce qu'il devient ainsi l'intendant de la fortune de ses clients; il contrôle la vente de leurs titres et le remploi en titres nouveaux. Elles rendent aussi à leurs clients le service de faciliter leurs paiements à leurs fournisseurs ou créanciers en leur délivrant des carnets de chèques payables sur leur caisse, et, quand ils voyagent, en leur remettant des *lettres de crédit* sur l'étranger.

Aux États et aux grandes sociétés, elles rendent le service de placer leurs emprunts auprès de leur clientèle — et comme elles ne rendent pas ce service gratis, tant s'en faut! et que ces opérations se chiffrent parfois par milliards, c'est là une des sources des plus gros bénéfices pour les banques, particulièrement pour les grands établissements de crédit en France.

Il n'est pas nécessaire qu'une même banque fasse toutes les opérations que nous venons d'énumérer. Dans le commerce de banque, comme dans tous les autres, la loi de la division du travail et de la spécialisation s'applique [1]. On peut même dire que

---

[1] M. André Sayous, dans son livre *Les banques de dépôt, les banques de crédit et les sociétés financières*, distingue, comme le titre l'indique, trois types de banques : le premier plutôt spécialisé dans l'emprunt, le second dans le prêt, et le troisième dans les commandites industrielles et l'émission des valeurs — mais

certaines de ces opérations sont incompatibles entre elles. C'est ainsi que la commandite industrielle ou même l'escompte de traites à long terme, telles que celles tirées par un exportateur sur ses acheteurs dans les pays éloignés, et tout mode de prêt qui entraîne une immobilisation plus ou moins durable du capital, sans parler même du prêt foncier — ne peuvent être pratiquées par des banques de dépôt, lesquelles doivent tenir leurs fonds toujours remboursables à première demande. Il faut donc des banques spéciales pour aider à la création d'entreprises ou pour développer l'exportation.

Les opérations de change, d'arbitrage et de compensation internationale sont généralement réservées aux banques ayant des succursales à l'étranger ou, du moins, des relations régulières avec les banques étrangères.

II

Le mouvement de concentration des banques. Les grands établissements de crédit.

La loi dite de concentration ne fait pas moins sentir son action dans le commerce de banque que dans celui des marchandises. Il est naturel que le même mouvement qui a conduit aux grands magasins conduise aux grandes banques. Cela est bien visible en France où depuis trente ans on a vu quelques établissements de banque, sous forme de sociétés par actions — notamment les trois dont les noms sont si connus du public : le *Crédit Lyonnais*, la *Société Générale*, le *Comptoir d'Escompte* — étendre leurs milliers de succursales sur tous les points de la France et faire aux banques locales, qui sont généralement des entreprises individuelles, une concurrence écrasante [1]. Le même mouvement se manifeste dans de bien plus grandes proportions dans les autres pays et surtout en Allemagne où sept grandes banques exercent leur contrôle sur une soixantaine d'autres banques, qui leur servent de « filiales » et groupent ainsi un capital-actions de plus de 2 milliards de francs [2].

il fait remarquer lui-même que la banque de dépôt ne peut fonctionner sans faire valoir, en les prêtant, le montant de ses dépôts. La banque de crédit peut, à la rigueur, fonctionner sans dépôts, avec son propre capital.

[1] Ces trois grands établissements de crédit groupent environ 1 milliard de francs de capitaux et comptent plus de mille agences (dont un certain nombre à l'étranger et dans les colonies), où elles reçoivent 5 à 6 milliards de francs de dépôts.

[2] Voir M. Depitre, *Le mouvement de concentration dans les banques allemandes*. En Angleterre, 26 banques, avec plus de 5.000 succursales, concentrent presque toutes les opérations.

Les causes de cette concurrence victorieuse sont les mêmes, à peu de chose près, que celles déjà signalées dans les autres domaines (voir *La loi de concentration*, p. 276), à savoir : — le crédit que donne le prestige d'une puissante maison ; — la possibilité, en groupant des dizaines de milliers de clients, d'abaisser les prix (c'est-à-dire le taux de l'escompte) par la multiplicité des opérations ; — la sélection, par de gros traitements, de chefs capables, sauf à se rattraper sur les traitements des employés inférieurs, mais qui se consolent par l'espérance de l'avancement, etc.

Comme les Grands Magasins, ces grandes banques — ou, comme on dit généralement, ces « grands établissements de crédit » — ont réalisé de grands progrès dans le commerce de banque ; et d'abord le même qu'ont procuré les Grands Magasins, à savoir le bon marché qui se présente ici sous forme d'un abaissement dans le taux de l'escompte, autrement dit d'une baisse du prix de location du capital circulant [1].

Ces établissements ont rendu aussi de grands services au public, même non commerçant, en l'initiant par leur mille succursales au mécanisme du crédit, au dépôt des titres, comptes courants, chèques, etc. Cependant il ne faut pas s'exagérer les services qu'ils lui ont ainsi rendu : ils les font payer cher sous forme d'intérêt des comptes courants — intérêt très élevé quand le compte est au débit du client, presque nul quand il est à son crédit — frais de garde, frais de renouvellement ou retrait des titres, ports de lettres, commissions pour les encaissements, et autres frais dont le client ne s'aperçoit pas, parce que très peu d'entre eux sont en état de lire le relevé de compte qui est envoyé tous les six mois. Et même quand il s'en aperçoit, il les supporte sans protester parce que c'est peu de chose pour lui sur chaque opération ; mais ces centimes additionnés représentent pour l'établissement des millions de dividendes [2].

---

[1] Le taux de l'escompte et les commissions étaient très élevés dans les banques locales avant la concurrence des grandes sociétés de crédit. C'est la même histoire que pour les magasins locaux avant la concurrence des grands magasins. Le Crédit Lyonnais (dans son rapport de 1909) affirme même que « les commissions appliquées aujourd'hui ne représentent pas le quart de celles d'autrefois ».

[2] On a signalé trop fréquemment des procédés plus convenables pour des prêteurs à la petite semaine que de la part des grands établissements de crédit : — par exemple, ne pas compter au client le bénéfice du change sur le papier étranger, tant qu'il ne proteste pas ; — ne porter un chèque au crédit du client que cinq ou six jours après l'avoir reçu (une des causes qui enraye l'usage des chèques en France) ; — retarder de quelques jours l'inscription des encaissements et au contraire avancer l'inscription des sommes débitées, afin de grossir le nombre de

Enfin ces établissements rendent des services au gouvernement en facilitant l'émission et le classement des emprunts nationaux, comme ils ont eu tant de fois à le faire au cours de la présente guerre — et aussi en prêtant ou refusant leur concours quand il s'agit de faire réussir, ou au contraire d'empêcher, les émissions d'emprunts de la part d'États ou de grandes sociétés étrangères. On peut même dire que la politique a une très grande part dans l'administration des établissements de crédit : on l'estime pourtant encore insuffisante car on s'applique à la renforcer.

Depuis quelque temps, et surtout dans les années qui ont précédé la guerre, les grands établissements de crédit ont fait l'objet d'une campagne violente [1].

Le principal grief qu'on fait valoir contre eux n'est pas précisément un de ceux que nous venons de formuler, mais un autre, moins fondé à notre avis. On leur reproche de mal remplir leur fonction économique essentielle qui devrait être de stimuler et de commanditer les entreprises qui se créent dans le pays.

Mais à cela ces banques répondent que si elles se faisaient commanditaires d'industries, dans ce cas leurs fonds se trouveraient peut-être compromis, en tout cas engagés pour longtemps. Or, ces fonds ne leur appartiennent pas, mais sont simplement en dépôt dans leurs caisses et payables à vue ou à court terme. Elles ne pourraient donc commanditer les entreprises industrielles sans sacrifier les intérêts des déposants qui constituent leur principale clientèle. Le rôle des banques de dépôts doit donc se borner aux opérations à court terme, dont l'escompte, comme nous allons le voir, est le type parfait. Quant aux prêts à long terme pour l'industrie ou l'agriculture, ceux-ci sont l'affaire d'établissements spéciaux qui doivent alors se procurer le capital qu'ils prêtent non point sous forme de dépôts, mais sous celle d'obligations à long terme, comme le fait le Crédit Foncier, ou qui emploient leur propre capital, comme le font quelques grandes banques et la plupart des banques locales.

Cette réponse paraîtrait, en effet, irréfutable si ces établissements de crédit s'en tenaient strictement à leur rôle de banques de dépôt et d'escompte — comme certains le font en effet. Mais on sait bien que les plus importants d'entre eux font sur grande

jours portant intérêt à leur profit et de réduire celui portant intérêt pour le client, etc. Pendant les premiers mois de la guerre, ils ont profité du *moratorium* pour refuser le remboursement des dépôts (voir ci-après).

[1] Cette campagne contre les grands établissements de crédit a valu une célébrité à l'auteur qui l'a engagée sous le pseudonyme de Lysis.

échelle l'émission de valeurs mobilières de toute espèce. Qu'est-ce
à dire, sinon qu'ils savent bien trouver des fonds disponibles
pour les prêter toutes les fois que des États ou des sociétés étrangères ont besoin d'argent? Il est vrai que ce n'est point l'argent
en dépôt chez eux qu'ils emploient de la sorte, mais ce sont les
épargnes de leurs clients qu'ils sollicitent spécialement en vue de
ces placements dont ils leur font valoir les avantages, et ils les
font souscrire d'autant plus facilement que leur influence est
grande sur cette immense clientèle composée en majorité de
petits rentiers peu au courant des questions financières et en
quête de placements lucratifs [1]. Mais s'il est vrai qu'ils ont le pouvoir de diriger les placements à leur gré, il semble donc qu'ils
pourraient mettre cette influence aussi bien au service des entreprises nationales quand elles ont besoin de capitaux.

Si donc les grands établissements de crédit recherchent moins
les émissions de valeurs françaises (en dehors des emprunts
d'État), ne serait-ce point parce que celles-ci donnent moins de
profit à la banque, tandis que les commissions prélevées sur les
emprunts des gouvernements et sociétés de l'étranger sont vraiment léonines?

Il faut reconnaître pourtant que si les placements à l'étranger
sont nombreux, c'est parce que les entreprises qui se créent en
France sont malheureusement plutôt rares : l'accroissement de
notre capital étant beaucoup plus rapide que celui de notre population, il faut bien que l'excédent se déverse au dehors [2]. Il est
vrai aussi que les valeurs françaises tentent moins le public français que des valeurs exotiques qui ont le prestige de l'inconnu.

Nous sommes de ceux qui pensent qu'il est avantageux pour un
pays d'avoir de nombreux capitaux placés au dehors et que c'est
là une des formes les plus utiles et même les plus patriotiques de
l'expansion de la France dans le monde. Malheureusement les
placements effectués par les grands établissements de crédit n'ont
pas toujours été les plus favorables aux intérêts de leurs clients,

[1] Ces établissements ont des agents spéciaux, qu'on appelle des « démarcheurs »,
chargés d'aller trouver les clients à domicile et de les persuader d'acheter ou de
vendre telle ou telle valeur, soit quand il y a quelque émission en cours, soit
même simplement pour faire une « bonne affaire ». Les banques étrangères s'abs
tiennent généralement, celles anglaises tout au moins, d'exercer de telles pres-
sions; elles ne donnent des conseils qu'à qui les demande.

[2] Le Crédit Lyonnais, dans son rapport annuel de 1909, pour répondre aux
critiques disait : « On peut se plaindre que notre population stationnaire ne donne
pas lieu à un essor industriel plus grand, mais la France est toujours en quête
d'emplois pour son épargne... et les sociétés de crédit en lui procurant des fonds
publics étrangers ont donc obéi à des nécessités ».

ni aux intérêts économiques du pays : ils ont été très souvent
dictés par des considérations politiques et sous la pression du
gouvernement — et plus souvent encore déterminés simplement
par les bénéfices que l'affaire devait rapporter non aux souscripteurs, mais à l'établissement. C'est pourquoi dans les quelques
30 ou 40 milliards des placements français à l'étranger, une petite
part seulement est représentée par des valeurs industrielles, et la
plus grosse part de beaucoup va à des emprunts d'État généralement faits en vue de dépenses militaires, c'est-à-dire sans valeur
économique.

En somme donc, les services rendus par les grandes banques
ne sont pas si décisifs qu'ils autorisent à conclure qu'elles élimi-
neront fatalement les petités banques, j'entends par là les banques
sous forme d'entreprises individuelles, pas plus que nous n'avons
constaté que les grands magasins aient éliminé les petits. Les
petites banques locales offrent même à leurs clients des avantages
que les grands établissements de crédit ne pourront leur disputer.
D'abord un banquier dans une ville de moyenne importance est
un peu comme le notaire [1] : il est connu de tout le monde et connaît
tout le monde, surtout lorsque, comme il arrive souvent, la banque
se continue de père en fils, tandis que le directeur d'une
agence d'un grand établissement de crédit est changé aussi
souvent qu'un sous-préfet. Il lui est donc impossible de connaître
la situation de fortune et surtout le degré d'honorabilité de chacun
de ses clients, et d'évaluer par conséquent quel est le crédit qu'on
peut lui ouvrir, ce qui est facile au banquier local [2].

De plus, le banquier local travaille avec son propre capital,
rarement avec un capital emprunté et plus rarement encore avec
des dépôts : il peut être plus hardi puisqu'il n'engage que l'argent
qui lui appartient et non celui dont il est débiteur ou dépositaire.
Le directeur d'une agence n'est qu'un employé qui craint surtout
de s'attirer des ennuis et se soucie beaucoup moins d'encourager
l'industrie que d'éviter de faire perdre de l'argent à sa maison,

[1] On évaluait leur nombre avant la guerre à un millier et l'ensemble de leurs
capitaux à 1 1/2 milliard. En Lorraine surtout et dans l'Est de la France, elles
étaient très prospères et avaient beaucoup contribué à la prospérité industrielle de
cette région.

[2] Les rentiers qui aiment à « mouvementer » leur portefeuille trouvent auprès
des banques locales des conseils plus prudents et plus désintéressés quant au
placement de leurs capitaux, et parfois cherchent là un asile plus sûr, parce que
plus modeste, contre les investigations du fisc. Celles-ci, en effet, menacent plus
spécialement les grands établissements de crédit comme représentants du capitalisme et de ce qu'on appelle « l'oligarchie financière ».

car un emprunt refusé ne lui sera pas reproché tandis qu'un
emprunt non remboursé le fera révoquer.

Les banques locales paraissent donc très bien qualifiées précisément pour la fonction que l'on reproche aux grands établissements de crédit d'avoir si mal remplie, celle d'aider et de développer les industries locales. Si elles n'ont pas assez de fonds
pour cela, elles ont la ressource que nous avons vu employer dans
la petite industrie et la petite culture, celle de se syndiquer, de
se fédérer. Et c'est précisément la tendance qui s'accusait avant
la guerre, et qui sans doute s'accentuera après.

III

Les dépôts.

La première chose à faire pour un banquier c'est de se procurer
des capitaux. Comment? Il va sans dire qu'il peut employer
d'abord son capital propre, s'il en a en quantité suffisante, et
c'est ce que font encore la plupart des banquiers de province. Si
la banque est constituée sous la forme de société par actions,
alors son capital se trouve constitué par les souscriptions d'actions
de tous les sociétaires et peut s'élever à des centaines de millions,
comme celui de nos grands établissements de crédit. Elle peut
s'en servir pour ses opérations et c'est ce que font quelques grandes
banques, mais c'est l'exception. Généralement les grandes banques, du moins les banques d'escompte, n'emploient pas dans
leurs opérations leur capital propre, individuel ou social : il ne
figure que comme capital de garantie[1]. Pourquoi? Parce que ce
capital reviendrait trop cher : il faudrait lui attribuer dans les
comptes l'intérêt au taux courant, 5 ou 6 p. 100, et, par conséquent, la banque ne pourrait le prêter, à moins d'y perdre, qu'à
un taux supérieur. Il faut donc que le banquier fasse ses opérations avec l'*argent du public* et que pour cela il le lui emprunte.
Ce mot d'une comédie, qui a paru un trait sanglant : « les affaires
c'est l'argent des autres », n'est, en matière de banques tout au
moins, que l'expression de la pure vérité économique : c'est
l'essence même du commerce de banque.

[1] La plupart des grandes banques placent leurs capitaux propres, soit en immeubles, soit en titres de rente, comme une réserve ou comme garantie pour leurs
clients. C'est le cas, par exemple, de la Banque de France.

Cependant, on peut citer une grande Banque, celle « de Paris et des Pays-Bas »,
qui travaille presque exclusivement avec son propre capital. Mais aussi ne fait-elle
point l'escompte : elle ne s'occupe que d'émissions de titres et d'emprunts.

Et d'ailleurs, ce n'est pas seulement l'intérêt des banquiers qui le veut ainsi, c'est l'intérêt du commerce puisque, comme nous venons de le dire, si le banquier ne se servait que de son capital ou de celui des actionnaires il ne pourrait faire l'escompte à bas prix, descendre même à 3 p. 100 comme fait la Banque de France.

Mais comment empruntera-t-il cet argent? Ce ne sera pas à la façon des États, des villes ou des sociétés industrielles qui empruntent à long terme (sous forme de rentes, d'obligations, d'actions) les capitaux que leurs possesseurs cherchent à placer. Non : ce mode d'emprunt exige un taux d'intérêt trop élevé pour que le banquier pût y trouver son profit. Ce que le banquier demande au public c'est le capital circulant, flottant, qui se trouve sous forme de numéraire dans la poche de chacun de nous ou dans le tiroir de notre bureau. Il y a dans tout pays, sous cette forme, un capital considérable qui n'est encore fixé nulle part, qui ne fait rien, qui ne produit rien et qui attend le moment de s'employer. Le banquier dit au public : « Confiez-le-moi en attendant que vous ayez trouvé l'emploi : je vous éviterai l'ennui et le souci de le garder et vous le restituerai dès que vous en aurez besoin, à première réquisition ; c'est déjà un service que je vous rendrai. De plus, je vous en donnerai un petit intérêt, par exemple, 1 ou 2 p. 100[1]. Ce sera toujours plus qu'il ne vous produit, puisque chez vous il ne rapporte rien. Enfin, je vous rendrai encore un troisième service, celui d'être votre caissier, de payer vos fournisseurs sur les indications que vous me donnerez, ce qui vous sera très commode ». C'est ce qu'on appelle le *dépôt*[2].

---

[1] Il pourrait même ne donner aucun intérêt. Certaines banques, telles que la Banque de France et d'Angleterre, n'en donnent point, en effet, car elles estiment qu'elles rendent un service suffisant aux déposants ; et ce qui prouve bien qu'elles ont raison c'est que, nonobstant, elles reçoivent des sommes énormes en dépôt. Bien mieux : autrefois, les banques de dépôts, ces anciennes banques dont nous avons cité les noms, se faisaient payer par les déposants un droit de garde, parce qu'en ce temps-là elles ne touchaient pas à l'argent déposé chez elles et n'en tiraient aucun profit.

Mais toutes les banques, aujourd'hui, cherchent à employer productivement l'argent déposé chez elles : aussi la plupart ont l'habitude de faire bénéficier d'un petit intérêt les déposants, afin d'attirer par cette prime la plus grande quantité possible de dépôts. Présentement le taux servi par les grands établissements de crédit est scandaleusement inférieur à celui auquel ils prêtent eux-mêmes.

[2] Il ne faut pas prendre ici ce mot de *dépôt* dans son sens juridique. Le dépôt proprement dit est chose sacrée à laquelle le dépositaire ne doit jamais toucher, tandis que le dépôt d'argent en banque est une sorte de prêt que le banquier se propose parfaitement d'utiliser et qu'il n'accepte même que pour cela. Il en est différemment quand il s'agit d'un dépôt de *titres*, que leur propriétaire laisse chez

Là où ce langage est écouté et compris du public, les banquiers peuvent se procurer par là, à très bon compte, un capital considérable. Le dépôt est ainsi la source de vie des banques : c'est par là qu'elles s'alimentent et, à leur tour, alimentent l'industrie en capital circulant.

Pourtant, s'il faut attendre que le public vienne apporter lui-même son argent disponible, comme il le fait par exemple dans les caisses d'épargne, le montant des dépôts restera assez limité. Il faut que le dépôt devienne automatique pour que la source dont nous venons de parler coule à pleins bords : et comment deviendra-t-il automatique ? Là seulement où les capitalistes, même les plus petits, ont pris l'habitude de déposer toute leur fortune, toutes leurs valeurs dans les banques et de confier à celles-ci le soin de toucher leurs revenus. Alors leur compte se grossit de lui-même, à chaque échéance, du montant des coupons détachés des titres. Dans les pays où cette habitude existe, comme en Angleterre et aux États-Unis, tout l'argent oisif se trouve drainé de la circulation et pompé par les banques où il trouve à s'employer utilement — et le montant des sommes employées en dépôt arrive même à dépasser de beaucoup le montant du numéraire existant[1].

Mais il est des pays, au contraire, où avoir un banquier semble un luxe réservé aux millionnaires. Tel était naguère et tel est encore un peu aujourd'hui le cas de la France : le petit capitaliste aime à garder ses titres chez lui ; il ne croit les posséder que quand il les voit, et, malgré les ennuis de faire queue, il préfère détacher lui-même et toucher ses coupons. Une fortune mobilière déposée dans une banque et dont il n'aura de nouvelles que tous les six mois par une feuille de comptes, c'est là une forme abstraite de la propriété qui ne lui dit rien. Et puisqu'il garde les titres et touche les coupons, il en résulte nécessairement qu'il garde aussi dans son tiroir l'argent de ces coupons. C'est ainsi qu'au lieu du dépôt productif, on a la thésaurisation improductive[2].

son banquier pour qu'il les garde et en touche les revenus : en ce cas, le banquier ne peut en disposer.

[1] Comment est-il possible que le chiffre des dépôts dépasse celui de l'argent déposé ? L'explication est facile. L'argent déposé ne dort pas : il circule et peut revenir sous forme de nouveaux dépôts avant que les premiers aient été remboursés.

Environ 11 milliards en France, 15 milliards en Allemagne, 28 milliards en Angleterre, 50 milliards de francs aux États-Unis.

Chiffres d'avant la guerre, en 1913, et non compris les sommes déposées dans les Caisses d'épargne, lesquelles n'ont rien de commun avec les dépôts en banques. Aujourd'hui les chiffres doivent être triplés.

[2] Précisément en ce moment, dans tous les journaux financiers on exhorte le

Le dépôt, représentant une dette exigible à tout instant, est évidemment une opération périlleuse pour la banque, car si elle veut faire fructifier l'argent déposé, elle risque de ne plus l'avoir le jour où le déposant viendra le réclamer [1].

Mais ce risque est-il une raison suffisante pour empêcher les banques de faire valoir les capitaux déposés chez elles et pour les obliger à les garder intacts comme un véritable dépôt, ainsi que le faisaient les vieilles banques de Venise ou d'Amsterdam ? Certainement non. Tout le monde se trouverait fort mal de cette rigueur :

1° Les déposants eux-mêmes tout d'abord : car il est clair que si la banque devait garder leur argent dans ses caves sans l'employer, bien loin de pouvoir les bonifier d'un intérêt, elle devrait leur faire payer au contraire un intérêt pour ses frais de garde : c'est précisément ce que faisaient les banques anciennes. Mieux vaut donc pour les déposants courir le risque d'attendre quelques jours leur remboursement que d'être obligés de garder chez eux leur argent improductif ou de payer pour qu'on le leur garde.

2° Le pays lui-même : car la fonction sociale des banques consiste à réunir les capitaux, qui étaient improductifs sous forme d'argent de poche ou de réserve, pour en faire un capital actif et productif, mais cette fonction deviendrait impossible évidemment du jour où elles ne pourraient plus employer leurs dépôts.

Aussi les banques n'hésitent-elles pas à faire emploi des sommes à elles confiées. Seulement elles ont soin, pour faire face aux demandes qui pourraient se produire, de conserver toujours une certaine *encaisse*.

Aucune proportion ne peut être établie *a priori* entre le montant de l'encaisse et celui des dépôts. La proportion d'un tiers souvent citée (et même consacrée officiellement dans quelques pays, mais

public en France à ne pas thésauriser les billets, mais à les verser en dépôt dans les banques ou mieux encore à les employer à souscrire des bons de la Défense Nationale. On estime en effet que sur les 21 milliards de francs de billets émis, il doit y en avoir une dizaine immobilisés dans les portefeuilles privés.

[1] Le risque de remboursement des dépôts est même plus dangereux que le risque de remboursement des billets, car le remboursement des dépôts est certain; il est sûr que tôt ou tard le dépôt sera réclamé à la Banque, tandis qu'il n'est nullement certain ni même probable que le remboursement des billets sera demandé. La plupart circulent jusqu'à être hors d'usage sans avoir jamais été portés à la Banque pour être remboursés.

Pour atténuer le risque des dépôts, la plupart des banques accordent un intérêt plus élevé aux déposants qui acceptent de déposer leur argent pour une certaine durée minima, six mois ou un an, voire même cinq ans.

plutôt en ce qui concerne la dette résultant des billets) est purement arbitraire (voir ci-après *L'organisation des banques*). Une
banque doit avoir une encaisse d'autant plus considérable que
son crédit est moindre, que les gros dépôts sont plus nombreux,
et elle doit surtout renforcer son encaisse au moment des crises
commerciales, à l'approche des émissions de rentes d'État ou
autres titres, en un mot dans toutes les circonstances où elle peut
prévoir que les déposants auront besoin de leur argent.

IV

Le Chèque.

Quand le déposant a besoin de retirer son argent, que fait-il?
Il peut tout simplement aller le toucher à la banque, mais là où
l'on a quelque habitude du crédit on procède autrement. Le déposant se fait délivrer par la banque un *carnet de chèques*, carnet à
souches contenant un certain nombre de feuilles imprimées avec
les indications nécessaires et sur lesquelles il n'aura qu'à inscrire
la somme qu'il désire toucher ou qu'il doit payer à un tiers et,
selon le cas, il y inscrira le nom du destinataire ou son propre
nom s'il veut le toucher lui-même, ou même aucun nom si le
chèque est au porteur, c'est-à-dire payable à n'importe qui.

L'invention de ce modeste instrument de crédit qui est le carnet de chèque n'a été rien moins qu'une révolution dans l'ordre
économique [1] : il tend en effet à rendre la monnaie inutile, ainsi
que nous l'avons montré précédemment (p. 498). Dans quel cas,
en effet, a-t-on besoin d'argent? Uniquement pour payer des
dépenses. Or, le chèque est précisément le moyen le plus commode de payer toute dépense puisqu'il suffit d'inscrire un chiffre
et un nom sur une feuille de papier et de la remettre, après
l'avoir détachée du carnet, à son créancier, à son fournisseur, à
une œuvre pour sa cotisation, à l'État pour l'impôt, etc. [2]. En

---

[1] Le chèque semble avoir été inventé en Angleterre. *Le Times* (et après lui *Le
Journal des Économistes*) a reproduit un fac-similé du plus ancien chèque connu
qui est du 14 août 1675. Mais le *carnet de chèques* n'a pas été en usage avant la
fin du xviiie siècle.

[2] Le chèque est employé aussi bien aux plus gros paiements qu'aux besoins du
ménage. Lors du paiement de l'indemnité de guerre de la Chine au Japon, en 1896,
un acompte de 8.250.000 liv. st. (206 millions fr.) a été payé par l'ambassadeur de
Chine à l'ambassadeur du Japon en un simple chèque sur la Banque de Londres
sans qu'un penny ait été déplacé ; et de même, dans la guerre actuelle, des paiements encore plus considérables avec les États-Unis ont été faits par simples
chèques.

Angleterre et aux États-Unis, l'usage du chèque est si répandu qu'un homme riche n'a jamais d'argent sur soi ni chez lui : l'anecdote a été souvent répétée de ces voleurs qui, ayant dévalisé un milliardaire, furent eux-mêmes volés, n'ayant trouvé sur lui que 27 cents (27 sous), plus l'inséparable carnet de chèques.

Mais, en France, le chèque, s'il est très employé dans les affaires, est encore aujourd'hui très peu usité pour le règlement des dépenses quotidiennes, et les efforts pour faire l'éducation du public à cet égard — on s'y applique surtout depuis la guerre — n'ont pas donné encore de grands résultats. Pourquoi?

C'est parce que, il est vrai, le chèque a certains inconvénients, mais auxquels il est facile de porter remède :

1° Celui qui a reçu le chèque doit prendre la peine d'aller le toucher chez le banquier : or n'est-il pas naturel qu'il préfère être payé immédiatement par son débiteur? — Oui, tel est le cas, en effet, en France, et c'est un des principaux obstacles à la diffusion du chèque, mais tel n'est pas le cas dans un pays où chacun a un compte courant chez un banquier — celui qui reçoit le chèque aussi bien que celui qui le donne. En ce cas le créancier, ou fournisseur, qui reçoit le chèque ne prend pas la peine de le toucher, mais l'envoie à son banquier qui se charge de l'encaisser et le portera au crédit de son client;

2° Le chèque peut être perdu ou volé. — C'est, en effet, un risque qui lui est commun avec le billet de banque, mais il y a précisément un moyen d'y parer qui n'est pas possible pour le billet de banque : c'est ce qu'on appelle le *chèque barré (crossed)*, c'est-à-dire qui porte deux barres parallèles tracées obliquement sur le chèque. Non seulement ce chèque ne peut être payé que chez un banquier, comme tous les chèques, mais il ne peut être *touché que par un banquier* nominativement désigné entre les deux barres. Le signataire du chèque peut même n'inscrire aucun nom entre les deux barres [1] et, en ce cas, c'est celui qui recevra le chèque qui y inscrira le nom de son propre banquier, mais, de toutes façons, le chèque ne peut être présenté à la banque débitrice que par une autre banque. Or la banque, dont le nom figure sur le chèque, ne le touche jamais en argent, mais l'emploie à régler des comptes avec ses confrères. Le chèque barré est donc un chèque qui ne peut servir qu'aux règlements par voie de compensation. Aussi a-t-on pu définir humoristiquement le chèque

---

[1] En Angleterre, en ce cas il est d'usage d'inscrire les mots *and Cº* qui indiquent que le chèque ne peut être touché que par une banque.

barré : un chèque fait pour n'être jamais payé. Et la loi allemande de 1908 permet même d'interdire absolument le paiement
en espèces du chèque en inscrivant ces mots « à payer par compensation » ou « à porter en compte ». L'avantage de ce chèque
c'est qu'il ne peut servir à personne autre qu'au banquier dont il
porte le nom; et par conséquent peu importe qu'il soit volé ou
perdu puisque le possesseur illégitime ne saurait qu'en faire — à
moins de supposer que le voleur se trouvât être lui-même en
compte courant avec le banquier désigné pour le toucher et qu'il
eût l'audace de le faire porter au crédit de son compte ! Même en
ce cas la fraude serait vite découverte [1].

3° Il y a enfin et surtout le risque que le chèque ne soit pas
payé à présentation parce que le signataire du chèque n'aura pas
fait de dépôt ou l'aura retiré avant la présentation du chèque.

En droit, un chèque ne peut être tiré et n'est valable qu'autant
que le signataire a en dépôt à la banque une somme au moins
égale à la somme inscrite, autant qu'il y a *provision*, comme on
dit [2]. Le chèque est juridiquement un mandat de paiement, c'est-
à-dire un ordre donné par le déposant au dépositaire de payer
pour son compte. Mais s'il n'y a rien ou qu'une somme insuffisante, le mandat ne peut être exécuté, voilà tout. Et on comprend que c'est là un danger qui justifie jusqu'à un certain point
la répugnance des Français à accepter des chèques en paiement.

Que faut-il faire pour écarter ou atténuer ce danger? Il faut
que la loi punisse comme un délit d'escroquerie le fait de tirer un
chèque sans provision suffisante. C'est ce que le législateur s'est
décidé à faire en France, mais seulement par la loi récente du
22 juin 1917 [3]. La guerre, en effet, a apporté de puissants motifs

[1] Pour régler les échanges d'un pays à l'autre, on envoie couramment aujour-
d'hui par lettre, même non recommandée, des sommes énormes sous forme de
chèques barrés.

[2] C'est là une différence essentielle entre le chèque et le billet de banque ou la
lettre de change qui n'ont pas nécessairement une couverture en espèces. Aussi
le chèque n'est-il pas, à proprement parler, un instrument de crédit, c'est un instrument de paiement et c'est dans le chapitre sur la monnaie que serait sa véritable place.

Néanmoins, en fait, le chèque est sur la limite qui sépare la monnaie du crédit,
car souvent il est payé par le banquier alors même qu'il n'a pas la somme correspondante au compte de son client, s'il est avec celui-ci en compte courant.

[3] La loi nouvelle punit d'amende et de prison « celui qui a, de mauvaise foi,
émis un chèque sans provision préalable et disponible, ou qui a retiré après l'émission tout ou partie de la provision ».

Le chèque doit être considéré, en effet, aujourd'hui comme un véritable subs-
titut de la monnaie, en sorte qu'émettre un chèque sans valeur c'est émettre de
la fausse monnaie. L'évolution juridique doit suivre l'évolution économique.

pour tâcher de réduire au minimum la quantité de billets en circulation et par conséquent pour propager l'emploi du chèque puisque tel doit en être l'effet. On peut aussi faire *viser* le chèque par la banque débitrice, qui ne pourra alors refuser le paiement.

Mais il faut surtout un niveau de la moralité publique assez élevé pour que le fait de remettre un chèque sans provision soit considéré comme un acte déshonorant et qui discrédite absolument celui qui s'en rend coupable. C'est pourquoi la généralisation du chèque dans un pays doit être considérée comme le signe d'une éducation économique et morale de la population déjà assez avancée [1].

Il faut donc des conditions assez nombreuses pour la généralisation du chèque dans un pays, mais la condition préalable et *sine qua non* c'est l'habitude des dépôts en banque. C'est en ce cas seulement que le chèque peut réaliser la révolution économique dont nous avons parlé, à savoir l'élimination des paiements en espèces. C'est cette révolution qui est déjà en voie de réalisation en Angleterre et en Amérique. Tous les banquiers s'y trouvant réciproquement créanciers et débiteurs les uns des autres pour des sommes énormes, leurs correspondants à Londres ou à New-York n'ont qu'à balancer leurs comptes. C'est ce qu'ils font en se réunissant tous les jours dans la *Clearing-House* (Chambre de liquidation) [2]. Elle date de longtemps puisqu'elle a commencé en 1773 ; c'est là que se règle par de simples compensations un chiffre de transactions qui s'élève annuellement à près de 400 milliards de francs, soit 1.300 millions par jour ! La Chambre de compensation de New-York liquide des sommes encore plus colossales (plus de 600 milliards de francs en 1913, mais c'est parce que les opérations de Bourse sur valeurs mobilières y sont

---

[1] La généralisation du chèque chez des personnes peu habituées à la réflexion peut d'ailleurs devenir une incitation dangereuse à la dépense, car lorsqu'il suffit, pour satisfaire n'importe quelle fantaisie, de mettre sa signature sur une feuille de papier, il est facile de céder à la tentation. La vue de l'argent à donner est un frein qui n'existe plus ici. Mais nous y reviendrons dans le chapitre de la consommation.

[2] Ils ne s'y réunissent pas tous, cela va sans dire ! mais au nombre d'une vingtaine qui viennent y apporter les chèques de tous les autres banquiers leurs correspondants. Chacun inscrit sur son carnet ce qu'il doit et ce qui lui est dû, et les différences en sont portées en compte à la Banque d'Angleterre où tout vient se centraliser.

D'après M. André Sayous, le *Clearing* aurait été institué au xviiie siècle par les garçons de recettes des banques de la Cité qui, las de courir tout le jour d'une banque à l'autre pour faire leur encaissement, avaient eu l'idée de se donner rendez-vous en un lieu déterminé.

aussi comprises. Pour régler les différences sur ces énormes opérations on n'a besoin de recourir à la monnaie métallique ou même aux billets de banque que dans des proportions infimes (3 p. 100 environ) [1].

V

L'escompte.

Ce capital, une fois emprunté à bon compte par la banque, il s'agit pour elle de le faire valoir en le prêtant au public.

Mais comment le prêter? Nous avons dit tout à l'heure que le banquier ne peut le prêter à long terme, sous forme de prêt hypothécaire par exemple, ou en commanditant des entreprises industrielles [2]. Il ne doit pas oublier, en effet, que ce capital n'est qu'en dépôt chez lui, c'est-à-dire qu'il peut être tenu de le rembourser à première réquisition ; par conséquent il ne doit s'en dessaisir que par des opérations à court terme qui ne lui enlèvent la disposition de ce capital que pour peu de temps et qui, en quelque sorte, le laissent à sa portée et sous son regard.

Peut-on trouver quelque opération de prêt qui remplisse ces conditions?

Il en est une qui les remplit admirablement. Quand un com-

---

[1] Le chiffre de ces opérations grandit rapidement, à la fois en raison de l'accroissement général de la richesse et de la pratique croissante du chèque :

1871	120 milliards de francs	
1880	145	»
1890	195	»
1900	224	»
1913	380	»

Depuis la guerre, le chiffre a énormément augmenté : en 1920, environ 40 milliards de livres qui font 1.000 milliards, soit 1 trillion !

En France, les compensations ne sont employées que sur une bien moindre échelle. Il y a pourtant une Chambre de Compensation à Paris, mais elle ne fait que 36 milliards de francs de compensations par an (1913), parce qu'elle est bien loin de réunir toutes les banques importantes, comme le fait le comité des 20 banques du *Clearing* de Londres, ou les 15.000 banques pour le compte desquelles opère le Clearing de New-York. Mais c'est la Banque de France qui, étant la Banque des banques, joue le rôle de *Clearing House*. Elle délivre à ceux de ses clients qui veulent user de ce mode de paiement par compensation, spécialement aux banquiers, des chèques d'une espèce spéciale qu'on appelle *mandats rouges,* pour un chiffre très supérieur à celui de la Chambre de Compensation.

[2] C'est ce qu'exprimait une formule humouristique attribuée par M. Higgs à un ministre du commerce anglais en 1834, Poulett Thompson : « Les affaires de banque sont les plus simples du monde; il faut seulement savoir la différence qui existe entre une lettre de change et une créance hypothécaire ».

merçant vend ses marchandises, suivant l'usage du commerce il accorde un délai pour payer : si donc il a besoin d'argent avant l'arrivée du terme, il faut qu'il s'adresse au banquier. Celui-ci lui avance la somme qui lui est due pour la vente de ses marchandises, déduction faite d'une petite somme qui constitue son profit, et se fait céder en échange par le commerçant sa lettre de change sur son acheteur. Le banquier serre la lettre de change dans son portefeuille et, au jour fixé pour l'échéance, il l'envoie toucher chez le débiteur ; il rentre ainsi dans le capital qu'il avait avancé.

C'est là ce qu'on appelle l'*escompte*. C'est une forme de prêt, disons-nous : en effet, il est clair que le banquier qui, en échange d'une lettre de change de 1.000 francs payable dans trois mois, a avancé au commerçant 985 francs pour faire toucher à l'échéance les 1.000 francs chez le débiteur, se trouve en réalité avoir prêté son argent (pour une période de trois mois) à 6 p. 100 et même un peu plus. Et ce prêt est toujours à court terme, car non seulement les lettres de change négociées par le banquier sont payables à un terme qui, dans l'usage, ne dépasse pas trois mois, mais encore ce délai est un maximum qui, en moyenne, n'est jamais atteint. Les négociants n'ont pas toujours besoin de négocier leurs lettres de change dès le lendemain du jour où ils ont vendu ; il est possible qu'ils les gardent un certain temps en portefeuille, il est possible même qu'ils n'aient besoin de les négocier que la veille de l'échéance. A la Banque de France, le délai maximum fixé par la loi est de 90 jours, mais en fait il est bien moindre et le temps durant lequel les lettres de change restent en portefeuille varie de 21 à 25 jours (26 jours en 1916). Ce n'est donc que pour bien peu de temps que le banquier se dessaisit de l'argent qu'il a en dépôt, puisque à bref délai chaque écu doit rentrer dans sa caisse.

Les grands établissements de crédit se règlent sur la Banque de France, c'est-à-dire qu'ils n'escomptent généralement que des lettres de change à 90 jours afin d'avoir la faculté, s'ils ont besoin d'argent, de les réescompter à leur tour à la Banque de France. Ils ne veulent, comme on dit, que du papier *bancable* [1].

---

[1] Ce délai si court ne laisse pas que d'être très gênant, car les vendeurs, notamment ceux qui font le commerce d'exportation d'outre-mer, ne peuvent pas tirer les traites pour un délai moindre de six mois ou un an Il en résulte qu'ils ne peuvent pas les faire escompter ni par conséquent rentrer dans leur argent durant six mois ou un an. C'est un gros inconvénient, mais nous y reviendrons quand nous en serons au commerce international.

On voit qu'il suffirait que les demandes en remboursement des dépôts fussent échelonnées sur une période de 3 à 4 semaines pour que le banquier fût toujours en mesure de faire face aux demandes, grâce à ses rentrées : or, il est peu probable que les demandes de remboursement de dépôts soient si fréquentes, en temps normal tout au moins. Il serait donc difficile de trouver une opération de prêt qui se conciliât mieux avec les exigences du dépôt. Sans doute si tous les déposants se précipitaient pour venir réclamer leur argent le même jour, assurément la banque serait dans l'impossibilité de les satisfaire, puisque son argent ou plutôt *leur* argent est en train de courir le monde. Il est vrai qu'il ne tardera pas à rentrer, mais enfin, entre les capitaux empruntés par la banque sous forme de dépôt et ceux prêtés par elle sous forme d'escompte, il y a toujours cette différence que les premiers peuvent lui être réclamés *sans délai*, tandis qu'elle ne peut réclamer les seconds qu'*au bout d'un certain temps*, et cette différence pourrait suffire, à un moment donné, pour entraîner sa faillite.

C'est précisément ce qui est arrivé au moment de la déclaration de guerre. Les déposants se sont rués aux banques pour retirer leurs dépôts. Mais le gouvernement a décrété le *moratorium*, c'est-à-dire a permis aux débiteurs de ne pas payer leur dette à l'échéance (non seulement aux commerçants, mais aussi aux non-commerçants, tels que locataires et fermiers) et a permis en même temps aux banques de ne pas rembourser leurs dépôts. Les banques, en effet, ne pouvant plus toucher les lettres de change qu'elles avaient escomptées, étaient excusables de n'avoir pas de quoi rembourser leurs déposants. Cependant, elles se fussent fait honneur et eussent mieux servi le crédit de la France si elles s'étaient prévalues avec moins de rigueur de cette suspension du droit [1].

Ajoutez que non seulement l'escompte est un mode de prêt commode, mais encore qu'il est extrêmement sûr, à raison de la solidarité de tous les cosignataires. En effet il n'y a pas un seul

[1] Les grands établissements de crédit n'ont remboursé que la misérable somme de 250 francs par dépôt, plus 5 p. 100 du surplus des dépôts.

Et pourtant, si elles ne pouvaient toucher leurs traites chez les débiteurs, elles avaient du moins la ressource de les faire réescompter à la Banque de France qui en a, en effet, réescompté pour plus de 2 milliards de francs (août, septembre, octobre 1914).

L'opportunité du *moratorium* a été contestée, sinon en ce qui concerne les débiteurs mobilisés. Comme l'a dit très bien M. Rist : par le moratorium on sauve les banques, mais on tue le crédit.

débiteur, le *tiré*, comme on dit — il y en a toujours au moins deux, car, à défaut du tiré, c'est le *tireur* qui est responsable. Et s'il passe la lettre de change à un tiers, celui-ci, en cas de non-paiement, devient responsable aussi. En sorte que la situation est la même que si le débiteur avait autant de cautions qu'il y a eu de porteurs de la lettre, en comptant celui qui l'a émise. Donc plus elle circule, plus elle se couvre de signatures — parfois il faut mettre des rallonges en papier parce qu'il n'y a plus de place pour les mettre — et mieux sa valeur est garantie. La Banque de France exige trois signatures, c'est-à-dire que, en plus du tireur et du tiré, il faut un endosseur : généralement c'est une banque qui joue ce rôle. Or, les pertes pour la Banque de France résultant des effets non payés (en souffrance, comme on dit), n'atteignent pas, année moyenne (avant la guerre), 5 millions de francs sur 19 milliards de francs d'escomptes, c'est-à-dire 26 centimes par 1.000 francs !

Qu'est-ce qui règle le taux de l'escompte? En principe la même loi que celle qui règle le prix de toutes choses, la loi de l'offre et de la demande. Le taux de l'escompte devrait s'abaisser quand il y a, d'une part, affluence d'effets à escompter et, d'autre part, concurrence des banques pour offrir leurs services — et s'élever quand la situation est inverse. Mais en France il n'en est pas ainsi : la Banque de France étant investie d'un monopole — non pas seulement monopole légal en ce qui concerne l'émission des billets, mais monopole de fait en ce qui concerne le taux de l'escompte — et, d'autre part, ne visant pas principalement, comme une banque privée, à réaliser le maximum de bénéfices, fixe presque souverainement le taux de l'escompte au taux qui lui parait raisonnable, taux qui généralement reste invariable pendant des mois et même des années — et ce taux sert de base à celui de toutes les autres banques qui se tiennent de un ou deux points au-dessus. Cependant, en temps de crise, la Banque élève le taux de son escompte : c'est là un acte grave mais qui ne pourra être expliqué qu'après avoir parlé de l'émission des billets.

) L'escompte, comme on vient de le voir, est un mode de prêt qui ne peut servir qu'au renouvellement rapide du capital circulant : c'est certainement une fonction de tout premier ordre qu'une circulation active, pour la santé de l'organisme économique comme pour celle du corps vivant. Cependant l'industrie et l'agriculture surtout ont besoin de prêts à long terme lorsqu'elles veulent créer des entreprises nouvelles, car les résultats peuvent se faire longtemps attendre : il s'agit ici de leur procurer des

capitaux fixes et non plus seulement un capital circulant. Il faut
donc trouver d'autres modes de prêt.

Nous avons dit que la plupart des banques, même celles de
dépôt et d'escompte, consentent des prêts sous la forme d'*avances
sur titres*, c'est-à-dire en se faisant remettre en gage des valeurs
mobilières et en prenant la précaution de ne prêter qu'une somme
inférieure à la valeur réelle de ces valeurs. Ces avances sur titres
constituent une des opérations importantes de la Banque de France.
Mais les commerçants et industriels n'ont recours à ce mode
d'emprunt qu'à la dernière extrémité. Il vaut mieux leur procurer
les avances nécessaires par d'autres moyens, par des banques
spécialisées à cet effet : nous en avons déjà parlé sous les rubriques crédit foncier, crédit industriel, crédit mutuel agricole. Ces
banques, pour ces opérations à long terme, cherchent à se procurer des capitaux qui eux-mêmes ne soient remboursables qu'à
long terme, par exemple en émettant des obligations. Mais le
crédit à long terme est loin d'avoir atteint le même degré de
perfection que le crédit à court terme.

VI

Le change.

Il faut se garder d'entendre par ce mot de change, comme le
font trop souvent les étudiants à l'examen, l'opération qui consiste à changer des pièces de monnaie d'un pays contre celles
d'un autre : cet incident de voyage n'intéresse pas l'économiste.

Le change pourrait être défini : *l'art de régler les dettes d'un
pays à l'autre sans débourser de monnaie.*

Les portefeuilles de toutes les grandes maisons de banque —
de celles du moins dont les opérations s'étendent à l'étranger —
sont bourrés de liasses de lettres de change et de chèques payables sur tous les points du monde. Elles représentent des valeurs
de plusieurs milliards et sont l'objet d'un commerce fort actif.
On les désigne sous le nom de *papier* sur Londres, sur New-York,
etc., suivant la place sur laquelle ces papiers doivent être payés.
On les appelle aussi des *devises.*

Les banquiers qui les possèdent et qui en font le commerce ne
sont évidemment que des intermédiaires. Il faut donc se demander chez qui ils achètent cette marchandise, ce papier, et à qui
ils le revendent [1].

---

[1] A Londres ceux qui sont spécialisés dans le commerce des lettres de change
constituent une corporation distincte des banquiers : on les appelle *bill brokers.*

Chez qui l'achètent-ils d'abord? — Chez ceux-là qui le produisent, chez tous ceux qui par une cause quelconque se trouvent avoir des créances sur l'étranger, mais surtout chez *les négociants français qui ont vendu des marchandises à l'étranger* et qui, à la suite de cette vente, ont tiré une lettre de change sur leur acheteur de Londres ou de New-York, ou reçu de lui en paiement un chèque sur Londres ou New-York.

A qui le vendent-ils maintenant? A tous ceux qui en ont besoin et ceux-là aussi sont très nombreux. Ce papier est fort recherché par toutes les personnes qui ont des paiements à faire à l'étranger, surtout par *les négociants français qui ont acheté des marchandises à l'étranger*. En principe toute créance est payable au domicile du créancier. Quiconque a acheté en Angleterre se trouvera dans la nécessité d'envoyer le montant du prix d'achat en livres sterling au domicile de son créancier, ce qui n'est pas commode et même pas toujours possible, car il peut arriver qu'il se trouve dans un pays où il n'y a point de monnaie d'or, et qu'il n'ait sous la main que de l'argent ou du papier-monnaie. Alors, s'il peut se procurer du papier payable sur la place où se trouve son créancier, du papier sur Londres, il le lui enverra, et il aura par là un moyen de se libérer plus commode et moins coûteux : cela se dit *faire remise*.

Il semble que ce papier devrait se vendre, se négocier, pour un prix toujours égal à la somme d'argent qu'il donne droit de toucher. Une lettre de change ou un chèque de 1.000 francs ne devrait-il pas valoir exactement 1.000 francs, ni plus ni moins? — Il n'en est rien cependant. Il va sans dire d'abord que le plus ou moins de confiance que l'on accorde à la signature du débiteur, ou le terme plus ou moins éloigné du paiement, peuvent faire varier la valeur du papier. Mais même en faisant abstraction de ces causes de variations évidentes par elles-mêmes, même en supposant que le papier soit de tout repos et payable à vue, malgré cela, sa valeur variera tous les jours suivant les oscillations de l'offre et de la demande, comme d'ailleurs la valeur de n'importe quelle marchandise, et ces variations sont ce qu'on appelle le *cours du change*, cours coté dans les journaux, comme le cours de la Bourse.

Il est aisé de comprendre comment il faut entendre le jeu de l'offre et de la demande appliqué aux effets de commerce. Supposez que les créances de la France sur l'étranger, soit à raison de ses exportations, soit pour toute autre cause, s'élèvent à 3 milliards de francs. Supposez que les dettes de la France vis-à-vis de l'étranger, à raison de ses importations, de ses emprunts, ou pour toute autre cause, s'élèvent à 4 milliards. En ce cas, il est clair qu'il n'y aura pas assez de papier pour ceux qui en auront besoin. puisqu'on ne pourra en offrir que jusqu'à concurrence de 3 milliards. Tous ceux qui ont besoin de ce papier pour s'acquitter feront donc surenchère et le papier sur l'étranger sera en hausse, c'est-à-dire qu'une traite de 1.000 francs payable sur Bruxelles ou sur Rome, au lieu de se vendre 1.000 francs, se vendra 1.002 ou 1.005 francs. Elle sera, comme l'on dit, *au-dessus du pair :* elle fera prime [1].

A l'inverse, si l'on suppose que les créances de la France sur l'étranger s'élèvent à 4 milliards de francs tandis que les dettes de la France vis-à-vis de l'étranger ne s'élèvent qu'à 3 milliards, il est certain que le papier sera surabondant puisqu'il y en aura pour 4 milliards de francs de disponible et que le règlement des échanges ne pourra absorber que 3 milliards. Un grand nombre de traites ne trouveront donc pas preneurs et ne pourront être utilisées qu'en les envoyant à l'étranger pour les faire toucher. Aussi les banquiers s'efforceront-ils de s'en débarrasser en les cédant même au-dessous de leur valeur. La traite de 1.000 francs sur Bruxelles sera ainsi cédée à 998 francs ou peut-être même à 995 francs : elle tombera *au-dessous du pair.*

Toutes les fois que dans un pays quelconque, en France par exemple, le papier sur l'étranger est coté au-dessus du pair, on dit que le change est *défavorable* à ce pays, à la France dans l'espèce. Que veut-on dire par cette expression? Que le cours du papier est défavorable aux acheteurs? Soit, mais en sens inverse ne faudrait-il pas dire alors que ce cours est favorable aux vendeurs? — On veut dire que le cours du change, dans ces conditions, indique que les créances que la France peut avoir sur l'étranger ne sont pas suffisantes pour faire équilibre à ses dettes vis-à-vis de l'étranger et que, par conséquent, elle aura, pour régler la différence, *à envoyer une certaine quantité de numéraire à l'étranger.* La hausse du cours du change, autrement dit la cherté du papier

---

[1] C'est toute une science que de mesurer et de coter ces variations du change. On prend en général, pour unité, la lettre de change de 100 unités monétaires (francs, dollars, roubles, marks, florins, etc.), et on cherche si elle est cotée à un prix inférieur ou supérieur à sa valeur nominale. Soit une lettre de change de 100 marks sur Hambourg : le mark étant compté 1 fr. 25, la valeur nominale de cette lettre est de 125 francs. — Toutefois. dans le change sur Londres, on prend pour unité la lettre de change de 1 livre dont la valeur réelle est de 25 fr. 22. Le change sur Londres est donc *au pair* toutes les fois que le papier sur Londres est coté exactement 25 fr. 22.

sur l'étranger, présage donc, comme un symptôme infaillible, une sortie de numéraire, et c'est pour cela qu'on emploie cette expression de « change défavorable ». A l'inverse, toutes les fois qu'en France le papier sur l'étranger est coté au-dessous du pair, on dit que le change est *favorable* à la France et le raisonnement est le même; la baisse du prix du papier sur l'étranger indique que, tout compte fait, la balance des comptes se soldera au crédit de la France et fait donc présager des arrivages de numéraire du dehors.

Sans doute, il ne faut pas attacher à ces mots de favorable et de défavorable une importance exagérée. Nous savons que, pour un pays, le fait d'avoir à envoyer du numéraire à l'étranger ou d'en recevoir ne constitue ni un très grand péril ni un très grand avantage, car sa richesse ne dépend pas de la quantité de monnaie qu'il possède. Mais au point de vue des banquiers, cette situation a une très grande importance, car s'il y a du numéraire à envoyer à l'étranger, c'est dans leur caisse qu'on viendra le chercher. Tous les signes qui la révèlent ont donc pour eux un intérêt capital : aussi ont-ils toujours les yeux fixés sur le cours du change. Le cours du change se trouve dans tous les journaux, aujourd'hui surtout où l'on s'en préoccupe beaucoup. On l'y trouve générale- ment à côté du « temps qu'il fait ». C'est bien sa place et on pour- rait même très bien le représenter, comme font beaucoup de journaux pour la température, par un petit graphique, une courbe qui indiquerait les variations du change. Ce serait d'autant plsu à propos que le change c'est le vrai baromètre financier. Comme l'autre, il indique la pluie et le beau temps; seulement il faut prendre garde que les indications sont interverties! Quand le baromètre monte, c'est le beau temps, et quand il baisse, c'est la pluie. Au contraire, quand on voit le change (c'est-à-dire le prix du papier étranger) monter, c'est le mauvais temps, cela veut dire que l'or s'en va. Et quand, au contraire, le change est bas, alors c'est le soleil qui vient; c'est l'or qui brille!

Toutefois, il est à remarquer que les variations de prix du papier sont renfermées dans des limites beaucoup plus resserrées que celles des marchandises ordinaires. En temps normal (et sauf les exceptions que nous indiquerons tout à l'heure), ce prix n'est jamais coté ni très au-dessus, ni très au-dessous du pair.

En effet pourquoi celui qui est débiteur vis-à-vis de l'étranger recherche-t-il une lettre de change? — Uniquement pour s'épar- gner les frais d'envoi du numéraire et la conversion de la mon- naie française en monnaie étrangère. Mais il est bien évident que si la prime qu'il devait payer pour se procurer la traite était supérieure à ces frais, qui sont, en somme, peu élevés, il n'aurait aucune raison pour acheter la traite. De son côté, le négociant créancier de l'étranger ou le banquier qui lui sert d'intermédiaire ne négocient ces lettres de change que pour s'éviter l'ennui de les envoyer toucher à l'étranger et de faire revenir l'argent; mais ils n'accepteraient pas de céder ces traites à un prix trop inférieur à leur valeur réelle, et préféreraient attendre tranquillement que le débiteur leur envoie l'argent, comme il le doit. En somme donc, le trafic du papier n'ayant d'autre but que de servir à économiser les frais de transport du numéraire d'un pays à l'autre, il est facile de comprendre que ce trafic n'aurait plus sa raison d'être du jour où il deviendrait plus onéreux pour les parties que l'envoi direct du numéraire, c'est-à-dire du jour où les variations de prix, soit au-dessus, soit au-dessous du pair, dépasseraient les frais d'envoi. Or, ces frais, même en y comprenant l'assurance, sont très minimes : très minimes aussi par conséquent devront être les variations du change.

On appelle *gold point* (point de l'or) le cours du change au delà duquel il devient plus économique, pour le débiteur, d'envoyer du numéraire que d'acheter des lettres de change. Ce *gold point* a une grande importance pour le banquier, car puisqu'il marque le moment où l'exportation de l'or devient profitable, la banque doit s'attendre à ce qu'on viendra en chercher à la banque par des demandes de remboursement de billets de banque [1].

Mais pourtant il peut arriver, exceptionnellement, que le cours des changes varie dans des proportions considérables et même illimitées.

D'abord, s'il s'agit d'une place fort éloignée ou avec laquelle les moyens de communication ne sont pas faciles, les frais d'envoi du numéraire devenant beaucoup plus considérables, les variations de prix des lettres de change pourront aussi être beaucoup plus accentuées. Il est clair qu'un négociant qui aurait à faire des paiements à Tombouctou ou à Khartoum pourra s'estimer très heureux de trouver du papier sur ces places, alors même qu'il devrait le payer fort au-dessus de sa valeur nominale ! Mais le cas a peu d'importance.

Mais c'est quand il s'agit d'un pays dont la monnaie est dépréciée que les variations du change peuvent devenir excessives et

---

[1] Il y a nécessairement deux *gold points* qui se correspondent comme les deux pôles : celui au-dessus du pair qui marque le moment de la sortie du numéraire, celui au-dessous du pair qui marque le moment de l'entrée du numéraire.

pour ainsi dire sans limites. Une lettre de change sur Rio-de-Janeiro en milreis ne vaut guère plus de la moitié de sa valeur nominale; et cela par la raison que le milreis brésilien, dont la valeur nominale est de 2 fr. 83, ne vaut présentement (1917) que 1 fr. 68 : le titre payable en monnaie dépréciée doit subir nécessairement une dépréciation égale à celle de cette monnaie —, tandis qu'à l'inverse une lettre de change sur Londres ou Paris est payée à Rio (en monnaie du pays) plus d'une moitié en sus de sa valeur nominale.

Ce n'est pas seulement la monnaie de papier, mais la monnaie métallique qui peut être dépréciée et alors cette dépréciation exerce la même influence sur le change. Tel était le cas naguère pour la monnaie d'argent, qui avait perdu la moitié de sa valeur. Aussi toutes les créances sur les pays monométallistes argent, telles que celles sur les pays d'Orient, perdaient-elles avant la guerre, et même encore aujourd'hui, le tiers ou la moitié de leur valeur au change : et *vice versa*, dans tous ces pays les créances sur les pays à monnaie d'or, c'est-à-dire payables à Londres, Paris, Berlin, bénéficiaient d'une prime énorme; et même aujourd'hui il y a une prime de 10 à 20 p. 100. Il en résulte une très grande perturbation dans les relations commerciales.

Il suffit donc de lire le cours des changes, quand bien même on n'aurait d'ailleurs aucune connaissance de la situation commerciale, économique et financière des différents pays, pour deviner s'ils achètent plus qu'ils ne vendent ou s'ils vendent plus qu'ils n'achètent, s'ils ont une monnaie dépréciée et quel est au juste le montant de cette dépréciation.

Or nous voyons depuis la guerre et particulièrement au moment où nous écrivons ces lignes une perturbation des changes telle qu'on n'en avait jamais vu. Le papier payable sur les places des pays belligérants, Berlin, Vienne, Pétrograd, Rome, Paris, a subi des dépréciations qui vont de 60 p. 100 pour la France jusqu'à l'infini — et inversement le papier payable sur les pays neutres, Genève, La Haye, Stockholm, Madrid, bénéficie d'une plus-value inverse [1].

---

[1] Sur la place de Genève, voici les cours du change (décembre 1922) :

		Pair (fr.).	Cours (fr.).
Paris	100 francs.	100 »	38 »
Rome	100 lires.	100 »	23 »
Berlin	100 marks.	123 45	0 08

On voit que le franc a perdu plus de la moitié de sa valeur or, la lire italienne plus des trois quarts, le mark allemand ne vaut pas même un millième de sa valeur or, et quant au rouble et à la couronne autrichienne, ils ne sont même plus cotés.

Mais il serait difficile d'expliquer les causes de cet effondrement et les moyens par lesquels on a cherché, sans beaucoup de succès, à l'enrayer, avant d'avoir étudié le commerce international : nous aurons donc à reprendre la question du change dans le second volume de ce Cours.

L'*arbitrage* n'est qu'une opération de change, mais plus compliquée.

La voici en deux mots. Ce n'est pas seulement à Paris qu'on trouve du papier sur Londres, il en existe sur toutes les places commerciales du monde. Si, par conséquent, il est trop cher à Paris, on peut chercher une autre place, où, par suite de circonstances différentes, il sera à meilleur marché; or, cette opération qui consiste *à acheter le papier là où il est bon marché pour le revendre là où il est cher*, est précisément ce qu'on appelle l'arbitrage. Les arbitragistes passent leur temps au téléphone pour demander les cours d'une place à l'autre.

L'arbitrage produit cet effet intéressant d'étendre à tous les pays les facilités du paiement par compensation. Quels sont les pays où le papier sur l'étranger est cher? Ce sont ceux où les dettes dépassent les créances et qui, en conséquence, ne pourraient se libérer seuls par voie de compensation. Mais par le moyen du papier que ses arbitragistes iront chercher à l'étranger — et qu'ils iront prendre précisément dans les places qui se trouvent dans une situation inverse, c'est-à-dire là où les créances dépassent les dettes, car c'est là seulement qu'on trouvera du papier à bon marché) — on pourra rétablir l'équilibre et régler la totalité des dettes par compensation. Il est clair que si la compensation devait se faire seulement entre deux pays, elle serait la plupart du temps impossible, car ce serait un grand hasard que les créances et les dettes respectives entre deux pays coïncident exactement. Par exemple, la France achète à la Russie beaucoup plus qu'elle ne lui vend et, au contraire, elle vend à l'Angleterre beaucoup plus qu'elle ne lui achète.

VII

Le billet de banque.

L'intérêt d'un banquier, comme de tout commerçant, c'est d'étendre autant que possible ses opérations. En les doublant, il doublera ses bénéfices. Comment faire donc pour les développer le plus possible?

Si le banquier pouvait créer *ex nihilo* des capitaux sous forme de numéraire, au lieu d'attendre patiemment que le public voulût bien les lui confier, ne serait-ce pas un procédé infiniment avantageux pour lui?

Assurément, et comme il a fallu quelques siècles avant que le public prît l'habitude de venir apporter son argent en dépôt, des banquiers eurent l'idée ingénieuse de créer, sans l'attendre, le capital dont ils avaient besoin en émettant de simples promesses de payer, des *billets de banque*, — et l'expérience a prouvé que le procédé était bon [1]. Il a merveilleusement réussi.

En échange des effets de commerce qui leur sont présentés à l'escompte, les banques, au lieu de donner de l'or ou de l'argent, peuvent donc donner leurs billets. Mais on peut s'étonner que le public accepte cette combinaison. Voici un commerçant qui vient faire escompter une lettre de change de 1.000 francs et il reçoit en échange un billet de banque de 1.000 francs, c'est-à-dire tout simplement un autre titre de crédit. « A quoi cela me sert-il; pourrait-il dire. C'est de l'argent qu'il me faut, non des créances? créance pour créance, autant aurait valu garder celle que j'avais dans les mains ! » — Mais qu'il réfléchisse que quoique le billet de banque ne soit qu'un titre de créance, tout comme la lettre de change, il représente pourtant un titre de créance infiniment plus commode. Il est très supérieur en effet aux titres de crédit et notamment à la lettre de change, par les caractères suivants :

1° *Il est transmissible au porteur*, comme une pièce de monnaie; — tandis que la lettre de change est soumise aux formalités et aux responsabilités de l'endossement.

2° *Il est remboursable à vue*, c'est-à-dire quand on veut : on le voit, même aujourd'hui, inscrit en toutes lettres sur le billet — tandis que l'effet de commerce n'est payable qu'à un terme déterminé.

---

[1] C'est à Palmstruch, fondateur de la Banque de Stockholm, en 1656, que l'on attribue cette ingénieuse invention.

Les anciens banquiers d'Italie et d'Amsterdam et les orfèvres de Londres au xviie siècle émettaient bien des billets, mais ces billets représentaient simplement le numéraire qu'ils avaient en caisse; c'étaient des récépissés de dépôt, non de véritables billets de banque.

C'est le financier Law qui le premier a fait sur une grande échelle, en 1721, l'émission de billets de banque : tout le monde sait à quelle catastrophe aboutit son système. C'était pourtant bien non du papier-monnaie, comme on le dit, mais réellement des billets de banque remboursables en monnaie métallique, et ils le furent en effet jusqu'au jour où l'émission d'actions d'entreprises coloniales en quantité démesurée et d'énormes prêts faits à l'État obligèrent la Banque à établir le cours forcé. Au contraire les assignats de la Révolution étaient tout à fait du papier-monnaie, puisqu'ils n'étaient pas remboursables en argent.

3°-*Il reste toujours exigible* — tandis que les titres de créance sont prescriptibles par un certain laps de temps[1].

4° *Il a une valeur ronde* en harmonie avec le système monétaire, 50, ou 100, ou 1.000 francs — tandis que les autres titres de crédit, représentant une opération commerciale, ont en général une valeur fractionnaire.

5° *Il est émis et signé par une banque connue* dont le nom est familier à tout le monde, même au public étranger aux affaires, telle que la Banque de France, ou celle d'Angleterre — tandis que les noms des souscripteurs d'une lettre de change ne sont connus le plus souvent que par les personnes qui sont avec eux en relations d'affaires.

Toutes ces considérations font que le billet de banque est en réalité accepté par le public comme argent comptant; c'est une monnaie de papier fiduciaire (voir p. 559).

Oui, mais, dira-t-on, il a une grave infériorité vis-à-vis de la lettre de change, c'est qu'il ne rapporte point d'intérêt? Mais cela même est plutôt une supériorité, car si le billet de banque rapportait un intérêt, sa valeur varierait, comme celle de la lettre de change elle-même, selon que le jour de l'échéance serait plus ou moins rapproché. Or, c'est ce qu'il ne faut point. Le billet de banque n'est pas un capital, tant qu'il circule du moins : il est une monnaie, et ce qui importe c'est que sa valeur soit aussi invariable que celle de la monnaie.

Mais le fait que le billet de banque ne produit pas intérêt, s'il est sans inconvénient pour le porteur, est singulièrement avantageux pour la banque qui peut ainsi se procurer des capitaux dans des conditions bien plus avantageuses que sous forme d'emprunts ordinaires ou même sous forme de dépôts, puisque ceux-ci leur coûtent généralement, comme nous l'avons vu, un intérêt de 1 ou 2 p. 100, tandis que celui-là ne leur coûte rien, sauf les frais de fabrication qui sont de peu d'importance[2].

---

[1] Et s'il n'est jamais présenté? ce qui est le cas de tous les billets détruits par accidents (incendie, naufrage, etc.). — En ce cas, ce n'est pas la Banque qui en profitera. A l'expiration de son privilège, elle en devra compte à l'État. Et même l'État, pressé d'argent, deux fois déjà, en 1897 et en 1911, s'est fait rembourser par anticipation quelques millions de francs de billets de vieilles émissions qui vraisemblablement sont définitivement perdus et dont le remboursement ne sera jamais réclamé.

[2] De peu d'importance relativement, car le papier de billet de banque est fait avec le plus grand soin et la gravure coûte fort cher aussi. Mais enfin le coût de chaque billet de la Banque de France ne dépasse pas en moyenne 7 centimes : il ne reste guère en circulation au delà de trois ans, après quoi, étant usé et sali, quand il revient à la Banque, il est détruit dans un bain d'eau-forte.

Toutefois si l'émission de billets peut procurer de beaux bénéfices aux banques, il va sans dire qu'elle est faite aussi pour leur créer de graves dangers. En effet, le montant des billets en circulation qui peuvent à tout instant être présentés au remboursement représente une dette immédiatement exigible, tout comme celle résultant des dépôts, et, par suite, la banque se trouve exposée désormais à un double péril : elle aura à répondre à la fois du *remboursement de ses dépôts* et du *remboursement de ses billets*.

Si la nécessité d'une encaisse s'imposait déjà quand la banque n'avait à faire face qu'au remboursement de ses dépôts, elle sera bien plus urgente quand la banque ajoutera à la dette déjà résultant de ses dépôts à vue celle résultant de ses billets en circulation ! On comprend donc que, dans plusieurs pays, la loi impose aux banques, quand elles veulent faire l'émission, l'obligation de garder toujours une certaine encaisse [1]. Et, à défaut de la loi, la prudence le commande. Mais, d'autre part, comme l'argent qui dort dans les caves ne rapporte rien, l'intérêt des banques les pousse à employer *à la fois* leur numéraire et leurs billets, car si pour chaque billet de 1.000 francs il faut garder 1.000 francs d'or en caisse, qu'est-ce que la banque gagnerait à émettre ces billets? Elle y serait de perte, au contraire, de ses frais de fabrication des billets. C'est pourtant là ce que faisait presque la Banque de France : son encaisse a été parfois presque égale au montant des billets émis où du moins ne laissait le plus souvent qu'une assez faible marge. Mais c'est parce que la Banque de France est presque un établissement d'État : si elle était banque privée, ses actionnaires auraient protesté contre l'accumulation de 4 ou 5 milliards d'or dormant.

VIII

Des différences entre le billet de banque et le papier-monnaie.

Nous avons étudié dans un chapitre précédent le papier-monnaie et nous avons expliqué pourquoi et dans quelles limites il pouvait remplacer la monnaie métallique.

Mais le billet de banque est-il du papier-monnaie? Sans doute tout le monde répondra affirmativement. Le billet de banque est une monnaie reçue par tous à l'égal de l'or, non seulement de par

[1] Voir plus loin le chapitre sur *La réglementation de l'émission.*

l'usage mais de par la loi : il a *cours légal,* ce qui veut dire qu'il ne peut être refusé dans les paiements (et cela même en temps de paix ; je ne parle pas du moment actuel où il a non seulement cours légal, mais *cours forcé,* ce qui n'est pas la même chose, voir ci-après). Le billet de banque est donc bien une monnaie de papier et même la seule qu'on connaisse en France. Y en a-t-il donc d'autres?

Oui. Il faut distinguer trois espèces de monnaie de papier :

1° La monnaie de papier *représentative* est celle qui ne fait que représenter une somme égale de numéraire déposée quelque part : elle n'a d'autre but que de remplacer une monnaie un peu lourde par une monnaie plus commode. Les *Gold certificates* délivrés par le gouvernement des États-Unis et qui circulent à la place des « aigles » d'or, sont dans ce cas : ils sont simplement le signe et, comme le dit leur nom, le certificat d'une somme égale d'or. — On peut en dire autant des chèques si l'on veut voir en eux une monnaie plutôt qu'un titre de crédit.

2° La monnaie de papier *fiduciaire* est celle qui se présente sous la forme d'un titre de crédit proprement dit, d'une promesse de payer une certaine somme d'argent. Il est évident que la valeur de cette créance dépend uniquement de la solvabilité du débiteur : si donc on a pleine confiance dans cette solvabilité, si, comme on le dit quelquefois dans le langage des affaires, « la signature vaut de l'or », il est clair qu'il n'y a pas de raison pour que cette feuille de papier ne circule aussi facilement que la monnaie métallique. Les *billets de banque* rentrent en général dans cette seconde catégorie, quoique, dans quelques cas exceptionnels que nous verrons ci-après, ils puissent rentrer dans la première ou la troisième catégorie.

3° La monnaie de papier *conventionnelle* est celle qui non seulement ne représente aucune couverture en espèces, mais qui ne représente aucune promesse de payer ou du moins aucune échéance prévue. Elle est généralement émise par un État qui l'émet précisément parce qu'il n'a pas d'autres ressources et qui dans ces conditions ne peut prendre aucun engagement de la rembourser en or ou argent ; c'est à cette espèce de monnaie de papier qu'il convient de réserver le nom de « papier-monnaie » proprement dit. Et sur quoi donc repose sa valeur puisque ce n'est ni sur un gage ni sur le crédit? Uniquement sur le cours légal qui lui est conféré par la loi, uniquement sur le fait qu'il remplit les fonctions de la monnaie, qu'il n'y en a point d'autre pour la remplacer et qu'on ne peut s'en passer. Et l'expérience nous apprend, aujourd'hui comme autrefois, que si artificielle que soit une telle valeur, elle se maintient suffisamment si l'État ne fait pas de folies et reste dans les limites que nous avons indiquées ci-dessus p. 483.

Ce papier-monnaie sous forme de billets d'État a cours dans divers pays et la guerre actuelle en a fait éclore beaucoup de variétés : parmi elles il faut citer les « Bons de caisses de l'Empire » (Reichskassenscheine) émis en Allemagne [1].

Le billet de banque se distingue donc du papier-monnaie par trois caractères :

a) Le billet de banque est toujours remboursable, toujours *convertible en monnaie d'or ou d'argent* au gré du porteur, tandis que le papier-monnaie ne l'est pas. Celui-ci a bien l'apparence d'une promesse de payer une certaine somme, et, en fait, on peut bien espérer qu'un jour l'État, revenu à meilleure fortune, remboursera son papier ; mais cette perspective plus ou moins lointaine ne peut guère toucher ceux qui reçoivent ces billets, car ils n'ont pas l'intention de les garder jusque-là ;

b) Le billet de banque est émis *au cours d'opérations commerciales* et seulement dans la mesure où ces opérations l'exigent, généralement pour une valeur égale à celle des lettres de change qui sont présentées à l'escompte — tandis que le papier-monnaie est émis par le gouvernement pour subvenir à ses dépenses, et cette émission ne connaît dès lors d'autres limites ni d'autres freins que les nécessités financières du moment ;

c) Enfin, comme le nom le dit assez, le billet de banque est émis *par une banque,* c'est-à-dire par une société ayant pour principal objet des opérations commerciales et pour principal souci de ménager son crédit — tandis que le papier-monnaie est toujours émis par un État.

Mais si tels sont les caractères normaux du billet de banque tel que nous l'avons défini « monnaie fiduciaire », il peut arriver

---

[1] Et aussi les billets d'État émis par le gouvernement anglais (*currency notes*), car ceux-ci ne sont pas remboursables en or comme les billets de banque; ils sont seulement garantis par un fonds de rachat (*Redemption Fund*) assez faible.

Les assignats de la Révolution avaient la prétention, au début, d'être une sorte de monnaie représentative puisqu'ils avaient pour gage les terres des émigrés — mais la terre ne peut servir de couverture à des billets parce qu'elle n'est pas immédiatement réalisable ; et d'ailleurs l'émission des assignats dépassa infiniment la valeur des terres disponibles, en sorte que l'assignat est resté le type de la monnaie conventionnelle et même de la plus mauvaise — ce qui d'ailleurs n'a pas empêché la France d'alors de mener une guerre victorieuse.

exceptionnellement qu'il prenne les caractères des deux autres
spèces de papier-monnaie.

Il peut se faire que le billet de banque rentre dans la catégorie
de monnaie représentative si l'encaisse qui sert de garantie est
égale à la valeur des billets émis. Ce cas s'est présenté en France,
il y a une dizaine d'années ; et, en Angleterre, c'est à peu près la
règle, le montant des billets émis ne pouvant dépasser que d'une
somme relativement modique le chiffre de l'encaisse métallique —
et cette marge étant elle-même couverte par des valeurs sûres.

Il se peut, au contraire, que le billet de banque passe dans la
catégorie de la monnaie de papier conventionnelle, du papier-
monnaie proprement dit. Encore faut-il distinguer plusieurs
phases dans cette transformation fâcheuse.

Il peut arriver d'abord que le billet reçoive *cours forcé*, c'est-
à-dire cesse d'être remboursable, du moins pour une période plus
ou moins longue. Cette éventualité s'est réalisée bien souvent, à
des époques de crise, pour les billets de presque toutes les grandes
banques. — Il faut se garder de confondre le *cours légal* avec le
cours forcé. Un billet a cours légal *quand les créanciers ou les
vendeurs n'ont pas le droit de le refuser en paiement.* — Un billet
a cours forcé *quand les porteurs n'ont pas le droit de demander à
la Banque son remboursement en monnaie.* Le cours forcé suppose
toujours le cours légal, mais la réciproque n'est nullement vraie.
Les billets de banque ont toujours eu cours légal en France, mais
jusqu'à la guerre ils n'avaient pas cours forcé ; chacun était tenu
de les recevoir, mais chacun, à son gré, avait la faculté de se les
faire rembourser par la Banque. Aujourd'hui, tous les pays belligérants, sauf l'Angleterre, sont au régime du cours forcé.

Toutefois, même en cas de cours forcé, il reste encore entre le
billet de banque et le papier-monnaie les deux autres différences
que nous avons indiquées et principalement la deuxième : à savoir
que la quantité émise n'est pas indéfinie ni fixée d'une façon
arbitraire, qu'elle se trouve réglementée par les besoins mêmes
du commerce. C'est une très sérieuse garantie.

Mais il est possible que cette garantie disparaisse aussi, c'est-
à-dire que non seulement le billet de banque reçoive cours forcé,
mais que, au lieu d'être émis au cours d'opérations commerciales,
il soit émis à seule fin de faire des avances à l'État et de lui permettre de payer ses dépenses. Telle est la situation actuelle. Les gouvernements, ayant besoin d'argent, disent aux Banques : « Fabri-
quez-moi des billets pour tel chiffre de milliards que je vais vous

fixer et que vous allez me prêter, et je vous dispenserai de l'obligation de les rembourser en imposant le cours forcé ».

En ce cas, l'émission des billets n'a plus d'autre limite que les besoins de l'État, et alors le billet de banque ressemble beaucoup, il faut l'avouer, au papier-monnaie.

Pourtant, même alors, la troisième garantie demeure, à savoir la personnalité de l'émetteur et, à elle seule, elle suffit encore pour que le billet de banque soit beaucoup moins sujet à se déprécier que le papier-monnaie. L'expérience l'a si bien prouvé que les États ont en général renoncé à l'émission directe du papier-monnaie pour recourir à l'intermédiaire des banques. Le public, en effet, pense que les banques résisteront autant que possible à une émission de billets exagérée qu'on voudrait leur imposer, car il y va pour elles de la ruine et il croit (non sans raison, hélas !) que la sollicitude d'une société financière qui a à veiller sur ses propres intérêts est plus vigilante et plus tenace que celle d'un gouvernement ou d'un ministre des Finances qui n'a à s'occuper que de l'intérêt public.

L'augmentation du chiffre des billets de banque a-t-elle le même effet sur les prix que l'augmentation de la quantité de monnaie ? C'est là une des questions célèbres de l'économie politique depuis Ricardo qui a été un des premiers à la discuter. — Quand le billet de banque est émis dans des conditions normales, c'est-à-dire quand, d'une part, il est en partie couvert par une encaisse métallique, quand, d'autre part, il n'est émis par la Banque que par la voie de l'escompte, c'est-à-dire dans la mesure des demandes du commerce, et que la Banque est tenue de le rembourser à vue, il ne semble pas que la quantité émise puisse dépasser les besoins : il n'y a donc pas lieu de craindre une dépréciation des billets, ni la hausse des prix qui serait la conséquence de cette dépréciation. Mais quand les circonstances sont telles que le billet de banque prend les caractères du papier-monnaie, c'est-à-dire quand son émission n'est plus réglementée par les besoins de la circulation ni sa dépréciation évitée par la faculté de l'échanger contre de l'argent, alors il ne paraît pas douteux que la théorie quantitative ne s'applique au billet de banque aussi bien qu'à la monnaie métallique et qu'au papier-monnaie proprement dit (voir ci-dessus p. 484) [1].

---

[1] Cependant il importe de distinguer entre le chiffre des billets émis et celui des billets circulants : ceux-ci sont les seuls qui puissent peser sur les prix (voir ci-dessus p. 361). Or il est très certain qu'en ce temps de guerre une partie notable les billets émis est thésaurisée — en France notamment, et c'est pourquoi les

Tel est le cas pour tous les pays belligérants en ce moment. Sans doute il serait inexact de voir l'unique cause de la hausse énorme des prix dans l'émission illimitée des billets de banque — il y en a bien d'autres — et pourtant si l'on traçait les deux courbes, celle des prix et celle de l'émission, elles apparaîtraient à peu près parallèles. Le public attribue la hausse uniquement à la rareté des produits et à la difficulté des transports, ce qui est vrai d'ailleurs, et n'aperçoit pas la cause cachée qui est la dépréciation des billets, d'autant moins que les gouvernements s'efforcent de la dissimuler ou de la nier afin de maintenir intact le crédit du billet. Toutefois il devient difficile de cacher cette cause quand la hausse dépasse un certain niveau [1].

La question devient plus délicate quand il s'agit du chèque : la multiplication des chèques a-t-elle pour conséquence une hausse des prix? On pourrait être tenté de répondre affirmativement par cette raison que le chèque est un mode de paiement et comme tel équivalent à la monnaie : que je paie avec un billet de 100 francs ou un chèque de 100 francs, n'est-ce pas la même chose? Et quelques économistes, en effet, ont répondu affirmativement. Nous ne partageons pas cette opinion. D'abord il suffit de remarquer que tout chèque représente une somme égale de monnaie en dépôt, suppose une provision, comme on dit, et que, par conséquent, compter à la fois le chèque et la monnaie, ce serait faire double emploi. Il faut dire plus : non seulement le chèque ne s'ajoute pas à la monnaie, mais l'emploi du chèque est au contraire le meilleur moyen d'arrêter l'émission exagérée des billets de banque, de la ramener à la limite normale et par là d'éviter leur dépréciation et la hausse des prix qui en est la conséquence. C'est parce que l'Angleterre emploie le chèque sur grande échelle qu'elle a pu maintenir l'émission de ses billets de banque très au-dessous de celle des autres pays belligérants et soutenir leur valeur près du pair, même en ce qui concerne le change international. Il est vrai qu'elle n'a pu éviter une forte hausse des prix, mais celle-ci s'explique suffisamment par des causes indépendantes de la monnaie, à savoir l'impossibilité pour l'Angleterre de produire sa subsistance même en temps normal.

36 milliards de francs de billets émis à ce jour n'ont pas exercé sur les prix une action aussi fâcheuse qu'on aurait pu le craindre. La hausse a été relativement modérée (voir ci-dessus p. 364 note).

[1] C'est ainsi qu'à cette heure en Russie, où la hausse des prix est telle qu'il faut multiplier les prix d'avant-guerre plus de 4 millions de fois pour avoir les prix actuels, comment l'expliquer autrement qu'en regardant au chiffre de l'émission qui atteint 100.000 milliards de francs, *cent trillions* de roubles!

En France, les journaux ne cessent d'exhorter chaque jour le public à se servir du chèque pour ses paiements et cela précisément en vue de permettre de réduire le chiffre des billets émis.

IX

L'élévation du taux de l'escompte.

Il est un cas dans lequel les banques courent le risque d'avoir à rembourser une grande quantité de leurs billets : c'est toutes les fois qu'il est nécessaire de faire de gros paiements à l'étranger. Comme ces paiements ne pourront point être faits en billets, mais seulement en numéraire, il faudra bien qu'on s'adresse à la Banque pour convertir les billets en espèces.

Si, à la suite d'une mauvaise récolte, il faut acheter une vingtaine de millions de quintaux de blé à l'étranger, voilà une somme de 400 millions de francs environ qu'il faudra envoyer en Amérique ou en Russie, et la Banque doit compter que l'on viendra puiser dans sa caisse la plus grande partie sinon la totalité de cette somme. Les caves de la Banque, comme nous l'avons vu, sont le réservoir dans lequel vient s'accumuler la plus grande partie du capital flottant du pays sous la forme de numéraire et le seul dans lequel on ait la ressource de puiser en cas d'urgence. C'est une situation qui peut devenir périlleuse pour la Banque si son encaisse, et surtout celle d'or, n'est pas énorme. Heureusement, elle est avertie à l'avance de cette situation par une indication plus sûre que celles que le baromètre peut donner au marin : c'est lorsqu'elle voit le cours du change s'élever au point critique, au *gold point* (voir p. 553). Si, en effet, le change devient défavorable, c'est-à-dire si le papier sur l'étranger se négocie au-dessus du pair, la Banque doit en conclure que les débiteurs qui ont des paiements à faire à l'étranger sont trop nombreux, beaucoup plus nombreux que ceux qui auront des paiements à recevoir, et que, par conséquent, comme tout ne pourra pas se régler par voie de compensation, il faudra envoyer du numéraire au dehors pour solder la différence.

Même sans supposer une élévation du cours du change, l'accroissement progressif du nombre des effets de commerce, coïncidant avec une diminution du montant de l'encaisse, indique une situation inquiétante. C'est sur l'observation de ce double fait que M. Juglar a donné un moyen de prévoir les crises économiques et de les représenter par des graphiques. On trace deux courbes, l'une indiquant *le montant des traites* en portefeuille, l'autre *le montant de l'encaisse.* La crise est menaçante toutes les fois que les courbes du portefeuille et de l'encaisse sont rapidement divergentes, et au contraire la reprise est probable dès que les deux courbes tendent à se rapprocher. En effet, l'élévation de la première indique que les affaires se multiplient et que l'on a recours au crédit, et la baisse de la seconde indique que l'on a besoin d'argent. L'expérience a généralement confirmé ces ingénieuses prévisions (voir ci-dessus *Les crises*).

Le danger ainsi constaté, la Banque va prendre ses précautions. Pour parer à cette éventualité de remboursements trop considérables il faut qu'elle prenne les mesures nécessaires — soit pour augmenter son encaisse, soit pour diminuer la quantité de ses billets qui se trouvent en circulation.

Il n'est pas précisément au pouvoir de la Banque d'augmenter son encaisse, mais il dépend d'elle de ne plus mettre de billets en circulation, c'est-à-dire de *ne plus faire de prêts au public,* ni sous forme d'avances, ni sous forme d'escomptes : or, comme c'est par ces deux opérations que la Banque introduit ses billets dans la circulation, il est clair que ce moyen atteindra parfaitement le but.

Car, d'une part, l'émission des billets étant arrêtée, la quantité existant déjà en circulation ne s'accroîtrait plus.

D'autre part, l'échéance successive des effets de commerce (de ceux déjà entrés dans le portefeuille de la Banque) ferait rentrer chaque jour une quantité considérable — soit de billets, ce qui diminuerait d'autant la circulation — soit de numéraire, ce qui augmenterait d'autant l'encaisse.

La quantité de billets en circulation peut être comparée à un courant d'eau dans un circuit de tuyaux, qui, entrant par un robinet et sortant par un autre, se renouvelle constamment. Le flot des billets entre dans la circulation par le robinet de l'émission, c'est-à-dire de l'escompte, et, après avoir circulé, rentre à la Banque par le robinet des encaissements. Or, si la Banque ferme le robinet de l'émission, tout en laissant ouvert le robinet de retour, il est clair que la circulation ne tardera pas à tarir complètement [1].

---

[1] Supposons, par exemple, que la Banque ait dans son portefeuille pour un milliard de francs d'effets de commerce, qu'elle ait dans son encaisse pour un milliard de numéraire, et enfin qu'elle ait en circulation pour deux milliards de francs de billets.

Dans cette situation, il est clair que si, par suite de quelque panique, tous les porteurs de billets venaient lui demander de les changer immédiatement contre

Toutefois, cet arrêt complet des avances et de l'escompte, que nous venons de supposer, serait une mesure trop radicale. D'une part, il provoquerait dans le pays une crise terrible en supprimant tout crédit; d'autre part, il porterait préjudice à la Banque en supprimant ses opérations et, du même coup, ses bénéfices. Mais la Banque peut obtenir le même résultat, d'une façon plus douce pour le commerce et plus avantageuse pour elle-même, en restreignant simplement le montant de ses avances et de ses escomptes : il lui suffit pour cela soit d'en élever le taux, soit de se montrer plus exigeante pour l'acceptation du papier présenté à l'escompte, notamment en refusant celui dont l'échéance est trop éloignée ou dont la signature ne lui paraît pas assez solide [1].

Sans doute cette mesure, même appliquée avec modération, est peu agréable aux commerçants — d'autant moins qu'elle rend plus difficile de se procurer le numéraire justement au moment où l'on en a le plus besoin. On l'a même accusée d'avoir souvent provoqué des crises et nous le croyons sans peine. C'est un remède

du numéraire, elle serait dans l'impossibilité de le faire. Mais le jour où elle a lieu de craindre un semblable danger, elle n'a qu'à arrêter dorénavant tout escompte. Voici alors ce qui va se passer. Les lettres de change qu'elle a en portefeuille arrivant successivement à échéance, c'est une somme d'un milliard qui va lui rentrer jour par jour d'ici à quatre-vingt-dix jours au plus tard, et même en moyenne vingt-cinq jours (voir p. 546). A ce moment-là, que sera devenue sa situation? Si on lui a payé ce milliard en numéraire, elle se trouve alors avoir en caisse deux milliards de numéraire, juste le montant de ses billets. Elle n'a donc plus rien à craindre. — Si on lui a payé ce milliard en billets, alors elle se trouve n'avoir plus en circulation qu'un milliard de francs de billets, juste le montant de son encaisse : elle n'a rien à craindre non plus. — Si on lui a payé ce milliard moitié numéraire, moitié billets, alors elle se trouve avec une encaisse portée à 1.500 millions de francs et une circulation de billets réduite à 1.500 millions de francs : rien à craindre non plus. — Et de même avec toute autre combinaison que l'on voudra imaginer.

[1] La Banque de France a un moyen beaucoup plus simple de défendre son encaisse or : c'est tout simplement d'user du droit qui appartient à tout débiteur, sous le régime bimétalliste, celui de *payer en argent* (en pièces de 5 francs : elle en a des centaines de millions). C'est ce qu'elle n'a pas manqué de faire toutes les fois qu'elle l'a cru nécessaire et notamment lors de la crise de 1907. Aussi a-t-elle pu maintenir le taux de son escompte à 3 p. 100 (et pendant quelques semaines seulement, à 4 p. 100) alors que les Banques d'Angleterre et d'Allemagne l'élevaient à 7 et 7 1/2 p. 100. On l'a beaucoup admirée pour cela : mais c'était un facile mérite de sa part, puisque les autres banques n'avaient pas la même faculté qu'elle de se refuser à payer en or.

Tout ce qu'on peut dire c'est que c'est là un argument en faveur du bimétallisme légal, tel qu'il existe en France, — c'est-à-dire emploi de l'or en temps normal, mais avec maintien du pouvoir libératoire de l'argent pour s'en servir en cas de besoin (voir ci-dessus p. 465).

héroïque, mais, à cause de cela, c'est bien celui qui convient à la situation, et une Banque prudente ne doit pas hésiter à y recourir pour défendre son encaisse — on appelle cela « serrer l'écrou »; son efficacité a été pleinement démontrée par l'expérience.

Non seulement elle a d'heureux résultats pour la Banque en ce sens qu'elle pare le coup qui la menace, mais elle produit d'heureux effets pour le pays lui-même en modifiant d'une façon favorable sa situation économique.

Supposons, en effet, que la France soit menacée d'avoir à faire de gros paiements à l'étranger. Le relèvement du taux de l'escompte, fait à propos, va intervertir sa situation en la rendant créancière de l'étranger pour des sommes considérables et par conséquent va provoquer un afflux de numéraire étranger, ou tout au moins empêcher la sortie du numéraire national. Voici, en effet, ce qui va se passer :

Le premier résultat de l'élévation du taux de l'escompte, c'est une *dépréciation de tout le papier de commerce*. La même lettre de change de 1.000 francs, qui se négociait à 970 francs à Paris [1] quand l'escompte était à 3 p. 100, ne se négociera plus qu'à 930 francs quand l'escompte sera à 7 p. 100; c'est une dépréciation de plus de 4 p. 100. Dès lors les banquiers de tous pays, notamment ceux qui font l'arbitrage [2], ne manqueront pas de venir acheter ce papier en France, puisqu'il y est à bas prix, et ils se trouveront constitués débiteurs de la France pour tout le montant des sommes qu'ils consacrent à ces achats [3].

Le second résultat, c'est *la dépréciation de toutes les valeurs de Bourse*. — Chaque financier sait que la Bourse est très impressionnée par le taux de l'escompte et qu'une élévation de l'escompte entraîne presque toujours une baisse des cours. C'est qu'en effet les valeurs de Bourse (en particulier celles qu'on appelle internationales parce qu'elles sont cotées sur les principales Bourses de l'Europe) sont souvent employées par les commerçants ou du moins par les banquiers, au lieu et place du papier de commerce [4],

[1] Pour rendre le calcul plus clair, nous supposons l'escompte calculé pour un an de terme.

[2] Voir ci-dessus, p. 555.

[3] Ce n'est pas seulement par la voie de l'arbitrage que l'argent étranger viendra en ce cas. Il est probable que les banquiers étrangers enverront directement de l'argent en France à leurs correspondants pour escompter les traites, puisque cette opération est très lucrative. Quand sur une place on peut placer de l'argent à 7 p. 100, on le voit vite accourir.

[4] Si vous avez un paiement à faire à Londres, le plus simple est sans doute de chercher du papier de commerce payable à Londres, mais vous pouvez vous servir

pour payer leurs dettes à l'étranger. Du jour où ils voient qu'ils ne peuvent faire argent avec leurs effets en portefeuille ou qu'ils ne le peuvent qu'avec de grosses pertes, ils préfèrent se procurer des fonds en vendant leurs titres de rentes ou valeurs mobilières quelconques. Celles-ci baissent donc et suivent le sort du papier de commerce. Mais de même que la baisse du papier attirait les demandes des banquiers étrangers, de même la baisse des valeurs de Bourse va provoquer de nombreux achats des capitalistes étrangers, et ainsi la France va se trouver constituée créancière de l'étranger pour tout le montant des sommes considérables consacrées à ses achats.

Enfin si l'élévation de l'escompte est forte et suffisamment prolongée, elle amènera un troisième résultat, la *dépréciation de toutes les marchandises.* — Nous venons de dire que les commerçants qui ont besoin d'argent commençaient d'abord par s'en procurer en négociant leur papier de commerce, que si cette ressource leur faisait défaut ou était trop onéreuse, ils se rabattaient sur les valeurs de Bourse qu'ils pouvaient avoir en portefeuille; mais enfin, s'ils sont à bout de ressources, il faudra bien, pour se procurer de l'argent, qu'ils vendent, qu'ils « réalisent » les marchandises qu'ils ont en magasin. De là une baisse générale des prix. Mais cette baisse, ici encore, va produire les mêmes effets et sur une plus grande échelle, c'est-à-dire qu'elle va provoquer les achats de l'étranger, augmenter par là les exportations de la France et par suite la rendre créancière de l'étranger.

En somme, on peut résumer tous ces effets en disant que *la hausse du taux de l'escompte crée une rareté artificielle de monnaie*[1] *et par là provoque une baisse générale de toutes les valeurs* — ce qui est sans doute un mal; mais qu'elle provoque aussi, par voie de conséquence, *des demandes considérables de l'étranger et par suite des envois d'argent* — ce qui est un bien, et précisément le remède qui convient à la situation.

Il ne faut pas croire que la guerre, quoiqu'elle soit la plus terrible des crises, ait pour effet une hausse énorme du taux de

également des coupons de la rente italienne, des obligations des chemins de fer Lombards, des actions de la Banque ottomane, des Mines d'or du Transvaal, du Rio Tinto, etc , qui sont également payables à Londres. Ce sont de véritables monnaies internationales et employées continuellement à ce rôle (nous nous plaçons, bien entendu, avant la guerre).

[1] Artificielle, disons-nous, mais qui correspond pourtant à une réalité ou du moins à une éventualité qui tend à se réaliser, à savoir la fuite du numéraire à l'étranger. On guérit le mal par un mal semblable : c'est le précepte de l'école homéopathique en médecine, *similia similibus.*

l'escompte. Au contraire, car il ne faut pas oublier que la Banque se trouve suffisamment garantie par la dispense de rembourser ses billets comme aussi par l'interdiction d'exportation de l'or : elle n'a donc nullement besoin pour défendre son encaisse de recourir à la mesure défensive qui est la hausse du taux de l'escompte. Cependant le taux de l'intérêt s'étant élevé partout, la Banque de France a suivi le courant mais a relevé le taux à 5 p. 100 seulement et ne l'a pas changé depuis le début de la guerre[1]

X

Monopole ou concurrence?
Banque d'État ou Banque privée?

La question du monopole ne s'est jamais posée en ce qui concerne les opérations commerciales des banques, telles que l'escompte. Sans doute il arrive en fait, ici comme dans tous les commerces, que la loi de concentration tend à réduire le nombre des banques, mais néanmoins nous avons vu (p. 536) qu'on est loin encore d'un monopole de fait et, en tout cas, jamais on n'a songé à investir une seule d'entre elles d'un monopole légal. Au contraire l'intérêt du commerce réclame la multiplicité et la concurrence des banques pour obtenir l'escompte à meilleur marché.

Mais quand il s'agit de l'émission des billets, les choses changent de face. Ce n'est plus ici l'intérêt des commerçants qui est en jeu, mais l'intérêt du public. Le but ce n'est plus de procurer le crédit au plus bas prix possible : c'est d'obtenir une bonne monnaie de papier équivalente à la monnaie métallique et qui donne autant de sécurité. Or quand il s'agit de la fabrication de la monnaie métallique, a-t-on recours à la libre concurrence? Point du tout, car on sait qu'en vertu de la loi de Gresham, la mauvaise monnaie chassant toujours la bonne, cette concurrence vouerait le pays à la plus mauvaise des monnaies fabriquées. La frappe de la monnaie est par tout pays un monopole et, qui plus est, un monopole d'État. Pourquoi en serait-il autrement quand il s'agit d'une monnaie, comme le billet de banque, destinée à remplacer la monnaie métallique et ayant comme elle cours légal? La multiplicité et la diversité des billets est d'ailleurs si

---

[1] L'Angleterre a pu éviter de recourir au cours forcé. Mais qu'en est-il résulté? C'est que la Banque d'Angleterre, n'ayant pas cette protection, a dû recourir à la hausse du taux de l'escompte : elle a dû le porter, au début des hostilités, au taux énorme de 10 p. 100, puis l'a ramené à 6 et en ce moment à 5 1/2.

incommodè que même dans les pays où la libre concurrence est admise pour l'émission des billets, comme aux États-Unis, on a dû imposer à toutes les banques le même billet et même le faire fabriquer par l'État !

Le monopole d'émission est déjà réalisé légalement dans le plus grand nombre de pays — soit, comme en France, Autriche, Espagne, Belgique, sous forme de banques plus ou moins privées ; soit, comme en Russie, en Suisse, dans plusieurs des États de l'Amérique du Sud, sous forme de Banque d'État [1].

Là même où le monopole d'émission n'est pas légalement établi et où le droit d'émission est encore attribué à plusieurs banques, comme en Angleterre et en Allemagne, on marche vers un monopole de fait. En effet, même là, quand les banques qui ont conservé le droit d'émission viennent à mourir, les banques n'étant pas plus immortelles que les hommes — ou que, par une cause quelconque, elles renoncent à leur droit d'émission — elles ne sont plus remplacées et c'est la Banque d'Angleterre ou la Banque impériale d'Allemagne qui héritent de leur droit d'émission.

Cette marche vers le monopole, surtout celle vers le monopole d'État, n'est pas vue avec sympathie, comme on peut bien le penser, par les économistes de l'école libérale.

S'il ne s'agissait que de l'émission des billets, si la Banque d'État ne devait être, comme l'Hôtel des Monnaies dans chaque pays, qu'un Hôtel de fabrication de billets de banque, ils l'accepteraient aisément. Mais on craint qu'une fois investie du monopole légal de l'émission, la Banque n'acquière par là même dans une certaine mesure un monopole de fait pour toutes les opérations de banque. En effet, on ne peut lui refuser le droit de recevoir des dépôts, de faire l'escompte, etc., car, en ce cas, elle ne serait plus une banque et les billets émis ne seraient plus, par définition même, des « billets de banque » : ils seraient de simples billets d'État, c'est-à-dire du papier-monnaie. L'émission des billets ne peut se détacher ainsi des autres opérations de banque avec lesquelles elle est connexe. C'est par l'escompte ou le prêt que les billets pénètrent dans la circulation, non autrement. Comment donc une Banque d'État pourrait-elle fonctionner sans

---

[1] La « banque privée » est celle dont le capital est fourni uniquement par des actionnaires et qui, comme tel, leur appartient et est gouverné par eux. Si, au contraire, tout ou partie de ce capital a été fourni par l'État, en ce cas elle est totalement ou en partie Banque d'État. En Russie et en Suède la Banque appartient uniquement à l'État : mais la Banque Impériale d'Allemagne et aussi la Banque Nationale suisse ne possèdentqu'une part des actions.

faire l'escompte? Les billets supposent une encaisse et l'encaisse vient des dépôts. Tout se lie.

Et si la Banque dotée du monopole de l'émission fait, comme il se doit, toutes les autres opérations de banque, elle jouira d'une supériorité telle sur toutes les autres banques que la concurrence sera pratiquement impossible. En effet, comment lutter avec une banque qui peut se procurer, par l'émission, une monnaie qui ne lui coûte rien? Aussi voit-on dans tous les pays où une banque, même privée, est investie du monopole de l'émission, celle-ci prendre une prépondérance telle que toutes les autres sont réduites au rôle de satellites : exemple la Banque de France et la Banque d'Angleterre.

Ce n'est pas tout : la Banque investie d'un tel pouvoir — monopole légal pour l'émission, monopole de fait pour les opérations commerciales, deviendra une si grande puissance que la tentation sera irrésistible pour l'État de l'absorber en la transformant en Banque d'État [1]. Et, d'ailleurs, c'est bien ainsi que l'entendent les partisans de la Banque d'État, socialistes ou radicaux-socialistes; ils ne l'admettent nullement réduite au rôle de guichet d'émission. Ils la veulent complètement équipée afin qu'elle puisse lutter contre ce qu'on appelle l'oligarchie financière. Ils la veulent avec la grosse encaisse qui doit servir de trésor de guerre à l'État et avec la puissance que la fixation du taux de l'escompte confère sur tout le mouvement des affaires. Et, dès lors, nous retrouvons ici à foison les arguments connus contre l'inaptitude de l'État à exercer les fonctions industrielles et surtout celles si délicates d'un magistère du crédit. On dira notamment :

1° qu'une Banque d'État apportera forcément dans ses opérations des préoccupations politiques beaucoup plus que commerciales, qu'elle ne refusera guère d'escompter le papier des amis influents du gouvernement tandis qu'elle refusera souvent celui de ses adversaires; d'autant plus que n'ayant pas à se préoccuper de distribuer des dividendes à des actionnaires, il lui sera indifférent de ne rien gagner ou même de perdre;

2° qu'elle ne pourra surtout refuser les demandes d'argent faites par l'État-lui-même et que, dès lors, elle se trouvera entraînée à

---

[1] Il est vrai que jusqu'à présent la Banque d'Angleterre a conservé son autonomie et rien n'indique que l'État songe à l'absorber. Mais cette heureuse fortune s'explique par le respect traditionaliste des Anglais pour toutes les institutions de « la vieille Angleterre » entre lesquelles une des plus respectables est la « vieille grande dame » (*Old Lady*) de la Cité. Mais dans tous les autres pays la tendance à la nationalisation de la Banque est manifeste.

des émissions inconsidérées qui aboutiront à la dépréciation du billet ;

3° qu'elle sera mise sans cesse en demeure de faire du crédit populaire, du crédit agricole, d'aider les pauvres, de faire œuvre de solidarité, au détriment de sa fonction financière ;

4° que lorsque l'État et la Banque ne feront qu'un, bien loin que le crédit de l'État bénéficie du crédit de la Banque, ce sera le crédit de la Banque qui, en temps de crise, subira le contre-coup ressenti par l'État. Lors de la guerre de 1870-1871, le cours de la rente 3 p. 100 tomba de 75 francs à 50 francs, c'est-à-dire perdit un tiers de sa valeur, tandis que le billet de banque de 100 francs ne subit qu'une dépréciation de 0 fr. 50 dont le public ne s'aperçut même pas. Et dans la guerre actuelle le cours de la rente est tombé de 83 francs à 61 francs, soit une dépréciation de plus d'un quart, tandis que la dépréciation des billets, même en admettant qu'on la mesurât par le change, ce qui, comme nous l'avons dit (p. 484 note), serait excessif, est restée au-dessus de ce taux. Si les 21 milliards de billets actuellement émis par la Banque l'eussent été par l'État, il est probable que la dépréciation eût été beaucoup plus forte ;

5° qu'en cas de guerre malheureuse, le vainqueur, qui, jusqu'à présent, a respecté les banques privées, conformément au droit des gens, n'aurait plus de raison pour respecter une Banque d'État et considérerait son encaisse comme de bonne prise [1] ;

6° Et finalement il n'est pas sûr que l'État obtienne par là ni les bénéfices qu'il espère ni la puissance financière qu'il ambitionne. En effet il est très possible que le commerce évite d'avoir affaire à cette Banque d'État, qu'au besoin même il apprenne à se passer de billets de banque — l'exemple de l'Angleterre prouve

---

[1] Il vaut la peine de noter que cet argument a été présenté par le président de la Banque d'Empire allemande. Il disait au Reichstag (17 février 1909) :

« Ce qui importe le plus c'est la sécurité du capital de la Banque vis-à-vis des influences politiques. Ce qui importe aussi c'est qu'en cas de guerre la Banque ne puisse être confisquée par l'ennemi. En 1870-1871, personne n'a songé à réclamer pour l'Empire allemand les fonds de la Banque de France comme bien public. En 1806, les fonds de la Société de commerce maritime faisant fonction de Banque de Prusse n'ont pas été confisqués par les Français parce que c'était une société par actions. En cas de guerre, ce qui est surtout nécessaire c'est le maintien d'une Banque ayant un crédit autonome à côté du crédit de l'État ».

Malheureusement dans la guerre actuelle l'Allemagne s'est chargée d'enlever à cet argument la plus grande partie de sa valeur, car en Belgique, en Serbie, en Roumanie, en Pologne, les banques les plus incontestablement privées semblent avoir été soumises aux mêmes contributions que si elles eussent été banques d'État et, comme telles, de bonne prise.

que ce n'est pas si difficile — et qu'ainsi cette Banque d'État
demeure solitaire et déserte dans sa majesté officielle — à moins
que pour avoir des clients elle ne supprime toutes banques privées concurrentes, auquel cas on se trouverait en plein collectivisme.

Ces arguments ont beaucoup de force : il est certain qu'une
Banque d'État, pas plus que toute autre banque, ne peut réussir
si elle n'inspire toute confiance — les mots crédit et banque étant
inséparables : la confiance ne s'impose point par un décret.
Néanmoins, il n'est guère à prévoir que ces arguments d'ordre
économique puissent prévaloir contre l'argument d'ordre politique, à savoir le danger pour l'État de voir se dresser contre lui
une puissance financière telle qu'une grande Banque avec privilège d'émission qui serait une entreprise purement capitaliste.

Mais ici, comme pour la question des chemins de fer, on peut
trouver entre le régime du monopole par l'État et celui de la libre
concurrence, un système mixte : celui d'une Banque privée, mais
contrôlée par l'État et même ayant l'État pour associé. C'est cette
solution mixte qui se trouve précisément réalisée en France et
avec le plus grand succès, et tend plus ou moins à prévaloir dans
tous pays, ainsi que nous le verrons tout à l'heure.

XI

Réglementation ou liberté de l'émission.

Voici une question qu'il ne faut pas confondre avec la précédente, quoiqu'elle le soit assez fréquemment sous cette rubrique
commune : « la liberté des banques ». Autre chose est la liberté des
banques au sens de libre concurrence entre elles, autre chose la
liberté des banques au sens de liberté d'émettre des billets à leur
gré. Non seulement la première ne comporte pas nécessairement
la seconde, mais même on peut dire que, là où existe la liberté des
banques au sens de libre concurrence, c'est là que la réglementation de l'émission est la plus sévère — comme nous le verrons
pour les États-Unis — et là au contraire où le monopole est le
mieux réalisé, c'est là que la réglementation de l'émission est la
plus libérale, comme nous le verrons pour la France. Et cette
contradiction apparente s'explique aisément, car il est clair que
d'autant plus nombreuses seront les banques d'émission et d'autant plus dangereux sera-t-il de leur laisser la bride sur le cou.

Au beau temps de la doctrine libérale, c'est-à-dire au milieu du
siècle dernier, c'était un principe admis que toute réglementation

légale de l'émission était inutile parce que la liberté suffisait parfaitement, ici comme ailleurs. C'est ce qu'on appelle le *banking principle* — opposé au *currency principle* que nous allons voir tout à l'heure, lequel veut que la circulation des billets se règle uniquement sur la quantité de numéraire qui se trouve dans la caisse de la Banque. La lutte entre ces deux principes est célèbre dans l'histoire économique et a tenu une grande place dans toutes les discussions de la première moitié du XIXe siècle[1].

Voyons la thèse du *banking principle*, c'est-à-dire de la liberté d'émission. Qu'a-t-on à craindre du laisser-faire? Une émission exagérée de billets? — Ce danger est chimérique, dit-on : le simple jeu des lois économiques restreindra cette émission dans de justes limites, alors même que les banques voudraient les dépasser. Voici pourquoi :

a) D'abord les billets de banque ne sont émis qu'au cours d'opérations de banque, c'est-à-dire par des escomptes ou des avances sur titres. Il ne suffit donc pas, pour qu'un billet de banque pénètre dans la circulation, que la banque veuille l'y faire entrer : encore faut-il qu'il y ait quelqu'un disposé à l'emprunter ! Ce sont donc les besoins du public et nullement les désirs de la banque qui règlent l'émission. *La quantité de billets qu'elle émettra dépendra du nombre des effets qu'on présentera à l'escompte,* et la quantité de ces effets eux-mêmes dépendra du mouvement des affaires.

b) Ensuite les billets de banque n'entrent dans la circulation que pour peu de temps : quelques semaines après être sortis, ils reviendront à la banque. Voici en effet un billet de 1.000 francs qui sort en échange d'une lettre de change : mais dans quelques semaines, dans 90 jours au plus tard, quand la banque fera toucher cette lettre de change, le billet de 1.000 francs lui reviendra. Ce ne sera pas le même, mais qu'importe ? Autant il en sort, autant il en rentre ·

Le flux les apporta; le reflux les remporte !

c) Enfin, en admettant même que la banque puisse en émettre une quantité exagérée, il lui serait impossible de les maintenir dans la circulation, car si le billet est émis en quantité surabondante, il sera nécessairement déprécié et *sitôt qu'il sera déprécié, si peu qu'il le soit, les porteurs du billet s'empresseront de le rapporter à la banque* pour en demander le remboursement. Elle aura

---

[1] Voir les livres classiques de cette époque, notamment ceux de Horn et de Courcelle-Seneuil, sur les banques.

donc beau s'efforcer d'en inonder le public, elle ne pourra y réussir, car elle en sera inondée la première.

Cette argumentation est de celles qui sont irréfutables en théorie, mais dangereuses dans l'application pratique.

Il est vrai que la quantité de billets qui sera émise dépend de
la demande des commerçants et non de la volonté des banques.
Remarquez cependant que si une banque peu scrupuleuse se
donne pour unique but d'attirer les clients, elle pourra toujours,
en abaissant suffisamment le taux de l'escompte, accroître incon-
sidérément le nombre de ses clients en les enlevant aux autres
banques, et par conséquent aussi le chiffre de ses émissions.

Il est vrai encore que les billets émis en quantité exagérée par
cette banque imprudente reviendront au remboursement sitôt
qu'ils seront dépréciés ; mais la dépréciation ne se fait pas sentir
instantanément : ce ne sera qu'au bout de quelques semaines
peut-être. Et si, pendant ce temps, la banque a continué à jeter
dans la circulation une quantité de billets exagérée, le jour où ils
lui reviendront, il sera trop tard ! Elle ne sera plus en mesure de
les rembourser et sera submergée sous ce reflux dont nous par-
lions tantôt. Il est vrai que la banque sera la première punie de
son imprudence par la faillite. Mais que nous importe ! Nous devons
nous préoccuper de prévenir la crise et non d'en punir les auteurs.

La liberté absolue d'émission suppose donc comme condition
préalable, la sagesse des banques. Et si on peut faire fonds sur
cette sagesse quand on n'a à faire qu'à une seule grande banque
qui a fait ses preuves, il serait imprudent de la supposer *a priori*
pour toutes les banques.

Et c'est pourquoi le système de la liberté absolue, sans aucune
réglementation de l'émission, n'est réalisé dans aucun pays.

Mais quand il s'agit de trouver la réglementation destinée à
éviter ces dangers, malheureusement on n'en trouve point d'efficace, et c'est ici que les partisans du *banking principle* sont en
droit de triompher !

On peut classer les systèmes de réglementation qui ont été pra-
tiqués dans les divers pays sous quatre chefs :

1° *Limitation du montant des billets en circulation* [1] *au montant
de l'encaisse.*

---

[1] Au lieu de dire « le montant des billets en circulation », pour abréger, on dit
la circulation. La circulation n'est pas tout à fait la même chose que l'émission :
car une banque a toujours en réserve un stock de billets qui sont émis, c'est-à-dire
fabriqués, mais qui n'entreront dans la circulation que quand le besoin s'en fera
sentir. Tant qu'ils ne circulent pas, ils sont comme s'ils n'étaient pas.

Dans ce cas, le billet de banque n'est plus qu'une monnaie représentative (voir ci-dessus, p. 559). Il présente une sécurité absolue, mais d'autre part aussi il n'a guère d'utilité, sauf celle de tenir moins de place dans la poche que l'or et d'économiser le frai (c'est-à-dire l'usure) de celui-ci. La banque n'est plus alors un établissement de crédit : elle n'est plus une banque, elle n'est qu'un coffre-fort, une simple caisse qui sert à faire les paiements et à garder une réserve de monnaie pour les éventualités.

Aussi ce système n'est-il appliqué dans sa rigueur nulle part, et c'est seulement pour procéder par ordre logique que nous le mentionnons.

2° Le second procédé consiste à fixer, soit une certaine marge, soit un certain rapport, *entre le montant de l'encaisse et celui des billets en circulation.*

Une marge, c'est-à-dire que la différence entre l'encaisse et la circulation, le découvert, comme on dit, est fixé *ne varietur* : telle est la règle pour la Banque d'Angleterre, comme nous le verrons [1].

Un rapport, c'est-à-dire une proportion établie une fois pour toutes, mais qui varie selon les pays : un tiers en Allemagne et dans la plupart des pays, 40 p. 100 en Autriche et en Italie, 50 p. 100 en Russie [2], 20 p. 100 seulement en Hollande.

Le second de ces systèmes, le rapport, est un peu plus élastique que celui de la marge : cependant l'un comme l'autre aboutissent au même résultat qui est de rendre à un moment donné tout escompte et même tout remboursement de billets impossible et de créer par conséquent le danger qu'on voulait prévenir. Soit 100 millions d'encaisse et 300 millions de billets : la Banque est juste dans les limites fixées — mais à ce point elle ne peut plus rembourser un seul billet sans faire tomber l'encaisse au-dessous

---

[1] On peut classer dans cette catégorie les banques d'Écosse. La loi de 1845, qui a supprimé la liberté d'émission dont elles jouissaient, a limité leur circulation à découvert au chiffre maximum existant à cette date, lequel était pour les douze banques ayant droit d'émission (il n'y en a plus que huit aujourd'hui) de 67 millions de francs. Toute émission de billets au delà de cette limite doit être couverte par une contre-partie en num raire.

[2] En Russie la limitation est appliquée sous sa double forme — celle du rapport : la circulation des billets ne peut dépasser le double de l'encaisse — et celle de la marge : en aucun cas la différence ne peut excéder 300 millions de roubles (800 millions de francs). Ceci en temps normal : en ce moment, bien entendu, il en est autrement. Le bilan d'août 1917 donne 3.700 millions de roubles (9.842 millions de francs) d'encaisse (dont 3.700 millions de francs seulement à la Banque, le reste à l'étranger) contre 14.435 millions de roubles (38.337 millions de francs de billets) : excédent 18 1/2 milliards ; rapport 26 p. 100, ou 10 p. 100 seulement si on ne compte que l'or dans les caisses de la Banque.

du tiers du montant des billets (car 99 n'est pas le tiers de 299).
Aussi est-on obligé, dans ce système aussi, de suspendre la règle
(voir ci-après p. 586).

3° Le troisième procédé consiste à fixer simplement un *maximum à l'émission, sans rien fixer pour l'encaisse.*

C'est le système qui est appliqué à la Banque de France. Le
maximum était fixé, avant la guerre, à 6.800 millions. Mais il n'y
a aucun minimum fixé pour l'encaisse. Quoique tous les étudiants
à l'examen s'obstinent à affirmer que l'encaisse doit être le tiers
du chiffre des billets, il n'en est rien, et la Banque aurait le droit de
laisser tomber son encaisse à zéro. A vrai dire, ils sont excusables
de ne pas croire à l'existence d'un régime aussi incroyable.
Comme nous le verrons, il a été établi sans réflexion. Pendant
trois quarts de siècle la Banque de France a joui de la liberté la
plus absolue, aussi bien pour l'émission que pour l'encaisse.
L'émission fut limitée lors de la guerre de 1870 à cause du cours
forcé et la limitation a été maintenue, sans raison, même après
que le cours forcé résultant de la guerre eut disparu. Il est évident qu'un maximum d'émission ne sert absolument à rien, fût-il
même fixé très bas, s'il n'y a pas un minimum fixé pour l'encaisse.
Et le fait que, nonobstant ce régime baroque, la Banque de
France a eu toujours la sagesse de maintenir son encaisse à un
chiffre plutôt exagéré, constitue évidemment le plus fort argument
qu'on puisse faire valoir en faveur du principe de la liberté, du
banking system.

4° Un quatrième système consiste à obliger les banques à
garantir les billets qu'elles émettent par des valeurs sûres, en général par des titres de rentes sur l'État représentant une valeur au
moins égale à celle des billets.

C'est celui qui a été en vigueur aux États-Unis jusqu'à une loi
toute récente de 1913. Il avait donné de détestables résultats et
c'est pourquoi il a fallu l'abolir. En effet, l'émission des billets ne
saurait être assimilée à une avance sur titres : des valeurs mobilières ne sont pas de l'argent comptant. Il n'est pas au pouvoir
d'une banque de se les procurer à volonté ni de les réaliser instantanément.

Si toutefois ces valeurs sûres qui doivent servir de couverture
aux billets de banque peuvent être des lettres de change, c'est-à-
dire des valeurs à court terme — et c'est ce que vient de permettre
la nouvelle loi américaine — en ce cas, on peut voir là une
garantie sérieuse quoique insuffisante à elle seule. Mais remarquez qu'une telle condition n'est plus, à proprement parler, une

réglementation : c'est tout simplement le retour au *banking principle,* car, comme nous l'avons dit tout à l'heure, la caractéristique du *banking principle* c'est précisément que l'émission du billet est suffisamment réglée par l'escompte des lettres de change. (

On voit donc qu'il ne faut pas espérer qu'aucun des systèmes imaginés puisse garantir absolument le remboursement des billets. En effet, les banques sont et doivent être des institutions de *crédit.* Si l'on veut user du crédit il faut en subir les inconvénients : c'est poursuivre la quadrature du cercle que de vouloir réunir à la fois les avantages du crédit et ceux du comptant : l'un exclut l'autre.

Toutefois il y a lieu de penser qu'une banque occupant une situation unique dans un pays, forte de son histoire et de sa majesté, ayant le sentiment de sa responsabilité, apportera dans l'émission des billets toute la prudence désirable. L'expérience a confirmé ces prévisions pour la plupart des grandes banques et particulièrement pour la Banque de France dont l'organisation a été mise à l'épreuve depuis plus d'un siècle et a subi victorieusement bien des orages politiques et économiques. Il semble donc, à s'en tenir aux leçons de l'expérience, que la meilleure solution c'est le monopole d'émission confié à une banque privée, sous le contrôle de l'État, mais avec le minimum de réglementation.

Ce n'est là d'ailleurs qu'un cas d'application du principe général qui nous a paru devoir régir tous les services publics (voir ci-dessus p. 324).

XII

Les grandes banques d'émission

Nous ne pouvons passer en revue les banques d'émission de tous les pays et devons nous borner à celles de France, Angleterre, Allemagne et États-Unis. En ce qui concerne les autres banques nationales, nous ne pouvons que nous référer aux principes généraux exposés dans les chapitres précédents : d'ailleurs elles ne s'écartent que par quelques variantes des systèmes types de ces quatre pays.

§ 1. La Banque de France.

La Banque de France est plus jeune d'un siècle que sa grande sœur la Banque d'Angleterre. Elle est née le 13 février 1800. Elle a été créée par Napoléon : elle est, avec le Code civil, le plus grand des monuments civils qu'il ait laissés et elle aurait pu, tout aussi bien que celui-ci, porter son nom. Malgré cette paternité, sa constitution était des plus libérales à l'origine, et ce n'est que plus tard qu'elle a eu peu à peu à subir quelques restrictions.

La Banque de France n'est point, comme on le croit parfois, une Banque d'État : elle est une banque privée, c'est-à-dire qu'elle a été constituée, comme toute société par actions, avec un capital fourni par les sociétaires et qu'elle est gouvernée par un conseil d'administration élu par les actionnaires. Toutefois, dès 1806, une dérogation grave fut apportée à cette autonomie : le gouverneur et les deux sous-gouverneurs furent nommés par l'État [1].

C'est de 1803 seulement que date son privilège d'émettre des billets. Encore ne jouissait-elle de ce privilège que dans Paris et dans les villes où elle aurait fondé des succursales et, par suite, d'autres banques reçurent le même privilège dans les principales villes de province. Mais après la Révolution de 1848, à la suite de la crise qui ébranla les banques départementales et les força à fusionner avec la Banque de France, celle-ci a joui d'un privilège exclusif qui, renouvelé plusieurs fois déjà par périodes de vingt à trente ans, a été renouvelé en 1897 pour jusqu'en 1920.

Ce privilège comporte certaines conditions qui n'avaient originairement d'autre but que de mieux assurer l'accomplissement de ces hautes fonctions — mais qui, lors des derniers renouvellements, ont pris un peu trop le caractère d'un prix réclamé pour l'octroi d'un privilège.

Voici quelles sont ces conditions :

1° En ce qui concerne l'escompte, la banque ne peut escompter que des lettres de change revêtues : — *a)* de trois signatures, c'est pour prémunir contre tout risque d'insolvabilité; — *b)* tirées à 90 jours de date au plus; nous avons expliqué ci-dessus pourquoi (p. 546).

2° En ce qui concerne les comptes courants, elle ne peut jamais rester à découvert avec ses clients — sauf avec l'État, auquel, au

---

[1] En outre, sur les 15 membres du Conseil de Régence (les administrateurs portent le titre honorifique de *régents*), 3 doivent être élus parmi les trésoriers-payeurs généraux, lesquels sont des fonctionnaires, ce qui fait que, dans le Conseil, le gouvernement dispose de 6 voix sur 18.

[2] On aurait pu se contenter de deux signatures comme la Banque d'Angleterre, si, comme celle-ci, la Banque de France avait la faculté d'évaluer les signatures et de fixer le taux de l'escompte d'après leur valeur. Mais elle est obligée de fixer le même taux d'escompte pour tout le monde, sans pouvoir, comme les autres banques, faire payer à chacun de ses clients un taux variant en raison de sa solvabilité ou de l'importance des effets présentés. On ne veut pas qu'elle fasse payer les petits commerçants plus que les gros. C'est là une règle plutôt démocratique qu'économique.

contraire, elle est obligée de consentir certaines avances gratuites. Elle peut faire des avances seulement sur certaines valeurs mobilières désignées (et au porteur) ou sur lingots.

3° En ce qui concerne les dépôts, elle ne doit pas payer d'intérêts — ceci pour ne pas attirer trop de déposants, car les dépôts constituent une dette dangereuse par son exigibilité. D'ailleurs la Banque de France n'a pas besoin, pour faire ses escomptes, de l'argent des dépôts puisqu'elle le fabrique à discrétion avec ses billets.

Telles sont les règles statutaires, mais voici celles plus limitatives qui ont été ajoutées postérieurement :

4° L'émission, qui était libre, a été limitée à un maximum. C'est au moment de la guerre de 1870 que ce maximum a été établi, en même temps que le cours forcé des billets. Mais quand le cours forcé fut supprimé en 1875, la loi de finances maintint le maximum, sans que la question eût été discutée. A vrai dire, cette mesure fut prise moins contre la Banque que pour protéger la Banque contre des demandes de prêts exagérés de la part de l'État.

Nous avons parlé déjà de l'inutilité de cette règle, d'autant plus que ce maximum a été relevé sans cesse toutes les fois que la Banque ou l'État ont eu besoin qu'il le fût : de 1.800 millions en 1870, il a été élevé d'étape en étape à 6.800 millions avant la guerre et en ce moment à 40 milliards ! Et ce n'est pas la fin.

Nous avons déjà dit, mais il faut y insister parce que c'est une erreur courante, qu'il n'y a aucune règle imposée à la Banque de France en ce qui concerne l'encaisse ; celle-ci est laissée absolument à la discrétion dè la Banque. Et elle n'a pas abusé de cette latitude car l'encaisse est toujours restée bien au-dessus de cette proportion classique du tiers de la circulation, imposée dans d'autres pays. Elle a été parfois même égale au chiffre des billets émis ! généralement aux trois quarts, et avant la guerre elle était des deux tiers environ [1].

5° L'État a imposé à la Banque diverses contributions.

Il a imposé d'abord à la Banque de lui prêter 200 millions de francs à titre permanent et sans intérêts [2]. Puis il lui a imposé la

[1] Depuis la guerre le rapport est naturellement très modifié. Voici le dernier bilan paru au moment où nous corrigeons les épreuves (décembre 1922) :

Billets en circulation . . . .   36 359 millions francs.
Encaisse (presque toute en or) . . .   5.822   »

Le rapport entre la circulation et l'encaisse est donc descendu à 16 p. 100.

[2] Il est vrai que sur ces 200 millions, l'État en abandonne une grosse part aux associations de crédit agricole et de production agricole (voir ci-dessus, p. 50).

charge de faire gratuitement pour son compte tous les mouvements de fonds qui concernent l'État, ce qui représente un chiffre d'opérations d'une douzaine de milliards.

Lors du renouvellement de 1897, il s'est réservé une participation aux bénéfices sous la forme d'une redevance calculée d'après le montant de la circulation productive d'une part et d'après le taux de l'escompte d'autre part [1], redevance qui avant la guerre avait atteint la somme assez ronde d'une quinzaine de millions et maintenant représente plus du double de ce chiffre.

Enfin, en 1911 (il ne s'agissait pas précisément du renouvellement du privilège mais de la renonciation au droit de le dénoncer avant terme que l'État s'était réservé en 1897), une nouvelle charge de 20 millions a été imposée à la Banque, laquelle est destinée à subventionner le crédit industriel et diverses formes d'associations coopératives.

Ce monopole de la Banque de France a été très attaqué, comme tous les monopoles, et à chaque renouvellement du privilège, notamment la dernière fois, il a donné lieu à des discussions passionnées. Il est probable cependant que, par suite des services rendus dans la guerre actuelle, le renouvellement — qui aurait dû déjà être fait, car la date est imminente (1920) — ne souffrira guère de difficultés ; d'autant moins que l'État serait bien en peine de lui rembourser son énorme dette qui s'élève déjà à plus de 15 milliards. Néanmoins le renouvellement ne se fera pas sans que de nouvelles charges en soient le prix.

Il est certain que la Banque, c'est-à-dire ses actionnaires, a fait de très beaux bénéfices, car la valeur des actions de la Banque a environ quadruplé depuis un siècle. Mais cette plus-value n'est due que pour partie au monopole, car les actions de bien d'autres établissements de crédit non privilégiés, et de date bien plus récente, ont monté tout autant. C'est à tort qu'on croit que le privilège d'émettre des billets soit pour elle une source de grands

---

[1] Le calcul est assez compliqué. On multiplie le taux de l'escompte par la circulation productive et on prend le huitième, le septième, le sixième, selon que le taux de l'escompte est à 3, 3 1/2, ou au-dessus de 4 p. 100, ce qui est le cas actuel.

Mais qu'appelle-t-on circulation productive ? On pourrait croire que c'est l'excédent des billets en circulation sur l'encaisse. En réalité, c'est un peu plus compliqué que cela. C'est le chiffre moyen des prêts faits par la Banque en escomptes et en avances sur titres. Ainsi, en 1916, la moyenne du portefeuille des escomptes et des avances additionnés a été d'un peu moins de 4 milliards de francs. On multipliera par 5 p. 100, taux moyen de l'escompte, ce qui donne un peu moins de 200 millions, et on prend le sixième, ce qui donne 32 millions de francs. Voilà la part de l'État.

bénéfices — ils sont moindres que les charges qui en résultent [1].
Ce privilège ne fait pas beaucoup de jaloux. La preuve c'est que
dans les pays, comme en Angleterre, Allemagne ou États-Unis,
où il y a encóre des banques locales ayant le droit d'émettre
des billets, elles y renoncent très facilement.

D'ailleurs peu importe que ce privilège fasse gagner plus ou
moins aux actionnaires de la Banque : ce qu'il faut se demander
c'est s'il a fait gagner au pays ? Or il semble bien que ce système
ait donné d'excellents résultats non pas seulement pour les
actionnaires, mais aussi :

1° Pour le public, puisque le billet de la Banque de France a
toujours valu de l'or, et quelquefois plus, et a traversé les crises
les plus redoutables, comme celle de la guerre de 1870, sans perdre
de son crédit, ou du moins sans que le public ait eu conscience
de sa dépréciation ;

2° Pour le commerce, puisque le taux de l'escompte a toujours
été plus bas que dans les autres pays. Lors de la crise de 1907-
1908, alors que la Banque d'Angleterre et les Banques nationales
des autres pays élevaient le taux de l'escompte à 7 et 8 p. 100,
celui de la Banque de France n'a pas dépassé 4 p. 100 et seulement
pour peu de temps [2]. Depuis longtemps et jusqu'à la guerre il était
descendu à 3 p. 100. Au reste, la preuve que le commerce en est
satisfait c'est qu'il a toujours insisté pour le renouvellement du
privilège [3] ;

---

[1] Année normale, les bénéfices de la Banque varient de 40 à 50 millions de francs
sur lesquels 25 à 30 sont répartis aux actionnaires, le reste étant absorbé par les
impôts, redevances à l'État et frais d'administration. Évidemment si on compare
ce chiffre de 30 millions de dividendes au capital originaire qui est de 182 millions
de francs, cela donne un taux considérable de 16 $\frac{1}{2}$ p. 100, mais si on le rapporte
au chiffre total des opérations qui varie de 30 à 40 milliards, cela ne fait qu'un taux
infime de moins de 1 pour *mille*.

En 1916, le dividende s'est élevé exceptionnellement à 44 millions. Mais ce chiffre
lui-même paraît modeste si on le rapproche du chiffre total des bénéfices réalisés
qui a été de 150 millions de francs, et de la part de l'État qui (redevances et impôts)
s'est élevée à 40 millions, donc presque autant que la somme des dividendes.

[2] Dans les dix dernières années (avant la guerre), le taux moyen de l'escompte
a été 3 p. 100 à la Banque de France, 3,61 p. 100 à la Banque d'Angleterre,
4,48 p. 100 à la Banque d'Allemagne. Néanmoins il ne faut pas en tirer trop vanité,
car si la Banque peut consentir un taux aussi favorable, c'est par suite de conditions
un peu spéciales que nous avons expliquées ci-dessus, p. 566 note.

Et depuis la guerre le taux, qui avait été au début élevé à 6 p. 100, a été ramené
à 5 p. 100 et n'a plus varié depuis lors.

[3] En 1880, les cinq grandes banques de dépôts ne faisaient qu'un chiffre d'escompte *moitié* de celui de la Banque de France. Avant la guerre, elles faisaient
un chiffre d'escompte plus que *triple* de celui de la Banque de France. Voir
Théry, *L'Europe économique*, p. 125.

3° Pour l'État, puisque la Banque dans tous les cas graves met à la disposition du gouvernement premièrement les milliards en numéraire amassés dans ses caves et, en outre, des fonds en quantité quasi illimitée sous forme de billets qu'elle se charge d'émettre au fur et à mesure des besoins de l'État.

Lors de la guerre de 1870 la Banque avança ainsi à l'État une somme de 1.470 millions. Avant la guerre actuelle elle avait ménagé un trésor de guerre supérieur à celui de tout autre pays. Au début de 1913 cette encaisse était de 3.900 millions : à la veille de la guerre, au 23 juillet 1914, elle s'élevait à 4.744 millions, ayant ainsi gagné, grâce à la prévoyance de la Banque, plus de 800 millions ; et à la date où nous écrivons ces lignes (octobre 1917), elle s'élève à plus de 5.580 millions, ayant augmenté encore de plus de 800 millions au cours de la guerre, et cela malgré plus de 2 milliards d'or envoyés à l'étranger pour solder nos importations et soutenir le change [1].

En outre, dès le début de la guerre, se trouvant dispensée du remboursement des billets, elle a pu augmenter le montant des billets de 15 milliards de francs qui ont été à peu près intégralement prêtés au gouvernement français et à ses Alliés [2]. Et cette énorme avance a été faite sinon gratuitement, du moins à un inférieur à 1 p. 100, alors que le taux auquel l'État empruntait était de près de 6 p. 100, donc lui procurant une économie de près de 1 milliard d'intérêt.

En dehors même de ces circonstances exceptionnelles, nous avons dit que comme prix de son privilège la Banque fournit à l'État tant sous forme de participation aux bénéfices que sous celle d'impôts, plus de 20 millions de francs annuellement, c'est-à-dire la moitié des dividendes moyens alloués à ses actionnaires, et en ce moment près de 40 millions.

4° Enfin, même les grands établissements de crédit et autres

[1] Une campagne très active a été menée sur tous les points de la France, à partir de mars 1915, pour faire la collecte de l'or et le faire verser à la Banque de France, — sans prime, bien entendu, mais contre délivrance d'un certificat honorifique. Les résultats ont dépassé les prévisions, car de mars 1915 à septembre 1917 les versements d'or ont atteint le chiffre de 2.245 millions de francs. Ils se sont à peu près arrêtés à ce jour : il en reste encore certainement, mais probablement pas pour 2 milliards, comme certains l'ont dit. La même campagne en Allemagne, qui avait donné l'exemple, a produit à peu près le même chiffre.

[2] A la veille de la guerre (23 juillet 1914) le montant des billets émis était de 5.912 millions : à ce jour (26 décembre 1922) il s'élève à 36.359 millions — donc augmentation de 30.447 millions. Le montant des avances à l'État et aux Alliés est presque égal : 28.155 millions.

banques que l'on pourrait croire, au premier abord, devoir être animées, vis-à-vis de la Banque de France, de l'esprit d'hostilité que crée la concurrence, sont les plus empressées à reconnaître les services qu'elle leur rend [1]. C'est qu'en effet, il n'y a point ici de concurrence. Tout au contraire, la Banque de France est devenue la Banque des banques et celles-ci ne pourraient plus s'en passer. Elle leur rend le service éminent de les dispenser de garder de l'or et même des billets en caisse et leur permet ainsi de faire travailler tous les fonds dont elles disposent. Quand ces banques ont besoin d'argent, que font-elles en effet? Elles font tout simplement *réescompter* à la Banque de France les effets de commerce qu'elles ont escomptés elles-mêmes. Il leur suffit donc, pour être parées à tout événement, d'avoir leur portefeuille suffisamment garni de *papier bancable,* comme on dit, c'est-à-dire remplissant les conditions voulues pour être escompté par la Banque de France [2]. Et elles gagnent la différence entre le taux de 3 p. 100 auquel elles réescomptent à la Banque et celui auquel elles ont escompté eux-mêmes, lequel est toujours de 1 ou 2 p. 100 plus élevé.

Les grands établissements de crédit peuvent donc, débarrassés

---

[1] Donnons comme preuve ce vœu, qui émane de « l'Union syndicale des banquiers des départements » :

« Considérant que la Banque de France a rendu des services éminents à la France pendant la longue période de paix qu'elle vient de traverser, et a apporté un précieux concours au commerce et à l'industrie, en facilitant les opérations des banques de Paris et de la province, dont le rôle est de servir de trait d'union entre le public et la Banque de France ..

Émet le vœu que le Parlement délibère, *dans un bref délai,* sur le renouvellement du privilège de la Banque de France *pour une durée de cinquante années* après son expiration ».

C'est à 25 ans, dit-on, que sera fixée la durée du prochain renouvellement.

[2] Ces conditions, on le sait, sont au nombre de trois : 1° échéance à 90 jours au plus ; 2° trois signatures ; 3° lieu de paiement sur une des 600 villes où la Banque de France a une succursale. Point n'est besoin même que la traite porte déjà les trois signatures ; deux suffisent, car la troisième sera nécessairement celle de la Banque elle-même qui présentera la traite à l'escompte et, pour cela, devra l'endosser. -

Non seulement les banquiers se dispensent ainsi de garder du numéraire en caisse, mais encore ils imposent à la Banque de France la charge très onéreuse de faire encaisser à domicile toutes les petites traites. Elles peuvent descendre à un minimum de 5 francs ! A Paris, sur 8.910.000 effets escomptés (en 1912) 4.304.500, donc presque la moitié, étaient inférieurs à 100 francs et probablement la proportion est encore plus forte en province. En 1916, le nombre d'effets a été naturellement très réduit (1.372.000), mais la proportion des effets au-dessous de 100 francs est restée à peu près la même : 585.000, soit 43 p. 100.

du gros souci de remboursement, se consacrer tout entiers aux opérations lucratives de l'escompte, souscription d'emprunts, etc. : ils ont tous les profits du commerce de banque et presque aucune de ses responsabilités.

Le reproche qu'on entend adresser le plus fréquemment à la Banque de France c'est qu'elle ne prête pas une aide suffisante à l'agriculture. Mais ce reproche, déjà peu fondé quand il s'adresse aux grands établissements de crédit, l'est bien moins encore quand il s'agit d'une Banque qui porte la responsabilité des remboursements non seulement pour elle-même, mais pour toutes les banques du pays, et qui commettrait la plus grave faute si elle engageait ses fonds dans des opérations à long terme [1].

§ 2. La Banque d'Angleterre.

La constitution de la Banque d'Angleterre présente de nombreuses différences avec celle de la Banque de France [2] :

a) Elle est une banque tout à fait privée qui n'appartient qu'à ses actionnaires et, comme telle, se gouverne librement, sauf les exceptions ci-après. Elle est donc tout à fait indépendante de l'État — si ce n'est pourtant que l'État lui a confisqué son capital, il y a longtemps : à sa naissance même — et ne le lui a jamais rendu. Toutefois il est représenté par des titres de rentes sur l'État que la Banque ne peut aliéner.

b) Elle n'a pas un monopole d'émission aussi absolu que la Banque de France : elle est dans la situation où se trouvait celle-ci avant 1848 (voir ci-dessus, p. 579). Elle n'a de privilège exclusif pour l'émission de ses billets que dans Londres; il y a des banques en province qui émettent également des billets. Toutefois le nombre des banques qui peuvent émettre des billets est *limitativement déterminé*. Et depuis 1844 (date de la loi fameuse sur l'organisation des banques qui était due à l'initiative du ministre Robert Peel), celles qui disparaissent ne peuvent plus être remplacées. Leur nombre, qui était de 279 à cette date, décroît d'année en année, en sorte que bientôt la Banque d'Angleterre se trouvera investie d'un monopole de droit, comme héritière légi-

---

[1] D'ailleurs, la Banque de France, dans certaines régions de la France où l'on a la spécialité d'engraisser les bœufs, accepte de prêter aux éleveurs l'argent pour la durée nécessaire, l'avance étant déguisée sous l'aspect d'escompte de billets à 90 jours, mais *renouvelables* aussi longtemps qu'il est nécessaire. C'est une pratique qui, si elle se généralisait, ne serait pas sans dangers (Voir *Crédit agricole*).

[2] Voir *Histoire de la Banque d'Angleterre* (en 2 volumes) par M. Andréadès, professeur à l'Université d'Athènes.

time de toutes les banques provinciales prédécédées, et déjà elle exerce un monopole de fait [1].

c) Elle est soumise à une réglementation beaucoup plus sévère en ce qui concerne l'émission et l'encaisse. Le chiffre des billets émis ne peut jamais dépasser les chiffres additionnés de l'encaisse et du capital. Et comme ce capital, ainsi que nous venons de l'expliquer, est une somme invariable et inutilisable, il faut dire plus simplement que le chiffre de l'émission ne peut dépasser celui de l'encaisse que d'une somme fixe qui est en ce moment de 465 millions de francs — faible marge, comme on voit, pour une Banque comme la Banque d'Angleterre.

En vue de mieux assurer l'observation de ce règlement, la Banque d'Angleterre est divisée en deux départements distincts : — l'un, chargé des opérations de banque, dépôts et escomptes (*banking department*), mais qui ne peut émettre aucun billet ; — l'autre, chargé de l'émission des billets (*issue department*), mais qui ne peut faire aucune opération de banque. Celui-ci délivre ses billets au département voisin au fur et à mesure de ses besoins seulement ; quand il lui en a délivré jusqu'à concurrence de 465 millions de francs, il ne lui en délivre plus désormais que contre espèces ou lingots.

Un tel régime est doublement défectueux.

D'abord il ne pourrait être considéré comme donnant des garanties bien sérieuses s'il s'agissait de toute autre banque que la Banque d'Angleterre. En effet, la marge de 465 millions n'est garantie que par le capital : or le capital d'une banque n'est pas un gage qui soit immédiatement réalisable, surtout lorsque, comme ici, il est représenté, pour la plus grosse part, par des titres immobilisés et inaliénables.

Mais surtout, cette limitation automatique de l'émission donne lieu, et justement en temps de crise, à de si grands inconvénients qu'à trois reprises différentes déjà (en 1847, 1857, 1866), il a fallu suspendre la loi et permettre à la Banque de franchir la limite

---

[1] Chaque fois qu'une des banques concurrentes vient à décéder, la Banque d'Angleterre peut augmenter son capital jusqu'à concurrence des deux tiers de celui de la banque disparue, mais elle doit déposer une somme égale en titres de rentes sur l'État.

Ces rentes s'ajoutent aux rentes représentant le capital primitif de la Banque, lequel se trouve ainsi grossir lentement. Depuis plusieurs années il se présente ainsi dans le bilan de la Banque :

Dette fixe de l'État . . . . . . 11.015.100 liv. st.

Rente immobilière . . . . . . 7.434.900 »

Total 18.450.000 liv. st. qui font 465 millions de francs.

fatale. Il est facile, en effet, de comprendre que s'il arrive à la Banque d'avoir, par exemple, 500 millions d'or en caisse et 965 millions de billets en circulation, elle sera obligée de refuser tout escompte ou du moins de n'en faire qu'au fur et à mesure des billets ou or qui rentreront. Avec quoi, en effet, pourrait-elle escompter le papier qu'on lui présenterait? — Avec d'autres billets? mais la marge de 465 millions est déjà atteinte; — avec le numéraire qu'elle a en caisse? mais si elle réduit son encaisse, ne fût-ce qu'à 499 millions, la circulation des billets étant toujours de 965 millions, la marge sera également dépassée. Pourtant la Banque d'Angleterre ne peut refuser l'escompte et fermer ses guichets sans entraîner la faillite d'une partie du commerce du monde.

Et si elle ne veut pas recourir à cette espèce de coup d'état qui est la suspension de la loi, il lui faut, comme elle l'a fait deux fois déjà, en 1890 et 1908, recourir aux bons offices de la Banque de France [1].

Et ce qui est grave c'est que, comme il s'agit de suspendre une loi, c'est le gouvernement qui doit prendre l'initiative d'une telle mesure, de l'opportunité de laquelle il peut être assez mauvais juge. Au jour de la déclaration de guerre le gouvernement dut passer par cette heure angoissante. On se rua à la Banque et l'encaisse tomba le 4 août au-dessous de 10 millions liv. st. (250 millions de francs). Fallait-il suspendre l'Act? Tout était prêt pour cela. Mais le ministère eut l'héroïsme de n'en rien faire. Il préféra recourir à un autre moyen : il fit émettre des billets par l'État (*currency notes*), billets de 1 livre et 1/2 livre, destinés à remplacer les billets de banque, et en même temps il fit interdire l'exportation de l'or. La panique se calma sans qu'on eût été obligé de recourir au cours forcé et à ce jour encore l'Angleterre est le seul des pays belligérants, ceux d'Europe du moins, où le billet soit encore convertible en or [2].

[1] En 1890, la Banque de France lui a envoyé 75 millions d'or. En 1908, elle se borna à escompter pour 80 millions de papier étranger que la Banque d'Angleterre ne pouvait escompter. Au cours de la présente guerre elle lui a envoyé régulièrement des sommes énormes — mais c'était moins pour venir au secours de la Banque d'Angleterre que pour payer les achats de la France et relever le change.

[2] Le montant des billets de la Banque d'Angleterre s'élève actuellement (décembre 1919) à 108 millions de livres seulement (2.700 millions de francs) — ce qui est très peu de chose en regard de tous les autres États belligérants. Il est vrai que l'encaisse est moindre aussi que dans les autres Banques — 91 millions de livres (soit 2.300 millions francs). Néanmoins le rapport est de plus de 80 p. 100.

Mais rappelons (voir p. 560 note) qu'il y a, en outre des billets d'État pour un

§ 3. La Banque d'Allemagne.

Comme les Banques d'Angleterre et de France, la Banque impériale d'Allemagne est une société par actions, donc en droit banque privée ; mais en fait elle est presque complètement Banque d'État. Le capital a été souscrit par des actionnaires, mais la mainmise de l'État y est bien plus accentuée qu'en France : — *a*) parce que le gouvernement nomme tous les membres du conseil de direction et ne laisse aux actionnaires qu'un droit de contrôle nominal ; — *b*) parce qu'il prélève une beaucoup plus forte part des bénéfices, les trois quarts (75 p. 100 contre 25 p. 100 pour les actionnaires)[1] ; — *c*) parce qu'il s'est réservé le droit de rachat à son gré.

De même que la Banque d'Angleterre, la Banque impériale n'a pas le monopole absolu d'émission pour tout l'Empire : on a laissé aux quatre principaux États de l'Empire le droit de garder leurs banques qui émettent aussi des billets, mais pour un chiffre devenu aujourd'hui insignifiant, 200 millions de francs.

Pour la Banque Impériale d'Allemagne, comme pour la Banque d'Angleterre, il y a une marge fixée par la loi entre le montant de l'encaisse et le montant de la circulation et qui, comme en Angleterre, s'accroît au fur et à mesure que la Banque d'Allemagne succède au droit d'émission des autres banques (il est maintenant de 550 millions de marks et 750 aux échéances trimestrielles) — mais il y a cette grande différence que cette marge peut toujours être dépassée par la Banque quand elle le juge utile, sous la double condition : 1° de ne pas dépasser dans l'émission *le triple de l'encaisse*, l'excédent devant d'ailleurs être garanti par des lettres de change à 90 jours ; — 2° de *payer un impôt* énorme (de 5 p. 100) sur les billets émis au-dessus de la limite. Cette mesure de salut public équivaut alors à la suspension de l'Act Peel ; mais elle est beaucoup plus pratique parce qu'on n'a pas besoin de faire intervenir le Gouvernement ni le législateur ; c'est la Banque elle-même qui lève l'écluse petit à petit, sans fracas et sans panique.

gros chiffre (330 millions de livres, plus de 8 milliards de francs) et qui ne sont couverts que jusqu'à concurrence d'une encaisse *(redemption fund)* de 28 millions de livres (700 millions de francs).

Quoique les banknotes soient toujours, en droit, remboursables en or, en fait on n'use guère de cette faculté, car que ferait-on de cet or ? A l'intérieur, il est inutile, et pour l'extérieur l'exportation est prohibée (sauf pour la Banque et l'État).

[1] Pour l'année 1915, la Banque a payé à l'État 46 millions de marks de participation et 135 millions de marks d'impôts (impôts normaux ou de guerre), total 226 millions de francs.

Mais ces règles ont subi de graves modifications par suite de la guerre. Le cours forcé a été décrété, comme dans tous les pays belligérants, hormis l'Angleterre. L'impôt sur l'émission au delà de la marge a été supprimé. La règle du tiers comme encaisse ne l'a pas été officiellement, mais il a été admis que cette encaisse pourrait être constituée non pas seulement en numéraire, mais en « bons de Caisses de prêts » et en « bons de Caisse de l'Empire »[1].

[1] Les bons de Caisses de prêts *(Dahrlehens kassenscheine)* sont délivrés par des Caisses de prêts sur gage — semblables sur une plus grande échelle aux Monts de-Piété — qui reçoivent toutes valeurs mobilières, objets d'or ou d'argent, céréales, alcools, etc., et font une avance jusqu'à concurrence de 25, 50 et même 85 p. 100 de leur valeur, selon la nature des objets. Ces caisses ont rendu de grands services en permettant aux possesseurs de ces valeurs d'en faire argent à un moment où elles étaient difficilement réalisables sur le marché. Il avait déjà été émis pour 4.872 millions de francs de ces bons à la date d'avril 1917.

Les bons de Caisse d'Empire sont, comme nous l'avons dit déjà (p. 560), des billets délivrés par l'État, c'est-à-dire simplement du papier-monnaie. Mais le chiffre ne dépassait pas à la même date 450 millions de francs.

Cependant il ne semble pas que l'émission de monnaie de papier ait été aussi grande que l'ont dit les journaux français et anglais. Les circulaires, très bien faites, de la *Société de Banque Suisse* (à Bâle) donnaient les chiffres que voici pour le mois de mai 1917 : ce sont les derniers publiés à ce jour.

Billets de banque en circulation . . . . 10.356 millions francs

Encaisse . . . . 3.209   »   »

La règle du tiers n'est donc pas de beaucoup dépassée puisque le rapport est de 31 p. 100. Il est vrai que, cette encaisse n'est pas toute en numéraire et peut se composer en partie de Bons de Caisse de prêts ou de Bons d'Empire (la distinction n'apparaissant plus dans les bilans depuis fin 1916). Et si, d'autre part, au chiffre des billets de banque on veut ajouter les bons de Caisses de prêts, environ 5 milliards de francs, plus les bons d'Empire, 440 millions de francs, alors le rapport tombe à 20 p. 100 environ, inférieur à celui de la Banque de France (voir p. 580 note). Toutefois, ces bons n'ont pas cours obligatoirement et ne peuvent par conséquent être assimilés tout à fait aux billets de banque.

Voir sur la situation financière de l'Allemagne les articles si documentés de notre collègue M. Rist publiés dans *La Revue d'Économie Politique* de 1915 à 1917.

Tandis que l'encaisse des Banques dans les pays belligérants tombait ainsi fort au-dessous de la proportion considérée comme normale, dans les pays neutres, au contraire, comme on peut le penser, les encaisses des Banques nationales s'élevaient fort au-dessus de la proportion du tiers: Voici ces proportions d'après le *Bulletin de la Société de Banque Suisse* :

Suisse (mai 1917) . . . . 76 p. 100.

Hollande   »   79   »

Suède   »   47   »

Danemark   »   60   »

Espagne   »   59   »

Norvège (fin 1916) 83   »

Japon]   »   68   »

§ 4. Banques des États-Unis.

Ici nous n'avons plus une banque unique, mais une incroyable multiplicité — 7.300 — dites *National Banks*, qui toutes ont le droit d'émettre des billets[1]. Il semble donc que ce soit la terre promise de la libre concurrence : de la libre concurrence peut-être, mais non certes ! du laisser-faire, car, en aucun autre pays, les banques ne sont soumises à une réglementation plus rigoureuse, en sorte que cette liberté d'émission se réduit en fait pour les banques au rôle de guichets de distribution de billets qui leur sont remis tout faits par l'État et pour lesquels elles sont parcimonieusement rationnées.

La règle essentielle en vigueur jusqu'à la veille de la guerre était que ces banques ne pouvaient émettre de billets que jusqu'à concurrence d'une valeur égale en titres de rente sur l'État qu'elles devaient acquérir et remettre en dépôt au Trésor.

Ce système avait été imaginé par le Gouvernement pendant la guerre civile de 1863, moins pour garantir les billets que pour placer ses titres de rentes d'État qu'il était à cette époque obligé d'émettre par milliards — comme fait l'État français en obligeant les caisses d'épargne et les établissements publics à placer leurs fonds en rentes sur l'État. C'était d'ailleurs une très bonne affaire pour les banques, puisque ces titres de rente leur rapportaient 7 p. 100. Aujourd'hui, la dette ayant été en grande partie remboursée, ces titres sont devenus rares et il est difficile aux banques qui se multiplient d'en trouver la quantité nécessaire; et, d'autre part, comme ils ne rapportent plus que 3 p. 100, c'est une médiocre affaire pour elles. Aussi l'émission des billets aux États-Unis était-elle devenue très difficile. Il n'y a aucune élasticité dans la circulation. C'est ce qui a le plus aggravé la crise de 1907. On ne demandait pas de l'or et on se serait très bien contenté de

---

[1] Ce titre de *National Bank* vient de ce que la loi qui les régit est une loi fédérale. Mais il ne faudrait pas voir dans ce qualificatif de « banque nationale » un titre officiel s'opposant à « banque privée », car ce sont bien des banques privées ordinaires qui doivent se conformer seulement aux règles indiquées ci-après (il suffit même d'être une société de cinq personnes). Quant aux autres banques dites *State Banks,* qui sont au nombre de 14.000, elles ne sont pas davantage, malgré leur nom, banques d'État, mais également banques privées : leur nom veut dire qu'elles sont régies par la législation de l'État où elles se trouvent. Elles n'ont pas le droit d'émission.

Il y a aussi les *Trusts Companies,* 1.400 environ, qu'il ne faut pas confondre avec les trusts industriels dont nous avons parlé ci-dessus (p. 225) et qui s'occupent surtout de placements hypothécaires et autres.

billets : seulement, ces billets, les banques ne pouvaient les émettre [1]. Il fallut que l'État s'ingéniât à trouver l'occasion d'émettre un emprunt à seule fin de fournir aux banques la matière première pour l'émission de leurs billets, c'est-à-dire des titres d'emprunt ! Il dut aussi les autoriser à lui remettre en garantie d'autres valeurs. Tout cela ne suffit pas et il fallut user de divers détours, notamment émettre des chèques non remboursables en monnaie (c'est-à-dire payables seulement par compensation) et des certificats gagés par des valeurs mobilières.

En temps normal, cette garantie en fonds d'État est superflue pour assurer le crédit d'une banque ; et, en temps de crise, justement alors que le remède serait le plus nécessaire, elle pourrait bien ne plus jouer. En effet, en pareille occurrence, les cours de toutes les valeurs, y compris les titres de rente, seraient nécessairement dépréciés ; et si, pour satisfaire aux demandes de remboursement des billets, il fallait subitement réaliser la masse énorme de titres de rente qui leur sert de gage, les cours de la rente s'effondreraient et le remboursement serait impossible. En un mot, les billets de banque aux États-Unis n'étaient que des titres de rente d'État monnayés, donc des billets d'État, et ils étaient devenus — phénomène sans précédent pour du papier-monnaie ! — une monnaie rarissime !

Ces banques étaient soumises en outre à un grand nombre de restrictions, notamment : — ne pas émettre de billets au delà du montant de leur capital ; — garder une encaisse égale au quart du montant de leurs dépôts ; — déposer dans les caisses publiques, en numéraire, une somme égale à 5 p. 100 du montant de leurs billets ; — payer un impôt de 1 p. 100 sur la valeur des billets émis et un autre de $^1/_4$ p. 100 sur le montant des dépôts ; — justifier d'un capital minimum, variable selon l'importance de la ville, mais qui est très peu élevé.

A la suite de la crise de 1907 une loi autorisa les banques à remplacer les titres de rentes sur l'État, comme couverture de l'émission, par d'autres valeurs, et on s'occupa de préparer une loi organique dont, six années durant, la discussion remplit les

---

[1] Au moment le plus aigu de la crise de 1907 à New-York, il devint impossible, même aux personnes les plus riches, de trouver de l'argent. Et les banques furent assiégées par un *run* éperdu qui contraignit beaucoup d'entre elles à suspendre leurs paiements — quoiqu'elles fussent parfaitement solvables — jusqu'à ce qu'on eût fait venir 600 millions d'or d'Europe. Pourtant la quantité de numéraire aux États-Unis n'avait jamais été plus abondante. Mais l'organisation défectueuse des banques ne permettait pas de disposer de cet or.

Revues d'Économie politique américaines. On n'osa pas aller jusqu'à créer une Banque centrale, à l'exemple des États d'Europe, parce que cette centralisation aurait paru trop peu en harmonie avec la constitution fédérale des États-Unis. Mais la loi organique du 23 décembre 1913 s'en rapprocha en répartissant les 48 États de ce vaste Empire en 12 régions, chacune dotée d'une grande Banque dite *Federal Reserve Bank*. Toutes les banques d'émission comprises dans chaque district sont devenues obligatoirement actionnaires de leur banque régionale. Au-dessus de ces banques se trouve au siège du gouvernement fédéral, à Washington, un Conseil Central (*Federal Reserve Board*) qui ne fait pas d'opérations de banque mais gouverne cette grande organisation. Ses membres sont nommés par l'État [1].

Ce sont les banques fédérales qui ont spécialement pour fonction de veiller à l'émission des billets et d'en assurer le remboursement [2]. Elles doivent à cet effet garder une encaisse en or représentant 40 p. 100 du montant des billets émis [3]. Ce sont elles qui remettent les billets aux banques locales [4] en échange des lettres de change qu'elles leur réescomptent. Cependant on n'a pas voulu enlever aux banques locales le droit d'émission, mais il leur sera retiré progressivement de façon qu'elles puissent se consacrer exclusivement aux opérations de banque, escompte, crédit agricole, exportation, etc. Les banques fédérales ne leur feront pas concurrence car elles ne pourront recevoir de dépôts, sinon de l'État, et elles les aideront au contraire en réescomptant leurs effets de commerce. Elles sont appelées ainsi à tenir auprès des banques locales à peu près le même rôle que la Banque de France auprès des autres établissements de crédit.

[1] Cette nomenclature est déconcertante : pour s'y reconnaître il faudrait traduire « banques nationales » par banques locales ; — « banques fédérales » par banques régionales — et « Bureau fédéral » par Conseil Central ou supérieur.

[2] Les banques fédérales reçoivent d'ailleurs de l'État les billets tout faits et tous pareils, sauf une lettre indicatrice pour chacune des Banques fédérales.

[3] Pour laisser une certaine élasticité à la circulation, on a adopté le système allemand : la proportion de l'encaisse peut être réduite au-dessous de 40 p. 100 jusqu'à un minimum de 27 p. 100, mais à condition de payer un impôt qui s'élève progressivement, au fur et à mesure que le niveau descend, jusqu'à 4 p. 100. Elles doivent aussi garder une encaisse spéciale (mais celle-ci peut être en billets) pour garantir les dépôts.

[4] Si on avait retiré à ces banques le droit d'émission, elles se seraient empressées de vendre les titres déposés comme couverture de cette émission, mais qui leur seraient devenus inutiles. Or comme elles en possèdent pour des milliards, en les jetant sur le marché, elles auraient porté préjudice au crédit de l'État. Mais il est convenu que l'État les rachètera petit à petit aux banques et leur droit d'émission se réduira parallèlement jusqu'à disparition totale.

Tel est, en résumé, le nouveau système américain : il est, en somme, très étatiste, puisque les membres du Conseil supérieur sont nommés par l'État. Il n'avait pas commencé à fonctionner quand la guerre a éclaté. On ne peut donc le juger à ses œuvres. Cependant les Banques fédérales ont su déjà mettre à profit l'énorme afflux d'or aux États-Unis pour bourrer leurs encaisses. Peut-être serviront-elles à réaliser la grande ambition américaine qui est de déplacer le méridien financier en transposant le marché de l'or de Londres à New-York.

Les grandes banques du monde sont nécessairement en relations les unes avec les autres. Nous avons dit que plusieurs fois déjà la Banque de France avait prêté de l'or à la Banque d'Angleterre pour éviter à celle-ci d'élever le taux de l'escompte. Mais on pourrait concevoir, au lieu de ces relations intermittentes, un grand Conseil International, une sorte d'aréopage financier, où ces banques seraient représentées, et qui aurait pour fonction d'envoyer le numéraire dans les pays qui en manqueraient : peut-être pourrait-il ainsi maintenir l'équilibre monétaire entre les divers marchés du monde, stabiliser le change et prévenir les crises. C'est un projet grandiose dont M. Luzzatti s'est fait l'apôtre en 1907. Cette « Société des Banques » serait une anticipation de « la Société des Nations », qui est à l'ordre du jour et pourrait même faciliter sa réalisation [1].

[1] Cette Société des Banques pourrait aussi servir à l'émission de la monnaie de papier internationale dont nous avons déjà parlé (pp. 93 et 478).

FIN DU TOME PREMIER

ERRATA ET ADDENDA

La liste suivante contient, en outre des corrections que le lecteur est prié de reporter sur le texte, quelques notes additionnelles se référant aux faits nouveaux survenus depuis la dernière édition de ce volume.

PRIX

Page 91. A la date de novembre 1920, le nombre indice a atteint 426 ; cette date a marqué le niveau maximum de la crise dans toute l'Europe. Depuis lors les prix ont redescendu, comme on le voit par les nombres indices de 1921 et 1922. Mais depuis décembre 1922 ils tendent à remonter.

En Angleterre, la hausse avait été bien moindre (262 maximum en 1920) et aujourd'hui elle n'est plus que 170.

Ces chiffres ne portent que sur les prix de détail et seulement ceux des denrées alimentaires ou de ménage. La hausse a été beaucoup plus forte sur les prix de gros, surtout ceux des matières premières : le nombre indice pour la France a dépassé 600. Mais aussi la baisse a-t-elle commencé beaucoup plus tôt, dès le printemps de 1920.

Page 91, *intervertir les notes 2 et 3.*

PRODUCTION

Page 109, note 1. Le chiffre de production de houille de l'Allemagne se décomposait en 150 millions de tonnes de houille et environ 100 millions de lignite.

La guerre a fait perdre à l'Allemagne une grosse partie des mines de charbon de Silésie et (temporairement seulement, sans doute) celle de la Sarre, soit plus de 50 millions de tonnes à déduire du chiffre indiqué. Sa production en houille se trouvera donc réduite à environ 150 millions.

Même page, note 2. A la suite de la guerre et du retour de la Lorraine à la France, la production en minerai de fer de l'Allemagne se trouve diminuée de 21 millions de tonnes, et celle de la France augmentée d'autant, donc plus que doublée, quantité dépassant infiniment ses besoins et même difficile à utiliser faute de coke.

Mais l'Allemagne a perdu non seulement les mines de fer de Lorraine, mais aussi celles de Silésie, en sorte que sa production de minerai de fer est réduite à 7 ou 8 millions de tonnes.

Page 114, note 2. On évalue aujourd'hui à un chiffre supérieur, 10 à 11 millions de chevaux, la force hydraulique utilisable en France.

Page 115, note 4. Aujourd'hui (1922) on évalue à 2 1/2 milliards les capitaux engagés dans les entreprises hydro-électriques, ce qui, pour 1.500.000 chevaux, représenterait un coût de plus de 1.600 francs par cheval.

Même page, note 4. Ces dépenses doivent être aujourd'hui énormément majorées, à ce point que la mise en exploitation des forces hydro-électriques se trouve aujourd'hui très entravée.

Page 141, note 2. Les États-Unis ont pris des mesures draconiennes contre l'immigration, n'admettant qu'un faible pourcentage pour chaque nationalité. Ce protectionnisme xénophobe, imité de l'Australie, aura pour effet d'enrayer rapidement l'accroissement de la population.

Page 175. Le nombre de jeunes gens recevant un enseignement professionnel en 1914 était évalué :

> Enseignement industriel ...... 170.000 sur 500.000.
> Enseignement agricole .... 3.030 sur 560 030.

Même page, note. Il y a eu quelques progrès depuis la guerre. On compte aujourd'hui un peu plus de 30 000 élèves dans les écoles techniques de commerce et d'industrie, et environ 140.000 auditeurs aux cours professionnels.

Page 202, note 1. Pour la France, le chiffre des dépenses durant les cinq années de guerre (août 1914 fin 1918) a été de 158 milliards (dont 122 milliards dépenses militaires, 36 milliards dépenses civiles : allocations familles mobilisés, réfugiés, ravitaillement, etc., et les budgets annuels de dépenses ordinaires).

Mais après la guerre, les dépenses, au lieu de diminuer, n'ont fait qu'augmenter. Pour les quatre années 1919-1922, elles s'élèvent à un total de 190 milliards ! Ce fait paradoxal s'explique, tant bien que mal, par les dépenses de reconstitution des régions dévastées (dites recouvrables sur l'Allemagne), la charge annuelle des pensions de guerre et le doublement des dépenses budgétaires ordinaires dues à la dépréciation de la monnaie.

Page 209, note. Cette hypertrophie du mercantilisme se retrouve par tout pays. Aux États-Unis, on a recensé 946.000 magasins de détail, ce qui fait 1 pour 111 habitants, soit pour 20 à 25 familles.

Page 214, note 1. Ces chiffres sont ceux d'avant-guerre, mais peu importe, car le rapport reste le même.

Page 238, ligne 13. Ces chiffres doivent être majorés aujourd'hui : environ 700 sociétés, 40.000 sociétaires, 100 millions d'affaires.

Page 258, ligne 19. Le chiffre de la production totale des fabriques de la Wholesale anglaise a dépassé 800 millions de francs en 1920, mais ce chiffre était dû en partie à la hausse des prix et il a diminué depuis lors.

Page 283. On dit aujourd'hui que la concentration est *verticale* quand elle procède de bas en haut et de haut en bas, par le groupement des branches de production préliminaires ou consécutives : c'est l'intégration — et *horizontale* quand elle groupe des industries parallèles.

Page 288, note. Le cartel français, dit *Comptoir de Longwy*, vient de se dissoudre à la suite de la guerre. Le retour à la France des mines de fer de la Lorraine allemande a modifié complètement la situation du marché.

Page 304. L'économie résultant de la loi géométrique que l'accroissement des volumes est beaucoup plus rapide que l'accroissement des surfaces — un tonneau de 100 hectolitres n'exige pas cent fois plus de bois qu'un tonneau de 1 hectolitre, peut-être pas vingt fois — ne s'applique pas seulement dans le cas des grands magasins, mais dans toutes les entreprises.

Page 331. Une énumération amusante des entreprises industrielles de l'État français a été donnée dans un rapport de M. Bokanowski, député :

« L'État français est actuellement fabricant de poudres, de tabacs et d'allumettes, entrepreneur de postes, télégraphes et téléphones, entrepreneur de chemins de fer, banquier, assureur, imprimeur, fabricant de monnaies et médailles, exploitant de journaux, fabricant et marchand de porcelaine, exploitant de forêts, imprimeur de cartes géographiques, architecte, métallurgiste, fabricant d'aéroplanes, éleveur de chevaux, fournisseur de fourrages, boulanger, tailleur, constructeur de navires, maître de pensions, graveur, mouleur, tapissier, restaurateur de vieux monuments, horticulteur, entrepreneur de routes, constructeur de ponts et de ports... »

Encore y en aurait-il d'autres à ajouter : l'État est marchand d'opium en Indo-Chine et de quinine au Maroc. Comique rapprochement !

CIRCULATION

Page 351, ligne 8. Cette loi que « la demande diminue toutes les fois que le prix augmente » semble avoir été démentie par les faits durant la guerre, la hausse vertigineuse des prix n'ayant nullement enrayé la demande. Mais cette contradiction apparente tient à ce que la demande a reçu une impulsion factice par l'augmentation du nombre des billets de banque.

Page 364, note. Le chiffre maximum de l'émission de billets a été atteint en novembre 1920, 39.600 millions, donc près de 40 milliards. Il a un peu diminué depuis lors, l'État s'étant engagé à rembourser 2 milliards par an.

Il n'est donc pas étonnant que la hausse des prix ait continué après la guerre.

Page 401. La question de l'exploitation des chemins de fer a pris depuis la guerre un caractère de gravité extrême en France et même dans la plupart des pays, l'énorme majoration des salaires, du coût du charbon et du fer, etc., ayant creusé dans les budgets des chemins de fer des gouffres que la majoration des tarifs n'est pas parvenue à combler.

Page 413, note. Pour la France, le tonnage de la flotte marchande s'élève à 4 millions de tonnes, ce qui la fait monter au troisième rang, après l'Angleterre et les États-Unis.

Pour l'Allemange, sa flotte était tombée à rien (ayant été saisie et le prix porté au compte des réparations), mais elle se reconstitue rapidement.

Page 424, note. Depuis la guerre, l'exploitation des Postes se trouve en déficit pour une somme énorme, plus de 500 millions de francs — et cela quoique les tarifs aient été presque doublés.

Page 429, § 1. On ne remarque pas assez que les noms de la plupart des unités monétaires rappellent ces origines, car elles sont des noms de poids : livres, marks, pesos, pesetas, onces, etc.

Page 442. Ces appréciations en ce qui concerne les effets plutôt favorables de la dépréciation de la monnaie paraîtront singulièrement optimistes en regard des événements actuels et des perturbations formidables causées par la dépréciation du papier-monnaie. Mais il faut remarquer que nos considérations ne visaient que la dépréciation de la monnaie métallique, laquelle est toujours très

lente, et non la dépréciation foudroyante résultant de l'inflation du papier-monnaie.

Et pourtant, même dans ce cas, les effets stimulants indiqués dans le texte, en
ce qui concerne la production et l'exportation, et le soulagement des dettes
publiques, ne sont que plus manifestes.

Mais il est vrai que les effets fâcheux en ce qui concerne les rentiers, les
personnes morales, les professions libérales, les fonctionnaires, ont pris des
proportions catastrophiques. Ce n'est plus seulement la vie économique mais
même la vie morale et intellectuelle de la nation qui se trouve bouleversée par
la danse de ces chiffons de papier. En Russie et en Allemagne les classes intellectuelles n'ont plus les moyens de publier ou d'acheter des livres, de s'abonner
à des journaux, et parfois même de payer les timbres-poste pour leur corres-
dance.

Page 450, note. Il faut retirer le compliment adressé à la Ville de Paris. Elle
aussi (ou du moins la Chambre de Commerce), en 1920, a émis des petites coupures de papier. Mais elle les a remplacées en 1922 par des jetons simili-or.

Page 463, note. En 1920, la valeur du métal argent s'est élevée jusqu'à 90 pences
l'once, ce qui correspond à 330 francs le kilo, donc beaucoup plus que sa valeur
légale. Depuis lors, la valeur du métal argent est retombée à 32 pences l'once,
ce qui correspond à 118 francs le kilo, soit guère plus de moitié de la valeur
légale. Mais, bien entendu, évaluée en francs papier, cela fait plus de 300 francs·
Aussi les pièces blanches ont-elles toutes disparu.

Page 469, note 2. La production de l'or n'a pas augmenté durant la guerre, mais
au contraire a considérablement diminué, de plus d'un quart; elle n'est
aujourd'hui que de 1.800 millions de francs. Ce phénomène inattendu s'explique :
1º par le fait que l'or ayant perdu presque partout, et pas seulement dans les
pays belligérants, son rôle de monnaie, n'a plus que des débouchés industriels;
2º par le fait que l'Angleterre, principale propriétaire des mines d'or, payait les
lingots en livres papier qui n'étaient plus au pair de l'or.

Page 470 in *fine*. L'or lui-même, comme l'argent, a baissé de valeur. Comment
le sait-on, dira-t-on? Parce que dans les pays à monnaie d'or (ou du moins où
la monnaie papier est au pair de l'or), comme aux États-Unis ou en Angleterre,
le nombre indice des prix est notablement plus élevé qu'avant la guerre, ce qui
ne peut s'expliquer que par une dépréciation de la monnaie. Voir p. 86.

Page 475, note 1. Au Musée de Vienne, un billet chinois, probablement un des
plus anciens exemplaires de papier monnaie qui aient existé, porte cette fière
devise : « valable dans tous les pays sous le ciel. » Or, c'était précisément, le
contraire de la vérité.

Page 482, note. En Russie, et aussi en Autriche, en Pologne, et, depuis peu, en
Allemagne, la dépréciation du rouble dépasse celle des assignats.

Au Brésil, le milreis est monté jusqu'à 4 francs, mais il est redescendu aujour-
d'hui au-dessous du pair, 1 fr. 60 environ.

Page 485, note. Cette loi, qui prohibe le commerce et même le change de l'or avec
prime, a eu de très graves conséquences — notamment celle-ci que les États
débiteurs étrangers, qui devaient nous payer en or intérêts ou capitaux, s'en sont
prévalus pour payer en francs papier. Et aussi, à notre avis, celle-ci que le
maintien d'une cotation des prix en or aurait modéré la hausse des prix en
papier et facilité pour l'avenir le retour aux anciens prix.

Page 482, note. Depuis la guerre, la dépréciation des unités monétaires en maints pays a dépassé infiniment celle des assignats ou des monnaies sud-américaines. Par suite d'émissions fantastiques, qui se chiffrent non plus par millions mais par milliards et par trillions, le rouble, le mark, la couronne, etc., n'ont plus que le 1/1.000 ou même le 1/1.000.000 de leur ancien pouvoir d'achat. Actuellement (février 1923), à Berlin, un œuf coûte 400 marks, un pain 2.200 marks, une livre de jambon 6.400 marks, une paire de chaussures de confection 80.000 marks, une livre de roastbeef 4.500 marks, une livre de café 18.000 marks, l'affranchissement d'une lettre 50 à 100 marks.

Et la dépréciation est bien plus grande encore sur la cote des changes que sur celle des nombres indices, parce que l'unité monétaire conserve à l'intérieur une valeur très supérieure à celle qu'elle a à l'étranger.

On voit ainsi une sorte de volatilisation de la monnaie qui fait qu'on tend à l'éliminer pour en revenir au troc des sauvages. Plusieurs emprunts en Allemagne viennent d'être émis en seigle et d'autres en charbon ! Entendez par là que le capital et les intérêts sont comptés en marks papier mais en tel nombre qu'il faudra pour équivaloir à la quantité stipulée de seigle ou de charbon.

CRÉDIT

Page 491. La lettre de change a perdu beaucoup de son importance ces dernières années parce qu'elle est remplacée de plus en plus par le chèque — quoique celui-ci, n'étant payable qu'à bref délai, ne constitue pas, à proprement parler, un titre de crédit et ne peut rendre les services indiqués dans notre texte. C'est là une substitution regrettable, mais due en partie à une erreur fiscale, à savoir une taxe de 2 p. 1.000 sur le montant des lettres de change. Elle vient d'être abolie.

Page 499, note. Le chèque postal fonctionne aujourd'hui en France, et par lui se règlent des milliards. Chaque chèque ne coûte que 15 centimes, quelle que soit la somme à envoyer.

Page 502, note 1. La somme des prêts hypothécaires était évaluée de 20 à 25 milliards avant la guerre. Mais une très grande partie des emprunts ruraux a été remboursée durant la guerre, grâce aux bénéfices réalisés par les paysans.

Page 502 *in fine*. Dans les conférences financières qui ont été tenues à la suite du Traité de Versailles, un économiste hollandais, M. Vissering, a repris l'idée d'abandonner l'or comme étalon et de le remplacer par un étalon fictif fondé uniquement sur un consensus international.

En tout cas, même si l'or demeure comme étalon international, ce sera sans doute à l'état virtuel et sans sortir des caves des banques, de même que l'étalon international du mètre enfermé sous triple clé dans le pavillon de Sèvres.

Page 510, note. En 1922, le montant des avances faites par l'État aux sociétés de crédit agricole s'élève à 522 millions.

Une caisse de prêts spéciale a été créée en vue des mutilés et réformés de la guerre.

La création d'un fonds de 600 millions de francs, en vue de l'électrification des campagnes, est à l'étude.

Page 516. En outre des fonds de 20 millions de francs pour avances à la petite industrie et au petit commerce, il a été créé par une loi de 1919 un fonds de 50 millions de francs pour avances aux commerçants et industriels devenus invalides par la guerre, ou à leurs veuves s'ils ont été tués.

Grâce à ces encouragements, le nombre de banques populaires, ou soi-disant telles, est aujourd'hui de 80 et elles ont reçu en prêts une quarantaine de millions de francs.

Page 521, note 2. Le troisième emprunt a été émis à 4 p. 100 à 68 francs, soit à 32 francs au-dessous du pair. Le quatrième à 70 francs. Le cinquième emprunt a été émis à 5 p. 100 à 100 francs, mais remboursable à 150 francs dans un délai maximum de soixante ans. Le sixième emprunt a été émis à 6 p. 100 au pair — et par là on a essayé de rentrer dans la voie normale.

Page 554, note. La Suisse ne gagne rien à voir sa monnaie cotée au-dessus de celle de tous les pays d'Europe, tant s'en faut ! Car elle y a perdu tous ses clients et est désertée par les touristes.

Page 563, note. L'émission des billets en Allemagne, au début de 1923, dépasse 3.000 milliards (3 trillions) de marks.

Mais ces chiffres fantastiques ne représentent qu'une faible valeur en or et sans cesse décroissante, car dans l'inflation il arrive un moment critique où la dépréciation des billets va plus vite que l'augmentation de leur nombre. A partir de ce moment, plus on en émet et plus il y a *disette de monnaie*.

Page 581, ligne 25, *ajouter :* La Chambre des députés a voté en 1918 le renouvellement du privilège de la Banque de France pour vingt-cinq ans, avec diverses charges dont la principale est celle-ci : toutes les fois que le dividende dépassera 240 francs, la moitié du surplus sera pour l'État, mais celui-ci devra l'affecter à des œuvres de crédit, agricoles ou autres.

Page 582, la note 3 *est à intervertir avec la note 1 de la page 584.*

TABLE DES MATIÈRES

DU 1ᵉʳ VOLUME

Pages

Préface.. V-XII

NOTIONS GÉNÉRALES

CHAPITRE I

La science économique................. 1

I. Objet de l'économie politique.................................. 1
II. Comment s'est constituée la science économique.......... 6
III. S'il existe des lois naturelles en économie politique 11

CHAPITRE II

Les diverses écoles économiques............. 18

I. Les écoles au point de vue de la méthode.................. 18
II. Les écoles au point de vue des solutions :
    1° École libérale................................... 27
    2° Écoles socialistes................................ 31
    3° Socialisme d'État................................ 35
    4° Christianisme social............................. 41
    5° Solidarisme 44

CHAPITRE III

Les besoins et la valeur................. 47

I. Les besoins de l'homme............................... 47
II. De l'utilité... 55
III. Qu'est-ce que la valeur?.............................. 59
IV. Qu'est-ce que la richesse?............................ 62
V. Comment explique-t-on la valeur?..................... 66
    § 1. valeur-utilité 67
    § 2. valeur-travail 73
VI. Comment mesure-t-on la valeur?...................... 81
VII. Comment on corrige l'étalon des valeurs. — Les Index
    Numbers 86

LIVRE PREMIER

LA PRODUCTION

PREMIÈRE PARTIE,

Pages

Les facteurs de la production 94

CHAPITRE I

La nature 95

I. Le milieu 96
II. La terre.. 103
III. Le sous-sol.. 108
IV. Les forces motrices 109
V. La limitation de richesses naturelles 116
VI. La loi du rendement non proportionnel 120
VII. Les illusions qu'ont fait naître les machines............. 126
VIII. Si les machines portent préjudice à la classe ouvrière...... 131
IX. L'émigration et la colonisation............................ 139

CHAPITRE II

Le travail 146

I. Du rôle que joue le travail dans la production............. 146
II. De quelle façon le travail produit 149
III. De l'évolution des idées en ce qui concérne la productivité
    du travail... 152
IV. De la peine considérée comme élément constitutif du travail. 159
V. Le travail scientifique, dit méthode Taylor................ 162
VI. La vie utile.. 167
VII. L'apprentissage et l'éducation professionnelle............ 170

CHAPITRE III

Le capital 176

I. Qu'est-ce que le capital?................................. 176
II. Quelles sont les richesses qui sont des capitaux et celles
    qui ne le sont pas ?..................................... 182
III. Dans quel sens faut-il entendre la productivité des capitaux? 187
IV. Capitaux fixes et capitaux circulants.................... 191
V. Comment se forme le capital 194
VI. Le capitalisme..... 198

DEUXIÈME PARTIE

L'organisation de la production........ 200

CHAPITRE I

Comment se règle la production............ 200

I. De l'entreprise et du coût de production.................. 200
II. La réglementation automatique de la production.......... 206
III. De la concurrence.. 210
IV. La surproduction et la loi des débouchés................. 217
V. Les crises.. 219
    1° les symptômes...................................... 220
    2° les causes... 223
    3° les remèdes.. 231

CHAPITRE II

L'association pour la production........... 233

I. Les formes successives de l'association pour la production. 233
II. Les associations de travailleurs......................... 237
III. Les associations de capitaux............................ 242
IV. Les associations agricoles............................... 249
V. Les associations de consommateurs........................ 256

CHAPITRE III

La division du travail................ 260

I. Historique de la division du travail...................... 260
II. Les conditions de la division du travail................. 264
III. Les avantages et inconvénients de la division du travail.... 266

CHAPITRE IV

La concentration de la production........... 271

I. Les étapes de l'évolution industrielle.................... 271
II. La loi de concentration.................................. 276
III. Intégration, spécialisation, localisation de l'industrie..... 283
IV. Les Cartels et les Trusts............................... 287
V. L'industrie à domicile.................................. 297
VI. Les grands magasins.................................... 303
VII. L'évolution dans la production agricole. — Grande et petite
    culture... 310

CHAPITRE V

La production par l'État............. 317

I. Le développement des entreprises d'État et municipales ... 319

598 COURS D'ÉCONOMIE POLITIQUE

Pages

II. Quelles sont les entreprises qui se prêtent à l'étatisation et à la municipalisation?...... 327

III. Les divers modes d'entreprises des pouvoirs publics....... 334

LIVRE DEUXIÈME

LA CIRCULATION

CHAPITRE I

L'échange...... 338

I. Historique de l'échange...... 338
II. La décomposition du troc en vente et en achat...... 341
III. La valeur d'échange et le prix...... 343
IV. La loi de l'offre et de la demande...... 49
V. La valeur de monopole...... 353
VI. Les variations de prix. — La théorie quantitative...... 357
VII. Les avantages de l'échange...... 366

CHAPITRE II

Les marchands...... 370

I. Histoire et rôle des marchands...... 372
II. Les foires, les Bourses de commerce et les marchés à terme. 374
III. Les poids et mesures...... 382

CHAPITRE III

Le transport...... 384

I. La route...... 384
II. Le coût de transport...... 389
III. Les chemins de fer...... 393
   § 1. la libre concurrence...... 395
   § 2. l'exploitation par l'État...... 397
   § 3. le régime des concessions...... 402
IV. Les canaux et voies navigables...... 407
V. Les transports maritimes. — Les ports...... 411
VI. Les modes de transport de la pensée...... 420

CHAPITRE IV

La monnaie métallique...... 424

I. Historique de la monnaie...... 424
II. Les fonctions de la monnaie...... 431
III. De la dépréciation de la monnaie et de ses conséquences sociales...... 436
IV. Les conditions que doit remplir toute bonne monnaie...... 442
V. La loi de Gresham...... 446

Pages

CHAPITRE V

Les systèmes monétaires................. 451

I. De la constitution d'un système monétaire............... 451
II. Les difficultés de fonctionnement du système bi-métalliste.. 455
III. Comment les pays bi-métallistes se trouvent en fait n'avoir qu'une seule monnaie................. 458
IV. S'il convient d'adopter le système mono-métalliste........ 463

CHAPITRE VI

La monnaie de papier................. 471

I. Si l'on peut remplacer la monnaie métallique par de la monnaie de papier................. 471
II. Si la création d'une monnaie de papier équivaut à une création de richesse................. 479
III. De l'émission exagérée de papier-monnaie et des signes qui la révèlent................. 484

CHAPITRE VII

Le crédit................. 486

I. Comment le crédit n'est qu'une extension de l'échange 486
II. Historique du crédit................. 489
III. Si le crédit peut créer des capitaux................. 493
IV. Comment le crédit permet de supprimer la monnaie....... 496
V. Le crédit foncier................. 502
VI. Le crédit agricole................. 506
VII. Le crédit populaire................. 512
VIII. Le crédit public. — Les emprunts d'État................. 516
§ 1. comment l'État emprunte-t-il?................. 518
§ 2. comment l'État se libère-t-il? 523

CHAPITRE VIII

Les banques................. 528

I. Les fonctions et l'évolution des banques................. 528
II. Le mouvement de concentration des banques. — Les grands établissements de crédit................. 532
III. Les dépôts................. 537
IV. Le chèque................. 541
V. L'escompte................. 545
VI. Le change................. 549
VII. L'émission des billets de banque................. 555
VIII. Différences entre le billet de banque et le papier-monnaie.. 558
IX. L'élévation du taux de l'escompte................. 564

Pages

X. Monopole ou concurrence? — Banque d'État ou banque privée?... 569

XI. Réglementation ou liberté de l'émission................. 573

XII. Les grandes Banques d'émission...................... 578

§ 1. la Banque de France........................... 578

§ 2. la Banque d'Angleterre....................... 585

§ 3. la Banque d'Allemagne........................ 587

§ 4. les Banques des États-Unis................... 589

Table des matières.. 595

39.750. — Bordeaux, Imprimerie Y. Cadoret, 17, rue Poquelin-Molière.

OUVRAGES

d'ÉCONOMIE POLITIQUE, de FINANCES et de SOCIOLOGIE

EN VENTE A NOTRE LIBRAIRIE

Aftalion (A.). La crise de l'industrie linière et la concurrence victorieuse de l'industrie cotonnière, in-18, 1904. Prix . . . . 7 fr.
— Le développement de la fabrique et le travail à domicile dans les industries de l'habillement, in-8°, 1906. . . 7 fr.
— Les trois notions de la productivité et les revenus, gr. in-8°, 1911 . . 8 fr.

Arendt (C.). Economie politique scientifique, définitions et méthodes, in-8° 1899 . . . . 6 fr.

Aubertin (E.). Commentaire de la nouvelle loi sur l'enregistrement et le timbre, in-18, 1871. . . . . 2 fr.
— Explication des lois du 28 février et du 30 mars 1872 sur l'enregistrement et le timbre, in-8°, 1872. . . . 1 fr. 50

Auger (E.). Les bouilleurs de cru. Commentaire de la loi du 31 mars 1903, gr. in-8°, 1905 . . . . 3 fr.

Battut (A.). L'impôt sur les traitements, salaires, pensions et rentes viagères. Commentaire théorique et pratique de la loi du 31 juillet 1917 (art. 23 à 29), gr. in-8°, 1918. . . . . 7 fr. 50

Bellom (M.). L'enseignement économique et social dans les écoles techniques à l'étranger et en France, avec un plan de réforme, in-18, 1908. . . . . 10 fr.
— La mission sociale des élèves des écoles techniques à l'étranger et en France, avec un programme d'action, in-18, 1908 . . . . 7 fr.

Bernard (F.). Notions élémentaires d'économie politique à l'usage des étudiants en droit, in-18, 1905. . *(épuisé)*

Besson (E.). Traité pratique de la taxe de 3 p. 100 sur le revenu des valeurs mobilières, des sociétés, établissements publics et congrégations religieuses, in-8°, 1887. . . . . 8 fr.

Bibliothèque d'économie politique et de sociologie :
I. Cours d'économie politique, par Ch. Gide, 7° édit., 2 vol. in-8°, 1921-1923 . . . Br., 44 fr. ; cart., 57 fr.
II. Histoire des doctrines économiques depuis les Physiocrates jusqu'à nos jours, par Ch. Gide et Ch. Rist., 4° édit., in-8°, 1922, br. . . 30 fr. Cart. . . . . 36 fr. 50
III. Des crises générales et périodiques de surproduction, par J. Lescure, in-8°, 1910. . . *(en réimpression)*
IV. Les actions de travail, par J. Granier, in-8°, 1910, br. . . . *(épuisé)*
V. L'intégration du travail. Formes nouvelles de concentration industrielle, par P. Passama, in-8°, 1910. Prix . . Br., 15 fr. ; cart., 21 fr. 50
VI. Vers le salaire minimum, par Barthélemy Raynaud, in-8°, 1913. Prix . . Br., 25 fr. ; cart. 31 fr. 50
VII. La participation aux bénéfices. Ses applications en France depuis le milieu du xix° siècle jusqu'à nos jours, par C. Ibanez de Ibero, in-8°, 1914. . Br., 12 fr. ; cart., 18 fr. 50.

Bisseuil. Les bouilleurs de cru, 2° édit., gr. in-8°, 1895 . . . . 2 fr.

Bocquet (L.). L'impôt sur le revenu cédulaire et général (Généralités. Les revenus des immeubles bâtis, non bâtis. Les bénéfices de l'exploitation agricole, du commerce et de l'industrie, des professions non commerciales. Les traitements, salaires, pensions et rentes viagères, tableau des coefficients), 2° édit., in-8°, 1921. . . 25 fr.
— Memento de l'impôt général sur le revenu (lois du 15 juillet 1914, du 30 décembre 1916 et du 22 février 1917), in-18, 1917 . . . . 2 fr.
— Instruction administrative du 30 mars

1918 pour l'établissement des impôts cédulaires et de l'impôt général sur le revenu, 1 vol. in-8°, 1918 . . . . 7 fr.

— Impôt général sur le revenu, commentaire pratique de la loi du 15 juillet 1914 et du règlement d'administration publique du 15 janvier 1916, in-18, 1916. . . . . 3 fr.

— L'impôt sur le revenu cédulaire en général. La cédule des traitements, salaires, rentes, pensions des officiers ministériels, 1917, in-8°. . . . . 3 fr.

— La réforme des impositions locales, in-8°, 1921. . . . . 5 fr.

— Notice sur la Commission des contributions directes de la ville de Paris, in-8°, 1920. . . . . 5 fr.

Boissonade (G.). Le bimétallisme moyen, in-8°, 1891 . . . . 3 fr.

Bonnet (George-Edgar). La politique monétaire anglaise d'après-guerre. Ses principes. Ses applications. Ses effets, gr. in-8°, 1923 . . . . 10 fr.

Borain (J.). Les congrès des économistes à Bruxelles et le libre-échange, in-8°, 1880. . . . . 2 fr.

— Les bilans commerciaux et le libre-échange, in-8°, 1880 . . . . 2 fr.

Bourgade (F.). Biens et titres non cotés des sociétés étrangères devant les impôts français (procès des compagnies d'assurances « Trieste et Venise » et le « Phénix espagnol »), gr. in-8°, 1881. . . . . 2 fr.

Bourgade (F.). Commentaires des loi et instruction administrative des 28 décembre 1880 et 20 juin 1881 sur l'impôt direct de 3 p. 100, gr. in-8°, 1882. Prix. . . . . 7 fr.

Brunhes (J.). La Ligue sociale d'acheteurs, in-16, 1903 . . . . 1 fr. 20

Bry (G.). Histoire industrielle et économique de l'Angleterre, depuis les origines jusqu'à nos jours, in-8°, 1900. Prix . . . . 30 fr.

Camps. Code et dictionnaire de l'enregistrement, de timbre, de greffe d'hypothèque et des contraventions aux lois sur le notariat, in 8°, 1857. . . . 5 fr.

Carpentier (A.). A propos de l'impôt sur le revenu. Personnes assujetties et revenu imposé, gr. in-18, 1916. 3 fr. 75

Cénac (P. de). La loi du 28 mars 1885 et la convention de contrat direct en matière de marchés à terme sur effets publics et autres valeurs, avec un appendice sur les opérations au comptant différé, au comptant reportable et au comptant par compte courant, in-8°, 1910 . . . . 15 fr.

Cheysson (E.), Sciama et Carmichael. Les retraites ouvrières, in-8°, 1905. . . . . 3 fr.

Claudio-Jannet. Les faits économiques et le mouvement social en Italie, gr. in-8°, 1889 . . . . 4 fr.

Collette (M.). Notice explicative sur l'application de la loi du 29 mars 1914 concernant les impôts sur les valeurs mobilières, in-8°, 1914. . . . . . . 2 fr.

— Impôt sur les valeurs mobilières, législation et réglementation, in-8°, 1914. Prix. . . . . 2 fr.

Combes (J.). Socialisme et surenchère, in-8°, 1910 . . . . 5 fr.

Corbier (Pol de). Entreprises et contrats de capitalisation et d'épargne. Traité pratique et juridique, in-8°, 1920. Prix . . . . 20 fr.

Cotelle (T.). Le sweating-system (étude sociale), in-18, 1904. . . . . . . 10 fr.

Danos (G.). L'idée de l'autarchie économique et les statistiques du commerce extérieur (avec de nombreux tableaux et graphiques dans le texte), gr. in-8°, 1921 . . . . 20 fr.

Dautresme (D.). De la pratique des impôts, conseils aux contribuables, in-8°, 1885 . . . . 3 fr.

Decamps (J.). La guerre et les finances de la France, in-8°, 1918. . . . . 5 fr.

Deloison (G.). La caisse des loyers pour les ouvriers, gr. in-8°, 1895 . . . 2 fr.

— Le fisc devant la justice en matière d'impôts sur le revenu des valeurs mobilières (loi du 29 juin 1872), in-8°, 1886. Prix. . . . . 5 fr.

Delzangles. Etude comparée de la banque d'émission et de la banque de dépôt, gr. in-8°, 1921. . . . . (épuisé)

Desbats (G.). Le régime des boissons, in-8°, 1894. . . . . 10 fr.

Desmars (J.). Un précurseur d'Adam Smith en France. J. J. L. Graslin (1727-1790), gr. in 8°, 1900. . . . . . 14 fr.

Donaud. Les privilèges du crédit foncier et les droits des tiers, gr. in-8°, 1896. Prix . . . . 14 fr.

Drujon (J.). Etude sur les docks de Marseille (avec un plan), gr. in-8°, 1913. Prix. . . . . 8 fr.

Dublineau (E.). Traité théorique et pratique de l'enregistrement, nouv. édit., gr. in-8°, 1923 . . . (en préparation)

Ducrocq (T.). Etude d'histoire financière et monétaire, in-8°, 1887. 10 fr.

Dulac (A.). Agriculture et libre-échange dans le Royaume-Uni, in-8°, 1903. Prix. . . . . 8 fr.

Dumas (J.). Quelques réflexions sur « l'income-tax », gr. in-8°, 1894. 3 fr.

Duperon (P.). La question du pain dans l'Yonne. Production et commerce des grains sous le régime du maximum

(4 mai 1793, 4 nivôse an III, 24 décembre 1794), gr. in-8°, 1910 . . . . 18 fr.

Du Puy (H.). Vagabondage et mendicité. Commentaire critique de la législation en vigueur et des conditions de l'assistance, 2ᵉ édit., in-8°, 1907. 7 fr.

Esvelin (V.). Le marché de l'argent. Les fluctuations des cours de 1915 à 1922. Leurs conséquences monétaires, gr. in-8°, 1922 . . . . 15 fr.

Faure (F.). Alfred de Foville (avec une bibliographie complète de ses travaux et un portrait), in-12, 1913 . . . . 8 fr.

Feuillette (P.). L'Eglise et le travail (encyclique « *Rerum novarum* »), gr. in-8°, 1913 . . . . 8 fr.

Finances (les) au service du pays. Etudes sur les questions et problèmes financiers actuels, par E. Vidal, G. de Nouvion, etc., publiées sous la direction de J. Hayem, gr. in-8°, 1917 . . 15 fr.

Fournier de Flaix (E.). Etudes économiques et financières, 2 vol. in-18, 1883. Prix . . 15 fr.
— Pendant une mission en Russie; première série : A travers l'Allemagne, 2 vol. in-18, 1894 . . . . 15 fr.

Fournier de Flaix (E.). La réforme de l'impôt en France, tome I, seul paru, contenant les théories fiscales et les impôts en France et en Europe aux xviiᵉ et xviiiᵉ siècles, in-8°, 1885. Prix . . . . 12 fr.
— L'impôt dans les diverses civilisations, 2 vol. in-8°, 1897 . . . . 20 fr.
— Etude sur l'organisation comparée de la Banque de France et des banques de circulation, gr. in-8°, 1891 . . . 4 fr.
— La mutualité et l'assistance sociale, conférence faite à Lyon le 10 février 1894, gr. in-8°, 1894 . . . . 2 fr.

Fraissaingea (L.). Problème de la marine marchande, in-8°, 1900 . 5 fr.

Fravaton (M.) et Desribes. L'impôt sur les formalités et les décisions judiciaires. Commentaire des lois du 26 janvier 1892 et du 28 avril 1893. Histoire d'une réforme, gr. in-8°, 1905. 10 fr.

Frèrejouan du Saint. Jeu et pari au point de vue civil, pénal et réglementaire, loteries et valeurs à lots; jeux de bourse et marchés à terme, in-8°, 1893. Prix . . . . 16 fr.

Gabison (G.). Le guide du contribuable pour obtenir sans frais tous dégrèvements sur les impôts directs, in-12, 1910 . . . . 2 fr. 50

Gargour (P.). La banque. Opérations et correspondance (Le Caire), 1914, in-18. Prix . . . . 4 fr.

Garraud (P.). et M. Laborde-Lacoste. La répression de la propagande contre

la natalité (Loi du 31 juillet 1920), gr. in-8°, 1921 . . . . 3 fr. 50

Gérault (G.). Les expositions universelles, envisagées au point de vue de leurs résultats économiques, in-8°, 1902. Prix . . . . 7 fr.

Gervaise (A.). Traité de l'administration des contributions directes et de la direction des services qui en dépendent, 2ᵉ édit., in-8°, 1847 . . . . 7 fr.

Giard (E.). Des retraites, leur origine et leur histoire spéciale dans le Nord de la France, gr. in-8°, 1900 . . 12 fr.

Gide (Ch.). Cours d'économie politique, 7ᵉ édit.; 2 vol., in-8°, 1921-1923. Br. . . . . 44 fr.
Cart. . . . . 57 fr.
Chaque volume se vend séparément. . . . Br., 22 fr.; cart., 28 fr. 50
— Principes d'économie politique, 23ᵉ édit., in-18, 1921, cart. . 17 fr. 50
— Les institutions du progrès social, 5ᵉ édit., in-18, 1921 . . . . 12 fr.
— Les sociétés coopératives de consommation, 3ᵉ édit., refondue, 1917, in-18, cart . . . . 13 fr.
— La coopération, conférences de propagande, 4ᵉ édit., in-18, 1922. . . 7 fr.
— Fourier, précurseur de la coopération, in-16, 1921. . . . . 0 fr. 75
— Le Phalanstère et le ménage collectif, in-16, 1921. . . . . 0 fr. 75
— La coopération, la place qu'elle réclame dans l'enseignement économique, in-16, 1921. . . . . 0 fr. 75
— Ce que peuvent faire les coopératives de consommation pour l'établissement du juste prix, in-16, 1922. . . . 0 fr. 90
— Dans quelle mesure le mouvement coopératif se rattache-t il au Fouriérisme? in-16, 1922 . . . . 1 fr.
— Du contrôle des prix par les organisations privées de producteurs ou de consommateurs, in-16, 1922 . 0 fr. 75
— De l'intervention des pouvoirs publics pour la réalisation du juste prix, in-16, 1922 . . . . 1 fr.
— Les mouvements des prix et leurs causes, in-16, 1922 . . . . . 0 fr. 75
— De la mesure des prix. Comment on établit les nombres indices, in-16, 1922. Prix . . . . 0 fr. 75
— Formation et évolution de la notion du juste prix, in-16, 1922. . . . . 1 fr.
— Ce que doit devenir le travail agricole d'après Fourier, in-16, 1922 . 0 fr. 75
— L'Ecole de Fourier et les expérimentations fouriéristes, in-16, 1922 . 1 fr.
— Le système de répartition dans la société fouriériste, in-16, 1922. 0 fr. 75
— La politique commerciale après la guerre, in-32, 1917 . . . . 1 fr.
— L'industrialisme et le salariat, le travail attrayant, in-16, 1922 . . . . 1 fr.

Gide (Ch.) et Rist (C.). Histoire des

doctrines économiques depuis les Physiocrates jusqu'à nos jours, 4ᵉ édit., in-8°, 1922. Br , 30 fr. ; cart., 36 fr. 50

Girault (A.). La réforme des contributions directes et des impositions locales, in-8°, 1910. . . . . 3 fr.

— L'impôt sur le revenu et la déclaration (conférence), in-8°, 1916. 0 fr. 40

— L'impôt sur le revenu, suivi d'un modèle de délibération à proposer aux conseils municipaux, in-32, 1909. 1 fr.

— Aux maires de campagne. La réfection du cadastre, in-12, 1913 . . . . 6 fr.

— Le morcellement parcellaire en France, gr. in-8°, 1920 . . . . 2 fr. 50

— Dégrèvement de la terre et ses conséquences, étude sur la portée et les résultats de la loi du 29 mars 1914, in-12, 1914. . . . . 2 fr.

— La politique fiscale de la France après la guerre, in-16, 1916. . . . . 2 fr. 50

— Programme d'un cours d'économie politique professé à l'Université de Poitiers, 3ᵉ édit., in-8°, 1911 . . 4 fr.

Goumain-Cornille (A.). Les banques coloniales, gr. in-8°, 1903 . . . 10 fr.

Goursac (de). Les transports agricoles par voie ferrée en France, in-8°, 1907. Prix. . . . . 8 fr.

Gros (G.). L'impôt sur le revenu. Essai d'économie financière, in-8°, 1907. Prix . . . . 10 fr.

Guilland (M.) et Hamelet. Les chambres de commerce, leur passé et leur avenir, in-8°, 1908 . . . . 3 fr.

Hatiez (A.). De la contravention fiscale (contributions indirectes) devant la juridiction répressive, in-8°, 1918. Prix. . . , ... 10 fr. 50

Hauriou (M.). Cours de science sociale, la science sociale traditionnelle, in-8°, 1896 . . . . 15 fr.

— Leçons sur le mouvement social, in-8°, 1898. . . . . 8 fr.

Hennequin (N.). Du cadastre. Projet de revision périodique et perpétuelle, in-8°, 1900. . . . . 15 fr.

Henry (L.). La barbe et la liberté. Histoire, lois, principes et intolérantisme, in-8°, 1878. . . . . 3 fr.

Hermitte. Manuel alphabétique des contributions indirectes et des octrois, in-18, 1886 . . . . 4 fr.

Hersch (L.). L'inégalité devant la mort, d'après les statistiques de la ville de Paris. Effets de la situation sociale sur la mortalité, gr. in-8°, 1920. 3 fr.

Hitier (J.). La dernière évolution doctrinale du socialisme, in-8°, 1906. Prix . . . . 5 fr.

— La production sucrière française, l'état actuel, les conditions de relèvement, gr. in-8°, 1918 . . . . . 2 fr. 25

Houdard (A.). Premiers principes de l'économique, in-18, 1889 . . . . 8 fr.

Houpin (Ch.) et Maguéro. Commentaire théorique et pratique de la loi du 1ᵉʳ juillet 1916 qui a créé une contribution sur les bénéfices de guerre, 3ᵉ édit., 4ᵉ tirage, 1918, in-8°, et deux suppléments 1919-1920 . . . . . 25 fr.

Le premier supplément séparément. Prix. . . . . 9 fr.

Le deuxième supplément séparément. Prix. . . . . 6 fr.

Houques-Fourcade (M.). Les impôts sur le revenu en France au xviiiᵉ siècle, histoire du dixième et du cinquantième. Leur application dans la généralité de Guyenne, gr. in-8°, 1889 . . . . 10 fr.

Impôt sur le chiffre d'affaires. Guide du contribuable, par un rédacteur au ministère des Finances, gr. in-18, 1920. Prix. . . . . 4 fr.

Küss (T.). Manuel complet des surnuméraires de l'enregistrement, des domaines et du timbre, 2ᵉ édit., 2 vol. in-8°, 1888-1889, 1ᵉʳ et 2ᵉ examens. Prix . . . . 30 fr.

Le premier examen séparément. Prix . . . . 10 fr.

Le deuxième examen séparément. Prix . . . . 20 fr.

Le même, occasion, 2 vol. . . . 10 fr.

— Manuel complet de l'aspirant au surnumérariat de l'enregistrement des domaines et du timbre, 3ᵉ édit., in-8°, 1890 . . . . 20 fr.

Le même, occasion. . . . . 8 fr.

Laferrière (C.). Les charges fiscales de la propriété non bâtie et les charges fiscales du propriétaire foncier en France, in-8°, 1909. . . . . 8 fr.

Lambrechts (H.). Le problème social de la petite bourgeoisie en Belgique, gr. in-8°, 1901 . . . . 4 fr.

Lange (S.). Loi sur les retraites ouvrières et paysannes, in-18, 1911. Prix. . . . . 3 fr.

Langevin (C.). De l'impôt du timbre sur les valeurs mobilières françaises et étrangères, gr. in-8°, 1900 . . . 12 fr.

Laurent-Dechesne. La concurrence industrielle du Japon, in-8°, 1905. Prix. . . . . 4 fr.

— Economie industrielle et sociale, 3ᵉ édit., gr. in-8°, 1922 . . . . . 6 fr.

— L'évolution économique et sociale de l'industrie de la laine en Angleterre, gr. in-8°, 1900 . . . . 7 fr.

— Economie commerciale, 2ᵉ édit., gr. in-8°, 1917 . . . . 5 fr.

— Economie industrielle et sociale, 3ᵉ édit., gr. in-8°, 1922 . . . . . 6 fr.

— La misère et ses remèdes, in-8°, 1908. Prix. . . . . 2 fr.

— La panique financière aux Etats-Unis

fin 1907 (quatre diagrammes hors texte), in-8°, 1908 . . . . 3 fr.
— La spécialisation et ses conséquences, gr. in-8°, 1902 . . . . 5 fr.

Lavergne (B.). Les progrès de la coopération de consommation en Europe depuis dix ans (1900-1910), 1911, in-8°. Prix . . . . 4 fr.
— La Banque de l'Algérie. Son activité générale et le renouvellement de son privilège, in-8°, 1919 . . . . . 2 fr. 50

Lecourtois (M.). Des crédits additionnels au budget de l'Etat, gr. in-8°, 1900 . . . . 12 fr.

Lecouturier (E.). Les impôts en 1920, in-4°, 1920 . . . . 4 fr.

Le Gendre (F.). De l'admission abusive des présomptions de l'homme en matière d'enregistrement, in-8°, 1897. Prix . . . . 5 fr.

Le Gouix (M.). De la déchéance quinquennale, in-8°, 1901. . . . . . . 6 fr.

Leiris (de). De la théorie fiscale des nullités et des résolutions, gr. in-8°, 1900 . . . . 10 fr.

Lemaire (F.). Nouveau manuel du capitaliste ou comptes faits en 365 tableaux, à tous les taux et prix au 365e, gr. in-8°, 1893 . . . . 20 fr.

Lenoble (H.). Commentaire pratique des taxes de remplacement des droits d'octroi de la ville de Paris, supprimés sur les boissons hygiéniques, 2e édit., gr. in-8°, 1902 . . . . 4 fr.

Lescure (J.). Hausses et baisses générales des prix, gr. in-8°, 1912. . 4 fr.
— La baisse des prix et ses problèmes, in-16, 1921. . . . . 2 fr. 50
— L'épargne en France, in 12, 1914. Prix . . . . 4 fr.
— La liberté du commerce des grains et le Parlement de Paris (1763-1768), gr. in-8°, 1910 . . . . 2 fr. 50
— Les marchés financiers de Berlin et de Paris et la crise franco-allemande de juillet-octobre 1911, in-8°, 1912. 4 fr.
— Le marché à terme de bourse en Allemagne (loi du 22 juin 1896). Etude juridique et économique, gr. in-8°, 1908 . . . . 14 fr.

Loisy (A.). Le rôle économique du port de Bordeaux, gr. in-8°, 1922. . 20 fr.

Lucas (C.). La mutualité et les retraites ouvrières et paysannes, gr. in-8°, 1911. Prix . . . . 8 fr.

Maguéro (E.). Traité de l'impôt sur les opérations de Bourse, in-8°, 1910. 12 fr.

Maître (J.). Les conditions du relèvement économique de la France, 4e édit., in-16, 1917. . . . . 1 fr. 50

Marteau (A.). Les banques populaires en Allemagne, leur organisation et leur fonctionnement, in-8°, 1883 . . . 1 fr.

Martin (Germain). Etudes historiques et économiques sur le Velay, le tissage du ruban à domicile dans les campagnes du Velay, in-12, 1913 . . . 4 fr.

Martin (Germain) et Besançon. L'histoire du crédit en France sous le règne de Louis XIV, tome I, seul paru, in-4°, 1913 . . . . 12 fr.

Martineau (P.). L'Etat et le crédit au petit et moyen commerce et à la petite et moyenne industrie, gr. in 8°, 1914. Prix . . . . 8 fr.

Martinet (C.). Les ports francs et l'exportation des vins, in-18, 1905. . 7 fr.

Mauduit (R.). Etude économique. La situation de notre métallurgie, in-8°, 1917. . . . . 3 fr.

Maunier (R.). Manuel bibliographique des sciences sociales et économiques, gr. in 8°, 1920 . . . . 20 fr.

Marvaud (A.) et Sayous. Notre commerce avec l'Espagne et le Portugal, in-8°, 1909 . . . . 3 fr.

Menger. Contribution à la théorie du capital, trad. par Ch. Secrétan, gr. in 8°, 1889. . . . . 3 fr.

Milet (H.). Etudes et fragments d'économie politique (1875-1889), in-8°, 1891. Prix . . . . 5 fr.

Mille (J.). Un physiocrate oublié, J.-F. Le Trosne (1728-1780). Etude économique fiscale et politique, in 8°, 1895. Prix . . . . 10 fr.

Millioud (M.). La caste dominante allemande, 3e édit, in-16, 1916 . . . 3 fr.

Mimin (P.). Le socialisme municipal devant le Conseil d'Etat, critique juridique et publique des régies communales, in-8°, 1911. . . . . 9 fr.

Minot (L.). Les principes du droit fiscal en matière d'enregistrement. Timbre. Sociétés. Hypothèques. Successions, gr. in 8°, 1920. . . . . 18 fr.

Mongin (M.). Des changements de la valeur de la monnaie, in-8°, 1887. 3 fr.

Monnier (A.). Les indésirables (l'immigration sans contrôle met la race racinée d'un pays à la merci des races errantes venant du dehors), in-12, 1907. Prix . . . . 7 fr.

Moride (P.). Le mouvement des coopératives de crédit vers 1863, in-8°, 1910. Prix . . . . 3 fr.

Moye (M.). Précis élémentaire de législation financière, 5e édit., in-8°, 1921. Prix . . . . 15 fr.

Naquet (E.). Traité théorique et pratique des droits d'enregistrement, 2e édit., 1899, 3 vol. in-8° et un supplément de 1901. . . . . 30 fr.
Le supplément : Commentaire de la loi du 25 février 1901, séparément. 3 fr. 50

— Traité des droits de timbre, in-8°,
1894 . . . . 10 fr.

Neuburger (A.). Code financier (dette
publique, banques, change, valeurs
mobilières, successions, timbre, enregistrement, impôt sur le revenu, divers),
in-16, 1920, avec le premier et le
deuxième supplément (15 août 1922).
Prix . . . . 16 fr.
Le premier supplément (25 novembre
1920), séparément. . . . . . . 2 fr. 50
Le deuxième supplément : Annuaire
du droit financier (26 novembre 1920-
15 août 1922), séparément. . . . 3 fr.

Odier (E.). La renaissance des banques
locales, gr. in-8°, 1913 . . . . . 10 fr.

Pabon (L.). Traité théorique et pratique du service des douanes (brigades
et bureaux, contentieux), in-12, 1901.
Prix . . . . 12 fr.
— Manuel pratique du contentieux à
l'usage du service des douanes (bureaux
et brigades), 2e édit., in-12, 1896.
Prix. . . . . 5 fr.

Palmade (M.). Traité pratique de la
contribution sur les bénéfices de guerre,
in-8°, 1922. . . . . 10 fr.

Pannetier. Les successions et le fisc,
gr. in-8°, 1919. . . . . 12 fr.

Passama (P.). L'intégration du travail,
formes nouvelles de concentration industrielle, 1 vol. in-8°, 1910, br. 15 fr.
Cart. . . . . 21 fr. 50

Pey (J.). La suppression des octrois,
in-8°, 1895 . . . . 3 fr.

Piche (L.) (Piccio). Etude sur la question sociale, gr. in-16, 1882 . . . 2 fr.

Polier (L.). Les forces de la France
d'hier et de demain, in-16, 1915. 6 fr.

Pommier (R.). Du dépôt des titres au
porteur dans les caisses de l'établissement émetteur, gr. in-8°, 1914. . 8 fr.

Pons (E). Du marché libre dans les
bourses d'effets publics et autres valeurs, in-8°, 1907 . . . . 10 fr.

Porquier de Lagarrigue (V. de). La
résistance à l'oppression, 1906, in-8°.
Prix . . . . 10 fr.

Pothémont (E.). La législation des
retraites ouvrières et paysannes. Commentaire pratique de la loi du 5 avril
1910, 2e édit., in-8°, 1913. . . . 10 fr.

Poupart (H.). La revision des tarifs
douaniers et les coalitions de producteurs, in-8°, 1909. . . . . 3 fr.

Quinion-Hubert (P.). Etude doctrinale
sur le principe de la non-distraction des
charges dans la législation fiscale, gr.
in-8°, 1893 . . . . 6 fr.

Raiga (E.). La fin du privilège des bouilleurs de cru. Projets du gouvernement
sur l'alcool, in-8°, 1916. . . . 1 fr. 50

Raiga (B.). Le Mont-de-Piété de Paris,
in-12, 1912 . . . . 3 fr.

Rambaud (J.). Cours d'économie politique, 2 vol., in-8°, 1910. . . . . 40 fr.
— Histoire des doctrines économiques,
3e édit., in-8°, 1909 . . . . . . 20 fr.

Ray (J.). La méthode de l'économie politique, d'après John Stuart Mill, gr.
in 8°, 1914. . . . . 8 fr.

Rebourset (Marcel). Les arrêtés des
26 novembre 1918 et 4 avril 1919 sur la
valorisation des marks en Alsace et
Lorraine et la jurisprudence, gr. in-8°,
1923 . . . . 12 fr.

Regnart (A.). De la suppression des
délits de vagabondage et de mendicité,
in-8°, 1898 . . . . 4 fr.

Remy (H.). La question des sucres et le
ravitaillement de la France pendant la
période 1914 à 1917, gr. in-8°, 1917.
Prix . . . . 12 fr.

Retail (G.). Caisses de secours et de
retraite des ouvriers mineurs, loi du
29 juin 1894, gr. in-8°, 1900. . . 8 fr.

Robert (A.). Observations sur le socialisme d'Etat, in-8°, 1906. . . . . 4 fr.

Robin (J.). Régime légal des valeurs
mobilières étrangères en France, spécialement au point de vue fiscal, gr.
in-8°, 1899. . . . . 10 fr.

Roche-Agussol (M.). Etude bibliographique des sources de la psychologie
économique chez les Anglo-Américains,
gr. in-8°, 1919. . . . . 4 fr.

Roussel (P.). Le système des mandats
territoriaux (1796-1797), gr. in-8°, 1920.
Prix. . . . . 8 fr.

Sachet (A.). Traité théorique et pratique de la législation sur les retraites
ouvrières et paysannes, 2e édit., in-8°,
1913 . . . . 10 fr.

Saget (J.). Le problème de l'habitation
à bon marché en France et à l'étranger. Première solution à Mulhouse,
gr. in-8°, 1919. . . . . 7 fr. 50

Sainctelette (G.). Questions d'assurances mutuelles : du règlement et du
paiement des indemnités de sinistre,
de la résiliation quinquennale, in-8°,
1913. . . . . 10 fr.

Salzedo (Numa.) La coulisse et la jurisprudence, étude sur le monopole des
agents de change, in-8°, 1882 . . 8 fr.

Saugrin (G.). La baisse du taux de l'intérêt, causes et conséquences, gr. in-8°,
1896 . . . . 10 fr.

Sauvaire-Jourdan (F.). Isaac de Baca-
lan et les idées libre-échangistes en
France vers le milieu du xviiie siècle,
gr. in-8°, 1903. . . . . 7 fr.

Sayous (A.). La crise allemande de
1900-1902, le charbon, le fer, l'acier,

suivi d'un index des principaux cartels miniers et sidérurgiques d'Allemagne, in-18, 1903. . . . . 10 fr.
— Le cuivre, sa production et son commerce aux États-Unis, son marché en 1907, in-8° : . . . . 4 fr.
— Le marché à terme sur laines peignées de Roubaix-Tourcoing, sa réforme en 1908, in-8°, 1908 . . . . 3 fr.
— Le marin anglais, in-18, 1905. 6 fr.
— Le nouveau tarif américain et les intérêts français aux Etats-Unis, in-8°, 1909. . . . . 3 fr.

Schatz (A.) et Caillemer. Le mercantilisme libéral à la fin du XVIIe siècle. Les idées économiques et politiques de M. de Belesbat, in-8°, 1907 . . . 8 fr.

Sébastien (P.). Traité du privilège de l'Administration des contributions indirectes en matière de recouvrements de droits, gr. in-8°, 1901. . . . . . 12 fr.

Seguy (J.). La leçon commerciale de la guerre. L'exportation française à Paris, ce que j'y ai vu, ce que j'y ai étudié, in-8°, 1916 . . . . 2 fr.

Seurat (C.). Le pétrole au point de vue économique et fiscal, gr. in-8°, 1912. Prix . . . . 10 fr.

Subercaseaux (G.). Essai sur la nature du papier-monnaie, envisagé sous son aspect historique et économico-monétaire, gr. in-8°, 1909 . . . . 6 fr.

Tabareau (J.). Traité théorique et pratique de l'extinction des dettes de l'Etat par la déchéance quinquennale, gr. in-8°, 1906. . . . . 14 fr.

Tardieu (J.). Traité théorique et pratique des patentes, in-4°, 1903 . . 20 fr.
— Traité théorique et pratique des contributions directes, in-4°, 1896 (*épuisé*).

Thaller (E.). De la faillite des agents de change et de la liquidation de leurs charges, in-8°, 1883. . . . . . . 12 fr.

Thibault (E.). Conflit entre la convention sucrière de Bruxelles et les traités de commerce, in-8°, 1909 . . . . 3 fr.

Thierry (J.). Notre tarif douanier, in-8°, 1908 . . . . 2 fr.

Thierry de la Loge d'Ausson. De l'établissement d'un crédit agricole général par les crédits fonciers départementaux, gr. in-8°, 1899 . . . . 5 fr.

Treille (M.). Le commerce de Nantes et la Révolution, gr. in-8°, 1908. 10 fr.

Truchy (H.). Cours d'économie politique, 2 vol. in-8°, 1921-1922, br. 40 fr.
Cart. . . . . 53 fr.
Chaque vol. séparément, br. . . 20 fr.
Cart. . . . . 26 fr. 50
— Le système des impôts directs d'Etat en France, gr. in-8°, 1901 . . . . 7 fr.
— Les valeurs mobilières et les projets de réforme fiscale, in-8°, 1910 . . 5 fr.

Turgeon (C.). Le féminisme français. L'émancipation individuelle et sociale, politique et familiale de la femme, 2e édit., 2 vol. in-18, 1907 . . . 14 fr.
— Les prétendues richesses immatérielles, gr. in-8°, 1889 . . . . . . 3 fr.
— La science économique et la politique nationale, gr. in-8°, 1888. . . . . 3 fr.

Turgeon (Ch.) et Turgeon (Ch.-Henri). La *valeur* d'après les économistes anglais et français, depuis Adam Smith et les physiocrates jusqu'à nos jours, 2e édit., gr. in-8°, 1921. 25 fr.

Turquan (V.). Contribution à l'étude de la population et de la dépopulation, ouvrage orné de 42 graphiques, diagrammes et cartogrammes, in-8°, 1902. Prix . . . . 8 fr.
— Evaluation de la fortune privée en France et à l'étranger dans ses rapports avec la fécondité des familles, études économiques et géographiques de la répartition des richesses, in-8°, 1901. Prix . . . . 16 fr.

Ugo Rabbeno. Mouvement coopératif aux Etats-Unis, trad. par Ch. Gide, in-8°, 1888 . . . . 6 fr.

Vauthier (L.). Amortissement de la dette publique et réforme budgétaire à l'aide des droits de succession, in-8°, 1896. Prix. . . . . 2 fr.

Vavasseur. L'impôt sur le revenu des valeurs mobilières, gr. in 8°, 1887. Prix. . . . . 8 fr.

Verdier (R.). L'année sociale. Simples propos de sociologie et de politique extérieure, in-12, 1910. . . . . . 7 fr.

Verhaegen (P.). Socialistes anglais, in-18, 1898 . . . . 7 fr.

Viel (F.). Le privilège du Trésor pour le recouvrement de la contribution extraordinaire sur les bénéfices de guerre et la nouvelle réglementation de la loi du 10 août 1922, gr. in 8°, 1922. Prix. . . . . 3 fr.
— Les commerçants et le contrôle fiscal. Commentaire de l'article 32 de la loi du 31 juillet 1920, gr. in-8°, 1920. 1 fr. 50

Vignes (G.). Manuel des opérations de banque et de placement, 2e édit., in-18, 1899 . . . . 8 fr.
— Questions de banque et de bourse, solutions et renseignements. Extraits des principales délibérations de l'union des banquiers des départements en matière législative ou contentieuse de 1885 à 1891, gr. in-8°, 1899. . . 10 fr.

Vignes (M.). Le bassin de Briey et la politique de ses entreprises sidérurgiques ou minières, in-8°, 1913. 16 fr.

Villate (J.). Congrès international des sciences sociales et économiques « Bordeaux, 1907 », gr. in-8°, 1908. . 20 fr.

Villey (E.). Charles Fourier. L'homme et son œuvre, gr. in-8°, 1898. . . 3 fr.
— L'œuvre économique de Charles Dunoyer, in-8°, 1899. . . . . 15 fr.
— Principes d'économie politique, 3e édit., in-8°, 1905 . . . . . *(épuisé)*
— Du rôle de l'état dans l'ordre économique, in-8°, 1882. . . . . . . 16 fr.
— Le socialisme contemporain, gr. in-8°, 1892. . . . . 2 fr.
— Le socialisme contemporain, in-8°, 1895. . . . . 8 fr.

Vincent (A.). Etude sur la révolution communale de 1871, in-8°. . . . 3 fr.
Worms (E.). L'économie politique devant les congrès de paix, in-8°, 1879. Prix. . . . . 2 fr.
Wuarin (L.). Une vue d'ensemble de la question sociale, le problème, la méthode, in-12, 1895 . . . . 7 fr.
X... La question de la dépopulation, in-16, 1917 . . . . 1 fr.

REVUE

D'ÉCONOMIE POLITIQUE

FONDATEURS : **Charles GIDE, Alfred JOURDAN †, Edmond VILLEY.**

CHARLES GIDE
Professeur au Collège de France,
Professeur honoraire à la Faculté de droit de l'Université de Paris.
RÉDACTEUR EN CHEF

COMITÉ DE DIRECTION :

MM. **Edg. Allix,** professeur à la Faculté de droit de Paris; **A. Aupetit;**
A. Deschamps, professeur à la Faculté de droit de Paris, membre de
l'Institut; **Germain-Martin,** professeur à la Faculté de droit de Paris; **J.
Hitier,** professeur à la Faculté de droit de Paris; **A. Landry,** professeur à
l'Ecole des Hautes-Etudes; **J. Lescure,** professeur à la Faculté de droit de
Bordeaux; **C. Rist,** professeur à la Faculté de droit de Paris; **F. Simiand,**
professeur au Conservatoire des Arts et Métiers; **A. Souchon,** professeur
à la Faculté de droit de Paris, membre de l'Institut et de l'Académie d'Agriculture de France; **H. Truchy,** professeur à la Faculté de droit de Paris;
E. Villey, doyen de la Faculté de droit de Caen, membre de l'Institut.

M. Jean Vergeot, *secrétaire de la Rédaction.*

Prix de la collection complète, 1887 à 1921 inclus. . . . . 500 francs.
Abonnement annuel France. . . . . 35 francs.
— — étranger. . . . . 40 francs.
le numéro. . . . . 7 francs.
La table des vingt premières années 1887 à 1907 *(seule parue)* se vend séparément 12 fr.

Un spécimen est envoyé gratuitement sur demande.

39.750. — Bordeaux, imprimerie Y. CADORET, 17, rue Poquelin-Molière.